JN339608

저자 Talat Tekin
역자 이용성

돌궐 비문 연구

– 퀼 티긴 비문, 빌개 카간 비문,
투뉴쿠크 비문 –

제이앤씨
Publishing Corporation

역자서문 2008

태평양 연안에서 발트해 연안까지, 북극해 연안에서 페르시아만 연안까지 이르는 유라시아의 아주 넓은 지역에서는 1억 5천만 명 정도의 사람이 튀르크계에 속하는 여러 언어(Turkic languages)를 사용하고 있다. 이들 튀르크계 언어로는 터키어(Turkish), 아제르바이잔어(Azerbaijani), 우즈베크어(Uzbek), 카자크어(Kazakh), 튀르크멘어(Turkmen), 크르그즈어(Kirghiz, Kyrgyz), 타타르어(Tatar), 신(新)위구르어(New Uyghur), 추바시어(Chuvash), 야쿠트어(Yakut)어, 바시키르어(Bashkir), 하카스어(Khakas), 투바어(Tuvan) 등 30 개 정도가 있다. 이들 튀르크 언어들의 일부는 서로 이웃하여 사용되고 있지만, 상당 부분은 서로 아주 멀리 떨어진 지역에서 사용되고 있다. 이러한 까닭에 튀르크계 언어들 사이에는 상당한 차이가 있으리라는 것은 분명하다. 그러나 그 차이는 그리 크지 않고, 주로 음운적인 것이고, 어느 정도까지는 형태적인 것이다. 튀르크계 언어들을 분류하기 위해서는 음성적 기준들이면 충분하고, 형태적 기준들은 보조적으로 사용될 수 있다.

이들 튀르크계 언어에 대한 가장 오래된 문헌 자료가 바로 몽골 일대에서 발견된 돌궐(突厥) 비문들이다. 돌궐족은 '튀르크'라는 이름으로 역사에 등장한 최초의 튀르크족이고 동시에 몽골 일대에서 활약한 유목민 중에서 오늘날까지 전해지는 자신들의 문헌 자료를 남긴 최초의 종족이다. 튀르크계 언어들은 돌궐 문자, 위구르 문자, 라틴 문자, 키릴 문자, 아랍 문자 등 10여 개의 서로 다른 문자로 기록되었는데, 최초의 문어 자료는 돌궐 문자로 된 것이다. 돌궐 문자는 제2차 돌궐 제국(682-745) 및 그 뒤를 이은 위구르 제국 초기에 사용되었다. 돌궐 문자로 기록된 280 개 정도의 크고 작은 비문 중에서 제2차 돌궐 제국이 남긴 퀼 티긴 비문, 빌개 카간 비문 및 투뉴쿠크 비문이 가장 분량이 많고 잘 알려져 있다.

튀르크학의 여러 분야, 특히 돌궐어 연구에 있어 세계적 권위자인 터키의 Talat Tekin 박사(앙카라의 하제트테페 대학교 명예교수)는 1965년 6월에 로스앤젤레스에 있는 캘리포니아 대학교 근동어학과에서 'A Grammar of Orkhon Turkic'라는 논문으로 박사학위를 받았다. 그의 이 논문은 1968년에 인디애나 대학교의 우랄-알타이 총서 제 69권으로 출판되었다. 그는 터키로 돌아가서 연구를 계속하여 1988년에 Orhon Yazıtları[오르콘 비문들], 1994년에 Tunyukuk Yazıtı[투뉴쿠크 비문]을 내었다. 이 책들은 이미 역자와 김영일 교수에 의하여 한국어로 번역되어 퀼 티긴 비문과 빌개 카간 비문을 다룬 앞의 책은 「고대 튀르크 비문의 연구」, 뒤의 책은 「고대 튀르크 비문의 연구(II), -투뉴쿡 비문-」이라는 제목으로 각각 1993년과 1996년에 발간되었었다. 이 책들을 번역하면서 역자와 김영일 교수는 터키어 원문에 많이 있는 잘못 인쇄된 부분들을 고치고 어휘집 부분을 완전히 새로 작성하였으며, 내용의 정확한 이해와 전달을 위하여 역주(譯註)들을 붙였었다. 그렇지만 1993년의 번역서에서는 오타가 제법 눈에 띄고 역주가 얼마 되지 않았을 뿐만 아니라 핀란드 조사단의 도해(atlas) 및 Radloff가 이끈 조사단의 도해에 있는 돌궐 문자로 된 본문 부분이 첨부되지 않았으며, 1996년의 번역서에서는 지면 관계로 본래 준비하였던 역주의 절반 정도만 실을 수 있었다.

터키어 원본인 Orhon Yazıtları[오르콘 비문들]과 Tunyukuk Yazıtı[투뉴쿠크 비문]이 발간된 지 각각 이미 20년과 14년이 지났다. 그동안 튀르크학의 발전에 맞추어 저자인 Talat Tekin의 독법도 바뀐 것들이 있다. 역자는 이 두 책을 모두 합한 한국어 번역본을 내면서 2000년에 앙카라에서 발간된 Talat Tekin의 Orhon Türkçesi Grameri[돌궐어 문법]이라는 저서에 제시된 어형들을 기준으로 저자의 바뀐 독법들을 사용하기로 하였다. 이렇게 하는 것이 한국의 독자들에게 유익하리라 생각하기 때문이다. 제목도 한국의 독자들이 금세 알아보도록 '돌궐 비문 연구 -퀼 티긴 비문, 빌개 카간 비문, 투뉴쿠크 비문 -'으로 고쳤다. 이 번역본에서는 두 책의 내용을 완전히 통합하였으며 670 개의 역주를 달았다. 그리고 핀란드 조사단의 도해

(atlas) 및 Radloff가 이끈 조사단의 도해에 있는 퀼 티긴 비문 및 빌개 카간 비문의 돌궐 문자로 된 본문 부분이 첨부되었다. 터키어 원본들에 없는 다음의 내용들도 추가되었다: ① 퀼 티긴 비문의 서쪽 면에 있는 한문 비명, ② 핀란드 조사단의 도해에 들어 있는, 이 한문 비명을 도이치어로 번역한 Georg von der Gabelentz의 글, ③ 1896년에 발간된 Thomsen의 저서에 들어 있는, 이 한문 비명을 E. H. Parker가 영어로 번역한 글, ④ 1899년에 발간된, 이 한문 비명을 도이치어로 다룬 Shiratori의 글, ⑤ 퀼 티긴 비문과 빌개 카간 비문의 대조 전사 본문, ⑥ Radloff의 도해에 들어 있는, 퀼 티긴 비문과 빌개 카간 비문의 공통된 부분들의 돌궐 문자로 된 대조 본문, ⑦ Philologiae Turcicae Fundamenta I (1959)의 부록으로 실린 현대 튀르크어 분포 지도.

한편 역자의 것과는 별도로, Talat Tekin의 두 저서는 하나로 통합되어 Orhon Yazıtları: Kül Tigin, Bilge Kağan, Tunyukuk[오르콘 비문들: 퀼 티긴, 빌개 카간, 투뉴쿠크]라는 제목의, 일반 독자를 위한 얇은 포켓판으로 1995년부터 터키에서 발간되고 있다. 여기에서는 주석(註釋) 부분이 없다.

이 번역서가 출간되기까지 도움을 주신 여러 분께 감사를 표하고자 한다. 먼저 역자가 처음에 매킨토시 컴퓨터로 작업했던 부분을 IBM 컴퓨터용으로 바꾸는 데 도움을 주고 제이앤씨 출판사를 알게 해 준 계명대 김영일 교수께 깊은 감사를 드린다. 그리고, 인문 · 사회 분야 전문서적 발간을 위해 노력하시는 제이앤씨 출판사 윤석원 사장 및 직원 여러분께도 감사를 드린다. 또한, 핀란드 조사단의 도해와 Radloff 조사단의 도해 및 Shiratori의 글 등의 자료를 촬영할 수 있게 해 준 서울대 도서관에도 감사한다. 끝으로 이 책이 출간되기까지 큰 힘이 되어준 아내 경숙과 딸 수빈에게 고마움을 전하며, 이 번역서가 많은 사람들에게 유용하게 사용되기를 바란다.

2008년 7월
이용성

역자서문 1993

이 책은 Talat Tekin 교수(터키 앙카라의 하젯테페 대학교)가 현대 터키어로 쓴 「오르혼 비문들(Orhon Yazıtları)」을 한국어로 번역한 것이다. 원래의 책 제목은 「오르혼 비문들」이지만, 한국어로 번역하면서 책의 내용을 포괄하는 좀 더 일반적인 표현으로 고쳐 「고대 튀르크 비문의 연구」라고 하였다.

이 책의 저자 T. Tekin 교수는 튀르크학계에서 널리 알려진, 고대 튀르크어의 권위자인데, 종래 튀르크학계에서 가장 논란이 많은 이른바 「제타화(zetacism)」와 「시그마화(sigmatism)」 문제를 두고 1960년대 말부터 학술지 CAJ를 통해 Doerfer 교수와 장기간의 논쟁을 벌인 일은 잘 알려져 있다.

이 책은 고대 튀르크 비문 중에서 대표적인 것으로 알려진 두 비문 즉 퀼 티긴(Kül Tigin) 비문과 빌게 카간(Bilgä Qaγan) 비문만을 다루고 있는데, 특이한 것은 분량 면에서 비문 자체의 판독 부분보다 비문 판독을 둘러싸고 지금까지 많은 학자들이 논의한 여러 낱말과 구절에 관해 저자 자신의 견해를 제시한 「주석(註釋)」 부분이 훨씬 더 많다는 점이다. 따라서 오르혼 비문에 관심을 가진 사람들에게는 이 「주석(註釋)」 부분이 매우 소중한 읽을거리가 될 것이다.

역자가 이 책을 번역하게 된 이유는 다음과 같다;

첫째, 튀르크어 연구 자체가 국내 학계에서는 매우 생소한 분야일 뿐만 아니라 「오르혼」 비문은 고대 튀르크어의 가장 중요한 자료인 데에도 불구하고 지금까지 국내에 전혀 소개된 적이 없으므로 이를 소개하기 위함이다.

둘째, 이 책에서 저자는 비교적 최근의 논저에 이르기까지의, 오르혼 비문에 관한 중요한 선행 연구를 섭렵하여 이를 검토 · 비판하고 있으므로 이 책은 오르혼 비문에 관한 최신의 연구서이다.

셋째, 저자는 고대 튀르크어 연구에 매우 유리한 조건 즉 튀르크어를 모국어로 사용한다는 점을 잘 살려 이 책에서 종래의 서구학자들의 견해와는 다른 새로운 견해를 제시하고 있다.

원문에 인쇄상의 오류가 너무 많아 번역하는 과정에서 상당히 힘이 들었으며 까다로운 글자 때문에 번역판의 출판에도 어려움이 적지 않았다. 한국어 번역은 이미 2년 전에 저자가 응낙한 것인데 역자 개인의 사정으로 인하여 이제야 겨우 출판하게 되었다. 이 점 저자에게 미안하게 생각한다.

이 책이 튀르크어에 관심을 가지고 있는 모든 이들에게 좋은 자료로서 활용되고 나아가 고대 한국어의 여러 문제 및 한국어의 계통 문제에 해결의 실마리를 제공하는 데에 기여할 수 있다면 역자로서는 더 바랄 것이 없겠다.

1993년 6월
김영일

ÖNSÖZ 1991

Sekizinci yüzyıl Orhon Türkçesi üzerine ilk çalışmam 1965 Haziranında Los Angeles'teki Kaliforniya Üniversitesi Yakın Doğu Dilleri Bölümü'ne sunduğum *A Grammar of Orkhon Turkic* adlı doktora tezimdi. Bu çalışmam 1968 yılında Indiana Üniversitesi tarafından Ural-Altay Dilleri Serisi'nin 69. kitabı olarak yayımlandı. Bu kitap İkinci Köktürk İmparatorluğu (682-745) döneminden kalma runik harfli beş yazıtın (Kül Tigin, Bilge Kağan, Tonyukuk, Ongin ve Küli Çor yazıtlarının) yazıçevrimli metinleri ve bunların İngilizce çevirileri ile Orhon Türkçesinin gramerini ve sözlüğünü içeriyordu.

1972 yılında ABD'den Türkiye'ye kesin dönüş yaparak Ankara'daki Hacettepe Üniversitesi'ne intisap ettikten sonra da Orhon Türkçesi üzerine çalışmalarımı sürdürdüm. Bu çalışmalarımın ilk ürünü olarak şimdi elinizde Korece çevirisi bulunan *Orhon Yazıtları* adlı kitabımı yayımladım. Bu kitapta yalnız asıl Orhon yazıtları olarak bilinen iki büyük yazıt, Kül Tigin ve Bilge Kağan yazıtları ele alınmış, öbür üç yazıtla gramer bölümü kapsam dışı bırakılmıştır. Ancak bu eksikliklerine rağmen bu ikinci çalışmanın bir özelliği vardır ki o da bu yayında sözkonusu iki yazıtta Türkologlarca farklı şekilde okunan ya da farklı şekilde yorumlanan türlü kelime ve ibareler üzerine görüşlerimi açıklayan bir "Açıklamalar" ya da "Notlar" bölümünün bulunmasıdır.

Orhon yazıtları Türk dilinin bize kadar gelebilen en eski yazı dili belgeleridir. Söz hazinesinin doğal olarak oldukça kısıtlı olmasına rağmen bu iki büyük yazıt sekizinci yüzyıl Türkçesinin fonolojik, morfolojik ve sintaktik yapıları hakkında bize yeterli derecede bilgi verecek nitelikte ve hacimdedir. Bu yazıtların diline bakarak biz *z*- ve *ş*- dili olan Proto-Türkçenin genel yapısını gerçeğe yakın olarak tasarlayabiliyoruz.

Altay dilleri teorisinin kurucusu Ramstedt bilindiği gibi, bu ailenin Türkçe, Moğolca, Mançu-Tunguzca ve Korece olmak üzere başlıca dört dilden oluştuğunu ileri sürmüştü. Onun öğrencisi ve meslektaşı olan Poppe de aynı görüşü benimsedi ve savundu. Bugün Altay dilleri teorisine inanan ve onu savunan araştırıcılar da aynı tezi destekliyor ve araştırmaları ile bu teoriye katkıda bulunuyorlar. Altay dilleri teorisinin Avrupa ülkeleriyle Türkiye dışında özellikle Kore'de Prof. Banghan Kim gibi destekleyicileri olduğunu biliyoruz.

Lisansüstü öğrenimini Hacettepe Üniversitesi'nde yapan ve Türkçe ile Korecenin Karşılaştırmalı Fonolojisi ve Morfolojisi konularında Master ve Doktora tezleri hazırlayan öğrencim Han-Woo Choi de kendi anadili ile Türkçeyi karşılaştıran genç Koreli araştırıcılardan biri, daha doğrusu birincisidir.

Uzunca bir süre konuk araştırıcı olarak Türkiye'de bulunan Prof. Young-Il Kim, Koreli Master öğrencim Yong-Söng Li'nin değerli katkılarıyla Orhon Yazıtları adlı eserimi Koreceye çevirmeyi başarmıştır. Bu güç işi başardıkları için kendisine ve Yong-Söng Li'ye teşekkür ederim.

Bu çeviri, Koreli genç dilcilerde kendi dilleri ile akraba Türk diline karşı bir ilgi uyandırır ve onları Türkoloji ve Altayistik alanlarında araştırmalara sevk ederse bundan büyük bir mutluluk duyacağım.

Prof. Dr. Talat Tekin

저자서문 1991

8세기 오르혼 튀르크어에 관한 나의 최초의 연구는 1965년 6월에 로스앤젤레스에 있는 캘리포니아 대학교 근동어학과에 제출한 'A Grammar of Orkhon Turkic'이라는 박사 학위논문이었다. 나의 이 연구는 1968년에 인디애나 대학교에 의해 우랄·알타이 총서의 제 69권으로 출판되었다. 이 책은 제2차 돌궐 제국 시대(682-745)에 남겨진, 룬 문자로 된 다섯 개의 비문(Kül Tigin, Bilgä Qaɣan, Tunyuquq, Ongin 및 Küli Čor 비문)의 전사(轉寫) 본문 및 이것들의 영어 번역과 함께 오르혼 튀르크어의 문법 및 어휘집을 포함하고 있었다.

1972년에 아메리카 합중국에서 터키로 완전히 귀국하여 앙카라에 있는 하젯테페(Hacettepe) 대학교에 들어간 뒤에도 나는 오르혼 튀르크어에 관한 연구를 계속하였다. 이러한 연구의 첫 성과로서 나는, 지금 귀하의 손에 그 한국어 번역본이 있는, Orhon Yazıtları[오르혼 비문들]이라는 나의 책을 발간하였다. 이 책에서는 다만 본래의 오르혼 비문들로 알려진 두 큰 비문(Kül Tigin 비문과 Bilgä Qaɣan 비문)만이 다루어졌고 다른 세 비문과 문법 부분은 포함되지 않았다. 그렇지만 이 결함들에도 불구하고 이 두 번째 연구의 특징이 하나 있으니 그것은 이 출판물에는 문제의 두 비문에서 튀르크학자들 사이에 서로 다르게 읽히거나 다르게 해석되는 여러 가지 낱말과 구절에 관한 나의 견해를 밝히는 "주석" 부분이 있다는 것이다.

오르혼 비문들은 우리에게까지 올 수 있었던 가장 오래된 튀르크어의 문어 문서들이다. 그것의 어휘가 물론 상당히 한정되어 있기는 하지만, 이 두 개의 큰 비문은 8세기 튀르크어의 음운, 형태 및 통사 구조에 관해 우리에게 충분한 정도의 정보를 줄 특성과 분량이 있다. 이 비문들의 언어를 보면서 우리는 z- 및 š-언어인 튀르크 조어(Proto-Turkic)의 일반 구조를 사실에 가깝게 그려볼 수 있다.

알타이 제어 학설을 세운 람스테트(Ramstedt)는, 알려진 바와 같이, 이 어족이 튀르크어, 몽골어, 만주-퉁구스어 및 한국어의 주요한 네 언어로 이루어져 있다고 제창하였다. 그의 제자이자 동료인 포페(Poppe)도 같은 견해를 흡수하고 옹호하였다. 오늘날 알타이 제어 학설을 믿고 옹호하는 연구자들도 같은 생각을 지지하고 있으며, 자기들의 연구로써 이 학설에 기여하고 있다. 유럽 여러 나라와 터키 외에 특히 한국에는 김방한 교수 같은 알타이 제어 학설의 지지자들이 있음을 우리는 알고 있다.

대학원 교육을 하젯테페 대학교에서 받고 튀르크어와 한국어의 음운비교를 주제로 석사학위 논문, 형태비교를 주제로 박사학위 논문을 준비한 나의 제자 최한우도 자신의 모국어와 튀르크어를 비교한 젊은 한국인 연구자들 중의 한 사람, 더 정확히 말하면 첫 번째 사람이다.

꽤 오랜 기간 초빙 연구자로서 터키에 머무른 김영일 교수는 나의 한국인 석사 제자인 이용성의 귀중한 도움을 받아 Orhon Yazıtları '오르혼 비문들'이라는 이름의 나의 저서를 한국어로 번역할 수 있었다. 이 어려운 일을 해냈으므로 나는 그 자신과 이용성에게 감사한다.

이 번역이 젊은 한국인 언어학자들에게 자신들의 언어와 친족인 튀르크어에 대한 관심을 불러일으키고 그들을 튀르크학과 알타이학 분야에서 연구하도록 만든다면 나는 큰 행복을 느낄 것이다.

교수 박사 탈라트 테킨

역자서문 1996

1993년에 나온 「고대 튀르크 비문의 연구」에 이어 이제 또 「고대 튀르크 비문의 연구(II), -투뉴쿡 비문-」을 국내 학계에 내놓는다. 이 책은 터키 앙카라의 하젯테페 대학교 명예교수인 Talât Tekin박사가 1994년에 현대 터키어로 써서 출판한 「투뉴쿡 비문(Tunyukuk Yazıtı)」을 번역한 것으로서 터키 이외의 지역에서 최초로 나온 번역서이다.

A.D. 720년에서 725년 사이에 쓰여진 투뉴쿡 비문은 모두 62행의, 비교적 짧은 분량으로 되어 있긴 하지만 퀼 티긴 비문 및 빌게 카간 비문과 함께 고대 튀르크어의 중요한 자료로 인정되어 왔다.

이 책의 저자인 Tekin박사는 비문의 정확한 판독을 위해 지금까지 많은 학자들이 논의한 여러 낱말과 구절을 면밀히 검토한 다음 자신의 견해를 제시하고 있는데, 이 책의 주석(註釋) 부분을 보면 이 점을 잘 알 수 있다.

이 책을 번역하면서 역자들은 내용의 정확한 이해와 전달을 위해 무려 200개에 가까운 역주(譯註)를 붙였는데 이 역주를 통해 고대 튀르크어에 관한 중요 내용이 다소나마 이해될 수 있기를 기대한다.

이 책이 중앙아시아 역사를 연구하는 이나 알타이어에 관심을 가진 이들에게 좋은 자료로서 활용되고 고대 한국어를 연구하는 이들에게 참고자료로 이용될 수 있다면 역자로서는 그 이상의 기쁨이 없겠다.

1996년 4월
김영일, 이용성

ÖNSÖZ 1995

Elinizdeki kitap Koreceye çevrilen ikinci yapıtım. Bu dile çevrilen ilk yapıtım 'Orhon Yazıtları' idi. İki büyük Orhon yazıtını, Kül Tegin ve Bilge Kağan yazıtlarını, konu edinen bu yapıtı uzunca bir süre konuk araştırıcı olarak Türkiye'de bulunan dostum Prof. Young-Il Kim ile Koreli Master öğrencim Yong-Sŏng Li Koreceye çevirmişlerdi.

Şimdi yanımda doktorasını yapmakta olan öğrencim Yong-Sŏng Li 'Orhon Yazıtları'nın ardından yayımlanan 'Tunyukuk Yazıtı' adlı yeni kitabımı da kısa sürede Koreceye çevirdi ve bu çeviriye Koreli okuyucularca daha iyi anlaşılması için gerekli saydığı dipnotlarını eklemeyi ihmal etmedi. Bu çalışması için kendisini kutluyor ve teşekkürlerimi bildiriyorum.

Tunyukuk yazıtı, ilk iki Türk kağanının, İlteriş Kağan ile Bögü Kağan'ın başvezirliğini yapmış olan Tunyukuk tarafından yazdırılmıştır. İki büyük taş üzerine yazılmış olan bu yazıt, Kül Tegin ve Bilge Kağan yazıtları ile birlikte, Moğolistan'da bulunan en hacimli ve önemli eski Türk yazıtlarındandır.

Yazılış/dikiliş tarihi yazıtta belirtilmemiştir. Ancak, yazıtın sonlarına doğru başvezir Tunyukuk *Özüm karı boltum, ulug boltum* '(Şimdi) ben kocaldım, yaşlı oldum' (Tunyukuk, satır 56), yazıtın son satırında da *Türük bilge kagan Türük Sir bodunug, Oguz bodunug igidü olurur* 'Türk Bilge Hakan, Türk Sir halkını, Oğuz halkını besleyerek tahtta oturuyor' dediğine göre bu yazıt, Bilge Kağan'ın hükümdarlığı sırasında, büyük bir olasılıkla 720 ile 725 yılları arasında dikilmiş olmalıdır.

Koreceye çevrilen 'Orhon Yazıtları' adlı kitabımın Koreli okuyucularca nasıl karşılandığını ve o yazıtlarda geçen *Bükli çöl* 'Bükli bozkırı' ve *Bükli kağan* 'Bükli hakanı' ibarelerindeki *Bükli* adının 'Kuzey Kore' ya da 'Kore' demek olduğunu fark edip etmediklerini bilmiyorum. Gerçekten, Kül Tegin ve Bilge Kağan yazıtlarındaki *Bükli* adı Bizans kaynaklarındaki *Moukri,* Sanskrit *Mukuri* ve Tibetçe *Muglig* adları ile bir ve aynı olabilir. Moğolistan'daki Köktürk devletinin doğu sınırlarının Mançurya'da kuzeyden güneye uzanan Khingan dağları (Kadırkan yış) olduğu düşünülürse Korelilerin eski Türklerin doğu komşuları oldukları kolayca anlaşılır.

Altay dilleri teorisinin kurucusu Ramstedt'e göre Türkçe, Moğolca, Mançu-Tunguzca ve Korece Altay ana dilinden çıkmış akraba dillerdir. Ramstedt'in öğrencisi ve takipçisi Altayist Poppe de aynı görüşte idi. Korecenin, özellikle Ana Altayca sözbaşı **p-* ünsüzünü korumuş olması bakımından Altay dilleri arasında ayrı ve önemli bir yeri vardır. Korece ile akraba Türk dilinin en eski yazılı belgeleri olan Orhon yazıtları ile Tunyukuk yazıtının bu nedenle de Koreli okuyucuların dikkatini ve özel ilgisini çekeceğini sanıyorum.

Sözlerime son verirken, 'Tunyukuk Yazıtı' adlı kitabımın da Koreceye çevrilmesini isteyen ve onun basımını gerçekleştiren dostum Prof. Young-Il Kim'e bu ilgisi ve yardımları için teşekkürlerimi ifade etmek isterim.

Prof. Dr. Talat Tekin
Ankara, 12 Nisan 1995

저자서문 1995

귀하의 손에 있는 책은 한국어로 번역된 나의 두 번째 저작이다. 이 언어로 번역된 나의 첫 저작은 Orhon Yazıtları[오르혼 비문들]이었다. 두 개의 큰 오르혼 비문, (즉) 퀼 티긴 비문과 빌게 카간 비문을 주제로 삼은 이 저작을 꽤 오랜 기간 초빙 연구자로 터키에 머무른 나의 친구 김영일 교수와 나의 한국인 석사 제자 이용성이 한국어로 번역했었다.

현재 나의 곁에서 박사 과정을 밟고 있는 나의 제자 이용성은 Orhon Yazıtları에 이어 발간된 Tunyukuk Yazıtı[투뉴쿠크 비문]의 이름을 지닌 나의 새 책도 짧은 기간에 한국어로 번역했으며 이 번역에 한국인 독자들이 더 잘 이해할 수 있도록 필요하다고 여긴 각주들을 다는 것을 소홀히 하지 않았다. 그의 이 노력 때문에 나는 그 자신을 축하하고 나의 고마움을 나타낸다.

투뉴쿠크 비문은 (제2차 제국의) 첫 두 돌궐 카간, (즉) 일테리시 카간과 뵈귀 카간의 총리 대신 노릇을 한 투뉴쿠크가 쓰게 했다. 두 개의 큰 비석 위에 쓰인 이 비문은 퀼 티긴 비문 및 빌게 카간 비문과 함께 몽골에서 발견된 제일 분량이 많고 중요한 고대 튀르크 비문들 중의 하나이다.

작성/건립 날짜는 비문에 밝혀져 있지 않다. 다만, 비문의 끝 쪽에서 총리 대신 투뉴쿠크가 Özüm qarï boltum, uluɣ boltum '(이제) 나는 늙었다, 나이를 먹었다' (투뉴쿠크, 56행), 비문의 마지막 줄에서는 Türük bilgä qaɣan Türük Sir bodunuɣ, Oɣuz bodunuɣ igidü olurur '튀르크 빌게 카간은 튀르크 Sir 백성과 Oguz 백성을 키우며 군림하고 있다'라고 한 것을 보면 이 비문은 빌게 카간의 치세에 십중팔구는 (기원후) 720년과 725년 사이에 건립되었음이 틀림없다.

한국어로 번역된 Orhon Yazıtlarıı라는 이름의 나의 책을 한국인 독자들이 어떻게 맞이했는지 그리고 그 비문들에 나오는 구절 Bükli čöl 'Bükli 초원'과 Bükli qaɣan 'Bükli 카간'에 있는 명칭 Bükli가 '북부 한국' 또는 '한국'을 말한다는 것을 알아차렸는지 여부를 나는 모른다. 참으로, 퀼 티긴 비문과 빌게 카간 비문에 있는 명칭 Bükli는 비잔틴 문헌의 Moukri, 산스크리트어 명칭 Mukuri 및 티베트어 명칭 Muglig과 동일한 것일 수 있다. 몽골에 있던 돌궐(Köktürk) 나라의 동쪽 경계가 만주에서 남북으로 뻗은 興安嶺산맥(Qadïrqan yïš)이었음을 생각하면 한국인들이 고대 튀르크인들의 동쪽 이웃이었음을 쉽게 알 수 있다.

알타이 제어 학설을 세운 람스테트(Ramstedt)의 견해에 따르면, 튀르크어, 몽골어, 만주-퉁구스어 및 한국어는 알타이 조어에서 나온 친족어들이다. 람스테트의 제자이자 추종자인 포페(Poppe)도 같은 견해였다. 한국어는 특히 알타이 조어의 어두 자음 *p-를 보존한 점에서 알타이 제어 중 별도의 중요한 자리가 있다. 한국어와 친족어인 튀르크어의 제일 오래된 문헌들인 오르혼 비문들과 투뉴쿠크 비문은 이 이유로도 한국인 독자들의 주의와 특별한 관심을 끌 것이라고 나는 생각한다.

끝으로, Tunyukuk Yazıtı라는 이름의 내 책도 한국어로 번역하고자 하고 그 인쇄를 실현시킨 나의 친구 김영일 교수에게 그의 이 관심과 도움에 대하여 나의 고마움을 표현하고 싶다.

교수 박사 탈랴트 테킨
앙카라, 1995년 4월 12일

일러두기

1. 비문의 전사(轉寫)에서 폐모음 e와 개모음 ä를 구별하였다. *Orhon Yazıtları* 에서 다룬 퀼 티긴 비문 및 빌게 카간 비문에서는 이 두 모음의 구별이 없지만, 이 책에서는 구별하였다. 한국어로 음역할 때 e는 ㅔ, ä는 ㅐ로 나타내었다.

   예) (ä)dgü, (ä)l(i)g yïl, (e)r(i)g y(e)rtä, (e)šid; 빌개, 엘태배르, 외튀캔 등.

2. 한 글자가 두 소리, 즉 자음과 모음, 또는 자음과 자음을 나타낼 경우에는 기호 ⌒를 그 위에 붙여 표시하였다.

   예) bun͡ča, kün b(a)ts͡ïqïŋa, öt͡ük(ä)n yïš, q͡ïlt(ï)m, q͡oon͡t͡oqda, q͡u-urïq(a)n 등.

3. 표기되지는 않았으나 유추가 가능한 모음과 자음은 () 속에 넣어 표기하였다.

   예) ilg(ä)rü, kün tuγs(ï)q(q)a, q(a)γ(a)n, tüz(ü)lt(ü)m 등.

4. 비문에서 마멸되어 복원할 수 밖에 없는 부분은 [ ] 속에 넣어 표시하였다.

   예) m[(a)ŋ]a, izg(i)l [bod(u)]n, [ö]z(ü)m, yiti y(e)g[(i)r]mi 등.

5. 마멸되어 복원하기 어려운 부분은 [.....]로 표기하였다.

   예) ot(u)z [t(a)t(a)r ....], u[rturt(u)m .... on o͡q oγlïŋ]a 등.

6. 비문 또는 탑본에서 분명히 빠졌다고 생각되는 부분은 < >로 나타내었다.

   예) bil<g>ä q(a)γ(a)n, k͡öök tür͡ük <: iti>, kürl(ü)g<in> üčün 등.

7. 후설모음으로 이루어진 낱말에서 3인칭 소유어미는 낱말의 마지막 음절에 있을 때에만 i로 나타내고 그 밖의 경우에는 ï로 나타내었다.

   예) bod(u)ni, udl(ï)qin, kün b(a)ts͡ïqïŋa, subïŋ(a)ru 등.

8. 설명을 필요로 하는 몇몇 글자를 아래에 제시해 둔다.

   (1) g: 전설모음과 함께 쓰이는 연구개 유성음을 표기.

   예) bilgä, (ä)dgüti, süčig, tög(ü)lt(ü)n 등.

(2) γ: 후설모음과 함께 쓰이는 연구개 유성음을 표기.

예) b(a)šl(ï)γ(ï)γ, oγl(a)n(ï)m, uγ(u)š(u)m, y(a)γ(ï)z 등.

(3) ï: i의 후설모음 짝.

예) ïr(a)q, q(a)t(ï)γdï, s(a)b(ï)m(ï)n, yïrγ(a)ru 등.

(4) k: 전설모음과 함께 쓰이는 연구개 무성음을 표기.

예) kör(ü)gmä , ötük(ä)n, sökürm(i)š, türük 등.

(5) q: 후설모음과 함께 쓰이는 연구개 무성음을 표기.

예) (a)rq(ï)š, buyruq, q(a)γ(a)n, yoq 등.

(6) ń: 구개음화한 n을 표시.

예) (a)ń(ï)γ, čïγ(a)ń, qïït(a)ń, qooń 등.

9. 어휘집에서 KT는 Kül Tigin 비문, BQ는 Bilgä Qaγan 비문, T는 Tunyuquq 비문을 나타내며 화살표 (⇒)는 참고를 의미한다.
10. 어휘집에서 비문의 동, 서, 남, 북은 각각 E, W, S, N으로 표시하였다.
11. 비문 해독에서 필요한 경우에는 역주를 붙이되 그 표시는 1), 2), 3) ... 으로 한다.
12. 번역에서는 의미가 통하는 한 가급적 직역을 하였다. 지나친 의역보다는 직역이 의미를 정확하게 전달할 수 있으리라 믿기 때문이다.
13. 저자가 Orhon Türkçesi, 즉 오르콘 튀르크어라고 표현한 언어는 모두 돌궐어로 고쳤다.
14. 본문에 나오는 튀르크라는 말은 돌궐로 이해하면 된다.

바뀐독법

터키어 원본인 Orhon Yazıtları[오르콘 비문들]과 Tunyukuk Yazıtı[투뉴쿠크 비문]이 발간된 지 각각 이미 20년과 14년이 지났다. 그동안 튀르크학의 발전에 맞추어 저자인 Talat Tekin의 독법도 바뀐 것들이 있다. 역자는 두 책을 모두 합한 이 한국어 번역본에서는 2000년에 앙카라에서 발간된 Talat Tekin의 Orhon Türkçesi Grameri[돌궐어 문법]이라는 저서에 제시된 어형들을 기준으로 저자의 바뀐 독법들을 사용하기로 하였다. 이렇게 하는 것이 한국의 독자들에게 유익하리라 생각하기 때문이다. 독법이 바뀐 주요한 예들은 다음과 같다:

(1) 복수 1인칭 과거시제 어미 -dumuz/-dümüz/-tumuz/-tümüz
⇒ -dumïz/-dümiz/-tumïz/-tümiz

(2) 과거분사 어미 -duq/-dük/-tuq/-tük ⇒ -doq/-dök/-toq/-tök

(3) 과거분사 어미/과거시제 어미 -mïš/-miš ⇒ -miš

(4) 명사파생형용사 접미사 -sïz/-siz/-suz/-süz ⇒ -sïz/-siz

(5) 제2 음절의 u/ü ⇒ o/ö

각각 1993년과 1996년에 발간된 한국어 번역본과 이 둘을 합한 번역본 사이의 차이 나는 독법을 모두 제시하면 다음과 같다.

almïš	almiš
amtï bodun	matï bodun
ančuladï	ančoladï
barduq	bardoq
barmïš	barmiš
bašinta	bašïnta
bašiŋa	bašïŋa
batsïqiŋa	batsïqïŋa
bertük	bertök
bilmädük	bilmädök
bilmädükin	bilmädökin
bilmädükügin	bilmädöкügin
birigärü	birgärü
biriki	birki
biriyä	biryä
birtük	birtök
birtükgärü	birtökgärü
birtükkärü	birtökkärü
bolmïš	bolmiš
boltuqinta	boltoqïnta
bošγurmïš	bošγurmiš
bölün	bölön
buŋsuz	buŋsïz
čuγay	čoγay
ärmiš barmïš	ermiš barmiš
ärür barur	erür barur
elät	elt
elätdim	eltdim
elätdimiz	eltdimiz
ešidmädük	ešidmädök
ešimig	äšimig
ïčγïnmïš	ïčγïnmiš
ïdmïš	ïdmiš
ičikdük	ičikdök
illädük	illädök
inigäk	ingäk
kikšürtükin	kikšürtökin
körmädük	körmädök
očuq	očoq
oγlinta	oγlïnta
oγliŋa	oγlïŋa
olurγalï	olorγalï
olurmadïm	olormadïm
olurmatï	olormatï
olurmïš	olormiš
olursar	olorsar
olursïqïm	olorsïqïm
olurtačï	olortačï
olurtdï	olortdï
olurtdum	olortdum
olurtï	olortï
olurtum	olortum
olurtumuz	olortumïz
olurtuqda	olortoqda
olurtuqinta	olortoqïnta
olurtuqqa	olortoqqa
olurtuqum	olortoqum
olurtuquma	olortoquma
oluruŋ	oloruŋ
olurup	olorup
olurupan	olorupan
olurur	olorur
oqsuz	oqsïz
ortusiŋa	ortosïŋa

ortusiŋaru	ortosïŋaru
ögsüz	ögsiz
ölürtäči kök	ölürtäčik ök
ölürtümüz	ölürtümiz
ötüntük	ötüntök
qač näŋ	qačan näŋ
qaγanladuq	qaγanladoq
qaγansïramïš	qaγansïramiš
qaγansïratmïš	qaγansïratmiš
qalmïši	qalmiši
qazγanmïš	qazγanmiš
qazγantuq	qazγantoq
qazγantuqin	qazγantoqin
qazγantuqum	qazγantoqum
qïlïnmaduq	qïlïnmadoq
qïlïnmïš	qïlïnmiš
qïlïntuqda	qïlïntoqda
qïlmïš	qïlmiš
qïšladuqda	qïšladoqda
qonayïn	qonayin
qontuqda	qontoqda
qonturmïš	qonturmiš
qubratmïš	qubratmiš
quladmïš	quladmiš
qutay	qotay
qutayin	qotayin
qutiŋa	qutïŋa
sïγtamïš	sïγtamiš
siŋilim	siŋlim
subiŋaru	subïŋaru
subsuz	subsïz
süŋüküg	süŋöküg
süŋüküŋ	süŋöküŋ
süŋüšdümüz	süŋüšdümiz
taγïqmïš	taγïqmiš
taluyqa	taloyqa
taman	ataman
tašïqmïš	tašïqmiš
tatiŋa	tatïŋa
tägdük	tägdök
tägdükdä	tägdökdä
tägdükin	tägdökin
tägürtük	tägürtök
timaγ	ti maγ
tonsuz	tonsïz
toŋïtmïš	toŋïtmiš
toq arquq	toqurqaq
töpüsintä	töpösintä
törüdä	törödä
törüg	törög
törügin	törögin
törümüz	törömüz
törün	törön
törüŋin	töröŋin
törüsin	törösin
törüsinčä	törösinčä
törüsün	törösün
tuγsïqiŋa	tuγsïqïŋa
tumïš	tumiš
tutdumuz	tutdumïz
tutmïš	tutmiš
tüpüt	töpöt
tüpütkä	töpötkä
tüšürtümüz	tüšürtümiz

tüzsüz	tüzsiz	yaziŋa	yazïŋa
učduqda	učdoqda	yïdmïš	yïdmiš
umaduq	umadoq	yïrïγaru	yïrγaru
yalmasinta	yalmasïnta	yïrïya	yïrya
yaŋïltuqin	yaŋïltoqin	yoγinta	yoγïnta
yańduq	yańdoq	yoγlamïš	yoγlamiš
yaratmïš	yaratmiš	yoγun	yoγan
yarïqinta	yarïqïnta	yoŋašurtuqin	yoŋašurtoqin
yarlïqaduq	yarlïqadoq	yoqaru	yoqqaru
yarlïqaduqin	yarlïqadoqin	yorïduqi	yorïdoqi
yašiŋa	yašïŋa	yuγuru	yoγuru
yazïntuqin	yazïntoqin	yügärü	yüggärü

역자는 다음 낱말들도 그 독법이 오른쪽처럼 바뀌는 것이 옳다고 생각하지만, 2000년에 발간된 저자의 저서에서도 독법이 바뀌지 않았으므로 그대로 두기로 하였다. 다만, 마지막 두 예에서는 -duq ⇒ -doq의 변화만 반영되었다.

artuq	artoq	qurïďïn	qorïďïn
artuqi	artoqi	qurïďïnta	qorïďïnta
bu	bo	qurïqan	qorïqan
büntägi	bintägi	törümiš	törömiš
eki ädiz	kidiz	tün ortusïŋaru	tün orto sïŋaru
ïduq	ïdoq	yaŋïluqin	yaŋïloqin
kün ortusiŋaru	kün orto sïŋaru	yarlïqaduq	yarlïqqadoq
orduγ	ordoγ	yarlïqaduqin	yarlïqqadoqin

약어

① 학술지

AA	Acta Asiatica
AJSL	The American Journal of Semitic Languages and Literatures
AO	Acta Orientalia
AoF	Altorientalische Forschungen
AOH	Acta Orientalia Academiae Scientiarum Hungaricae
BSOS	Bulletin of the School of Oriental Studies
CAJ	Central Asiatic Journal
DTCF	Dil ve Tarih-Coğrafya Fakültesi Dergisi[언어 및 역사-지리 대학(= 앙카라 대학교 문과대학) 학술지]
JA	Journal Asiatique
JAOS	Journal of the American Oriental Society
JRAS	Journal of the Royal Asiatic Society
JSFOu	Journal de la Société Finno-Ougrienne
JTS	Journal of Turkish Studies
KCsA	Körösi Csoma Archivum
MSFOu	Mémoires de la Société Finno-Ougrienne
MSOS	Mitteilungen des Seminars für Orientalische Sprachen
MT	Materialia Turcica
NTS	Norsk Tidsskrift for Sprogvidenskap
RO	Rocznik Orientalistyczny
SBAW	Sitzungsberichte der Berliner Akademie der Wissenschaften
SO	Studia Orientalia

ST	Sovetskaja Tjurkologija
TD	Türk Dili[튀르크어]
TDA	Türk Dilleri Araştırmaları[튀르크 언어들의 연구들]
TDAY	Türk Dili Araştırmaları Yıllığı-Belleten[튀르크어 연구들의 연감-회보]
TP	T'oung Pao (通報)
TS	Tjurkologičeskij Sbornik
UAJ	Ural-Altaische Jahrbücher
UJ	Ungarische Jahrbücher
VJ	Voprosy Jazykoznanija
WZKM	Wiener Zeitschrift für die Kunde des Morgenlandes
ZDMG	Zeitschrift der Deutschen Morgenländischen Gesellschaft

② 책

Afh.	Samlede Afhandlinger
EDPT	Clauson, Sir Gerard, *An Etymological Dictionary of Pre-Thirteenth-Century Turkish*, Oxford 1972.
ETŞ	Arat, Reşid Rahmeti, *Eski Türk Şiiri*[고대 튀르크 시], Ankara 1965.
ETY	Orkun, Hüseyin Namık, *Eski Türk Yazıtları*[고대 튀르크 비문들], I-IV, İstanbul 1936-1941.
GOT	Tekin, Talât, *A Grammar of Orkhon Turkic,* Indiana University Publications, Uralic and Altaic Series: 69, Bloomington & The Hague 1968.
ÏB	Ïrq Bitig
KW	Grønbech, Kaare, *Komanisches Wörterbuch: türkischer Wortindex zu Codex Cumanicus*, Kopenhagen 1942.

M III	Le Coq, Albert von, *Türkische Manichaica aus Chotscho.* III, Berlin 1922.
MK	Maḥmūd al-Kāšγarī의 Dīwān Luγāt at-Turk
	Atalay, Besim, *Divanü Lûgat-it-Türk Tercümesi* [Dīwān Luγāt at-Turk 번역] I, Ankara 1939; II, Ankara 1940; III, Ankara 1940.
	______, *Divanü Lûgat-it-Türk Dizini* "Endeks" [Dīwān Luγāt at-Turk 색인 "Index"], Ankara 1943.
PTF	Deny, Jean, et al. (eds.), *Philologiae Turcicae Fundamenta* I, Wiesbaden 1959.
TMEN IV	Doerfer, Gerhard, *Türkische und mongolische Elemente im Neupersischen*, Band IV, Wiesbaden 1975.
TT V	W. Bang und A. von Gabain, *Türkische Turfan-Texte V: Aus buddhistischen Schriften*, Berlin 1931.
TT VI	W. Bang, A. von Gabain und G. R. Rachmati, *Türkische Turfantexte VI:Das buddhistische Sūtra Säkiz Yükmäk*, Berlin 1934.
TT VIII	A. von Gabain, *Türkische Turfan-Texte VIII*, Berlin 1954.
U II	Müller, Friedrich Wilhelm Karl, *Uigurica* II, Berlin 1910.

차례 돌궐 비문 연구

1 서론

몽골의 수도 Ulaanbaatar 및 그 인근을 흐르는 토올(토글라) 강

I 오르콘 비문들 연구 약사

남부 시베리아에서, 예니세이(Yenisei) 강의 상류를 따라서 스칸디나비아의 "룬" 문자와 비슷한 문자로 표기된 몇 개의 묘비가 있다는 것은 이미 18세기 초에, 주로 Johann von Strahlenberg의 저작을 통하여 알려져 있었다.[1] 그러나 연구 목적으로 최초의 학술조사단들이 시베리아에 파견된 것은 겨우 지난 세기의 말경이었다. 이 최초의 조사단들은 1887년과 1888년에 핀란드에서 시베리아에 파견된 핀란드 연구 조사단들이었다. 핀란드 조사단들의 이 학술 여행 결과 예니세이 묘비들의 사본들이 처음으로 발간되었다: *Inscriptions de l'Iénisséi, recueilles et publiées par la Société finlandaise d'Archéologie*, Helsingfors 1889. 같은 해에 러시아인 고고학자 N. M. Jadrincev는 몽골의 오르콘(Orkhon)[2] 강변에서 같은 문자로

1) Philip Johan von Strahlenberg(1676-1747)는 본명이 Philip Johan Tabbert인 도이치 계통의 스웨덴 장교이자 지리학자였다. 스웨덴이 지배하고 있던 도이칠란트의 Stralsund에서 태어나 1694년에 스웨덴 군에 입대하였다. 1707년에 귀족이 되어 von Strahlenberg라는 성을 얻었다. 스웨덴과 러시아 사이에 벌어졌던 대북방전쟁(大北方戰爭, 1700-1721)에 참가하여 1709년의 폴타바(Poltava) 전투에서 러시아군에 사로잡혔다. 시베리아의 토볼스크(Tobolsk)에서 1711-1721에 유형 생활을 하면서 시베리아의 지리 및 인류학 연구를 하였다. Nystad 조약으로 1722년에 스톡홀름에 돌아와 자신의 연구 결과를 1730년에 *Das Nord- und Östliche Theil von Europa und Asia, in so weit solches das gantze Russische Reich mit Sibirien und der grossen Tatarey in sich begriffet*라는 제목의 책으로 발간하였다.

표기된 훨씬 큰 두 개의 비문을 찾아냈다. 오르콘 비문들로 이름 붙여진 이 두 개의 큰 비문과 관련된 Jadrincev의 저작은 1890년에 발간되었다[3]: *Anciens caractères trouvés sur des pierres et des ornements au bord de l'Orkhon*, St. Petersburg 1890. 몽골에서의 이 새로운 발견 뒤에 A. O. Heikel[4]이 이끄는 핀란드 조사단이 오르콘 강변에 갔다. 핀란드 조사단의 이 학술 여행 결과 오르콘 비문들의 완전한 사본들이 발간되었다: *Inscriptions de l'Orkhon, recueilles par l'expédition finnoise 1890 et*

---

2) 오르콘(Orkhon) 강은 몽골 중부의 항가이(Khangai) 산맥에서 발원하여 동북쪽으로 흐르다가 셀렝가(Selenga) 강과 합류한다. 길이가 1,124 km에 이르는 오르콘 강은 본류인 셀렝가 강보다 더 길어 몽골에서 가장 긴 강이다. 오르콘 강의 주요 지류로는 타미르(Tamir) 강과 토올(Tuul) 강이 있다.

3) 이것은 사실과 약간 다르다. Nikolaj Mixajlovič Jadrincev(1842.10.18.-1894.6.7.)는 고고학자가 아니라 민족지학자 및 언론인이었다. 1889년에 러시아 지리학회 동시베리아 분과에 의하여 학술조사단장으로 임명되어 몽골에 갔다. 그는 카라코룸 및 카라발가순 유적을 조사하고, Kökshin-Orkhon 지역의 Khosho-Tsaidam 호수 부근에서 나중에 퀼 티긴 비문과 빌개 카간 비문으로 알려진 두 비문을 발견하였다. 이 학술조사와 관련된 첫 보고는 "Otčet o pojezdke v Mongoliju i veršiny Orxona"[몽골 및 오르콘 상류로의 여행 보고], *Zapiski Vostočno-Sibirskago Otdelenija RGO* XX/4 (1889), pp.1-13인데 이것은 M. F. Fraser에 의해 영어로 번역되어 "A journey to the upper waters of the Orkhon and the ruins of Karakorum", *Journal Asiatique, Beng. branch of Royal Asiatic Society*, NS XXVI, pp. 190-207에 수록되었으며, 두 번째 보고는 "Otčet ekspedicii na Orxon, soveršennoj v 1889 g. po poručeniju VSORGO" [러시아 지리학회 동시베리아 분과에 의해 조직된 오르콘 조사단 보고]라는 제목으로 W. Radloff가 1892년에 상크트 페테르부르그에서 발간한 Predvaritel'nyj otčet o rezul'tatax snarjažennoj s vysočajšago soizvolenija Imperatorskoju Akademieju Nauk ekspedicii dlja arxeologičeskago izsledovanija bassejna reki Orxona. S priloženijami라는 III+113 p. 분량의 책의 pp. 51-113에 수록되었는데 이것이 프랑스어로 번역되어 *Anciens caractères trouvées sur des pierres de taille et des monuments au bord de l'Orkhon dans la Mongolie orientale par l'expédition de Mr. N. Jadrintseff en 1889*라는 제목으로 상크트 페테르부르그에서 1890년에 발간되었다.

4) Axel Olai Heikel(1851.5.28.-1924.9.6.). 핀란드의 문헌학자/민족지학자. 핀란드 고고학회 및 핀-우고르 학회가 조직한 조사단의 단장으로 1890년 5월 15일에 출발하여 몽골에서 조사한 뒤 1891년 6월에 헬싱키로 돌아왔다.

publiées par la Société finno-ougrienne, Helsingfors 1892.

오르콘 비문들은 같은 해에 러시아에서도 발간되었다. 이 두 번째 출판은 W. Radloff[5)]의 지휘 아래 행해진 러시아 학술 조사단의 여행 결과 이루어 졌다: *Atlas der Altertümer der Mongolei*, St. Petersburg 1892-1899.

핀란드에서 발간된 오르콘 비문들의 도해(atlas)에서는 이 비석들 중 하나의 위에 있는 한문 비문의 판독될 수 있는 부분들의 번역도 포함되어 있었다. 이 짧은 분량의 한문 본문은, 틀림없이, 알려지지 않은 문자와 말로 기록된 원래의 본문의 번역일 리 없었다; 그러나 이 한문 본문은 우리에게 이 두 기념비 중 하나가 732년에 죽은 한 튀르크 왕자를 기념하기 위해 세워졌음을 알려주고 있었다.[6)] 이리하여 이 비문들이 누구에게 속하고 어떤 언어로 기록되었는가 하는 문제는 해결된 셈이었다: 이 두 비문은 튀르크

---

5) Friedrich Wilhelm Radloff(1837.1.17.-1918.5.12.). 베를린에서 출생. 1858년에 예나(Jena) 대학교에서 박사 학위를 받은 뒤 러시아의 상크트 페테르부르그로 이주하였다. 러시아에 정착한 뒤 Vasilij Vasil'evič Radlov로 이름을 고쳤다. 본래 아무르(Amur) 강 유역의 퉁구스 언어들을 현지 조사하고 싶어 했지만, 사정이 여의치 않아 알타이 지역의 바르나울(Barnaul)로 가서 그곳의 광산 학교에서 1859-1871에 도이치어/라틴어 교사로 근무하였다. 이 시기에 여름에 시베리아와 튀르키스탄의 여러 튀르크족 거주지로 여행하여 언어, 민속, 역사 자료를 모았다. 이들 자료는 1866-1907에 흔히 Proben으로 통칭되는 10권의 책으로 발간되었다. 1872- 1884에 카잔(Kazan)에서 거주한 뒤 1884-1918에 상크트 페테르부르그에서 거주하였다. 다방면에 걸쳐 업적을 냈는데 특히 그의 1893-1911에 4권으로 발간된 Versuch eines Wörterbuches der Türk-Dialecte와 앞에서 언급한 Proben으로 언급되는 10권의 저서는 현대 튀르크학의 기초가 되고 있다.

6) 퀼 티긴 기념비를 말한다. 이 책의 퀼 티긴 기념비 관련 부분을 보면, "이 기념비는 qoń yïlqa yiti yegirmikä 즉 "양해의 열일곱째 날에"(= 731년 2월 27일) 죽은, 통치자 빌개 카간의 동생인 퀼 티긴을 기념하기 위하여 세워졌다. 퀼 티긴의 장례식은 toquzunč ay yeti otuzqa 즉 "아홉째 달의 스물일곱째 날에"(= 731년 11월 1일) 거행되었다. 그것의 서쪽 면에 있는 한문 비명은 732년 8월 1일에, 튀르크어 비명들은 이보다 20일 뒤에 곧 732년 8월 21일에 완성되었다. 이것으로 보아 기념비가 세워진 날짜는 732년 8월 21일임이 분명하다 (Bazin 1974: 244)"라고 되어 있다. 그러므로 『732년에 죽은 한 튀르크 왕자』는 퀼 티긴을 말하며, 그가 죽은 해는 732년이 아니라 731년이다. 『한문 비문의 판독될 수 있는 부분들의 번역』은 pp. XXV-XXVI에 실린 Georg von der Gabelentz의 "Gedenkstein (zu Ehren) weiland Kiuet-tek-lek's"라는 도이치어 번역을 말한다.

인의 조상들이 남긴 것이었다; 여기에 사용된 언어도 고대 튀르크어 방언의 하나일 수밖에 없었다.

이 점은, 유명한 덴마크인 언어학자 Vilhelm Thomsen[7]이 1893년 12월 15일에 코펜하겐 학술원의 한 모임에서 오르콘 및 예니세이 비문들[8]에서 사용된 "룬" 문자를 해독하였음을 학계에 알렸을 때 의심의 여지가 전혀 없을 정도로 분명해졌다. 고대 튀르크 "룬" 문자의 해독에 관한 Thomsen의 최초의 보고서는 오래지 않아 덴마크 학술 및 문학 협회 회보에서 발간되었다: "Déchiffrement des inscriptions de l'Orkhon et de l'Iénisséi, Notice préliminaire", *Bulletin de l'Académie Royale des Sciences et des Lettres de Danemark*, Copenhague 1893, pp. 285-299[9] (= *Afh.*, pp. 3-19).

---

7) Vilhelm Ludvig Peter Thomsen(1842.1.25.-1927.5.13.). 1887-1913에 코펜하겐 대학교 일반언어학 교수로 근무하였다. 튀르크학 뿐만 아니라 인도-유럽어 및 핀-우고르어 분야에서도 영향력이 큰 학자였다.

8) D. D. Vasil'ev, *Grafičeskij fond pamjatnikov tjurkskoj runičeskoj pis'mennosti aziatskogo areala*, Moskva 1983에 따르면, 고대 튀르크 "룬" 문자로 기록된 비문들은 대략 다음과 같이 분류될 수 있다:
(1) 바이칼(Baikal) 호수 연안 및 레나(Lena) 강 유역(18 개 정도)
(2) 예니세이(Yenisei) 강 유역(150 개 정도) [예니세이 강의 상류 지역인 러시아의 하카시아(Khakassia) 공화국과 투바(Tuva) 공화국에서 발견된 작은 비문들을 예니세이 비문들이라고 통칭한다]
(3) 몽골 지역 (35 개 정도)
(4) 알타이 지역 (16 개 정도)
(5) 동(東)튀르키스탄(East Turkestan [= 신강 위구르 자치구]) 지역 (14 개 정도)
(6) 크르그즈스탄 북부(Northern Kyrgyzstan)와 카자흐스탄(Kazakhstan) 지역 (28 개 정도)
(7) 페르가나(Fergana), 알라이(Alai) 및 토하리스탄 북부(Northern Tokharistan) 지역 (18 개 정도)

9) J. Eyser, "Thomsen-Bibliografi", in *Festschrift Vilhelm Thomsen zur Vollendung des siebzigsten Lebensjahres am 25. Januar 1912*, dargebracht von Freunden und Schülern, Leipzig 1912, pp. 222-236에서 p. 229를 보면 "Déchiffrement des inscriptions de l'Orkhon et de l'Iénisséi, Notice préliminaire", *Oversigt over det Kongelige Danske Videnskabernes Selskabs Forhandlinger* 1893, pp. 285-302로 되어 있다.

Thomsen의 고대 튀르크 "룬" 문자 해독은 학계에서, 특히 튀르크학자들 사이에서 큰 흥분을 일으켰다. Wilhelm Radloff는 이미 1894년 3월에 오르콘 비문들에 관해 자신이 준비할 저서의 제 1부를 발간하였다: *Die alttürkischen Inschriften der Mongolei*, Erste Lieferung, St. Petersburg 1894. 이 저서의 제 2부는 같은 해 5월에, 제 3부는 1895년에 발간되었다. 오르콘 및 예니세이 비문들에 관한 이 저서는 서둘러 준비되었기 때문에 해독과 주석이 오류투성이이다.

Radloff처럼 서두르지 않은 Thomsen은 두 개의 큰 비문의 발간을 1896년에 실현시켰다: *Inscriptions de l'Orkhon déchiffrées* (= *MSFOu*, V), Helsingfors 1896. 오르콘 비문들의 이 최초의 완벽한 출판물은 두 부분으로 되어 있다. 제 1부에서는 고대 튀르크 "룬" 문자와 그 표기체계가 "룬" 문자의 예들과 함께 자세하게 연구되어 있다(pp. 7-44). 이 부분에서는 또 고대 튀르크 문자의 기원 문제도 다루어졌다(pp. 44-54). 저서의 제 2부는 고대 튀르크 역사에 관련된 연구 논문으로 시작하고(pp. 57-96), 이것 다음에는 두 비문의 전사(轉寫) 본문과 프랑스어 번역이 실려 있다(pp. 97-134). 본문과 번역 다음에는 주석 및 비문에 나온 낱말들의 알파베트 순의 색인이 있다(pp. 135-211). Thomsen의 출판물에는 또 퀼 티긴 기념비에 있는 한문 비명을 E. H. Parker[10]가 영어로 번역한 글(pp. 212-216)도 들어 있다: "The Deceased Köl Tegin's Tablet" (pp. 212-216). Thomsen의 이 출판물은 참으로 대단한 성공이었다. 오르콘 비문들에 관해 더 나중에 연구한 학자들은 이 저서를 자기들의 연구 및 출판물들을 위한 본보기로 삼았다.

Radloff는 1897년에 비문들의 제 2쇄를 발간하였다: *Die alttürkischen Inschriften der Mongolei*, Neue Folge, St. Petersburg 1897. 퀼 티긴 비문의 러시아어 출판물은 1899년에 P. M. Melioranskij[11]에 의하여 발간되었다: *Pamjatnik v čest' Kjul'-Tegina* (= *ZVO* XII, 2-3), Sanktpeterburg

10) Edward Harper Parker(1849.1.3.-1926.1.26.). 영국의 역사학자. 중국 주재 영국영사관에서 근무한 뒤 1901-1926년에 맨체스터의 빅토리아(Victoria) 대학교 중국어 교수로 근무하였다.

11) Platon Mixajlovič Melioranskij(1868.11.30.-1906.5.29.). 러시아의 동양학자/튀르크학자. 이슬람교도 학자들이 저술한 옛 언어학 서적들의 중요성을 인식한 최초의 튀르크학자이다.

1899 (pp. 1-144). 같은 해에 Radloff는 비문들의 새로운 쇄의 제 2권을 발간하였다: *Die alttürkischen Inschriften der Mongolei*, Zweite Folge, St. Petersburg 1899. Radloff의 이 저서에 Klementz 여사[12]가 Bain-Tsokto 지점에서 찾아낸 투뉴쿠크(Tunyuquq) 비문의 "룬" 문자 본문과 그 전사 및 도이치어 번역이 들어 있다(pp. 1-27). 이것들 다음에는 주석 부분(pp. 28-85)과 어휘집 부분(pp. 86-115)이 실려 있다. 이 저서에는 또 아주 중요한 연구 논문이 두 편 첨부되어 있다: Friedrich Hirth[13], "Nachworte zur Inschrift des Tonjukuk"(140 p.), W. Barthold[14], "Die alttürkischen Inschriften und die arabischen Quellen"(29 p.).

오르콘 비문들은 터키에서는 처음으로 네집 아슴(Necib Asım)[15]에 의하여 발간되었다: *Orhon Abideleri*[오르혼 기념비들], İstanbul 1340 (= 1924). Necib Asım은 자신의 이 책을 Radloff와 Thomsen의 저서들을 이용하여 준비하였다. 문자개혁 전에 아랍 문자로 발간된 이 저서는 오늘날 단지 역사적인 가치만 있을 뿐이다.

오르콘 비문들은 터키에서는 두 번째로 H. N. Orkun[16]에 의하여 발간되었다: *Eski Türk Yazıtları*[고대 튀르크 비문들], I-IV, İstanbul 1936-

---

12) Jelizaveta Nikolajevna Klemenc는 러시아의 민족지학자/고고학자인 Dmitrij Aleksandrovič Klemenc(1848.12.27.-1914.1.21.)의 아내로서 식물학자였다. 남편과 함께 학술 조사단에 참여하여 여행하였다. D. A. Klemenc는 1891년에 오르콘 학술 조사단에 참여한 뒤 1899년에는 동(東)튀르키스탄 조사단 단장으로 활동하였다.

13) Friedrich Hirth(1845.4.16.-1927.1.10.). 도이칠란트 출신의 미국의 중국학자/역사학자. Leipzig, Berlin 및 Greifswald에서 공부하였으며 1869년에 박사 학위를 받았다. 1870-1897에 중국의 해관(海關)에서 근무한 뒤 1902-1917에 뉴욕의 콜럼비아 대학교에서 교수로 근무하였다.

14) Wilhelm Barthold(1869.11.15.-1930.8.19). 도이치계의 러시아/소련 동양학자/인류학자/역사학자. 튀르크사 및 이슬람사를 연구하였다. 러시아어로는 Vasilij Vladimirovič Bartol'd라고 한다.

15) Necip Asım Yazıksız(1861-1935). Yazıksız 외에도 Balhasanoğlu와 Balkanoğlu라는 성씨를 사용하였다. 터키의 언어학자/역사학자.

16) Hüseyin Namık Orkun(1902-1956.3.23.). 터키의 역사학자. 이스탄불 대학교를 졸업한 뒤 헝가리의 부다페스트로 가서 Gyula Németh에게서 튀르크학을 배웠다. 그의 성인 Orkun은 오르콘(Orkhon) 강에서 따 온 것이다.

1941. 네 권으로 발간된 이 저서의 제 1권은 퀼 티긴 비문과 빌개 카간 비문에 할당되었다. Orkun은 Thomsen의 저서를 본보기로 삼고, Thomsen이 나중에 수정한 것들과 Maḥmūd al-Kāšγarī의 사전[17]을 이용하였다. Orkun은 Thomsen의 일부 독법들을 고치려 하였지만 그리 성공하지 못하였고, Thomsen이 바르게 읽은 일부 낱말들을 고치려 할 때에 새로운 잘못들을 저질렀다.

오르콘 비문들에 관하여 A. von Gabain[18]도 연구하였으며, 1941년에 발간된 그의 유명한 고대 튀르크어 문법의 문선(文選, anthology) 부분에 퀼 티긴 비문의 본문을 실었다: *Alttürkische Grammatik*, Leipzig 1941, pp. 247-257. Gabain은 퀼 티긴 비문의 본문을 준비할 때에 1896년에 발간된

---

17) Maḥmūd al-Kāšγarī(카시가르 사람 마흐무드)가 튀르크어 방언들을 연구해서 11세기 후반에 아랍어로 저술하여 바그다드의 압바스조 칼리프에게 바친, Dīwān Luγāt at-Turk라는 튀르크 언어들에 대한 최초의 포괄적인 사전을 말한다. 이것을 터키의 Besim Atalay가 터키어로 번역하여 앙카라에서 Divanü Lûgat-it-Türk Tercümesi[Dīwān Luγāt at-Turk 번역] I(1939), II(1940), III(1940) 및 Divanü Lûgat-it-Türk Dizini "Endeks"[Dīwān Luγāt at-Turk 색인 "Index"](1943)라는 이름으로 발간되었고, 이것들은 그 뒤에도 여러 번 다시 발간되었다. 전 세계에 단 하나 남아 있는 Dīwān Luγāt at-Turk 사본은 터키 이스탄불의 Ayasofya 박물관에 보관되어 있다.

Dīwān Luγāt at-Turk는 Balasagun 사람 Yūsuf Ḫāṣṣ Ḥājib가 쓴 Qutaδ- γu Bilig 및 Yüknäk 사람 Adīb Aḥmad가 쓴 'Atabatu'l-Ḥaqā'iq과 함께 카라한(Karakhanide) 왕조(9～13 세기)의 튀르크어를 연구하는 데에 귀중한 자료가 된다.

18) A. von Gabain(1901.7.4.-1993.1.15.). 도이칠란트의 튀르크학자/중국학자. 로트링엔(Lothringen, Lorraine)의 Mörchingen의 옛 위그노 교도(Huguenot) 집안에서 태어났다. 그의 가족은 카톨릭을 믿었다. 그는 처음에는 Berlin-Charlottenburg에 있는 공과대학에서 수학 및 공학을 수강 신청하였지만, 중국어, 위구르어 및 만주어를 공부하기 위하여 1923/1924 겨울학기에 베를린 대학교로 전학하였다. 그곳에서 E. Haenisch(1880.8.27.-1966.12.21.) 밑에서 중국학을 공부하였다. 투르판 문서 판독 작업에 참여하였고, W. Bang(1869.8.9.-1934.10.8.)의 제자가 되어 튀르크학도 공부하였다. 1930년 7월 30일에 중국학(漢學) 분야에서 박사학위를 받았다. 1935-1937년에는 터키 앙카라 대학교 중국학과 교수로 근무하였다. 1940년에 베를린 대학교에서 튀르크학으로 대학교수 자격을 취득하였다. 1950년에 함부르크(Hamburg) 대학교 조교수가 되어 그곳에서 계속 근무하였다.

Thomsen의 첫 저서를 기본으로 함과 동시에 그가 나중에 수정한 것들 (*Turcica* (= *MSFOu*, XXXVII), 1916, pp. 1-107; "Alttürkische Inschriften aus der Mongolei", *ZDMG*, 78 (1924), pp. 121-175)도 참고하였다.

오르콘 비문들은 Gabain 다음에 러시아인 튀르크학자 중 S. Je. Malov[19]에 의하여 발간되었다. Malov는 1951년에 발간된 그의 저서에 퀼 티긴 비문과 투뉴쿠크 비문의 "룬" 문자 본문과 키릴 문자 전사 및 러시아어 번역을 실었다: *Pamjatniki drevnetjurkskoj pis'mennosti*, Moskva-Leningrad 1951, pp. 19-73. Malov는 1959년에 발간된 그의 두 번째 저서에 퀼리 초르(Küli Čor) 비문[20] 및 옹긴(Ongin) 비문[21]과 함께 빌개 카간 비문의 퀼 티긴 비문과 공통되지 않는 부분들의 "룬" 문자 본문, 그 전사와 러시아어 번역을 실었다. Malov는 오르콘 비문들의 발간에서 Thomsen과 Radloff의 출판물들을 이용하였고 일부 수정들을 하였다.

---

19) Sergej Jefimovič Malov(1880.1.28.-1957.9.6.). 러시아/소련의 튀르크학자. W. Radloff와 N. F. Katanov(1862-1922)의 제자로서 과거와 현대의 튀르크 방언들, 민족지, 역사 등 다방면에서 연구하였다. 1909-1911, 1913-1915에 중국 서부와 중부에서 신(新)위구르어(New Uyghur)와 서부 유구르(West Yugur, 西部裕固)어를 연구하였다.

20) Władysław Kotwicz(1872.4.1.-1944.10.3.)가 1911년에 몽골 중앙의 Ikhe Khushotu(= Их Хөшөөт)에서 발견한 비문으로서 발견 장소의 이름을 따라 Ikhe Khushotu 비문이라고도 한다. 카를루크(Qarluq, 葛邏祿)족과 싸우다 죽은 이시바라 빌개 퀼리 초르(Išbara Bilgä Küli Čor)를 기념하기 위하여 세운 것으로 동쪽 면에 13행, 서쪽 면에 12행 그리고 북쪽 면에 4행의 비문이 있다.

21) 옹긴(Ongin) 비문은 1891년에 러시아의 야드린체프(N. M. Jadrincev, 1842.10.18.-1894.6.7.)가 옹기(Ongi) 강의 지류인 Taramel 강가에서 발견하였다. Bilgä Ïšbara Tamγan Tarqan이 자기 아버지인 El-etmiš Yabγu를 위하여 세운 것으로서 Ïšbara Tarqan 비문이라 하기도 한다. 1 개의 주된 비문과 1 개의 보충 비문으로 이루어져 있다. 주된 비문의 앞면에는 8행, 오른쪽 면에는 4행의 긴 비명(碑銘), 보충 비문에는 수평으로 7행의 짧은 비명이 있다. 일테리시 카간과 카프간 카간을 언급하는 것으로 보아 이 비문은 8세기에 속하는 것이다. 옹기(Ongi) 강을 몽골어로는 Ongiin gol(Ongi 강)이라고 한다. 몽골어에서는 강 이름을 부를 때에 속격을 사용하기 때문이다. 그러므로 정확하게는 Ongi 비문이라고 하여야 한다. Ongi 강은 몽골 중부의 우부르항가이(Övörkhangai = 南 Khangai) 아이막 북부 지역에서 발원하여 고비 사막의 올라안 노오르(Ulaan nuur "붉은 호수")호수로 흘러든다.

퀼 티긴 비문과 빌개 카간 비문의 첫 발간 이후에 비문들의 여러 곳에서 달리 읽히고 이해되거나 또는 이해되지 못한 채 남겨진 낱말과 구절들에 관한 연구들을 여러 연구자들이 발표하였다. 오르콘 비문들의 언어에 관한 문법 시도를 이미 Radloff가 하였다: "Materialien zum Verständniss der Morphologie des alttürkischen Dialects", *Die alttürkischen Inschriften der Mongolei,* Dritte Lieferung, St. Petersburg 1895, pp. 388-422. Thomsen의 출판물에도 문법에 관련된 주석들(pp. 135-198)과 문법 및 낱말 색인(pp. 199-211)이 들어 있다. 그러나 퀼 티긴 비문과 빌개 카간 비문의 첫 문법은 역시 Radloff가 준비하였다: "Grammatische Skizze der alttürkischen Sprache", *Die alttürkischen Inschriften der Mongolei,* Neue Folge, St. Petersburg 1897, pp. 1-129.

오르콘 비문들의 특정한 부분들과 관련된 정정 시도들을 Bang[22]이 하였다: *Über die kök-türkische Inschrift auf der Südseite des Kül-tägin-Denkmals,* Leipzig 1896; "Zu den Kök Türk-Inschriften der Mongolei", *TP,* VII (1896), pp. 325-355; "Zur köktürkischen Inschrift I E 19-21", *TP,* VII (1896), p. 611; "Köktürkisches", *WZKM,* XI (1897), pp. 198-200; "Zu den köktürkischen Inschriften", *TP,* IX (1898), pp. 117-141.

20세기 초에 Karl Foy[23]는 돌궐어에서 낱말의 어근 음절에 있는 모음 ä, e 및 i와 이것들의 차이와 관련된 아주 중요한 연구를 하나 발표하였다: "Türkischen Vokalstudien", *MSOS,* III (1900), pp. 180-217. 1913년에 Thomsen은 예니세이 비문들에 나타나고 음가가 그 이전에는 알려지지 않은 한 "룬" 문자(폐모음 *e*를 나타내는 기호[24])에 관한 그의 유명한 논문을 발표하였다: "Une lettre méconnue des inscriptions de l'Iénisséi", *JSFOu,* 30, pp. 1-9 (= *Afh.,* pp. 83-91). Thomsen의 이 논문을 그가 비문

22) Johannes Wilhelm Max Julius Bang Kaup (또는 Willy Bang-Kaup, 1869. 8.9.-1934.10.8.). 벨기에 출신의 동양학자/영어학자. 현대 튀르크 언어학 건설자. 그는 이란어와 우랄 알타이어를 공부하였고, 1914년 이전에는 벨기에의 Louvain 대학교 영어학과 교수였다. 1920년에 베를린으로 가서 연구와 교수 활동을 하였다. A. von Gabain, Reşid Rahmeti Arat 등 많은 제자들을 두었다.

23) Karl Arthur Philipp Heinrich Foy(1856-1907). 도이칠란트의 튀르크학자.

24) 예니세이 비문들에서 폐모음 e를 나타내는 기호로 e가 사용되었다.

들의 여러 곳에서 정정들을 한 저서가 뒤따랐다: *Turcica*, études concernant l'interprétation des inscriptions turques de la Mongolie et de la Sibérie (= *MSFOu*, XXXVII), Helsingfors 1916 (= *Afh.*, pp. 92-198).

1932년에 Martti Räsänen[25]은 튀르크어에서 모음조화의 역사적 발전과 관련된 매우 중요한 논문을 발표하였다: "Beiträge zur Frage der türkischen Vokalharmonie", *JSFOu*, XLV, Helsinki 1932, pp. 1-10. Räsänen은 이 논문에서 돌궐어에서 3인칭 소유어미가 단지 -i/-si라는 견해를 지지하는 증거들을 제시하였다. 그렇지만 이 견해는 새로운 것이 아니었다; 30여년 전에 Radloff가 주장했었다. Radloff는 3인칭 소유어미 다음에 오는 한정목적격(대격) 어미가 비문들에서 언제나 문자 N^2(전설 n)로 표기된 것을 보면서 이 견해를 옹호했었다 (Neue Folge, p. 9).

1936년에 튀르크어의 문법구조에 관한 대단히 중요하고 유익한 연구인 Kaare Grønbech[26]의 박사학위논문이 발간되었다: *Der türkische Sprachbau*, Kopenhagen 1936. 이 저서에서 돌궐어와 관련된 아주 많은 문제가 다루어지고 만족스러울 정도로 설명되었다.

1939년에 헝가리인 튀르크학자 중 Julius Németh[27]는 튀르크어에서 폐모음 *e* 문제에 관하여 중요한 연구를 발표하였다: "Zur Kenntnis des geschlossenen *e* im Türkischen", *KCsA*, I, Supplement, Budapest/Leipzig 1939, pp. 515-531. 2년 뒤에 고대 튀르크어의 첫 문법서가 A. von Gabain에 의하여 발간되었다: *Alttürkische Grammatik*, Leipzig 1941. 이 문법서의 자료를 이루는 것은 "룬" 문자로 된 비문들과 마니(Mani) 문자, 소그드 문자, 위구르 문자 및 브라흐미(Brāhmī) 문자로 표기된 위구르

25) Arvo Martti Oktavianus Räsänen(1893.6.25.-1976.9.7.). 핀란드의 핀-우고르학자/튀르크학자. Ramstedt와 Bang의 제자이다. 추바시어, 타타르어, 아나톨리아 방언들, 튀르크어 비교언어학 등을 연구하였다.

26) Kaare Grønbech(1901.9.28.-1957.1.21.). 덴마크의 튀르크학자. 유명한 종교학자이자 언어학자인 Vilhelm Grønbech(1873.6.14.-1948.4.21.)의 아들이다. 코펜하겐 대학교 교수로 근무하였다.

27) Gyula(또는 Julius) Németh(1890.11.2.-1976.12.14.). 헝가리의 튀르크학자. 마자르족의 기원 및 튀르크족과의 관계에 대한 연구들로 유명하다. 1916년부터 사망할 때까지 부다페스트 대학교 교수로 근무하였다.

어 저작들이다. 달리 말하면, Gabain은 8-13세기 사이의 모든 튀르크어 저작들의 언어를 "고대 튀르크어"[28]라고 정의하였다. Gabain은 그의 이 저서의 문선(文選, anthology) 부분에서 우리가 앞에서 밝혔듯이 퀼 티긴 비문의 전사된 본문도 실었다.

1941년에 H. N. Orkun은 오르콘 및 예니세이 비문들의 어휘집을 발간하였다 (*Eski Türk Yazıtları*[고대 튀르크 비문들], *IV*, İstanbul 1941). 같은 해에 Németh는 오르콘 비문들에 나타나는, 아주 잘 이해되지는 않는 두 문장을 설명하는 논문을 발표하였다[29]: "Zur Erklärung der Orchon-inschriften", *Festschrift Friedrich Giese* (= *Die Welt des Islams*, Sonderband, 1941), pp. 35-45.

1947년에 Martti Räsänen은 빌게 카간 비문의 서쪽 면에 있는 마지막 부분을 다시 조사하여 해설하였다: "Regenbogen-Himmelsbrücke", *SO*, XIV/1, Helsingfors 1947, pp. 3-11. 2년 뒤에 돌궐어의 짧지만 흥미있는 음운론을 A. Cevat Emre[30]가 발표하였다: *Türk Lehçelerinin Mukayeseli Grameri, Birinci Kitap: Fonetik*[튀르크 방언들의 비교 문법, 제 1책: 음성학], İstanbul 1949, pp. 27-55.

1950년에 Gabain은 고대 튀르크어에 있는 일부 장소 부사들과 관련된 연구를 한 편 발표하였다: "Über Ortsbezeichnungen im Alttürkischen", *SO*, XIV: 5 (1950), 14 p. 이보다 2년 뒤에는 고대 튀르크어에서 모음조화 문제를 다룬 두 편의 연구가 발표되었다: A. von Gabain, "Zur Geschichte der türkischen Vokalharmonie", *UAJ*, XXIV/1-2 (1952), pp.105-111;

---

28) 고대 튀르크어는 대개 돌궐어와 위구르어, 즉 튀르크족이 이슬람화하기 전까지의 튀르크어를 가리키는 말로서 돌궐 문자로 된 각종 비문 및 위구르어 문헌을 통해 알려져 있다. 중세 튀르크어로 분류되는 카라한(Karakhanide) 왕조(9~13세기)의 튀르크어를 고대 튀르크어에 포함하는 연구자들도 있다.

29) KT S 6과 BQ N 4-5에 있는 (ä)dgü bilgä kišig (ä)dgü (a)lp kišig yor(ï)tm(a)z (ä)rm(i)š bir kiši y(a)ŋ(ï)ls(a)r uγ(u)ši bod(u)ni bišûkiŋä t(ä)gi q̂ïïdm(a)z (ä)rm(i)š 및 BQ E 25에 있는 y(e)g(i)rmi y(a)š(ï)ma b(a)sm(ï)l ïdûq(qu)t uγ(u)š(u)m bod(u)n (ä)rti (a)rq(ï)š ïdm(a)z tiy(i)n sül(ä)d(i)m을 다루었다. 그러므로 실제로 다룬 문장은 4 개가 된다.

30) Ahmet Cevat Emre(1877-1961). 터키의 언어학자.

Alessio Bombaci[31], "Probleme der historischen Lautlehre der türkischen Sprache", *UAJ*, XXIV/3-4 (1952), pp. 89-105.

Gabain은 1955년에 고대 튀르크어에서 날짜 표기체계에 관하여 재미있는 연구를 한 편 발표하였다: "Alttürkische Datierungsformen", *UAJ*, XXVII/3-4 (1955), pp. 191-203. 다음 해에는 고대 튀르크어에 있는 접속사들과 관련된 Ahmet Temir[32]의 중요한 논문이 발표되었다: "Die Konjunktionen und Satzeinleitungen im Alttürkischen", *Oriens*, IX (1956), pp. 41-85, 233-280. 1957년에 Osman Nedim Tuna[33]는 오르콘 비문들에서 적용된 일부 철자법들과 관련된 연구를 한 편 발표하였다: "Bazı imlâ gelenekleri" [일부 철자법 전통들], *TDAY 1957*, pp. 41-81. 동일한 연구자의 논문 두 편이 1960년에 더 발표되었다: "Köktürk Yazıtlarında 'Ölüm' Kavramı ile İlgili Kelimeler ve 'kergek bol-' Deyiminin İzahı"["돌궐 비문들에서 '죽음' 개념과 관련된 낱말들 및 숙어 'kärgäk bol-'의 설명"], *VIII. Türk Dil Kurultayında okunan Bilimsel Bildiriler 1957*[제 8 회 튀르크 언어 대회에서 읽힌 학술 발표문들 1957], TDK yayını: 179, pp. 131-148, Ankara 1960; "Köktürk Yazılı Belgelerinde ve Uygurcada Uzun Vokaller"[돌궐어 문헌들과 위구르어에서 장모음들], *TDAY 1960*, pp. 213-282.

1959년에 Gabain은 고대 튀르크어 문법 요약을 발표하였다: "Das Alttürkische", *PTF* I, Wiesbaden 1959, pp. 21-45. 다음 해에 V. M. Nasilov[34]의 오르콘 및 예니세이 비문들의 문법서가 발간되었다: *Jazyk*

---

31) Alessio Bombaci(1914.8.27.-1979.1.20.). 이탈리아의 튀르크학자.

32) Ahmet Temir(1912.11.14.-2003.4.19.). 터키의 튀르크학자/몽골학자. 러시아 연방 내의 타타르스탄 공화국 Elmet에서 출생하여 1929년에 터키로 망명하였다. 고등 교육을 받은 뒤 1936년에 도이칠란트로 가서 박사 과정을 밟아 1943년에 학위를 받았다. 1955-1982에 앙카라 대학교 문과 대학 교수를 역임하였다.

33) Osman Nedim Tuna(1923.1.1.-2001.7.17.). 터키의 튀르크학자. 이스탄불대학교 터키어문학과를 졸업한 뒤 1962년에 시애틀(Seattle)에 있는 워싱턴 대학교(University of Washington)로 가서 Nichloas Poppe의 지도하에 박사과정을 밟아 1970년에 박사학위를 받았다. 필라델피아(Philadelphia)에 있는 펜실베이니아 대학교(University of Pennsylvania) 동양학과에서 근무하였다.

34) Vladimir Mixajlovič Nasilov(1893-1970). 소련의 튀르크학자.

orxono-jenisejskix pamjatnikov, Moskva 1960. Nasilov는 유감스럽게도 소련 밖에서 이 주제로 발간된 저작들에 그리 유의하지 않았으며, 이 때문에 나중에 수정된 일부 옛 독법 오류들이 이 문법서에 그대로 들어갔다.

1963년에 Pritsak[35]는 돌궐어에 관한 아주 중요하고도 흥미있는 연구를 한 편 발표하였다: "Das Alttürkische", *Handbuch der Orientalistik, Fünfter Band: Altaistik, Erster Abschnitt: Turkologie*, Leiden & Köln 1963, pp. 27-52.

1968년에 필자의 "돌궐어 문법"이라는 이름의 연구서가 발간되었다: *A Grammar of Orkhon Turkic*, Indiana University Publications, Uralic and Altaic Series, Volume 69, Bloomington 1968. 이 저작에는 다섯 개의 비문(퀼 티긴 비문, 빌개 카간 비문, 투뉴쿠크 비문, 옹긴 비문 및 퀼리 초르 비문)의 전사된 본문들 및 이것들의 영어 번역들, 그리고 비문들에 나오는 낱말들의 분석적인 어휘집도 포함되어 있다.

1970년에 Muharrem Ergin[36]의 *Orhun Abideleri*[오르혼 기념비들]이라는 이름의 조그마한 저작이 발간되었다. 이 저작에는 퀼 티긴 비문, 빌개 카간 비문 및 투뉴쿠크 비문의 본문들과 이것들의 터키어[37] 번역들 및 소

---

35) Omeljan Pritsak(1919.4.7.-2006.5.29.). 우크라이나 출신의 역사학자/동양학자. Lviv (Lwów), Kiev, Berlin 및 Göttingen에서 튀르크계 언어들, 이슬람 및 이란 문헌학을 공부하였다. Göttingen에서 박사학위를 받은 뒤 함부르크(Hamburg) 대학교 교수가 되었다. 1960년대에 미국으로 가서 시애틀(Seattle)에 있는 워싱턴 대학교(University of Washington)에서 잠시 근무한 뒤, 언어학자인 Roman Jakobson의 초청으로 1964년에 하버드(Harvard) 대학교로 옮겨 1989년까지 근무한 뒤 정년퇴직하였다. 중앙아시아, 남부 러시아, 동부 유럽 역사 전문가였고 튀르크학과 알타이학 분야에서도 조예가 깊었다.

36) Muharrem Ergin(1923-1995.1.6.). 터키의 튀르크학자. 옛 소련의 그루지야 공화국 Ahilkelek 구(區)에서 출생하였다. 튀르크족 중 Karapapak(또는 Terekeme)족 출신이다. 그의 가족은 1926년에 터키로 이주하였다. 1947년에 이스탄불 대학교 터키어문학과를 졸업한 뒤 1950년에 같은 학과에서 조교가 되었고 1954년에 박사학위를 받았다. 같은 학과에서 1962년에 부교수, 1971년에 교수가 되어 1990년까지 근무하였다.

37) 터키를 중심으로 전 세계 30여 개국에서 사용되는 튀르크계 언어이다. 6,000만 명 정도가 모어로 사용하는데, 제 2언어 사용자까지 포함하면 약 7,500만 명 정도가 사용한다. 아나톨리아 동부의 방언들은 엄밀히 말하면 아제르바이잔어의

규모의 어휘집이 포함되어 있다.

1972년에 József Matuz[38]는, 체코-몽골 고고학자들이 1958년에 퀼 티긴 기념비에서 실시한 학술 조사들에서 찾아낸, 퀼 티긴 비문으로부터 떨어진 파편들 및 기념비에 속하는 대리석 거북상 위에 있는 8 개의 낱말로 된 비문을 발표하였다: “Trois fragments inconnues de l’Orkhon”, *Turcica IV* (1972), pp. 15-24. Matuz가 발표한 파편 중의 하나에는 위에서 낱말 b(i)t(i)d(i)m(i)z “우리가 적었다”가 판독된다. 이 낱말은 Matuz가 제대로 확인한 것처럼 퀼 티긴 비문의 서남쪽 모서리에 있는 구절 ... t(a)š bit(i)-d(i)m yoll(u)γ tig(i)n 다음에 와야 한다. 이것의 아래에 있는 IG^2N^2 : B^2 글자들은 같은 비문의 남쪽 면의 끝에 속한다: Bu bit(i)g bit(i)gmä (a)tïsi yol(lu)γ T^2[ig(i)n B^2] ... 마지막 글자 B^2로 시작되는 낱말은 틀림없이 낱말 b[it(i)d(i)m] “내가 적었다”이다.

두 번째 파편에서는 윗줄에서 R^2I : $B^1WL^1ČA$ 글자들이 판독된다. 이 글자 배열은 역시 비문의 서남쪽 모서리에 있는 구절 b(ä)g(i)m tig(i)n yüg(gä)rü t(ä)ŋ...의 연속일 것이다: t(ä)ŋ[ri bolča]...

퀼 티긴 기념비의 받침대인 대리석 거북상 위에 있는 비문 파편의 판독될 수 있는 부분에 대해서는 언급한 비문을 볼 것.

1974년에 노르웨이인 튀르크학자 Even Hovdhaugen[39]은 퀼 티긴 비문과 빌개 카간 비문의 공통 부분들에 있는 미세하지만 중요한 차이들과 표기의 잘못들을 조사한 값진 연구를 발표하였다: “The relationship between the two Orkhon inscriptions”, *AO*, XXXVI (Copenhagen 1974), pp.

방언들이다. 최근의 국외 이주자가 수백만 명 있다. 흔히 터키와 관련된 형용사는 Turkish, 튀르크족 전체와 관련해서는 Turkic으로 구별하기도 한다. 아제르바이잔어(Azerbaijani), 가가우즈(Gagauz)어, 튀르크멘(Türkmen)어, 호라산 튀르크어(Khorasan Turkish) 등과 함께 오구즈(Oghuz) 그룹에 속한다. 예전에는 아랍 문자로 표기되었으나 1928년부터는 개량된 라틴 문자로 표기되고 있다.

38) Josef Eugen Matuz(1925.10.27.-1992.12.20.). 헝가리 부다페스트 출신의 역사학자/동양학자. 오스만학을 공부하여 1961년에 München에서 박사 학위를 받은 뒤 도이칠란트의 Freiburg에서 1972-1990에 교수로 근무하고 정년퇴직하였다.

39) Even Hovdhaugen(1941.6.21.-). 노르웨이의 언어학자, 오슬로 대학교 언어학과 교수.

55-82. 그러나 이 논문에서 주장된 견해들과 제안된 독법들 모두에 찬동할 수 는 없다.

같은 해에 프랑스인 튀르크학자 Louis Bazin[40]의 12 동물이 있는 고대 튀르크 달력에 관한 800쪽 분량의 유명한 연구가 발간되었다: *Les calendriers turcs anciens et médiévaux*, Service de Reproduction des Theses Université de Lille III, 1974. Bazin은 교수 승진 논문인 그의 이 깊고 철저한 연구에서, 무엇보다도 특히, 오르콘 비문들의 작성 날짜와 건립 날짜 및 퀼 티긴[41]과 빌개 카간[42]의 사망 날짜와 장례식 날짜도 정확하게 확인해 내었다.

1980년에 소련의 튀르크학자들 중 A. N. Kononov[43]의 오르콘 비문들 및 "룬" 문자로 된 모든 고대 튀르크 비문들의 문법서가 발간되었다: *Grammatika jazyka tjurkskix runičeskix pamjatnikov*, Leningrad 1980, 255 p. Kononov는 그의 이 저서에서 오르콘 비문들에 관하여 단지 소련에서만이 아니라 소련 밖에서 이루어진 연구들에도 유의하였으며 비문들의 본문에서 필요한 꽤 많은 변경을 하였지만 논란이 되고 있는 일부 문장과 구절들에서 역시 종래의 독법들에 의존하지 않을 수 없었다.

1983년에 Osman F. Sertkaya[44]는 퀼 티긴 비문과 퀼리 초르 비문에 자주 나타나는 숙어 *oplayu täg*-에 관하여 짧지만 흥미있는 글을 발표하였다: "Göktürk tarihinin meseleleri: Köl Tigin ve Köl-İç-Çor kitabe-

---

40) Louis Bazin(1920.12.20.-). 프랑스의 동양학자.

41) 퀼 티긴은 684-731년에 살았는데, 중국 문헌에는 闕特勒으로 기록되어 있다. 勒은 勤의 잘못임이 분명하다.

42) 빌개 카간은 683-734년에 살았는데, 중국 문헌에는 毗伽可汗으로 기록되어 있다. 그 이름은 默棘連이다.

43) Andrej Nokolajevič Kononov(1906.10.27.-1986.10.28.). 소련의 언어학자/튀르크학자. 상크트 페테르부르그에서 출생하여 1930년에 레닌그라드 동방연구소(Leningradskij vostočnyj institut)를 졸업하였다. 1950년부터 레닌그라드 대학교 교수로 근무하였다.

44) Osman Fikri Sertkaya(1946.8.11.-). 터키의 튀르크학자. 터키 남부의 아다나(Adana)에서 출생하여 1964-1968년에 이스탄불 대학교 문과대학 터키어문학과에서 학사과정을 밟았다. 같은 학과에서 1976년에 박사학위를 받은 뒤 1982년부터 교수로 근무하고 있다.

lerinde geçen *oplayu tegmek* deyimi üzerine"[돌궐사 문제들: 퀼 티긴 비문과 퀼-이치-초르 비문에 나오는 숙어 oplayu täg-에 대하여], *JTS*, 7 (1983), pp. 369-375.

II 투뉴쿠크 비문에 관한 출판물들

투뉴쿠크 비문은 제2차 돌궐 제국[45]의 위대한 정치가인 빌개 투뉴쿠크 부일라 바가 타르칸(Bilgä Tuńuquq Buyla Baγa Tarqan)이 생전에 자기 이름으로 쓰게 하고 세우게 한, 동일한 크기의 두 비석으로 이루어진다. 이 비석들은 중앙 몽골의 올라안 바아타르(Ulaanbaatar)의 50 km 동남쪽에, Nalaykha 근처에, Nalaykha와 Tola강[46] 오른쪽 기슭 사이에 있는 Bain-Tsokto라 불리는 곳에 있다. 투뉴쿠크 무덤 부속 건물군에 있는 이 두 비석은 1897년 여름에 Radloff와 Klementz 여사가 찾아내었다.[47] 두 비석 모두 네 면이 비명으로 채워져 있다. 첫째 비석에는 35줄, 둘째 비석에는 27줄이 있다. 비문을 찾아낸 이들의 말에 의하면 이것들 주위에 있는 부속 건물군에는 머리가 부서진 여덟 개의 조상(彫像)이 있었다고 한다.

투뉴쿠크 비문은, 제일 먼저, "룬" 문자로 된 본문, 전사 및 도이치어 번역과 함께 Radloff가 발간하였다: W. Radloff, *Die alttürkischen Inschriften der Mongolei*, Zweite Folge, St. Petersburg 1899, pp. 2-27.

---

45) 역사상 돌궐 제국이 무너진 뒤 동돌궐이 중국의 지배에서 벗어나 재건한 제국으로 같은 튀르크계의 위구르족에게 망하였다.

46) 헨티(Khentii) 산맥의 고르히 테렐지(Gorkhi-Terelj) 국립공원에서 발원하여 몽골의 수도 올라안바아타르(Ulaanbaatar) 남쪽을 지나 오르콘(Orkhon) 강으로 흘러드는 704 km 길이의 강으로 몽골어로는 Tuul gol(토올 강)이라 한다. BQ E 30에는 toγla ügüz, T 15에는 toγla, 중국 문헌에는 獨樂河로 나온다.

47) 투뉴쿠크 비문을 발견한 사람은 Klementz (= Klemenc) 여사이다.

이 출판물은 최초의 것이기 때문에 잘못 읽고 풀이한 것이 매우 많다.

그 뒤 Thomsen은 Ramstedt[48]를 통하여 비문의 완전한 사진을 입수하여 이것을 연구해서 아주 중요한 일부 정정을 하였다: Vilhelm Thomsen, *Turcica*, Helsingfors 1916.

Thomsen은 그 뒤 두 오르콘 비문[49]과 함께 투뉴쿠크 비문의 덴마크어 번역을 발간하였다: "Gammel-tyrkiske indskrifter fra Mongoliet i oversaettelse og med indledning", *Samlede Afhandlinger*, III, København 1922, pp. 465-516. 이 번역은 얼마 뒤 도이치어로도 발간되었다: "Alttürkischen Inschriften aus der Mongolei", (번역자 H. H. Schaeder), *ZDMG* (1924), pp. 121-175.

투뉴쿠크 비문은 그 뒤 터키에서 H. N. Orkun이 발간하였다: H. N. Orkun, *Eski Türk Yazıtları*, I, İstanbul 1936, pp. 97-124. Orkun은 Radloff가 발간한 본문을 기본으로 삼고 이 본문에 대한 Thomsen의 정정들도 고려하였다. 그럼에도 불구하고 Orkun의 출판물에서도 상당히 많은 잘못이 고쳐지지 않은 채 남았다.

그 뒤 미국인 Sprengling[50]은 Thomsen의 투뉴쿠크 비문 번역을 덴마크어에서 영어로 옮기고 이 번역을 자기 손으로 준비한 "룬" 문자로 된 비문 사본과 함께 발간하였다: M. Sprengling, "Tonyukuk's Epitaph: An Old Masterpiece", *AJSL*, LVI, No. 1 (January 1939), pp. 1-19, No. 4 (October 1939), pp. 365-383.

투뉴쿠크 비문은 그 뒤 "룬" 문자로 된 본문, 전사 및 러시아어 번역과

---

48) Gustav John Ramstedt(1873.10.22.-1950.11.25.). 스웨덴어를 사용하는 핀란드인(Finland-Swedish) 언어학자/외교관. 핀란드의 Tammisaari에서 출생하였다. 헬싱키 대학교에서 핀-우고르 언어들을 공부하였고 나중에는 알타이 언어들에 관심을 가졌다. Otto Donner(1835.12.15. -1909.9.17.)의 제안으로 몽골어를 배우기 위하여 몽골에도 몇 차례 다녀왔다. 1920-1929년에는 일본주재 초대 핀란드 대리대사(Chargé d'affaires)로 근무하였다. 1930년 헬싱키(Helsinki) 대학교 알타이어학 교수가 되었다. 현대 몽골방언학과 알타이어학의 건설자이다.

49) 퀼 티긴 비문과 빌개 카간 비문을 말한다.

50) Martin Sprengling(1877-1959). 1898년에 위스콘신 루터교파 신학교(Wisconsin Lutheran Seminary)를 졸업하였다. 시카고 대학교(University of Chicago) 교수로 근무하였다.

함께 Malov가 발간하였다: S. Je. Malov, *Pamjatniki drevnetjurkskoj pis'mennosti*, Moskva-Leningrad 1951, pp. 56-73.

그 뒤 투뉴쿠크 비문을 Aalto가 발간하였다: G. J. Ramstedt, J. G. Granö[51] & Pentti Aalto[52], "Materialien zu den alttürkischen Inschriften der Mongolei", *JSFOu*, LX: 7 (1958), pp. 30-61.

투뉴쿠크 비문을 자역(字譯), 전사 , 프랑스어 번역, 주석 및 어휘집과 함께 책으로 처음 발간한 이는 Giraud였다: René Giraud[53], *L'inscription de Baïn Tsokto*, Paris 1961, 164 p.]Giraud는 비문의 본문에서 일부 중요한 정정들을 하였다.

그 뒤 필자의 "돌궐어 문법" 안에 있는 출판물이 뒤따른다: T. Tekin[54], *A Grammar of Orkhon Turkic*, Indiana University Publications, Uralic and Altaic Series, Volume 69, Bloomington 1968, pp. 249-253 및 283-290.

투뉴쿠크 비문은 마지막으로 M. Ergin이 발간하였다: M. Ergin, *Orhun Abideleri*[오르훈 기념비들], İstanbul 1970, pp. 90-98. 이 출판물은 다른 두 비문처럼 T. Tekin의 출판물과 꼭 같은 것이다.

이 출판물이 나온 뒤 투뉴쿠크 비문에 있는 일부 낱말 및 낱말 무리와 관련된 다음의 논문들이 발표되었다: S. Tezcan[55], "Tonyukuk yazıtında

---

51) Johann Gabriel Granö(1882-1956). 핀란드의 지리학자/탐험가. 투르쿠(Turku) 대학교 총장으로 있었다.

52) Pentti Aalto(1917.7.22.-1998.11.30.). 핀란드의 언어학자. G. J. Ramstedt의 제자이다. Ramstedt의 사후에 그의 유작을 편집하여 발간하였다. 1958년에 헬싱키대학교 객원교수가 되었고, 1963년에는 Martti Räsänen이 정년퇴직하자 그를 계승하였다.

53) M. René Giraud (1904-1968). 프랑스의 튀르크학자/문헌학자/역사학자.

54) Talât Tekin(1927.7.16.-). 터키의 튀르크학자. 터키 서북부의 코자엘리(Kocaeli)도 게브제(Gebze)군 타브샨즐(Tavşancıl)면에서 출생하였다. 1951년에 이스탄불 대학교 터키어문학과를 졸업하였다. 1961-1963에 캘리포니아 대학교 근동어학과에서 박사과정을 수료하였다. 1965년에 UCLA에서 박사학위를 받은 뒤 1972년에 귀국하여 앙카라의 하제트테페(Hacettepe) 대학교에서 1994년 정년퇴직할 때까지 근무하였다. 1997-2004년에는 이스탄불의 예디테페(Yeditepe) 대학교 터키어문학과 학과장으로 근무하기도 하였다.

55) Semih Tezcan(1943-). 터키 출신의 도이칠란트 튀르크학자. 터키 남부의 메르

birkaç düzeltme"["톤유쿠크 비문에서 몇몇 정정"], *TDAY 1975-1976* (Ankara 1976), pp. 173-181; O. F. Sertkaya, "The first line of the Tonyukuk monument", *CAJ*, XXIII, 3-4 (1979), pp. 288-292; O. F. Sertkaya, "A note on the adjectival compound *ḳız ḳoduz* on the Toñyukuk monument", *Turcica*, XI (1979), pp. 180-186; O. F. Sertkaya, "Probleme der köktürkischen Geschichte: Muss es *Çölgi Ạz ẹri* oder *Çöl(l)üg iz ẹri* heissen?", *JTS*, 3 (1979), pp. 291-294; O. F. Sertkaya, "Probleme der köktürkischen Geschichte: Muß es 'İnel Kagan' oder 'İni İl Kagan' heißen?", *MT*, III, (1978), pp. 16-32.

신(Mersin)에서 출생하였다. 앙카라 대학교 터키어문학과를 졸업한 뒤 1971년에 도이칠란트의 괴팅엔(Göttingen) 대학교에서 Doerfer의 지도하에 박사학위를 받았다. 1974-1980에는 모교에서 근무하기도 하였지만 1980년 9월 12일의 쿠데타 이후에 사직한 뒤 도이칠란트로 망명하여 1984년부터 밤베르크(Bamberg) 대학교에서 근무하였다.

III 오르콘 비문들의 정의와 특징들

퀼 티긴 기념비와 빌개 카간 기념비는 몽골 공화국에 있는 오르콘 강의 옛 강바닥 가까이에, 호쇼 차이담(Khosho-Tsaidam)이라는 호수 부근에 있다 (대략 북위 47° 동경 102°). 기념비들 사이의 거리는 1 km 정도이다.

A. 퀼 티긴 기념비

퀼 티긴 기념비는 품질이 나쁜 석회석 또는 대리석으로 만들어진, 네 면이 있는 한 덩어리의 커다란 비석이다. 비석의 높이는 3.75m이다. 비석의 동쪽 면과 서쪽 면의 폭은 바닥에서 1.32m, 위에서 1.22m이다. 비석의 북쪽 면과 남쪽 면의 폭은 46cm와 44cm이다.

퀼 티긴 기념비의 모든 면들은 2.75m 길이의 비명들로 덮여 있다. 그것의 서쪽 면에는 기다란 한문 비명이 있다. 기념비의 다른 면들은 온통 튀르크어 비명들로 채워져 있다. 기념비의 동쪽 면에는 40줄, 남쪽 면과 북쪽 면에는 각각 13줄이 있다. 게다가 기념비의 북쪽 면과 동쪽 면, 남쪽 면과 동쪽 면, 남쪽 면과 서쪽 면 사이에 있는 모서리 부분들에도 짧은 비명들이 있다. 짧은 튀르크어 비명이 기념비의 서쪽 면에 새겨졌다.

기념비의 거북상 모양의 대리석 받침대 위에도 8줄로 되어 있으나 그 중 겨우 7~8개의 낱말만이 판독될 수 있는 짧은 비명이 있다.

이 기념비는 qoń yïlqa yiti yegirmikä 즉 "양해의 열일곱째 날에"(= 731년 2월 27일) 죽은, 통치자 빌개 카간의 동생인 퀼 티긴을 기념하기 위하여 세워졌다. 퀼 티긴의 장례식은 toquzunč ay yeti otuzqa 즉 "아홉째 달의 스물일곱째 날에"(= 731년 11월 1일) 거행되었다. 그것의 서쪽 면에 있는 한문 비명은 732년 8월 1일에, 튀르크어 비명들은 이보다 20일 뒤에 곧 732년 8월 21일에 완성되었다. 이것으로 보아 기념비가 세워진 날짜는 732년 8월 21일임이 분명하다 (Bazin 1974: 244).

B. 빌개 카간 기념비

빌개 카간 기념비는 퀼 티긴 기념비보다 몇 cm 더 높다. 그러나 이 기념비는 보존 상태가 퀼 티긴 기념비보다 훨씬 더 나쁘다.[56] 기념비의 동쪽 면에는 41줄, 훨씬 더 좁은 북쪽 면과 남쪽 면에는 각각 15줄의 튀르크어 비명이 있다. 빌개 카간 기념비의 서쪽 면에도 퀼 티긴 기념비에 있는 것처럼 한문 비명이 있다. 그러나 이 비명은 대부분 마멸되었기 때문에 극히 적은 부분만이 판독될 수 있었다.

빌개 카간 기념비의 북쪽 면에 있는 비명은 마지막 7줄을 제외하고는 퀼 티긴 기념비의 남쪽 면에 있는 비명과 동일하다. 기념비의 동쪽 면에 있는 2~24째 줄들도 약간 차이가 나긴 하지만 퀼 티긴 기념비의 동쪽 면에 있는 1~30째 줄들과 동일하다.

이 기념비는 ït yïl onunč ay altï otuzqa 즉 "개해의 열째 달 스물여섯째 날에" 죽은 통치자 빌개 카간을 기념하기 위하여 세워졌다. 빌개 카간이 죽은 날짜는, Bazin의 계산에 의하면 734년 11월 25일이 된다. 빌개 카간의 장례식은, 비명에 따르면 laγzin yïl bišinč ay yiti otuzqa 즉 "돼지해의 다섯째 달 스물일곱째 날에"(= 735년 6월 22일) 거행되었다. Bazin은 기념비의 서쪽 면에 있는 한문 비명이 735년 8월 19일에 쓰여졌고 튀르크어 비명들이 34일만에 완성되었다는 것에서 출발하여 빌개 카간 기념비가 735년 9

56) 빌개 카간 기념비는 현재 박물관으로 옮겨져 보관되고 있다.

월 20일에 세워졌음이 분명하다는 결론을 내리고 있다 (Bazin 1974: 248).

빌개 카간 기념비는 빌개 카간의 작은 아들인 탱리[登利] 카간(734-741)에 의하여 세워졌다.

IV 투뉴쿠크 비문의 건립 시기

투뉴쿠크 비문의 건립 시기는 비문에서 밝혀져 있지 않다. 다만 비문의 마지막 문장에 의하여 이 비문이 빌개 카간의 재위 시에 세워졌음을 알 수 있다. 이것은 716년에서 734년까지의 18년의 기간이다. 중국 문헌들은 빌개 카간이 즉위한 716년에 투뉴쿠크의 나이가 70 이상이었음을 기록하고 있다 (Liu Mau-Tsai[57], I: 171). 투뉴쿠크 자신도 비문의 56째 줄에서 *özüm qarï boltum, uluγ boltum*이라 한 것을 보면 비문의 작성 및 건립 시기는 716년에서 5~10년 뒤, 십중팔구 720~725년 사이일 수 있다. Bazin은 투뉴쿠크 비문이 726년 또는 이보다 조금 뒤에 작성되어 건립되었다고 보고 있다: L. Bazin, *Les calendriers turcs anciens et médiévaux*, Service de Reproduction des Theses, Université de Lille III, Lille 1974, p. 207.

57) Liu Mau-Tsai(劉茂材, 1914.11.7.-). 중국 출신의 한학자. 1967-1980에 함부르크(Hamburg) 대학교에서 교수로 근무하였다.

V 오르콘 비문들을 쓴 사람

퀼 티긴 비문과 빌개 카간 비문을 쓴 사람은 퀼 티긴의 *atï* 즉 조카 욜루그 티긴(Yolluγ Tigin)이다. 낱말 *atï*는 몽골어 *ači*에 대응하는데, 몽골어 *ači*는 "손녀 또는 손자: 누구의 아들의 아이 또는 형제의 아이"이다 (Lessing[58] 1960: 8). 이 낱말은 오늘날 단지 서부 유구르(West Yugur, 西部裕固)어[59]에서 *ati*, *hati*의 형태로 남아 있으며 "작은 아이, 손자"라는

58) Ferdinand Diedrich Lessing(1882.2.26.-1961.12.31.). 미국의 중국학자/몽골학자. 도이칠란트의 에센(Essen)에서 출생하였다. 베를린 민족지학 박물관의 Friedrich Wilhelm Karl Müller(1863.1.21.-1930.4.18.)에게 배웠다. 1907년에 중국에 가서 17년 동안 머무르며 언어학 및 민족지학 연구를 한 뒤 1925년에 박사 과정을 마칠 겸 Seminar für Orientalische Sprachen에서 중국어 교수가 되기 위하여 도이칠란트에 돌아왔다. 1927년에는 F. W. K. Müller의 뒤를 이어 박물관장이 되었다. 1930년대에는 스웨덴의 Sven Hedin의 탐험에 참가하여 북중국과 몽골에 갔다. 1935년에 미국 Berkeley에 있는 캘리포니아 대학교 동양어과 학과장으로 초청받아 미국으로 건너가 사망할 때까지 Berkeley에서 살았다.

59) 2000년 인구조사에 따르면 중국에는 13,719명의 유구르(Yugur)족이 있는데, 이들의 대부분은 감숙성(甘肅省) 서북부의 숙남 유고족 자치현(肅南裕固族自治縣)에 살고 있다. 이들 중 4600 명 정도는 튀르크계 언어를 사용하고, 2800 명 정도는 몽골계 언어를 사용한다. 유구르족의 3분의 1은 중국어를 모어로 사용하고 티베트어를 사용하는 사람들도 있다. 자치현에서 융창하(隆暢河) 서쪽에는 튀르크계 언어, 동쪽에는 몽골계 언어를 사용하는 사람들이 거주하므로 중국에서는 이들을 각각 서부유고(西部裕固), 동부유고(東部裕固)로 구분하여 부른다.

동부 유구르족은 13세기의 몽골의 정복 과정에서 중국 북부에 침입한 몽골족의 후손으로 여겨진다. 한편 스스로를 사륵 유구르(Sarïγ Yuγur = Yellow

뜻이다(Tenišev[60] 1976: 180).

퀼 티긴 기념비의 동남 모서리와 서남 모서리에 있는 비명들과 빌개 카간 기념비의 서남 모서리에 있는 짧은 비명은 욜루그 티긴(Yolluγ Tigin)의 말들이다. 퀼 티긴 비문의 남쪽 면에 있는 마지막 문장도 욜루그 티긴이 썼다.

퀼 티긴 기념비의 동쪽 면, 남쪽 면, 북쪽 면과 동북 모서리에 있는 비명들과 한문 비명이 있는 서쪽 면에 있는 두 줄짜리 튀르크어 비명은 빌개 카간의 입에서 나온 것이다. 빌개 카간 비문의 대부분도 그의 입에서 나온 것이며 기념비의 남쪽 면에서 열째 줄의 여섯째 낱말 다음에는 기념비를 세우게 한 탱리 카간이 말하고 있다. 기념비의 한문 비명이 있는 서쪽 면의 윗부분에 있는 서정적인 비명도 탱리 카간의 입에서 나온 것이다.

욜루그 티긴은 퀼 티긴 비문을 20일 만에 (동남 면 참고), 빌개 카간 비문은 34일 만에 (동남 면 참고) 썼다.

Uyghur)라 부르는 서부 유구르족은 840년에 몽골 지방의 위구르 제국이 크르그즈족에게 무너지자 감숙(甘肅) 지역으로 이주하여 감주(甘州) 왕국(870-1036)을 세웠던 위구르족의 후손으로 여겨진다. 이들 위구르족을 원(元)에서는 撒里畏吾爾, 명(明)에서는 撒里維吾爾라 불렀다. 撒里는 튀르크어 sarïγ "노란, 누런"을 중국어로 음역한 것이다. Yuγur라는 이름은 음운도치(metathesis)에 의하여 위구르(Uyγur)에서 바뀐 형태이다.

서부 유구르어는 하카스(Khakas)어, 쇼르(Shor)어의 므라스-상류 톰(Mrass-Upper Tom) 방언, 출름 튀르크어(Chulym Turkish)의 중류 출름(Middle Chulym) 방언, 푸위 크르그즈(Fuyu(富裕) Kirghiz)어와 함께 튀르크어의 이른바 azaq 그룹에 속한다. 다른 현대 튀르크 언어들이 모두 21과 같은 수는 '20 1'로 읽는 데 비해 서부 유구르어는 11~29의 수를 아직도 고대 튀르크어에서처럼 '1 30' 형태로 읽는다.

60) Edgem Raximovič Tenišev(1921.4.25.-2004.7.11.). 소련/러시아의 튀르크학자. 러시아 연방 바시코르토스탄(Bashkortostan) 공화국의 미셰르 타타르족(Misher Tatar) 출신이다.

VI 고대 튀르크 "룬" 문자

오르콘 비문들에서 사용된 고대 튀르크 "룬" 문자는 38개의 글자 또는 부호로 이루어진다. 이 글자들 중에서 4개는 모음 부호들이다. 각각의 모음 부호는 튀르크어의 8개 기본 모음 중 두 개를 표기하는 데에 사용된다. 달리 말하면, 고대 튀르크 "룬" 문자에는 a/ä를 위하여 한 개의 글자, ï/i를 위하여 한 개의 글자, o/u를 위하여 한 개의 글자 그리고 ö/ü를 위하여 한 개의 글자가 있다.

남은 34개 부호 중 20개는 자음 b, d, g, k, l, n, r, s, t, y의 쌍글자들이다. 달리 말하면, 고대 튀르크 "룬" 문자에는 이 자음들의 각각을 위하여 하나는 후설, 다른 하나는 전설인 두 개씩의 글자가 있다. 후설자음 부호들은 후설모음을 지닌 낱말들을 쓸 때에, 전설자음 부호들은 전설모음을 지닌 낱말들을 쓸 때에 사용된다.

남은 14개 부호 중 7개는 후설모음을 지닌 낱말들과 전설모음을 지닌 낱말들에 있는 자음 č, m, ń, ŋ, p, š, z를 쓸 때에 사용된다. 달리 말하면, 이 자음 글자들은 모음의 견지에서 본다면 중립적이다.

남은 7개 부호 중 4개는 원순모음과 하나의 자음, 평순 협모음과 하나의 자음으로 이루어진 소리떼들을 쓸 때에 사용된다. 원순모음들로 이루어진 소리떼들을 나타내는 부호들은 oq/qo와 ök/kö, 평순 협모음들로 이루어진 소리떼들을 나타내는 부호들은 ïq/qï와 ič/či이다. 이 부호들 중에서 처음 두 개는 동시에 소리떼 uq/qu와 ük/kü를 쓸 때에도 사용된다. 낱말 안에서 이 소리떼들이 있으면, 이것들은 모음도 포함하는 이 부호들로 쓰여질 수도 있고, 관련된 모음 부호와 자음 부호로 쓰여질 수도 있다.

남은 3개 부호는 "겹자음 부호들"이라고 이름붙일 수 있다. 이것들은 부호 lt, nč, nt이다. 첫 번째의 겹자음 부호는 단지 후설모음을 지닌 낱말들에 있는 겹자음 lt, 두 번째 부호와 세 번째 부호는 후설모음을 지닌 낱말들과 전설모음을 지닌 낱말들에 있는 겹자음 nč와 nt를 쓸 때에 사용된다.

오르콘 문자표

문자	자역	음가	문자	자역	음가
a	A	a, ä	S	S^2	s, š
i	I	ï, i	t	T^1	t
o	W	o, u	T	T^2	t
O	Ẅ	ö, ü	j	Y^1	y
b (T b)	B^1	b	J	Y^2	y
B e (T B)	B^2	b	C	Č	č
d	D^1	d	m (T m)	M	m
D	D^2	d	h	Ŋ	ŋ
g	G^1	γ	y	Ń	ń
G	G^2	g	p	P	p
k	K^1	q	w	Š	š
K	K^2	k	z (T z)	Z	z
l	L^1	l	q	^{w}K	oq/uq, qo/qu
L	L^2	l	Q (T Q)	$^{\ddot{w}}K$	ök/ük, kö/kü
n	N^1	n	x	^{ï}K	ïq/qï
N	N^2	n	c	$^{i}Č$	ič/či
r	R^1	r	;	LT	lt
R	R^2	r	v	NČ	nč
s (T s)	S^1	s	f (T P)	NT	nt

VII 오르콘 비문들에서 적용된 철자법

오르콘 비문들에서 적용된 철자 체계는 음절문자와 알파베트 체계의 혼합과 같다. 모음 부호들의 사용은 제한되어 있으며 일정한 철자법에 따른다. 자음 부호들도 대개는 모음으로 시작하여 관련 자음으로 끝나는 음절들이나 소리떼들을 나타낸다. 몇몇 경우에는 자음 부호들이 단지 하나의 자음이나 쌍자음의 음가를 지닌다.

1. 모음

오르콘 비문들에서 적용된 모음과 관련된 철자법은 다음과 같다:

1. 어두와 어중의 모음 a와 ä는 일반적으로 표기되지 않는다. 그 이유는 자음 부호들의 대부분이 a나 ä로 시작하여 관련 자음으로 끝나는 폐음절 또는 소리떼의 음가를 지니기 때문이다: D^1K^1 = (a)d(a)q "발", R^2N^2 = (ä)r(ä)n "남자들" 등.

2. 어두와 첫 음절의 평순 협모음 ï, i와 원순모음 o, u, ö, ü는 언제나 표기된다: IR^1K^1 = ïr(a)q "먼", $B^1IČD^1I$ = bïčdï "그가/그들이 베었다", $IČR^2A$ = ičrä "안에서", B^2IL^2MZ = bilm(ä)z "그가/그들이 모른다", WT^1Z = ot(u)z "서른", $B^1WD^1N^1$ = bod(u)n "백성", WL^1G^1 = ul(u)γ

“큰”, B^{1}WL^{1}ŋ = bul(u)ŋ “구석”, ẄL^{2}T^{2}I = ölti “그가/그들이 죽었다”, K^{2}ẄL^{2}T^{2}A = költä “호수에서”, ẄZA = üzä “위에서”, Y^{2}ẄG^{2}R^{2}T^{2}I = yüg(ü)rti “그것이 흘렀다” 등.

3. 첫 음절의 평순모음 다음에 있는 평순 협모음들은 일반적으로 표기되지 않는다: D^{1}G^{1}R^{1}G^1 = (a)dγ(ï)r(ï)γ “종마(種馬)를”, B^{1}ŠL^{1}G^{1}G^1 = b(a)šl(ï)γ(ï)γ “머리가 있는 이를, 오만한 자를”, K^{1}IL^{1}N^{1}MŠ = qïl(ï)nm(i)š “그것(들)이 창조되었다 한다”, T^{2}IZL^{2}G^{2}G^2 = tizl(i)g(i)g “무릎이 있는 이를, 힘센 자를”, S^{2}B^{2}N^{2}P = s(ä)b(i)n(i)p “기뻐서” 등.

4. 첫 음절의 평순모음 다음에 있는 원순모음들은 일반적으로 표시된다: L^{1}T^{1}WN^1 = (a)ltun “황금”, ID^{1w}K = ïduq “신성한”, K^{2}L^{2}ẄR^{2}T^{2}M = k(ä)lürt(ü)m “내가 가져왔다”, K^{2}IK^{2}S^{2}ẄR^2- = kikšür- “선동하다” 등.

5. 첫 음절의 원순모음 다음에 있는 평순 협모음들은 일반적으로 표시된다: WG^{1}L^{1}IT^{1}I = oγlïti “그(들)의 아들들”, ^{w}KWR^{1}IG^{1}R^{1}W = qurïγ(a)ru “뒷쪽으로, 서쪽으로”, T^{2}ẄL^{2}IS^2 = tölis “Tölis”, S^{2}ẄČIG^2 = süčig “달콤한” 등.

6. 첫 음절의 원순모음 다음에 있는 원순모음들은 일반적으로 표기되지 않는다: B^{1}WD^{1}N^1 = bod(u)n “백성”, WL^{1}G^1 = ul(u)γ “큰”, WT^{1}Z = ot(u)z “서른”, K^{2}ẄŊL^2 = köŋ(ü)l “마음”, ẄČN^2 = üč(ü)n “～때문에/～를 위하여”, ẄL^{2}G^{2}M = ül(ü)g(ü)m “나의 운” 등.

7. 어말에 있는 모든 모음들은 표기된다: K^{1}R^{1}A = q(a)ra “검은”, B^{2}IL^{2}G^{2}A = bilgä “현명한”, Y^{1}ZI = y(a)zï “평원, 들”, D^{2}G^{2}ẄT^{2}I = (ä)dgüti “잘”, IČG^{1}N^{1}W = ïčγ(ï)nu “잃고”, B^{2}ŊG^{2}Ẅ = b(ä)ŋgü “영원한” 등.

오르콘 비문들에서는 물론 이 철자법에 어긋나는 철자들도 있다:

1. 첫 번째 원칙에 어긋나게, 낱말 at “이름, 칭호”, ač “배고픈”, ač- “배고프다”의 모음은 때때로 표기되었다. 이러한 표기는 이들 낱말에 있는 모음 a가 장모음이기 때문이다: AČ = āč (BQ E 32), AČS^{1}R^1 = āčs(a)r “(네가) 배고프면, 배고플 때에” (BQ N 6), AČS^{1}K^1 = āčs(ï)q “배고픔”, AT^1 = āt “이름, 칭호” (BQ E 41), AT^{1}G^1 = āt(ï)γ “칭호를” (KT W 2),

AT^{1}IN^2 = ātin "그의 이름을, 그의 칭호를" (KT E 7, 7).

"벽"을 뜻하는 낱말 tam의 모음도, 원칙에 어긋나게, 표기되었다. 이 표기도 장모음이기 때문이다. T^{1}AMK^{1}A = tāmqa "벽에" (KT SE).

다음 낱말들에서 모음 a가 표기된 것도 장모음이기 때문일 수 있다: PAM = (a)pam "나의 조상" (KT E 1, 13; BQ E 3, 12), PAMZ = (a)pam(ï)z "우리의 조상" (KT E 19), S^{1}IG^{1}T^{1}AMS^2 (KT E 4) = S^{1}IG^{1}T^{1}AMŠ (BQ E 5) = sïγtam(i)š "그가/그들이 문상했다 한다", T^{1}PL^{1}AMD^{1}I = t(a)plam(a)dï "그가 좋아하지 않았다" (BQ E 35).

2. 두 번째 원칙에 어긋나게, 다음 낱말들의 어두 모음 i가 표기되지 않았다: L^{2}G^{2}R^{2}Ẅ = (i)lg(ä)rü "앞으로, 동쪽으로" (KT E 21), L^{2}K^{2}I = (i)lki. 마지막 낱말은 그것 앞의 낱말 Ŋ = (ä)ŋ "가장, 제일"과 함께 표기되었기 때문에 (ŊL^{2}K^{2}I = (ä)ŋ(i)lki "가장 먼저") 하나의 낱말로 여겨져서 그것의 모음이 표기되지 않았을 수 있다 (세 번째 원칙과 비교할 것).

또한 두 번째 원칙에 어긋나게, 다음 낱말의 첫 음절에 있는 원순모음 u가 표기되지 않았다: B^{1}L^{1}Ŋ = b(u)l(u)ŋ "구석" (BQ E 3). 이것은 틀림없이 철자의 잘못이다.

3. 세 번째 원칙에 어긋나는 표기들이 상당히 많다. 다만, 대부분의 예에서 표기된 모음은 낱말이나 어간의 끝에 있는 모음이다: ČIM = (e)čim "나의 숙부", K^{2}IS^{2}IG^2 = kišig "사람을", B^{2}IT^{2}ID^{2}M = bitid(i)m "내가 썼다", Y^{1}G^{1}IG^1 = y(a)γïγ "적(군)을", B^{2}IL^{2}IR^2 = bilir "그가/그들이 안다" 등.

이 원칙에 어긋나는 낱말들의 대부분은 3인칭 소유어미를 가진 것들이다. 이 어미의 모음 i는 거의 언제나 표기된다: D^{1}G^{1}R^{1}IN^2 = (a)dγ(ï)rin "그(들)의 종마(種馬)를", K^{1}G^{1}N^{1}IN^2 = q(a)γ(a)nin "그(들)의 카간을", Y^{1}IL^{1}K^{1}IS^{2}IN^2 = yïlqïsin "그(들)의 말떼를", ČIS^{2}IN^2 = (e)čisin "그(들)의 형(들)을" 등.

4. 네 번째 원칙에 어긋나는 것으로 다음의 예들이 있다: T^{2}IR^{2}G^{2}R^{2}Ẅ = tirg(ü)rü "되살려서" (KT E 29), Y^{2}IT^{2}R^{2}Ẅ = yit(ü)rü "잃어버리고" (KT E 7; BQ E 7), Y^{1}NTR^{1}W = y(a)nt(u)ru "되돌리며" (KT N 11). 마지막 낱말은 가운데 음절의 모음이 떨어졌기 때문에 (MK[61]) yandru와

비교할 것) 이렇게 표기되었을 수 있다.

5. 다섯 번째 원칙에 어긋나는 표기들도 있다: S^{2}ẄČG^{2} = süč(i)g "달콤한", T^{2}ẄL^{2}S^{2} = töl(i)s "Tölis", WD^{1}MD^{1}M = ud(ï)m(a)d(ï)m "나는 자지 않았다", Y^{1}WR^{1}- = yor(ï)- "걸어가다", Y^{1}WR^{1}T^{1}- = yor(ï)t- "걷게 하다, 전진시키다", ^{w}KWT^{1}ŊA = qut(ï)ŋa "그의 운 덕분에", WG^{1}L^{1}N^{2} = oγl(i)n "그(들)의 아이(들)을", Y^{2}ẄZŊA- = yüz(i)ŋä "그의 얼굴에", B^{1}WMN^{1} = bum(ï)n "Bumïn" 등.

6. 여섯 번째 원칙에 어긋나게, 낱말에 있는 원순모음 다음에 오는 원순모음이 표기된 예가 꽤 많이 있다. 이것들은 대체로 낱말이나 어간의 끝의 모음들 및 특정한 어미/접미사들의 원순모음들이다: B^{1}WD^{1}WN^{1} = bodun "백성" (KT E 14), K^{1}R^{1}L^{1w}KWG^{1} = q(a)rluquγ "Qarluq 족을" (KT N 2), ^{w}KWNČY^{1}WG^{1} = qunč(u)yuγ "공주를" (KT E 20), ^{w}KWN^{1} = oqun "화살로" (KT E 33), ^{w}KẄŠ = üküš "많은" (KT S 10), ẄČẄN^{2} = üčün "~때문에/~를 위하여" (KT E 27 등), B^{1}WŠG^{1}WR^{1}- = bošγur- "가르치다" (KT E 13), ^{w}KWNTWR^{1}- = qontur- "자리잡게 하다" (KT E 21), ẄL^{2}ẄR^{2}- = ölür- "죽이다" (KT E 10 등), S^{2}ẄK^{2}ẄR^{2}- = sökür- "무릎 꿇게 하다" (KT E 2, 15), B^{1}WŠG^{1}WR^{1}WR^{1} = bošγurur "그가/그들이 가르친다" (KT S 7 등), WL^{1}R^{1}WR^{1} = ol(o)rur "그가/그들이 앉는다" (KT E 3 등), K^{2}ẄR^{2}ẄR^{2} = körür "보는; 그가/그들이 복종한다" (KT N 10; BQ N 2), ẄY^{2}ẄR^{2} = öyür "그가/그들이 생각한다" (KT S 5) 등.

61) MK는 Maḥmūd al-Kāšγarī(카시가르 사람 마흐무드)가 튀르크어 방언들을 연구해서 11세기 후반에 아랍어로 저술하여 바그다드의 압바스조 칼리프에게 바친, Dīwān Luγāt at-Turk라는 튀르크 언어들에 대한 최초의 포괄적인 사전을 말한다. 이것을 터키의 Besim Atalay가 터키어로 번역하여 앙카라에서 Divanü Lûgat-it-Türk Tercümesi[Dīwān Luγāt at-Turk 번역] I(1939), II(1940), III(1940) 및 Divanü Lûgat-it-Türk Dizini "Endeks"[Dīwān Luγāt at-Turk 색인 "Index"](1943)라는 이름으로 발간되었고, 이것들은 그 뒤에도 여러 번 다시 발간되었다.

2. 자음

후설자음 부호들(B^1, D^1, G^1 등)은 후설모음을 지닌 낱말들에 있는 자음들, 전설모음 부호들(B^2, D^2, G^2 등)은 전설모음을 지닌 낱말들에 있는 자음들을 표기할 때에 사용된다: B^{1}R^{1}WR^1 = b(a)rur "그가/그들이 간다", B^{2}IR^{2}ẄR^2 = birür "그가/그들이 준다" 등.

그러나, 후설모음을 지닌 낱말에서 전설-후설 모음조화의 적용을 받지 않거나 또는 전설모음화 결과로 모음조화에서 벗어난 어미가 있으면 그 어미의 자음이나 그 어미 다음의 자음은 전설자음 글자로 표기된다: Y^{1}G^{1}IS^{2}I = y(a)γïsi "그(들)의 적" (KT E 12), K^{1}G^{1}N^{1}IN^2 = q(a)γ(a)nin "그(들)의 카간을" (KT E 36 등), S^{1}B^{1}MN^2 = s(a)b(ï)m(i)n "나의 말(言)을" (KT S 2), ^{w}KWN^{1}Y^{1}IN^2 = qon(a)yin "나는 자리잡겠어" (KT S 7), WR^{1}G^{1}S^{1}R^{1}T^{1}Y^{1}IN^2 = ur(u)γs(ï)r(a)t(a)yin "나는 멸종시키겠어" (KT E 10) 등.

3. 부호 S^2

전설모음을 지닌 낱말들에 있는 자음 s를 나타내기 위하여 사용되는 부호 S^{2}는 또한 다음의 기능이 있다:

1. 후설 평순 협모음 ï와 이웃해 있는 자음 s는 전설의 S^2 부호로 표기될 수 있다: S^{2}IG^{1}T^{1}AMŠ = sïγtam(i)š "그가/그들이 문상했다 한다" (BQ E 5) = S^{1}IG^{1}T^{1}AMS^2 (KT E 4), AČS^{2}K^1 = āčs(ï)q "배고픔" (KT S 8, 8) = AČS^{1}K^1 (BQ N 6) 등.

2. 전설모음을 지닌 낱말들에 있는 자음 š와 어미 -miš에 있는 자음 š는 부호 Š 대신에 부호 S^{2}로 표기될 수 있다: K^{2}IS^{2}I = kiši "사람" (일반적으로), B^{2}IS^2 = biš "다섯" (일반적으로), ^{Ẅ}KẄS^2 = üküš "많은" (KT S 6) = ^{Ẅ}KẄŠ, ẄK^{2}Š (일반적으로), K^{2}ẄMS^2 = küm(ü)š "은(銀)" (BQ S

11) = K^{2}ẄMŠ (일반적으로), S^{2}ẄŊS^{2} = süŋ(ü)š "싸움" (일반적으로 S^{2}ẄŊŠ) 등.

과거시제 어미/과거분사 어미 -miš는 퀼 티긴 비문에서 일반적으로 부호 S^{2}로 표기되었다: B^{1}R^{1}MS^{2} = b(a)rm(i)š "간; 그가/그들이 갔다고 한다" (BQ B^{1}R^{1}MŠ), B^{2}IR^{2}MS^{2} = birm(i)š "준; 그가/그들이 주었다 한다" (BQ B^{2}IR^{2}MŠ), B^{1}WL^{1}MS^{2} = bolm(i)š "그가/그들이 ... 되었다 한다" (BQ B^{1}WL^{1}MŠ), R^{2}MS^{2} = (ä)rm(i)š "~이었다고 한다" (BQ E 6: R^{2}MŠ, 그러나 일반적으로 R^{2}MS^{2}) 등.

4. 부호 Y^{2}

전설모음을 지닌 낱말들에 있는 자음 y를 나타내기 위하여 사용되는 부호 Y^{2}는 후설모음을 지닌 낱말들에서 어두에서 그리고 모음 ï 앞의 y 음을 표기하기 위해서도 사용될 수 있다: Y^{2}IL^{1} = yïl "해(年)" (일반적으로), Y^{2}IL^{1}K^{1}I = yïlqï "말떼" (일반적으로), Y^{2}IR^{1}Y^{1}A = yïrya "북쪽에서" (일반적으로, 그러나 KT S 1: Y^{1}IR^{1}Y^{1}A), Y^{2}IR^{1}G^{1}R^{1}W = yïrγ(a)ru "북쪽을 향하여" (일반적으로), Y^{2}IŠ = yïš "숲이 우거진 산" (일반적으로) 등.

마지막 낱말 Y^{2}IŠ는 투뉴쿠크 비문에서는 언제나 부호 Y^{2}로 Y^{2}IS^{1} 형태로 표기되었다. 오르콘 비문들에서 이 낱말이 언제나 부호 Y^{2}로 표기되었다는 것은 음성학적 사실, 달리 말하면 낱말에 있는 모음 ï가 y와 š 사이에서 전설화되었다는 것을 나타내는 것일 수 있다 (알타이어[62] d'ïš, 하카스어[63] čïs

62) 러시아 연방의 알타이 공화국(Altai Republic) 및 인근의 알타이 지방(Altai Krai)에서도 사용되는 튀르크계 언어로서 크게 남부와 북부 방언들로 나뉜다. 남부 방언들에는 알타이 키지(Altai-Kizhi, = Altai Proper), 텔렝기트(Telengit), 텔레우트(Teleut), 북부 방언들에는 투바(Tuba), 쿠만드(Kumandy), 찰칸(Chalkan)이 있다. 남부 방언들과 북부 방언들은 잘 소통되지 않는다. 남부 방언들은 기원적으로 크르그즈어와 밀접한 관계에 있다. 남부 방언에 속하는 알타이 키지 방언이 알타이 문어의 토대가 되었다. 엄밀히 말하면 북

등과 비교할 것): Y^{2}IŠG^1 = yiš(ï)γ, Y^{2}IŠD^{1}A = yišda, Y^{2}IŠK^{1}A = yišqa.

5. 부호 ^{w}K

부호 ^{w}K가 사용되는 곳들은 다음과 같이 열거될 수 있다:

1. 낱말에 있는 소리떼 oq를 나타내기 위하여: ^{w}KWN^1 = oqun "화살로" (KT E 33, 36), ^{w}KG^{1}L^{1}I = oq(ï)γ(a)lï "부르기 위하여" (BQ E 28), T^{1w}KID^{1}I = toqïdï "그가 쳤다" (KT N 6), T^{1w}KWZ = toquz "아홉" (KT N 4 등), T^{1w}KZ = toq(u)z (BQ E 34), Y^{1w}K = yoq "없는" (일반적으로) 등.

낱말 yoq는 퀼 티긴 비문의 두 곳에서 Y^{1}W^{w}K 즉 yooq 형태로 표기되었다 (KT E 11, 39). 모음 W 다음에 부호 ^{w}K가 사용된 이 철자는 낱말에

부 방언들은 출름 튀르크어(Chulym Turkish)의 하류 출름(Lower Chulym) 방언 및 쇼르(Shor)어의 콘도마-하류 톰(Kondoma-Lower Tom) 방언과 함께 별도의 그룹을 이룬다.

2002년 러시아 인구조사에 따르면 Altai(-Kizhi)족은 67,239명, Altai(-Kizhi)어를 아는 사람은 65,534명; Telengit족은 2,399명, Telengit어를 아는 사람에 대한 정보는 없고; Teleut족은 2,650명, Teleut어를 아는 사람은 1,892명; Tuba족은 1,565명, Tuba어를 아는 사람은 436명; Kumandy족은 3,114명, Kumandy어를 아는 사람은 1,044명; Chalkan족은 855명, Chalkan어를 아는 사람은 539명이다.

63) 러시아 연방의 하카시아 공화국(Republic of Khakassia)에서 사용되는 튀르크계 언어로서 사가이-벨티르(Sagai-Beltir), 카차-코이발-크즐(Kacha-Koibal-Kyzyl), 쇼르(Shor) 방언들로 나뉜다. 사가이 방언과 카차 방언이 하카스 문어의 토대가 되었다. 벨티르 방언은 사가이 방언에, 코이발 방언은 카차 방언에 흡수되었다. 2002년 러시아 인구조사에 따르면 하카스족은 75,622명이고, 하카스어를 아는 사람은 52,217명이다.

하카시아 지역은 과거에 크르그즈족이 거주하던 곳이었다. 중국 당(唐)나라의 문헌에서는 이 크르그즈족을 한자로 黠戛斯라고 부정확하게 기록하였는데, 이 중국어 명칭은 하카스로 읽혀서 소련 성립 이후 통합된 튀르크계 언어를 사용하는 이 지역의 여러 종족의 공통 명칭이 되었다.

있는 모음 o가 장모음임을 나타낸다 (튀르크멘어[64] yōq, 야쿠트어[65] suox < *yōq와 비교할 것).

2. 어중과 어말에 있는 소리떼 uq를 나타내기 위하여[66]: $R^1T^{1w}K$ = (a)rtuq "과잉의" (KT E 33), $B^1R^1D^{1w}K$ = b(a)rdoq "간, 가버린" (KT E 24), $K^1IL^1NT^wKD^1A$ = qïl(ï)ntoqda "창조되었을 때에" (KT E 1), $B^1WY^1R^{1w}K$ = buyruq "지휘관" (KT S 1) 등.

3. 낱말과 음절의 첫머리에서 모음 o와 u 앞의 자음 q를 나타내기 위하

64) 튀르크메니스탄을 중심으로 인근의 이란, 아프가니스탄, 우즈베키스탄에서도 사용되는 튀르크계 언어로서 현대 터키어(Turkish), 아제르바이잔어(Azerbaijani), 가가우즈(Gagauz)어, 호라산 튀르크어(Khorasan Turkish) 등과 함께 오구즈(Oghuz) 그룹에 속한다. 튀르크멘어는 할라지(Khalaj)어 및 야쿠트(Yakut)어와 더불어 튀르크 조어(Proto-Turkic)의 일차 장모음을 체계적으로 유지하고 있다. 테케(Teke), 요무드(Yomud), 괴클렝(Gökleŋ), 사르크(Sarïq), 살르르(Salïr), 에르사르(Ersarï) 등의 방언이 있다. 요무드 방언을 토대로 현대 튀르크멘 문어가 형성되었다. 다른 튀르크어들과 비교할 때 튀르크멘어에서는 /s/ > /θ/; /z/ > /ð/ 등의 음운 변화가 있다. 흔히 튀르크멘 방언으로 알려진 노후를르(Nokhurlï), 아나울르(Anaulï), 하사를르(Khasarlï), 에스키(Eski), 크라치(Qïrach), 아라바츠(Arabachï) 등의 방언은 엄밀히 말하면, 오구즈 우즈베크(Oghuz Uzbek)어 및 호라산 튀르크어 방언들과 함께 별도의 그룹을 이룬다. 현재 튀르크메니스탄에서는 터키의 것과는 상당히 다른 라틴 문자가 사용된다.
튀르크메니스탄의 인구는 2007년 7월에 5,097,028명이고 이중 85%가 튀르크멘족인 것으로 추정되었다. 이란에는 약 2백만 명(1997), 아프가니스탄에는 약 5십만 명(1995)의 튀르크멘족이 있는 것으로 추정되어 전 세계에는 약 6백만 명의 튀르크멘어 사용자가 있는 듯한데, 이들은 호라산 튀르크어 및 관련 방언 사용자들도 모두 포함한 것이다.

65) 러시아 연방의 사하 공화국(Sakha(= Yakutia) Republic) 및 인근 지역에서도 사용되는 튀르크계 언어로서 할라지(Khalaj)어 및 튀르크멘(Türkmen)어와 더불어 튀르크 조어(Proto-Turkic)의 일차 장모음을 체계적으로 유지하고 있다. 크게 남-알단(Nam-Aldan), 칸갈-빌류이(Kangal-Viljuj) 및 돌간(Dolgan) 방언으로 나뉜다. 타이미르(Taimyr) 반도를 중심으로 사용되는 돌간 방언은 별개의 문어로 발전하였다. 야쿠트어는 주위의 어웡키(Evenki), 어원(Even), 유카기르(Yukagir)인들이 공용어로 사용한다. 몽골어와 퉁구스어의 영향을 많이 받았다. 2002년 러시아 인구조사에 따르면 야쿠트족은 443,852명, 야쿠트어를 아는 사람은 456,288명이다.

66) 예전에는 -duq/-tuq로 읽었지만 지금은 -doq/-toq로 읽으므로, b(a)rdoq과 qïl(ï)ntoqda는 1번에 속한다.

여: ^{w}KWNTR^{1}- = qont(u)r- "자리잡게 하다" (일반적으로), ^{w}KWT^{1}I = qot(t)ï "그가/그들이 놓았다" (BQ S 12), ^{w}KWB^{1}R^{1}T^{1}- = qubr(a)t- "모으다" (KT S 10 등), ^{w}KWL^{1} = qul "(사내)종" (일반적으로), ^{w}KWNČY^{1}L^{1}R^{1}M = qunč(u)yl(a)r(ï)m "나의 공주들" (KT N 9), ^{w}KWL^{1}K^{1}K^{1}N^{1} = qulq(a)q(ï)n "귀로써" (BQ N 11), ^{w}KWT^{1}M = qut(u)m "나의 운" (KT E 29 등) 등; B^{1}Y^{1}R^{1w}KW = b(a)y(ï)rqu "Bayïrqu" (KT E 24), B^{1}Y^{1}R^{1w}KWN^{2}Ŋ = b(a)y(ï)rqun(i)ŋ "Bayïrqu의" (KT E 36) 등.

6. 부호 $^{\ddot{w}}$K

부호 $^{\ddot{w}}$K가 사용되는 곳들은 다음과 같이 열거될 수 있다:

1. 낱말에 있는 소리떼 ök를 나타내기 위하여: $^{\ddot{w}}$KẄN^{2} = ökün "참회하라!" (BQ E 19), $^{\ddot{w}}$KN^{2}P = ök(ü)n(ü)p "슬퍼하여" (KT E 40; BQ E 38), S$^{2\ddot{w}}$KPN^{2} = sök(ü)p(ä)n "헤치고" (KT E 35; BQ E 27) 등.

2. 어중과 어말에 있는 소리떼 ük를 나타내기 위하여[67]: B^{2}IL^{2}MD$^{2\ddot{w}}$K = bilm(ä)dök "알지 못하는" (KT E 24), S^{2}D^{2}MD$^{2\ddot{w}}$K = (e)š(i)dm(ä)dök "듣지 못하는" (BQ N 11), T^{2}ẄR$^{2\ddot{w}}$K = türük "튀르크" (일반적으로), Y$^{2\ddot{w}}$KNTR^{2}- = yük(ü)nt(ü)r- "고개 숙이게 하다" (KT E 2), ẄT$^{2\ddot{w}}$KN^{2} = ötük(ä)n "외튀캔" (KT S 3) 등.

3. 어두에서 모음 ö와 ü 앞의 자음 k를 나타내기 위하여[68]: $^{\ddot{w}}$KẄK^{2} = kök "푸른" (KT E 3), $^{\ddot{w}}$KẄČ = küč "힘" (KT E 12), $^{\ddot{w}}$KẄN^{2} = kün "해" (KT E 4, 8), $^{\ddot{w}}$KẄZD^{2}Ẅ = küz(ä)dü "지키면서" (KT W 1) 등.

---

67) 예전에는 -dük로 읽었지만 지금은 -dök로 읽으므로, bilm(ä)dök와 (e)š(i)dm(ä)dök는 1번에 속한다.

68) kök와 küč는 본래 장모음이 있는 낱말이므로 이렇게 표기되었을 수 있다.

7. 부호 ^{ï}K

이 부호가 사용되는 곳들은 다음과 같이 열거될 수 있다:

1. 어중과 어말에 있는 소리떼 ïq를 나타내기 위하여: B^{1}T^{1}S$^{2\text{ï}}$KIŊA = b(a)tsïqïŋa "그것의 서쪽에서" (KT S 2), T^{1}G$^{1\text{ï}}$K- = t(a)γïq- "산에 오르다" (KT E 12), T^{1}Š^{ï}K- = t(a)šïq- "나가다" (BQ E 32), B^{1}L$^{1\text{ï}}$KD^{1}K^{1}I = b(a)lïqd(a)qï "도시에 있는" (KT E 12) 등.

2. 어중에 있는 소리떼 qï를 나타내기 위하여: Z^{ï}KŃA = (a)zqïńa "아주 적은" (KT E 34).

3. 어두에서 모음 ï 앞의 자음 q를 나타내기 위하여: ^{ï}KILTI = qïltï "그가 하였다" (BQ E 14), ^{ï}KIL^{1}ČL^{1}D^{1}I = qïl(ï)čl(a)dï "그가 칼로 쳤다" (KT N 5), ^{ï}KIR^{1}K^{1} = qïrq "마흔" (KT E 15, NE), ^{ï}KIR^{1}K^{1}Z = qïrq(ï)z "크르그즈" (일반적으로), ^{ï}KIŠN^{1} = qïš(ï)n "겨울에" (BQ S 2), ^{ï}KIŠL^{1}D$^{1\text{w}}$KD^{1}A = qïšl(a)doqda "겨울을 날 때에" (BQ E 31), ^{ï}KIT^{1}Ń = qït(a)ń "거란" (일반적으로) 등.

8. 부호 ^{i}Č

이 부호는 어두에 있는 소리떼 ič를 나타내기 위하여 드물게 사용된다: ^{i}ČG^{2}R^{2}T^{2}M = ičg(ä)rt(i)m "내가 복종시켰다" (BQ E 25), ^{i}ČK^{2}D^{2}I = ič(i)kdi "그가/그들이 복종하였다" (BQ E 37), ^{i}ČK^{2}MŠ = ič(i)km(i)š "그가/그들이 복종하였다 한다" (BQ E 9).

9. 부호 LT

이 겹자음 부호는 단지 후설모음을 지닌 낱말들에 있는 자음쌍 lt를 나타내기 위하여 사용될 수 있다: LTZD^{1}I = (a)lt(ï)zdï "그가 (사로)잡게 하였다" (KT E 38), K^{1}LTČI = q(a)lt(a)čï "남아 있을" (KT N 9), B^{1}WLTČI = bolt(a)čï "될" (일반적으로), B^{1}WLT^{w}KINTA = boltoqïnta "그가/그들이 ... 되었을 때에" (KT N 3, 3), B^{1}WLTI = bultï "그가 찾아냈다" (KT E 31), ^{ï}KILTI = qïltï "그가 하였다" (BQ E 14), K^{1}ILTM = qïlt(ï)m "내가 하였다" (일반적으로), Y^{1}ŊLTI = y(a)ŋ(ï)ltï "그가 잘못했다" (KT E 20) 등.

10. 부호 NT

이 겹자음 부호는 후설모음을 지닌 낱말들과 전설모음을 지닌 낱말들에 있는 자음쌍 nt를 나타내기 위하여 사용된다: NTA = (a)nta "거기에서, 그 때에" (일반적으로), L^{1}K^{1}NTG^1 = (a)lq(ï)nt(ï)γ "너는 소멸되었다" (KT S 9; BQ N 7), B^{1}WNTA = bunta "여기에서" (일반적으로), K^{1}IL^{1}NT^{w}KD^{1}A = qïl(ï)ntoqda "창조되었을 때에" (KT E 1), K^{2}NTẄ = k(ä)ntü "자기, 자신" (KT E 23; BQ E 19), K^{2}ẄNTZ = künt(ü)z "낮(에)" (BQ E 22), Y^{2}ẄK^{2}NTR^2- = yük(ü)nt(ü)r- "고개 숙이게 하다" (일반적으로) 등.

11. 부호 NČ

이 자음 부호도 모음의 관점에서는 중립적이다. 후설모음을 지닌 낱말들과 전설모음을 지닌 낱말들에 있는 자음쌍 nč는 언제나 이 부호로 표시된다: NČA = (a)nča "그렇게" (일반적으로), S^{1}NČ- = s(a)nč- "찌르다" (일반적으로), N^{2}NČA = n(ä)nčä "얼마나 (많이)" (BQ N 9), B^{1}WNČA = bunča "이 만큼" (일반적으로), B^{2}IS^{2}NČ = biš(i)nč "다섯째(로)" (KT N 7; BQ S 10), WN^{1}NČ = on(u)nč "열째" (BQ S 10), Y^{2}IT^{2}NČ = yit(i)nč "일곱째" (KT N 5) 등.

12. 쌍자음들

오르콘 비문들에서 첨가나 동화의 결과 낱말 안에서 생기는 쌍자음(장자음)들은 대개 하나의 자음 부호로 표시된다. 이 철자법이 적용된 쌍자음들과 그 예들은 다음과 같다:

1. t(t) < td: G^{1}T^{1}M = (a)γ(ï)t(tï)m "내가 몰아냈다" (BQ E 31), K^{1}IT^{1}MZ = (a)qït(tï)m(ï)z "우리가 공격하였다" (KT N 8), B^{2}D^{2}ZT^{2}M = b(ä)d(i)z(ä)t(ti)m "내가 꾸미게 하였다" (KT S 11), ^{w}KWB^{1}R^{1}T^{1}M = qubr(a)t(tï)m "내가 모았다" (BQ N 7).

2. t(t) < dt: IT^{1}I = ït(t)ï "그가/그들이 버렸다" (KT E 7; BQ E 7), IT^{1}I = ït(t)ï "그가/그들이 보냈다" (KT S 12; BQ N 14), IT^{1}M = ït(tï)m "내가 보냈다" (BQ E 40), IT^{1}MZ = ït(tï)m(ï)z "우리가 보냈다" (KT E 40), IG^{2}T^{2}I = ig(i)t(t)i "그가 배부르게 하였다" (KT E 16; BQ E 14), IG^{2}T^{2}M = ig(i)t(ti)m "내가 배부르게 하였다" (KT E 29; BQ E 23, 38), ^{w}KWT^{1}I = qot(t)ï "그가/그들이 놓았다" (BQ S 12).

3. d(d) < td[69]: B^{2}IT^{2}ID^{2}M = bitid(di)m "내가 쓰게 하였다" (KT S

13; BQ N 15), $Y^1R^1T^1D^2M$ = y(a)r(a)t(i)d(di)m “내가 만들게 하였다” (BQ N 14).

4. k(k) < kg: $B^2IR^2T^{2\ddot{w}}KR^2\ddot{W}$ = birtök(kä)rü “준 것을” (BQ E 9) = $B^2IR^2T^{2\ddot{w}}KG^2R^2\ddot{W}$ (KT E 10).

5. g(g): $Y^2\ddot{W}G^2R^2\ddot{W}$ = yüg(gä)rü “위로, 위를 향하여” (KT E 11, SW; BQ E 2, 10).

6. q(q): $B^1L^1I^{\ddot{\imath}}KA$ = b(a)lïq(q)a “진창에” (KT N 8), $WL^1R^1T^{1w}KA$ = ol(o)rtoq(q)a “앉았을 때에” (BQ E 14), $T^1WG^1S^1K^1A$ = tuγs(ï)q(q)a “동쪽에” (KT S 2), $ID^{1w}KT^1$ = ïduq(qu)t “Ïduq Qut” (BQ E 25).

7. l(l): $Y^1WL^1G^1$ = yol(lu)γ “Yolluγ” (KT S 13 등) = $Y^1WL^1L^1G^1$ (KT SW), $\check{C}\ddot{W}L^2G^2$ = čöl(lü)g “초원의” (KT E 4; BQ E 5), $IL^2D^{2\ddot{w}}K$ = il(lä)dök “나라를 세운” (BQ E 7) = $IL^2L^2D^{2\ddot{w}}K$ (KT E 6).

13. 구두점 찍기

오르콘 비문들에서 사용된 유일한 구두점 부호는 위아래로 찍힌 두 점이다. 이 부호는 낱말들이나 낱말 떼들을 분리하기 위해 사용된다. 분리 부호의 사용에는 다음의 원칙들이 적용되었다고 말할 수 있다:

1. 꽤 긴 낱말들은 대개 이 부호에 의해 서로 분리된다.

2. 1음절 낱말이나 아주 짧은 낱말들은 대개 그 뒤나 앞에 있는 낱말과 함께 표기된다: $WL^1T^2G^2D^{2\ddot{w}}KD^2A$: $B^1Y^1R^{1w}KWN^2$Ŋ : $K^1D^1G^1R^1G^1$ = ol t(ä)gdökdä : b(a)y(ï)rqun(i)ŋ : (a)q (a)dγ(ï)r(ï)γ (KT E 36), $K^2IR^2G^2$: $WD^1\check{S}R^1W$: $S^1N\check{C}D^1I$ = (e)ki (ä)r(i)g : udš(u)ru : s(a)nčdï (KT E 36, N 2), B^2IZŊ$S^2\ddot{W}$: T^1I : $T^1WR^{1w}K$: ZWK^1I : $Y^1W^wKR^2T^2I$ = biz(i)ŋ sü : (a)ti : toruq : (a)zuqi : yoq (ä)rti (KT E 39).

---

69) 한국어 번역본에서는 이 변화를 무시하고 biti(t)d(i)m, y(a)r[(a)t(ït)]d(ï)m으로 전사하였다.

3. 두 낱말로 이루어진 여러 가지 낱말 떼들은 대개 함께 표기된다: ČẄMPAM : B^{1}WMN^{1}K^{1}G^{1}N^1 : IS^{2}T^{2}MIK^{1}G^{1}N^1 : WL^{1}R^{1}MŠ = (ä)čüm (a)pam : bum(ï)n q(a)γ(a)n : išt(ä)mi q(a)γ(a)n : ol(o)rm(i)š (KT E 1), N^{2}A : K^{1}G^{1}N^{1}K^{1}A : IS^{2}G^{2}K^{2}ẄČG^2 : B^{2}IR^{2}ẄR^{2}MN^2 : T^{2}IR^{2}R^{2}MŠ = nä : q(a)γ(a)nqa : iš(i)g küč(ü)g : birür m(ä)n : tir (ä)rm(i)š (BQ E 9).

4. 3개 심지어 4개의 낱말로 이루어진 구절들도 때때로 함께 표기된 것이 보인다: Y^{2}IT^{2}IY^{2}G^2[R^2]MIR^{2}N^2 = yiti y(e)g[(i)r]mi (ä)r(i)n (KT E 11), Y^{2}T^{2}IY^{2}ẄZR^2 = y(e)ti yüz (ä)r (KT E 13), T^{2}ẄR^{2ẅ}KID^{1w}KY^{2}IR^{2}I : S^{1}WB^{1}I = türük ïduq yiri : subi (KT E 10-11).

이와 함께, 한 무리나 구절을 이루지 않는 두 낱말이 함께 표기된 경우들도 있다[70]: Y^{2}IR^2 : S^{1}Y^{1}W^{w}KWP : T^{1}WR^{1}W : ẄL^{2}Ẅ = yir : s(a)yu qop : toru : ölü (KT S 9), ẄZAK^{2}ẄK^2 : T^{2}ŊR^{2}I = üzä kök : t(ä)ŋri (KT E 1) 등.

드물게는, 한 문장의 마지막 낱말과 그 다음 문장의 첫 낱말이 함께 표기될 수 있다: ... B^{1}WL^{1}T^{1}ČI : R^{2}T^{2}IWZA : Y^{1}ŃA : K^{2}L^{2}G^{2}MA : S^{2}ẄS^{2}IN^2 ... = ... bolt(a)čï : (ä)rti oza : y(a)ńa : k(ä)l(i)gmä : süsin ... (BQ E 31). 위에 있는 예에서 (ä)rti로 한 문장이 끝나고, oza로 새로운 문장이 시작된다.

---

70) yir와 s(a)yu, kök와 t(ä)ŋri가 함께 표기되었으면 더 합리적이었을 것이다. yir s(a)yu는 "곳마다, 장소마다, 도처로", kök t(ä)ŋri는 "푸른 하늘"을 뜻한다.

VIII 투뉴쿠크 비문에서 사용된 문자와 철자법

투뉴쿠크 비문에서 사용된 일부 "룬" 글자의 형태는 두 오르콘 비문에 있는 이 글자들의 형태와 조금 다르다. 이 글자들 중 주요한 것은 글자 B^1, B^2, G^1, T^1 및 NT이다.

게다가 투뉴쿠크 비문에는 (다른) 오르콘 비문들71)에 없는 부호 세 개가 더 있다. 이들 중 두 개는 부호 Y a͡š와 부호 E b͡aš이다. 이 두 부호는 비문에서 단 한 번씩 사용되었다: biz a͡š <t(ä)>g (ä)rt(i)m(i)z (8행), ï b(a)r b͡aš (26행). 이 부호들은 투뉴쿠크 비문 외에 단지 (Tuva II, Kemčik Čïrgak 등) 일부 예니세이 비문들에서 발견된다.72)

투뉴쿠크 비문에서 두 번 사용된 세 번째 부호는 부호 c i͡č이다: i͡č(i)kdi (28행), i͡črä (34행).

투뉴쿠크 비문에는 한 번 사용된 합자(合字) 또는 합성글자가 하나 더 있다: C č͡i. 뚜렷이 보이는 바와 같이, 이 부호는 글자 Č와 글자 I의 결합으로 이루어졌다.73) 이 합자는 14행에 있는 낱말 k(ä)lt(ä)č͡im(i)z의 소리떼 /či/를 표기하기 위하여 사용되었다.

투뉴쿠크 비문에는 자음 /š/를 위한 별도의 글자가 없다. 후설의 부호 S^1과 전설의 부호 S^2가 동시에 후설모음을 지닌 낱말들과 전설모음을 지닌 낱

71) 퀼 티긴 비문과 빌개 카간 비문을 말한다.

72) 실제로는 Kemčik Čïrgak 비문에 부호 Y, Uyug-Arxan 비문에 부호 E가 나타난다.

73) Č(C) + I(i) = či(C). I는 ï 또는 i를 나타낸다.

말들에 있는 자음 /š/도 나타낸다. 알려진 것처럼, Ïrq Bitig[74)]에서도 사정은 같다.

겹자음 부호 NT는, 겹자음 부호 LT처럼, 단지 후설모음을 지닌 낱말들에 있는 소리떼 nt를 표기하기 위하여 사용되었다. 사정은 Ïrq Bitig에서도 같다.

투뉴쿠크 비문에는 "룬" 철자법에 어긋나는 일부 철자도 있다.

1. 첫 음절에 있는 모음 /i/가 다음 낱말들에서 표기되지 않았다: b(i)lg(ä)si (7행), b(i)ryä (7행, 14행), b(i)rd(i)n (11행), öz (i)či (13행), y(i)n͡čgä (13행, 13행), b(i)ry(ä)ki (17행), b(i)zni (20행), b(i)nt(ü)rä (25행), (i)š(i)g (52행).

2. 다음 낱말들에서 둘째 음절에 있는 모음 /ï/가 표기되지 않았다: ud(ï)sïq(ï)m (12행), ud(ï)s͡ïq(ï)m (22행).

3. 다음 낱말의 첫 음절에 있는 모음 /ö/가 표기되지 않았다: b(ö)gü (50행).

4. 다음 낱말들의 둘째 음절에 있는 모음 /ü/가 표기되지 않았다: b(i)nt(ü)rä (25행), bög<ü> (34행).

---

74) "역서(易書)"를 뜻하는 Ïrq Bitig(ïrq "점, 점괘", bitig "책")는 튀르크 룬 문자로 쓰인 책 형태의 유일한 고대 튀르크어 문헌이다. 65개 점괘를 다룬 58쪽 분량의 이 소책자는 9세기경 저술되었을 것으로 추정되는데, 중국 감숙성 돈황(燉煌) 근처의 천불동석굴(千佛洞石窟)에서 발견되었다.

IX 투뉴쿠크 비문에서 철자상의 잘못과 결함들

투뉴쿠크 비문에는 적기는 하지만 일부 철자상의 잘못과 결함들이 있다:

1. 8행에서 글자 a͡s 다음에, 십중팔구, 있어야 할 낱말 t(ä)g의 첫 글자가 잊혀졌다.

2. 17행에 있는 문장 tü[rk q(a)γ(a)n(ï)γ] türk bod(u)n(u)γ öt(ü)k(ä)n y(e)rkä b(ä)n öz(ü)m bilgä tuńu͡qu͡q <k(ä)lürt(ü)m>의 술어인 k(ä)-lürt(ü)m이 잊혀졌다.

3. 22행에서 ol(o)rs(ï)q(ï)m 앞에 낱말떼 kün y(ä)mä가 잊혀졌다.

4. 34행의 첫 부분에서 k(ä)lürti 대신에 k(ä)lti가 표기되었다.

5. 35행에서 일련의 문장 (a)ltun yïš(ï)γ yols(ï)z(ï)n (a)šd(ï)m (ä)rt(i)š üg(ü)z(ü)g k(ä)č(i)gs(i)z(i)n k(ä)čd(i)m(i)z의 첫 문장의 술어는 (a)šd(ï)m(ï)z 대신에 불충분하게 표기된 것이다.

6. 41행에서 낱말떼 t(a)rduš š(a)dra udï에서, 십중팔구, udu (ud-u) 대신에 실수로 udï가 표기되었다.

7. 41~42행에 있는 문장 y(a)bγusin š(a)din (a)n͡ta öl(ü)rti는 그 주어가 "우리"인 두 문장 사이에 있다: q(a)γ(a)nin tutd(u)m(ï)z ... (ä)l(i)gčä (ä)r tutd(u)m(ï)z. 따라서 이 두 문장 사이에 있는 문장의 주어도 "우리"이어야 한다. 그 경우에 낱말 öl(ü)rti도 öl(ü)rt(ü)m(i)z 대신에 잘못 표기된 것이다.

8. 46행의 끝에 있는 구절 t(e)nsi oγli는 47행의 첫 부분에서 다시 표기

되었다.

9. 53행에 있는 낱말 k(ä)lürir의 끝음절 모음 I는, 잘못 읽힌 것이 아니라면, Ẅ 대신에 잘못 표기된 것이다.[75]

75) ï 또는 i를 나타내는 I(i)와 ö 또는 ü를 나타내는 Ẅ(O)는 서로 혼동될 수 있다.

2

돌궐 비문 연구

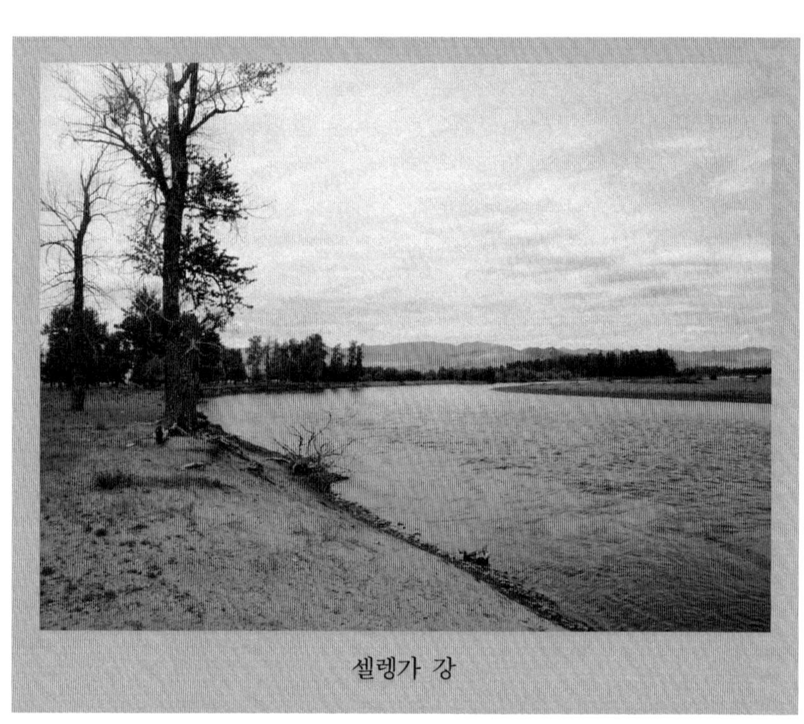

셀렝가 강

(S 1)

t(ä)ŋri t(ä)g : t(ä)ŋridä : bolm(i)š : türûk : bilgä : q(a)γ(a)n[1] : bu ödkä : ol(o)rt(u)m : s(a)b(ï)m(ï)n : tük(ä)ti : (e)šidg(i)l : ul(a)yu : in(i)ygün(ü)m : oγl(a)n(ï)m : birki : uγ(u)š(u)m : bod(u)n(u)m : biryä : š(a)d(a)pït b(ä)gl(ä)r : yïrya : t(a)rq(a)t[2] : buyrûq : b(ä)gl(ä)r : ot(u)z [t(a)t(a)r ....]

(나), 신 같은, 신에게서 생긴 튀르크[3] 빌개 카간은 이 때에 (권좌에) 앉았다. 나의 말을 완전히 들어라. 먼저 나의 남동생들, 나의 아들들, 뭉쳐진 나의 부족(과) 나의 백성, 오른쪽에 샤다프트 배그[4]들, 왼쪽에 타르칸들, 지휘관 배그들, 오투즈 [타타르[5] ....]

(S 2)

tôquz oγ(u)z : b(ä)gl(ä)ri : bod(u)ni : bu s(a)b(ï)m(i)n : (ä)dgüti : (e)šid : q(a)t(ï)γdï : tiŋla[6] : ilg(ä)rü : kün : tuγs(ï)q(q)a : birg(ä)rü : kün : ortosïŋ(a)ru[7] : q̂uurïγ(a)ru : kün : b(a)tsîqïŋa : yïrγ(a)ru :

---

1) täŋri täg täŋridä bolmiš türük bilgä qaγan이 빌개 카간의 완전한 칭호이다.
2) Doerfer(1992: 16)는 tarqat가 탁발위(拓跋魏, 北魏)의 몽골어에서 차용된 것이라고 하였다.
3) 돌궐(突厥)을 말한다.
4) 본래 "씨족장 또는 부족장, 복종하는 우두머리" 등을 뜻하는 이 낱말은 중국어 佰 "백 사람의 우두머리(百人長)"의 차용어임이 거의 확실하다(EDPT: 322).
5) otuz는 "서른(30)"을 뜻하므로 Otuz Tatar는 "30 부족으로 이루어진 타타르족"으로 볼 수 있다.
6) ädgüti ešid와 qatïγdï tiŋla는 비슷한 뜻이다.
7) ortosïŋ(a)ru의 sïŋ(a)ru는 "~을 향하여"라는 뜻의 후치사로 보아야 한다. kün ortosï 및 tün ortosï와 같이 3인칭 소유어미를 지닌 형태는 훨씬 후대에 나타났고 예전에는 모두 kün orto, tün orto였으며 아직도 일부 튀르크어에서는 이 형태로 있기 때문이다. 후치사 sïŋaru는 옛 튀르크어 문헌에서 아주 조금 확인된다. 이제까지 kün ortosïŋ(a)ru, tün ortosïŋ(a)ru로 읽어온 낱말들은 각각 kün orto sïŋ(a)ru, tün orto sïŋ(a)ru로 읽어야 한다. 이와 관련하여 Wolfram Hesche, "Die Postposition *sïŋaru* ‚nach' in den Orchon-Inschriften", *TDA* 11 (2001), pp. 33-74 및 Wolfram Hesche, "Die Himmelsrichtungen im SW-Türkischen", *MT*, 23 (2002), pp. 53-80을 볼 것.

tün : ortosïŋ(a)ru : (a)n͡ta : ičr(ä)ki : bod(u)n : q͡oo[p] : m[(a)ŋ]a : kör[ür (a)n͡č]a bod(u)n8) :

토쿠즈 오구즈9) 배그들(과) 백성(아!), 나의 이 말을 잘 들어라, 단단히 경청하여라: 동으로는 해 뜨는 곳10)에, 남으로는 낮의 한가운데11)를 향하여, 서로는12) 해 지는 곳13)에, 북으로는 밤의 한가운데14)를 향하여 그 (경계)

---

8) 핀란드 발간 도해에서는 (a)n͡ta : ičr(ä)ki : bod(u)n 다음에 글자 10 개가 들어갈 만한 공백이 있고 뚜렷하지 않은 상태로 $Č G^1 D^1$가 나온 뒤 다시 공백이 있을 뿐이다. Radloff 발간 도해에서는 :^{w}KW.:M.A:$K^2 Ẅ R^2$..:.N^2:B^1WNČA:B^1W로 되어 있다. Tekin이 Radloff 발간 도해에 의거하여 이 부분을 읽었음을 알 수 있다. 그렇지만 그가 $K^2 Ẅ R^2$..:.N^2:B^1WNČA:B^1W를 kör[ür (a)n͡č]a bod(u)n으로 읽은 것은 수긍할 수 없다. Radloff 발간 도해를 보면 이 부분은 kör[ür] : m[(ä)n] : bun͡ča : bo[d(u)n]으로 읽어야 한다. Tekin은 BQ N 2에 있는 상응하는 구절을 körür : [bun͡ča bod(u)n]으로 읽었다. Radloff 발간 도해대로 읽는다면 퀼 티긴 비문의 구절에 단수 1인칭 대명사 m[(ä)n]이 더 있을 뿐 두 비문이 동일하다.

9) toquz는 "아홉(9)"을 뜻하므로 Toquz Oɣuz는 "9 부족으로 이루어진 오구즈족"으로 볼 수 있다. 이들은 중국 문헌에 九姓으로 기록되어 있다.

10) kün : tuɣs(ï)q(q)a라는 낱말은 kün("해, 태양") tuɣ- ("(해가) 뜨다") + -sïq ("동사에서 명사를 파생시키는 접미사") + -qa(여격-처격 어미)로 분석된다. 여러 언어에서 동쪽을 나타내는 낱말은 이와 같이 "해 뜨다"라는 동사와 관련이 있다. 이를테면, 오늘날 널리 사용되는 Orient "동양, 동방"이라는 낱말은 라틴어 낱말 oriens "뜨는 해; 동쪽"에서 왔는데, 이 oriens는 동사 oriri "오르다, (해 등이) 뜨다"에서 파생된 것이고, 아랍어 낱말 šarq "日出, 동쪽; 동양, 동방"은 동사 šaraqa "(해가) 뜨다"에서 파생된 것이다.

11) 도이치어 Mittag, 러시아어 полдень도 "정오, 한낮; 남쪽"을 뜻한다.

12) Tekin을 비롯하여 여러 연구자는 *qurï "서쪽"과 quz "햇볕이 들지 않는 그늘진 곳, (산의) 북쪽 기슭"을 동근어(同根語)로 보며 Zetacism(알타이 조어(祖語)의 r^2가 z로 되는 현상)의 한 예로 여긴다.

13) kün : b(a)ts͡ïqïŋa라는 낱말은 kün("해, 태양") bat- ("(해가) 지다") + -sïq ("동사에서 명사를 파생시키는 접미사") + -ïŋa(< *-ïnqa < -ïn(3인칭 소유어미 사격형) + -qa(여격-처격 어미)로 분석된다. 여러 언어에서 서쪽을 나타내는 낱말은 이와 같이 "해 지다"라는 동사와 관련이 있다. 이를테면, Occident "서양"이라는 낱말은 라틴어 낱말 occidens "지는 해; 서쪽"에서 왔는데, 이 occidens는 동사 occidere "떨어지다, (해 등이) 지다"에서 파생된 것이고, 아랍어 낱말 ġarb "서쪽; 서양"은 동사 ġaraba "(해 등이) 지다"에서 파생된 것이다.

14) 도이치어 Mitternacht, 러시아어 полночь도 "한밤중, 자정; 북쪽"을 뜻한다.

안에 있는 백성들은 모두 나에게 예속[한다. 그만큼]의 백성을

(S 3)

q͡oop : itd(i)m : ol (a)mtï : (a)ń(ï)γ yo͡q : türü͡k : q(a)γ(a)n : ötü͡k(ä)n : yïš : ol(o)rs(a)r[15] : iltä : buŋ yo͡q : ilg(ä)rü : š(a)n͡tuŋ : y(a)zïqa t(ä)gi : sül(ä)d(i)m : t(a)loyqa : kič(i)g : t(ä)gm(ä)d(i)m : birg(ä)rü : to͡quz : (ä)rs(i)nkä : t(ä)gi : sül(ä)d(i)m : töpötkä : kič(i)g [t(ä)g]-m(ä)d(i)m : q͡uurïγ(a)ru : y(e)n͡čü üg[(ü)z]

나는 모두 조직하였다. 그들은 지금 (전혀) 나쁜 (상태에 있지) 않다. 튀르크 카간이 외튀캔 산악지역[16]에 앉는(다면 그리고 그곳으로부터 통치한)다면 나라에 (아무런) 걱정이 없다. 나는 동쪽으로는 산동 평원까지 출정하였다. 나는 바다[17]에 조금 못 미쳐 멈추었다; 나는 남쪽으로는 토쿠즈 애르신까지 출정하였다. 나는 티베트[18]에 조금 못 미쳐 [멈추]었다; 나는 서쪽으로는 옌취 강[19]을

---

15) Ötükän yïš는 여기에서 격 어미가 없는 대격이다. 동사 olor-는 이 구절에서는 타동사로 사용되었다. 동사 olor-는 오늘날 튀르크 언어들에서 주로 olur-/oltur-/otur- 형태로 나타나는 자동사이다.

16) Ötükän yïš는 중국 문헌에서 鬱督軍山, 於都斤山, 烏德鞬山으로 나온다. 몽골 중서부의 자브항(Dzavkhan) 아이막에 있는 Otgon Tenger산(3905m 또는 4021m)으로 추정된다(J. Schubert, "Zum Begriff und zur Lage des 'ÖTÜKÄN'", *UAJ*, 35/2 (1964), pp. 213-218을 볼 것). 몽골에서는 Otgon Tenger, Bogd Khan 및 Burkhan Khaldun의 세 산을 제일 신성하게 여긴다. 한편 오늘날 러시아 연방의 투바(Tuva) 공화국 동북쪽 토주구(Tožu區, Todžinskij rajon)에는 Ödügen이라 불리는 산이 있다. 토파(Tofa, Karagas)어에는 ɔ̈tüken "만년설에 덮인 산꼭대기에 있는, 사슴 방목에 알맞은 평평하고 넓은 곳"이라는 낱말이 있다.

17) T. Tekin은 이전에는 t(a)loy를 t(a)luy로 읽었지만 이제는 몽골어의 dalay를 고려하여 t(a)loy로 읽는다. A. von Gabain 등은 이 낱말을 중국어 大流(taliu)에서 차용된 것으로 보았다.

18) 여기에서는 토번(吐蕃)을 말할 것이다.

19) 옌취(Yenčü) 강은 오늘날의 시르 다르야(Syr Darya) 강을 말한다. 고대 그리스인은 이것을 약사르테스(Jaxartes, Yaxartes) 강이라 불렀는데, 이것은 고대 페르시아어 이름인 야흐샤 아르타(Yakhsha Arta "큰 진주색의")에서 온 것이다. 중국 문헌에는 약살수(藥殺水)로도 진주하(眞珠河)로도 나타난다. 돌궐 비문들

(S 4)

k(ä)čä : t(ä)m(i)r q(a)p(ï)γqa : t(ä)gi : sül(ä)d(i)m : yïrγ(a)ru : y(i)r b(a)y(ï)rq͡uu : yiriŋä : t(ä)gi : sül(ä)d(i)m : bun͡ča : yirkä : t(ä)gi : yor(ï)td(ï)m : ötü͡k(ä)n : yïšda : yig : idi yo͡q : (ä)rm(i)š : il tuts(ï)q : yir : ötü͡k(ä)n : yïš (ä)rm(i)š : bu yirdä : ol(o)r(u)p : t(a)b-γ(a)č : bod(u)n : birlä :

지나 태미르 카프그[20]까지 출정하였다; 나는 북쪽으로는 이르 바이르쿠[21] 땅까지 출정하였다; 나는 이만큼의 땅까지 (나의 군대를) 나아가게 하였다 (그리고 깨달았다): 외튀캔 산악지역보다 더 좋은 곳은 전혀 없는 것 같다! 나라를 다스릴 곳은 외튀캔 산악지역인 것 같다. 나는 이곳에 앉아 중국[22] 백성과

(S 5)

tüz(ü)lt(ü)m : (a)ltun : küm(ü)š : išg(i)ti : q͡oot(a)y[23] : buŋs(ï)z :

의 Yenčü/Yinčü ügüz도 "眞珠河"를 뜻한다. 낱말 ügüz는 오늘날 서부 유구르(West Yugur, 西部裕固)어 ügüs "강", 중류 출름 방언(Middle Chulym) ǖs "강, 시내", 하카스(Khakas)어 ǖs "강"(땅 이름에 보존되어 있음) 등에 남아 있다. 서부 유구르어 ügüs는 Malov(1957: 132a)에 따른 것이고, 이 낱말은 雷選春(編著), 西部裕固漢詞典, 成都 1992의 p. 42a에는 ugus 즉 [ukus]로 나온다.

20) 태미르 카프그(Tämir Qapïγ)는 "鐵門"을 뜻한다. 돌궐 비문에 나타나는 Tämir Qapïγ는 Samarkand와 Balkh 사이의 길의 가운데 지점에 있는 Buzgala 애로(隘路)를 말한다(Sir Gerard Clauson & Edward Tryjarski(1971), p. 17).

한편 이와는 별도로 다뉴브 강에는 세르비아와 루마니아 사이의 국경을 이루는 鐵門(영어로 Iron Gate, 루마니아어로 Porţile de Fier, 세르보-크로아티아어로 Đerdapska klisura/Ђердапска клисура, 헝가리어로 Vaskapu, 터키어로 Demirkapı, 도이치어로 Eisernes Tor, 불가리아어로 Железни врата)이라 불리는 협곡이 있다.

21) 바이르쿠(Bayïrqu)는 중국 문헌에서 拔也古, 拔野古, 拔曳古로 나온다.

22) 원문에서 (북)중국을 가리키는 낱말 타브가치(Tabγač)는 본래 역사상 탁발(拓跋)로 알려진 선비족(鮮卑族)의 한 부족 이름이다. 이들은 5호16국 시대에 북중국에 들어가 북위(北魏)(386-534)를 세웠다. 그리하여 Tabγač는 중앙아시아 사람들에게 북중국을 가리키는 데 사용되었다.

23) 이 낱말을 연구자들은 q͡uut(a)y로 읽어 왔다. 역자는 이것이 중국어 縞帶 "흰 비단 띠"에서 온 것이므로 q͡oot(a)y [qotay], 더 정확하게는 [qōtay]로 읽어야 한다

(a)n͡ča birür : t(a)bγ(a)č : bod(u)n : s(a)bi : süčig : (a)γïsi : yim-š(a)q : (ä)rm(i)š : süčig : s(a)b(ï)n : y(e)mš(a)q : (a)γïn : (a)r(ï)p : ïr(a)q bod(u)n(u)γ : (a)n͡ča y(a)γutir : (ä)rm(i)š : y(a)γru : q͡oon͡to͡q-da : kisrä : (a)ń(ï)γ bil(i)g : (a)n͡ta öyür (ä)rm(i)š :

화해하였다. (중국 백성은) 금은, 비단을 어려움 없이 그렇게 (우리에게) 준다. 중국 백성의 말은 달콤하고 비단은 부드럽다고 한다. (그들은) 달콤한 말로 부드러운 비단으로 속여 먼(곳에 사는) 백성을 그렇게 (자기들에게) 가까이 오게 한다고 한다. (이 백성이) 가까이 자리 잡은 뒤에 (중국 백성은) 악의를 그 때에 생각한다고 한다.

(S 6)

(ä)dgü : bilgä : kišig : (ä)dgü : (a)lp kišig : yor(ï)tm(a)z : (ä)r-m(i)š : bir kiši : y(a)ŋ(ï)ls(a)r : uγ(u)ši : bod(u)ni : bišü͡kiŋä : t(ä)gi : q͡ïïdm(a)z[24] : (ä)rm(i)š : süčig : s(a)bïŋa : y(e)mš(a)q : (a)γïsïŋa :

고 메흐메트 욀메즈(Mehmet Ölmez)에게 알려 주었다. 메흐메트 욀메즈는 모로하시 데쓰지(諸橋轍次, 1883-1982)의 대한화사전(大漢和辭典)에서 역자가 말한 형태 그대로 縞帶를 찾아내어 자신의 글에서 역자의 이름을 언급하며 이 사실을 밝혔다(Mehmet Ölmez, "Eski Türk Yazıtlarında Yabancı Öğeler (3)"["고대 튀르크 비문들에서 외국어 요소들 (3)"], *TDA*, 9 (1999), pp. 59-65 중 pp. 60-61을 볼 것). 이와 관련하여 Yong-sŏng Li, "Zu QWRDNTA in der Tuńuquq-Inschrift", *CAJ*, 47/2 (2003), pp. 229-241 중 pp. 238-239도 참조할 수 있다.

한편 여기에서는 비슷한 낱말인 altun과 kümüš, išgiti와 qotay가 짝을 이루고 있다.

24) 이 낱말의 독법은 확실한 것이 아니다. 아마도 몽골어 동사 kidu- "자르다; 대학살하다, 학살하다, 죽이다; 전멸시키다, 없애버리다"(Lessing 1960: 464a)와 현대 튀르크어의 qïy-를 보고 qïd-로 읽은 듯하다. 그렇지만, 이 낱말이 동사 qïd-였다면 MK에서 qïð-, 오늘날 투바어에서 qït-/qïdar, 하카스어에서 xïs-/xïzar로 있어야 할 텐데, 이들 언어에서도 qïy-로 확인된다: MK qïy- "약속을 어기다; 비스듬히 잘게 자르다", 투바어 qïy- "비스듬히 잘라내다", 하카스어 xïy- "자르다; 잘라내다; 베다; 잘게 자르다". 그러므로 이 동사는 qïd-가 아니라 다른 형태로(이를테면 qïdï-나 aqïd-로) 읽고 해석하는 것이 정확할지도 모른다.

한편 Németh(1941)는 qïd-가 현대 튀르크어의 qïy-와 자신 있게 결합될 수 있는데, 여기에서는 틀림없이 낯선 방언의 영향, 즉 "차용된 형태들"과 관계가 있다고 하였다.

(a)rtur(u)p : u͡küš : türü͡k : bod(u)n : ölt(ü)g : türü͡k : bod(u)n : öls(i)k(i)ŋ : biryä : čoγ(a)y : yïš : tög(ü)lt(ü)n :

(그들은) 좋고 현명한 사람을, 좋고 용감한 사람을 나아가지 못하게 한다고 한다; (한편 그들은) 한 사람이 잘못하면, 그의 부족, 백성, 친척까지 (모두를) 죽이지는 않는다고 한다. (중국 백성의) 달콤한 말에 부드러운 비단에 속아, 튀르크 백성(아!), 너는 많이 죽었다. 튀르크 백성(아!), 너는 분명히 죽을 것이다. "남쪽에 초가이[25] 산악지역에 (그리고) 퇴귈튄

(S 7)

y(a)zï : q͡oon(a)yin[26] tis(ä)r : türü͡k : bod(u)n : öls(i)k(i)g (a)n͡ta : (a)ń(ï)γ kiši : (a)n͡ča : bošγurur : (ä)rm(i)š : ïr(a)q (ä)rs(ä)r : y(a)b-l(a)q : (a)γï birür : y(a)γu͡q : (ä)rs(ä)r : (ä)dgü : (a)γï birür : tip (a)n͡ča : bošγurur : (ä)rm(i)š : bil(i)g : bilm(ä)z : kiši : ol s(a)b(ï)γ : (a)l(ï)p : y(a)γru : b(a)r(ï)p : ük(ü)š kiši : ölt(ü)g :

평원에 나는 자리 잡겠어"라고 말한다면, 튀르크 백성(아!) 너는 분명히 죽을 것이다. 그곳에서는 나쁜 (생각을 가진) 사람들이 이렇게 일깨운다고 한다: "(중국 백성은 어떤 백성이) 멀리 (살고) 있으면, 나쁜 비단을 준다, 가까이 (살고) 있으면, 좋은 비단을 준다"라고 그렇게 일깨운다고 한다. 무지한 사람들(아!) 너희는 그 말을 받고 (중국 백성에게) 가까이 가서 많은 사람이 죽었다.

(S 8)

ol y(e)rg(ä)rü : b(a)rs(a)r : türü͡k : bod(u)n : ölt(ä)či s(ä)n : ötü-k(ä)n : yir : ol(o)r(u)p : (a)rq(ï)š : tirk(i)š[27] : ïs(a)r : n(ä)ŋ buŋ(u)γ yo͡q : ötü͡k(ä)n : yïš : ol(o)rs(a)r : b(ä)ŋgü : il tuta : ol(o)rt(a)čï s(ä)n : türü͡k : bod(u)n : to͡q(u)rq(a)q s(ä)n : āčs(ï)q[28] : tos(ï)q

---

25) 중국 문헌에서는 總材로 나온다.

26) čoγay yïš와 tögültün yazï는 모두 격 어미가 붙지 않은 대격으로 있다. 따라서 동사 qon-이 이 구절에서는 타동사로 쓰였음을 알 수 있다.

27) 같은 뜻의 낱말 arqïš와 tirkiš가 나란히 쓰였다.

öm(ä)z s(ä)n : bir tods(a)r : āčs(ï)q : öm(ä)z s(ä)n : (a)n͡t(a)γ(ï)ŋ(ï)n :

그곳으로 가면, 튀르크 백성(아!) 너는 죽을 것이다. 외튀캔 땅에 앉아서 (중국 등지로) 카라반을 보낸다면, 너는 전혀 걱정이 없다. 외튀캔 산악지역에 앉는다면, 너는 영원히 나라를 유지하며 앉을 것이다. 튀르크 백성(아!) 너는 자신을 배부르다고 여긴다: 너는 배고픔(과) 배부름을 생각하지 않는다; 일단 배부르면, 너는 배고픔을 (전혀) 생각하지 않는다. 네가 그러하기

(S 9)

üčün : ig(i)dm(i)š : q(a)γ(a)n(ï)ŋ(ï)n : s(a)bin : (a)lm(a)tin : yir s(a)yu : b(a)rd(ï)γ : q͡oop (a)n͡ta : (a)lq(ï)n͡t(ï)γ : (a)r(ï)lt(ï)γ[29] : (a)n͡ ta q(a)lm(i)ši : yir : s(a)yu q͡oop : toru : ölü[30] : yor(ï)yur (ä)rt(i)g : t(ä)ŋri : y(a)rl(ï)q(a)do͡qin : üčün : [ö]z(ü)m : q͡uut(u)m : b(a)r üčün : q(a)γ(a)n : ol(o)rt(u)m : q(a)γ(a)n : ol(o)r(u)p :

때문에, 너는 (너를) 배부르게 한 너의 카간의 말(을 듣지 않고 승낙)을 받지 않고[31] 어느 곳이나 갔다 (그리고) 너는 모두 그곳에서 궤멸되었다 소멸되었다. (너희들 중) 그곳에서 (어떻게든 살아)남은 사람들은 모든 곳에서 모두 기진맥진하여 걷고 있었다. 신께서 명령하셨기 때문에, 나 자신이 운이 있기 때문에 나는 카간으로(서 권좌에) 앉았다. 카간으로(서 권좌에) 앉아

(S 10)

yo͡q : čïγ(a)ń[32] : bod(u)n(u)γ : q͡oop q͡uubr(a)td(ï)m : čïγ(a)ń : bo-d(u)n(u)γ : b(a)y qïl͡t(ï)m : (a)z bod(u)n(u)γ : ü͡küš : qïl͡t(ï)m : (a)zu bu s(a)b(ï)mda : ig(i)d b(a)r γu : türü͡k : b(ä)gl(ä)r : bod(u)n : bunï

---

28) 핀란드 발간 도해에 따르면 이러하지만, Radloff 발간 도해에 따르면 āčs(a)r "배고프면"으로 읽힌다.

29) 비슷한 뜻의 동사 alqïn-과 arïl-이 나란히 쓰였다.

30) 비슷한 뜻의 낱말 toru와 ölü가 나란히 쓰였다.

31) Doerfer(1992: 9)는 q(a)γ(a)n(ï)ŋ(ï)n : s(a)bin : (a)lm(a)tin에서 q(a)γ(a)-n(ï)ŋ(ï)n을 대격으로 보고 구절을 "너희의 칸(汗)을, (즉) 그의 말을 받아들이지 않고"라고 번역하고자 하였다.

32) 같은 뜻의 낱말 yoq와 čïγań가 나란히 쓰였다.

: (e)šid(i)ŋ : türü͡k : [bod(u)n ti]r(i)p : il tuts(ï)q(ï)ŋ(ï)n : bun͡ta : urt(u)m : y(a)ŋ(ï)l(ï)p : öls(i)k(i)ŋ(i)n : y(ä)mä :

나는 가난한 백성을 모두 모았다: 나는 가난한 백성을 부유하게 하였다, 적은 백성을 많게 하였다. 그렇지 않으면, 나의 이 말에 거짓이 있느냐? 튀르크 배그들(과) 백성(아!) 이것을 들어라! 튀르크 [백성]이 되살아나서[33] 분명히 나라를 다스리리라는 것을 나는 여기에 (비석에) 새겼다; 잘못하여 분명히 죽으리라는 것도

(S 11)

bun͡ta : urt(u)m : n(ä)ŋ n(ä)ŋ : s(a)b(ï)m : (ä)rs(ä)r : b(ä)ŋgü : t(a)šqa : urt(u)m : (a)ŋ(a)r körü[34] bil(i)ŋ : türü͡k : m(a)tï : bod(u)n : b(ä)gl(ä)r : bödkä : kör(ü)gmä : b(ä)gl(ä)r gü : y(a)ŋ(ï)l͡t(a)čï siz : m(ä)n b[(ä)ŋgü : t(a)š tikd(i)m : t(a)bγ](a)č : q(a)γ(a)n͡ta : b(ä)-d(i)zči : k(ä)lürt(ü)m : b(ä)d(i)z(ä)t(ti)m : m(ä)n(i)ŋ : s(a)b(ï)m(ï)n : sïm(a)dï :

나는 여기에 새겼다. 나는 (내가 하고자 하는) 무슨 말이라도 있으면 영원한 돌에 새겼다. 너희는 그것을 보며 (이 말들을) 배워라. 충성스러운 튀

---

33) 필자가 26번 주석에서 밝혔듯이, 바로 앞의 문장에서 türü͡k b(ä)gl(ä)r bod(u)n bunï (e)šid(i)ŋ 하고 튀르크 배그들과 백성에게 말한 빌개 카간이 이것 다음에 오는 문제의 türü͡k : [bod(u)n ti]r(i)p에서는 단지 튀르크 배그들에게만 말하면서 "튀르크 백성을 모아서 ..." 식으로 이야기하였다는 것도 가능하다. 그리고 여기에서는 이렇게 해석하여야 한다. 왜냐하면 바로 다음에 "네가 분명히 나라를 다스리리라는 것을"이라는 구절이 오는데 이것은 일반 백성이 아니라 배그들에게 말한 것임이 분명하기 때문이다. 게다가 tir-는 달리 확인되지 않고 그 파생어인 tirig "살아있는", tirgür- "되살리다, 소생시키다", tiril- "되살다, 소생하다" 등만 확인되기 때문이다.

34) 동사 kör-는 대격을 지배할 때에는 "보다", 여격을 지배할 때에는 "복종하다, 예속하다"를 뜻한다. "복종하며, 예속하며"를 뜻하는 부동사 körü는 나중에 "~에 따라서"를 뜻하는 후치사로 발전하였다. 터키어의 göre 등이 이러한 경우이다. 그런데 이 구절에서 körü 앞의 (a)ŋ(a)r는 대명사 ol의 여격 형태이다. 그러므로 körü를 단순히 "보면서"라는 뜻의 부동사가 아니라 "~에 따라서"라는 뜻의 후치사로 보아 (a)ŋ(a)r körü를 "그것에 따라서"로 해석하는 것이 타당할 것이다. 이렇게 되면 후치사 körü의 제일 오래된 예가 확인되는 셈이다.

르크 백성(과) 배그들(아!) 이 시기에 (나에게) 복종하는 배그들 너희가 잘못을 저지르겠느냐? 나는 [영원한 돌을 세웠다. 나는 중]국 황제에게서 장인을 데려왔다. 나는 (퀼 티긴의 무덤을) 꾸미게 하였다. (중국 사람들은) 나의 말을 어기지 않았다.

(S 12)

t(a)bγ(a)č : q(a)γ(a)n(ï)ŋ : ičr(ä)ki : b(ä)d(i)zčig : ït(t)ï : (a)ŋ(a)r : (a)d(ï)n͡čïγ : b(a)rq[35] : y(a)r(a)turt(u)m : ičin : t(a)šin : (a)d(ï)n͡čïγ : b(ä)d(i)z : urturt(u)m : t(a)š toqïtd(ï)m : köŋ(ü)lt(ä)ki : s(a)b(ï)-m(ï)n : u[rturt(u)m .... on o͡q oγlïŋ]a[36] : t(a)tïŋa : t(ä)gi : bunï : körü : bil(i)ŋ : b(ä)ŋgü t(a)š :

(그들은) 중국 황제의 직속 장인들을 보냈다. 나는 그들에게 근사한 무덤을 만들게 하였다; 나는 그것의 안팎에 근사한 장식을 새기게 하였다, 돌을

35) Tekin이 (a)ŋ(a)r : (a)d(ï)n͡čïγ : b(a)rq로 읽은 부분은 핀란드 발간 도해에서는 L^2R^1:MNČI.R^1K^1(M이 뚜렷하지 않다), Radloff 발간 도해에서는 ŊR^1M ...Š$B^1R^1K^1$로 되어 있다. Tekin은 이에 상응하는 BQ N 14에서도 (a)ŋ(a)r : (a)d(ï)n͡čïγ : b(a)rq로 읽었는데 이 부분은 핀란드 발간 도해에서는 $K^1R^1D^1$ ...I.., Radloff 발간 도해에서는 ..ŊR^1T^1ŠG^1:$B^1R^1K^1$로 되어 있다. L^2(L)와 Ŋ(h), M(m)과 D^1(d), K^1(k)과 Ŋ(h)은 서로 혼동될 수 있다. 그런데 핀란드 발간 도해에 있는 공백들은 믿을 만한 것이 못된다. 핀란드 발간 도해에 따르면 KT S 12에서는 (a)d(ï)n͡čïγ : b(a)rq로 읽으려면 I와 R^1 사이에 글자가 3 개 들어갈 만한 공백이 있어야 하는데 실제로는 1 개 밖에 없어서 이렇게 읽을 수는 없다. 분리 부호 (:)까지 고려한다면 핀란드 발간 도해에 따라 읽을 수 없다. 그러므로 Tekin은 Radloff 발간 도해를 주로 참조하였다. Radloff 발간 도해에 따르면 문제의 부분은 KT S 12에서는 (a)ŋ(a)r m[(ä)n : t(a)]š b(a)rq "그들에게 나는 돌 능묘를", BQ N 14에서는 [m(ä)n] (a)ŋ(a)r : t(a)š(ï)γ : b(a)rq "[나는] 그들에게 돌로 능묘를(직역: 돌을 능묘)"로 읽히고 번역되어 두 비문의 내용이 서로 거의 같게 된다.

36) u[rturt(u)m .... on o͡q oγlïŋ]a 부분은 핀란드 발간 도해에서는 W................A:, Radloff 발간 도해에서는 WL.....................A:로 있다. 즉 핀란드 발간 도해에서는 W와 A 사이에 글자 15~16 개, Radloff 발간 도해에서는 WL과 A 사이에 글자 22개 정도가 들어갈 만한 공백이 있다. Radloff 발간 도해에 따르면 이 부분은 ol [: t(a)šqa : urturt(u)m : on o͡q oγlïŋ]a "그 [돌에 내가 새기게 하였다. 온 오크 자손]에"로 채워질 수 있다.

파게 하였다. 마음에 있는 나의 말을 [새기게 하였다. .... 온 오크[37] 자손]에 (그리고 그들의) 외국인[38]들에까지 너희는 (모두) 이것을 보고 알아라. 영원한 돌을

(S 13)

to͡qïtd(ï)m : y[(a)γ]u͡q (e)l : (ä)rs(ä)r : (a)n͡č(a) t(a)qï : (e)rig y(e)rtä : irs(ä)r (a)n͡ča : (e)r(i)g y(e)rtä : b(ä)ŋgü t(a)š : to͡qïtd(ï)m : biti(t)d(i)m : (a)nï kör(ü)p : (a)n͡ča bil(i)ŋ : ol t(a)š [[39]................ .... to͡qït]d(ï)m : bu bit(i)g : bit(i)gmä : (a)tïsi : yol(lu)γ t[ig(i)n]

나는 파게 하였다. (이곳은) 가까운 곳이므로, 게다가 쉽게 이르는 곳에 있기 때문에 그렇게 쉽게 이르는 곳에 나는 영원한 돌을 파게 하였다, 쓰게 하였다. 너희는 그것을 보고 그렇게 알아라. 그 돌[을 ....] 내가 [파게 하]였다. 이 글을 쓰는 사람은 (퀼 티긴의) 조카 욜루그 [티긴이다]

(E 1)

üzä kök : t(ä)ŋri : (a)sra : y(a)γ(ï)z : y(e)r : qïl(ï)n͡to͡qda : (e)kin (a)ra : kiši : oγli : qïl(ï)nm(i)š : kiši : oγlï͡nta : üzä : (ä)čüm (a)pam[40] bum(ï)n q(a)γ(a)n : išt(ä)mi q(a)γ(a)n : ol(o)rm(i)š : ol(o)r(u)p(a)n : türü͡k : bod(u)n(ï)ŋ : ilin : tör[ös]in : tuta : birm(i)š : iti : birm(i)š :

위에서 푸른 하늘이 아래에서 적갈색 땅이 창조되었을 때에, 둘 사이에서 사람이 창조되었다고 한다. 사람의 위에는 나의 조상 부믄 카간(과) 이시태미[41] 카간이 (권좌에) 앉았다고 한다. 그들은 (권좌에) 앉아서 튀르크 백성

37) 온 오크(On Oq)는 서돌궐(西突厥)을 말한다. on이 "10"을 뜻함을 볼 때 On Oq는 10 개의 부족으로 이루어졌다고 볼 수 있다. 중국 문헌에서는 十姓으로 나타난다. 서돌궐의 지배 부족이 튀르기시(Türgiš)족이므로 On Oq 카간은 서돌궐 카간이자 튀르기시 카간인 것이다. 한편 oq가 "화살"을 뜻하므로 On Oq는 글자 그대로는 "10 개의 화살"을 뜻한다고 볼 수 있다. 이와 관련하여 할하(Khalkha) 몽골어에서 sum은 "화살"과 더불어 "aymag 바로 다음의 행정구역 단위"를 뜻한다는 점을 참조할 만하다.

38) Tekin(2000)은 Tat를 종족 이름(이란인)으로 보고 있다.

39) 이것에 상응하는 BQ N 15를 보면 이 자리는 : b(a)rqin으로 채울 수 있다.

40) 같은 뜻의 낱말 äčü와 apa가 나란히 쓰였다.

의 나라를 법을 다스렸다고 한다, 정비하였다고 한다.[42]

(E 2)

tört : bul(u)ŋ : qop : y(a)γï : (ä)rm(i)š : sü sül(ä)p(ä)n : tört : bul(u)ŋd(a)qï : bod(u)n(u)γ : qop (a)lm(i)š : qop b(a)z : qïlm(i)š : b(a)šl(ï)γ(ï)γ : yû͡k(ü)n͡t(ü)rm(i)š : tizl(i)g(i)g : sökürm(i)š : ilg(ä)rü : q(a)d(ï)rq(a)n[43] : yïšqa t(ä)gi : kirü : t(ä)m(i)r q(a)p(ï)γqa t(ä)gi : q͡oon͡t(u)rm(i)š : (e)kin (a)ra :

사방은 모두 적이었다고 한다. 그들은 출정하여 사방에 있는 백성을 모두 얻었다고 한다, 모두 (자신들에게) 예속시켰다고 한다. 그들은 머리 있는 자를 숙이게 하였다고 한다, 무릎 있는 자를 꿇게 하였다고 한다. 그들은 동쪽으로는 홍안령 산맥까지, 서쪽으로는 태미르 카프그까지 (백성을) 자리 잡게 하였다고 한다. (이) 두 (경계) 사이에서

(E 3)

idi oqs(ï)z : k͡öök : türû͡k <: iti> : (a)n͡ča : ol(o)rur (ä)rm(i)š : bil<g>ä : q(a)γ(a)n (ä)rm(i)š : (a)lp q(a)γ(a)n (ä)rm(i)š : buyrû͡qi y(ä)mä : bilgä : (ä)rm(i)š (ä)r(i)n͡č : (a)lp (ä)rm(i)š (ä)r(i)n͡č : b(ä)gl(ä)ri y(ä)mä : bod(u)ni y(ä)mä : tüz (ä)rm(i)š : (a)nï üčün : il(i)g : (a)n͡ča tutm(i)š : (ä)r(i)n͡č : il(i)g tut(u)p : törög : itm(i)š : özi (a)n͡ča :

그들은 전혀 조직없는 쾨크 튀르크[44] 사람들을 <조직하며> 그렇게 다스

---

41) 중국 문헌에는 室點密로 기록되어 있다.

42) ilin tör[ös]in tuta birm(i)š iti birm(i)š를 ilin tuta birm(i)š tör[ös]in iti birm(i)š "(그들은 튀르크 백성의) 나라를 다스렸다고 한다, 법을 정비하였다고 한다"로 이해하면 된다.

43) 위구르어를 다룬 명대(明代)의 화이역어(華夷譯語) 고창관잡자(高昌館雜字)를 보면 화목문(花木門)에 qadïrqan 哈的兒罕 "槐(회화나무)"라는 낱말이 있다. 이 낱말이 돌궐 비문들에 나오는 qadïrqan yïš의 qadïrqan과 관련이 있는지는 알 수 없다.

44) 낱말 kök는 "푸른"을 뜻한다. 그런데 동쪽을 대표하는 빛깔이 "푸른" 색임을 보면 쾨크 튀르크(Kök Türk)는 "푸른 튀르크"이므로 "동돌궐(東突厥)"을 뜻한다고 생각할 수 있다.

렸다고 한다. 그들은 현명한 카간이었다고 한다, 용감한 카간이었다고 한다. 그들의 지휘관도 현명하였다고 한다 분명히, 용감하였다고 한다 분명히. 그들의 배그들도 백성도 조화로웠다고 한다. 그 때문에 그들은 나라를 그렇게 다스렸다고 한다 분명히; 그들은 나라를 다스리고 법을 정비하였다고 한다. (나중에) 자신들은 그렇게

(E 4)

k(ä)rg(ä)k : bolm(i)š : yoγčï : sïγ(ï)tčï : öŋrä : k͡üün : tuγs(ï)qda : bükli : čöl(lü)g (e)l : t(a)bγ(a)č : töpöt : (a)p(a)r : pur(u)m : q͡ïïr-q(ï)z : üč q͡uurïq(a)n : ot(u)z t(a)t(a)r : q͡ïït(a)ń : t(a)t(a)bï : bun͡ča : bod(u)n : k(ä)l(i)p(ä)n : sïγtam(i)š : yoγlam(i)š[45] : (a)n͡t(a)γ : kü-l(ü)g : q(a)γ(a)n (ä)rm(i)š : (a)n͡ta kisrä : in(i)si q(a)γ(a)n :

승하하였다고 한다. (그들의 장례식에) 문상객(으로서) 동쪽에서는[46] 해 뜨는 곳으로부터 뷔클리[47] 쵤 백성, 중국, 티베트, 아바르(Avar), 비잔틴, 크르그즈, 위치 쿠르칸[48], 오투즈 타타르, 거란[49], 타타브[50] 이 만큼의 백성

45) 비슷한 뜻의 동사 sïγta-와 yoγla-가 나란히 쓰였다.

46) öŋrä는 öŋ("앞") + -rä(장소부사 어미)로 분석되며, 본래 "앞에서"를 뜻하는데 동쪽을 "앞"으로 여김으로써 "동쪽에서"의 뜻도 지니게 되었다.

47) 이 낱말은 bök(kü)li (< *bäkküli < *mäkküli 貊句麗) 또는 bök(kö)li (< *bäkköli < *mäkkoli 貊高麗)로 읽을 수도 있다(Yong-sŏng Li, "Zu QWRDNTA in der Tuńuquq-Inschrift", *CAJ*, 47/2 (2003), pp. 229-241 중 p. 236을 볼 것). 이미 일본의 역사학자 Iwasa Seiichiro(岩佐精一郎)가 이 낱말을 bökli 貊句麗 "貊족의 句麗"로 읽었다(Masao Mori, "How should *bökli* or *bükli* be transcribed and interpreted?", *The Memoirs of the Toyo Bunko* 42 (1984), pp. 139-144 중 p. 139를 볼 것).

48) üč가 "3"을 뜻하므로 위치 쿠르칸(Üč Qurïqan)은 3 부족으로 이루어진 쿠르칸을 뜻한다고 할 수 있다. 쿠르칸은 舊唐書 등의 중국 문헌에서는 骨利幹으로 기록되어 있다. 야쿠트족의 조상으로 추정된다. Qorïqan으로 읽는 것이 정확할 수도 있다(Yong-sŏng Li, "Zu QWRDNTA in der Tuńuquq- Inschrift", *CAJ*, 47/2 (2003), pp. 229-241을 볼 것).

49) 돌궐 비문들에서 Qïtań, 중국 문헌에서는 契丹으로 나타나는 거란족은 후에 요(遼)나라를 세워 매우 강성했으므로 Qïtań의 변형인 Cathay, Китай 등은 중국을 가리키게 되었다. 고대 튀르크어의 음소 ń(= ny)은 후에 n과 y로 분화되었

이 와서 울었다고 한다, 애도하였다고 한다. 그들은 그렇게 유명한 카간이었다고 한다. 그 뒤에 그들의 남동생들이 카간이

(E 5)

bolm(i)š (ä)r(i)n͡č : oγlïti : q(a)γ(a)n bolm(i)š (ä)r(i)n͡č : (a)n͡ta kisrä : inisi : (e)čisin t(ä)g : qïl(ï)nm(a)d͡oq (ä)r(i)n͡č : oγli : q(a)ŋin t(ä)g : qïl(ï)nm(a)d͡oq (ä)r(i)n͡č : bil(i)gsiz : q(a)γ(a)n : ol(o)rm(i)š (ä)r(i)n͡č : y(a)bl(a)q : q(a)γ(a)n : ol(o)rm(i)š (ä)r(i)n͡č : buyr͡uqi : y(ä)mä : bil(i)gs(i)z <(ä)rm(i)š> (ä)r(i)n͡č : y(a)bl(a)q (ä)rm(i)š (ä)r(i)n͡č :

되었다고 한다 분명히, 그들의 아들들이 카간이 되었다고 한다 분명히. 그 뒤에 그들의 남동생들은 형들처럼 창조되지 못하였다고 한다 분명히, 그들의 아들들은 아버지들처럼 창조되지 못하였다고 한다 분명히. 어리석은 카간들이 즉위하였다고 한다 분명히, 나쁜 카간들이 즉위하였다고 한다 분명히. 그들의 지휘관들도 어리석었다고 <한다> 분명히, 나빴다고 한다 분명히.

(E 6)

b(ä)gl(ä)ri : bod(u)ni : tüzs(i)z üč(ü)n : t(a)bγ(a)č : bod(u)n : t(ä)bl(i)gin : kürl(ü)g<in> üčün[51] : (a)rm(a)qčïsin : üčün : in(i)li : (e)čili : kikšürt͡ökin : üčün : b(ä)gli : bod(u)nlïγ : yoŋ(a)šurt͡oqin : üčün : tür͡ük : bod(u)n : ill(ä)d͡ök : ilin : ïčγ(ï)nu : ïdm(i)š :

그들의 배그들과 백성이 조화롭지 않(았)기 때문에, 중국 백성이 잘 속이기 때문에 사기꾼이기 때문에, 남동생들과 형들을 서로 부추겼기 때문에, 배그와 백성을 서로 중상하게 하였기 때문에, 튀르크 백성은 자기들이 세운 나라를 잃어버렸다고 한다,

---

는데 Cathay, Китай 등은 ń > y의 예이고 한국어의 글안/거란의 ㄴ(n)은 ń > n의 예이다.

50) 타타브(Tatabï)는 중국 문헌에 해(奚)로 나오는 종족인 듯하다. 비문들에서는 거의 언제나 거란 다음에 언급되어 있다.

51) 같은 뜻의 낱말 täblig와 kürlüg가 나란히 쓰였다.

(E 7)

q(a)γ(a)nl(a)do͡q : q(a)γ(a)nïn : yit(ü)rü : ïdm(i)š : t(a)bγ(a)č : bod(u)nqa : b(ä)gl(i)k : urï oγlin : qul bo͡ltï : (e)šil(i)k : q͡ïïz oγl(i)n : küŋ bo͡ltï : türü͡k : b(ä)gl(ä)r : türü͡k : ātin : ït(t)ï : t(a)bγ(a)čγï : b(ä)gl(ä)r : t(a)bγ(a)č : ātin : tut(u)p(a)n : t(a)bγ(a)č : q(a)γ(a)nqa :

자기들이 즉위시킨 카간을 잃어버렸다고 한다. (이 때문에) 중국 백성에게 배그가 될 만한 그들의 아들은 사내종이 되었다, 귀부인이 될 만한 그들의 딸은 계집종이 되었다. 튀르크 배그들은 튀르크 칭호를 버렸다[52]; 중국 사람들에 봉사하는 (튀르크) 배그들은 중국 칭호를 받아들여 중국 황제에게

(E 8)

körm(i)š : (ä)l(i)g yïl : iš(i)g küč(ü)g : birm(i)š : ilg(ä)rü : k͡üün : tuγs(ï)qda : bükli : q(a)γ(a)nqa : t(ä)gi : sül(ä)yü : birm(i)š : q͡uur(ï)-γ(a)ru : t(ä)m(i)r q(a)p(ï)γqa : t(ä)gi : sül(ä)yü : birm(i)š : t(a)b-γ(a)č : q(a)γ(a)nqa : ilin : törösin[53] : (a)lï birm(i)š : türü͡k : q(a)ra q(a)m(a)γ :

예속되었다고 한다. 그들은 50 년 동안 봉사하였다고 한다. 그들은 동쪽으로는 해 뜨는 곳에서 뷔클리 카간까지 출정하였다고 한다, 서쪽으로는 태미르 카프그까지 출정하였다고 한다; 중국 황제를 위하여 (이렇게) 정복하였다고 한다. 튀르크 일반

(E 9)

bod(u)n : (a)n͡ča tim(i)š : ill(i)g : bod(u)n (ä)rt(i)m : il(i)m : (a)mtï q(a)nï : k(ä)mkä : il(i)g : q(a)zγ(a)nur m(ä)n : tir (ä)rm(i)š : q(a)-γ(a)nl(ï)γ : bod(u)n : (ä)rt(i)m : q(a)γ(a)n(ï)m q(a)nï : nä q(a)γ(a)n-

---

52) t(a)bγ(a)č : bod(u)nqa ~ türü͡k : ātin : ït(t)ï 부분에서 빌개 카간은 자신이 목격하지 않은 사건을 말하고 있는데도 -miš 형의 과거시제 대신에, 자신이 목격한 사건을 말하는 -DI 형의 과거시제가 사용되었다. 그러므로 이 부분의 동사들도 그 앞과 뒤의 부분들에 있는 것처럼, bolm(i)š, ïdm(i)š로 -miš 형의 과거시제로 표현하는 것이 논리에 맞다.

53) 비문 곳곳에서 el/il과 törö가 짝을 이루어 사용되고 있다.

qa : iš(i)g küč(ü)g : birür m(ä)n : tir (ä)rm(i)š : (a)n͡ča tip : t(a)b-γ(a)č : q(a)γ(a)nqa : y(a)γï bolm(i)š :

백성은 이렇게 말하였다고 한다: “나는 나라가 있는 백성이었다; 나의 나라는 지금 어디에 있는가? 나는 누구에게 나라를 정복하는가?”라고 말하였다고 한다. “나는 카간이 있는 백성이었다; 나의 카간은 어디에 있는가? 나는 어느 카간에게 봉사하는가?”라고 말하였다고 한다. 그들은 그렇게 말하고 중국 황제에게 적이 되었다고 한다.

(E 10)

y(a)γï bol(u)p : it(i)nü : y(a)r(a)tunu : um(a)do͡q : y(a)na : ič(i)k-m(i)š[54] : bun͡ča : iš(i)g küč(ü)g : birto͡kg(ä)rü : s(a)q(ï)nm(a)tï : türu͡k : bod(u)n : ölür(ä)yin : ur(u)γs(ï)r(a)t(a)yin[55] : tir (ä)rm(i)š : yoq(a)du : b(a)rïr : (ä)rm(i)š[56] : üzä : türu͡k : t(ä)ŋrisi : türu͡k ïdu͡q yiri :

그들은 적이 되었으나 스스로를 (잘) 조직하지 못하였다고 한다, 다시 (중국에) 예속되었다고 한다. (중국 백성은 그들이) 이렇게 봉사한 것을 생각하지도 않고 “나는 튀르크 백성을 죽이겠어, 멸종시키겠어”라고 말하였다고 한다. (튀르크 백성은) 사라져 가고 있었다고 한다. 위에 (있는) 튀르크 신(과) 튀르크의 신성한 땅

---

54) t(a)bγ(a)č q(a)γ(a)nqa y(a)γï bolm(i)š y(a)γï bol(u)p it(i)nü y(a)r(a)tunu um(a)do͡q y(a)na ič(i)km(i)š에 해당하는 내용이 투뉴쿠크 비문의 2 행에는 türk bod(u)n q(a)nin bulm(a)y(i)n t(a)bγ(a)čda (a)dr(ï)l͡tï q(a)nl(a)n͡tï q(a)nin q͡ood(u)p t(a)bγ(a)čqa y(a)na ič(i)kdi로 나타난다. 빌개 카간은 자신이 목격하지 않은 사건을 말하므로 -miš 형의 과거시제를 사용하였고, 투뉴쿠크는 자신이 직접 목격한 사건을 말하므로 -DI 형의 과거시제를 사용하였다. 이 사건과 관련하여 舊唐書에는 돌궐의 수령인 阿史德溫傳이 679년에 [阿史那]泥孰匐을 카간으로 옹립하여 唐에 침입하였다가 실패하였다고 기록되어 있다.

55) 비슷한 뜻의 동사 ölür-와 uruγsïrat-가 나란히 쓰였다.

56) yoq(a)du b(a)rïr (ä)rm(i)š에 해당하는 내용이 투뉴쿠크 비문의 3~4 행에는 türk bod(u)n ölti (a)lq(ï)n͡tï yo͡q bol͡tï türk sir bod(u)n y(e)rintä bod q(a)lm(a)dï로 나타난다.

(E 11)

subi[57] : (a)n͡ča (e)tm(i)š : türü͡k : bod(u)n : yo͡oq : bolm(a)zun : tiy(i)n : bod(u)n : bolčun tiy(i)n : q(a)ŋ(ï)m : ilt(e)r(i)š q(a)γ(a)n(ï)γ : ög(ü)m : ilbilgä q(a)tun(u)γ : t(ä)ŋri : töp(ö)sin͡tä : tut(u)p : yüg(gä)rü : kötürm(i)š (ä)r(i)n͡č : q(a)ŋ(ï)m q(a)γ(a)n : yiti y(e)g[(i)r]mi (ä)r(i)n : t(a)š(ï)qm(i)š : t(a)šra :

물(의 정령들)이 이렇게 하였다고 한다: 그들은 "튀르크 백성이 사라지지 말기를" 하고, "백성이 되기를" 하고 나의 아버지 일테리시[58] 카간을, 나의 어머니 일빌개 카툰[59]을 천정(天頂)으로부터 잡아서 (더) 위로 올렸다고 한다 분명히. 나의 아버지 카간은 17 명의 군사와 함께 반란을 일으켰다고 한다 분명히, "(일테리시가) 반란을

(E 12)

yor(ï)yur : tiy(i)n : kü (e)š(i)d(i)p : b(a)l͡ïqd(a)qï : t(a)γ͡ïqm(i)š[60] :

---

57) 글자 그대로는 "땅(과) 물"을 뜻하는 yer/yir sub는 초자연적이거나 종교적인 뜻을 함축하고 있다고 시사되어 왔지만, 돌궐어 및 다른 언어들에서 문맥을 보면 이 표현은 단지 "영토(territory)", 즉 땅과 하천, 호수 등을 포함하는 지역을 뜻한다(EDPT 783). EDPT에서는 yer/yir sub 대신에 yér suv로 표기되어 있다. yer/yir sub라는 표현은 오늘날 튀르크계 언어들에 남아 있다. 대략 우리가 말하는 강산(江山)이나 산하(山河), 산천(山川)과 같은 뜻으로 보면 될 것이다.

58) 일테리시(Ilteriš)는 il("백성, 나라") + ter-("모으다") + i(연결모음) + -š(명사형성 접미사)로 분석되어 글자 그대로는 "백성(나라) 모으기"를 뜻한다.

59) 소그드어 xwat'yn에서 차용된 카툰은 중국 문헌에 賀敦으로 음역되어 있다.

60) 낱말 t(a)γ͡ïqm(i)š는 핀란드 발간 도해에서는 $T^{1}G^{1ï}KMS^{2}$, Radloff 발간 도해에서는 $T^{1}Š^{ï}KMS^{2}$로 되어 있다. 즉 두 도해에서 이 낱말은 둘째 글자만 서로 다르다. 그런데 이것에 상응하는 BQ E 10을 보면 핀란드 발간 도해에서는 바로 이 낱말부터 공백으로 되어 있지만, Radloff 발간 도해에서는 $T^{1}Š$ 다음부터가 공백으로 되어 있다. Radloff 발간 도해에서는 두 비문 모두에서 둘째 글자가 Š로 되어 있는 것이다. G^{1}(g)와 Š(w)는 서로 혼동될 수 있다. 그 당시 돌궐이 중국에 예속되어 있었다면, 중국의 직접적인 지배권은 몇몇 도시에 한정되었을 것이다. q(a)ŋ(ï)m q(a)γ(a)n yiti y(e)g[(i)r]mi (ä)r(i)n ~ y(e)tm(i)š (ä)r bolm(i)š는 이러한 도시에 있던 사람들이 일테리시가 반란을 일으킨다는 소식을 듣고는 도시의 성곽 밖으로 나가고, 중국의 지배를 피하여 산지로 올라가 숨어서 지내던 사람들이 내려와 일테리시의 세력에 들어가니 70 명이 되었다는 것을 표현한

t(a)γd(a)qï : inm(i)š : tir(i)l(i)p : y(e)tm(i)š (ä)r bolm(i)š : t(ä)ŋri : k͡üüč : birtö͡k üč(ü)n : q(a)ŋ(ï)m q(a)γ(a)n : süsi : böri t(ä)g : (ä)rm(i)š : y(a)γïsi : q͡ooń t(ä)g (ä)rm(i)š : ilg(ä)rü : q͡uur(ï)γ(a)ru : sül(ä)p : ti[r]m(i)š : qubr(a)t[m(i)š[61] : q(a)]m(a)γi :

일으키고 있다"[62] 하고 소식을 듣고 도시에 있는 사람은 산에 올라갔다고 한다, 산에 있는 사람은 (도시로) 내려갔다고 한다, 모여서 70 명이 되었다고 한다. 신이 힘을 주었으므로 나의 아버지의 군대는 이리 같았다고 한다, 그들의 적은 양 같았다고 한다. 그들은 동쪽으로 서쪽으로 출정하여 (사람을) 모았다고 한다. 모두

(E 13)

y(e)ti yüz (ä)r : bolm(i)š[63] : y(e)ti yüz (ä)r : bol(u)p : (e)l-s(i)r(ä)m(i)š : q(a)γ(a)ns(ï)r(a)m(i)š[64] : bod(u)n(u)γ : küŋ(ä)dm(i)š : q͡uul(a)dm(i)š[65] : bod(u)n(u)γ : türü͡k : törösün : ïčγ(ï)nm(i)š : bod(u)n(u)γ : (ä)čüm (a)pam : törösin͡čä : y(a)r(a)tm(i)š : bošγur-m(i)š[66] : tölis : t(a)rduš : [bod(u)n(u)γ : (a)n͡ta (e)tm(i)š]

700 명이 되었다고 한다. 700 명이 되어 나라가 없게 된, 카간이 없게 된 백성을, 계집종이 된, 사내종이 된 백성을, 튀르크 풍습을 잃은 백성을 나의 조상의 법에 따라 (또다시) 조직하였다고 한다. 툌리스 (및) 타르두시[67] [백

것임이 분명하다. 그렇다면 이 낱말은 Radloff 발간 도해대로 t(a)šï͡qm(i)š로 읽는 것이 이치에 맞는다.

61) 같은 뜻의 동사 tir-와 qubrat-가 나란히 쓰였다.

62) t(a)šra yor(ï)yur는 글자그대로는 "(그가) 밖에서 걷고 있다"를 뜻한다.

63) q(a)ŋ(ï)m q(a)γ(a)n yiti y(e)g[(i)r]mi (ä)r(i)n ~ y(e)ti yüz (ä)r bolm(i)š에 해당하는 내용이 투뉴쿠크 비문의 4 행에는 ïda t(a)šda q(a)lm(i)ši q͡uubr(a)n(ï)p y(e)ti yüz bo͡ltï로 간략하게 표현되어 있다.

64) 비슷한 뜻의 동사 elsirä-와 qaγansïra-가 나란히 쓰였다.

65) 비슷한 뜻의 동사 küŋäd-와 qulad-가 나란히 쓰였다.

66) 같은 뜻의 동사 yarat-와 bošγur-가 나란히 쓰였다.

67) 비슷한 뜻의 낱말 tölis와 tarduš가 나란히 쓰였다. 타르두시(Tarduš)는 제2차 돌궐 제국(= 동돌궐 제국)의 서쪽을 이루는 종족 이름으로서 그 우두머리는 샤드(šad, 殺, 設)였다. 한편 제국의 동쪽을 이루는 사람들은 툌리스(Tölis)라 불렸으며 그 우두머리는 야브구(yabγu, 葉護)였다. Tekin(2000)은 tölis를 tölišl로

성을 그 때 조직하였다고 한다.]

(E 14)

y(a)bγuγ : š(a)d(ï)γ[68] : (a)n͡ta : b(e)rm(i)š : b(i)ryä : t(a)bγ(a)č : bod(u)n : y(a)γï (ä)rm(i)š : yïrya : b(a)z q(a)γ(a)n : to͡quz oγ(u)z : bodun : y(a)γï (ä)rm(i)š : q͡ïïrq(ï)z : q͡uurïq(a)n : ot(u)z t(a)t(a)r : q͡ïït(a)ń : t(a)t(a)bï : q͡oop : y(a)γï (ä)rm(i)š : q(a)ŋ(ï)m q(a)γ(a)n : bun͡č[a ....]

야브구를 샤드를 그 때 (그들에게) 주었다고 한다. 남쪽에서는 중국 백성이 적이었다고 한다. 북쪽에서는 바즈[69] 카간, 토쿠즈 오구즈 백성이 적이었다고 한다. 크르그즈, 쿠르칸, 오투즈 타타르, 거란, 타타브가 모두 적이었다고 한다. 나의 아버지 카간은 이 만큼[..................]

(E 15)

q͡ïïrq : (a)rtu͡qi : y(e)ti : yolï : sül(ä)m(i)š : y(e)g(i)rmi : süŋ(ü)š : süŋ(ü)šm(i)š : t(ä)ŋri : y(a)rl(ï)q(a)do͡q : üčün : ill(i)g(i)g : (e)l-s(i)r(ä)tm(i)š : q(a)γ(a)nl(ï)γ(ï)γ : q(a)γ(a)ns(ï)r(a)tm(i)š : y(a)γïγ : b(a)z qïlm(i)š : tizl(i)g(i)g : sökürm(i)š : b(a)šl(ï)γ(ï)γ : yük(ü)n͡tü[r-m(i)š : q(a)ŋ(ï)m q(a)γ(a)n : (a)n͡ča il(i)g]

47 번 출정하였다고 한다, 20 (번) 싸웠다고 한다. 신께서 (그렇게) 명하셨기 때문에, 나라가 있는 자를 나라가 없게 하였다고 한다, 카간이 있는 자를 카간이 없게 하였다고 한다. 적을 예속시켰다고 한다. 무릎이 있는 자를 꿇게 하였다고 한다, 머리가 있는 자를 숙이게 하[였다고 한다. 나의 아버지 카간은 그렇게 나라를]

읽고 있다.

68) 비슷한 뜻의 낱말 yabγu와 šad가 나란히 쓰였다.

69) 이 이름이 중국 문헌에는 比粟로 나오는 것을 보면 돌궐 비문에서는 *Biz나 *Bez 또는 이와 비슷한 형태로 있어야 한다. 이것은 혹시 광개토왕비에서 백제(百濟)를 적대시하여 백잔(百殘)으로 표기한 것과 비슷한 맥락에서 이해해야 하는 것인지 모른다. 즉, 적의 카간 이름을 발음이 조금 비슷한 baz “종속된, 예속된”으로 나쁘게 표현했을지 모른다.

(E 16)

törög : q(a)zγ(a)n(ï)p : uča : b(a)rm(i)š : q(a)ŋ(ï)m : q(a)γ(a)nqa : b(a)šl(a)yu : b(a)z q(a)γ(a)n(ï)γ : b(a)lb(a)l : tikm(i)š : ol törödä : üzä : (e)čim q(a)γ(a)n : ol(o)rtï : (e)čim q(a)γ(a)n : ol(o)r(u)p(a)n : türük : bod(u)n(u)γ : yičä : itdi : <yičä :> ig(i)t(t)i : čïγ(a)ń(ï)γ [b(a)y qïltï : (a)z(ï)γ ük(ü)š qïltï]

법을 획득하고 승하하셨다고 한다. 나의 아버지 카간에게 (나의 숙부 카간은) 먼저 바즈 카간을 발발[70](로서) 세웠다고 한다. (나의 아버지 카간이 죽은 뒤) 그 법에 따라 나의 숙부 카간[71]이 (권좌에) 앉았다. 나의 숙부 카간은 (권좌에) 앉아 튀르크 백성을 다시 조직하였다, <다시> 배부르게 하였다. 가난한 이를 [부유하게 하였다, 적은 이를 많게 하였다.]

(E 17)

(e)čim q(a)γ(a)n : ol(o)rtoqda : öz(ü)m : t(a)rduš : bod(u)n : üzä : š(a)d (ä)rt(i)m : (e)č(i)m q(a)γ(a)n : birlä : ilg(ä)rü : y(a)š(ï)l : üg(ü)z : š(a)ntuŋ : y(a)zïqa t(ä)gi : sül(ä)d(i)m(i)z : quur(ï)γ(a)ru : t(ä)m(i)r q(a)p(ï)γqa : t(ä)gi : sül(ä)d(i)m(i)z : kögm(ä)n : (a)ša : qï-[ïrq(ï)z : yir(i)ŋä : t(ä)gi : sül(ä)d(i)m(i)z]

---

70) 돌궐 비문들에서 발발(balbal)은 "살해된 적의 상(像)"을 뜻한다. 그러므로 일테리시 카간이 바즈 카간을 이미 죽였음을 알 수 있다. T. Tekin은 GOT에서 이 낱말을 balbal < *balïbal < *barïmal(p.73; 어중모음소실(syncope)의 예로서) 및 balbal < *balmal < *barmal(p.99; b-b < b-m 및 l-l < r-l의 예로서)로 설명하고 이를 원조비사(元朝秘史)에 나오는 몽골어 낱말 barimal "조상(彫像)"과 비교하였다(p. 100). 한편 G. Doerfer는 이 낱말이 몽골어에서 튀르크어로 차용되었다는 T. Tekin의 견해에 동조하면서도 이를 몽골조어(祖語) *barïmal > *barmal(어떤 고대 몽골 방언) → 튀르크어 balbal로 조금 다르게 설명하였다(Gerhard Doerfer, "The older Mongolian layer in Ancient Turkic", *TDA*, 3 (1993), p. 79). G. Doerfer에 의하면 원조비사에 나오는 barimal은 bari-("to construct, to shape") + -mal(동사에서 명사를 파생시키는 접미사)로 분석되는데 이것은 튀르크어 balbal의 바로 앞 단계 형태가 아니다.

71) 중국 문헌에는 默啜로 나오는 카프간 카간(= 뵈귀 카간)을 말한다. 716년에 Bayïrqu족의 복병을 만나 죽었다.

나의 숙부 카간이 즉위하였을 때 나 자신은 타르두시 백성 위에서 샤드였다. 우리는 나의 숙부 카간과 함께 동쪽으로 황하(와) 산동 평원까지 출정하였다, 서쪽으로 태미르 카프그까지 출정하였다, 쾨그맨[72] 너머 크[르그즈 땅까지 출정하였다.]

(E 18)

q(a)m(a)γi : biš ot(u)z : sül(ä)d(i)m(i)z : üč y(e)g(i)rmi : süŋ(ü)š-d(ü)m(i)z : ill(i)g(i)g : ils(i)r(ä)td(i)m(i)z : q(a)γ(a)nl(ï)γ(ï)γ : q(a)-γ(a)ns(ï)r(a)td(ï)m(ï)z : tizl(i)g(i)g : sök(ü)rt(ü)m(i)z : b(a)šl(ï)γ(ï)γ : yu͡kün͡t(ü)rt(ü)m(i)z : türg(i)š : q(a)γ(a)n : türu͡k(ü)m(i)z [bod(u)-n(u)m(ï)z : (ä)rti : bilm(ä)d͡ökin]

우리는 모두 25 (번) 출정하였다, 13 (번) 싸웠다. 우리는 나라가 있는 자를 나라가 없게 하였다, 카간이 있는 자를 카간이 없게 하였다; 무릎이 있는 자를 꿇게 하였다, 머리가 있는 자를 숙이게 하였다. 튀르기시[73] 카간은 우리의 튀르크 사람 [우리의 백성이었다. 그가 알지 못하였기]

(E 19)

üčün : biz(i)ŋä : y(a)ŋ(ï)lu͡qin[74] : üčün : q(a)γ(a)ni : ölti : buyru͡qi : b(ä)gl(ä)ri : y(ä)mä : ölti : on o͡q : bod(u)n : (ä)mg(ä)k : körti : (ä)čüm(ü)z : (a)pam(ï)z : tutm(i)š : yir sub : id(i)s(i)z : bolm(a)zun : tiy(i)n : (a)z bod(u)n(u)γ : it(i)p : y(a)r[(a)t(ï)p ....]

때문에, 그가 우리에게 잘못 처신하였기 때문에 그들의 카간이 죽었다, 그들의 지휘관들과 배그들도 죽었다. 온 오크 백성은 고통을 당하였다. 우리

---

72) 쾨그맨(Kögmän)은 오늘날의 사얀(Sayan) 산맥으로 추정되고 있다.

73) 본래 튀르기시(Türgiš)족은 온 오크(On Oq, 西突厥)를 이루는 부족 중 하나였는데 후에 그 카간이 서돌궐 전체를 지배하게 되었다. 그러므로 돌궐 비문들에 나타나는 튀르기시 카간과 On Oq 카간은 동일 인물이고 이가 곧 서돌궐 카간이다. 튀르기시는 중국 문헌에 突騎施로 표기되어 있다. 이 이름은 오늘날 시베리아 남부의 알타이 산맥 북쪽 기슭에 살며 알타이 튀르크어를 문어로 사용하고 있는 투바(Tuba)인의 구성 종족의 하나인 Tirgäš에 남아 있다.

74) 상응하는 BQ E 16에는 y(a)ŋ(ï)l͡to͡qin : y(a)z(ï)n͡to͡qin으로 되어 있다.

의 조상이 점유한 영토가 주인 없게 되지 말라고 (우리는) 아즈 백성을 조직하여 [......................]

(E 20)

b(a)rs b(ä)g : (ä)rti : q(a)γ(a)n (a)t : bun͡ta : biz : birt(i)m(i)z : siŋl(i)m : q͡uun͡č(u)yuγ : birt(i)m(i)z : özi y(a)ŋ(ï)l͡tï[75] : q(a)γ(a)ni : ölti : bod(u)ni : küŋ q͡uul[76] : bol͡tï : kögm(ä)n : yir sub : id(i)s(i)z : q(a)lm(a)zun tiy(i)n : (a)z qïrq(ï)z : bod(u)n(u)γ : <it(i)p :>[77] y(a)-r(a)t[(ï)p k(ä)lt(i)m(i)z süŋ(ü)šd(ü)m(i)z ....]

바르스는 배그였다. 카간 칭호를 여기에서 (그에게) 우리가 주었다. 우리는 (배우자로서) 나의 여동생 공주[78]를 주었다. (그런데도) 그 자신이 잘못을 저질렀다. (그 결과) 그들의 카간이 죽었다, 그의 백성은 계집종 사내종이 되었다. 쾨그맨 땅이 주인 없이 남지 말라고 우리는 아즈 (및) 크르그즈 백성을 조직하여 [왔다, 싸웠다 ....]

(E 21)

y(a)na : birt(i)m(i)z : (i)lg(ä)rü : q(a)d(ï)rq(a)n : yïš(ï)γ : (a)ša :

---

75) 상응하는 BQ E 17에는 y(a)z(ï)n͡tï로 되어 있다.

76) 비슷한 뜻의 낱말 küŋ과 qul이 나란히 쓰였다.

77) (a)z qïrq(ï)z : bod(u)n(u)γ : <it(i)p :>는 핀란드 발간 도해와 Radloff 발간 도해 모두에서 $ZK^{1}IR^{1}K^{1}Z:B^{1}WD^{1}N^{1}G^{1}$:로 되어 있다. 그런데도 Tekin은 bod(u)n(u)γ 다음에 <it(i)p :>를 끼워 놓았다. 아마도 KT E 19의 (a)z bo-d(u)n(u)γ : it(i)p : y(a)r[(a)t(ï)p...]를 보고 이렇게 읽은 듯하다. 이에 상응하는 부분은 BQ E 17을 보면 핀란드 발간 도해에서는 $Z^{ï}KIR^{1}K^{1}Z:B^{1}WD^{1}N^{1}G^{1}R^{2}S^{2}$.($R^{2}S^{2}$가 뚜렷하지 않다), Radloff 발간 도해에서는 $ZK^{1}IR^{1}K^{1}Z:B^{1}WD^{1}N^{1}G^{1}$:NČA:로 되어 있다. S^{2}(S)는 A(a)와 혼동될 수 있다. 그런데도 Tekin은 이 부분에서는 핀란드 발간 도해를 사용한 듯 (a)z q͡ïirq(ï)z : bo-d(u)n(u)γ i[t(i)p] :로 읽었지만, bod(u)n(u)γ 다음 부분은 i[t(i)p] :로 읽힐 수 없다. Radloff 발간 도해에 따르면 이 부분은 뚜렷이 : (a)n͡ča : “그렇게”로 읽힌다. 그러므로 KT E 20의 <it(i)p :>은 필요 없는 것이다. 아니면 <(a)n͡ča :>로 읽혀야 한다.

78) 이 낱말은 현대 튀르크어 중에서 투바어 qunčuγ “시어머니”, 토파어(Tofa, 예전에는 Karagas라고 하였음) hunǯuγ “같은 뜻”에 남아 있는 듯하다.

bod(u)n(u)γ : (a)n͡ča q͡oon͡turt(u)m(ï)z : (a)n͡ča itd(i)m(i)z : q͡uur(ï)-γ(a)ru : k(ä)ŋü t(a)rm(a)nqa : t(ä)gi : türü͡k : bod(u)n(u)γ : (a)n͡ča q͡oon͡t(u)rt(u)m(ï)z : (a)n͡ča (e)td(i)m(i)z : ol ödkä : q͡uul : q͡uull(u)γ : bolm(i)š : [(ä)rti küŋ : küŋl(ü)g : bolm(i)š : (ä)rti]

우리는 다시 주었다. 우리는 동쪽으로 홍안령 산맥을 넘어 백성을 그렇게 자리 잡게 하였다, 그렇게 조직하였다. 우리는 서쪽으로 캥위 타르만까지 튀르크 백성을 그렇게 자리 잡게 하였다, 그렇게 조직하였다. 그 때에 사내종(조차) 사내종이 있[었다, 계집종(조차) 계집종이 있었다.]

(E 22)

(a)n͡ča q(a)zγ(a)nm(i)š : <(a)n͡ča> itm(i)š : (e)l(i)m(i)z : töröm(ü)z : (ä)rti : türü͡k : oγ(u)z : b(ä)gl(ä)ri : bod(u)n : (e)š(i)d(i)ŋ[79] : üzä t(ä)ŋri : b(a)sm(a)s(a)r : (a)sra yir : t(ä)l(i)nm(ä)s(ä)r : türü͡k : bod(u)n : (e)l(i)ŋ(i)n : töröŋ(i)n : k(ä)m (a)rt(a)tï [ud(a)čï (ä)rti : türü͡k : bod(u)n : (ä)rtin]

그렇게 획득한, <그렇게> 조직한 우리의 나라(와) 우리의 법이 있었다. 튀르크, 오구즈 배그들(과) 백성(아) 들어라! 위에서 하늘이 무너지지 않는다면, 아래에서 땅이 구멍나지 않는다면, 튀르크 백성(아) 너의 나라(와) 너의 법을 누가 무너뜨[릴 수 있을 것이었더냐? 튀르크 백성(아) (나쁜 습성을) 버려라,]

(E 23)

ökün : kür(ä)güŋ(i)n : üčün : ig(i)dm(i)š : bilgä : q(a)γ(a)n(ï)ŋ(ï)n : (e)rm(i)š b(a)rm(i)š[80] : (ä)dgü (e)l(i)ŋ[ä] : k(ä)n͡tü : y(a)ŋ(ï)l͡t(ï)γ : y(a)bl(a)q : kigürt(ü)g : y(a)r(a)ql(ï)γ : q(a)n͡t(a)n : k(ä)l(i)p : y(a)ńa (e)ltdi : süŋ(ü)gl(ü)g[81] : q(a)n͡t(a)n : k(ä)l(i)p(ä)n : sürä (e)ltdi : ïdu͡q

79) 상응하는 BQ E 18에서는 (e)š(i)d로 되어 있다. 빌개 카간이 튀르크 배그들과 백성에게 단수 2인칭, 즉 너라고 말하고 있으므로 복수 2인칭 명령형인 (e)š(i)d(i)ŋ보다는 단수 2인칭 명령형인 (e)š(i)d가 앞뒤 문장에 어울린다.

80) 비슷한 뜻의 낱말 ermiš와 barmïš가 나란히 쓰였다.

ötü͡k(ä)n : y[ïš bod(u)n b(a)rd(ï)γ : ilg(ä)rü : b(a)r(ï)γma]

참회하여라! 너의 불순종 때문에, (너를) 배부르게 한 너의 현명한 카간과 독립되고 부유한 너의 나라[에] 너 자신이 잘못을 저질렀다, 불화를 일으켰다. 무기가 있는 (적이) 어디에서 와서 (너를) 흩뜨리며 휩쓸고 갔느냐? 창이 있는 (적이) 어디에서 와서 (너를) 몰아내며 휩쓸고 갔느냐? 신성한 외튀캔 [산악 백성(아), 너는 (너의 땅을 버리고) 갔다. (너희 가운데) 동쪽으로 가는 사람은]

(E 24)

b(a)rd(ï)γ : q͡uurïγ(a)ru : b(a)r(ï)γma : b(a)rd(ï)γ : b(a)rdo͡q : yirdä : (ä)dgüg : ol (ä)r(i)n͡č : q(a)n(ï)ŋ : subča[82] : yüg(ü)rti : süŋö͡küŋ : t(a)γča : y(a)tdï : b(ä)gl(i)k : urï oγl(u)ŋ : q͡uul bo͡ltï : (e)š(i)l(i)k q͡ïïz oγl(u)ŋ : küŋ bo͡ltï : bilm(ä)dö͡k üč(ü)n [y(a)bl(a)q(ï)ŋ(ï)n : üč(ü)n : (e)č(i)m q(a)γ(a)n : uča : b(a)rdï]

갔다, (너희 가운데) 서쪽으로 가는 사람은 갔다. 간 곳에서 너의 소득은 이것이(었)다 분명: 너의 피는 강처럼 흘렀다, 너의 뼈는 산처럼 쌓였다; 배그가 될 만한 너의 아들은 사내종이 되었다, 귀부인이 될 만한 너의 딸은 계집종이 되었다. (너의) 무지함 때문에, [너의 나쁜 (행동)때문에 나의 숙부 카간이 승하하였다.]

(E 25)

b(a)šl(a)yu : q͡ïïrq(ï)z q(a)γ(a)n(ï)γ : b(a)lb(a)l : tikd(i)m : türü͡k : bod(u)n(ï)γ : (a)ti küsi[83] : yo͡q bolm(a)zun : tiy(i)n : q(a)ŋ(ï)m q(a)-γ(a)n(ï)γ : ög(ü)m q(a)tun(u)γ : köt(ü)rm(i)š : t(ä)ŋri : il bir(i)gmä

81) Doerfer(1992: 12~13)는 자신이 이 낱말을 süŋg^{ü}l^{ä}g로 읽는 것을 선호한다는 점을 밝히면서 고대, 중세 및 현대 튀르크어 전체에서 "창(槍)"은 *süŋ(g)üg이 아니라 süŋ(g)ü이고 BQ E 26에 있는 süŋ^{ü}g에는 예스러운 속격어미 -G[즉 -γ/-g]가 있다고 주장하였다. 그렇지만 비문들에서 b(ä)ŋgü "영원한; 영원히"가 여러 번 나타나는 것을 보면 Doerfer의 주장은 설득력이 없다.

82) 상응하는 BQ E 20에는 üg(ü)zčä로 되어 있다.

83) 비슷한 뜻의 낱말 at와 kü가 나란히 쓰였다.

: t(ä)ŋri : türü͡k : bod(u)n : (a)ti küsi : yo͡q bo[lm(a)zun tiy(i)n : öz(ü)m(i)n : ol t(ä)ŋri]

나는 (나의 숙부 카간을 위하여) 먼저 크르그즈 카간을 발발(로서) 세웠다. 튀르크 백성의 명성이 없어지지 말라고[84] 나의 아버지 카간을 (그리고) 나의 어머니 카툰을 높여 주셨던 신께서, 나라를 주는 신께서, 튀르크 백성의 명성이 없어[지지 말라고 나 자신을 그 신께서]

(E 26)

q(a)γ(a)n : ol(o)rtdï (ä)r(i)n͡č : n(ä)ŋ yïls(ï)γ : bod(u)nqa : ol(o)rm(a)d(ï)m : ičrä : (a)šs(ï)z : t(a)šra : tons(ï)z : y(a)b(ï)z y(a)bl(a)q[85] : bod(u)n͡ta : üzä : ol(o)rt(u)m : in(i)m : k͡üül : tig(i)n : birlä : sözl(ä)šd(i)m(i)z : q(a)ŋ(ï)m(ï)z : (e)čim(i)z[86] : q(a)z[γ(a)nm(i)š : bod(u)n : (a)ti küsi : yo͡q bolm(a)zun]

카간(으로) 앉히셨다 분명. 나는 결코 부유한 백성한테 즉위하지 않았다. (정반대로) 나는 배고프고, 헐벗고, 가난한 백성 위에 즉위하였다. 나는 나의 남동생 퀼 티긴과 합의하였다.[87] 우리의 아버지께서, 우리의 숙부께서 획득[하신 백성의 명성이 사라지지 말라]

(E 27)

tiy(i)n : türü͡k : bod(u)n : üčün : tün : ud(ï)m(a)d(ï)m : künt(ü)z : ol(o)rm(a)d<(ï)m> : in(i)m : kül tig(i)n : birlä : (e)ki š(a)d : birlä : ölü yitü[88] : q(a)zγ(a)n͡t(ï)m : (a)n͡ča q(a)zγ(a)n(ï)p : birki : bod(u)n(u)γ : ot sub[89] : qïlm(a)d(ï)m : m(ä)n [öz(ü)m : q(a)γ(a)n : ol(o)r-

---

84) Doerfer(1992: 11)는 이 구절을 türü͡k bod(u)n(u)γ (a)ti küsi yo͡q bolm(a)zun tey(i)n "in Bezug auf Adelsstamm und Volk sagend: Ihr Ruf und Ruhm soll nicht vergehen"["귀족 부족 및 (일반) 백성과 관련하여 "그들의 명성이 사라지지 말기를"하고 말하며]로 해석하였다.

85) 같은 뜻의 낱말 yabïz와 yablaq가 나란히 쓰였다.

86) 비슷한 뜻의 낱말 qaŋ과 eči가 나란히 쓰였다.

87) 동사가 1인칭 복수형으로 되어 있다.

88) 비슷한 뜻의 낱말 ölü와 yitü가 나란히 쓰였다.

tо͡q(u)ma : yir s(a)yu]

고 나는 튀르크 백성을 위하여 밤에 자지 않았다, 낮에 앉지 않았다. 나는 나의 남동생 퀼 티긴과, 두 샤드와 (함께) 죽어라 하고 획득하였다. 나는 그렇게 획득하여 뭉쳐진 백성을 불(과) 물(처럼 서로 원수를) 만들지 않았다. 나 [자신이 카간(으로) 앉았을 때, 각처로]

(E 28)

b(a)rm(i)š : bod(u)n : ölü yitü : y(a)d(a)γ(ï)n : y(a)l(a)ŋ(ï)n[90] : y(a)na k(ä)lti : bod(u)n(u)γ : ig(i)d(ä)yin : tiy(i)n : yïrγ(a)ru : oγ(u)z bod(u)n : t(a)pa : ilg(ä)rü : q͡ïït(a)ń : t(a)t(a)bï : bod(u)n : t(a)pa : birg(ä)rü : t(a)bγ(a)č t(a)pa : ul(u)γ sü : (e)ki y(e)g(i)r[mi : sül(ä)-d(i)m .... süŋ(ü)šd(ü)m : (a)n͡ta]

갔던 백성이 죽을 지경이 되어 걸어서 맨발로 돌아 왔다. 나는 "백성을 배부르게 하겠어" 하고 북쪽으로는 오구즈 백성을 향하여[91], 동쪽으로는 거란(과) 타타브 백성을 향하여, 남쪽으로는 중국을 향하여 12 번 대규모의 군대를 [파견하였다 .... 나는 싸웠다. 그]

(E 29)

kisrä : t(ä)ŋri : y(a)rl(ï)q(a)zu : q͡uut(u)m : b(a)r üč(ü)n : ülü-g(ü)m : b(a)r üčün[92] : ölt(ä)či : bod(u)n(u)γ : tirg(ü)rü : ig(i)t(ti)m : y(a)l(a)ŋ bod(u)n(u)γ : tonl(u)γ : čïγ(a)ń bod(u)n(u)γ : b(a)y qïl͡t(ï)m : (a)z bod(u)n(u)γ : ük(ü)š qïlt(ï)m : ïγ(a)r (e)ll(i)gdä :[93] [ïγ(a)r :

89) 상반되는 뜻의 낱말 ot와 sub가 나란히 쓰였다.

90) 비슷한 뜻의 낱말 yadaγïn과 yalaŋïn이 나란히 쓰였다.

91) 비문의 내용을 통해서 볼 때 당시 오구즈족이 몽골 북방에 살고 있었음을 알 수 있다. 이들은 후에 서쪽으로 진출하여 셀주크 튀르크 제국, 오스만 튀르크 제국 등을 세웠으며, 오늘날 중앙아시아에서 발칸반도에 이르는 지역에 살고 있는 튀르크멘인, 아제르바이잔인, 터키인, 가가우즈인 등은 이들의 후손이다.

92) q͡uut(u)m : b(a)r üč(ü)n : ülüg(ü)m : b(a)r üčün은 BQ E 23에서는 q͡uu-t(u)m : ül(ü)g(ü)m : b(a)r üč(ü)n으로 되어 있다. 같은 뜻의 낱말 qut와 ülüg가 나란히 쓰였다.

93) 바로 이 분리 부호 (:) 다음에 핀란드 발간 도해에서는 ŋ, Radloff 발간 도해

q(a)γ(a)nl(ï)γda : yig qïlt(ï)m : tört : bul(u)ŋd(a)qï]

뒤, 신이여 보호하소서, 나는 신의 은총이 있기 때문에, 나는 행운이 있기 때문에, 죽을 백성을 되살리고 배부르게 하였다. 나는 헐벗은 백성을 옷 입게 하고, 가난한 백성을 부유하게 하였다. 나는 적은 백성을 많게 하였다, 강력한 나라가 있는 자보다 [강력한 카간이 있는 자보다 더 좋게 하였다. 사방에 있는]

(E 30)

bod(u)n(u)γ : q͡oop : b(a)z : qïl͡t(ï)m : y(a)γ(ï)sïz : qïl͡t(ï)m : q͡oop m(a)ŋa : körti : iš(i)g küč(ü)g : birür : bun͡ča : törög : q(a)zγ(a)n(ï)p : in(i)m : kül tig(i)n : özi (a)n͡ča : k(ä)rg(ä)k bol͡tï : q(a)ŋ(ï)m q(a)-γ(a)n : učdo͡qda : in(i)m : kül tig(i)n : yit[i : y(a)šda : q(a)ltï : ....]

백성을 나는 모두 (나 자신에게) 복속시켰다, (튀르크 백성을) 무적으로 만들었다. (이 백성들은) 모두 나에게 예속되었다, (나에게) 봉사한다. 이토록 일하고 애쓰고는 내 동생 퀼 티긴 자신은 그렇게 서거하였다. 나의 아버지 카간께서 승하하셨을 때에 내 동생 퀼 티긴은 일[곱 살이었다.][94]

(E 31)

um(a)y t(ä)g : ög(ü)m : q(a)tun : q͡uut(ï)ŋa : in(i)m : kül tig(i)n : (ä)r (a)t bul͡tï : (a)ltï y(e)g(i)rmi : y(a)šïŋa : (e)čim q(a)γ(a)n : ilin

---

에서는 K^1이 있다. ŋ(h)와 K^1(k)은 서로 혼동될 수 있다. 그러므로 이 부분은 ïγ(a)r (e)ll(i)gdä q[(a)γ(a)nl(ï)γda... 형태로 읽을 수 있다. 이에 상응하는 B E 24에서는 ïγ(a)r : (e)ll(i)gdä [: ï]γ(a)r : q(a)γ(a)nl(ï)γda로 있다. 그렇지만 이와 비슷한 예로(즉, 한 비문에서 낱말이 한 개 적게 표기된 예로), ol ödkä : q͡uul : q͡uull(u)γ : bolm(i)š : [(ä)rti küŋ : küŋl(ü)g : bolm(i)š : (ä)rti] (KT E 21) ⇔ ol ödkä : q͡uul : q͡uull(u)γ : küŋ : küŋl(ü)g : bolm(i)š : (ä)rti (BQ E 18)와 q͡uut(u)m : b(a)r üč(ü)n : ülüg(ü)m : b(a)r üčün (KT E 29) ⇔ q͡uut(u)m : ül(ü)g(ü)m : b(a)r üč(ü)n (BQ E 23)이 있다.

94) BQ E 13~14에는 이와 비슷한 [q(a)ŋ(ï)m] q(a)γ(a)n : učdo͡qda : öz(ü)m : s(ä)k(i)z y(a)šda : q(a)lt(ï)m "[나의 아버지] 카간께서 승하하셨을 때에 나 자신은 여덟 살이었다"라는 구절이 있다.

: törösin : (a)n͡ča q(a)zγ(a)n͡tï : (a)ltï čub : soγd(a)q t(a)pa : sül(ä)-d(i)m(i)z : buzd(u)m(ï)z : t(a)bγ(a)č : oŋ[95] toto͡q : biš t[üm(ä)n : sü k(ä)lti : süŋüšd(ü)m(i)z]

우마이[96] 같은 나의 어머니 카툰의 운 덕분에 내 동생 퀼 티긴은 사나이 이름을 얻었다. 그는 16 살에 나의 숙부 카간의 나라를 위하여 이렇게 공을 세웠다: 우리는 六州 소그드족[97]을 향하여 출정하였다 (그리고 그들을) 참패시켰다. (이 때에) 중국인 왕 도독이 5 [만 (명의) 군대(로 우리에게) 왔다; 우리는 싸웠다.]

(E 32)

kül tig(i)n : y(a)d(a)γ(ï)n : opl(a)yu t(ä)gdi : oŋ toto͡q : yurčin : y(a)r(a)ql(ï)γ : (ä)l(i)g(i)n tutdï : y(a)r(a)ql(ï)γdï : q(a)γ(a)nqa : (a)n͡čo-l(a)dï : ol süg : (a)n͡ta yo͡q qïšd(ï)m(ï)z : bir ot(u)z : y(a)šïŋa : č(a)ča s(ä)ŋünkä : süŋ(ü)šd(ü)m(i)z : (ä)ŋ (i)lki : t(a)d(ï)q(ï)ŋ čor(ï)ŋ : boz

95) 이 시기에 활약한 당의 장수인 王孝傑을 가리키는 듯하다. 한편 元朝秘史에서는 케레이트 추장인 토그릴 칸이 옹칸(Ong-qan, 汪罕)으로 나타난다. 여기에서도 Ong(汪)은 중국어 王에서 차용된 것이다.

96) 본래 "태반(胎盤), 후산(後産)"을 뜻하는 이 낱말은, 그 직책이 부녀자와 아이를 돌보는 것인 튀르크 여신의 이름으로도 사용되었는데, 이는 아마도 태반이 마술적인 특징을 지닌다고 생각하였기 때문인 것 같다(EDPT: 164-165). 우마이(Umay)라는 낱말은 돌궐 비문에서 여신의 이름으로 사용되었으며, 고대 위구르어(Türkische Turfan-Texte VII)와 MK에서는 "태반, 후산"의 뜻으로 확인된다. 이 낱말은 현대 튀르크 언어들 중에서 크르그즈(Kyrgyz)어 Umay "어린이를 보호하는 신화 속의 여성", 쇼르(Shor)어 Umay "어린이의 수호령; 죽은 사람의 혼을 데려가는 정령", 하카스(Khakas)어 Ïmay "신생아와 어린 아이를 보호하는 여신"에 남아 있으며, 이와 관련하여 현대 몽골 언어들 중에서 할하(Khalkha)어, 부리야트(Buryat)어 umay "자궁"과 칼미크(Kalmyk) omā̆ "자궁; 조상 (여자); 출산의 여신"가 있다.

97) 소그드족은 동부 이란어를 사용하였다. 소그드족은 점차 다른 종족들과 섞여서 페르시아어나 튀르크어를 사용하게 되었다. 소그드족은 오늘날의 타지크족과 우즈베크족의 조상 중 하나를 이룬다. 타지키스탄의 Sughd주에 사는 소수 민족인 야그노비(Yaghnobi)족이 여전히 소그드어 방언을 사용한다. 소그드족의 거주지였던 Sogdiana는 중국 문헌에 粟特으로 나온다.

[(a)t(ï)γ : bin(i)p : t(ä)gdi : ol (a)t (a)n͡ta]

퀼 티긴은 걸어서 몸을 던져 공격하였다. 그는 왕 도독의 [손아래] 처남을 무장 상태로 손으로 잡았다 (그리고) 무장 상태로 카간에게 바쳤다. 우리는 그 군대를 거기에서 없앴다. (퀼 티긴이) 21 살 때에, 우리는 차차 장군98)과 싸웠다. (퀼 티긴은) 맨 처음에 타드크 초르의 잿빛 [말을 타고 공격하였다. 그 말은 거기에서]

(E 33)

ölti : (e)kinti : ïšb(a)ra y(a)mt(a)r : boz (a)t(ï)γ : bin(i)p : t(ä)gdi : ol (a)t (a)n͡ta : ölti : üč(ü)n͡č : y(e)g(ä)n sil(i)g b(ä)g(i)ŋ : k(ä)d(i)ml(i)g : tor(u)γ (a)t : bin(i)p : t(ä)gdi : ol (a)t (a)n͡ta : ölti : y(a)r(ï)qïn͡ta : y(a)lm(a)sïn͡ta : yüz (a)rtu͡q : o͡qun urtï : yüz[(i)ŋä] : b(a)šïŋa : bir t[(ä)gm(ä)di : ....]

죽었다. 그는 두 번째로 으시바라 얌타르의 잿빛 말을 타고 공격하였다. 그 말은 거기에서 죽었다. 그는 세 번째로 예갠 실리그 배그의 치장한 밤빛 말을 타고 공격하였다. 그 말은 거기에서 죽었다. 그들은 그의 갑옷에 카프탄99)에 백여 개의 화살로 쳤다 (그러나) 그의 얼굴[에는] 머리에는 하나(도) [맞지 않았다. ....]

(E 34)

t(ä)gdö͡kin : türü͡k b(ä)gl(ä)r : q͡oop bilir siz : ol süg : (a)n͡ta yo͡q qïšd(ï)m(ï)z : (a)n͡ta kisrä : y(i)r b(a)y(ï)rq͡u[u] : ul(u)γ irk(i)n : y(a)γï bo͡ltï : (a)nï y(a)ń(ï)p : türgi y(a)rγun : költä : buzd(u)m(ï)z : ul(u)γ irk(i)n : (a)zq͡ïńa : (ä)r(i)n : t(ä)z(i)p : b(a)rdï : kül tig(i)n [(a)ltï : ot(u)z]

그가 공격한 것을 튀르크 배그들 너희 모두는 안다.100) 우리는 그 군대를

98) 차차(Čača) 장군은 중국 문헌에 나오는 沙咤忠義를 말한다. 沙咤를 돌궐 비문에서 Čača로 음역한 것이다. 튀르크어에서 어두에 š가 오는 것을 꺼리므로 이것을 č로 바꾼 것이다. 沙咤를 병음(拼音)으로 표기하면 shāzhà가 된다.

99) 터키나 아랍 지역의 사람들이 입는 허리통이 헐렁하고 소매가 긴 옷을 말한다.

거기에서 없앴다. 그 뒤에 이르 바이르쿠족의 울루그 이르킨[101]이 (우리에게) 적이 되었다. 우리는 그를 흩뜨려서 튀르기 야르군 호수에서 무찔렀다. 울루그 이르킨은 아주 적은 군사와 함께 달아나서 갔다. 퀼 티긴이 [26]

(E 35)

y(a)šïŋa : q͡ïïrq(ï)z t(a)pa : sül(ä)d(i)m(i)z : süŋüg : b(a)t(ï)mi : q(a)r(ï)γ : sök(ü)p(ä)n : kögm(ä)n : yïš(ï)γ : toγa : yorïp : q͡ïïrq(ï)z : bod(u)n(u)γ : uda : b(a)sd(ï)m(ï)z : q(a)γ(a)nin : birlä : soŋa yïšda : süŋ(ü)šd(ü)m(i)z : kül tig(i)n : b(a)y(ï)rq͡uun[(ï)ŋ : (a)q (a)dγ(ï)]r[(ï)γ]

살 때에 우리는 크르그즈족을 향하여 출정하였다. 우리는 창이 빠지는 깊이의 눈을 헤치고 쾨그맨 산맥을 넘어 나아가서 크르그즈 백성을 잠에서 (있을 때에) 습격하였다. 우리는 그들의 카간과 송아 산에서 싸웠다. 퀼 티긴은 바이르쿠족[의 흰 종마(種馬)를]

(E 36)

bin(i)p : opl(a)yu : t(ä)gdi : bir : (ä)r(i)g : o͡qun urtï : (e)ki (ä)r(i)g : udš(u)ru : s(a)n͡čdï : ol t(ä)gdö͡kdä : b(a)y(ï)rq͡uun(i)ŋ : (a)q (a)dγ(ï)r(ï)γ : udl(ï)qin : sïyu : urtï : q͡ïïrq(ï)z : q(a)γ(a)nin : öl(ü)rt(ü)m(i)z : ilin : (a)lt(ï)m(ï)z : ol yïlqa : türg(i)š [: t(a)pa : (a)ltun : yïš(ï)γ]

타고 돌진하며 공격하였다. 그는 군사 하나를 화살로 쏘았다, 군사 둘을 뒤쫓아서 창으로 찔렀다. 그 공격에서 그들은 바이르쿠족의 흰 종마(種馬)를 그 엉덩이를 부수어 쳤다. 우리는 크르그즈 카간을 죽였다, 그의 나라를 빼앗았다. 그 해에 튀르기시족을 [향하여 알타이 산맥을]

---

100) t(ä)gdö͡kin türü͡k b(ä)gl(ä)r q͡oop bilir siz에 대한 97번 주석에서는 "첫 부분을 읽을 수 없는 이 문장으로부터 퀼 티긴이 중국 군대와 치러진 이 싸움에서 한 군데 또는 몇 군데 명중되고 부상당했음이 이해된다."라고 함으로써 Tekin은 t(ä)gdö͡kin을 "그가 공격한 것을"이 아니라 "그가 명중된 것을"로 번역하고 있다.

101) 울루그 이르킨(Uluγ Irkin)은 "큰 이르킨"을 뜻한다. 칭호 이르킨은 중국 문헌에 俟斤으로 나오는데, 여기에서 俟은 佚의 잘못임이 분명하다.

(E 37)

toγa : (ä)rt(i)š üg(ü)z(ü)g : k(ä)čä : yorïd(ï)m(ï)z : türg(i)š : bod(u)n(u)γ : uda : b(a)sd(ï)m(ï)z : türg(i)š : q(a)γ(a)n : süsi : bolčuda : otča : borča : k(ä)lti : süŋ(ü)šd(ü)m(i)z : kül tig(i)n : b(a)šγu boz (a)t : bin(i)p t(ä)gdi : b(a)šγu boz : k[............................]

넘어 이르티시강을 건너 우리는 나아갔다. 우리는 튀르기시 백성을 잠에서 (있을 때에) 습격하였다. 튀르기시 카간의 군대가 볼추에서 불처럼 회오리바람처럼[102] (우리에게) 왔다. 우리는 싸웠다. 퀼 티긴은 이마가 흰 잿빛 말을 타고 공격하였다. 이마가 흰 잿빛 [말은 ....]

(E 38)

tut(u)zt[ï :] (e)kisin : özi : (a)l͡t(ï)zdï : (a)n͡ta y(a)na : kir(i)p : türg(i)š : q(a)γ(a)n : buyru͡qi : (a)z toto͡quγ : (ä)l(i)g(i)n : tutdï : q(a)γ(a)nin (a)n͡ta : öl(ü)rt(ü)m(i)z : ilin : (a)lt(ï)m(ï)z : q(a)ra türg(i)š : bod(u)n : q͡oop ič(i)kdi : ol bod(u)n(u)γ : t(a)b(a)rda : qo[n͡t(u)rt(u)m(ï)z ....]

그는 붙잡게 하였다. 그들 둘을 그 자신이 사로잡게 하였다. 그는 거기에서 다시 (적진에) 들어가 튀르기시 카간의 지휘관 아즈 도독을 자기 손으로 붙잡았다. 우리는 그들의 카간을 거기에서 죽였다. 우리는 그의 나라를 빼앗았다. 일반 튀르기시 백성이 모두 (우리에게) 복속하였다. 우리는 그 백성을 타바르에서 자리[잡게 하였다 ....]

(E 39)

soγd(a)q : bod(u)n : it(ä)yin tiy(i)n : yin͡čü : üg(ü)z(ü)g : k(ä)čä :

---

102) Milan Adamović는 bor[bōr]가 토하르어 *pōr "불"에서 차용된 것이라 주장하며 이 구절을 "wie ein Flächenbrand", 즉 "큰 화재(conflagration)처럼"이라고 번역하였다(Milan Adamović, "Otča borča", *CAJ*, 40/2 (1996), pp. 168- 172를 볼 것). 이렇게 볼 경우, otča borča라는 구절은 두 개의 동의어로 이루어지는 셈이다. 더구나 이 싸움이 투뉴쿠크 비문에도 언급되어 있는데 40 행에는 otča borča 대신에 örtčä "불처럼, 불같이"라는 표현이 있다는 점도 그의 주장을 뒷받침한다.

t(ä)m(i)r q(a)p(ï)γqa : t(ä)gi : sül(ä)d(i)m(i)z : (a)n͡ta kisrä : q(a)ra türg(i)š : bod(u)n : y(a)γï bolm(i)š : k(ä)ŋ(ä)r(ä)s t(a)pa : b(a)rdï : biz(i)ŋ sü : (a)ti : toru͡q : (a)zuqi : yoo͡q (ä)rti : y(a)bl(a)q kiši : (ä)r[........................]

"나는 소그드 백성을 정리하겠어" 하고 우리는 옌취 강을 건너 태미르 카프그까지 출정하였다. 그 뒤에 일반 튀르기시 백성이 (다시) 적이 되었다고 한다. 그들은 캥애래스를 향하여 갔다. 우리의 군대의 말은 야위고 식량은 없었다. 나쁜 사람들이 [........................]

(E 40)

(a)lp (ä)r : biz(i)ŋä[103] : t(ä)gm(i)š (ä)rti : (a)n͡t(a)γ ödkä : ök(ü)n(ü)p : kül tig(i)n(i)g : (a)z (ä)r(i)n : irtürü : ït(tï)m(ï)z : ul(u)γ süŋ(ü)š : süŋ(ü)šm(i)š : (a)lp š(a)lčï : (a)q (a)tin : bin(i)p : t(ä)gm(i)š : q(a)ra türg(i)š : bod(u)n(u)γ : (a)n͡ta öl(ü)rm(i)š : (a)lm(i)š : y(a)na : yor(ï)p : [........................]

용감한 군사들이 우리를 공격했었다. 우리는 (나쁜 조건들이 모두 모인) 그러한 때에 슬퍼하고 퀼 티긴을 적은 군사와 함께 이르게 하여 보냈다. 그는 큰 싸움을 치렀다고 한다. 그는 알프 샬츠의 백마를 타고 공격하였다고 한다. 그는 일반 튀르기시 백성을 거기에서 죽였다고 한다, (포로로) 가졌다고 한다. 다시 나아가서 [........................]

(N 1)

[.......] birlä : q͡oošu toto͡q : birlä : süŋ(ü)šm(i)š : (ä)rin q͡oop : ölürm(i)š : (ä)bin b(a)r(ï)min : q(a)lïs(ï)z : q͡oop : k(ä)lürti : kül tig(i)n : yiti ot(u)z : y(a)šïŋa : q(a)rlu͡q : bod(u)n : (e)rür b(a)rur : (ä)rkli : y(a)γï bo͡ltï : t(a)m(a)γ ïdu͡q : b(a)šda : süŋ(ü)šd(ü)m(i)z :

그는 [.......]와, 코슈 도톡과 싸웠다고 한다. 그는 그들의 군사들을 모두

103) 이 낱말은 핀란드 발간 도해에서는 G^{2}IZŊA(첫 두 글자가 뚜렷하지 않음), Radloff 발간 도해에서는 ^{I}KIZŊA로 되어 있다. Tekin 등이 ^{I}K(x)를 B^{2}(B)의 잘못으로 보았음을 알 수 있다.

죽였다고 한다. 그는 그들의 집을 그들의 재산을 남김없이 모두 가져왔다. 퀼 티긴이 27[104] 살일 때에 카를루크[105] 백성은 (자유로이) 행동하는 적이 되었다. 우리는 (그들과) 타마그 으두크 바시에서 싸웠다.

(N 2)

[kül] tig(i)n : ol süŋ(ü)šdä : ot(u)z y(a)š(a)yur (ä)rti : (a)lp š(a)lčï : (a)qin : bin(i)p : opl(a)yu : t(ä)gdi : (e)ki (ä)r(i)g : udš(u)ru : s(a)n͡č-dï : q(a)rlu͡quγ[106] : öl(ü)rt(ü)m(i)z : (a)lt(ï)m(ï)z : (a)z bod(u)n : y(a)-γï bo͡ltï : q(a)ra költä : süŋ(ü)šd(ü)m(i)z : kül tig(i)n : bir qïrq : y(a)š(a)yur (ä)rti : (a)lp š(a)lčï : (a)qin:

[퀼] 티긴은 그 싸움에서 30 살이었다. 그는 알프 샬츠의 백마를 타고 돌진하며 공격하였다. 그는 두 군사를 뒤쫓으며 찔렀다. 우리는 카를루크족을 죽였다, (포로로) 가졌다. (그 때에) 아즈 백성이 적이 되었다. 우리는 (그들과) 카라 쾰[107]에서 싸웠다. 퀼 티긴은 31 살이었다. 그는 알프 샬츠의 백마를

---

104) KT E 30을 보면 아버지 카간이 승하하였을 때 퀼 티긴이 7 살, 이에 상응하는 BQ E 13~14를 보면 빌개 카간이 8 살이다. KT E 31을 보면 퀼 티긴이 16 살, 이에 상응하는 BQ E 24~25를 보면 빌개 카간이 18 살이다. KT E 32를 보면 차차 장군과 싸울 때 퀼 티긴이 21 살, 이에 상응하는 BQ E 25~26을 보면 빌개 카간이 22 살이다. KT N 1을 보면 카를루크(Qarluq) 백성이 (제멋대로) 행동하는 적이 되었을 때 퀼 티긴이 27 살, 이에 상응하는 BQ E 28~29를 보면 빌개 카간이 31 살이다. 그렇지만 그들과 타마그 으두크 바시(Tamaγ Ïduq Baš)에서 싸웠을 때 KT N 1~2를 보면 퀼 티긴이 30 살, 이에 상응하는 BQ E 28~29를 보면 빌개 카간이 31 살이다. 그 당시에는 음력을 썼으므로, 빌개 카간은 양력으로 11이나 12월, 퀼 티긴은 그 다음 다음해 1월이나 2월 사이에 태어났다고 추정할 수 있다. 즉 빌개 카간과 퀼 티긴은 12~14 개월 정도 나이 차이가 난다고 할 수 있다. KT N 1~2의 내용대로라면 카를루크(Qarluq) 백성이 (제멋대로) 행동하는 적이 된지 3년 정도 지나서 싸움이 벌어졌다는 것인데 이것은 이치에 맞지도 않고 상응하는 빌개 카간 비문의 내용과도 어긋난다. 따라서 퀼 티긴이 27 살이라는 것은 30 살을 잘못 쓴 것임이 분명하다.

105) 카를루크(Qarluq)는 중국 문헌에서 葛邏祿으로 나온다.

106) 이 낱말은 핀란드 발간 도해에서는 $K^1R^1S^2L^1WG^1$, Radloff 발간 도해에서는 $K^1R^1L^1.WG^1$로 있다. S^2(S)와 L^1(l), L^1(l)과 ^wK(q)는 서로 혼동될 수 있다. 그러므로 핀란드 발간 도해의 것은 q(a)rlu͡quγ로 읽을 수 있다.

107) 카라 쾰(qara köl)은 글자그대로는 "검은 호수"를 뜻한다. K E 34의 türgi

(N 3)

bin(i)p : opl(a)yu t(ä)gdi : (a)z (e)lt(ä)b(ä)r(i)g : tutdï[108] : (a)z bod(u)n : (a)n͡ta yo͡q bol͡tï : (e)čim q(a)γ(a)n : ili : q(a)mš(a)γ : bol-to͡qin͡ta : bod(u)n : il(i)g ik(ä)gü : bolto͡qin͡ta : izg(i)l : bod(u)n : birlä : süŋ(ü)šd(ü)m(i)z : kül tig(i)n : (a)lp š(a)lčï : (a)qin : bin(i)p :

타고 돌진하며 공격하였다. 그는 아즈족의 엘태배르[109]를 붙잡았다. 아즈 백성은 거기에서 없어졌다. 나의 숙부의 나라가 흔들렸을 때에, 백성(과) 군주가 두 패로 갈라졌을 때에 우리는 이즈길[110] 백성과 싸웠다. 퀼 티긴은 알프 샬츠의 백마를 타고

(N 4)

o[pl(a)yu : t(ä)gd]i : ol (a)t (a)n͡ta : tüš[di :] izg(i)l : [bod(u)]n : ölti : to͡quz oγ(u)z : bod(u)n : k(ä)ntü : bod(u)n(u)m : (ä)rti : t(ä)ŋri : yir : bulγ(a)qin : üčün : y(a)γï bol͡tï : bir yïlqa : biš yolï : süŋ(ü)šd(ü)m(i)z : (ä)ŋ ilk : toγu b(a)l͡ïqda : süŋ(ü)šd(ü)m(i)z :

[돌진하며 공격하였]다. 그 말은 거기에서 쓰러졌[다.] 이즈길 [백성은] 죽었다. 토쿠즈 오구즈 백성은 나 자신의 백성이었다.[111] 그들은 하늘(과) 땅 (사이의) 혼란 때문에[112] (우리에게) 적이 되었다. 우리는 (그들과) 한 해에 5 번 싸웠다.[113] 우리는 제일 먼저 토구 발르크[114]에서 싸웠다.

---

y(a)rγun köl을 "튀르기 야르군 호수"라고 번역한 것처럼 q(a)ra köl을 "카라 호수"라고 번역하는 것이 좋을 것이다.

108) 이 낱말은 핀란드 발간 도해에서는 T[1]WT[1]G[1]I, Radloff 발간 도해에서는 T[1]WT[1]MD[1]I로 있다. 핀란드 발간 도해를 이용하면 이 낱말은 해독될 수 없다. 그렇지만 Radloff 발간 도해에 따르면 이 낱말은 tutm(a)dï "(그는) 붙잡지 않았다"가 되어 정반대의 뜻이 된다.

109) 칭호 엘태배르(eltäbär "백성을 정리하는" < el täb-är)는 중국 문헌에서 俟利發나 頡利發로 나오는데, 俟은 佚을 잘못 쓴 것임이 분명하다.

110) 이즈길(Izgil)은 중국 문헌에 思結로 나온다.

111) 상응하는 BQ E 29에서는 이 문장이 to[q(u)z oγ(u)]z : m(ä)n(i)ŋ : bod(u)-n(u)m (ä)rti "토[쿠즈 오구]즈족은 나의 백성이었다"로 되어 있다.

112) 상응하는 BQ E 29~30에는 이것 다음에 ödiŋ[ä] küni : t(ä)gdö͡k : üč(ü)n 형태로 이유를 하나 더 들고 있다.

(N 5)

kül tig(i)n : (a)zm(a)n (a)q(ï)γ : bin(i)p : opl(a)yu t(ä)gdi : (a)ltï (ä)r(i)g : s(a)n͡čdï : sü : [t(ä)]gišin͡tä : yit(i)n͡č (ä)r(i)g : q͡ïl(ï)čl(a)dï : (e)k(i)nti : qoš(u)lγ(a)qda : (ä)d(i)z birlä : süŋ(ü)šd(ü)m(i)z : kül tig(i)n : (a)z y(a)γ(ï)zin : bin(i)p : opl(a)yu : t(ä)g(i)p : bir (ä)r(i)g : s(a)n͡čdï :

퀼 티긴은 아즈만 백마를 타고 돌진하며 공격하였다. 그는 여섯 군사를 찔렀다. 그는 군대의 [접]전에서 일곱째 군사를 칼로 쳤다. 두 번째로 우리는 코슐가크에서 애디즈[115]족과 싸웠다. 퀼 티긴은 그의 아즈 흑마를 타고 돌진하며 공격하여 한 군사를 찔렀다.

(N 6)

t͡oquz (ä)r(i)g (ä)g(i)rä : t͡oqïdï : (ä)d(i)z : bod(u)n : (a)n͡ta ölti : üč(ü)n͡č : bo[lču]da[116] : oγ(u)z birlä : süŋ(ü)šd(ü)m(i)z : kül tig(i)n : (a)zm(a)n (a)q(ï)γ : bin(i)p : t(ä)gdi : s(a)n͡čdï : süsin : s(a)n͡č-d(ï)m(ï)z : ilin (a)lt(ï)m(ï)z : tört(ü)n͡č : čuš : b(a)šïn͡ta : süŋ(ü)š-d(ü)m(i)z : türü͡k :

그는 아홉 군사를 에워싸며 쳤다. 애디즈 백성은 거기에서 죽었다. 세 번

113) 이에 상응하는 구절은 BQ E 30에서 bir yïlqa : tört : yolï : süŋ(ü)šd(ü)m "나는 한 해에 4 번 싸웠다"로 되어 있다.

114) 토구 발르크(Toγu Balïq)는 "Toγu 市"라는 뜻인데, 상응하는 BQ E 30을 보면 토글라(Toγla) 강(獨洛河) 가까이에 있었음을 알 수 있다. 토구 발르크와 토글라 강은 그 이름이 서로 관련이 있는 듯하다.

115) 중국 문헌에 阿跌로 나온다. 阿跌는 현대 중국의 복성(複姓) 가운데 하나이기도 하다. KT N 4의 내용을 볼 때 애디즈족이 토쿠즈 오구즈의 일부임을 알 수 있다.

116) 이 낱말은 핀란드 발간 도해에서는 B^{1}W.N^{1}G^1.D^{1}A(N^{1}과 A는 뚜렷하지 않다), Radloff 발간 도해에서는 B^{1}WL^1...N^{1}D^{1}A로 있다. N^1(n)과 W(o)는 서로 혼동될 수 있다. 그렇다 하여도 Radloff 발간 도해에 따르면 W앞에 글자 3 개 정도가 들어갈 공백이 있으므로 이 낱말을 bo[lču]da로 읽기는 힘들다. 더구나 KT E 37, BQ E 27~28, T 35를 보면 서쪽에서 이르티시 강을 건너 튀르기시족과 싸운 곳이 볼추이다. 그러므로 북쪽에서 오구즈족과 볼추에서 싸웠다는 것은 이치에 맞지 않는다. 아니면 서로 다른 두 개의 볼추가 있었는지도 모른다.

째로 우리는 볼[추]에서 오구즈족과 싸웠다. 퀼 티긴은 아즈만 백마를 타고 공격하였다, 찔렀다. 우리는 그들의 군대를 찔렀다, 그들의 나라를 가졌다. 네 번째로 우리는 추시 상류에서 싸웠다. 튀르크

(N 7)

bod(u)n : (a)d(a)q q(a)mš(a)tdï : y(a)bl(a)q bol͡t[(a)č]ï (ä)rti : oza [k(ä)]lm(i)š[117] : süsin : kül tig(i)n : (a)γ(ï)t(ï)p : toŋra : bir uγ(u)š : (a)lp(a)γu : on (ä)r(i)g : toŋa tig(i)n : yoγïn͡ta : (ä)g(i)r(i)p öl(ü)r-t(ü)m(i)z : biš(i)n͡č : (ä)zg(ä)nti : q(a)d(i)zdä : oγ(u)z : birlä : süŋ(ü)šd(ü)m(i)z : kül tig(i)n :

백성의 발이 비틀거렸다. 그들은 나쁘게 될 [것]이었다. (우리의 전열을) 가르며 온 (적의) 군대를 퀼 티긴이 몰아내고,[118] 우리는 통라족[119] 한 무리의 용사 열 명을 통아 티긴[120]의 장례식에서 에워싸서 죽였다. 다섯 번째로 우리는 애즈갠티 카디즈에서 오구즈족과 싸웠다. 퀼 티긴은

(N 8)

(a)z y(a)γ(ï)zin : bin(i)p : t(ä)gdi : (e)ki (ä)r(i)g : s(a)n͡čdï : b(a)lï͡ïq-(q)a : b(a)s(ï)qdï : ol sü : (a)n͡ta öl[ti] : (a)mγa qorγ(a)n : q͡ïïšl(a)p[121]

117) 이 부분은 핀란드 발간 도해에서는 WZL^1.L^{2}MS^2(W는 뚜렷하지 않다), Radloff 발간 도해에서는 WZ..L^{2}MS^{2}로 있다. L^1(l)는 A(a)의 잘못임이 분명하다. 그러므로 핀란드 발간 도해에 따르면 이 부분은 oza [k(ä)]lm(i)š로 읽을 수 있다.

118) 이에 상응하는 BQ E 31의 구절을 보면, oza : y(a)ńa : k(ä)l(i)gmä : süsin : (a)γ(ï)t(tï)m "(우리의 전열을) 가르며 흩뜨리며 오는 (적의) 군대를 내가 몰아냈다"로 되어 있다.

119) 통라(Toŋra)는 중국 문헌에 同羅로 기록되어 있는데, BQ E 31과 T 9에도 이 이름이 나타난다.

120) 중국 문헌에는 同俄特勒으로 나오는데, 勒은 勤의 잘못임이 분명하다.

121) b(a)lï͡ïq(q)a ~ q͡ïïšl(a)p 부분은 핀란드 발간 도해에서는 B^{1}S^{2}S^{2}ŊA:B^{1}S^{2}K^{1}D^{1}I:WẄS^{2}Ẅ:S^{2}NTAẄ..S^2:MG^{1}AK^{1}WR^{1}G^{1}L^2:S^{2}IŠL^{2}P(둘째와 셋째 S^2, Ŋ, I, Ẅ는 뚜렷하지 않은데 Ŋ의 왼쪽 부분이 위를 향해 있다), Radloff 발간 도해에서는 B^{1}L^{1}Ï^{ï}KA:B^{1}R^{1}MD^{1}IWG^{1}Z:NTAẄL^2....: K^{1}WR^{1}G^1.:.IŠL^{1}P로 되어 있다. L^1(l)과 S^2(S), I(i)와 S^2(S), ^{ï}K(x)와 Ŋ(h), L^2(L)과 N^1(n), ^{ï}K(x)와 S^2(S)는 서로

: y(a)zïŋa : oγ(u)zγ(a)ru : sü t(a)š(ï)qd(ï)m(ï)z : kül t(e)g(i)n : (ä)b(i)g b(a)šl(a)yu : (a)qït(tï)m(ï)z : oγ(u)z y(a)γï : orduγ : b(a)sdï : kül tig(i)n :

그의 아즈 흑마를 타고 공격하였다. 그는 두 군사를 찔렀다, 진창에 빠뜨렸다. 그 군대는 거기에서 죽[었다.] 우리는 암가 요새에서 겨울을 나고 (그 해) 봄에 오구즈족을 향하여 출정하였다. 퀼 티긴이 본영을 지휘하고 우리는 (군대에게) 공격하게 하였다. 오구즈 적군이 본영을 습격하였다. 퀼 티긴은

(N 9)

ögs(i)z (a)qin : bin(i)p : to͡quz (ä)r(ä)n : s(a)n͡čdï : orduγ : birm(ä)di : ög(ü)m q(a)tun : ul(a)yu : ögl(ä)r(i)m : (ä)k(ä)l(ä)r(i)m : k(ä)l(i)ŋün(ü)m : q͡uun͡č(u)yl(a)r(ï)m : bun͡ča y(ä)mä : tir(i)gi : küŋ bol͡t(a)čï (ä)rti : öl(ü)gi : yurtda : yolta[122] : y(a)tu q(a)l͡t(a)čï : (ä)rt(i)g(i)z :

그의 어미 없는 백마를 타고 아홉 군사(를) 찔렀다. 그는 본영을 (적에게) 주지 않았다. (퀼 티긴이 없었다면) 나의 어머니 카툰을 비롯하여 (다른) 나의 어머니들, 나의 누나들, 나의 며느리들[123], 나의 공주들 (그들 중) 이만

혼동될 수 있다. 그런데 핀란드 발간 도해의 :S²NTA를 : (a)n͡ta로 읽을 수는 없다. 오히려 Radloff 발간 도해를 주로 사용한다면 이 부분은 b(a)li͡q(q)a : b(a)rm(a)dï oγ(u)z : (a)n͡ta öl[t]i : (a)mγa qorγ(a)n : q͡ïïšl(a)p "그(들)는 도시에 가지 않았다. 오구즈족은 거기에서 죽었다. 암가 요새에서 겨울을 나고"로 읽고 번역할 수 있다.

한편 상응하는 BQ E 31을 보면 두 도해 모두에서 (a)mγa qorγ(a)n이 MG¹IK¹WR¹G¹N¹, 즉 (a)mγï qorγ(a)n으로 읽힐 수 있는 형태로 있다. A(a)와 I(i)는 서로 혼동될 수 있다. 그러므로 (a)mγa qorγ(a)n이 아니라 (a)mγï qorγ(a)n으로 읽는 것이 옳을지도 모른다.

122) 낱말 yurt와 yol이 짝을 이루고 있다.

123) 튀르크어에서는 대개 화자와 화자의 아버지 사이 또는 화자와 화자의 아들 사이의 연령에 속하는 사람들을 같은 용어로 나타낸다. 즉 세대보다는 연령이 중요하다. 따라서 돌궐어에서 eči는 화자보다는 나이가 많고 화자의 아버지보다는 어린 근친 남자(이를테면, 삼촌/숙부, 형/오빠), äkä는 화자보다는 나이가 많고 화자의 아버지보다는 어린 근친 여자(이를테면, 고모, 누나/언니, 사촌 누나/언니), ini는 화자보다는 어리고 화자의 아들보다는 나이 많은 근친 남자(이

큼의 살아있는 사람들은 계집종이 될 것이었다. (그들 중) 죽은 사람들 너희는 숙영지에서 길에서 누워 남아있을 것이었다.

(N 10)

kül tig(i)n : yo͡q (ä)rs(ä)r : q͡oop : ölt(ä)či : (ä)rt(i)g(i)z : in(i)m kül tig(i)n : k(ä)rg(ä)k : bol͡tï : öz(ü)m : s(a)q(ï)n͡t(ï)m : körür : köz(ü)m : körm(ä)z t(ä)g : bil(i)r : bil(i)g(i)m : bilm(ä)z t(ä)g : bol͡tï : öz(ü)m s(a)q(ï)n͡t(ï)m : öd t(ä)ŋri : (a)ys(a)r : kiši oγli : q͡oop : ölg(ä)li : törüm(i)š :

퀼 티긴이 없(었)으면 너희는 모두 죽을 것이었다. 내 동생 퀼 티긴은 서거하였다. 나 자신은 애도하였다. 보는 나의 눈이 보지 못하는 것처럼, 아는 나의 지혜가 알지 못하는 것처럼 되었다. 나 자신은 생각하였다. 시간의 신이 (그렇게) 명령하면 인간은 모두 죽게끔 창조되었다고 한다.

(N 11)

(a)n͡ča : s(a)q(ï)n͡t(ï)m : közdä : y(a)š k(ä)ls(ä)r : tida : köŋ(ü)ltä : sïγ(ï)t : k(ä)ls(ä)r : y(a)n͡t(u)ru : s(a)q(ï)n͡t(ï)m : q(a)t(ï)γdi : s(a)q(ï)n͡t(ï)m : (e)ki š(a)d : ul(a)yu : in(i)ygün(ü)m[124] : oγl(a)n(ï)m : b(ä)gl(ä)r(i)m : bod(u)n(u)m : közi q(a)ši : y(a)bl(a)q : bol͡t(a)čï tip : s(a)q(ï)n͡t(ï)m : yoγčï : sïγ(ï)tčï : q͡ïït(a)ń : t(a)t(a)bï : bod(u)n : b(a)šl(a)yu :

를테면, 남동생, 사촌 남동생, 화자의 아들보다 나이 많은 조카), kälin은 화자보다는 어린 근친 남자의 아내(이를테면, 남동생의 아내, 사촌 동생의 아내, 아들의 아내)를 뜻하였다고 보는 것이 정확할 것이다. 과거부터 현재까지 튀르크어 전체에서 사용된 친족 용어에 대해서는 역자의 저작을 참조할 수 있다: Yong-Sŏng Li: *Türk Dillerinde Akrabalık Adları*[튀르크 언어들에서 친족 용어들], İstanbul 1999(415 p.; 본래는 1993년 2월에 통과된 석사학위 논문을 수정 · 보완한 것임).

124) 이 낱말은 핀란드 발간 도해에서는 IK^{1}K^{2}G^{2}ẄN^{2}M, Radloff 발간 도해에서는 R^{1}K^{1}AG^{2}ẄN^{2}M으로 있다. I(i)와 R^1(r), N^2(N)와 K^1(k), Y^2(J)와 A(a)/K^2(K)는 서로 혼동될 수 있다. 그러므로 이 낱말은 in(i)ygün(ü)m으로 읽을 수 있다.

나는 그렇게 생각하였다. 눈에서 눈물이 오면 막으며, 마음에서 울부짖는 소리가 오면 되돌리며 나는 애도하였다. 나는 심히 애도하였다. 두 샤드를 비롯하여 나의 남동생들, 나의 아들들, 나의 배그들, 나의 백성의 눈(과) 귀가 나쁘게 될 것이라고 나는 생각하였다. 문상객(으로서)[125] 거란(과) 타타브 백성(의 대표자들)을 지휘하여

(N 12)

ud(a)r s(ä)ŋün : k(ä)lti : t(a)bγ(a)č : q(a)γ(a)n͡ta : iš(i)yi : lik(ä)ŋ[126] : k(ä)lti : bir tüm(ä)n (a)γï : (a)ltun küm(ü)š : k(ä)rg(ä)ks(i)z : k(ä)lürti : töpöt : q(a)γ(a)n͡ta : böl(ö)n : k(ä)lti : qur(ï)ya : kün : b(a)ts(ï)qd(a)qï : soγ(u)d : b(ä)rč(i)k(ä)r : buq(a)r(a)q ul(u)š : bo-d(u)n͡ta : n(ä)k s(ä)ŋün : oγ(u)l t(a)rq(a)n[127] : k(ä)lti :

우다르 장군이 왔다; 중국 황제에게서는 이시이 리캥이 왔다; 그는 1 만의 비단, 금은을 잔뜩 가져왔다; 티베트 카간에게서는 뵐뢴이 왔다; 서쪽에서는 해 지는 곳에 있는 소그드족, 페르시아인 (및) 부하라 시 백성에게서 내크 장군(과) 오굴 타르칸[128]이 왔다;

(N 13)

on o͡q : oγl(u)m : türg(i)š : q(a)γ(a)n͡ta : m(a)q(a)r(a)č : t(a)m-γ(a)čï : oγ(u)z : bilgä : t(a)mγ(a)čï : k(ä)lti : q͡ïïrq(ï)z : q(a)γ(a)n͡ta

---

125) K E 4와 BQ E 5를 보면 제1차 돌궐 제국의 카간 장례식에 고구리(高句麗)에서도 문상객이 온 것을 알 수 있다. 그렇지만 제2차 돌궐 제국의 퀼 티긴 장례식에서는 이미 고구리(高句麗)가 멸망하였으므로 언급되어 있지 않다. 발해(渤海)는 문상객을 보내지 않은 듯하다.

126) lik(ä)ŋ은 중국 문헌에 나오는 사람 이름 呂向(현대 중국어로는 Lü Hiang, 병음(拼音)으로는 Lǚ Xiàng)을 돌궐어로 음역한 것이다. 그렇다면 lik(ä)ŋ이 아니라 lük(ä)ŋ이 원음에 더 가까운 표기가 될 것이다. 어쩌면 I(i)는 Ẅ(O)의 잘못일지도 모른다.

127) Doerfer(1992: 16)는 tarqan이 탁발위(拓跋魏, 北魏)의 몽골어에서 차용된 것이라고 하였다.

128) 몽골 제국의 구육(Guyuk, 貴由: 定宗, 재위 1246～1248)의 비의 이름인 Oγul Qaimiš에도 Oγul이 있다.

: t(a)rduš : in(a)n͡ču čor : k(ä)lti : b(a)rq : itgüči : b(ä)d(i)z : y(a)r(a)t(ï)γma : bit(i)g t(a)š : itgüči : t(a)bγ(a)č : q(a)γ(a)n : čïq(a)ni : č(a)ŋ s(ä)ŋün : k(ä)lti :

나의 온 오크 자손 튀르기시 카간에게서는 마카라치 옥새관(과) 오구즈 빌개 옥새관이 왔다; 크르그즈 카간에게서는 타르두시 이난추 초르가 왔다. 능묘 건설자, 장식 장인 (및) 비석 건설자(로서) 중국 황제의 이종사촌 창 장군이 왔다.

(NE)

kül tig(i)n : q͡ooń : yïlqa : yiti : y(e)g(i)rm(i)kä : učdï : toq(u)z(u)n͡č (a)y : y(e)ti ot(u)zqa : yoγ : (ä)rtürt(ü)m(i)z : b(a)rqin : b(ä)d(i)zin : bit(i)g t(a)š[in] bičin : yïlqa : yit(i)n͡č (a)y : yiti ot(u)zqa : q͡oop (a)lqd[(ï)m(ï)]z : kül tig(i)n : ö[zi] q͡ïïrq : (a)rtu͡q[i y]iti : y(a)šï[ŋa] : boltï : t(a)š [b(a)rq : itgüčig] bun͡ča : b(ä)d(i)zčig : tuyγ(u)n : (e)lt(ä)b(ä)r : k(ä)lü<r>ti :

퀼 티긴은 양해에 열일곱(째 날)에 서거하였다.[129] 우리는 아홉째 달 스

129) 돌궐 문자로 표기된 비문들에서 확인되는 12지(十二支)는 다음과 같다.
kiisgü yïlqa '쥐해에' (Terkh 비문 S 5)
bars yïlqa '범해에' (Šine-Usu 비문 E 7, Terkh 비문 W 1)
tabïšγan yïl '토끼해' (Šine-Usu 비문 E 8)
ulu yïlqa '용해에' (Terkh 비문 W 2)
yïlan yïlqa '뱀해에' (Terkh 비문 E 5, W 1)
qoń yïlqa '양해에' (KT NE; Šine-Usu 비문 N 9, W 2; Terkh 비문 E 9)
bičin yïlqa '원숭이해에' (KT NE; Terkh 비문 W 1)
taqïγu yïlqa '닭해에' (Šine-Usu 비문 N 10, W 4; Terkh 비문 S 2)
[ï]t yïl '개해' (BQ S 10), ït yïlqa '개해에' (Terkh 비문 S 3)
laγzin yïl '돼지해' (BQ S 10), laγzïn yïlqa '돼지해에' (Šine-Usu 비문 N 11; Terkh 비문 S 4)
돌궐 문자로 표기되지 않은 후대의 문헌들을 다룬 Türkische Turfan-Texte VII (1936)에서는 ud yïl '소해'와 yunt yïl '말해'도 확인된다. 12지(十二支)는 오늘날 많은 튀르크어와 몽골어에서도 확인된다.

물일곱(째 날)에 장례식을 치렀다. [우리는] 그의 능묘를, 그의 장식을 (그리고) [그의] 비석[을] 원숭이해에 일곱째 달 스물일곱(째 날)에 모두 끝냈다. 퀼 티긴 [그 자신?]은 47 살[에?] 되었다. 석조 [능묘 건설자를], 이 만큼의 장식자를 투이군 엘태배르가 데려왔다.

(SE)

bun͡ča : bit(i)g : bit(i)gmä : kül tig(i)n : (a)tïsi : yol(lu)γ tig(i)n : bitid(i)m : yig(i)rmi : kün : ol(o)r(u)p : bu t(a)šqa : bu tāmqa : q͡oop : yol(lu)γ tig(i)n : bitid(i)m : ïγ(a)r : oγl(a)n(ï)ŋ(ï)zda : t(a)yγun(u)ŋ(ï)zda : y(e)gdi : ig(i)dür : (ä)rt(i)g(i)z : uča b(a)rd(ï)γ(ï)z : t(ä)ŋr[idä] tir(i)gd(ä)kičä : [.........]

이 만큼의 비문을 쓰는 사람: 퀼 티긴의 조카 욜루그 티긴 내가 썼다. 스무 날 앉아서 이 비석에, 이 벽에 모두 욜루그 티긴 내가 썼다. 당신은 (당신의 백성을) 소중한 당신의 자식들보다, 당신의 망아지 (같은) 아들들보다 더 잘 먹이고 계셨습니다. 당신은 날아가셨습니다. 하늘[에서(도)] 살아계실 때처럼
(있으시길)

(SW)

kül tig(i)n(i)ŋ : (a)ltunïn : küm(ü)šin : (a)γïšïn : b(a)r(ï)mïn tör[t b(i)ŋ] y(ï)lq[ïs]ïn : (a)y(a)γma : tuyγ(u)t : bu [...........] b(ä)g(i)m : tig(i)n : yüg(gä)rü : t(ä)ŋ[ri bolča ....] t(a)š : bit(i)d(i)m : yoll(u)γ : tig(i)n [b(i)t(i)d(i)m(i)z]

퀼 티긴의 금은을, 재산을 4[천] 말떼[130]를 지키는 투이구트 [...........] 나

아주 이른 시기의 이란어 차용어인 bars는 정확하게는 "표범"을 뜻하지만 분명히 튀르크어에서는 다른 대형 고양잇과 동물들에 대해서도 사용되었다 (EDPT: 368ab). 그러므로 bars는 '범'을 뜻한다고도 할 수 있을 것이다.

130) yïlqï는 원래 (작은 사냥감 등은 포함하지 않는) "가축, 사족수(四足獸)"를 뜻하지만, 불교 용어에서는 "인간"에 대립하는 것으로서의 "짐승"을 뜻하였다. 이 낱말은 때로는, 심지어는 아주 이른 시기에, 양, 낙타 등과 함께 사용되기도 하여 이 낱말이 단지 "마소"를 뜻하였음을 시사한다. 일부 현대 튀르크어에서는

의 배그 왕자가 위로 [신이 되자 ....] 내가 비석을 썼다. 욜루그 티긴 [우리가 썼다.]

(W 1)

q͡uur(ï)d(ï)n [s]oγ(u)d örti : in(i)m k͡üül tig(i)n [...............] iš(i)g k͡üüč(ü)g : birt͡ök : üč(ü)n : tür͡ük : bilgä : q(a)γ(a)n : [(a)y]u͡qï[ŋ]a : in(i)m k͡üül tig(i)n(i)g : k͡üüz(ä)dü : ol(o)rt[(u)m]

서쪽에서131) 소그드족이 반란을 일으켰다. 나의 남동생 퀼 티긴이 [...............] 봉사하였기 때문에, 튀르크 빌개 카간의 [나라]에 나의 남동생 퀼 티긴을 보호하며 [나는] 앉았다.

(W 2)

in(ä)n͡ču : (a)pa : y(a)rγ(a)n t(a)rq(a)n : āt(ï)γ : [bi]rt(i)m : [(a)n]ï ögtürt[(ü)m]

나는 (그에게) 이낸추 아파 야르간 타르칸 칭호를 [주]었다. [나는 그]를 찬양하게 하였다.

퀼 티긴 비문의 받침대인 대리석 거북상 위에 있는 비문

1. [b]od(u)n : [...............]
   백성 [...............]
2. [b(ä)]gl(ä)r : bod(u)n : q[............]
   [배]그들(과) 백성 [...............]
3. [.]yi : kül tig(i)n : B^2[.................]

이 낱말의 뜻이 더 한정되어 "말들"을 가리킨다(EDPT: 925b-926a). 그러므로 이 번역본에서 "말떼"로 번역하기는 하였지만, 이 낱말이 "가축"을 뜻할 수도 있다.

131) 고대 튀르크어에서 "서쪽에서"를 뜻하는 낱말로는 qurïya와 kedin이 있을 뿐 qurïdïn은 확인되지 않는다. 이 낱말은 q͡oor(ï)d(ï)n으로 읽고 (흔히 Qurïqan으로 읽어 온) Qorïqan[骨利幹]족이라고 보는 것이 옳을지도 모른다(Yong-sŏng Li, "Zu QWRDNTA in der Tuńuquq- Inschrift", *CAJ*, 47/2 (2003), pp. 229 -241을 볼 것).

[...] 퀼 티긴 [.................]

4. [sï]γ(ï)t(ï)m(ï)n : b(a)sd(ï)m

나는 나의 고함을 억눌렀다.

5. [k]öz(ü)m [.............]g : [...........]

나의 눈 [.........................]

6. [ölür.............................]

[죽이.............................]

7. B²[.............................]

[.............................]

돌궐 비문 연구

오르콘 강

(N 1)

t(ä)ŋri t(ä)g : t(ä)ŋridä : bolm(i)š : türü͡k : bilgä q(a)γ(a)n : bödkä : ol(o)rt(u)m : s(a)b(ï)m(ï)n : tük(ä)ti : (e)š(i)d : ul(a)yu : in(i)ygün(ü)m : oγl(a)n(ï)m : birki : uγ(u)š(u)m : [bod(u)n(u)m .... ilg(ä)rü : kün][1)]

(나), 신 같은, 신에게서 생긴 튀르크 빌개 카간은 이 때에 (권좌에) 앉았다. 나의 말을 완전히 들어라. 먼저 나의 남동생들, 나의 아들들, 뭉쳐진 나의 부족(과) [나의 백성 .... 동으로는 해]

(N 2)

tuγs(ï)qïŋa : birg(ä)rü : kün : ortosïŋ(a)ru : q͡uurïγ(a)ru : kün : b(a)tsï͡qïŋa : yïrγ(a)ru : tün : ortosïŋ(a)ru : (a)n͡ta : (i)čr(ä)ki : bod(u)n : q͡oop : m(a)ŋa : körür : [bun͡ča bod(u)n q͡oop itd(i)m] ol (a)mtï : (a)ń[(ï)γ yo͡q : t]ürü͡k : [q(a)γ(a)]n : ötü͡k(ä)n : [yï]š : ol(o)rs(a)r [: il]tä [: buŋ] yo͡q : ilg[(ä)rü š(a)]n͡tuŋ : [y(a)zïqa t(ä)gi sül(ä)d(i)m t(a)loyqa kič(i)g t(ä)gm(ä)d(i)m] b[i]rg<(ä)r>ü[2)] : t[oq(u)z]

뜨는 곳에, 남으로는 낮의 한가운데를 향하여, 서로는 해 지는 곳에, 북으로는 밤의 한가운데를 향하여 그 (경계) 안에 있는 백성들은 모두 나에게 예속한다. [이만큼의 백성을 나는 모두 조직하였다.] 그들은 지금 (전혀) 나[쁜 (상태에 있지) 않다.] 튀르크 [카간이] 외튀캔 [산악지역에] 앉는(다면 그리고 그곳으로부터 통치한)다면 [나라]에 (아무런) [걱정이] 없다. 나는 동쪽[으로는 산]동 [평원까지 군대를 보냈다. 바다에 조금 못 미쳐 멈추었

---

1) 마멸된 부분은 KT S 1~2에 따라 [bod(u)n(u)m : biryä : š(a)d(a)pït b(ä)gl(ä)r : yïrya : t(a)rq(a)t : buyru͡q : b(ä)gl(ä)r : ot(u)z t(a)t(a)r .... to͡quz oγ(u)z : b(ä)gl(ä)ri : bod(u)ni : bu s(a)b(ï)m(i)n : (ä)dgüti : (e)šid : q(a)t(ï)γdï : tiŋla ilg(ä)rü : kün]으로 복원될 수 있다.

2) KT S 3을 보면, ilg[(ä)rü : š(a)]n͡tuŋ : [y(a)zïqa t(ä)gi : sül(ä)d(i)m : t(a)loyqa : kič(i)g : t(ä)gm(ä)d(i)m:] b[i]rg<(ä)r>ü 형태로 분리 부호 (:)가 찍힐 수 있다.

다]; 나는 남쪽으로는 [토쿠즈]

(N 3)

(ä)rs(i)nkä : t(ä)gi : sül(ä)d(i)m : töpötkä : kič(i)g : t(ä)gm(ä)d(i)m : q͡uur(ï)γ(a)ru : yin͡čü üg(ü)z : k(ä)čä : t(ä)m(i)r q(a)p(ï)γqa : t(ä)gi : sül(ä)d(i)m : yïrγ(a)ru : yir b(a)y(ï)rq͡uu : y(e)r(i)ŋä : t(ä)gi : sül[(ä)d(i)m] bu[n͡ča yirkä t(ä)gi y]or(ï)td[(ï)m öt]ü͡k(ä)n[3] : y[ïš]da : yig : i[di yo͡q (ä)r]m(i)š : il [tuts(ï)q yir ö]tü͡k[(ä)n :] y(ï)š (ä)rm(i)š [bu] y(e)rd[ä ol(o)]r(u)p [t(a)bγ(a)č bod(u)]n : birlä : tüz(ü)l[t(ü)m] (a)ltun : küm(ü)š : (e)šg[(i)ti]

애르신까지 군대를 보냈다. 티베트에 조금 못 미쳐 멈추었다; 나는 서쪽으로는 옌취 강을 지나 태미르 카프그까지 출정하였다; [나는] 북쪽으로는 이르 바이르쿠 땅까지 출정하[였다]; [나는] 이[만큼의 땅까지] (나의 군대를) 나아가게 하[였다] (그리고 깨달았다): [외]튀캔 [산악지역]보다 더 좋은 곳은 전[혀 없는] 것 같다! 나라를 [다스릴 곳은 외]튀[캔] 산악지역인 것 같다. [나는 이]곳[에 앉]아 [중국 백성]과 화해하[였다.] (중국 백성은) 금은, 비단

(N 4)

q͡oot(a)y : buŋs(ï)z : (a)n͡ča birür : t(a)bγ(a)č : bod(u)n : s(a)bi süč(i)g : (a)γïsi : y(e)mš(a)q : (ä)rm(i)š : süč(i)g : [s(a)]b(ï)n : y(e)mš(a)q : (a)γïn : (a)r(ï)p : ïr(a)q [bod(u)]n(u)γ : (a)n͡ča y(a)γutir : (ä)rm(i)š [y(a)γr]u : q͡oon͡to͡q[da] : kisrä : (a)ń(ï)γ bil(i)g(i)n : (a)n͡ta ö[yür (ä)rm(i)]š : (ä)dgü [bil]gä : kišig : (ä)dgü : (a)lp : kišig : yo[r(ï)tm(a)z] : (ä)rm(i)š : bir kiši : y(a)ŋ(ï)ls[(a)r] uγ(u)ši bod(u)n[i biš]ü͡kiŋä[4] : t(ä)gi : q͡ïïd[m(a)z]

---

3) KT S 4를 보면, sül[(ä)d(i)m :] bu[n͡ča : yirkä : t(ä)gi : y]or(ï)td[(ï)m : ö-t]ü͡k(ä)n 형태로 분리 부호 (:)가 찍힐 수 있다.

4) 상응하는 KT S 6을 보면 y(a)ŋ(ï)ls[(a)r :] uγ(u)ši [:] bod(u)n[i : biš]ü͡kiŋä 형태로 분리 부호 (:)가 찍힐 수 있다.

비단을 어려움없이 그렇게 (우리에게) 준다. 중국 백성의 말은 달콤하고 비단은 부드럽다고 한다. (그들은) 달콤한 [말]로 부드러운 비단으로 속여 먼(곳에 사는) [백성]을 그렇게 (자기들에게) 가까이 오게 한다고 한다. (이 백성이) [가까]이 자리잡[은] 뒤에 (중국 백성은) 악의를 그 때에 생각[한다고 한다.] 좋은 [현]명한 사람을, 좋은 용감한 사람을 [나아가지 못하게 한다]고 한다; (한편) 한 사람이 잘못하[면], 그의 부족, 백성, 친[척]까지 (모두를) 죽이[지는 않는다]

(N 5)

(ä)rm(i)š : süč(i)g : s(a)bïŋa : y(e)mš(a)q : (a)γïsïŋa : (a)rtur(u)p : ük(ü)š : türu͡k : bod(u)n : ölt(ü)g : türu͡k : bod(u)n : öls(i)k(i)ŋ : biryä : čoγ(a)y : yïš : tög(ü)ltün : y(a)zï [q͡oo]n(a)yin : [tis(ä)r] : türu͡k : bod(u)n : öls(i)k(i)g (a)n͡ta : (a)ń(ï)γ [k]iši : (a)n͡ča bošγ[(u)-rur] (ä)rm(i)š : ïr(a)q (ä)rs(ä)r : y(a)bl(a)q (a)γï : birür : y(a)γu͡q (ä)rs(ä)r : (ä)dgü : (a)γï birür tip (a)n͡ča : bošγ(u)rur : (ä)rm(i)š : bi[l(i)g]

고 한다. (중국 백성의) 달콤한 말에 부드러운 비단에 속아, 튀르크 백성(아!), 너는 많이 죽었다. 튀르크 백성(아!), 너는 분명히 죽을 것이다. “남쪽에 초가이 산악지역에 (그리고) 퇴귈튄 평원에 나는 [자리잡]겠어”라고 [말한다면], 튀르크 백성(아!) 너는 분명히 죽을 것이다. 그곳에서는 나쁜 (생각을 가진) [사]람들이 이렇게 일깨[운다]고 한다: “(중국 백성은 어떤 백성이) 멀리 (살고) 있으면, 나쁜 비단을 준다, 가까이 (살고) 있으면, 좋은 비단을 준다”라고 그렇게 일깨운다고 한다.

(N 6)

bilm(ä)z : kiši : ol s(a)b(ï)γ (a)l(ï)p : y(a)γru : b(a)r(ï)p : ük(ü)š kiši : ölt(ü)g : ol y(e)r[g(ä)r]ü : b(a)rs(a)r : türu͡k : bod(u)n : ölt(ä)či s(ä)n : ötu͡k(ä)n : y(e)r : o[l(o)]r(u)p [(a)rq(ï)š] : tirk(i)š : ïs(a)r : n(ä)ŋ bu[ŋ(u)γ yo]q : ö[tu͡k(ä)n y]ïš : ol(o)rs(a)r : b(ä)ŋgü [il tuta ol(o)rt(a)č]ï s(ä)n : türu͡k : bod(u)n : toq(u)rq(a)q s(ä)n : āčs(a)r : tos(ï)q : öm(ä)z s(ä)n : bir : tods(a)r : āčs(ï)q : öm(ä)z s(ä)n : (a)n͡t(a)-γ(ï)ŋ(ï)n : üč(ü)n : ig(i)dm(i)š : q[(a)γ(a)n(ï)ŋ(ï)n]

무지한 사람들(아!) 너희는 그 말을 받고 (중국 백성에게) 가까이 가서 많은 사람이 죽었다. 그곳[으로] 가면, 튀르크 백성(아!) 너는 죽을 것이다. 외튀캔 땅에 [앉]아서 (중국 등지로) 카라반을 보낸다면, [너는] 전혀 걱정이 [없다.] 외[튀캔 산]악지역에 앉는다면, 너는 영원히 [나라를 유지하며 앉을 것]이다. 튀르크 백성(아!) 너는 자신을 배부르다고 여긴다: 너는 배고프면 배부름을 생각하지 않는다; 일단 배부르면, 너는 배고픔을 (전혀) 생각하지 않는다. 네가 그러하기 때문에, 너는 (너를) 배부르게 한 [너의 카간의]

(N 7)

s(a)bin : (a)lm(a)tin : yir : s(a)yu : b(a)rd(ï)γ : q͡oop (a)n͡ta : (a)lq(ï)n͡t(ï)γ : (a)r(ï)l[t(ï)γ] (a)n͡ta q(a)lm[(i)ši] yir [s(a)y]u[5)] : q͡oop : toru : ölü : yor(ï)yur (ä)rt(i)g : t(ä)ŋri : y(a)rl(ï)q[(a)d͡oqin üč(ü)n öz(ü)]m : q͡uut(u)m : b(a)r üč(ü)n : q[(a)γ(a)n ol(o)rt(u)]m : q(a)-γ(a)n : ol(o)r(u)p : y͡oq čïγ(a)ń : bod(u)n(u)γ : q͡oop : q͡uubr(a)t(tï)m : čïγ(a)ń : bod(u)n(u)γ : b(a)y qi͡lt(ï)m : (a)z bod(u)n(u)γ : ük(ü)š qi͡lt(ï)m : (a)z[u bu]

말(을 듣지 않고 승낙)을 받지 않고 어느 곳이나 갔다 (그리고) 너는 모두 그곳에서 궤멸되었다 소멸되었다. (너희들 중) 그곳에서 (어떻게든 살아)남은 사람들은 [모든] 곳에서 모두 기진맥진하여 걷고 있었다. 신께서 명령하[셨기 때문에], 나 [자신이] 운이 있기 때문에 나는 카[간으로(서 권좌에) 앉았다.] 나는 카간으로(서 권좌에) 앉아 가난한 백성을 모두 모았다: 나는 가난한 백성을 부유하게 하였다, 적은 백성을 많게 하였다. 그렇지 않으면, [이]

(N 8)

s(a)b(ï)mda : ig(i)d b(a)r γu : türü͡k : b(ä)gl(ä)r : bod(u)n : bunï : (e)šid(i)ŋ [:] türü͡k : bod(u)n(u)γ : tir(i)p : [i]l tuts(ï)q(ï)ŋ(ï)n : bun͡ta

5) 상응하는 KT S 9를 보면 (a)r(ï)l[t(ï)γ :] (a)n͡ta q(a)lm[(i)ši :] yir [s(a)y]u 형태로 분리 부호 (:)가 찍힐 수 있다.

: urt(u)m : y(a)ŋ(ï)l(ï)p : öls(i)k(i)ŋ(i)n : [y(ä)mä] : bun͡t[a urt(u)]m : n(ä)ŋ n(ä)ŋ : s(a)b(ï)m [(ä)rs(ä)]r : b(ä)ŋgü t(a)šqa : urt(u)m : (a)ŋ(a)r körü : bil(i)ŋ : türü͡k : m(a)tï : bod(u)n : b(ä)gl(ä)r : bödkä : kör(ü)gmä : [b(ä)gl(ä)]r [g]ü : y[(a)ŋ(ï)]l͡t(a)čï : siz [q(a)ŋ(ï)m]

나의 말에 거짓이 있느냐? 튀르크 배그들(과) 백성(아!) 이것을 들어라! 튀르크 백성이 되살아나서6) 분명히 나라를 다스리리라는 것을 나는 여기에 (비석에) 새겼다; 잘못하여 분명히 죽으리라는 것[도] 나는 여기[에 새겼다.] 나는 (내가 하고자 하는) 무슨 말이라도 [있으]면 영원한 돌에 새겼다. 너희는 그것을 보며 (이 말들을) 배워라. 충성스러운 튀르크 백성(과) 배그들(아!) 이 시기에 (나에게) 복종하는 [배그들] 너희가 [잘못을 저지르]겠느냐? [나의 아버지]

(N 9)

q(a)γ(a)n : (e)č(i)m q(a)γ(a)n : ol(o)rt͡oqïn͡ta : tört : bul(u)ŋd(a)qï : bod(u)n(u)γ : n(ä)n͡čä : itm[(i)š n(ä)n͡čä y(a)r(a)tm(i)š t(ä)]ŋr[i] y(a)rl(ï)q(a)d[o͡q ü]č[(ü)n ö]z(ü)m : ol(o)rt͡oq(u)ma : tör[t] b[ul(u)ŋ-d(a)qï bo]d(u)n(u)γ : itd(i)m : y(a)r[(a)t]d(ï)m : i[................] qïl͡t(ï)m : m(ä)n : [t]ürg(i)š : q(a)γ(a)nqa : q͡ïïz(ï)m[(ï)n ....]7) : (ä)rt(i)ŋü : ul(u)γ

---

6) 필자가 26번 주석에서 밝혔듯이, 바로 앞의 문장에서 türü͡k b(ä)gl(ä)r bod(u)n bunï (e)šid(i)ŋ 하고 튀르크 배그들과 백성에게 말한 빌개 카간이 이것 다음에 오는 문제의 türü͡k bod(u)n(u)γ tir(i)p에서는 단지 튀르크 배그들에게만 말하면서 "튀르크 백성을 모아서..." 식으로 이야기하였다는 것도 가능하다. 그리고 여기에서는 이렇게 해석하여야 한다. 왜냐하면 바로 다음에 "네가 분명히 나라를 다스리리라는 것을"이라는 구절이 오는데 이것은 일반 백성이 아니라 배그들에게 말한 것임이 분명하기 때문이다.

7) q͡ïïz(ï)m[(ï)n ....] : (ä)rt(i)ŋü : ul(u)γ : törön : (a)lï birt(i)m : tür[g(i)š q(a)-γ(a)n]은 핀란드 발간 도해에서는 ^{ï}KIZ.....................R^{2}S^{2}M:T^{2}ẄR^{2} 형태로 되어 있는데 IZ는 뚜렷하지 않다. ^{ï}KIZ 다음에는 글자 21 개가 들어갈 만한 공백이 있다. Radloff 발간 도해에서는 ^{ï}KIZM....G^{1}:R^{2}T^{2}ŊẄ:WL^{1}G^{1}:T^{2}ẄR^{2}ẄN^{2}:L^{1}IB^{2}IR^{2}T^{2}M: T^{2}ẄR^{2}로 되어 있어 Tekin이 Radloff 발간 도해를 참조하였음을 알 수 있다. 그렇지만 그가 ^{ï}KIZM....G^{1}를 q͡ïïz(ï)m[(ï)n ....]으로 읽은 것은 수긍할 수 없다. Radloff 발간 도해를 보면 이 부분은 q͡ïïz(ï)m [q͡uun͡č(u)y(u)]γ "나의 딸 공주를"로 읽고 해석하

: törön : (a)lï birt(i)m : tür[g(i)š q(a)γ(a)n]

카간(과) 나의 숙부 카간이 (권좌에) 앉았을 때에 사방에 있는 백성을 여러 번 조직하[였다고 한다.] 신께서 명하셨기 때문에 나 자신이 (권좌에) 앉았을 때에 나는 사[방에 있는 백]성을 조직하였다. 나는 [................] 하였다. 나는 튀르기시 카간에게 나의 딸을 매우 성대한 의식으로 받아 주었다. 튀르[기시 카간의]

(N 10)

q͡ïïzïn : (ä)rt(i)ŋü : ul(u)γ : törön : oγl(u)ma : (a)lï birt(i)m : [..........................] (ä)rt(i)ŋü : ul(u)γ : törön : (a)lï birt(i)m : y[(a) ....]T^{2} : (e)rtü[r]t(ü)m : tör[t bul(u)ŋd(a)qï bod(u)n(u)γ] b(a)z [qïl͡t(ï)m b(a)]š[l(ï)]γ(ï)γ : yük(ü)n͡t(ü)rt(ü)m : tizl(i)g(i)g : sök(ü)r-t(ü)m : üzä : t(ä)ŋri : (a)s[ra] y(e)r : y(a)rl(ï)q(a)d͡oq : üč[(ü)n]

딸을 나는 매우 성대한 의식으로 나의 아들에게 받아 주었다. 나는 [.........................] 매우 성대한 의식으로 받아 주었다. 나는 [................] 이르게 하였다. [나는] 사[방에 있는 백성을] 예속[시켰다.] 나는 [머리 있는] 자를 숙이게 하였다, 무릎 있는 자를 꿇게 하였다. 위에서 하늘이, 아래[에서] 땅이 명하였기 때[문에]

(N 11)

köz(ü)n : körm(ä)d͡ök : q͡uulq(a)q(ï)n : (e)š(i)dm(ä)d͡ök : bod(u)-n(u)m(ï)n : ilg(ä)rü : kün : tu[γs(ï)qïŋa] birg(ä)rü [kün ortosïŋ]a : q͡uur(ï)-γ(a)ru : [kün b(a)ts(ï)qïŋa yïrγ(a)ru tün ortosïŋa t(ä)gi : q͡oon͡t(u)r-t(u)m s(a)r(ï)γ (a)ltu]nin[8] : ür(ü)ŋ : küm(ü)šin : q͡ïïrγ(a)γl(ï)γ : q͡oo-

---

여야 한다. 이것과 비슷한 구절로 siŋl(i)m : q͡uun͡č(u)yuγ (KT E 20), siŋl(i)m : q͡uu[n͡č(u)]y(u)γ (BQ E 17) "나의 여동생 공주를"이 있다.

8) ilg(ä)rü～(a)ltu]nin은 핀란드 발간 도해에서는 IŠG^{2}.R^{2}I:N^{1}IN^{2}:T^{1}W.....B^{2}MG^{2} R^{2}Ẅ......... K^{1}I:^{w}KWR^{1}G^{1}R^{1}W:..N^{2}, Radloff 발간 도해에서는 IL^{2}G^{2}R^{2}Ẅ:^{ï}KIT^{1}.T^{1}T^{1}...........B^{2}IR^{2}G^{2}R^{2}Ẅ:T^{1}B^{1}.....K^{1}A:^{w}KWR^{1}G^{1}R^{1}W: ....N^{1}IN^{2}로 되어 있어 Tekin이 Radloff 발간 도해를 주

t(a)yin : kinl(i)g : (e)šg(i)tisin : özl(i)k (a)tin : (a)dγ(ï)rin : q(a)ra : k[išin]

눈으로 보지 못한, 귀로 듣지 못한 (만큼 많은) 나의 백성을 동으로는 해 뜨[는 곳에], 남으로는 [낮의 한가운데]에, 서로는 [해 지는 곳에 북으로는 밤의 한가운데까지 나는 자리 잡게 하였다.] 그들의 [누런 금]을, 그들의 흰 은을, 그들의 가장자리를 꾸민 비단을, 그들의 향기 나는 비단을, 그들의 순혈의 말을 종마를, [그들의] 검은 담[비를]

(N 12)

kök : t(ä)y(ä)ŋin : türü͡k(ü)mä : bod(u)n(u)ma : q(a)zγ(a)nu : birt(i)m : iti birt(i)m : [.............(i)]n : buŋs(ï)z : qï͡lt(ï)m : üzä : t(ä)ŋri : (ä)rkl(i)g [....................................... t]üm(ä)n : uγ[.................................... ..... (i)]n[....... b(ä)gl(ä)]r(i)g : bod(u)n[(u)γ]

그들의 푸른 다람쥐를 나는 나의 튀르크족에게, 나의 백성에게 획득하여 주었다, 얻어 주었다. 나는 [.............]을 걱정 없게 하였다. 위에서 신이 강력한 [.......................................] 만(萬) [.. 배그들]을 백성[을]

(N 13)

[y(ä)]mä : ig(i)d(i)ŋ : (ä)mg(ä)tm(ä)ŋ : tolγ(a)tm(a)ŋ[9] [....]m[10] :

로 참조하였음을 알 수 있다. 그렇지만 그가 [kün ortosïŋ]a, tün ortosïŋa t(ä)gi 등으로 읽은 것은 수긍할 수 없다. 왜냐하면 kün orto, tün orto 등의 낱말은 훨씬 후대에 와서야 3인칭 소유어미가 붙었고, 아직도 일부 튀르크어에서는 3인칭 소유어미 없이 사용되고 있기 때문이다. 더구나 돌궐 비문들에서 후치사 t(ä)gi가 방향을 나타내는 낱말과 사용된 예가 없다.

Radloff 발간 도해에서 둘째 공백은 글자 11개, 셋째 공백은 글자 5개, 넷째 공백은 글자 45 개 정도가 들어갈 수 있으므로 ilg(ä)rü~(a)ltu]nin은 ilg(ä)rü : q͡ïït[(a)ń] t(a)t[(a)bï : bod(u)nqa :] birg(ä)rü : t(a)b[γ(a)č bod(u)n]qa : q͡uur(ï)γ(a)ru : [soγd(a)q bod(u)nqa : yïrγ(a)ru : oγ(u)z bod(u)nqa t(ä)gi : q͡oon͡t(u)rt(u)m : s(a)r(ï)γ (a)ltu]nin “동으로는 거[란, 타타브 백성에], 남으로는 중[국 백성]에, 서로는 [소그드 백성에, 북으로는 오구즈 백성에까지 나는 자리 잡게 하였다.] 그들의 [누런 금]을”로 읽고 해석할 수 있다.

türü͡k : b(ä)gl(ä)r : türü͡k : bod(u)n(u)m : [....] (a)t : birt(i)m : [.............]qa : t(a)š(ï)γ : [...]ür[.....] q(a)zγ(a)n(ï)p : y(a)ŋ[.........]i : bu [..........................]a[11] : bu q(a)γ(a)n(ï)ŋda : bu b(ä)gl(ä)r(i)g[dä bu y(e)r(i)ŋdä su]b(u)ŋd[a (a)dr(ï)lm(a)s(a)r] : türü͡k [bod(u)n]

또한 너희는 배부르게 하여라, 괴롭히지 마라, 고통을 주지 마라. [....] 튀르크 배그들, 나의 튀르크 백성(아) 나는 [....] 칭호를 주었다. [.............] 돌을 [..........] 획득하여 [.........] 이 [..........................] 너의 이 카간에게서 너의 이 배그들[에게서 너의 이 조국에서 갈라지지 않는다면] 튀르크 [백성(아)]

(N 14)

[...] : (ä)dgü : kört(ä)či s(ä)n : (ä)b(i)ŋä : kirt(ä)či s(ä)n[12] : buŋs(ï)z : bol͡t(a)čï s(ä)n [................ (a)n͡ta] kisrä : t(a)bγ(a)č q[(a)γ(a)]n͡ta : b(ä)d(i)zči : q͡oop : k[(ä)lürt(ü)m m(ä)n(i)ŋ] s(a)b(ï)m(ï)n : sïm(a)đï :

---

9) 같은 뜻의 동사 ämgät-와 tolγat-가 나란히 쓰였다.

10) [y(ä)]mä ~ [....]m은 핀란드 발간 도해에서는 ....N^{1}MŊ:MG^{2}T^{2}WZT^{1}WL^{1}G^{1}T^{1}MŊI..M, Radloff 발간 도해에서는 .MA:IG^{2}D^{2}Ŋ:MG^{2}T^{2}MŊ:T^{1}WL^{1}G^{1}T^{1}MŊ:WL^{1}R^{1}T^{1}M으로 되어 있어서 Tekin이 Radloff 발간 도해를 주로 이용했음을 알 수 있다. 그가 [....]m으로 읽은 부분은 Radloff 발간 도해에 따르면 ol(o)rt(u)m "내가 (권좌에) 앉았다" 형태로 읽고 해석할 수 있다.

11) q(a)zγ(a)n(ï)p ~ [..........................]a는 핀란드 발간 도해에서는 K^{1}ZG^{1}N^1:Y^{1}ŊG^{1}L^1....I: B^{1}W.....................A, Radloff 발간 도해에서는 K^{1}ZG^{1}N^{1}MS^2:G^{1}IMIN^2:...^{W}K: B^{1}W.....:..................I로 되어 있어서 Tekin이 두 도해를 절충하였음을 알 수 있다. 이 구절은 Radloff 발간 도해에 따르면 q(a)zγ(a)nm(i)š : (a)γïmin : [tür]ü͡k : bo[d(u)n(u)ma] : ....I "획득한 나의 비단을 나의 [튀르]크 백[성에게 ....]" 형태로 읽고 해석할 수 있다.

12) [...] ~ kirt(ä)či s(ä)n 부분은 핀란드 발간 도해에서는 ...ŴI:.IR^{2}ŴR^{2}T^{2}ČIS^{2}N^{2}B^{2}ŊI:....ČIS^{2}N^2, Radloff 발간 도해에서는 MN^{2}I:D^{2}G^{2}Ŵ:K^{2}ŴR^{2}T^{2}ČIS^{2}N^2:B^{2}ŊA:K^{2}IR^{2}T^{2}ČIS^{2}N^{2}으로 되어 있어 Tekin이 주로 Radloff 발간 도해를 이용했음을 알 수 있다. Radloff 발간 도해에 따르면 MN^{2}I: D^{2}G^{2}Ŵ:K^{2}ŴR^{2}T^{2}ČIS^{2}N^{2}는 m(i)ni : (ä)dgü : kört(ä)či s(ä)n "너는 나를 좋게 볼 것이다" 형태로 읽고 해석할 수 있다. 그런데 (ä)dgü : kört(ä)či s(ä)n은 글자 그대로는 "너는 좋게 볼 것이다"이지만 같은 구조로 되어 있는 신(新)위구르어 yaxši kör-, 크르그즈어 ǰaqšï kör- "사랑하다" 등을 보면 "너는 좋아할 것이다, 너는 사랑할 것이다"를 뜻할지도 모른다.

ičr(ä)ki : b(ä)d(i)zčig : ït(t)ï : (a)ŋ(a)r : (a)d(ï)n͡č(ï)γ : b(a)rq : y(a)r[(a)t(ït)]d(ï)m : ičin t(a)šin : (a)d(ï)n͡č(ï)γ : b(ä)d(i)z u[rt(u)r-t(u)]m[13] [t(a)š to͡qïtd(ï)m köŋ(ü)lt(ä)ki s(a)]b(ï)m(ï)n : [urt(u)rt(u)m ....]

---

13) b(ä)d(i)zčig : ït(t)ï ~ b(ä)d(i)z u[rt(u)rt(u)]m 부분은 핀란드 발간 도해에서는 B^{2}WZR^{2}G^{2}R^{2}Ẅ...K^{1}R^{1}D^1...I..Y^{1}R^1..M:IČẄ.T^{1}L^{2}IN^2:MNČG^1...Z......(두 번째 R^{2}와 K^1, D^1, 첫 I가 뚜렷하지 않다), Radloff 발간 도해에서는 B^{2}D^{2}ZČIG^2:IT^{1}I..ŊR^{1}T^{1}ŠG^1:B^{1}R^{1}K^1.Y^{1}R^1.D^{1}M:IČ.N^2:T^{1}ŠIN^2:D^{1}NČG^1:B^{2}D^{2}ZW....M으로 되어 있다. W(o)와 D^2(D), Ẅ(O)와 I(i), K^1(k)과 Ŋ(h), L^2(L)와 Š(w)는, M(m)과 D^1(d)은 서로 혼동될 수 있다. Tekin이 이 부분에서는 Radloff 발간 도해를 이용하였음을 알 수 있다. Radloff 발간 도해에 따르면, 이 부분은 b(ä)d(i)zčig : ït(t)ï [m(ä)n] (a)ŋ(a)r : t(a)š(ï)γ : b(a)rq [:] y(a)r[(a)t(ït)]d(ï)m : ič[i]n t(a)šin : (a)d(ï)n͡č(ï)γ : b(ä)d(i)z u[rt(u)rt(u)]m "그들은 장인들을 보냈다. [나는] 그들에게 돌로 능묘를(지역: 돌을 능묘) 만들[게 하였]다. 나는 그 안팎을 훌륭한 장식으로 꾸미[게 하였]다"로 읽고 번역할 수 있다.

더구나 이것에 상응하는 KT S 12의 b(ä)d(i)zčig : ït(t)ï~b(ä)d(i)z : urturt(u)m 부분을 보면 핀란드 발간 도해에서는 D^{1}D^{2}ZČIG^2:IT^{1}I:L^{2}R^1:MNČI.R^{1}K^1:Y^{1}S^2.WR^{1}T^{1}M:IČIN^{2}T^{1}ŠIZ:D^{1}NČIG^1: B^{2}D^{2}ZWR^{1}T^{1}WR^{1}T^{1}M(첫 D^1, 첫 Z, 첫 M과 S^{2}가 뚜렷하지 않다), Radloff 발간 도해에서는 B^{2}D^{2}ZČIG^2:IT^{1}I:ŊR^{1}M...ŠB^{1}R^{1}K^1:Y^{1}R^{1}T^{1}WR^{1}T^{1}M:I.I.:T^{1}ŠIN^2:D^{1}NČIG^1:B^{2}D^{2}Z:WR^{1}T^{1}WR^{1}T^{1}M으로 되어 있어 두 도해가 거의 비슷하지만 Radloff 발간 도해가 아주 뚜렷하다. D^1(d)와 B^2(B), L^2(L)와 Ŋ(h), M(m)과 D^1(d), Z(z)와 N^2(N)는 서로 혼동될 수 있다. 이 부분에서도 Tekin이 Radloff 발간 도해를 이용하였음을 알 수 있다. Radloff 발간 도해에 따르면, 이 부분은 b(ä)d(i)zčig : ït(t)ï : (a)ŋ (a)r m[(ä)n : t(a)]š b(a)rq : y(a)r(a)turt(u)m : i[č]i[n] : t(a)šin : (a)d(ï)n͡č(ï)γ : b(ä)-d(i)z urt(u)rt(u)m "그들은 장인들을 보냈다. 나는 그들에게 돌 능묘를 만들게 하였다. 나는 그 안팎을 훌륭한 장식으로 꾸미게 하였다"로 읽고 번역할 수 있다. Radloff 발간 도해에 따르면 KT S 12와 BQ N 14의 독법이 거의 일치함을 알 수 있다.

그렇다면 이 두 비문에서 Tekin이 (a)d(ï)n͡č(ï)γ : b(a)rq로 읽은 근거가 모호하다. 이것이 들어 있는 부분은 핀란드 발간 도해에서는 KT S 12에서 L^{2}R^1:MNČI.R^{1}K^1, BQ N 14에서 K^{1}R^{1}D^1...I..로 되어 있다. 그렇지만 Radloff 발간 도해에서는 KT S 12에서 ŊR^{1}M...ŠB^{1}R^{1}K^1, BQ N 14에서 ..ŊR^{1}T^{1}ŠG^1: B^{1}R^{1}K^{1}로 되어 있어 거의 일치하고 있다. 더구나 핀란드 발간 도해에 있는 공백들은 믿을 만한 것이 못된다. 그리고 두 번째 (a)d(ï)n͡č(ï)γ는 핀란드 발간 도해에서는 KT S 12에서 D^{1}NČIG^1, BQ N 14에서 MNČG^1, Radloff 발간 도해에서는 KT S 12에서 D^{1}NČIG^1, BQ N 14에서 D^{1}NČG^{1}로 되어 있다. 그러므로 이 낱말은 (a)d(ï)n͡č(ï)γ로 읽힐 수 있다.

너는 [...] 이익을 볼 것이다, 너의 집에 들어갈 것이다, 걱정 없게 될 것이다. [................ 그] 뒤에 [나는] 중국 [황제]에게서 장인을 (아주) 많이 [데려왔다. (중국 사람들은) 나의] 말을 어기지 않았다. (그들은 중국 황제의) 직속 장인들을 보냈다. 나는 그들에게 근사한 무덤을 만들게 [하]였다; [나는] 그것의 안팎에 근사한 장식을 [새기게 하였다, 돌을 파게 하였다. 나는 마음에 있는] 나의 말을 [새기게 하였다.....]

(N 15)[14]

on o͡q : oγlïŋa : t(a)tïŋa : t(ä)gi : bunï : körü : bil(i)ŋ : b(ä)ŋg[ü] : t(a)š : to͡qïtd(ï)m : [..........] y(e)rtä [...] to͡qït-d(ï)m : biti(t)d(i)m : bu[nï kör(ü)p (a)n͡ča bil(i)ŋ ol] t(a)š : b(a)rqin [...]

온 오크 자손에 (그리고 그들의) 외국인들에까지 너희는 (모두) 이것을 보고 알아라. 영원한 돌을 나는 파게 하였다. [..........] 곳에 [...] 나는 파게 하였다, 쓰게 하였다. [너희는] 이것[을 보고 그렇게 알아라.] 그의 [그] 석조 능묘를 [...]

(E 1)

t(ä)ŋri t(ä)g : t(ä)ŋri : y(a)r(a)tm(i)š : tür͡ük : bilgä : q(a)γ(a)n[15] : s(a)b(ï)m : q(a)ŋ(ï)m : tür͡ük : bilg[ä q(a)γ(a)n .... (a)l]tï sir[16] : toq(u)z oγ(u)z : (e)ki (ä)d(i)z k(ä)r(ä)kül(ü)g : b(ä)gl(ä)ri :

---

14) 이것에 상응하는 KT S 13을 보면 t(a)š : to͡qïtd(ï)m 뒤의 부분들은 [y(a)γu͡q (e)l : (ä)rs(ä)r : (a)n͡č(a) t(a)qï : (e)rig] y(e)rtä [: irs(ä)r (a)n͡ča : (e)r(i)g y(e)rtä : b(ä)ŋgü t(a)š :] to͡qïtd(ï)m : biti(t)d(i)m : bu[nï kör(ü)p (a)n͡ča bil(i)ŋ ol] t(a)š : b(a)rqin [................. to͡qïtd(ï)m : bu bit(i)g : bit(i)gmä : (a)tïsi : yol(lu)γ tig(i)n] 형태로 읽을 수 있다.

15) täŋri täg täŋri yaratmiš türük bilgä qaγan이 텡리(登利) 카간의 완전한 칭호이다.

16) bilg[ä q(a)γ(a)n .... (a)l]tï sir 부분은 핀란드 발간 도해에서는 $B^2L^2G^2$.....................INT..............$T^1IS^2IR^2$, Radloff 발간 도해에서는 $B^2L^2G^2$ ....NTA:MT^1I:L^1.... $T^1IS^2IR^2$로 되어 있다. 핀란드 발간 도해에서는 $B^2L^2G^2$ 다음에 글자 21 개 정도, INT 다음에는 글자 14 개 정도, Radloff 발간 도해에

bod(u)ni : [..................... tü]rûk : t[(ä)ŋ]ri[..]
신 같은, 신이 (군주로) 만든, 튀르크 빌개 카간 나의 말: 나의 아버지 튀르크 빌개 [카간 .... 알]트 시르, 토쿠즈 오구즈, 에키 애디즈[17) 천막의 배그들(과) 백성 [..................... 튀]르크 [신...
......]

(E 2)

üzä : q(a)γ(a)n : ol(o)rt(u)m : ol(o)rtôq(u)ma : ölt(ä)čičä : s(a)q(ï)n(ï)γma : türûk : b(ä)gl(ä)r : bod(u)n : [ö]g(i)r(i)p : s(ä)b(i)n(i)p : toŋ(ï)tm(i)š : közi : yüg(gä)rü körti : bödkä : öz(ü)m ol(o)r(u)p : bunĉa : (a)γ(ï)r törög : tört : bul(u)ŋd(a)qï : [............... ....]d(i)m : üzä : kök t(ä)ŋri : (a)s[ra y(a)γ(ï)z y(e)r qïl(ï)ntôqda (e)kin (a)ra kiši oγli qïl(ï)nm(i)š][18)

위에서 나는 카간으로 앉았다. 내가 (권좌에) 앉았을 때에 죽을 것처럼 생각하는 튀르크 배그들(과) 백성이 기뻐하고 아래로 향한 그들의 눈이 위를 향하여 보았다. 이 때에 나 자신이 (권좌에) 앉아서 이 만큼의 값진 법을 사방에 있는 [...................]. 위에서 푸른 하늘이 아래[에서 적갈색 땅이 창조되었을 때에, 둘 사이에서 사람이 창조되었다고 한다.]

(E 3)

kiši : oγlïnta : üzä : (ä)čüm (a)pam : bum(ï)n q(a)γ(a)n : (i)št(ä)mi q(a)γ(a)n : ol(o)rm(i)š : ol(o)r(u)p(a)n : türûk [b]od(u)n(ï)ŋ : ilin : törösin : tuta birm(i)š : iti birm(i)š : tört : b(u)l(u)ŋ : qoop : y(a)γï

서는 $B^2L^2G^2$ 다음에 글자 17 개 정도, L^1 다음에 글자 4 개 정도가 들어갈 만한 공백이 있다. [(a)l]tï sir 앞에 글자가 몇 개 더 있는데, Tekin은 이를 무시한 것이다. Radloff 발간 도해에 따르면 MT^1I는 (a)mtï "지금"이나 m(a)tï "충성스러운, 충실한"으로 읽힐 수 있고, 이것 앞의 NTA는 어떤 낱말의 처격-탈격임이 분명하다.

17) (e)ki (ä)d(i)z가 아니라 kid(i)z "펠트"로 읽어야 한다. 178번 주석을 볼 것.

18) 상응하는 KT E 1을 보면 (a)s[ra : y(a)γ(ï)z : y(e)r : qïl(ï)ntôqda : (e)kin (a)ra : kiši oγli : qïl(ï)nm(i)š] 형태로 분리 부호 (:)가 찍힐 수 있다.

(ä)rm(i)š : sü sül(ä)p(ä)n : tört : bul(u)ŋd(a)qï : bod(u)n(u)γ [qop (a)lm(i)š : qop b(a)z qïlm(i)š] b(a)šl(ï)γ(ï)γ [yü]k(ü)n͡t(ü)rm(i)š : tizl(i)g[(i)g : sök(ü)rm(i)š : ilg(ä)rü : q(a)d(ï)rq(a)n : yïšqa t(ä)gi : kirü]

사람의 위에는 나의 조상 부믄 카간(과) 이시태미 카간이 (권좌에) 앉았다고 한다. 그들은 (권좌에) 앉아서 튀르크 백성의 나라를 법을 다스렸다고 한다, 정비하였다고 한다. 사방은 모두 적이었다고 한다. 그들은 군대를 보내어 사방에 있는 백성을 [모두 얻었다고 한다, 모두 (자신들에게) 예속시켰다고 한다.] 그들은 머리 있는 자를 숙이게 하였다고 한다, 무릎 있는 [자를 꿇게 하였다고 한다. 동쪽으로는 흥안령 산맥까지, 서쪽으로는]

(E 4)

t(ä)m(i)r q(a)p(ï)γqa : t(ä)gi : q͡oon͡t(u)rm(i)š : (e)kin (a)ra : idi oqs(ï)z : kök türü͡k [:] iti (a)n͡ča : ol(o)rur (ä)rm(i)š : bilgä : q(a)γ(a)n (ä)rm(i)š : (a)lp q(a)γ(a)n : (ä)rm(i)š : buyru͡qi <y(ä)mä> : bilgä : (ä)rm(i)š (ä)r(i)n͡č : (a)lp (ä)rm(i)š (ä)r(i)n͡č : b(ä)gl(ä)ri y(ä)mä : bod(u)ni [y(ä)mä tüz (ä)rm(i)š (a)nï] üčün : il(i)g : (a)n͡ča tutm(i)š (ä)r(i)n͡č : il(i)g tut(u)p : törö[g : itm(i)š : özi (a)n͡ča : k(ä)rg(ä)k bolm(i)š]

태미르 카프그까지 그들은 (백성을) 자리 잡게 하였다고 한다. 그들은 (이) 두 (경계) 사이에서 전혀 조직 없는 쾨크 튀르크 사람들을 조직하며 그렇게 다스렸다고 한다. 그들은 현명한 카간이었다고 한다, 용감한 카간이었다고 한다. 그들의 지휘관<도> 현명하였다고 한다 분명히, 용감하였다고 한다 분명히. 그들의 배그들도 백성[도 조화로웠다고 한다. 그] 때문에 그들은 나라를 그렇게 다스렸다고 한다 분명히; 그들은 나라를 다스리고 법[을 정비하였다고 한다. (나중에) 자신들은 그렇게 승하하였다고 한다.]

(E 5)

yoγčï : sïγ(ï)tčï : öŋrä : kün : tuγs(ï)qda : bükli : čöl(lü)g il : t(a)b-γ(a)č : töpöt : (a)p(a)r pur(u)m : q͡ïïrq(ï)z : üč q͡uurïq(a)n : ot(u)z t(a)t(a)r : q͡ïït(a)ń : t(a)t(a)bï : bun͡ča : bod(u)n : k(ä)l(i)p(ä)n : sïγta-m(i)š : yoγlam(i)š : (a)n͡t(a)γ kül(ü)g : q(a)γ(a)n (ä)r[m(i)š : (a)n͡ta kisrä in(i)si] q(a)γ(a)n [bolm(i)š (ä)r(i)]n͡č[19] : oγlït[i] : q(a)γ(a)n : bolm(i)š (ä)r(i)n͡č : (a)n͡ta [kisrä : inisi : (e)čisin t(ä)g]

(그들의 장례식에) 문상객(으로서) 동쪽에서는 해 뜨는 곳으로부터 뵈클리 칠 백성, 중국, 티베트, 아바르, 비잔틴, 크르그즈, 위치 쿠르칸, 오투즈 타타르, 거란, 타타브 이만큼의 백성이 와서 울었다고 한다, 애도하였다고 한다. [그들은] 그렇게 유명한 카간이[었다고 한다. 그 뒤에 그들의 남동생들이] 카간이 [되었다고 한다 분명]히, [그들의] 아들들이 카간이 되었다고 한다 분명히. 그 [뒤에 그들의 남동생들은 형들처럼]

(E 6)

qïl(ï)nm(a)d͡oq (ä)r(i)n͡č : oγli : q(a)ŋin t(ä)g : qïl(ï)nm(a)d͡oq (ä)r(i)n͡č : bil(i)gs(i)z : q(a)γ[(a)n ol(o)]rm(i)š (ä)r(i)n͡č : y(a)bl(a)q : q(a)γ(a)n : ol(o)rm(i)š (ä)r(i)n͡č : buyru͡qi : y(ä)mä : bil(i)gs(i)z (ä)rm(i)š (ä)r(i)n͡č : y(a)bl(a)q : (ä)rm(i)š (ä)r(i)n͡č : b(ä)gl(ä)ri : bod(u)ni : tüzs(i)z üč(ü)n : t(a)bγ(a)č : bod(u)n : t(ä)bl[(i)g(i)n] : kürl(ü)gin : [üč(ü)n (a)rm(a)qčï]sin : üč(ü)n : in(i)li [(e)čili : kikšürt(ö)kin : üčün : b(ä)gli : bod(u)nlïγ]

창조되지 못하였다고 한다 분명히, 그들의 아들들은 아버지들처럼 창조되지 못하였다고 한다 분명히. 어리석은 카간들이 [즉위하]였다고 한다 분명히, 나쁜 카간들이 즉위하였다고 한다 분명히. 그들의 지휘관들도 어리석었다고 한다 분명히, 나빴다고 한다 분명히. 그들의 배그들과 백성이 조화롭지 않(았)기 때문에, 중국 백성이 잘 속이기 [때문에 사기꾼이기] 때문에, 남동생들과 [형들을 서로 부추겼기 때문에, 배그과 백성을]

(E 7)

yoŋ(a)šurt͡oqin : üč(ü)n : türü͡k : bod(u)n : il(lä)d͡ök : ilin : ïčγ(ï)nu

19) 상응하는 KT E 4~5를 보면 (a)n͡ta kisrä : in(i)si] q(a)γ(a)n [: bolm(i)š (ä)r(i)]n͡č 형태로 분리 부호 (:)가 찍힐 수 있다.

[ï]dm(i)š : q(a)γ(a)nl(a)do͡q : q(a)γ(a)nin : yit(ü)rü ïdm(i)š : t(a)bγ(a)č : bod(u)nqa : b(ä)gl(i)k : urï oγlin : q͡uul qïltï : (e)š(i)l(i)k q͡ïïz oγlin : küŋ qïltï : türu͡k : b(ä)gl(ä)r : türu͡k : (a)tin : ït(t)ï : t(a)bγ[(a)čγï] : b(ä)gl(ä)r : t(a)bγ[(a)č (a)tin : tut(u)p(a)n : t(a)bγ(a)č : q(a)γ(a)n-qa : körm(i)š : (ä)l(i)g yïl]

서로 중상하게 하였기 때문에, 튀르크 백성은 자기들이 세운 나라를 잃어버렸다고 한다, 자기들이 즉위시킨 카간을 잃어버렸다고 한다. (이 때문에) 그들은 중국 백성에게 배그가 될 만한 그들의 아들을 사내종으로 만들었다, 귀부인이 될 만한 그들의 딸을 계집종으로 만들었다. 튀르크 배그들은 튀르크 칭호를 버렸다[20]; 중[국 사람들에 봉사하는] (튀르크) 배그들은 중[국 칭호를 받아들여 중국 황제에게 예속되었다고 한다. 그들은 50 년 동안]

(E 8)

iš(i)g küč(ü)g : birm(i)š : ilg(ä)rü : kün : tuγs(ï)q(q)a : bükli [q(a)]γ(a)nqa : t(ä)gi : sül(ä)yü : birm(i)š : q͡uur(ï)γ(a)ru : t(ä)m(i)r : q(a)p(ï)γqa : <t(ä)gi :> sül(ä)yü : birm(i)š : t(a)bγ(a)č q(a)γ(a)nqa : ilin : tör(ö)sin : (a)lï birm(i)š : türu͡k : q(a)ra : q(a)m(a)γ : bod(u)n : (a)n͡ča tim(i)š : ill(i)g : bod(u)n [(ä)rt(i)m : il(i)m : (a)mtï q(a)nï : k(ä)mkä : il(i)g : q(a)zγ(a)nur m(ä)n : tir (ä)rm(i)š]

봉사하였다고 한다. 그들은 동쪽으로는 해 뜨는 곳에서 뵈클리 [카]간까지 출정하였다고 한다, 서쪽으로는 태미르 카프그<까지> 출정하였다고 한다; 중국 황제를 위하여 (이렇게) 정복하였다고 한다. 튀르크 일반 백성은 이렇게 말하였다고 한다: "[나는] 나라가 있는 백성[이었다; 나의 나라는 지금 어디에 있는가? 나는 누구에게 나라를 정복하는가?"라고 말하였다고 한다.]

---

20) t(a)bγ(a)č : bod(u)nqa ~ türu͡k : (a)tin : ït(t)ï 부분에서 빌개 카간은 자신이 목격하지 않은 사건을 말하고 있는데도 -miš 형의 과거시제 대신에, 자신이 목격한 사건을 말하는 -DI 형의 과거시제가 사용되었다. 그러므로 이 부분의 동사들도 그 앞과 뒤의 부분들에 있는 것처럼, qïlm(i)š, ïdm(i)š로 -miš 형의 과거시제로 표현하는 것이 논리에 맞다.

(E 9)

q(a)γ(a)nl(ï)γ : bod(u)n : (ä)rt(i)m : q(a)γ(a)n(ï)m : q(a)nï : nä : q(a)γ(a)nqa[21] : iš(i)g küč(ü)g : birür m(ä)n : tir (ä)rm(i)š : (a)n͡ča tip : t(a)bγ(a)č q(a)γ(a)nqa : y(a)γï : bolm(i)š : y(a)γï : bol(u)p : it(i)nü : y(a)r(a)t(ï)nu : um(a)d͡oq : y(a)na : ͡ïč(i)km(i)š : bun͡ča : iš(i)g küč(ü)g : birt͡ök(kä)rü : s(a)q(ï)nm(a)tï : türü͡k : bod(u)n(u)γ : öl(ü)r[(ä)yin ur(u)γs(ï)r(a)]t(a)yin [tir (ä)rm(i)š[22] : yoq(a)du : b(a)rïr : (ä)rm(i)š[23] : üzä :]

"나는 카간이 있는 백성이었다; 나의 카간은 어디에 있는가? 나는 어느 카간에게 봉사하는가?"라고 말하였다고 한다. 그들은 그렇게 말하고 중국 황제에게 적이 되었다고 한다. 그들은 적이 되었으나 스스로를 (잘) 조직하지 못하였다고 한다, 다시 (중국에) 예속되었다고 한다. (중국 백성은 그들이) 이렇게 봉사한 것을 생각하지도 않고 "나는 튀르크 백성을 죽이[겠어, 멸종]시키겠어"라고 [말하였다고 한다. (튀르크 백성은) 사라져 가고 있었다고 한다. 위에 (있는)]

(E 10)

türü͡k : t(ä)ŋrisi : <türü͡k :> ïdu͡q : yiri : subi : (a)n͡ča (e)tm(i)š (ä)r(i)n͡č : türü͡k : bod(u)n : y͡oq bolm(a)zun : tiy(i)n : bod(u)n : bolčun : tiy(i)n : q(a)ŋ(ï)m : ilt(e)r(i)š : q(a)γ(a)n(ï)γ : ög(ü)m : ilb(i)lgä : q(a)tun(u)γ : t(ä)ŋri : töp(ö)sin͡tä : tut(u)p : yüg(gä)rü : köt(ü)rti (ä)r(i)n͡č : q(a)ŋ(ï)m q(a)γ(a)n : y(e)ti y(e)g(i)rmi : (ä)r(i)n : t(a)š[(ï)q]m[(i)š t(a)šra] yo[rï]yur [tiy(i)n : kü (e)š(i)d(i)p : b(a)]l[͡ïq]-d[(a)qï] : t(a)γ[͡ïqm(i)š : t(a)γd(a)qï]

---

21) nä : q(a)γ(a)nqa는 핀란드 발간 도해에서는 ZAK¹G¹N¹ŊA, Radloff 발간 도해에서는 N²A:K¹G¹N¹K¹A로 되어 있다. N²(N)와 Z(z), K¹(k)과 Ŋ(h)는 서로 혼동될 수 있다.

22) 상응하는 KT E 10을 보면 öl(ü)r[(ä)yin : ur(u)γs(ï)r(a)]t(a)yin [: tir (ä)rm(i)š 형태로 분리 부호 (:)가 찍힐 수 있다.

23) 터키어 원전에는 yoq(a)du : b(a)rïr : (ä)rm(i)š : 부분이 빠져 있지만 이 부분은 터키어로는 번역되어 있다.

튀르크 신(과) <튀르크의> 신성한 땅(과) 물(의 정령들)이 이렇게 하였다고 한다 분명히: 그들은 "튀르크 백성이 사라지지 말기를" 하고, "백성이 되기를" 하고 나의 아버지 일테리시 카간을, 나의 어머니 일빌게 카툰을 천정(天頂)으로부터 잡아서 (더) 위로 올렸다 분명히. 나의 아버지 카간은 17 명의 군사와 함께 반란을 [일으켰다고 한다, "(일테리시가) 반란을] 일으키고 있다" [하고 소식을 듣고 도시에 있는 사람은] 산에 [올라갔다고 한다, 산에 있는 사람은]

(E 11)

inm(i)š : tir(i)l(i)p : y(e)tm(i)š (ä)r : bolm(i)š : t(ä)ŋri : küč birto͡k : üč(ü)n : q(a)ŋ(ï)m q(a)γ(a)n : süsi : böri t(ä)g : (ä)rm(i)š : y(a)γ(ï)-si : q͡ooń t(ä)g : (ä)rm(i)š : ilg(ä)rü : q͡uurïγ(a)ru : sül(ä)p : tirm(i)š : qubr(a)tm(i)š : q(a)m(a)γi : y(e)ti yüz (ä)r : bolm(i)š : y(e)ti yüz (ä)r : bol(u)p : (e)l[s(i)r(ä)m(i)š : q(a)γ(a)ns(ï)r(a)m(i)š : bod(u)n(u)γ : küŋ(ä)dm(i)š : q͡uul(a)dm(i)š : bod(u)]n(u)γ : türü͡k : tör(ö)sin [ïč-γ(ï)nm(i)š]

(도시로) 내려갔다고 한다, 모여서 70 명이 되었다고 한다. 신이 힘을 주었으므로 나의 아버지의 군대는 이리 같았다고 한다, 그들의 적은 양 같았다고 한다. 그들은 동쪽으로 서쪽으로 출정하여 (사람을) 모았다고 한다. 모두 700 명이 되었다고 한다. 700 명이 되어 나라가 [없게 된, 카간이 없게 된 백성을, 계집종이 된, 사내종이 된 백]성을, 튀르크 풍습을 [잃은]

(E 12)

bod(u)n(u)γ : (ä)čüm (a)pam : törösin͡čä : y(a)r(a)tm(i)š : bošγ[(u)r]-m(i)š : töl(i)s : t(a)rduš : bod(u)n(u)γ : (a)n͡ta itm(i)š : y(a)bγuγ : š(a)d(ï)γ : (a)n͡ta birm(i)š : biryä : t(a)bγ(a)č : bod(u)n : y(a)γï (ä)rm(i)š : yïrya : b(a)z q(a)γ(a)n : to͡quz : oγ(u)z : bod(u)n : y(a)γï (ä)rm(i)š : q͡ïï[rq(ï)z : q͡uurïq(a)n : ot(u)z t(a)t(a)r : q͡ïït(a)ń : t(a)-t(a)bï : q͡oop : y(a)γï (ä)rm(i)š : q(a)ŋ(ï)]m q[(a)γ(a)n : bun͡ča ......] bod(u)n(u)γ [...] qïr[q (a)rtu͡qi]

백성을 나의 조상의 법에 따라 (또다시) 조직하였다고 한다. 퇼리스 (및) 타르두시 백성을 그 때 조직하였다고 한다. 야브구를 샤드를 그 때 (그들에게) 주었다고 한다. 남쪽에서는 중국 백성이 적이었다고 한다. 북쪽에서는 바즈 카간, 토쿠즈 오구즈 백성이 적이었다고 한다. 크[르그즈, 쿠르칸, 오투즈 타타르, 거란, 타타브가 모두 적이었다고 한다.] 나의 [아버지] 카[간은 이 만큼 ......] 백성을 [...] 마흔

(E 13)

yiti : yolï : sül(ä)m(i)š : y(e)g(i)rmi : süŋ(ü)š : sü[ŋ(ü)š]m(i)š : t(ä)ŋri : y(a)rl(ï)q(a)d͡oq üč(ü)n : ill(i)g(i)g : ils(i)r(ä)tm(i)š : q(a)-γ(a)nl(ï)γ(ï)γ : q(a)γ(a)ns(ï)r(a)tm(i)š : y(a)γïγ : b(a)z qïlm(i)š : tizl(i)g(i)g : sök(ü)rm(i)š : b(a)šl(ï)γ(ï)γ : yük(ü)n͡t(ü)rm(i)š : q(a)ŋ(ï)m [: q(a)γ(a)nqa] b(a)šl(a)yu : b(a)z q(a)γ(a)n(ï)γ : b(a)lb(a)l : tik[m(i)š : q(a)ŋ(ï)m]

일곱 번 출정하였다고 한다, 20 (번) 싸웠다고 한다. 그는 신께서 (그렇게) 명하셨기 때문에, 나라 있는 자를 나라 없게 하였다고 한다, 카간 있는 자를 카간 없게 하였다고 한다. 적을 예속시켰다고 한다. 무릎 있는 자를 꿇게 하였다고 한다, 머리 있는 자를 숙이게 하였다고 한다. 나의 아버지 [카간에게] (나의 숙부 카간은) 먼저 바즈 카간을 발발(로서) 세[웠다고 한다. 나의 아버지]

(E 14)

q(a)γ(a)n : učd͡oqda : öz(ü)m : s(ä)k(i)z y(a)šda : q(a)lt(ï)m : ol [t]ör(ö)dä : üzä : (e)č(i)m q(a)γ(a)n : ol(o)rtï[24] : ol(o)r(u)p(a)n : tür͡ük : bod(u)n(u)γ : yičä : itdi : yičä : ig(i)t(t)i : čïγ(a)ń(ï)γ : b(a)y qï͡lti : (a)z(ï)γ ük(ü)š : q͡ïï͡lti : (e)čim q(a)γ(a)n : ol(o)rt͡oq(q)a : öz(ü)m : tig(i)n : (ä)rk[...]iy[..] t(ä)ŋri : y(a)rl(ï)q(a)d͡oq üčün[25]

---

24) 상응하는 KT E 16에는 이 낱말 다음에 (e)čim q(a)γ(a)n이 더 있다.

25) y(a)rl(ï)q(a)d͡oq üčün는 핀란드 발간 도해에서는 없고 Radloff 발간 도해에서

카간께서 승하하셨을 때에 나 자신은 8 살이었다.[26] (나의 아버지 카간이 죽은 뒤) 그 법에 따라 나의 숙부 카간이 (권좌에) 앉았다. 나의 숙부 카간은 (권좌에) 앉아 튀르크 백성을 다시 조직하였다, 다시 배부르게 하였다. 그는 가난한 자를 부유하게 하였다, 적은 자를 많게 하였다. 나의 숙부 카간이 (권좌에) 앉았을 때 나 자신은 왕자 힘[에 있었다 ? ....] 신이 (그렇게) 명하였기 때문에

(E 15)

tört : y(e)g(i)rmi : y(a)š(ï)mqa : t(a)rduš : bod(u)n : üzä : š(a)d : ol(o)rt(u)m : (e)č(i)m q(a)γ(a)n : birlä : ilg(ä)rü : y(a)š(ï)l üg(ü)z : š(a)n͡tuŋ : y(a)zïqa : t(ä)gi : sül(ä)d(i)m(i)z : q͡uurïγ(a)ru : t(ä)m(i)r q(a)p(ï)γqa : t(ä)gi : sül(ä)d(i)m(i)z : kögm(ä)n (a)ša : q͡ïrq(ï)z : yir(i)ŋä : t(ä)gi : sü[l(ä)d(i)m(i)z q(a)m(a)γi] biš ot(u)z : sü[l(ä)d(i)m(i)]z [üč y(e)g(i)r]mi [süŋ(ü)šd(ü)m(i)z : ill(i)g(i)g : ils(i)r(ä)td(i)m(i)z : q(a)γ(a)nl(ï)γ(ï)γ : q(a)γ(a)ns(ï)r(a)td(ï)m(ï)z : tizl(i)g(i)g]

나는 14 살에 타르두시 백성 위에 샤드로 앉았다. 우리는 나의 숙부 카간과 함께 동쪽으로 황하(와) 산동 평원까지 출정하였다, 서쪽으로 태미르 카프그까지 출정하였다, 쾨그맨 너머 크르그즈 땅까지 출정[하였다. 우리는 모두] 25 (번) 출정[하였다, 13 (번) 싸웠다. 우리는 나라 있는 자를 나라 없게 하였다, 카간 있는 자를 카간 없게 하였다; 무릎 있는 자를]

(E 16)

sök(ü)rt(ü)m(i)z : b(a)šl(ï)γ(ï)γ : yük(ü)n͡t(ü)rt(ü)m(i)z : türg(i)š : [q(a)]γ(a)n : türü͡k(ü)m : bod(u)n(u)m : (ä)rti : bilm(ä)d͡ökin : üč(ü)n

---

$Y^1R^1L^1K^1D^1I$:R^2MS^2:R^2NČ, 즉 y(a)rl(ï)q(a)đï : (ä)rm(i)š : (ä)r(i)n͡č로 되어 있다.

26) KT E 30에는 이와 비슷한 q(a)ŋ(ï)m q(a)γ(a)n : učd͡oqda : in(i)m : kül tig(i)n : yit[i : y(a)šda : q(a)ltï] "나의 아버지 카간께서 승하하셨을 때 내 동생 퀼 티긴은 일[곱 살이었다]"라는 구절이 있다.

: biz(i)ŋä : y(a)ŋ(ï)l͡to͡qin : y(a)z(ï)n͡to͡qin[27] : üč(ü)n : q(a)γ(a)ni : ölti : buy[ru͡q]i : b(ä)gl(ä)ri : y(ä)mä : ölti : on o͡q : bod(u)n : (ä)mg(ä)k körti : (ä)čü[m(ü)z (a)pam(ï)z : tutm(i)š yi]r su<b> : [id(i)]siz : q(a)lm(a)zun [tiy(i)]n [(a)z bod(u)n(u)γ it(i)p[28] : y(a)r(a)t(ï)p .... b(a)rs b(ä)g]

꿇게 하였다, 머리 있는 자를 숙이게 하였다. 튀르기시 [카]간은 나의 튀르크인 나의 백성이었다. 그가 알지 못하였기 때문에, 그가 우리에게 잘못 처신하였기 때문에 그들의 카간이 죽었다, 그들의 지휘[관들](과) 배그들도 죽었다. 온 오크 백성은 고통을 당하였다. [우리의 조상이 점유한 영]토가 [주인]없이 남지 말라[고 (우리는) 아즈 백성을 조직하여 .... 바르스는 배그]

(E 17)

(ä)rti : q(a)γ(a)n (a)t(ï)γ : bun͡ta : biz birt(i)m(i)z : siŋl(i)m : q͡uu[n͡č(u)]y(u)γ : birt(i)m(i)z : özi y(a)z(ï)n͡tï[29] : q(a)γ(a)ni : ölti : bod(u)ni : küŋ qul : bol͡tï : kögm(ä)n : yir sub : id(i)s(i)z : q[(a)l]m(a)zun : tiy(i)n : (a)z q͡ïïrq(ï)z : bod(u)n(u)γ i[t(i)p] :[30] y(a)r(a)t(ï)p : k(ä)lt(i)m[(i)z : s]üŋ(ü)š[d(ü)m(i)z .... y(a)na birt(i)m(i)z

---

27) 상응하는 KT E 19에서는 y(a)ŋ(ï)l͡to͡qin : y(a)z(ï)n͡to͡qin 대신에 y(a)ŋ(ï)lu͡qin으로 되어 있다.

28) 상응하는 KT E 19를 보면 q(a)lm(a)zun [: tiy(i)]n [: (a)z bod(u)n(u)γ : it(i)p 형태로 분리 부호 (:)를 붙일 수 있다.

29) 상응하는 KT E 20에는 y(a)ŋ(ï)l͡tï로 되어 있다.

30) (a)z q͡ïïrq(ï)z : bod(u)n(u)γ i[t(i)p] : 부분은 핀란드 발간 도해에서는 Z^{1}KIR^{1}K^{1}Z:B^{1}WD^{1}N^{1}G^{1}R^{2}S^2.(R^{2}S^{2}가 뚜렷하지 않다), Radloff 발간 도해에서는 ZK^{1}IR^{1}K^{1}Z:B^{1}WD^{1}N^{1}G^1:NČA:로 되어 있다. S^2(S)는 A(a)와 혼동될 수 있다. Tekin은 이 부분에서는 핀란드 발간 도해를 사용한 듯한데, bod(u)n(u)γ 다음 부분은 i[t(i)p] :로 읽힐 수 없다. Radloff 발간 도해에 따르면 이 부분은 뚜렷이 : (a)n͡ča : "그렇게"로 읽힌다. 이에 상응하는 KT E 20을 보면, 두 도해 모두에서 ZK^{1}IR^{1}K^{1}Z:B^{1}WD^{1}N^{1}G^1:로 되어 있다. 그런데도 Tekin은 bod(u)n(u)γ 다음에 <it(i)p :>를 끼워 놓았다. 아마도 KT E 19의 (a)z bod(u)n(u)γ : it(i)p : y(a)r[(a)t(ï)p...]를 보고 이렇게 읽은 듯하다.

: ilg(ä)rü] q(a)d(ï)rq(a)n : y(ï)š[(ï)γ : (a)ša :] b[od(u)]n(u)γ (a)n͡ča : q͡on͡t(u)r[t(u)m(ï)z : (a)n͡ča itd(i)m(i)z][31] q͡uur(ï)γ(a)ru :

였다. 카간 칭호를 여기에서 (그에게) 우리가 주었다. 우리는 (배우자로서) 나의 여동생 공[주]를 주었다. (그런데도) 그 자신이 잘못을 저질렀다. (그 결과) 그들의 카간이 죽었다, 그의 백성은 계집종 사내종이 되었다. 쾨그맨 땅이 주인 없이 [남]지 말라고 [우리는] 아즈 (및) 크르그즈 백성을 조직하여 왔다, 싸[웠다 .... 우리는 다시 주었다. 우리는 동쪽으로] 훙안령 산맥[을 넘어 백성]을 그렇게 자리 잡게 하[였다, 그렇게 조직하였다.] 우리는 서쪽으로

(E 18)

k(ä)ŋü t(a)rb(a)nqa : t(ä)gi : türü͡k : bod(u)n(u)γ : (a)n͡ča q͡oon͡t(u)r-[t(u)]m(ï)z : (a)n͡ča itd(i)m(i)z : ol ödkä : q͡uul : q͡uull(u)γ : küŋ : küŋl(ü)g : bolm(i)š : (ä)rti : in(i)si [: (e)č]isin : bilm(ä)z : (ä)rti : oγli : q(a)ŋin : bilm(ä)z : (ä)rti : (a)n͡ča q(a)zγ(a)nm(i)š : (a)n͡ča itm(i)š : il(i)m(i)z [: töröm(ü)z : (ä)rti : türü͡k : oγ(u)z : b(ä)gl(ä)ri : bo]-d(u)n : (e)š(i)d[32] : üzä : t(ä)ŋri : b(a)sm[(a)s(a)r : (a)sra] y(e)r : t(ä)l(i)nm(ä)s(ä)r :

캥위 타르반까지 튀르크 백성을 그렇게 자리 잡게 하[였다], 그렇게 조직하였다. 그 때에 사내종(조차) 사내종이, 계집종(조차) 계집종이 있었다. 남동생들은 그들의 형들을 몰랐다, 아들들은 그들의 아버지들을 몰랐다. 그렇게 획득한, 그렇게 조직한 우리의 나라(와) [우리의 법이 있었다. 튀르크, 오구즈 배그들(과) 백]성(아) 들어라! 위에서 하늘이 무너지지 않[는다면, 아래에서] 땅이 구멍 나지 않는다면,

---

31) 상응하는 KT E 21을 보면 (a)n͡ča itd(i)m(i)z :] 형태로 분리 부호 (:)를 붙일 수 있다.

32) 상응하는 KT E 22에서는 (e)š(i)d(i)ŋ으로 되어 있다. 빌개 카간이 튀르크 배그들과 백성에게 단수 2인칭, 즉 너라고 말하고 있으므로 복수 2인칭 명령형인 (e)š(i)d(i)ŋ보다는 단수 2인칭 명령형인 (e)š(i)d가 앞뒤 문장에 어울린다.

(E 19)

türu͡k : bod(u)n : il(i)ŋ(i)n : tör(ö)g(i)n : k(ä)m (a)rt(a)tï : ud(a)čï [(ä)rt]i : türu͡k : bod(u)n : (ä)rt(i)n : ök͡üün : kür(ä)güŋ(i)n : üč(ü)n : ig(i)dm(i)š : <bilgä> q(a)γ(a)n(ï)ŋa : (e)rm(i)š : b(a)r[m(i)š : (ä)dgü] (e)l(i)ŋä : k(ä)n͡tü y(a)ŋ(ï)l͡t(ï)γ : y(a)bl(a)q : kigürt(ü)g : y(a)r(a)q-l(ï)γ : q(a)n͡t(a)n : k(ä)l(i)p : y(a)ńa iltdi[33] : süŋ(ü)gl(ü)g : q(a)n͡t(a)n : [k(ä)l(i)p] sürä i[ltdi ï]du͡q : ö[tük(ä)n :] y(ï)š bod(u)n : b(a)rd(ï)γ : ilg(ä)rü [b(a)r(ï)γma] b(a)rd(ï)γ : q͡uu[r(ï)]γ(a)ru :

튀르크 백성(아) 너의 나라(와) 너의 법을 누가 무너뜨릴 수 있을 것이 [었더냐?] 튀르크 백성(아) (나쁜 습성을) 버려라, 참회하여라! 너의 불순종 때문에, (너를) 배부르게 한 너의 <현명한> 카간과 독립되고 [부유한] 너의 나라에 너 자신이 잘못을 저질렀다, 불화를 일으켰다. 무기가 있는 (적이) 어디에서 와서 (너를) 흩뜨리며 휩쓸고 갔느냐? 창이 있는 (적이) 어디에서 [와서] (너를) 몰아내며 휩[쓸고 갔느냐?] 신성한 외[튀캔] 산악 백성(아), 너는 (너의 땅을 버리고) 갔다. (너희 가운데) 동쪽으로 [가는 사람은] 갔다, (너희 가운데) 서쪽으로

(E 20)

b(a)r(ï)γma : b(a)rd(ï)γ : b(a)rdo͡q : y(e)rdä : (ä)dgüg : ol (ä)r(i)n͡č [q(a)]n(ï)ŋ : üg(ü)zčä[34] : yüg(ü)rti : süŋo͡k(ü)g : t(a)γča : y(a)tdï : b(ä)gl(i)k : urï oγl(u)ŋ(ï)n : q͡uul qï͡lt(ï)γ : (e)š(i)l(i)k [q͡ïïz oγl(u)ŋ(ï)n küŋ] qï͡lt(ï)γ : ol bilm(ä)do͡k(ü)g(i)n : üč(ü)n : y(a)bl(a)q(ï)ŋ(ï)n : üč(ü)n : (e)č(i)m q(a)γ(a)n : uča : b(a)rdï : b(a)šl(a)yu : q͡ïïrq(ï)z : q(a)γ(a)n(ï)γ : [b(a)lb(a)l : tikd(i)m :] türu͡k : bod(u)n : (a)ti küsi : yo͡q bolm(a)zun : tiy(i)n : q(a)ŋ(ï)m q(a)γ(a)n(ï)γ :

---

33) y(a)ńa iltdi 부분은 핀란드 발간 도해에서는 $N^1.AIL^2T^2D^2I$(N^1이 분명하지 않다), Radloff 발간 도해에서는 $Y^1Y^1AIL^2T^2D^2I$로 되어 있다. 이것에 상응하는 KT E 23의 부분은 핀란드 발간 도해에서는 $Y^1ŃL^1L^2T^2D^2I$(N^1이 분명하지 않다), Radloff 발간 도해에서는 $Y^1ŃAL^2T^2D^2I$로 되어 있다. N^1(n)과 Y^1(j), Y^1(j)과 Ń(y), L^1(l)과 A(a)는 서로 혼동될 수 있다.

34) 상응하는 KT E 24에는 subča로 되어 있다.

가는 사람은 갔다. 간 곳에서 너의 소득은 이것이(었)다 분명: 너의 피는 강처럼 흘렀다, 너의 뼈는 산처럼 쌓였다; 배그가 될 만한 너의 아들을 너는 사내종으로 만들었다, 귀부인이 될 만한 [너의 딸을] 너는 [계집종으로] 만들었다. (너의) 무지함 때문에, 너의 나쁜 (행동) 때문에 나의 숙부 카간이 승하하였다. [나는] (나의 숙부 카간을 위하여) 먼저 크르그즈 카간을 [발발(로서) 세웠다.] 튀르크 백성의 명성이 없어지지 말라고 나의 아버지 카간을

(E 21)

ög(ü)m : q(a)tun(u)γ : köt(ü)r(ü)gmä : t(ä)ŋri : il b(e)r(i)g[mä t(ä)]ŋ- ri : türu͡k : bod(u)n : (a)ti küsi : yo͡q bolm(a)zun : tiy(i)n : öz(ü)m(i)n : ol t(ä)ŋri : q(a)γ(a)n : ol(o)rtdï [n(ä)ŋ y]ïls(ï)γ : bod(u)n͡ta : üzä : ol(o)rm(a)d(ï)m : ičrä : (a)šs(ï)z : t(a)šra : tons(ï)z : y(a)b(ï)z : y(a)b- l(a)q : bod(u)n͡ta [üzä ol(o)rt(u)m t]ig(i)n : (e)ki š(a)d : in(i)m : [k͡üü]l tig(i)n [bir]lä : sözl(ä)šd(i)m(i)z : q(a)ŋ(ï)m(ï)z

나의 어머니 카툰을 높여 주시는 신께서, 나라를 주[는] 신께서, 튀르크 백성의 명성이 없어지지 말라고 나 자신을 그 신께서 카간(으로) 앉히셨다 분명. 나는 [결코] 부유한 백성 위에 즉위하지 않았다. (정반대로) [나는] 배고프고, 헐벗고, 가난한 백성 [위에 즉위하였다. 우리는 왕자, 두 샤드 (및) 나의 남동생 퀼 티긴과 합의하였다. 우리의 아버지,

(E 22)

(e)č(i)m(i)z : q(a)zγ(a)nm(i)š : bod(u)n : (a)ti küsi : yo͡q bo[l- m(a)zun] : tiy(i)n : türu͡k : bod(u)n : üč(ü)n : tün : udïm(a)d(ï)m : kün͡t(ü)z : ol(o)rm(a)d(ï)m : in(i)m : k͡üül t[ig(i)n : birlä : (e)ki š(a)d] birlä : ölü : yitü : q(a)zγ(a)n͡t(ï)m : (a)n͡ča q(a)zγ(a)n(ï)p : birki : bod(u)n(u)γ : ot sub : qïlm(a)d(ï)m : [m(ä)n öz(ü)m q(a)γ(a)n ol(o)rto͡q(u)ma] yir s(a)yu : b(a)rm(i)š : bod(u)n [y(a)d(a)γ(ï)n y(a)l(a)ŋ(ï)n] ölü : yitü [y(a)na]

우리의 숙부께서 획득하신 백성의 명성이 사라지지 [말라]고 나는 튀르크 백성을 위하여 밤에 자지 않았다, 낮에 앉지 않았다. 나는 나의 남동생 퀼

티[긴과, 두 샤드]와 (함께) 죽어라 하고 획득하였다. 나는 그렇게 획득하여 뭉쳐진 백성을 불(과) 물(처럼 서로 원수를) 만들지 않았다. [나 자신이 카간(으로) 앉았을 때], 각처로 갔던 백성이 [걸어서 맨발로] 죽을 지경이 되어 [돌아]

(E 23)

k(ä)lti : bod(u)n(u)γ : ig(i)d(ä)y(i)n tiy(i)n : yïrγ(a)ru : [o]γ(u)z : bod(u)n t(a)pa : ilg(ä)rü : q͡ïït(a)ń : t(a)t(a)bï : bod(u)n t(a)pa : birg(ä)rü : t(a)bγ(a)č : t(a)pa : (e)ki y(e)g(i)rm[i : sül(ä)d(i)m] süŋ(ü)šd(ü)m : (a)n͡ta kisrä : t(ä)ŋri : y(a)rl(ï)q(a)do͡q : üč(ü)n : q͡uut(u)m : ül(ü)g(ü)m : b(a)r üč(ü)n[35] : ölt(ä)či : bod(u)n(u)γ : t[irg(ü)]rü : ig(i)t(ti)m : y(a)l(a)ŋ : bod(u)n(u)γ : tonl(u)γ : qï͡lt(ï)m : čïγ(a)ń : bod(u)n(u)γ : b(a)y qï͡lt(ï)m :

왔다. 나는 "백성을 배부르게 하겠어" 하고 북쪽으로는 [오]구즈 백성을 향하여, 동쪽으로는 거란(과) 타타브 백성을 향하여, 남쪽으로는 중국을 향하여 12 (번) [출정하였다,] 싸웠다. 그 뒤, 신께서 (그렇게) 명하셨기 때문에, 나는 신의 은총이, 행운이 있기 때문에, 죽을 백성을 [되살리]고 배부르게 하였다. 나는 헐벗은 백성을 옷 입게 하였다, 가난한 백성을 부유하게 하였다.

(E 24)

(a)z bod(u)n(u)γ : ük(ü)š qï͡lt(ï)m : ïγ(a)r : (e)ll(i)gdä [: ï]γ(a)r : q(a)γ(a)nl(ï)γda : y(e)g qï͡lt(ï)m : tört : bul(u)ŋd(a)qï : bod(u)n(u)γ : q͡oop b(a)z : qï͡lt(ï)m : y(a)γ(ï)s(ï)z : qï[͡lt(ï)]m : q͡oop : m(a)ŋa : körti : y(e)ti y(e)g(i)rmi : y(a)š(ï)ma : t(a)ŋut : t(a)pa : sül(ä)d(i)m : t(a)ŋut : bod(u)n(u)γ : buzd(u)m : oγlin : yu[t(u)z]in : yïlqïsin : b(a)r(ï)min : (a)n͡ta (a)lt(ï)m : s(ä)k(i)z y(e)g(i)rmi : y(a)š(ï)ma : (a)ltï čub [soγd(a)q]

---

35) q͡uut(u)m : ül(ü)g(ü)m : b(a)r üč(ü)n 부분은 KT E 29에서 q͡uut(u)m : b(a)r üč(ü)n : ülüg(ü)m : b(a)r üčün으로 되어 있다. 같은 뜻의 낱말 qut와 ülüg가 나란히 쓰였다.

나는 적은 백성을 많게 하였다, 강력한 나라 있는 자보다 강력한 카간 있는 자보다 더 좋게 하였다. 사방에 있는 백성을 나는 모두 (나 자신에게) 복속시켰다, (튀르크 백성을) 무적으로 만들었다. (이 백성들은) 모두 나에게 예속되었다. 나는 17 살에 탕구트[36]를 향하여 출정하였다. 나는 탕구트 백성을 참패시켰다. 나는 그들의 자식을, 부녀자를, 말떼를, 재산을 그때에 빼앗았다. 나는 18 살에 六州 [소그드족을]

(E 25)

t(a)pa : sül(ä)d(i)m : bod(u)n(u)γ : (a)n͡ta buzd(u)m : t(a)b[γ(a)č o]ŋ toto͡q : b(e)š tüm(ä)n : sü k(ä)lti : ïdu͡q b(a)šda : süŋ(ü)šd(ü)m : ol süg : (a)n͡ta yoo͡q qïšd(ï)m : y(e)g(i)rmi : y(a)š(ï)ma : b(a)sm(ï)l : ïdu͡q(qu)t : uγ(u)š(u)m : bod(u)n : (ä)rti : (a)rq(ï)š ïdm(a)z : tiy(i)n : sül(ä)d(i)m : q[.................]T^2[37] : ı͡čg(ä)rt(i)m : q(a)l(ï)ŋ[...] (ä)b(i)rü : k(ä)lürt(ü)m : (e)ki ot(u)z : y(a)šïma : t(a)bγ(a)č :

향하여 출정하였다. 나는 백성을 거기에서 참패시켰다. (이 때에) 중국인 왕 도독이 5 만 (명의) 군대(로 우리에게) 왔다; 나는 으두크 바시에서 싸웠다. 나는 그 군대를 거기에서 없앴다. 내가 20 살 때에 바스믈[38]의 으두크 쿠트는 나의 친척 부족이었다. "그가 카라반을 보내지 않는다" 하고 나는 출정하였다. [.................] 나는 예속시켰다, 공물을 [....] 되돌려 가져왔다. 나는 22 살에, 중국을

(E 26)

t(a)pa : sül(ä)d(i)m : č(a)ča s(ä)ŋün : s(ä)k(i)z : tüm(ä)n : [sü] bi[r]lä : süŋ(ü)šd(ü)m : süsin : (a)n͡ta öl(ü)rt(ü)m : (a)ltï ot(u)z : y(a)š(ï)ma : čik : bod(u)n : q͡ïïrq(ï)z : birlä : y(a)γï bol͡tï : k(ä)m[39]

36) 중국 문헌에 唐古特이나 唐兀惕 또는 堂項으로 나온다.

37) Radloff 발간 도해에서는 이렇게 되어 있지만, 핀란드 발간 도해에서는 이 글자가 M으로 되어 있다.

38) 중국 문헌에 拔悉密로 나온다.

39) 중국 문헌에 劍水로 나온다. 오늘날 투바(Tuva)어로 xem은 "강"을 뜻하며, 러시아 연방의 투바(Tuva) 공화국에는 Uluγ-xem "예니세이 강"이 있는데 이것

k(ä)čä : čik t(a)pa : sül(ä)d(i)m : örp(ä)ntä : süŋ(ü)šd(ü)m : süsin : s(a)n͡čd(ï)m : (a)z [bod(u)n(u)γ (a)lt(ï)]m [......... ič]g(ä)rt(i)m[40] : y(e)ti o[t(u)z y(a)š(ï)]ma : q͡ïr q(ï)z : t(a)pa : sül(ä)d(i)m : süŋ(ü)g b(a)t(ï)mi :

향하여 출정하였다. 나는 차차 장군(이 이끄는) 8 만 [군대]와 싸웠다, 그의 군대를 거기에서 죽였다. 내가 26 살 때에 치크 백성이 크르그즈족과 함께 (우리에게) 적이 되었다. 나는 예니세이 (강을) 지나 치크족을 향하여 출정하였다. 나는 (그들과) 외르팬에서 싸웠다. 나는 그들의 군대를 찔렀다, 아즈 [백성을 빼앗았다 .... 예속]시켰다. 나는 [스물] 일곱 [살]에 크르그즈족을 향하여 출정하였다. 창이 빠지는 깊이의

(E 27)

q(a)r(ï)γ : sök(ü)p(ä)n : kögm(ä)n : yïš(ï)γ : toγa : yo[rïp] : q͡ïr-q(ï)z : bod(u)n(u)γ : uda : b(a)sd(ï)m : q(a)γ(a)nin : birlä : soŋa : yïšda : süŋ(ü)šd(ü)m : q(a)γ(a)nin : öl(ü)rt(ü)m : il(i)n : (a)n͡ta (a)lt(ï)m : ol yïlqa : türg(i)š : t(a)pa : (a)ltun yïš(ï)γ : [(a)š]a : (ä)rt(i)š : üg(ü)z(ü)g : k(ä)čä : yorï[d(ï)m : türg(i)š : bod(u)n(u)γ] uda b(a)sd(ï)m : türg(i)š : q(a)γ(a)n : süsi : otča : borča : k(ä)lti :

눈을 헤치고 쾨그맨 산맥을 넘어 나아[가서] 나는 크르그즈 백성을 잠에서 (있을 때에) 습격하였다. 나는 그들의 카간과 송아 산에서 싸웠다. 나는 그들의 카간을 죽였다, 그의 나라를 거기에서 빼앗았다. [나는] 그 해에 튀르기시족을 향하여 알타이 산맥을 [넘]어 이르티시강을 건너 나아[갔다.] 나는 [튀르기시 백성을] 잠에서 (있을 때에) 습격하였다. 튀르기시 카간의 군대가 불처럼 회오리바람처럼[41] (우리에게) 왔다.

은 글자그대로는 "큰 강"을 뜻한다.

40) 이 낱말이 있는 부분은 핀란드 발간 도해에서는 공백 뒤에 $G^2R^2T^2M$으로 되어 있는데 G^2R^2가 분명하지 않다. Radloff 발간 도해에서는 공백 뒤에 $L^2G^2R^2T^2$ M으로 되어 있다. 그런데 L^2(L)는 ^{i}Č(c)와 혼동되기 쉽다. 그러므로 Radloff 발간 도해의 것은 i͡čg(ä)rt(i)m으로 읽힐 수 있다. 더구나 BQ E 25에도 i͡čg(ä)rt(i)m이 나타난다. 그런데도 Tekin은 핀란드 발간 도해를 주로 사용하였다.

41) Milan Adamović(1996)는 이 구절을 "wie ein Flächenbrand", 즉 "큰 화재

(E 28)

bolčuda : süŋ(ü)šd(ü)m(i)z : q(a)γ(a)nin : y(a)bγu[si]n : š(a)din : (a)n͡ta öl(ü)rt(ü)m : il(i)n : (a)n͡ta : (a)lt(ï)m : ot(u)z : y(a)š(ï)ma : b(e)š b(a)l͡ïq : t(a)pa : sül(ä)d(i)m : (a)ltï yolï : süŋ(ü)šd(ü)m : [..s]üsin : q͡oop : ö[l(ü)]rt(ü)m : (a)n͡ta : ičr(ä)ki nä : kiši tin[................]i yo͡q [bol͡t(a)]čï : (ä)r[ti ..]a[42] : oq(ï)γ(a)l͡ï : k(ä)lti : b(e)š b(a)l͡ïq : (a)nï üč(ü)n : ozd͡ï : ot(u)z : (a)rtu͡qi :

우리는 볼추에서 싸웠다. 나는 그들의 카간을, [그들의] 야브구를 (그리고) 그들의 샤드를 거기에서 죽였다. 나는 그들의 나라를 거기에서 빼앗았다. 나는 30 살에 베시발르크를 향하여 출정하였다. 나는 6 번 싸웠다. 나는 [..] 그들의 군대를 모두 죽였다. 그 안에 있는 사람들은 [................] 없어[질 것] 이[었다, ..] 부르기 위하여 왔다. 베시발르크는 그래서 벗어났다. 내가 서른

(E 29)

bir : y(a)š(ï)ma : q(a)rlu͡q : bod(u)n : buŋs(ï)z [(e)r]ür : b(a)rur : (ä)rkli : y(a)γï bol͡tï : t(a)m(a)γ ïdu͡q : b(a)šda : süŋ(ü)šd(ü)m : q(a)rlu͡q : bod(u)n(u)γ : öl(ü)rt(ü)m : (a)n͡ta (a)lt(ï)m [........]d(ï)m : [b(a)s]m(ï)l : q(a)ra : [......] q(a)rlu͡q : bod(u)n : tir[(i)l(i)p k(ä)lti ....

(conflagration)처럼"이라고 번역하였다. 그의 주장에 따르면, bor[bōr]는 토하르어 *pōr "불"에서 차용된 것이다. 그렇다면 otča borča라는 구절은 두 개의 동의어로 이루어지는 셈이다. 더구나 이 싸움이 투뉴쿠크 비문에도 언급되어 있는데 40행에는 otča borča 대신에 örtčä "불처럼, 불같이"라는 표현이 있다는 점도 그의 주장을 뒷받침한다.

42) ö[l(ü)]rt(ü)m : (a)n͡ta : ičr(ä)ki nä : kiši tin[................]i yo͡q [bol͡t(a)]čï : (ä)r[ti ..]a 부분은 핀란드 발간 도해에서는 Ẅ..R^2:.....S^{2}ČR^{2}K^{2}IN^{2}I:K^{2}IŠIT^{2}IN^2.........S^{2}Y^{1w}K........A(첫 S^{2}와 ^{w}K는 분명하지 않다), Radloff 발간 도해에서는 Ẅ.R^{2}T^{2}M:..^{ï}K:IČR^{2}K^{2}IN^{2}A:K^{2}IŠIT^{2}IN^2:..............^{ẅ}K:Y^{1w}KẄ.N^2:K^{2}IŠI:B^1..D^1..ŊA로 되어 있다. I(i)와 A(a), S^2(S)는 서로 혼동될 수 있다. Radloff 발간 도해에 따르면 이 부분은 ö[l(ü)]rt(ü)m : [b(a)l]l͡ïq : ičr(ä)ki nä : kišitin : [................]u͡k(또는 o͡k) : yo͡q ü[č(ü)]n : kiši : b[(a)l͡ïq]d[a m(a)]ŋa "나는 죽였다. [도]시 안에 있는 그들의 어떤 사람들을 .... 없기 때문에, 사람이 도[시에서 나]에게"로 읽고 번역할 수 있다.

.....]m[43] : ö[l(ü)rt(ü)m] to[q(u)z oγ(u)]z : m(ä)n(i)ŋ : bod(u)n(u)m (ä)rti : t(ä)ŋri : y(e)r : bulγ(a)qin : üč(ü)n : ödiŋ[ä]

한 살 때에 카를루크 백성은 자주적으로 행동하는 적이 되었다. 나는 (그들과) 타마그 으두크 바시에서 싸웠다. 나는 카를루크 백성을 죽였다, 거기에서 빼앗았다. [........바스]믈 일반 [......] 카를루크 백성이 모[여서 왔다. .... 나는] 죽[였다.] 토[쿠즈 오구]즈족은 나의 백성이었다.[44] 하늘(과) 땅 (사이의) 혼란 때문에, 그들의 쓸개[에]

(E 30)

küni[45] : t(ä)gdö͡k : üč(ü)n : y(a)γï bol͡tï : bir yïlqa : tört : yolï : süŋ(ü)šd(ü)m : (ä)ŋ ilki : toγu : b(a)l͡ïqda : süŋ(ü)šd(ü)m : toγla : üg(ü)z(ü)g : yüz(ü)ti : k(ä)č(i)p : süsi[46] [..............] (e)kin͡ti : (a)n͡t(a)r-γuda : süŋ(ü)šd(ü)m : süsin : s(a)n͡čd(ï)m : [........... ü]č(ü)n͡č [čuš b(a)šïn͡ta sü]ŋ(ü)šd(ü)m : türü͡k : bod(u)n : (a)d(a)q q(a)mš(a)t(t)ï : y(a)bl(a)q :

질투가 닿았기 때문에 그들은 (우리에게) 적이 되었다.[47] 나는 한 해에 4

---

43) q(a)ra : [......] q(a)rlu͡q : bod(u)n : tir[(i)l(i)p k(ä)lti ....]m 부분은 핀란드 발간 도해에서는 K^{1}R^{1}A:ẄD^{2}ẄD^2.....K^{1}R^{1}L^{1w}K:B^{1}WD^{1}N^1:T^{2}IR^2.............M (K^{1}R^{1}A가 분명하지 않다), Radloff 발간 도해에서는 .....D^{2}ẄD^2...K^{1}R^{1}L^{1w}K:B^1 WD^{1}N^1:T^{2}IR^2..............S^{1}NČD^{1}M으로 되어 있다. 그러므로 핀란드 발간 도해에서는 q(a)ra 다음에 ẄD^{2}ẄD^2, Radloff 발간 도해에서는 D^{2}ẄD^{2}가 확인되는데도 Tekin은 이것을 무시하였다. 더구나 Radloff 발간 도해에서는 마지막 부분에 S^{1}NČD^{1}M, 즉 s(a)n͡čd(ï)m "나는 찔렀다"가 뚜렷이 확인되는데도 Tekin은 핀란드 발간 도해를 이용하고 있다. Radloff 발간 도해에 따르면, 이 s(a)n͡čd(ï)m 은 바로 다음의 ö[l(ü)rt(ü)m]과 함께 짝을 이루어 논리에도 맞게 된다.

44) 상응하는 KT N 4에서는 이 문장이 to͡quz oγ(u)z : bod(u)n : k(ä)ntü : bod (u)n(u)m : (ä)rti "토쿠즈 오구즈 백성은 나 자신의 백성이었다"로 되어 있다.

45) 이 낱말은 핀란드 발간 도해에서는 K^{2}ẄZ.I(Z.I가 뚜렷하지 않다), Radloff 발간 도해에서는 K^{2}Ẅ.I로 되어 있다. Z(z)는 N^2(N)와 서로 혼동될 수 있다. 그렇지만 핀란드 발간 도해에서는 I 앞에 글자 1 개가 들어갈 만한 공백이 있다. Doerfer(1992)에 따르면 küni는 "그들의 날(日)"로 해석될 수 있다.

46) 이 낱말은 핀란드 발간 도해에서는 S^{2}ẄS^{2}S^2(ẄS^{2}S^{2}가 뚜렷하지 않다), Radloff 발간 도해에서는 S^{2}Ẅ까지 확인된다. S^2(S)와 I(i)는 서로 혼동될 수 있다.

번 싸웠다.[48] 나는 제일 먼저 토구 발르크에서 싸웠다. 토글라 강[49]을 헤엄치게 하며 건너 그들의 군대 [...............] 나는 두 번째로 안타르구에서 싸웠다, 그들의 군대를 찔렀다. 나는 세 번째로 [추시 상류에서 싸]웠다. 튀르크 백성의 발이 비틀거렸다. 그들은 나쁘게

(E 31)

bolt(a)čï : (ä)rti oza : y(a)ńa : k(ä)l(i)gmä[50] : süsin : (a)γ(ï)t(tï)m : ük(ü)š ölt(ä)či : (a)n͡ta : tir(i)lti : (a)n͡ta : toŋra : yïlp(a)γuti : bir : uγ(u)š(u)γ : toŋa : tig(i)n : yoγ[ïn͡ta] : (ä)g(i)rä : toqïd(ï)m : tört(ü)n͡č : (ä)zg(ä)n͡ti : q(a)d(ï)zda : süŋ(ü)šd(ü)m : süsin (a)n͡ta : s(a)n͡čd(ï)m : y(a)brïtd(ï)m [...... ot(u)z (a)rtu͡qi (e)ki y(a)š(ï)]ma[51] :

---

47) Doerfer(1992)는 t가 장모음 다음에서 d로 바뀐 것은 11세기에 오구즈어에서나 일어났기 때문에 8세기에 ȫt "쓸개(즙)" > ȫd의 변화가 있었다는 것은 있을 법하지 않고, 이것이 필사자의 잘못일리도 없다고 밝혔다. 그는 üdiŋ(ä) küni tgdük üčn ygï bol͡dï로 자역한 문제의 구절을 "da zu ihrer Zeit ihr Tag angebrochen war, wurden sie Feinde"(das heißt: die Oghusen glaubten, ihre Zeit sei gekommen, um zu rebellieren)["그들의 시간에 그들의 날이 밝기 시작하였으므로 그들은 적이 되었다"(즉: 오구즈족은 그들이 모반을 일으킬 시간이 왔다고 믿었다)]로 번역할 수 있지 않는지를 물었다(p. 16).

48) 이에 상응하는 구절은 KT N 4에서 bir yïlqa : biš yolï : süŋ(ü)šd(ü)m(i)z "우리는 한 해에 5 번 싸웠다"로 되어 있다.

49) 중국 문헌에서는 독락하(獨洛河)로 나온다. toγu b(a)l͡ïq와도 관련이 있는 듯하다. 그러므로 toγ(u)la로 읽는 것이 옳을지도 모른다. 이 강은 몽골 공화국의 수도 Ulaanbaatar 옆을 지나는데, 현대 몽골어로 토올(Туул)이라 부르는 것을 보면 돌궐 비문의 것은 toγ(u)la나 tuγ(u)la로 읽는 것이 옳을 것이다.

50) 이 낱말은 핀란드 발간 도해에서는 K^{2}L^{2}G^{2}MI, Radloff 발간 도해에서는 K^{2}L^2 G^{2}M.로 되어 있다. I(i)는 A(a)와 서로 혼동될 수 있다.

51) y(a)brïtd(ï)m [...... ot(u)z (a)rtu͡qi (e)ki y(a)š(ï)]ma는 핀란드 발간 도해에서는 Y^{1}B^{1}R^{1}IT^{1}D^{1}M......Y^{1}B^{1}R^1....MA(두 번째 Y^{1}B^{1}이 뚜렷하지 않다), Radloff 발간 도해에서는 Y^{1}B^{1}R^{1}IT^{1}D^{1}M:....B^{1}R^{1}M........MA로 되어 있다. 그러므로 y(a)b-rïtd(ï)m과 ma(또는 mä) 사이에 전혀 글자가 없는 것은 아니다. 만약 Radloff 발간 도해에 따른다면, 이 부분은 y(a)brïtd(ï)m : [(ä)bin :] b(a)r(ï) m[in : (a)lt(ï)m : y(ä)]mä "나는 참패시켰다. [나는 그들의 집을, 그들의] 재산[을 빼앗았다. 그리]고"로 읽고 번역할 수 있다.

상응하는 KT N 8을 보면 퀼 티긴의 나이가 언급되어 있지 않다. 그리고 빌

(a)mγï qorγ(a)n : q͡ïïšl(a)d͡oqda : yut : bol͡tï : y(a)z(ï)ŋa :

될 것이었다. (우리의 전열을) 가르며 흩뜨리며 오는 (적의) 군대를 내가 몰아냈다.52) 많은 죽을 사람이 거기에서 살아났다. 나는 거기에서 통라족 용사들 한 무리를 통아 티긴의 장례식[에서] 에워싸서 쳤다. 나는 네 번째로 애즈갠티 카드즈에서 싸웠다. 나는 그들의 군대를 거기에서 찔렀다, 참패시켰다. 내가 [...... 32 살 때]에 암그 요새에서 겨울을 날 때에 기근53)이 들었다. (그 해) 봄에

(E 32)

oγ(u)z : t(a)pa : sül(ä)d(i)m : ilki sü : t(a)š[(ï)q]m(i)š : (ä)rti : (e)kin sü : (ä)bdä : (ä)rti : üč oγ(u)z : süsi : b(a)sa : k(ä)lti : y(a)d(a)γ : y(a)b(ï)z : bol͡tï : tip (a)lγ(a)lï : k(ä)lti : sïŋ(a)r : süsi : (ä)b(i)g b(a)rq(ï)γ : yulγ(a)lï : b(a)rdï : sïŋ(a)r : süsi : süŋ(ü)šg(ä)li : k(ä)lti : biz : (a)z (ä)rt(i)m(i)z : y(a)b(ï)z : (ä)rt(i)m(i)z : oγ(u)z [.......]T[1] : y(a)-

---

개 카간 비문에서 빌개 카간의 나이가 18 살(E 24), 20 살과 22 살(E 25), 26살과 27살(E 26), 30 살과 31 살(E 28)로 언급되어 있으므로 y(a)brïtd(ï)m과 ma(또는 mä) 사이의 부분을 굳이 빌개 카간의 나이로 채울 필요는 없을 것이다. 더구나 KT N 8~10을 보면 암그(또는 암가) 요새에서 겨울을 난 뒤 봄에 오구즈족을 공격할 때 본영을 지키던 퀼 티긴이 급습해 온 오구즈족과 싸우다 죽었다는 것을 알 수 있다. KT NE를 보면 퀼 티긴이 양띠 해 (첫째 달의) 열일곱째 날(즉, 731년 2월 27일)에 죽었고, 당시 퀼 티긴이 47 살이었다고 되어 있다. 그러므로 암그(또는 암가) 요새에서 겨울을 날 때에 빌개 카간은 47 살이었을 것이다. 따라서 y(a)brïtd(ï)m과 ma(또는 mä) 사이의 부분을 32 살로 채워 놓는 것은 논리에 맞지 않는다.

한편, BQ E 34에는 빌개 카간의 나이가 33 살이라는 것이 언급되어 있다. 그러므로 빌개 카간 비문을 작성할 때에 오구즈족과의 싸움을 순차적으로 기술하다가 E 29~33에서 훨씬 뒤의 사건을 (실수로?) 먼저 언급하였다고 할 수 있다.

52) 이에 상응하는 KT N 7의 구절을 보면, oza [k(ä)]lm(i)š : süsin : kül tig(i)n : (a)γ(ï)t(ï)p "(우리의 전열을) 가르며 흩뜨리며 온 (적의) 군대를 퀼 티긴이 몰아내고"로 되어 있다.

53) 원래 "가축을 죽일 정도로 혹독한 날씨"를 뜻하는 yut는 그 뜻이 확장되어, 목초지의 부족 및 전염병처럼 가축의 상실, 심지어 인간의 사망을 일으키는 다른 것들에 대해서도 사용된다(EDPT: 883b).

γ[ï.. t(ä)ŋri] küč : birtŏk : üč(ü)n : (a)n͡ta s(a)n͡čd(ï)m :

나는 오구즈족을 향하여 출정하였다. 제 1군은 (원정에) 나섰었다. 제 2군은 야영지에 있었다.54) 위치 오구즈55) 군대가 습격하여 왔다. 그들은 "(튀르크의) 보병이 무너졌다" 하며 (우리를) 탈취하기 위하여 왔다. 그들의 군대의 절반은 우리의 집을 약탈하기 위하여 갔다, 군대의 절반은 싸우기 위하여 왔다. 우리는 적었다, 나쁜 (상태)였다. 오구즈 [.......] 적[... 신께서] 힘을 주셨기 때문에 나는 거기에서 찔렀다,

(E 33)

y(a)ńd(ï)m : t(ä)ŋri : y(a)rl(ï)q(a)do͡q üč(ü)n : m(ä)n q(a)zγ(a)n͡to͡q : üč(ü)n : türu͡k : bod(u)n : [(a)n͡ča] q(a)zγ(a)n[m(i)š] (ä)r(i)n͡č : m(ä)n in(i)l(i)gü : bun͡ča : b(a)šl(a)yu : q(a)zγ(a)nm[(a)s(a)r] : türu͡k : bod(u)n : ölt(ä)či : (ä)rti : yo͡q : bol͡t(a)čï : (ä)rti : [türu͡k] : b(ä)gl(ä)r [bod(u)n (a)n͡č]a : s(a)q(ï)n(ï)ŋ : (a)n͡ča bil(i)ŋ : oγ(u)z : bo[d(u)n ....]D[1] : ïdm(a)yin : tiy(i)n : sül[(ä)d(i)m]

흩뜨렸다. 신께서 명하셨기 때문에, 내가 획득하였기 때문에 튀르크 백성은 [그렇게] 획득한 [것이다] 분명.56) 내가 남동생과 함께 이만큼 지휘하며

---

54) KT N 8~10을 보면, 이 싸움에서 퀼 티긴이 본영을 지키다가 죽었다.

55) 낱말 üč가 "3"을 뜻하므로 Üč Oγuz는 "3 부족으로 이루어진 오구즈족"을 뜻한다고 할 수 있다.

56) [(a)n͡ča] q(a)zγ(a)n[m(i)š] (ä)r(i)n͡č부분은 핀란드 발간 도해에서는 .N[1].G[1] M..WG[1]NČ(WG[1]는 분명하지 않다), Radloff 발간 도해에서는 B[1].R[1]G[1]B[1].MŠ R[2]NČ로 되어 있다. G[1](g)과 R[2](R)는 서로 혼동될 수 있다. 그러므로 마지막 두 글자는 (ä)r(i)n͡č로 읽을 수 있다. 나머지 8개의 글자를 보면, 핀란드 발간 도해에서는 .n.γm..o(또는 u), Radloff 발간 도해에서는 b.rγb.m(i)š로 읽힐 수 있다. Radloff 발간 도해를 보면 마지막 글자 2 개는 과거시제 어미 -m(i)š가 된다. 두 도해를 보면 네 번째 글자가 G[1] 즉, γ임을 분명히 알 수 있다. 그리고 여섯 번째 글자가 판독되지 않는다는 것도 알 수 있다. 따라서 앞의 글자 6 개는 [(a)n͡ča] q(a)zγ(a)n으로 읽힐 수 없다. 그런데 바로 다음에 "내가 남동생과 함께 이만큼 지휘하며 획득하지 않[(았)으면] 튀르크 백성은 죽을 것이었다, 없어질 것이었다."라는 문장이 있는 것을 보면 문제가 되는 부분에는 "살아남았다"와 같은 구절이 있어야 논리에 맞을 것이다. 이와 관련하여 KT 9~10에는 ög(ü)m q(a)tun : ul(a)yu : ögl(ä)r(i)m : (ä)k(ä)l(ä)r(i)m : k(ä)l(i)ŋün(ü)m : q͡u-

획득하지 않[(았)으면] 튀르크 백성은 죽을 것이었다, 없어질 것이었다. [튀르크] 배그들(과) [백성(아) 그렇]게 생각하여라 그렇게 알아라: 오구즈 백[성 ....] "나는 보내지 않겠어" 하고 [나는] 출정해[였다.]

(E 34)

(ä)bin : b(a)rqin : buzd(u)m : o[γ(u)]z : bod(u)n : to͡q(u)z : t(a)t(a)r : birlä : tir(i)l(i)p : k(ä)lti : (a)γuda : (e)ki ul(u)γ : süŋ(ü)š : süŋ(ü)šd(ü)m : süsin : bu[z]d(u)m : (e)lin : (a)n͡ta (a)lt(ï)m : (a)n͡ča q(a)zγ(a)n(ï)p [................ t(ä)ŋri] y(a)rl(ï)q(a)do͡q : üč(ü)n : m(ä)n ot(u)z (a)rtu͡qi : üč [y(a)š(ï)ma .... y]o͡q (ä)rti : öds(i)g : ötül(ü)g : ki[ši]57)

---

un͡č(u)yl(a)r(ï)m : bun͡ča y(ä)mä : tir(i)gi : küŋ bol͡t(a)čï (ä)rti : öl(ü)gi : yurtda : yolta : y(a)tu q(a)l͡t(a)čï : (ä)rt(i)g(i)z : kül tig(i)n : yo͡q (ä)rs(ä)r : q͡oop : ölt(ä)či : (ä)rt(i)g(i)z "(퀼 티긴이 없었다면) 나의 어머니 카툰을 비롯하여 (다른) 나의 어머니들, 나의 누나들, 나의 며느리들, 나의 공주들 (그들 중) 이만큼의 살아있는 사람들은 계집종이 될 것이었다. (그들 중) 죽은 사람들 너희는 숙영지에서 길에서 누워 남아있을 것이었다. 퀼 티긴이 없(었)으면 너희는 모두 죽을 것이었다."라고 표현되어 있다.

57) öds(i)g : ötül(ü)g : ki[ši] 부분은 핀란드 발간 도해에서는 ẄD^{2}S^{2}G^2:IT^{2}ẄL^{2}G^2:K^{2}I.., Radloff 발간 도해에서는 ẄD^{2}S^{2}G^2:ẄT^{2}ẄL^{2}G^2:K^{2}ẄČ로 되어 있다. Ẅ(O)와 I(i)는 서로 혼동될 수 있다. Radloff 발간 도해에 따르면 마지막 낱말은 küč "힘"이나 köč "이주"로 읽힐 수 있다. 또는 köč- "이주하다"의 어간으로 볼 수도 있다. Tekin(1968)은 öds(i)g : ötül(ü)g : ki[ši] ig(i)dm(i)š : (a)l[p q(a)γ(a)n(ï)ŋa y(a)]ŋ(ï)l͡tï 부분을 ödsig ötülüg ki[šï?] igidmiš al[p qaγanïŋa ya]ŋïltï로 읽고(p. 244), "They betrayed (their) distinguished(?), esteemed(?) and (people?) nourishing brave (kagan)"이라고 번역하였다(p. 277). 어휘집 부분에서는 ödsig(?) "dear, beloved(?)"(p. 362)와 ötülüg "esteemed, respected"(p. 365)로 뜻풀이를 하였다.

한편, 716년에 빌개 카간이 33 살이었다. 舊唐書와 新唐書에는 716년에 默啜(= 카프간 카간)이 九姓(= 토쿠즈 오구즈)의 拔曳固(= 바이르쿠, 신당서에서는 拔野固)를 대패시킨 뒤 경계를 게을리하다가 바이르쿠의 패잔병들에게 죽음을 당하였고, 같은 해에 퀼 티긴이 자신의 형 默棘連을 카간으로 즉위시켜 이 사람이 毗伽可汗(= 빌개 카간)이라는 기록이 있다. 그러므로 빌개 카간 비문의 마멸된 이 부분에는 이것과 관련된 내용이 있었을 것이다. 더구나 BQ E 35에는 나는 그들의 집을 부수었다. 오구즈 백성이 토쿠즈 타타르족과 함께 모여서 왔다. 나는 아구에서 2 (차례) 큰 싸움을 치렀다. 나는 그들의 군대를 참패시켰다, 그들의 나라를 거기에서 빼앗았다. 그렇게 획득하고 [............... 신께서] 명하셨기 때문에 나는 33 [살에 ....] 없었다. ödsig (?) ötülüg (?) 사[람이]

(E 35)

ig(i)dm(i)š : (a)l[p q(a)γ(a)n(ï)ŋa y(a)]ŋ(ï)l͡tï : üzä[58] : t(ä)ŋri : ïdu͡q : y(e)r sub : [(e)čim q(a)]γ(a)n : q͡uuti : t(a)plam(a)dï[59] (ä)r(i)n͡č : to͡quz : oγ(u)z : bod(u)n : y(e)r(i)n : subin : ïd(ï)p : t(a)bγ(a)čγ(a)ru : b(a)rdï : t(a)bγ(a)č [...............] : bu y(e)rdä[60] : k(ä)lti : ig(i)d(ä)y(i)n

---

[(e)čim q(a)]γ(a)n : q͡uuti "[나의 숙부 카]간의 영혼"이라는 표현이 있는 것으로 보아 이미 카프간 카간이 죽었음을 알 수 있다.

58) (a)l[p q(a)γ(a)n(ï)ŋa y(a)]ŋ(ï)l͡tï : üzä 부분은 핀란드 발간 도해에서는 L^1.....ŊLTI:...A(L^1이 뚜렷하지 않다), Radloff 발간 도해에서는 K^1...ŊLTIẄZA로 되어 있다. L^1(l)과 K^1(k)은 서로 혼동될 수 있다. Tekin이 핀란드 발간 도해를 주로 이용하였음을 알 수 있다. 그렇지만, 핀란드 발간 도해에서는 첫 글자 다음에 글자 5 개가 들어갈 만한 공백이 있는데, Tekin이 채워 넣은 글자 수는 7 개여서 2 개가 더 많다. 그러므로 Tekin의 독법을 받아들이기는 힘들다. 물론 핀란드 발간 도해에 있는 공백들은 믿을 만하지 않다.

59) t(a)plam(a)dï는 핀란드 발간 도해에서는 $T^1PL^1AMD^1A$(P와 첫 A는 뚜렷하지 않다), Radloff 발간 도해에서는 $T^1P^{ï}KL^1MD^1I$로 되어 있다. L^1(l)과 ^{ï}K(x), A(a)와 L^1(l)은 서로 혼동될 수 있다.

60) y(e)rdä의 -dä는 처격-탈격 어미이므로 bu y(e)rdä는 "이곳에서, 이곳으로부터"라고 해석하여야 한다. 물론 현대 튀르크어의 일부에서는 이러한 구절이 "이곳에"를 뜻하기도 한다. t(a)bγ(a)č [...............] : bu y(e)rdä는 핀란드 발간 도해에서는 $T^1B^1G^1$Č....Ẅ.........I: $B^1WY^2R^2D^2A$로 되어 있는데 Č와 WY^2가 뚜렷하지 않다. t(a)bγ(a)č [....]ö(또는 ü)[.........]ï(또는 i) : bu y(e)rdä로 읽힐 수 있다. Radloff 발간 도해에서는 이 부분이 $T^1B^1G^1$Č...:$B^1WD^1N^1$: .... Y^2R^2NČA로 되어 있어서 t(a)bγ(a)č [...] : bod(u)n : [..........] y(e)r (a)n͡ča로 읽힐 수 있다. Tekin이 핀란드 발간 도해를 이용한 것이 분명한데 왜 Ẅ와 I를 빠뜨렸는지는 알 수 없다. 핀란드 발간 도해를 그대로 따른다면 이 부분은 t(a)bγ(a)č[da : u͡k]ü[š ölti : q(a)lm(i)š]i : bu y(e)rdä "그들은 중국[에서 많이 죽었다.] 그들 중 [(살아) 남은 사람들은] 이곳에" 형태로 읽히고 해석될 수 있다. BQ E 36을 보면 "[남]쪽에서 중국에서 그들의 명성이 없어졌다. 그들은 여기에서는 나에

: tiy(i)n : s(a)q[(ï)n͡t(ï)m ....] bod(u)n(u)γ [.............]

배부르게 한 용감[한 그의 카간을 배]신하였다. (이 행동을) 위에서 신이 (아래에서) 신성한 땅(과) 물(의 정령들 및) [나의 숙부 카]간의 영혼이 인정하지 않았다 분명. 토쿠즈 오구즈 백성이 그들의 땅(과) 물을 버리고 중국을 향하여 갔다. 중국 [...............] 이곳에 왔다. "나는 배부르게 하겠어" 하고 [나는] 생각[하였다. ....] 백성을 [.............]

(E 36)

y(a)zu͡ql[(a) .... bi]ryä : t(a)bγ(a)čda : (a)ti küsi : yo͡q bol͞tï : bu y(e)rdä : m(a)ŋa : qul bol͞tï : m(ä)n öz(ü)m : q(a)γ(a)n : ol(o)rto͡q(u)m : üč(ü)n : türü͡k : bod(u)n(u)γ : [................]i : qïlm(a)d(ï)m [il(i)g t]örög : y(e)gdi : q(a)zγ(a)n͡t(ï)m : ïd[u͡q ....] : tir(i)l(i)p : Y^2[........ ....]

죄[........ 남]쪽에서 중국에서 그들의 명성이 없어졌다. 그들은 여기에서는 나에게 종이 되었다. 나 자신이 카간으로 앉았기 때문에 나는 튀르크 백성을 [................] 만들지 않았다. 나는 [나라를] 법을 더 잘 획득하였다. 신[성한 ....] 모여서 [...]

(E 37)

[(a)n͡ta süŋ(ü)]šd(ü)m : süsin : s(a)n͡čd(ï)m : ič(i)k(i)gmä : i͡č(i)kdi : bod(u)n : bol͞tï : öl(ü)gmä ölti : s(ä)l(ä)ŋä : q͡uudï : yor(ï)p(a)n : q(a)r(a)γ(a)n : q͡ïïs(ï)lta : (ä)bin : b(a)rqin : (a)n͡ta buzd(u)m : [......... ...] y(ï)šqa : (a)γdï: uyγ(u)r (e)lt(ä)b(ä)r : yüzčä (ä)r(i)n : ilg[(ä)r]ü : t[(ä)z(i)p b(a)rdï ....]

나는 [거기에서 싸]웠다, 그들의 군대를 찔렀다. 복종하는 자들은 복종하였다, 백성이 되었다; 죽는 자들은 죽었다. 셀렝가[61](강을 따라) 아래로 걸

게 종이 되었다."라는 표현이 있다. 명성이 사라졌다는 것은 떼죽음을 당하여 세력이 약해졌다는 말일 것이다. 그러므로 살아 남은 사람들은 이곳(중국)으로부터 자신들의 원주지로 (돌아)왔을 것이다. (돌아)와서는 빌개 카간에게 (사내)종이 되었다는 말일 것이다.

어서 나는 카라간 고개에서 그들의 집을 거기에서 부수었다. 그들은 [............] 산에 올랐다. 위구르족의 엘태배르가 100 정도의 군사와 함께 동쪽으[로] 달[아나 갔다. ....]

(E 38)

[.......]ti : tü[r]u͡k[62] : bod(u)n : āč (ä)rti : ol yïlqïγ : (a)l(ï)p ig(i)t-(ti)m : ot(u)z (a)rtu͡qi : tört : y(a)š(ï)ma : oγ(u)z : t(ä)z(i)p : t(a)b-γ(a)čqa : kirti : ök(ü)n(ü)p : sül(ä)d(i)m : suq(u)n : [................ o]γlin : yut(u)zin : (a)n͡ta (a)lt(ï)m : (e)ki (e)lt(ä)b(ä)rl(i)g : bod[(u)n ....]

[.......] 튀르크 백성은 배고팠다. 나는 그 말떼를 잡아 (그들을) 배부르게 하였다. 내가 34 살 때에 오구즈족은 달아나서 중국에 들어갔다. 나는 (이것을) 슬퍼하고 출정하였다. 나는 질투로 [................] 그들의 아이들을 부녀자를 거기에서 빼앗았다. 두 엘태배르가 있는 백[성 ....]

(E 39)

[......] t[(a)t(a)b]ï[63] : bod(u)n : t(a)bγ(a)č q(a)γ(a)nqa : körti : y(a)l(a)b(a)či : (ä)dgü : s(a)bi : öt(ü)gi : k(ä)lm(ä)z tiy(i)n : y(a)-y(ï)n sül(ä)d(i)m : bod(u)n(u)γ : (a)n͡ta buzd(u)m : yïlq[ïsin b(a)r(ï)-min (a)n͡ta (a)lt(ï)m ....] süsi[64] : tir(i)l(i)p : k(ä)lti : q(a)d(ï)r-

---

61) 중국 문헌에 娑陵水로 나온다. 셀렝가(Selenga 또는 Selenge) 강은 몽골의 항가이(Khangai) 산맥에서 발원하여 바이칼(Baikal)호로 흘러든다. 길이가 1,024 km이고 이더르(Ider)강, 오르콘(Orkhon)강과 같은 지류가 있다. 이더르강까지 생각하면 그 길이는 1,480 km에 이른다.

62) [.......]ti : tü[r]ûk 부분은 핀란드 발간 도해에서는 ....T^2I:T^2ẄI...^{ẅ}K, Radloff 발간 도해에서는 ....^{ẅ}K로 되어 있다. Tekin이 핀란드 발간 도해를 이용하였음을 알 수 있다. I(i)를 R^2(R)의 잘못으로 본다 하여도, T^2ẄI...^{ẅ}K를 tü[r]ûk로 읽을 수는 없다. ^{ẅ}K 앞에 적어도 글자 3 개가 들어갈 만한 공백이 있기 때문이다.

63) [......] t[(a)t(a)b]ï 부분은 핀란드 발간 도해에서는 ......T^1...I, Radloff 발간 도해에서는 ....[T^1]I로 있다. T^1...I에는 글자 3 개가 들어갈 만한 공백이 있어서 이것을 t[(a)t(a)b]ï로 읽는 것은 무리이다.

q(a)n yïš : q͡oo[n ....]

[......] 타[타브] 백성이 중국 황제에게 복종하였다. "그들의 사신, 그들의 좋은 소식(과) 요청이 오지 않는다" 하고 나는 여름에 출정하였다. 나는 백성을 거기에서 참패시켰다. [나는 그들의] 말떼[를 재산을 거기에서 빼앗았다............] 그들의 군대가 모여서 왔다. 홍안령 산맥에 자리[잡 ....]

(E 40)

[........ tur]γ(a)q(ï)ŋa : y(e)r(i)ŋ(ä)rü : subïŋ(a)ru : q͡oon͡tï : biryä : q(a)rlu͡q : bod(u)n t(a)pa : sülä : tip : tud(u)n : y(a)mt(a)r(ï)γ : ït(tï)m b(a)rdï [........................... q(a)rlu͡q] ilt(ä)b(ä)r : yo͡q bolm(i)š : in(i)si : bir : q͡oorγ[(a)nqa t(ä)z(i)p b(a)rm(i)š ....]

그들은 [........] 그들의 [거]처에, 그들의 조국을 향하여 자리 잡았다. 나는 "남쪽에서 카를루크 백성을 향하여 출정해" 하고 투둔65) 얌타르를 보냈다. 그는 갔다. [........................... 카를루크족의] 엘태배르가 없어졌다고 한다. 그의 남동생은 한 요[새로 달아나 갔다고 한다. ....]

---

64) yïlq[ïsin b(a)r(ï)min (a)n͡ta (a)lt(ï)m ....] süsi는 핀란드 발간 도해에서는 $Y^2IL^1K^1$.................$S^2\ddot{W}S^2$I, Radloff 발간 도해에서는 $Y^2IL^1K^1$........................ B^1...$S^2\ddot{W}S^2$I로 있다. 즉 핀란드 발간 도해에서는 17 개 정도의 글자가 들어갈 만한 부분이 마멸되어 있고, Radloff 발간 도해에서는 앞에서는 23~26 개, 뒤에서는 2~3 개의 글자가 들어갈 만한 부분이 마멸되어 있다. 그런데 위에서 알 수 있듯이 두 도해의 첫 부분과 끝 부분은 동일하다. 만약 Radloff 발간 도해를 이용한다면 이 구절의 마멸된 부분은 yïlq[ïsin : b(a)r(ï)min : (a)n͡ta (a)lt(ï)m : (a)n͡ta kisrä : t(a)]b[γ(a)č :] süsi 형태로 복원되어 "나는 그들의 말떼와 재산을 거기에서 빼앗았다. 그 뒤 중국] 군대가"로 해석될 수 있다. Tekin의 독법대로 타타브(奚)족이 중국 황제에게 복종해서 동돌궐과의 관계를 끊었기에 동돌궐이 이들을 참패시켰다면 타타브족의 상전인 중국의 군대가 동돌궐을 응징하러 오는 것은 당연하다. (a)n͡ta가 연이어 나오는 경우로 ol süg : (a)n͡ta yo͡q qïš-d(ï)m(ï)z : (a)n͡ta kisrä : y(i)r b(a)y(ï)rq͡u[u] : ul(u)γ irk(i)n : y(a)γï bo͡ltï (KT E 34)의 예도 있다.

65) 중국 문헌에는 吐屯으로 음역되어 있는 관직명이다. todun으로 읽는 것이 정확할 지도 모른다.

(E 41)

[....... (a)r]q(ï)ši : k(ä)lm(ä)di : (a)nï (a)ń(ï)t(a)y(i)n : tip : sül(ä)d(i)m : q͡oor(ï)γu : (e)ki üč : kiš(i)l(i)gü : t(ä)z(i)p b(a)rdï : q(a)ra bod(u)n : q(a)γ(a)n(ï)m : k(ä)lti tip : ög[(i)r(i)p s(ä)b(i)nti .... (a)ts(ï)z ....]qa : āt birt(i)m : kič(i)g (a)tl(ï)γ[(ï)γ ulγ(a)rtd(ï)m ....]

[.......] 그들의 [카라]반이 오지 않았다. 나는 "그를 으르겠어" 하고 출정하였다. (요새의) 수비자가 두세 사람과 함께 달아나 갔다. 일반 백성은 "나의 카간이 왔다" 하고 기[뻐하였다 .... 칭호가 없는 ....]에게 나는 칭호를 주었다. 나는 작은 칭호를 지닌 자[를 승진시켰다............................... ....]

(SE)

[............ kök] : öŋ(ü)g : yoγ(u)ru : sü yor(ï)p : tünli : künli : yiti : öd(ü)škä : subs(ï)z : k(ä)čd(i)m : čor(a)qqa : t(ä)g(i)p66) : yol(a)γčï : [(ä)r(i)]g : [...............................]67) : k(ä)č(ä)nkä : t(ä)gi [..........]

[............ 쾨크] 욍(강)을 건너며 군대(와 함께) 나아가서 밤낮으로 이레만에 나는 물 없는 (땅을) 지났다. 불모지에 이르러서 전위대 [군사]를

---

66) čor(a)qqa : t(ä)g(i)p는 핀란드 발간 도해에서는 $ČWR^1K^1K^1A:T^2N^1G^2P$, Radloff 발간 도해에서는 $ČWR^1K^1K^1I:T^2G^2I$ 형태로 있다. A(a)와 I(i)는 서로 혼동될 수 있으므로 첫 낱말은 čor(a)qqa로 읽힐 수 있다. 그렇지만 두 번째 낱말은 핀란드 발간 도해를 따른다면 t(ä)g(i)p로 읽힐 수 없다. Radloff 발간 도해의 I(i)가 P(p)의 잘못이라고 볼 때에만 t(ä)g(i)p로 읽힐 수 있다. 그렇지만 T^2G^2I가 t(ä)gi로 읽히면 "~까지"라는 뜻의 여격을 지배하는 후치사이므로 문맥이 아주 자연스럽게 된다.

67) 분리 부호 (:) 앞에는 핀란드 발간 도해에서는 D^2S^2(D^2가 뚜렷하지 않다), Radloff 발간 도해에서는 B^2S^2가 있다. S^2(S), I(i), A(a)는 서로 혼동될 수 있으므로 핀란드 발간 도해의 것은 -di "그(들)이 ~하였다"나 -dä "~에서"로 읽을 수 있다. 그렇지만 두 도해 모두에서 두 번째 글자는 S^2이다. D^2(D)와 B^2(B)는 서로 혼동될 수 있다. 만약 Radloff 발간 도해의 것이 정확하다면, 이 두 글자는 b(e)š "5"로 읽을 수 있다. 그렇다면 여기에서 땅 이름은 k(ä)č(ä)n이 아니라 b(e)š k(ä)č(ä)n이 된다(b(e)š b(a)l͡ïq를 참조할 것). 물론 b(e)š b(a)l͡ïq에서는 b(e)š와 b(a)l͡ïq 사이에 분리 부호 (:)가 없다.

[...............................] 캐챈[68]까지 [..........]

(S 1)

[...... t(a)b]γ(a)č : (a)tl(ï)γ : süsi : bir tüm(ä)n : (a)rtu͡qi : y(e)ti biŋ : süg : ilki : kün : öl(ü)rt(ü)m : y(a)d(a)γ : süsin : (e)k(i)nti kün : q͡o-op : [öl(ü)r]t(ü)m : bi[..........................]š(ï)p : b(a)rd[ï[69] ....]

[...... 중]국 기병대 17,000 군사를 나는 첫날 죽였다. 그들의 보병대를 나는 둘째 날 모두 [죽]였다. [...........................] 그들이 갔[다 ....]

(S 2)

[....... y]olï : sül(ä)d(i)m : ot(u)z (a)rtu͡qi : s(ä)k(i)z : y(a)š(ï)ma : q͡ï-š(ï)n : q͡ït(a)ń t(a)pa : sül(ä)d(i)m [....................................... ot(u)z (a)rtu͡q]i : [toq(u)z y(a)]š(ï)ma : y(a)z(ï)n : t(a)t(a)bï : t(a)pa : sü[l(ä)d(i)m ....]

나는 [........] 번 출정하였다. 나는 38 살에 겨울에 거란족을 향하여 출정하였다. 나는 [....................................... 39 살]에 봄에 타타브족을 향하여 출[정하였다. ....]

---

68) 중국 문헌에 姑藏으로 나오는 땅이름인 듯하다.

69) q͡oop ~ b(a)rd[ï] 부분은 핀란드 발간 도해에서는 ^{w}KWI:R^2.T^2M:B^2IẄ........ ŠP:B^1WD^1 (WI, R^2, Ẅ, B^1W는 뚜렷하지 않다), Radloff 발간 도해에서는 ^{w}KWL^1:R^2..............................T^2I$R^2$$L^2$P:$B^1$$R^1$$D^1$I(첫 R^2가 뚜렷하지 않고 그 다음에는 28~31 개의 글자가 들어갈 만한 공백이 있다)로 있다. Tekin이 두 도해를 절충하였음을 알 수 있다. P(p)는 I(i) 및 L^1(l)과 서로 혼동될 수 있다. 그러므로 첫 낱말은 q͡oop로 읽을 수 있다. 그렇지만 두 번째 낱말은 두 도해 모두에서 뚜렷하지는 않지만 R^2로 시작되는데다 핀란드 발간 도해에 따르면 글자 4 개로 이루어져 있으므로 이것을 [öl(ü)r]t(ü)m으로 읽을 수는 없다. 뚜렷하지 않은 Ẅ(O)는 R^2(R)나 Š(w)일 수 있으므로 B^2IẄ는 bir "1"이나 biš "5"로 읽을 수 있다. 그렇다면 B^2IẄ 다음에 마멸된 부분에는 biŋ "1,000"이나 yüz "100"이 있었을 수 있다. Š(w)는 L^2(L)와 혼동될 수 있으므로, Radloff 발간 도해에 있는대로 T^2I$R^2$$L^2$P를 받아들이면, T^2I$R^2$$L^2$P:$B^1$$R^1$$D^1$I tir(i)l(i)p : b(a)rdï "그들이 모여서 갔다"로 읽을 수 있어서 문맥도 자연스럽게 된다.

(S 3)

m(ä)n [.........] öl(ü)rt(ü)m : oγlin : yut(u)zin : [yï]lq(ï)sin : b(a)-r(ï)min [(a)lt(ï)m ....]rä : q͡oo[...............................]70)

나는 [.........] 죽였다, 그들의 아이들을, 부녀자를, 말떼를, 재산을 [빼앗았다...]

(S 4)

bod[(u)n .... yu]t(u)zin71) : yo͡q qi͡lt(ï)m : [..]

백[성 ....] 그들의 [부]녀자를 나는 없앴다. [..]

(S 5)72)

yor[ïp ....

70) b(a)r(ï)min ~ q͡oo[...... 부분은 핀란드 발간 도해에서는 B^{1}R^{1}MIN^2........... R^{2}A :^{w}KW..., Radloff 발간 도해에서는 B^{1}R^{1}MIN^2..Y^{2}R^2 A:^{w}KWNČW..N^1:^{ï}K.....로 있다. 핀란드 발간 도해에서는 N^2 다음에 글자 11 개 정도가 들어갈 만한 공백이 있고, A와 W는 뚜렷하지 않으며, ^{w}KW 다음은 마멸되어 판독이 되지 않는다. Radloff 발간 도해에서는 N^2 다음에 글자 61~63 개 정도가 들어갈 만한 공백이 있고, ^{ï}K 다음은 마멸되어 판독이 되지 않는다. Tekin이 핀란드 발간 도해를 이용하였음을 알 수 있다. Radloff 발간 도해에 따르면, ^{w}KWNČW..N^{1}은 q͡uun͡ču[y(u)m(ï)]n “[나의] 공주를”로 읽힐 수 있다.

71) 여기에 있는 타동사 yo͡q qi͡lt(ï)m의 목적어는 yu]t(u)zin이 아닐 가능성이 있다. 왜냐하면 빌개 카간 비문에서 낱말 yutuz는 oγlin yu[t(u)z]in (E 24), [o]γlin yut(u)zin (E 38), oγlin yut(u)zin (S 3)의 예들에서처럼 낱말 oγïl과 함께 일종의 중언법(重言法, hendiadys)으로 사용되었는데 이 세 군데 모두에서 그 타동사가 (a)lt(ï)m “내가 빼앗았다”이지 “내가 없앴다”가 아니기 때문이다. 패배한 적의 부녀자는 전리품이지 “없앨 대상”이 아니다.

72) 남쪽 면 5행은 핀란드 발간 도해에서는 Y^{1}WR^1....A.B^1.....로 되어 있다. 즉, B^1 다음은 마멸되어 판독되지 않는다. Radloff 발간 도해에서는 Y^{1}WR^1 다음에 글자 118 개가 들어갈 만한 공백이 있고, R^{1}M이 확인된 뒤 그 다음 부분은 마멸되어 판독되지 않는다. 그러므로 Y^{1}WR^1 다음에 글자가 판독되지 않는 것은 아니다.

.....................................]

나아가[서 ....

....]

(S 6)[73]

süŋ[(ü)šd(ü)m ....

....]

[나는] 싸[웠다 ....

....]

(S 7)

b(e)rt(i)m : (a)lp (ä)rin : öl(ü)r(ü)p : b(a)lb(a)l : qïlu : b(e)rt(i)m : (ä)l(i)g y(a)š(ï)ma : t(a)t(a)bï : bod(u)n : q͡ïït(a)ńda : (a)d[r(ï)ltï .... tö]ŋk(ä)r : t(a)γqa : [..........................]

나는 주었다. 나는 그들의 용감한 군사들을 죽여서 발발로 만들어버렸다. 내가 50 살일 때에 타타브 백성이 거란족에게서 갈라[졌다 .... 툉]캐르 산에 [..........................]

(S 8)

qu s(ä)ŋün : b(a)š(a)du : tört : tüm(ä)n : sü k(ä)lti : töŋk(ä)r : t(a)γ-da : t(ä)g(i)p : toqïd(ï)m : üč tüm(ä)n : süg : [öl(ü)r]t(ü)m : bi[r ....] (ä)rs(ä)r [.................. s]ökt(ü)m[74] : t(a)t(a)bï [........................]

---

73) 남쪽 면 6행은 핀란드 발간 도해에서는 S^2ẄŊ 다음이 판독되지 않지만, Radloff 발간 도해에서는 S^2ẄŊ 다음에 글자 118 개가 들어갈 만한 공백이 있고, ẄČN^2이 확인된 뒤 그 다음 부분은 마멸되어 판독되지 않는다. 이 ẄČN^2는 üč(ü)n "위하여, 때문에"로 읽힐 수 있다. 그러므로 Radloff 발간 도해에 따르면, S^2ẄŊ 다음에 글자가 판독되지 않는 것은 아니다.

74) süg : [öl(ü)r]t(ü)m : bi[r ....] (ä)rs(ä)r [.................. s]ökt(ü)m은 핀란드 발간 도해에서는 S^2Ẅ...MB^2.....L^2.R^2...ẄK^2T^2M, Radloff 발간 도해에서는 S^2ẄG^2 : ...T^2M : B^2I..................$R^2$$S^2$$R^2$.....................ẄK^2T^2M 형태로 있다. 즉 핀란드 발간 도해에서는 차례로 3 개, 5 개, 1 개, 3 개 정도, Radloff 발간

쿠 장군이 이끌며 4 만 군대가 왔다. 나는 툉캐르 산에서 공격해서 쳤다, 3 만 군대를 [죽]였다. 1[.................]은 [..................] 나는 돌파하였다. 타타브 [........................]

(S 9)

ö[l(ü)]rti : ul(u)γ : oγl(u)m : (a)γr(ï)p : yo͡q bolča : q͡uuγ s(ä)ŋün(ü)g : b(a)lb(a)l : tikä : birt(i)m : m(ä)n : toq(u)z : y(e)g(i)rmi : yïl : š(a)d : ol(o)rt(u)m : to͡qu[z y(e)g(i)r]mi : yïl : q(a)γ(a)n : ol(o)rt(u)m : il tutd(u)m : ot(u)z (a)rtu͡qi : bir [y(a)š(ï)ma ....]

그가 죽[이]었다. 나의 큰 아들이 병들어 죽자 나는 쿠 장군을 발발로 세워버렸다. 나는 19 년 샤드로 앉았다, [1]9 년 카간으로 앉았다. 나는 나라를 다스렸다. [내가] 31 [살 때에 ....]

도해에서는 3 개, 19 개, 21 개 정도의 글자가 들어갈 만한 마멸 부분이 있다. Tekin이 Radloff 발간 도해를 이용했음을 알 수 있다. 이 구절에서 B^{2}I...... ....는 bi[r tüm(ä)n.............] 또는 bi[š biŋ..............]일 가능성이 있다. 특히 bi[r tüm(ä)n.............]일 가능성이 있다. 왜냐하면 앞부분을 보면 적군 4 만 명 중에서 3 만 명을 죽였다는 내용이 있기 때문이다. 즉 살아남은 적군은 1 만 명이 되는 셈이다. 이 경우에 bi[r ....] (ä)rs(ä)r는 bi[r tüm(ä)n : süsi : t(ä)z(i)p : b(a)rdï :] (ä)rs(ä)r 형태로 채워지고 "1 [만 명의 (살아남은 적의) 군대가 달아나 가]자"로 해석될 수 있다. 이미 Thomsen이 b[ir tüm(ä)n? ....]rs(ä)r 형태로 채웠다(1896: 129). 11세기의 쿠타드구 빌리그(Qutaðγu Bilig) 등의 문헌을 보면 -dï/-di ärsä는 "~하자, ~하였을 때에"를 뜻한다. 4 만 명 중 3 만 명이 죽었으니 적군으로서는 큰 손실이 아닐 수 없다. 그러므로 나머지 1 만 명은 달아나기 바빴을 것이다.

BQ S 9에 쿠 장군을 발발로 세워버렸다는 표현이 있는 것으로 보아 (ä)rs(ä)r 다음에는 "나는 쿠 장군을 죽였다" 또는 "쿠 장군이 죽었다"라는 구절이 있을 수 있다. t(a)t(a)bï [........................]은 t(a)t(a)bï [: bod(u)n : m(a)ŋa : körti : ....] "타타브 [백성이 나에게 복종하였다 ....]" 또는 t(a)t(a)bï [: bod(u)n : küŋ q͡uul : bo͡ltï ....] "타타브 [백성은 계집종(과) 사내종이 되었다 ....]" 형태로 채워지고 해석될 수 있다.

(S 10)

türü͡k(ü)mä : bod(u)n(u)ma : y(e)g(i)n : (a)n͡ča q(a)zγ(a)nu : bir-t(i)m : bun͡ča : q(a)zγ(a)n(ï)p : q(a)ŋ[(ï)m q(a)]γ(a)n [ï]t yïl75) : on(u)n͡č (a)y : (a)ltï ot(u)zqa : uča : b(a)rdï : l(a)γzin : yïl : biš(i)n͡č (a)y : yiti : ot(u)zqa : yoγ : (ä)rtürt(ü)m : buq(u)γ : tot͡oq [.....................]

나는 나의 튀르크족에게 나의 백성에게 더 잘 그렇게 획득해버렸다. 이만큼 획득하고 [나의] 아버지 [카]간이 개해 열째 달 스물여섯(째 날)에 승하하였다. 돼지해 다섯째 달 스물일곱(째 날)에 나는 장례식을 행하게 하였다. 부쿠그 도독 [....................]

(S 11)

q(a)ŋi : lisün : t(a)y s(ä)ŋün : b(a)š(a)d[u] : biš yüz (ä)r(ä)n : k(ä)lti : q͡ooq(ï)l(ï)q : ö[............] (a)ltun : küm(ü)š : k(ä)rg(ä)ks(i)z : k(ä)lürti : yoγ : y(ï)p(a)rïγ : k(ä)lür(ü)p : tikä : birti : čin͡t(a)n : ï-γ(a)č : k(ä)lür(ü)p : öz y(a)r76)[...................]

그의 아버지(?) 리쉰77) 대장군이 이끌[며] 500 명이 왔다. 그들은 향료 [............] 금은을 잔뜩 가져왔다. 그들은 장례용 향을 가져와 세워버렸다. 백단(白檀) 나무를 가져와 [...................]

75) : q(a)ŋ[(ï)m q(a)]γ(a)n [ï]t yïl 부분은 핀란드 발간 도해에서는 ....T^{1}S^2 IL^1(T^{1}S^{2}는 뚜렷하지 않다), Radloff 발간 도해에서는 .K^{1}Ŋ..G^{1}N^1.IT^{1}Y^{2}IL^{1}로 있다. S^2(S)는 Y^2(J)일 수 있다. Tekin이 Radloff 발간 도해를 이용하였음을 알 수 있다. 그렇지만 Radloff 발간 도해대로라면, [:] q(a)ŋ[(ï)m q(a)]γ(a)n [:] ït yïl 형태로 읽혀야 한다.

76) öz y(a)r 부분은 핀란드 발간 도해에서는 ẄZY^{1}S^2(S^{2}가 뚜렷하지 않다), Radloff 발간 도해에서는 ẄZY^{1}R^{1}Š로 있다. S^2(S)는 R^1(r)일 수 있다. Tekin이 두 도해를 절충하였음을 알 수 있다. Radloff 발간 도해대로라면, 이 부분은 öz y(a)r(ï)š나 öz y(a)r(a)š로 읽을 수 있다.

77) 리쉰(Lisün)은 중국 문헌에 李佺으로 나온다.

(S 12)

bun͡ča : bod(u)n : s(a)čin : q͡uulq(a)qin : [b]ïčdï[78] : (ä)dgü : özl(i)k(a)tin : q(a)ra : kišin : kök : t(ä)y(ä)ŋin : s(a)ns(ï)z : k(ä)lür(ü)p : q͡o-op : q͡oot(t)ï : [..]

이 만큼의 백성이 (장례식에서) 그들의 머리털을 귀를 잘랐다. 그들은 그들의 좋은 순혈마를, 그들의 검은 담비를, 그들의 푸른 다람쥐를 수없이 가져와서 (선물로) 모두 놓았다. [..]

(S 13)

t(ä)ŋri t(ä)g : t(ä)ŋri : y(a)r[(a)t]m(i)š : türü͡k : bilgä [: q(a)γ(a)n :] s(a)b(ï)m : q(a)ŋ(ï)m : türü͡k : bilgä : q(a)γ(a)n : ol(o)rto͡qï͡nta : türü͡k : m(a)tï : b(ä)gl(ä)r [:] kisrä : t(a)rduš : b(ä)gl(ä)r : kül čor : b(a)š-l(a)yu : ul(a)yu : š(a)d(a)pït : b(ä)gl(ä)r : öŋrä : töl(i)s : b(ä)gl(ä)r : (a)pa t(a)rq[(a)n]

신 같은, 신이 (군주로) 만든, 튀르크 빌개 [카간] 나의 말: 나의 아버지 튀르크 빌개 카간이 (권좌에) 앉았을 때에 충성스러운 튀르크 배그들, 서쪽에서 타르두시 배그들, 퀼 초르를 비롯하여 (모든) 샤다프트 배그들, 동쪽에서 퇼리스[79] 배그들, 아파 타르[칸]을

---

78) q͡uulq(a)qin : [b]ïčdï는 핀란드 발간 도해에서는 $S^2WL^1K^1K^1IN^2$:.....IČD^1I로 되어 있는데 첫 글자 S^2와 끝에서 네 번째 글자 I는 뚜렷하지 않다. Radloff 발간 도해에서는 $^wKWL^1K^1K^1IN^2$:Y^1ŋ....ČD^1I로 되어 있다. S^2(S)는 ^wK(q)를 잘못 본 것임이 분명하다. 그러므로 첫 낱말은 q͡uulq(a)qin으로 읽을 수 있다. 그렇지만 그 다음 부분은 두 도해 모두 ČD^1I 앞에 글자 6 개가 들어갈 수 있는 자리가 있다. 핀란드 발간 도해를 이용하면 [.... b]ïčdï, Radloff 발간 도해를 이용하면 y(a)ŋ[....]čdï 또는 (a)y(a)ŋ[....]čdï가 될 수 있을 뿐 q͡uulq(a)qin 바로 다음에 [b]ïčdï가 될 수는 없다. 이 구절을 qulq(a)qïn [...b]ïčdï로 읽은 Thomsen은 해당 면의 본문 아래에 둔 주에서 마멸된 부분이 y(a)ŋ(a)q(ï)n 즉 "그(들)의 뺨을"일지도 모른다고 물음표와 함께 밝혀 놓았다(1896: 130).

79) 퇼리스(Tölis)는 제2차 돌궐제국(= 동돌궐제국)의 동쪽을 이루는 종족 이름으로서 그 우두머리는 야브구(yabγu, 葉護)였다. 한편 제국의 서쪽을 이루는 사람들은 타르두시(Tarduš)라 불렸고 그 우두머리는 샤드(šad, 殺, 設)였다. 오늘날 남부 시베리아의 알타이 산맥에 살며 알타이 튀르크어를 문장어로 사용하는 Telengit족과 Teleut족의 구성 종족 중에 Tölös가 있다. Tekin(2000)은 Tölis

(S 14)

b(a)šl(a)yu : ul(a)yu : š(a)d[(a)pït] : b(ä)gl(ä)r : bu[................] : (a)t(a)m(a)n t(a)rq(a)n : tunyu͡qu͡q : buyla b(a)γa t(a)rq(a)n : ul(a)yu : buyru͡q [......] ič buyru͡q : s(ä)b(i)g kül irk(i)n : b(a)šl(a)yu : ul(a)yu : buyru͡q : bun͡ča : m(a)tï : b(ä)gl(ä)r : q(a)ŋ(ï)m : q(a)γ(a)nqa : (ä)rt(i)ŋü :

비롯하여 (모든) 샤다[프트] 배그들 [................] 아타만 타르칸, 툰유쿠크 부일라 바가 타르칸[80]과 지휘관들 [......] 궁내관 새비그 퀼 이르킨을 비롯하여 (모든) 지휘관들, 이만큼의 충성스러운 배그들이 나의 아버지 카간에게 무척

(S 15)

(ä)rt(i)ŋü : ti m(a)γ : i[tdi .... t]ürü͡k : b(ä)gl(ä)rin : bod(u)nin : (ä)rt(i)ŋü : ti m(a)γ : itdi[81] : ögd[i ...] q(a)ŋ(ï)m q(a)γ(a)n [üč(ü)n] : (a)γ(ï)r t(a)š(ï)γ : yoγ(a)n ïγ : türü͡k : b(ä)gl(ä)r : bod(u)n : [it(i)p : y(a)r(a)t(ï)p k(ä)l]ürti : öz(ü)mä : bun͡ča[82] [....................]

를 Töliš로 읽는다.

80) T 6에는 bilgä tuńu͡qu͡q buyla b(a)γa t(a)rq(a)n으로 나온다.

81) maγ it-가 이 문장에서는 대격, 앞 문장에서는 여격을 지배하고 있다.

82) ögd[i ...]~bun͡ča 부분은 핀란드 발간 도해에서는 IG^2..K^{1}N^{1}S^{2}N^1 ...ČA:G^{1}R^1 T^{1}ŠG^1: Y^{1}WG^{1}N^{1}IG^1:T^{2}ẄR$^{2\ddot{w}}$K:B^{2}G^{2}L^{2}R^2:B^{1}WD^{1}N^1:AWI:Y^{1}S^2...IR^{2}T^{2}I:IN^2 MA:B^{1}WNČI(K^1, S^2, 두 번째 N^1, 첫 번째와 두 번째 A, R^1, N^2, 마지막 B^1, 마지막 I가 뚜렷하지 않다), Radloff 발간 도해에서는 ẄG^{2}D^2...K^{1}ŊMK^{1}G^{1}N^1 ...ČI:G^{1}IR^1:T^{1}ŠIN^2:Y^{1}WG^{1}N^1.Š:T^{2}ẄR$^{2\ddot{w}}$K:B^{2}G^{2}L^{2}R^2:B^{1}WD^{1}N^1:IT^{2}I:Y^{1}R^1 ...IR^{2}T^{2}I:ẄZMA:B^{1}WNČA로 있다. I(i)와 Ẅ(O), A(a)와 I(i), Š(w)와 G^1(g), I(i)와 P(p), N^2(N)와 Z(z)는 서로 혼동될 수 있다. 첫 부분은 ögd[i ...]일 것이다. 그렇지만 (a)γ(ï)r 앞에는 핀란드 발간 도해에서는 ČA, Radloff 발간 도해에서는 ČI가 있어서 이것을 [üč(ü)n]으로 읽을 수는 없다. 이 부분은 [: uč]ča "(나의 아버지 카간이) 승하하자"로 읽을 수 있을 것이다. 그 다음 부분은 핀란드 발간 도해에서는 (a)γ(ï)r t(a)š(ï)γ로 읽히지만, Radloff 발간 도해에서는 (a)γïr t(a)šin으로 읽혀서 서로 상당히 다르다. bod(u)n 다음에는 핀란드 발간 도해에서는 AWI:Y^{1}S^2...IR^{2}T^{2}I, Radloff 발간 도해에서는 IT^{2}I:Y^{1}R^1...IR^{2}T^{2}I로 있지만 Tekin은 이 부분을 [it(i)p : y(a)r(a)t(ï)p k(ä)l]ürti로 읽었다. 뚜렷하지

무척 지속적으로 칭송해[였다. .... (나의 아버지 카간도)] 튀르크 배그들을 백성을 무척 지속적으로 칭송하였다. [...] 나의 아버지 카간을 [위하여] (이만큼의) 무거운 돌을 굵은 나무를 튀르크 배그들(과) 백성이 [만들어서 가져]왔다. 나 자신에게 이만큼 [....................]

(SW)

[bilgä] q(a)γ(a)n : b[it(i)gin :] yol(lu)γ tig(i)n : bit(i)d(i)m : bun͡ča : b(a)rq(ï)γ : b(ä)d(i)z(i)g : uz(u)γ : [.......... q(a)]γ(a)n : (a)tïsi : yol(lu)γ tig(i)n : m(ä)n : (a)y (a)rtu͡qi : tört kün : [ol(o)]r(u)p : bitid(i)m : b(ä)d(i)z(ä)t(ti)m : y[(a)r(a)td(ï)m[83)] ....]

[빌개] 카간 [비문을] 욜루그 티긴 내가 썼다. 이만큼의 건물을 장식을 [.......... 카]간의 조카 욜루그 티긴 내가 한 달 나흘 [앉]아서 썼다, 꾸미게 하였다 [만들어냈다 (?) ....]

(W 1)

[....] üzä [........]

[....] 위에서 [........]

(W 2)

bilgä : q(a)γ(a)n : u[čdï]

빌개 카간이 [승하하였다 (?)]

않은 S^2(S)는 R^1(r)일 것이다. 그런데 두 도해 모두에서 IR^2T^2I 앞에 글자 3 개가 들어갈 만한 공백이 있고, IR^2T^2I이지 $\ddot{W}R^2T^2I$가 아니므로 Tekin의 독법은 받아들여질 수 없다. 물론 I(i)와 Ẅ(O)는 서로 혼동될 수 있다. 이 부분은 it(i)p : y(a)r[(a)t(ï)p b]irti "(그들이) 다듬고 손질해[여] 주었다"로 읽을 수 있다.

83) bitid(i)m : b(ä)d(i)z(ä)t(ti)m : y[(a)r(a)td(ï)m]은 biti(t)d(i)m : b(ä)d(i)z(ä)t-(ti)m : y[(a)r(a)t(ït)d(ï)m] "내가 쓰게 하였다, 꾸미게 하였다, [만들어내게 하였다]" 형태로 세 동사 모두 사동형으로 읽는 것이 논리에 맞을 것이다. 왜냐하면 욜루그 티긴은 돌궐어로 비문을 쓰고, 건물과 장식 등은 중국에서 파견된 장인들에게 맡겼기 때문이다.

(W 3)
y(a)y bols(a)r : üzä : t[(ä)ŋri]
여름이 되면 위에서 [하늘 (?)]

(W 4)
köb(ü)rg(ä)si : (ä)t(ä)rčä (a)n͡č[a]
북이 울리듯이 그렇[게]

(W 5)
t(a)γda : sïγun : (ä)ts(ä)r [(a)n͡ča]
산에서 사슴이 울면 [그렇게]

(W 6)
s(a)q(ï)nur m(ä)n : q(a)ŋ(ï)m q[(a)γ(a)n]
나는 애도한다. 나의 아버지 카[간의 (?)]

(W 7)
t(a)šin : öz(ü)m : q(a)γ(a)n [......]
(묘)석을 나 자신 카간이 [......]

(W 8)
[................]
[................]

(W 9)
[................]
[................]

투뉴쿠크 비문

4

돌궐 비문 연구

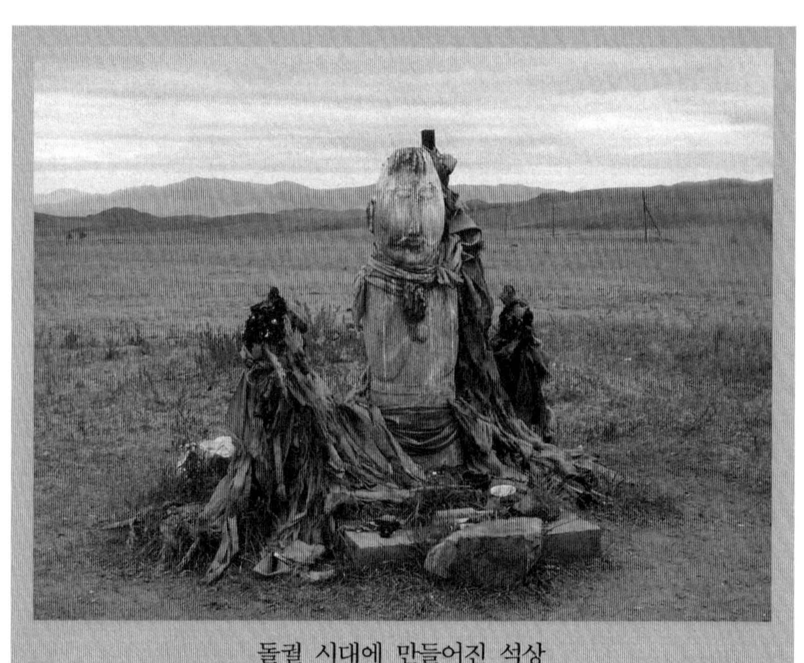

돌궐 시대에 만들어진 석상

제 1 비문

서쪽 면

(1 = W 1)

bilgä : tuńu͡qu͡q : b(ä)n öz(ü)m : t(a)bγ(a)č il(i)ŋä : q͡ïl(ï)n͡t(ï)m : türk bod(u)n : t(a)bγ(a)čqa : k͡öör(ü)r (ä)rti[1)]

빌개 투뉴쿠크 나 자신은 중국 지배 시에 태어났다. 튀르크[2)] 백성은 (그 당시에) 중국에 예속되어 있었다.

(2 = W 2)

türk bod(u)n : q(a)nin bulm(a)y(i)n : t(a)bγ(a)čda : (a)dr(ï)l͡tï : q(a)nl(a)n͡tï : q(a)nin q͡ood(u)p : t(a)bγ(a)čqa : y(a)na ič(i)kdi[3)] : t(ä)ŋri : (a)n͡ča t(e)m(i)š (ä)r(i)n͡č : q(a)n b(e)rt(i)m :

튀르크 백성은 (자기) 칸(汗)을 찾지 못하자 중국에서 갈라져 나왔다; 칸이 있게 되었다; (그러나) 자기 칸을 버리고 중국에 다시 예속되었다. 신께서 이렇게 말씀하셨다고 한다 분명: "나는 (너에게) 칸을 주었다.

---

1) türk bod(u)n t(a)bγ(a)čqa k͡öör(ü)r (ä)rti에 해당하는 내용이 KT E 6~8과 BQ E 6~8에 자세히 표현되어 있다.

2) 돌궐(突厥)을 말한다.

3) türk bod(u)n~y(a)na ič(i)kdi에 해당하는 내용이 KT E 9~10에는 t(a)bγ(a)č q(a)γ(a)nqa y(a)γï bolm(i)š y(a)γï bol(u)p it(i)nü y(a)r(a)tunu um(a)d͡oq y(a)na ič(i)km(i)š, BQ E 9에는 t(a)bγ(a)č q(a)γ(a)nqa y(a)γï bolm(i)š y(a)-γï bol(u)p it(i)nü y(a)r(a)t(ï)nu um(a)d͡oq y(a)na i͡č(i)km(i)š로 표현되어 있다. 이 사건과 관련하여 舊唐書에는 돌궐의 수령인 阿史德溫傳이 679년에 [阿史那]泥孰匐을 카간으로 옹립하여 唐에 침입하였다가 실패하였다고 기록되어 있다.

(3 = W 3)

q(a)n(ï)ŋ(i)n : q͡ood(u)p : ič(i)kd(i)ŋ : ič(i)kdö͡k üč(ü)n : t(ä)ŋri : öl t(e)m(i)š (ä)r(i)n͡č : türk bod(u)n : ölti (a)lq(ï)n͡tï : yo͡q bo͡ltï[4] : türk : sir bod(u)n : y(e)rintä

너는 너의 칸을 버리고 (다시) 예속되었다." (튀르크 백성이 다시) 예속되었기 때문에 신께서 "죽어!"라고 말하셨다고 한다 분명. 튀르크 백성은 죽었다, 사라졌다, 없어졌다. 튀르크 시르 백성의 땅에는

(4 = W 4)

bod q(a)lm(a)dï[5] : ïda t(a)šda : q(a)lm(i)ši : q͡uubr(a)n(ï)p : y(e)ti yüz bo͡ltï : (e)ki ül(ü)gi : (a)tl(ï)γ (ä)rti : bir ül(ü)gi : y(a)d(a)γ (ä)rti : y(e)ti yüz : kišig :

부족이 (살아)남지 못하였다; 그들 중 산야에서[6] (살아)남은 이들은 모여서 700이 되었다.[7] 그들의 두 부분[8]은 기병이었다, 한 부분[9]은 보병이었다. 700 사람을

(5 = W 5)

ud(u)z(u)γma : ul(u)γi : š(a)d (ä)rti : (a)yγ(ï)l tidi : (a)y(ï)γm(a)si

---

4) ölti, alqïntï와 yoq boltï는 비슷한 뜻이다.

5) türk bod(u)n ölti ~ bod q(a)lm(a)dï에 해당하는 내용이 KT E 10에는 yoq(a)-du b(a)rïr (ä)rm(i)š로 표현되어 있다.

6) 원문에 있는 ïda t(a)šda는 ï("숲") + -da(처격-탈격 어미) 및 taš("돌, 돌투성이 땅") + -da(처격-탈격 어미)로 분석되며 글자 그대로의 뜻은 "숲에서 돌투성이 땅에서"가 된다. 이 구절도 비슷한 뜻을 지닌 두 낱말로 이루어져 있다. 오늘날 투바(Tuva)어 구어에서 낱말 arga-daš(arga "산림, 침엽수림", daš "돌")는 낱말 arga의 집합명사로 사용된다.

7) 이와 비슷한 내용의 구절이 KT E 12~13과 BQ E 11에 있다.

8) 즉 ⅔를 말한다.

9) 즉 ⅓을 말한다. 돌궐족이 유목민이므로 그 장정들은 모두 기병이어야 할 것이다. 그런데 여기에서 ⅓이 보병이라는 것은 이 ⅓이 아직 미처 말을 갖추지 못하였음을 뜻한다고 보아야 할 것이다. 그런데 BQ E 32에 y(a)d(a)γ y(a)b(ï)z bo͡ltï "(튀르크의) 보병이 무너졌다"라는 구절이 있는 것으로 보아 당시 돌궐에는 보병도 있었던 듯하다.

b(ä)n (ä)rt(i)m : bilgä tuńûqûq : q(a)γ(a)n mu q̂ïïš(a)yin t(e)d(i)m : s(a)q(ï)n̂t(ï)m : torûq buûq(a)lï : s(ä)m(i)z buûq(a)lï : ïr(a)qda

이끄는 그들의 우두머리[10]는 샤드였다. "나의 대변인이 되어 주게!"[11] 하고 그가 말하였다; 그의 대변인[12]은 나였다 빌개 투뉴쿠크. "(이 사람을) 카간으로 삼을까?" 하고 나는 (나 자신에게) 말하였다. 나는 생각하였다: "(인간은) 야윈 황소와 살찐 황소를 멀리서

(6 = W 6)

bils(ä)r : s(ä)m(i)z buûqa : torûq bûqa t(e)y(i)n : bilm(ä)z (ä)r-m(i)š t(e)y(i)n (a)n̂č(a) s(a)q(ï)n̂t(ï)m : (a)n̂ta kisrä : t(ä)ŋri : bil(i)g b(e)rtôk üč(ü)n : öz(ü)m ôk : q(a)γ(a)n qïšd(ï)m : bilgä tuńûqûq : buyla b(a)γa t(a)rq(a)n

알아야 한다면[13] (어느 것이) 살찐 황소 (어느 것이) 야윈 황소 하고 알지 못한다고 한다" 하고 나는 그렇게 생각하였다. 그 뒤에 신께서 지혜를 주셨으므로 (그를) 바로 나 자신이 카간으로 삼았다. 빌개 투뉴쿠크 부일라 바가 타르칸[14]

(7 = W 7)

birlä : ilt(e)r(i)š q(a)γ(a)n : bol(u)y(ï)n : b(i)ryä : t(a)bγ(a)č(ï)γ : öŋrä qït(a)ń(ï)γ : yïrya oγ(u)z(u)γ : ük(ü)š ôk : öl(ü)rti : b(i)lg(ä)si : č(a)b(ï)ši : b(ä)n ôk (ä)rt(i)m : čoγ(a)y quzin : q(a)ra qum(u)γ : ol(o)rur[15] : (ä)rt(i)m(i)z

---

10) 빌개 카간과 퀼 티긴의 아버지인 쿠틀루그(Qutluγ, 骨篤祿, 骨咄祿)를 말한다.

11) 원문의 (a)yγ(ï)l은 ay-("말하다") + -γïl(2인칭 단수 명령형 어미)로 분석되며 글자 그대로의 뜻은 "말하게!"가 되어 "(나를 위하여) 말하게!", 즉 "나의 대변인이 되어 주게!"로 해석될 수 있다.

12) 원문의 (a)y(ï)γm(a)si는 ay-("말하다") + ï(연결모음) + -γma(현재분사 어미; "~하는 사람") + -si(3인칭 소유어미)로 분석되며 글자 그대로의 뜻은 "그의 말하는 사람"이어서 "그의 대변인"으로 해석될 수 있다.

13) 원문의 bils(ä)r를 글자 그대로 번역하면 "안다면"이 된다.

14) BQ S 14에는 tunyûqûq buyla b(a)γa t(a)rq(a)n으로 나온다.

15) quzin은 quz("(산의) 북쪽 기슭") + i(3인칭 소유 어미) + -n(대격 어미), qumuγ

덕분에 그는 일테리시 카간이 되어 남쪽에서는 중국인을, 동쪽에서는 거란족을, 북쪽에서는 오구즈족을 아주 많이 죽였다. 그의 고문(顧問), 그의 최고 사령관은 바로 나였다. 우리는 초가이 (산맥의) 북쪽[16]에서, 카라쿰[17]에서 살고 있었다.

남쪽 면

(8 = S 1)

k(e)y(i)k yiyü : t(a)b(ï)šγ(a)n y(e)yü : ol(o)rur (ä)rt(i)m(i)z : bod(u)n : boγ(u)zi : to͡q (ä)rti : y(a)γ(ï)m(ï)z : t(ä)grä : očo͡q t(ä)g (ä)rti : biz : a͡š <t(ä)>g : (ä)rt(i)m(i)z : (a)n͡ča ol(o)r(u)r (ä)rkli : oγ(u)zd(u)n͡t(a)n : kür(ä)g k(ä)lti

우리는 야수를 먹으며, 토끼를 먹으며 지내고 있었다. 백성은 배가 불렀다. 우리의 적(들)은 사방에서 화덕 같았다; 우리는 (가운데에 있는) 음식 같았다. 그렇게 지내고 있을 때에 오구즈족으로부터 탈주자가 (하나) 왔다.

는 qum("모래") + u(연결모음) + -γ(대격 어미)로 분석된다. 즉 동사 olor-는 이 구절에서는 타동사로 사용되었다. 동사 olor-는 오늘날 튀르크 언어들에서 주로 olur-/oltur-/otur- 형태로 나타나는 자동사이다.

16) Tekin을 비롯하여 여러 연구자는 *qurï "서쪽"과 quz "햇볕이 들지 않는 그늘진 곳, (산의) 북쪽 기슭"을 동근어(同根語)로 보며 Zetacism(알타이 조어(祖語)의 r^2가 z로 되는 현상)의 한 예로 여긴다. 현대 터키어에서 쓰이는 güney "남쪽"은 본래 "햇볕이 드는 곳(곧 산의 남쪽 기슭)"을 뜻했는데 새로이 "남쪽"을 뜻하는 용어가 되었고, kuzey "북쪽"은 güney를 본으로 하여 kuz(즉 quz)에서 만든 말이다. 모음조화를 고려하면 kuzay이어야 하는데, 실제로 방언에서 kuz의 뜻으로 kuzay가 쓰이고 있다.

17) qara는 "검다(黑)", qum은 "모래(沙)"를 뜻한다. 카라쿰(Qaraqum)은 중국 역사서에는 黑沙城으로 나온다. 黑沙城은 오늘날 중국 內蒙古自治區의 중심 도시인 Hohhot(呼和浩特; < 몽골어 köke qoto "푸른 도시(Blue City)")의 서북방에 있었다. 한편, 오늘날 중앙아시아의 튀르크멘 공화국에는 Qaraqum "黑沙"로 불리는 사막이 있다.

(9 = S 2)

kür(ä)g s(a)bi (a)n͡t(a)γ : toq(u)z oγ(u)z : bod(u)n üzä : q(a)γ(a)n : ol(o)rtï tir : t(a)bγ(a)čγ(a)ru : q͡uunï s(ä)ŋün(ü)g : ïdm(i)š : qït(a)ń-γ(a)ru : toŋra (ä)š(i)m(i)g : ïdm(i)š : s(a)b (a)n͡ča ïdm(i)š : (a)zq(ï)ńa : türk [bod(u)n ?]

탈주자(의) 말은 이러하(였)다: "토쿠즈 오구즈 백성 위에 (한) 카간이 즉위하였다."라고 (그가) 말한다. (이 카간은) 중국으로는 쿠 장군을 보냈다고 한다; 거란족으로는 통라 애심을 보냈다고 한다. (이들에게) 소식을 이렇게 보냈다고 한다: "극소수의 튀르크 [백성이?]

(10 = S 3)

yorïy(u)r (ä)rm(i)š : q(a)γ(a)ni : (a)lp (ä)rm(i)š : (a)yγučïsi : bilgä (ä)rm(i)š : ol (e)ki kiši : b(a)r (ä)rs(ä)r : sini t(a)bγ(a)č(ï)γ : ölür-t(ä)či : tir m(ä)n : öŋrä q͡ïït(a)ń(ï)γ : öl(ü)rt(ä)či : tir m(ä)n : bini o-γ(u)z(u)γ :

강성해지고 있다고 한다. 그들의 카간은 용감하다고 한다. 그들의 대변인[18]은 현명하다고 한다. 그 두 사람이 있는 한 (그들은) 당신들을[19] 중국인들을 죽일 것이라고 나는 말한다; 동쪽에서 (그들은) 거란족을 죽일 것이라고 나는 말한다; (그들은) 우리를[20] 오구즈족을

(11 = S 4)

öl(ü)rt(ä)čik : tir m(ä)n : t(a)bγ(a)č : b(i)rd(i)n y(ä)n t(ä)g : q͡ïï-t(a)ń : öŋd(ü)n y(ä)n t(ä)g : b(ä)n yïrd(ï)n͡t(a) y(a)n : t(ä)g(ä)yin : türk sir bod(u)n : y(e)rintä : idi yor(ï)m(a)zun : us(a)r idi : yo͡q q͡ïï-

18) 원문의 (a)yγučïsi는 ay-("말하다") + -γučï(작위명사 형성 접미사; < -γu+čï) + -si(3인칭 소유어미)로 분석되며 글자 그대로의 뜻은 "그(들)의 말하는 사람"이어서 "그(들)의 대변인"으로 해석될 수 있다.

19) 원문에는 sini "너를"로 되어 있다. sini는 sän("너")의 대격형이다. siz("너희")의 대격형은 sizni이다.

20) 원문에는 bini "나를"로 되어 있다. bini는 bän("나")의 대격형이다. biz("우리")의 대격형은 bizni이다.

š(a)l(ï)m :

틀림없이 죽일 것이라고 나는 말한다. 중국은 남쪽으로부터 공격하라, 거란은 동쪽으로부터 공격하라, 나는 북쪽으로부터 공격하겠어. 튀르크 시르 백성이 자기 땅에서 절대로 강성해지게 해서는 안 되오. 가능하면 (그들을) 완전히 없앱시다

(12 = S 5)

tir m(ä)n : ol s(a)b(ï)γ : (e)š(i)d(i)p : tün ud(ï)sïq(ï)m : k(ä)l-m(ä)di : künt(ü)z : ol(o)rs(ï)q(ï)m k(ä)lm(ä)di : (a)n͡ta ötrü : q(a)γ(a)-n(ï)ma öt(ü)nt(ü)m : (a)n͡ča öt(ü)nt(ü)m : t(a)bγ(a)č : oγ(u)z : q͡ïï-t(a)ń : buč(ä)gü : q(a)b(ï)š(sa)r

라고 나는 말한다." 나는 그 소식을 듣고 밤에 잠잘 생각이 나지 않았다, 낮에 앉을 생각이 나지 않았다. 그 뒤에 나는 나의 카간에게 요청하였다. 나는 이렇게 요청하였다: "중국, 오구즈, 거란 이 셋이 연합하면

(13 = S 6)

q(a)l͡ït(a)čï b(i)z : öz (i)či t(a)š(ï)n : tutm(i)š t(ä)g biz : yuyqa (ä)rkli : top(u)lγ(a)lï uč(u)z (ä)rm(i)š : y(i)n͡čgä (ä)rkl(i)g : üzg(ä)li : uč(u)z : yuyqa : q(a)l(ï)n bols(a)r : top(u)lγul͡uq : (a)lp (ä)rm(i)š : y(i)n͡čgä

우리는 속수무책이 됩니다. 우리는 자기 내부(의 군대)로 외부(의 영토)를 쥔 것과 같습니다. 얄팍한 것은 뚫기 쉽다고 합니다, 가느다란 것을 꺾기 쉽습니다.[21] 얄팍한 것이 두꺼워지면 뚫기 어렵다고 합니다, 가느다란 것이

(14 = S 7)

yoγ(a)n bols(a)r : üzg(ü)l͡ük (a)lp (ä)rm(i)š : öŋrä : q͡ïït(a)ńda : b(i)ryä : t(a)bγ(a)čda : qur(ï)ya : qur(ï)d(ï)n͡ta : yïrya : oγ(u)zda : (e)ki üč biŋ : süm(ü)z : k(ä)lt(ä)č"im(i)z : b(a)r mu nä : (a)n͡ča öt(ü)nt(ü)m :

21) 바로 다음에 (ä)rm(i)š가 생략되었다.

굵어지면 꺾기 어렵다고 합니다. 동쪽에서는 거란으로부터, 남쪽에서는 중국으로부터, 서쪽에서는 서쪽으로부터[22], 북쪽에서는 오구즈로부터 2, 3천의 우리의 군대, 우리의 올[23] 사람들이 있습니까?" 나는 그렇게 요청하였다.

(15 = S 8)

q(a)γ(a)n[(ï)m : b(ä)n] öz(ü)m : bilgä tuńu͡qu͡q : öt(ü)ntö͡k öt(ü)n͡č(ü)m(i)n : (e)š(i)dü b(e)rti : köŋl(ü)ŋčä : ud(u)z t(e)di : kök öŋ(ü)g : yoγ(u)ru : öt(ü)k(ä)n yïšγ(a)ru : ud(u)zt(u)m : ing(ä)k k͡öl(ä)k(i)n : toγl(a)da : oγ(u)z k(ä)lti :

[나의] 카간은 [나] 나 자신 빌게 투뉴쿠크가 한 요청을 들어주셨다. 그는 "(군대를) 자네 마음대로 보내게!" 하고 말하였다. 나는 쾨크 욍(강)을 지나며[24] (군대를) 외튀캔 산악지역으로 보냈다. 인개크 못과[25] 토글라(강)에서 오구즈족이 (우리에게) 왔다.

(16 = S 9)

[süsi : (a)l͡tï bïŋ] (ä)rm(i)š : biz : (e)ki bïŋ : (ä)rt(i)m(i)z : süŋ(ü)šd(ü)m(i)z : t(ä)ŋri y(a)rl(ï)q(a)đï : y(a)ńd(ï)m(ï)z : üg(ü)zkä : tüšdi : y(a)ńdo͡q yol͡ta : y(ä)mä : öltik ö͡k : (a)n͡ta ötrü : oγ(u)z q͡op(ï)n :

22) 이 구절은 qurïya Quriđïnta(또는 Qoriđïnta) "서쪽에서는 쿠르칸으로부터"로 읽고 해석하는 것이 정확할 수도 있다. 이 구절이 있는 부분에는 동돌궐의 사방에 있는 적대적인 종족 이름들이 언급되어 있는데, 유독 서쪽에 대해서만 종족 이름을 거론하지 않는 것은 논리에 맞지 않는다. 오늘날의 야쿠트족의 조상으로 여겨지는 쿠르칸족은 옛 문헌에 쿠르(Qurï)로도 나온다. 투뉴쿠크 비문에는 quriđïnta와 비슷한 구조로 되어 있는 oγ(u)zd(u)n͡t(a) n도 있다. 더구나 고대 튀르크어에서 "서쪽에서"를 뜻하는 낱말로는 qurïya와 kedin이 있을 뿐 quriđïn은 확인되지 않는다. 이 문제와 관련하여 Yong-sŏng Li, "Zu QWRDNTA in der Tuńuquq-Inschrift", *CAJ*, 47/2 (2003), pp. 229-241을 볼 것.

23) 즉 사방에 배치되어 있어서 부르면 언제라도 올.

24) 원문의 kök öŋ(ü)g yoγ(u)ru와 똑같은 구절이 빌개 카간 비문의 동남면에도 나타난다. 동쪽을 나타내는 빛깔이 푸른 색임을 고려하면, Kök Öŋ "푸른 욍"은 "동(東) 욍"을 뜻한다고 할 수 있다.

25) 원문의 k͡öl(ä)k(i)n은 köl("호수") + -äk(지소접미사) + i(연결모음) + -n(기구격 어미)으로 분석된다.

k(ä)lti

[그들의 군대는 6,000]이라고 하였다. 우리는 2,000이었다. 우리는 싸웠다. 신께서 명하셨다. 우리는 (오구즈족을) 참패시켰다; (그들은) 강에 떨어졌다. 참패한 이들은 길에서도 죽었다. 그 뒤에 오구즈족이 모두 왔다. (그리고 머리를 숙였다.)

(17 = S 10)

tü[rk q(a)γ(a)n(ï)γ :] türk bod(u)n(u)γ : öt(ü)k(ä)n y(e)rkä : b(ä)n öz(ü)m : bilgä : tuńu͡qu͡q : <k(ä)lürt(ü)m :> öt(ü)k(ä)n y(e)r(i)g : q͡oon-m(i)š[26] t(e)y(i)n : (e)š(i)d(i)p : b(i)ry(ä)ki : bod(u)n : q͡uur(ï)y(a)qï : yïry(a)qï : öŋr(ä)ki : bod(u)n k(ä)lti :

튀[르크 카간을], 튀르크 백성을 외튀캔 땅에 나 나 자신 빌개 투뉴쿠크가 <데려왔다>. (튀르크 백성이) 외튀캔 땅에 자리 잡았다고 한다 하고 (소식을) 듣고는 남쪽에 있는 백성, 서쪽에 있는, 북쪽에 있는 (그리고) 동쪽에 있는 백성이 (우리에게) 왔다.

동쪽 면

(18 = E 1)

(e)ki bïŋ (ä)rt(i)m(i)z [: (e)ki] süm[(ü)z b]o͡lti : türk bod(u)n : q[ïl(ï)nγ(a)l]ï : türk q(a)γ(a)n : ol(o)rγ(a)lï : š(a)n͡tuŋ b(a)l͡ïq(q)a : t(a)loy üg(ü)zkä : t(ä)gm(i)š yoq (ä)rm(i)š : q(a)γ(a)n(ï)ma : öt(ü)n(ü)p : sü (e)ltd(i)m

우리는 2,000이었다. [우리의] 군대는 [둘]이었다. 튀르크 백성이 [창조된 이래], 튀르크 카간이 즉위한 이래 산동(山東)의 도시들에, 바다[27]에 이른

26) yerig는 yer(“땅”) + i(연결모음) + -g(대격 어미)로 분석된다. 즉 동사 qon-은 이 구절에서는 타동사로 사용되었다.

27) 277번 주석에 있는 위구르어 예문들을 보면 t(a)loy üg(ü)z는 일종의 중언법(重言法, hendiadys)으로 사용되었을 가능성도 있다. 한편, taloy ügüz는 漢字로

적이 없다고 한다. 내가 나의 카간에게 요청하여 군대를 보냈다.28)

(19 = E 2)

š(a)n͡tuŋ b[(a)l͡ïq(q)a :] t(a)loy [üg(ü)zk]ä : t(ä)gürt(ü)m : üč ot(u)z b(a)l͡ïq : sïdï : usïn bun͡t(u)tu : yurtda : y(a)tu q(a)lur (ä)rti : t(a)bγ(a)č q(a)γ(a)n : y(a)γ(ï)m(ï)z (ä)rti : on o͡q q(a)γ(a)ni : y(a)-γ(ï)m(ï)z (ä)rti :

내가 (나의 카간을) 산동의 [도시들에], 바다에 이르게 하였다. (나의 카간은) 23 도시를 점령하였다. (예전에) 그는 잠을 이루지 못한 채 야영지에서 누워 남아 있었다. 중국 황제가 우리의 적이었다. 온 오크 카간29)이 우리의 적이었다.

(20 = E 3)

(a)rt[u͡q : q͡ïrq(ï)z :] küč[l(ü)g q(a)γ(a)n : y(a)γ(ï)m(ï)z] bol͡tï : ol üč q(a)γ(a)n : ögl(ä)š(i)p : (a)ltun yïš üzä : q(a)b(ï)š(a)l(ï)m t(e)-m(i)š : (a)n͡ča ögl(ä)šm(i)š : öŋrä türk q(a)γ(a)nγ(a)ru : sül(ä)l(i)m t(e)m(i)š : (a)ŋ(a)ru sül(ä)m(ä)s(ä)r : q(a)č(an) n(ä)ŋ (ä)rs(ä)r : ol b(i)zni :

수가 많[은 크르그즈족의] 강력[한 카간30)이 우리의 적이] 되었다. 그 세

직역하면 海河가 되는데 실제로 중국에는 北京을 거쳐 天津에서 渤海로 흘러드는 1,329 km 길이의 海河라는 강이 있다. 그렇지만 이 강은 예전에는 白河라고 불렸으므로, 투뉴쿠크 비문에 나오는 taloy ügüz와는 관련이 없는 듯하다.

28) 원문의 sü (e)ltd(i)m은 sül(ä)td(i)m "나는 (카간으로 하여금) 군대를 보내게 하였다"로도 읽힐 수 있다. Radloff, Malov 등이 이렇게 읽었다.

29) 온 오크(On Oq)는 서돌궐(西突厥)을 말한다. on이 "10"을 뜻함을 볼 때 On Oq는 10 개의 부족으로 이루어졌다고 볼 수 있다. 중국 문헌에서는 十姓으로 나온다. 서돌궐의 지배 부족이 튀르기시(Türgiš)족이므로 온 오크 카간은 서돌궐 카간이자 튀르기시 카간인 것이다. 한편 oq가 "화살"을 뜻하므로 On Oq는 글자 그대로는 "10 개의 화살"을 뜻한다고 볼 수 있다. 이와 관련하여 할하(Khalkha) 몽골어에서 솜(sum)은 "화살"과 더불어 "아이막 바로 다음의 행정 구역 단위"를 뜻한다는 점을 참조할 만하다.

30) 여기에서 낱말 küč[l(ü)g]는 고유명사일 가능성이 있다. 13세기 초에 칭기스칸

카간이 서로 의논하여 "알타이 산맥 위에서 만납시다" 하고 말하였다고 한다. 그들은 이렇게 서로 의논하였다고 한다: "동 튀르크[31] 카간을 향하여 군대를 보냅시다! 그를 향하여 군대를 보내지 않는다면, 언제라도 그는 우리를,

(21 = E 4)

[q(a)γ(a)ni (a)lp (ä)rm(i)š] : (a)yγučïsi bilgä (ä)rm(i)š : q(a)č(a)n (nä)ŋ (ä)rs(ä)r : öl(ü)rt(ä)čik o͡k : üč(ä)gün : q(a)b(ï)š(ï)p : sül(ä)-l(i)m : (e)di yo͡q q͡ïïš(a)l(ï)m : t(e)m(i)š : türg(i)š q(a)γ(a)n : (a)n͡ča t(e)m(i)š : b(ä)n(i)ŋ bod(u)n(u)m : (a)n͡ta (ä)rür : t(e)m(i)š

[그들의 카간은 용감하다고 한다], 그들의 대변인은 현명하다고 한다, 언제라도 틀림없이 죽일 것이다. 셋이서 연합하여 군대를 보냅시다, (그들을) 완전히 없앱시다!" 하고 그들이 말하였다고 한다. 튀르기시 카간은 이렇게 말하였다고 한다: "나의 백성이 거기에 있을 것이다" 하고 그가 말하였다고 한다.

(22 = E 5)

[türk bod(u)ni y(ä)mä] : bulγ(a)n͡č [ol t(e)m(i)š] : oγ(u)zi y(ä)mä : t(a)rq(ï)n͡č ol t(e)m(i)š : ol s(a)bïn : (e)š(i)d(i)p : tün y(ä)mä : ud(ï)s͡ïq(ï)m k(ä)lm(ä)z (ä)rti : <kün y(ä)mä :> ol(o)rs(ï)q(ï)m : k(ä)lm(ä)z (ä)rti : (a)n͡ta s(a)q(ï)n͡t(ï)m a

"[튀르크 백성도] 혼란 상태에 [있다" 하고 그가 말하였다고 한다.] "그들의 오구즈족도 불안하다" 하고 그가 말하였다고 한다. (튀르기시 카간의) 그 말을 듣고 나는 밤에 잠잘 생각이 나지 않았다, <낮에> 앉을 생각이 나지 않았다. 그 때에 나는 생각하였다 아.

(23 = E 6)

[ilk q͡ïïrq(ï)zq]a : sü[l(ä)s(ä)]r [y(e)g (ä)r]m(i)š : t(e)d(i)m : k͡öög-

---

에 대항했던 나이만(乃蠻)족 왕자의 이름도 Küčlüg(屈出律)이다.

31) 동돌궐(東突厥)을 말한다. 그렇지만 구절 öŋrä türk q(a)γ(a)nγ(a)ru는 "동쪽으로 튀르크 카간을 향하여"라고 해석할 수도 있다.

m(ä)n : yoli : bir (ä)rm(i)š : tum(i)š t(e)y(i)n (e)š(i)d(i)p : bu yol(u)n : yorïs(a)r : y(a)r(a)m(a)čï t(e)d(i)m : y(e)rči t(i)l(ä)d(i)m : čölgi (a)z (ä)ri : bult(u)m

"[맨 먼저 크르그즈]에 군대[를 보내면 더 좋을] 것 같다" 하고 나는 말하였다. "쾨그맨 길은 하나라고 한다, (그것도) 막혔다고 한다" 하고 듣고는 "(우리가) 이 길로 나아간다면 좋지 않을 것이다" 하고 나는 말하였다. 나는 안내자를 원하였다. 나는 초원의 아즈족 사나이를 (하나) 찾아냈다.

(24 = E 7)

(e)š(i)t(ti)m : (a)z yir y[oli?] : (a)nï b[irlä? .. (ä)r]m(i)š : bir (a)t oruu͡qi : (ä)rm(i)š : (a)nïn b(a)rm(i)š : (a)ŋ(a)r (a)yt(ï)p : bir (a)tl(ï)γ b(a)rm(i)š t(e)y(i)n : ol yol(u)n : yorïs(a)r : un͡č t(e)d(i)m : s(a)-q(ï)n͡t(ï)m : q(a)γ(a)n(ï)ma

나는 (그에게서 이렇게) 들었다. 아즈 땅(으로 가는) [길은?] 아느(강을) [따라서 ? .. 있다]고 한다. (단지) 말 한 마리가 지날 정도라고 한다.[32] (그 자신이?) 그 길로 (한 번) 갔다고 한다. 그에게 물어 보고는 "말탄 이가 하나 갔다고 한다" 하고는 "그 길로 나아간다면 가능하다" 하고 나는 말하였다. 나는 생각하였다. 나의 카간에게

북쪽 면

(25 = N 1)

öt(ü)nt(ü)m : sü yorïtd(ï)m : (a)tl(a)t [: t(e)d(i)]m : (a)q t(ä)rm(ä)l k(ä)čä : uγ(u)r q(a)l(ï)td(ï)m : (a)t üzä : b(i)nt(ü)rä q(a)r(ï)γ : so͡k-d(ü)m : yo͡q(qa)ru : (a)t y(e)tä y(a)d(a)γ(ï)n : ïγ(a)č tut(u)nu : (a)γ-turt(u)m : öŋr(ä)ki (ä)r :

나는 아뢰었다. 나는 군대를 나아가게 하였다. 나는 (배그들에게) "(군사

32) 원문의 bir (a)t oruu͡qi는 직역하면 "말 한 마리 길"이 된다.

들을) 말에 태워라!” 하고 [말하였]다. 나는 아크 태르맬[33](강을 이렇게) 지나면서 시간을 벌었다. 나는 (군사들을) 말 위에 태우면서 눈을 헤쳤다. 나는 위로, 말을 밧줄로 끌며 걸어서[34] 나무에 매달리며 (군사들을 산에) 오르게 하였다. 전위대 군사들을

(26 = N 2)

yuγ(u)rča : ïd(ï)p ï b(a)r b͡aš : (a)šd(ï)m(ï)z : yub(u)lu : int(i)m(i)z : on tünkä : y(a)n͡t(a)qï : tuγ (ä)birü : b(a)rd(ï)m(ï)z : y(e)rči : y(e)r y(a)ŋ(ï)l(ï)p : boγ(u)zl(a)n͡tï : buŋ(a)d(ï)p : q(a)γ(a)n : y(ä)lü k͡ör t(e)m(i)š

(눈을) 반죽하듯이 나아가게 해서[35] 숲으로 덮인 꼭대기를 우리는 넘었다. (그 뒤에) 우리는 구르며 내려갔다. 우리는 열흘 밤(만)에 옆에 있는 장애물을 돌며 갔다. 안내자가 길을 잘못 들어서 목 잘렸다. 지루해서 카간은 “말을 전속력으로 몰아 봐라!” 하고 말하였다고 한다.

(27 = N 3)

(a)nï sub[qa] : b(a)rd[(ï)m(ï)z] : ol sub q͡uudï : b(a)rd(ï)m(ï)z : (a)s(ï)nγ(a)lï : tüšürt(ü)m(i)z : (a)t(ï)γ : ïqa : b(a)yur (ä)rt(i)m(i)z : k͡üün y(ä)mä : tün y(ä)mä : y(ä)lü : b(a)rd(ï)m(ï)z : q͡ïïrq(ï)z(ï)γ : uqa b(a)sd(ï)m(ï)z :

[우리는] 아느 강[에] 이르렀[다]. 우리는 그 강을 따라 (내려)갔다. 우리는 기어오르기 위하여 (군사들을 말에서) 내리게 하였다. 우리는 말을 나무에 매곤 하였다. 우리는 밤낮으로 말을 전속력으로 몰며 갔다. 우리는 크르그즈족을 잠에서 (있을 때에) 습격하였다.

---

33) 서쪽을 나타내는 빛깔이 흰 색임을 고려하면, Aq Tärmäl “흰 태르맬”은 “서(西) 태르맬”을 뜻한다고 할 수 있다.

34) 원문의 y(a)d(a)γ(ï)n은 yadaγ(“걸어서; 도보자, 보병”) + ï(연결모음) + -n(기구격 어미)으로 분석된다.

35) 원문의 ïd(ï)p는 ïd-(“보내다”) + ï(연결모음) + -p(부동사어미)로 분석되며 직역하면 “보내서”가 된다.

(28 = N 4)

[usï]n (?) süŋ(ü)g(ü)n : (a)čd(ï)m(ï)z : q(a)ni : süsi : t(e)r(i)lm(i)š : süŋ(ü)šd(ü)m(i)z : s(a)n͡čd(ï)m(ï)z : q(a)nin : öl(ü)rt(ü)m(i)z : q(a)-γ(a)nqa : q͡ïïrq(ï)z : bod(u)ni : i͡č(i)kdi : yu͡k(ü)nti[36] : y(a)n͡t(ï)m(ï)z : k͡öögm(ä)n yïš(ï)γ : (ä)b(i)rü : k(ä)lt(i)m(i)z :

우리는 [그들의 잠]을 (?) 창으로 열었다. (이때에) 그들의 칸, 그들의 군대가 모였다고 한다. 우리는 싸웠다, 찔렀다. 우리는 그들의 칸을 죽였다. (우리의) 카간에게 크르그즈 백성이 복종하였다, 숙였다. 우리는 돌아왔다. 우리는 쾨그맨 산맥을 돌면서 왔다.

(29 = N 5)

q͡ïïrq(ï)zda : y(a)n͡t(ï)m(ï)z : türg(i)š q(a)γ(a)n͡ta : k͡üür(ä)g k(ä)lti : s(a)bi (a)n͡t(ä)g : öŋd(ü)n q(a)γ(a)nγ(a)ru : sü yorïl(ï)m t(e)m(i)š : yor(ï)m(a)s(a)r : bizni : q(a)γ(a)ni (a)lp (ä)rm(i)š : (a)yγučïsi : bilgä (ä)rm(i)š : q(a)č(an) n(ä)ŋ (ä)rs(ä)r

우리는 크르그즈족에게서 돌아왔다. (이때에) 튀르기시 카간에게서 탈주자가 왔다. 그의 말은 이러하(였)다: "동쪽 카간[37]을 향하여 출정합시다!" 하고 (튀르기시 카간이) 말하였다고 한다. "출정하지 않으면 우리를, 그들의 카간은 용감하다고 한다, 그의 대변인은 현명하다고 한다, 언제라도

(30 = N 6)

bizni : öl(ü)rt(ä)čik o͡k : t(e)m(i)š : türgiš q(a)γ(a)ni : t(a)š͡ïqm(i)š tidi : on o͡q bod(u)ni : q(a)lïs(ï)z t(a)š͡ïqm(i)š : tir : t(a)bγ(a)č süsi : b(a)r (ä)rm(i)š : ol s(a)b(ï)γ : (e)š(i)d(i)p : q(a)γ(a)n(ï)m : b(ä)n (ä)bg(ä)rü : tüš(ä)yin tidi :

그는 우리를 반드시 죽일 것이다" 하고 그가 말하였다고 한다. (탈주자는) "튀르기시 카간이 출정했다고 한다" 하고 말하였다, "온 오크 백성이 남김없이 출정했다고 한다" 하고 말한다. (그들 사이에는) 중국 군대(도) 있다고 한

36) 비슷한 뜻의 동사 ičik-와 yükün-이 나란히 쓰였다.
37) 동돌궐 카간인 카프간 카간을 말한다.

다. 그 말을 듣고 나의 카간은 “나는 본영으로 내려갈게” 하고 말하였다.

(31 = N 7)

q(a)tun : yo͡oq b(o)lm(i)š (ä)rti : (a)nï yoγl(a)t(a)yin t(e)di : sü b(a)r(ï)ŋ : t(e)di : (a)ltun yïšda : ol(o)r(u)ŋ t(e)di : sü b(a)ši : in(ä)l q(a)γ(a)n : t(a)rduš š(a)d : b(a)rzun : t(e)di : bilgä tuńu͡qu͡q(q)a : b(a)ŋa : (a)ydï :

카툰이 죽었었다. (카간은) “그의 장례를 치르게 할게” 하고 말하였다, “군사들, (너희들은) 가라” 하고 말하였다, “(너희들은) 알타이 산맥에서 머물러라” 하고 말하였다, “장수(로서) 이넬 카간[38](과) 타르두시 샤드[39]가 가게 하라” 하고 말하였다. 그는 빌개 투뉴쿠크에게 나에게는 말하였다:

(32 = N 8)

bu süg (e)lt : tidi : q͡ïïy(ï)n(ï)γ : k͡ööŋl(ü)ŋčä (a)y : b(ä)n s(a)ŋa nä (a)y(a)yin : tidi : k(ä)lir (ä)rs(ä)r : k͡öörü k(ä)lür : k(ä)lm(ä)z (ä)rs(ä)r : tïl(ï)γ s(a)b(ï)γ : (a)lï olor : tidi : (a)ltun yïšda : ol(o)r-t(u)m(ï)z :

“이 군대를 보내라! (죄지은 자들의) 벌을 (자네) 마음대로 말하라! 내가 너에게 (더) 무엇을 말하겠나” 하고 말하였다, “군사들, (너희들은) 가라” 하고 말하였다, “(적이) 온다면 눈에 띄며 온다[40]; 오지 않는다면 정보를 얻

38) Inäl은 “태자”를 뜻한다. 이넬 카간은 카프간 카간(Qapγan Qaγan; 다른 이름으로는 뵈귀 카간(Bögü Qaγan))의 아들로서 빌개 카간과 퀼 티긴의 사촌이다. 카프간 카간의 사후, 빌개 카간 및 퀼 티긴과의 카간위 쟁탈전에서 져서 죽었으며 그 일가친척도 몰살당하였다. 중국 문헌에는 移涅可汗으로 나온다.

39) 튀르기시 원정은 KT E 36-38, BQ E 27-28에도 언급되어 있으므로 여기의 타르두시 샤드가 바로 후일의 빌개 카간임을 알 수 있다.

40) 동사 käl-의 부정과거(aorist, 고대 튀르크어에서는 현재시제의 기능이 있었다) 형은 käl-ür가 아니라 käl-ir이다. kälür는 “가져오다, 오게 하다”를 뜻하는 동사의 어간, 즉 단수 제2인칭 명령형이다. 돌궐 비문들에서는 대구(對句)로 표현된 경우가 많다. 이 부분도 대구로 나타난다. 둘째 문장의 뒷부분은 “정보를 얻으며 머물러라!”의 명령형으로 되어 있다. 그렇다면 앞 문장의 뒷부분도 명령형으로 되어 있다고 보는 것이 논리에도 맞다. 그러므로 k͡öörü k(ä)lür를 “(적을) 보면

으며 머물러라!" 하고 말하였다. 우리는 알타이 산맥에서 머물렀다.

(33 = N 9)

üč k͡üür(ä)g kiši k(ä)lti : s(a)bi : bir : q(a)γ(a)ni sü t(a)š͡ïqdï : on o͡q süsi : q(a)lïs(ï)z : t(a)š͡ïqdï : tir : y(a)r(ï)š y(a)zïda : tir(i)l(ä)l(i)m t(e)m(i)š : ol s(a)b(ï)γ (e)š(i)d(i)p : q(a)γ(a)nγ(a)ru : ol s(a)b(ï)γ ït(tï)m : q(a)n͡t(a) y(a)n : s(a)b(ï)γ : y(a)na

세 탈주자가 왔다.[41] 그들의 말은 하나이(었)다: "그들의 카간이 군대와 함께 출정하였다. 온 오크 군대가 남김없이 출정하였다" 하고 그들이 말한다. "야르시[42] 평원에서 모입시다!" 하고 말했다고들 한다. 그 말을 듣고 나는 카간에게로 그 소식을 보냈다. 카간[43]에게서 대답을 (이렇게)

(34 = N 10)

k(ä)l<ür>ti : ol(o)r(u)ŋ tiy(i)n : t(e)m(i)š : y(ä)lmä : q(a)rγu : (ä)dgüti : urγ(ï)l : b(a)s(ï)tma : t(e)m(i)š : bög<ü> q(a)γ(a)n : b(a)ŋ(a)ru : (a)n͡ča yïdm(i)š : (a)pa t(a)rq(a)nγ(a)ru : ï͡črä s(a)b : ïdm(i)š : bilgä tuńu͡qu͡q : (a)ń(ï)γ ol : üz ol

가져들 왔다. 그는 "머무르시오!" 하고 말했다고 한다, "기마 정찰대(와) 망대를 잘 두어라! 습격당하지 마라!" 하고 말했다고 한다. 뵈귀 카간[44]은

서 오게 하라!"로 해석하는 것이 문법에 맞고 자연스럽다.

41) 1997, 1998, 1999년에 터키-몽골 학술 조사단의 일원으로 몽골 현지에서 돌궐 비문들을 조사한 터키의 Alyïlmaz(2000)는 이 문장을 üč k͡üür(ä)g yiyi k(ä)lti "세 피난민이 잇따라 왔다"로 읽고 해석해야 한다고 주장하였다. 그의 주장에 따르면 세 번째 낱말은 Y^{2}IY^{2}I(iJiJ)인데 그동안 K^{2}IS^{2}I(iSiK)로 읽혀 왔다.

42) 러시아 연방의 알타이 공화국에서 발원하여 오브(Ob, Обь) 강으로 흘러드는 547 ㎞ 길이의 Čaryš(Чарыш) 강이 있다. 이 강 이름이 Yarïš와 관련이 있는 듯하다.

43) 원문에는 q(a)n으로 되어 있다. 이 카간이 카프간 카간임을 볼 때 이미 일테리시 카간이 죽었음을 알 수 있다.

44) 중국 문헌에는 默啜로 나오는 카프간 카간의 이름이다. 카프간 카간은 쿠틀루그(Qutluγ = 일테리시 카간)의 아우이자 이넬 카간의 아버지이다. 그러므로 빌개 카간과 퀼 티긴에게는 숙부가 된다. 716년에 바이르쿠(Bayïrqu, 拔也古, 拔野

나에게로 그렇게 (소식을) 보냈다고 한다. 그는 아파 타르칸[45]에게로는 은밀한 전언을 보냈다고 한다: “빌개 투뉴쿠크는 나쁘다, 제멋대로다.[46]

(35 = N 11)

sü yorïl(ï)m t(e)d(ä)či : unam(a)ŋ : ol s(a)b(ï)γ (e)š(i)d(i)p : sü yorïtd(ï)m : (a)ltun yïš(ï)γ : yols(ï)z(ï)n (a)šd(ï)m<(ï)z> : (ä)rt(i)š üg(ü)z(ü)g : k(ä)č(i)gs(i)z(i)n : k(ä)čd(i)m(i)z : tün (a)q(ï)td(ï)m(ï)z : bolčuqa : t(a)ŋ ünt(ü)rü : t(ä)gd(i)m(i)z :

출정합시다! 하고 그가 말할 것이다. 허가하지 마시오!”. 그 말을 듣고 나는 출정하였다. 우리는 알타이 산맥을 길 없이 넘었다, 이르티시강을 여울 없이 건넜다. 우리는 (군대를) 밤에 행군하게 하였다. 우리는 볼추[47]에 동틀 때에 이르렀다.

古, 拔曳古)족의 복병을 만나 죽었다.

45) 大 Tarqan의 뜻을 지니는 Apa Tarqan은 중국 문헌(新唐書)에 언급되어 있는 阿史德元珍의 칭호로서 같은 문헌에 阿波達干으로 표기되어 있다. Apa Tarqan은 BQ S 13에도 나타난다.

46) 원문의 (a)ń(ï)γ ol üz ol을 Tekin은 터키어 원본에서 “aksi mizaçlıdır, öfkelidir”, 즉 “(그는) 성마르다, 화를 잘 낸다”로 번역하였지만, 우리는 ańïγ의 본뜻 및 üz에 관한 Tekin의 설명을 고려하여 이를 “(그는) 나쁘다, 제멋대로다”로 번역하였다. 고대 튀르크어에서는 (긍정의) 3인칭 계사로서 ol, ärür(< är-ür) 및 turur (< tur-ur)가 사용되었다. 현대 터키어(터키 공화국에서 공용어로 사용되는 튀르크어)에서는 turur에서 발전한 -dır/-dir/-dur/-dür/-tır/-tir/-tur/-tür가 3인칭에서 사용되고 있다.

47) 이 땅이름은 KT E 37과 BQ E 28에도 나타난다.

▪ 제 2 비문 ▪

서쪽 면

(36 = W 1)

tïl(ï)γ k(ä)lürti : s(a)bi (a)n͡t(a)γ : y(a)r(ï)š y(a)zïda : on tüm(ä)n : sü t(e)r(i)lti : tir : ol s(a)b(ï)γ (e)š(i)d(i)p : b(ä)gl(ä)r : q͡oop(ï)n

(이때 한) 정보원을 데리고들 왔다. 그의 말은 이러하다: "야르시 평원에서 10만 군대가 모였다" 하고 그가 말한다. 그 말을 듣고 배그들이 모두

(37 = W 2)

y(a)n(a)l(ï)m : (a)rïγ ub(u)ti y(e)g : t(e)di : b(ä)n (a)n͡ča t(e)r m(ä)n : b(ä)n bilgä tuńu͡qu͡q : (a)ltun yïš(ï)γ : (a)ša k(ä)lt(i)m(i)z : (ä)rt(i)š üg(ü)z(ü)g

"돌아갑시다!: 깨끗함의 (즉 "싸워 지지 않은 것의") 부끄러움이 (싸워 지는 것의 부끄러움보다) 더 낫습니다!" 하고 말하였다. (나는 이렇게 말하였다:) "나는 이렇게 말합니다, 나 빌개 투뉴쿠크는: 우리는 알타이 산맥을 넘으며 왔습니다, 이르티시강을

(38 = W 3)

k(ä)čä k(ä)lt(i)m(i)z : k(ä)lm(i)ši : (a)lp tidi : tuym(a)dï : t(ä)ŋri um(a)y : ïdu͡q y(e)r sub : b(a)sa b(e)rti (ä)r(i)n͡č : n(ä)kä : t(ä)z(ä)r biz :

건너며 왔습니다. (여기까지) 온 사람들은 "(오기) 힘들(었)다!"고 말하였습니다(만 그리 힘듦을) 느끼지 못하였습니다. 신, 우마이 (여신 및) 신성한 땅(과) 물(의 정령들)이 (우리를) 도왔습니다 분명. 우리가 왜 달아납니까?

(39 = W 4)

ûküš t(e)y(i)n : n(ä)kä q͡oorq͡uur biz : (a)z t(e)y(i)n : nä b(a)-s(ï)n(a)l(ï)m : t(ä)g(ä)l(i)m tid(i)m : t(ä)gd(i)m(i)z : yulïd(ï)m(ï)z : (e)kinti k͡üün :

(적이) 많다고 우리가 왜 두려워합니까? (우리가) 적다고 우리가 왜 져야 합니까? 공격합시다!"하고 나는 말하였다. 우리는 공격하였다, 약탈하였다. 둘째 날

(40 = W 5)

örtčä q͡ïïz(ï)p k(ä)lti : süŋ(ü)šd(ü)m(i)z : biz(i)ntä : (e)ki uči : sïŋ(a)rča : (a)rtu͡q (ä)rti : t(ä)ŋri y(a)rl(ï)q(a)do͡q üč(ü)n : ûküš t(e)y(i)n :

(튀르기시 카간의 군대가) 불같이[48] 성내며 (우리에게) 왔다. 우리는 싸웠다. 우리보다 그들의 두 날개(翼)는 절반 정도 더 많았다. 신께서 명하셨기 때문에, (적이) 많다고

(41 = W 6)

q͡oorqm(a)d(ï)m(ï)z : süŋ(ü)šd(ü)m(i)z : t(a)rduš : š(a)dra : udï : y(a)ńd(ï)m(ï)z : q(a)γ(a)nin : tutd(u)m(ï)z : y(a)bγusin : š(a)din :

우리는 두려워하지 않았다. 우리는 싸웠다. 타르두시 샤드를 향하여 추격하며 우리는 (그들을) 참패시켰다. 우리는 그들의 카간을 붙잡았다.[49] (우리는) 그들의 야브구를, 그들의 샤드를

---

48) KT E 37과 BQ E 27에서는 örtčä 대신에 otča borča로 표현되어 있다. Adamović(1996)는 bor[bōr]가 토하르어 *pōr "불"에서 차용된 것이라 주장하며 otča borča를 "wie ein Flächenbrand", 즉 "큰 화재(conflagration)처럼"이라고 번역하였다. 그렇다면 otča borča는 두 개의 동의어로 이루어진 구절이 되는 것이다.

49) KT E 37과 BQ E 28에서는 튀르기시 카간을 죽였다는 표현이 나온다. 그러므로 이 표현이 잘못된 것이 아니라면, KT E 36-38, BQ E 27-28의 튀르기시 원정과 투뉴쿠크 비문에서 언급된 튀르기시 원정이 서로 다른 것이 된다.

(42 = W 7)

(a)n͡ta öl(ü)rti : (ä)l(i)gčä (ä)r : tutd(u)m(ï)z : ol o͡q tün : bod(u)-nin s(a)yu : ït(tï)m(ï)z : ol s(a)b(ï)γ : (e)š(i)d(i)p : on o͡q b(ä)gl(ä)ri : bod(u)ni : q͡oop

거기에서 죽였다. 우리는 50 정도의 군사를 붙잡았다. 우리는 바로 그날 밤 그들의 백성마다 (그들과 함께 소식을) 보냈다. 그 소식을 듣고 온 오크 배그들(과) 백성이 모두

(43 = W 8)

k(ä)lti : yük͡ünti : k(ä)l(i)gmä : b(ä)gl(ä)rin : bod(u)nin : it(i)p : yï-γ(ï)p (a)zča : bod(u)n : t(ä)zm(i)š (ä)rti : on o͡q süsin : sül(ä)td(i)m

왔다, 머리 숙였다. (우리에게) 오는 자기 배그들(과) 백성을 조직하고 모아서 약간의 백성이 달아났었다. 나는 온 오크 군대를 출정시켰다.

(44 = W 9)

biz y(ä)mä : sül(ä)d(i)m(i)z : (a)nï (ä)rt(ti)m(i)z : y(e)n͡čü (ü)g(ü)-z(ü)g : k(ä)čä : tinsi oγli : (a)yt(ï)γma : b(ä)ŋl(i)g (ä)k t(a)γ(ï)γ : (ä)rtü

우리도 출정하였다. 우리는 그들을[50] 지났다. 옌취 강을 건너며, "하늘의 아들"이라 하는 (그 꼭대기가 흰) 점이 있는 애크 산을 지나며

남쪽 면

(45 = S 1)

t(ä)m(i)r q(a)p(ï)γqa : t(ä)gi : irt(i)m(i)z : (a)n͡ta y(a)n͡turt(u)m(ï)z : in(ä)l q(a)γ(a)nqa [(a)n͡č(ï)p m(a)n͡čud : s(a)qa] : t(ä)zik : to͡q(a)r sïn[...]

50) (a)nï는 지시대명사(에서 인칭대명사로 된) ol "그"의 대격형이다.

우리는 태미르 카프그까지 이르렀다. 우리는 그곳으로부터 (우리의 군대를) 되돌렸다. 이넬 카간에게 그렇게 해서 [만추드족, 사카족], 아랍족[51], 토하르족 ......

(46 = S 2)

(a)n͡ta b(ä)ru͡ki : (a)šo͡q b(a)šl(ï)γ soγd(a)q : bod(u)n : q͡oop k(ä)lti : yu͡k(ü)nti : [ö?]gti : türu͡k bod(u)n : t(ä)m(i)r q(a)p(ï)γqa : t(e)nsi oγli

(및) 그들로부터 이쪽에 있는 아쇼크가 우두머리인 소그드 백성이 모두 왔다, 머리 숙였다, (그리고 카간을) [칭찬?]하였다. 튀르크 백성이 태미르 카프그에, "하늘의 아들"

(47 = S 3)

tinsi oγli : (a)yt(ï)γma t(a)γqa : t(ä)gm(i)š idi yo͡q (ä)rm(i)š : ol y(e)rkä : b(ä)n bilgä : tuńu͡qu͡q : t(ä)gürto͡k üč(ü)n

"하늘의 아들"이라 하는 산에 이른 적이 전혀 없다고 한다. 그 땅에 (튀르크 백성을) 나 빌개 투뉴쿠크가 이르게 하였기 때문에

(48 = S 4)

s(a)r(ï)γ (a)ltun : ür(ü)ŋ k͡üüm(ü)š : q͡ïïz q͡ood(u)z : (ä)gri t(ä)bi : (a)γï buŋs(ï)z : k(ä)lürti : ilt(e)r(i)š q(a)γ(a)n : bilg(ä)sin üč(ü)n

그들은 누런 금, 흰 은, 부녀자, 혹이 있는 낙타 (및) 비단을 잔뜩 (우리에게) 가져왔다. 일테리시 카간은 현명하기 때문에

---

51) 원문의 t(ä)zik를 Tekin은 "페르시아인"으로 번역하였지만 어휘집 부분에서는 "타지크족"으로 보았다. Orkun(1936), Malov(1951) 및 Giraud(1961)는 이를 "아랍인"으로 보았고 Tekin도 1968년의 저서에서 그렇게 보았었다. Ramstedt-Granö-Aalto(1958)에서는 Täzik(족)으로만 번역되어 있을 뿐 특별한 설명이 없다. 중국 당(唐)나라 문헌에서 압바스(Abbas) 왕조 때의 사라센이 대식(大食)으로 나오는데 이 대식(大食)은 Täzik와 동일한 것임이 분명하다. 그러므로 투뉴쿠크 비문의 t(ä)zik는 아랍족을 가리킨다고 보는 것이 타당하다.

(49 = S 5)

(a)lpin üč(ü)n : t(a)bγ(a)čqa : y(e)ti y(e)girmi : süŋ(ü)šdi : q͡ïï-t(a)ńqa : y(e)ti süŋ(ü)šdi : oγ(u)zqa : b(e)š süŋ(ü)šdi : (a)n͡ta (a)y-γučï[si?]

용감하기 때문에 중국인들과 17 (번) 싸웠다, 거란족과 7 (번) 싸웠다, 오구즈족과 5 (번) 싸웠다. 그 때에 [그의?] 대변인

(50 = S 6)

y(ä)mä : b(ä)n : o͡k (ä)rt(i)m : y(a)γ[ïčïsi] y(ä)mä : b(ä)n o͡k (ä)rt(i)m : ilt(e)r(i)š q(a)γ(a)nqa : türü͡k b(ö)gü q(a)γ(a)nqa : türü͡k bilgä q[(a)γ(a)nqa]

도 바로 나였다, 적과 싸운 [그의 사람]도 바로 나였다. 일테리시 카간에게, 튀르크 뵈귀 카간에게, 튀르크 빌개 카[간에게]

동쪽 면

(51 = E 1)

q(a)pγ(a)n q(a)γ(a)n : y(e)ti ot(u)z : y(a)šqa [......]n͡ta [.............] (ä)rti : q(a)pγ(a)n q(a)γ(a)n : ol(o)rtd(u)m : tün ud(ï)m(a)tï

카프간 카간은 27 살에 [.......................]였다.[52] (그를 내가) 카프간 카간(으로서) 즉위시켰다.[53] 밤에 자지 않고

52) 원문의 q(a)pγ(a)n q(a)γ(a)n : y(e)ti ot(u)z : y(a)šqa [......]n͡ta [.............] (ä)rti는 Radloff(1899), Orkun(1936) 및 Giraud(1961)에서는 $K^{1}PG^{1}N^{1}K^{1}G^{1}N^{1}$:$Y^{2}T^{2}IWT^{1}Z$:$Y^{1}S^{2}K^{1}A$...... NTA.............$R^{2}T^{2}I$, Ramstedt-Granö-Aalto (1958)에서는 (아홉째 글자 L^{2}가 뚜렷하지 않은) $K^{1}PG^{1}N^{1}K^{1}G^{1}N^{1}IL^{2}$ŊI:$R^{2}$...... NTA........$R^{2}T^{2}I$로 되어 있다. Radloff(1899) 등의 자료를 따르면 q(a)pγ(a)n q(a)γ(a)n : y(e)ti ot(u)z : y(a)šqa [......]n͡ta [.............] (ä)rti가 된다. 중국 문헌에서 默啜로 나오는 카프간 카간은 샤드(殺)로 있다가 27 살 때에 형 일테리시 카간이 병사하자 형의 뒤를 이어 카간이 되었으므로 비문의 마멸된 부분에는 이와 관련된 내용이 있었을 것이다.

(52 = E 2)

k͡üünt(ü)z : ol(o)rm(a)tï : q͡ïïz(ï)l q(a)n(ï)m : t͡ök(ü)ti : q(a)ra t(ä)-r(i)m : yüg(ü)rti : (i)š(i)g küč(ü)g b(e)rt(i)m ö͡k : uz(u)n y(ä)lm(ä)g : y(ä)mä : ït(tï)m o͡q

낮에 앉지 않고 나는 붉은 피를 쏟으며 검은 땀을 흘리며 봉사하였다. 나는 먼 (거리에 기마) 정찰대도 보냈다,

(53 = E 3)

(a)rquy q(a)rγuγ : olγ(u)rtd(u)m o͡q : y(a)n(ï)γma : y(a)γïγ : k(ä)lür[ü]r (ä)rt(i)m : q(a)γ(a)n(ï)m(i)n : sü (e)ltd(i)m(i)z : t(ä)ŋri y(a)rl(ï)q(a)zu

망대를 (적당한 곳에) 세우게 하였다. 나는 돌아가는 적을 (다시) 오게 하곤 하였다. 나는 나의 카간과 함께 출정하였다.[54] 신이여 보호하소서!

(54 = E 4)

bu tür͡ük bod(u)n (a)ra : y(a)r(ï)ql(ï)γ y(a)γïγ : y(ä)ltürm(ä)d(i)m : tüg(ü)nl(ü)g (a)t(ï)γ : yüg(ü)rtm(ä)d(i)m : ilt(e)r(i)š q(a)γ(a)n : q(a)zγ(a)nm(a)s(a)r :

나는 이 튀르크 백성 사이에서[55] 갑옷 입은 적이 공격하지 못하게 하였다[56], (꼬리가) 매듭지어진 (적의) 말이 달리지 못하게 하였다. 일테리시 카간이 획득하지 않(았)으면,

---

53) 원문의 ol(o)rtd(u)m은 Radloff(1899), Orkun(1936) 및 Giraud(1961)에서는 ol(u)rdï로 되어 있고 Malov(1951)에는 없다. 돌궐 비문들에서 d로 시작되는 어미나 접미사가 /l/, /n/ 및 /r/ 뒤에서는 t로 됨을 고려하면 ol(u)rdï가 아니라 ol(u)rtï "그가 앉았다, 그가 즉위하였다"이어야 한다.

54) 동사가 1인칭 복수형으로 되어 있다.

55) 원문의 (a)ra(ar)를 Radloff(1899), Orkun(1936), Malov(1951) 및 Giraud(1961)는 -qa(ak)로 읽었는데 이는 R^1(r)과 K^1(k)의 모양이 서로 비슷한 데에 기인한 것이다. -qa로 읽어도 bod(u)nqa "백성에(게)"가 되어 뜻이 통한다.

56) 원문의 y(ä)ltürm(ä)d(i)m을 직역하면 "나는 (그들이 말을 타고) 질주하지 못하게 하였다"가 된다.

(55 = E 5)

udu b(ä)n öz(ü)m : q(a)zɣ(a)nm(a)s(a)r : il y(ä)mä : bod(u)n y(ä)mä : yo͡q (ä)rt(ä)či (ä)rti : q(a)zɣ(a)n͡to͡qin üč(ü)n : udu öz(ü)m : q(a)zɣ(a)n͡to͡q(u)m üč(ü)n

그리고 나 나 자신이 획득하지 않(았)으면 나라도 백성도 없었을 것이었다. 그가 획득하였기 때문에 그리고 나 자신이 획득하였기 때문에

(56 = E 6)

il y(ä)mä : il bol͡tï : bod(u)n y(ä)mä : bod(u)n bol͡tï : öz(ü)m q(a)rï bol͡t(u)m : ul(u)ɣ bol͡t(u)m : n(ä)ŋ y(e)rd(ä)ki : q(a)ɣ(a)nl(ï)ɣ bod(u)nqa

나라도 나라가 되었다, 백성도 백성이 되었다. (이제) 나 자신은 늙었다, 나이를 먹었다.[57] 아무 땅에 있는 카간이 있는 (즉 "독립된") 백성에게

(57 = E 7)

bünt(ä)gi[58] : b(a)r (ä)rs(ä)r : nä buŋi : b(a)r (ä)rt(ä)či (ä)rm(i)š

이러한 (정치가)가 있으면, (그 백성은) 무슨 걱정이 있겠는가?

(58 = E 8)

türu͡k bilgä q(a)ɣ(a)n : il(i)ŋä : bititd(i)m : b(ä)n bilgä tuńu͡qu͡q

튀르크 빌개 카간의 재위시에 (이 비문을) 내가 쓰게 하였다. 나 빌개 투뉴쿠크

---

57) q(a)rï bol͡t(u)m과 ul(u)ɣ bol͡t(u)m은 같은 뜻이다.

58) Alyılmaz(2000)는 이 낱말이 $B^2IN^2T^2G^2I$로 되어 있고 bint(ä)gi "(그들의)나와 같은 것, 나와 같은 사람"으로 읽히고 번역되어야 한다고 주장하였다.

북쪽 면

(59 = N 1)

ilt(e)r(i)š q(a)γ(a)n : q(a)zγ(a)nm(a)s(a)r : yo͡q (ä)rti (ä)rs(ä)r : b(ä)n öz(ü)m bilgä tuńu͡qu͡q : q(a)zγ(a)nm(a)s(a)r : b(ä)n yo͡q (ä)rt(i)m (ä)rs(ä)r

일테리시 카간이 획득하지 않(았)으면, (또는 아예) 없었다면, 나 나 자신 빌개 투뉴쿠크가 획득하지 않(았)으면, (또는 아예) 없었다면

(60 = N 2)

q(a)pγ(a)n q(a)γ(a)n : türu͡k sir bod(u)n : y(e)rintä : bod y(ä)mä : bod(u)n y(ä)mä : kiši y(ä)mä : idi yo͡q (ä)rt(ä)či (ä)rti :

카프간 카간의 튀르크 시르 백성의 땅에는 부족도 백성도 사람도 전혀 없었을 것이었다.

(61 = N 3)

ilt(e)r(i)š q(a)γ(a)n : bilgä tuńu͡qu͡q : q(a)zγ(a)n͡to͡q üč(ü)n : q(a)p-γ(a)n q(a)γ(a)n : türu͡k sir bod(u)n : yorïdo͡qi bu

일테리시 카간(과) 빌개 투뉴쿠크가 획득하였기 때문에 카프간 카간의 튀르크 시르 백성이 발전한 것이 (바로) 이것(이다).

(62 = N 4)

türu͡k bilgä : q(a)γ(a)n : türu͡k sir bod(u)n(u)γ : oγ(u)z bod(u)n(u)γ : ig(i)dü : ol(o)rur

튀르크 빌개 카간은 튀르크 시르 백성을, 오구즈 백성을 돌보며 군림한다.

돌길 비문 연구

▒ 퀼 티긴 비문 ▒

1) KT S 1: t(ä)ŋri t(ä)g t(ä)ŋridä bolm(i)š. 이 구절은 Thomsen에 의해 먼저는 "(Moi) qui ressemble au ciel, venu du ciel" 형태로 번역되었으나(1896: 122), 나중에는 "(Ich) der Gottleiche Himmelsgeborene"로 정정되었다(1924: 140). Radloff의 번역도 Thomsen의 처음 번역에 가까웠다: "(Dies ist) mein, des himmelsgleichen vom Himmel eingesetzten..." (1897: 130). Thomsen의 두 번째 번역을 알지 못한 Orkun도 이 구절을 "Göğe benzer gökte (mevcut) olmuş[하늘을 닮은 하늘에 존재한]"이라는 식으로 번역하였다(ETY I: 22). Malov도 Thomsen의 정정에 유의하지 않고 이 구절을 Radloff처럼 "Nebopodovnyj, neboroždennyj ..."이라는 식으로 번역하였다(1951: 33).

나중에 나온 비문의 출판물들에서 이 두 구절은 Thomsen의 두 번째 번역처럼 "신 같은, 하늘에서 생긴(또는: 태어난)"이라는 식으로 번역되었다: "I, the Heaven-like and Heaven-born ..."(GOT: 261), "Tanrı gibi gökte olmuş[신 같은 하늘에서 생긴]..."(Ergin 1970: 17).

비문들의 영어 번역으로부터도 분명히 알 수 있듯이, 필자는 우리가 여기에서 두 수식구를 대하고 있음을 상기시키고자 한다: täŋri täg와 täŋridä bolmiš. 첫 구절은 "신처럼, 신 같은"이라는 뜻이다. 둘째 구절은 "하늘에서 생긴" 형태가 아니라 "신에게서 생긴"이라는 식으로 이해되어야 한다. 알려진 바와 같이, 중국의 황제들은 天子 t'ien-tzĭ (> 고대 튀르크어 ten-si), 즉 "하늘의 아들, 신의 아들"이라는 칭호를 지니고 있었다. Eberhard[1](1960: 34)는 이미 주(周) 왕조(기원전 1028-257) 군주들이 자

1) Wolfram Eberhard(1909.3.17.-1989.8.15.). 도이칠란트의 중국학자. 나치를 피하

신들을 天子로 여겼다는 것을 기록한다. 돌궐 카간들도 중국 황제들의 이 믿음을 받아들여 자신들을 "신의" 또는 "하늘의" 혈통으로 여겼다는 것을 알 수 있다. 빌개 카간의 작은 아들 탱리 카간[2]의 칭호도 täŋri täg, täŋri yaratmiš 즉 "신 같은, 신이 창조한"이다(BQ E 1을 볼 것).

2) KT S 1, BQ N 1: türü͡k.[3] 이 낱말은 퀼 티긴 비문과 빌개 카간 비문에서 언제나 부호 $^{\ddot{W}}$K로 표기되었다. Thomsen은 처음에는 이 철자에 따라 낱말이 tür(ü)k 형태로 읽히는 것은 인정될 수 없을 것이라고 하였

여 국외 망명을 하여 1937-1948에는 터키의 앙카라에서 중국어를 가르쳤고, 1948년에 미국에서 강의할 기회를 얻어 미국으로 이주하여 1976년까지 Berkely 대학교에서 근무하였다. Eberhard의 Chinas Geschichte[중국의 역사]라는 책은 1948년에 Bern에서 발간되었고, 이것은 Ernst Walter Dickes가 영어로 번역하여 A History of China라는 이름으로 1950년에 Berkeley와 Los Angeles에서 발간되었다. 그 뒤 이 책은 저자가 개정하여 1960년에 같은 곳에서 다시 발간되었는데, Eberhard(1960: 34)는 이 개정판의 p. 34를 가리키는 것임이 분명하다.

2) 중국 문헌에는 登利可汗으로 나온다.

3) Doerfer(1992: 6~7)는 다음의 이유들로 해서 이 낱말이 [türk]로 읽혀야 한다고 주장하였다:

(1) 옹긴(Ongin) 비문과 퀼리 초르(Küli Čor) 비문에서는 türk, 투뉴쿠크(Tuńuquq) 비문에서는 türk~türü͡k로 있는데, 이것들은 가장 오래된 돌궐 비문들이다.

(2) 돌궐 비문과 거의 같은 시기의, 위구르 문자로 된 Türkische Turfantexte 2.1, 10행 (763년의 것)에는 türk가 나오고[W. Bang & A. von Gabain, *Türkische Turfantexte*. II, Berlin 1929의 p. 6에서 필사본 T M 276[a]의 앞면 10행을 보면 bu qamɣ türk budun(정정: bodun) "dieses ganze Türkisches Volk"("이 모든 튀르크 백성")이라는 구절이 있다], 기본적으로 türük라는 형태는 위구르 문자, 마니 문자, 아랍 문자로 된 문헌에서 확인되지 않는다.

(3) 옛 중국 문헌에 있는 형태는 tu-küe[突厥]인데, 이것은 단지 türk를 반영할 수 있을 뿐이다; *türük였다면 tu-lu-küe 또는 이와 비슷한 형태로 표기되었을 것이다.

(4) 몇몇 비문에서 부호 $^{\ddot{W}}$K가 선택되었다면, 이것은 낱말 türk에서 ü가 r 너머로 영향을 끼침을 나타내는 것일 수 있다. 이와 비슷한 경우로 Tariat 비문에는 yïlï͡qa "해(年)에"가 있는데, 이것의 발음은 [yïlqa]임이 분명하다: ï͡q의 ï는 음성학적 또는 형태론적 가치가 없다.

으며(1896: 20, 주 2), 이 낱말을 모든 곳에서 türk로 읽었다(1896: 114 등). 그는 이로부터 20년 뒤에 발간된 Turcica라는 이름의 연구서에서는 이 독법을 바꾸어 낱말을 türük 형태로 두 음절로 표기하였다(1916: 19, 35, 54 등).

Radloff는 이 낱말을 처음부터 türk로 읽었고, Orkun, Malov, Gabain 및 Ergin도 이 독법을 지속시켰다.

낱말을 이 철자대로 처음으로 확실하게 türük로 읽은 사람은 Giraud였다(1961: 66). Tekin도 Thomsen과 Giraud처럼 türük로 읽었다(GOT: 42).

Clauson[4]이 가장 다르고 가장 어긋나는 독법을 제안하였다: türkü (1963: 84 및 그 이하). Clauson이 제안한 이 독법은 받아들여질 수 없다. 왜냐하면 Tekin에서도 분명히 밝혀진 것처럼 부호 $^{\ddot{w}}$K는 어중과 어말에서 언제나 ök/ük를 나타내기 때문이다(GOT: 42). türk로 읽히는 것도 같은 이유로 받아들여질 수 없다; 이 형태는 단지 낱말이 T^{2}ẄR^{2}K로 표기되었을 때에나 옳다.

T^{2}ẄR$^{2\ddot{w}}$K 철자는 투뉴쿠크 비문에도 일곱 번 나타난다: II S 2, 6, 6; E 8; N 2, 3, 4.[5] 이 낱말은 같은 비문에서 열 번은 K^{2}로, 즉 türk로 읽힐 형태로 표기되었다. 이 경우에, 낱말이 원래 türük (또는 törük?) 형태로 2음절인데 이미 8세기에 1음절 형태도 나타났다고 말할 수 있다.

3) KT S 1: bu ödkä. Radloff는 이 구절에 상응하는 빌개 카간 비문에 있는 bödkä 형태를(N 1) böd "권좌" 같은 낱말의 여격으로 보고 퀼 티긴 비문에 있는 bu ödkä 형태를 잘못된 것으로 여겼다(1897: 180). Thomsen은 구절 bu ödkä가 아주 분명하게 이렇게 표기되었음을 말하면서 이 구절이 "à ce temps, à l'heure qu'il est", 즉 "이 때에, 이 시

4) Sir Gerard Leslie Makins Clauson(1891-1974). 영국의 문관(文官), 실업가, 동양학자.

5) 투뉴쿠크 비문은 2 개의 비문으로 이루어져 있다. II S 2, 6, 6; E 8; N 2, 3, 4는 제 2 비문의 남쪽 면 2, 6, 6행; 동쪽 면 8행; 북쪽 면 2, 3, 4행을 가리킨다. 제 1 비문도 포함하여 전체 비문의 순서를 생각하면 II S 2, 6, 6; E 8; N 2, 3, 4는 각각 46, 50, 50, 58, 60, 61, 62행에 해당한다.

기에"를 뜻한다고 밝혔다 (1896: 166, 주 67).

BQ N 1에 있는 bödkä 형태는 다음에도 나타난다: bödkä öz(ü)m ol(o)r(u)p (BQ E 2), bödkä kör(ü)gmä b(ä)gl(ä)r (KT S 11 = BQ N 8). 여기에 있는 낱말 bödkä를 Thomsen도 돌궐어에 있던 것으로 추정되는 낱말 böd "권좌"의 여격으로 보았다(1896: 118, 122, 209). Orkun(ETY IV: 34), Gabain(1950: 304) 및 Malov (1951: 375, 1959: 16, 93)도 이 견해를 같이하였다.

처음으로 Tekin이 비문들에 있는 bödkä가 KT S 1에 있는 구절 bu ödkä "이 때에, 이 시기에"로부터 모음축약(crasis) 결과로 나타난 것이라고 주장하였다(GOT: 74). 이 견해는 Ergin에 의해서도 받아들여졌다. 그렇지만 Clauson은 종래의 견해를 되풀이하였으며, 심지어 KT S 1에 있는 bu ödkä 형태를 bödkä 대신에 잘못 표기된 것으로 보았다(EDPT: 298).

돌궐어에 있던 것으로 추정되는 낱말 böd "권좌"는 다른 어떤 곳에서도 발견되지 않았다. 오늘날의 튀르크 언어 및 방언들 중 어디에서도 이 낱말의 살아 있는 형태가 확인되지 않았다. "권좌"의 뜻으로 고대 튀르크어 시대에 사용된 낱말은 örgin/örgün과 orun이다.

이 상황에서, 우리는 특히 KT S 1에 있는 bu ödkä에 의거하여, bödkä가 모음축약 결과로 나타난 형태라는 견해를 되풀이하고 또 받아들인다. 오르콘 비문들에는 이와 비슷한 모음축약의 다른 예들도 있다: buč(ä)gü "이 셋이 함께" < bu üčägü (T 12), bünt(ä)gi "이와 같은 자, 이러한 자" < bunï täg-i (T 57).[6]

4) KT S 1, BQ N 1: in(i)ygün(ü)m. 이 낱말을 Thomsen은 낱말 ini "남동생"에 접미사 -kün, -gün이 붙어서 된 집합명사로 보았다(1896: 164, 주 59). 그렇지만 낱말에 있는 부호 Y^2로 인하여(inigün이 아니라 iniygün) 여러 연구자가 망설이게 되었다. Tekin은 이것을 처음에는 ini-yägün 형태로 읽어 두 낱말로 이루어진 것으로 보았다(GOT: 231). 그는 저서의 어휘집 부분에서도 낱말 yägün을 "younger brother", 즉

6) 이 낱말은 모음축약의 예가 아니다.

"남동생"으로 뜻풀이하였다(GOT: 399). 이 설명은 주로 몽골어 degüü "남동생"이라는 자료에 의거하고 있다. 그렇지만 과거나 현대의 어떠한 튀르크 언어와 방언에서도 낱말 yägün은 발견되지 않는다. 이러한 까닭에 낱말을 다시 iniy-gün 형태로, 즉 낱말 ini에 접미사 -gün이 붙은 집합명사로 설명하는 것이 옳을 것이다. 어중의 당황하게 하는 자음 y는 낱말 ini의 끝에 있는 모음 i가 원래 길었다는 것으로 설명될 수 있다(야쿠트어 inī와 비교할 것).

5) KT S 1, BQ N 1: bir(i)ki. Tekin에서 "and", 즉 "~와"로 설명된 이 낱말을(GOT: 231, 315) "연합한, 뭉쳐진"의 뜻을 지닌 형용사로 보는 것이 옳을 것이다. 이 낱말은 birki 형태로도 읽힐 수 있다. 옛 동사 birik- (< *bīr-i-k-) "연합하다, 한 곳에 모이다"에 부동사어미 -i가 붙어서 된 이 낱말은 튀르크 언어와 방언들에서 birgä (야쿠트어 bīrgä) "함께, 더불어"로 살아 있다.

6) KT S 2: tiŋla. 원래 후설모음을 지닌 이 낱말이 T^2로 표기된 것은 8세기 돌궐어에서 어근 음절에 있는 모음 ï가 경구개음화하여 일부 낱말에서 i로 바뀌었다는 증거로 볼 수 있다. 비문들에는 경구개음화의 다른 예들도 있다: tida "막으며" (< *tïd-a) (KT N 11), biŋ "1000" (BQ S 1; T 14) ~ bïŋ (T 16, 18) 등.

7) KT S 2: tuγs(ï)q(q)a. 빌개 카간 비문에서 이것에 상응하는 형태는 tuγs(ï)qïŋa이다(BQ N 2). 빌개 카간 비문에 있는 형태가 더 옳다.[7] 왜냐하면 문장에서 이것과 병행하는 형태들은 모두 3인칭 소유어미를 지니고 있기 때문이다[8]: b(a)ts͡ïqïŋa, kün ortosïŋ(a)ru, tün ortosïŋ(a)ru.

---

7) Doerfer(1992: 7)는 돌궐어에서는 속격 다음의 낱말에 소유어미가 붙는 것이 아직 필수적이지 않았고, tuγs(ï)q(q)a가 예스러운 특징일지도 모르므로, tuγs(ï)qïŋa는 "더 옳은" 것이 아니라 "발전한" 것이라고 주장하였다.

8) ortosïŋ(a)ru의 sïŋ(a)ru는 "~를 향하여"라는 뜻의 후치사로 보아야 한다. kün ortosï 및 tün ortosï와 같이 3인칭 소유어미를 지닌 형태는 훨씬 후대에 나타났고 예전에는 모두 kün orto, tün orto였으며 아직도 일부 튀르크어에서는 이 형

8) KT S 3, BQ N 2: ol (a)mtï (a)ń(ï)γ yo͡q.[9] 이것이 독립된 하나의 문장이라는 것을 Thomsen 및 다른 연구자들은 이해할 수 없었다. 이것은 yoq로 이루어진 부정의 명사문이다: “그들은 지금 나쁘지 않다”.

9) KT S 4: ötü͡k(ä)n yïšda yig idi yo͡q (ä)rm(i)š. 이 문장을 Radloff, Thomsen 및 다른 연구자들은 이해할 수 없었다. 어려움은 여기에 있는 낱말 idi가 “주인, 통치자, 군주”를 뜻하는 idi로 여겨진 데에서 비롯되었다. 이 문장에 있는 idi는 “결코, 전혀”를 뜻하는 부사 idi이다(GOT: 160을 볼 것).

10) KT S 5: išg(i)ti. 이 낱말을 Thomsen(1896: 116) 등은 isigti 형태로 잘못 읽었다. 이 낱말은 MK I 145에 있는 ešgürti 및 TT VI 391에 있는 ešgirti와 동일한 것임이 분명하다(GOT: 231, 336을 볼 것). 빌게 카간 비문에 있는 철자 (e)šg[...]은 어두에 있는 모음이 e와 i 사이에서 바뀔 수 있다는 것을 보여준다.

11) KT S 5: yimš(a)q = BQ N 4: y(e)mš(a)q.[10] 이 낱말이 두 비문에

태로 있기 때문이다. 후치사 sïŋaru는 옛 튀르크어 문헌에서 아주 조금 확인된다. 이제까지 kün ortosïŋ(a)ru, tün ortosïŋ(a)ru로 읽어온 낱말들은 각각 kün orto sïŋ(a)ru, tün orto sïŋ(a)ru로 읽어야 한다. 이와 관련하여 Wolfram Hesche, “Die Postposition *sïŋaru* ‚nach‘ in den Orchon-Inschriften”, *TDA* 11 (2001), pp. 33-74 및 Wolfram Hesche, “Die Himmelsrichtungen im SW- Tür- kischen”, *MT*, 23 (2002), pp. 53-80을 볼 것.

9) Doerfer(1992: 7~8)는 낱말 yoq가 고대 튀르크어에서 “~이 아니다”라는 뜻으로 사용된 적이 없다는 것, KT E 29~30을 보면 카간은 오직 자신의 백성만 옷 입히고, 부유하고 수가 많게 만들었다는 것, 낱말 áñïγ가 “매우, 무척”도 뜻한다는 것을 밝히면서 이 문장을 “그들은 지금 매우 가난하다”, “그들은 지금 굉장히 처참하다”(대략 걸프전 이후의 이라크 사람들처럼 그렇게)로 번역하는 것이 더 낫지 않을지 묻는다.

10) Doerfer(1992: 8)는 yimš(a)q에서 모음 *ï가 두 공명음(共鳴音) 사이에서 약한 위치에 있어서 약화된 상태로 발음되었기 때문에 BQ N 4에서 ymšq로 표기되어 있는 것이 이해된다고 하였다. 그는 모음조화에 어긋나게 y(e)mš(a)q로 읽는 것은 쓸데없다고 주장하였다.

서도 모두 부호 Y^2로 표기되었는데도 Thomsen 및 다른 연구자들은 yïmšaq로 읽었다. 이 낱말의 추바시어[11] 형태 śemśe 및 다른 알타이 언어들에 있는 대응형들(몽골어 nimgen, 어웡키어 nemkun, nemune 등)은 첫 음절 모음이 전설(前舌)계열로 되어 있음을 보여준다. 이렇지 않다면, 이 낱말에 있는 첫 음절 모음이 y(와 š) 이웃에서 경구개음화하였다고 판단할 수 있다. 비문들에서 여섯 번 나타나는 이 낱말은 다섯 번 yemšaq 형태로 표기되었다. 이것으로 보아 첫 음절 모음이 원래 e였는데 나중에 돌궐어에서 y 이웃에서 협모음화 경향을 보여주었다고 생각할 수 있다. 이 낱말의 다른 알타이 언어들에 있는 대응형들도 (위를 볼 것) 이를 입증한다.

12) KT S 5, BQ N 4: y(a)γutir. 동사 yaγut- "가까이 오게 하다" 의 현재분사는 두 비문에서 모두 R^1 대신에 R^2로 표기되었다. 또다른 경구개음화의 예다!

13) KT S 5: y(a)γru "가까이" (< yaγu-r-u). 낱말을 두 음절로 받아들이고 그렇게 읽는 것이 더 옳다. 고정화한 부동사인데 옛 동사 yaγur- "가까이 오다"(-r-는 중간태(中間態) 접미사)에서 파생되었다(yaγut-

---

11) 추바시어는 러시아 연방의 볼가강 연안에 있는 추바시아(Chuvashia, 추바시 공화국, 수도는 체복사르(Cheboksary))을 중심으로 인근 지역에서도 사용되는 튀르크계 언어로서 Anatri(또는 Lower)와 Viryal(또는 Upper)의 두 방언으로 나뉜다. Anatri 방언이 추바시 문어의 토대가 되었다. 추바시어는 공통 튀르크어(Common Turkic)의 z과 š에 대하여 각각 r과 l을 지니고 있는 등 튀르크어파의 언어 중에서 가장 독특하다. 그러므로 튀르크어파가 아니라 추바시-튀르크어파라고 부르는 것이 더 정확할 것이다.
 2002년 러시아 인구조사에 따르면 추바시족은 1,637,094명, 추바시어를 아는 사람은 1,325,382명이었다. 1989년 소련 인구조사에 따르면 추바시족은 1,842,346명, 추바시어를 모어로 사용하는 사람은 1,408,218명이었다. 추바시족의 조상은 볼가 불가르족이다. 그런데 볼가 불가르족은 이슬람교를 믿었지만, 추바시족은 크리스트교(정교)를 믿는다. 그러므로 추바시족의 조상은 볼가 불가르족 중 시골에 거주하며 이슬람교를 받아들이지 않은 사람들이었을 것이다. (카잔) 타타르족도 볼가 불가르족을 자신들의 조상으로 여긴다.

"가까이 오게 하다" 및 yaγuq "가까운"과 비교할 것).

14) KT S 5: (a)ń(ï)γ bil(i)g = BQ N 4: (a)ń(ï)γ bil(i)g(i)n. 빌게 카간 비문에 있는 기구격형이 더 적절해 보이지만 두 형태 모두 문법적으로 옳다.

15) KT S 6: bišû̂kiŋä "그의 친척들에". 이 낱말은 위구르어 텍스트들에서 낱말 tüŋür "사돈, 인척"과 함께 사용된 낱말 büšük의 원순모음화하지 않은 더 오래된 형태임이 틀림없다.

16) KT S 6 = BQ N 5: öls(i)k(i)ŋ "너는 (분명히) 죽을 것이다". Thomsen, Malov 등이 이 낱말을 üläsikiŋ 형태로 읽고 동사 ülä- "노느다" 및 이것과 관련된 낱말 üläš "몫, 배당분"과 연관시킨 것은 잘못이다(Thomsen 1896: 38, 주 1, Malov 1951: 28).

17) KT S 6: tög(ü)lt(ü)n = BQ N 5: tög(ü)ltün. Thomsen은 이 낱말을 tüg(ü)lt(i)n, tüg(ü)ltün로 읽고 차가타이어[12] 등의 tügül "~ 아니다"와 연결 지었다(1896: 169, 주 73). Malov는 낱말을 두 부분으로 나누고, 첫 부분을 tügül "~ 아니다", 둘째 부분을 Tün 형태의 땅 (평원) 이름으로 여겼다(1951: 28).

차가타이 그룹과 큽차크 그룹의 튀르크 언어들에 있는 tögül, tügül

12) 카라한 튀르크어, 화레즘 튀르크어를 이은 제 3단계의 중앙아시아 이슬람 튀르크어를 가리키는데, 이 용어는 학자들 사이에 서로 달리 사용되고 있다. 15세기~19세기말에 중앙 아시아의 튀르크인들이 사용하였다. 인디아의 무굴 제국 조정, 오스만 튀르크 제국 및 카잔(Kazan)에서도 사용되었다. 13세기~제1차 세계대전에 오스만 튀르크 제국 밖의 유라시아 지역에서 사용된 이슬람 튀르크 문어로 정의하는 학자들도 있다. 학자에 따라서는 17세기 이후의 것이라고 보기도 하고 15~16세기 고전기의 고급 문어라고 보기도 한다. 차가타이라는 이름은 칭기스칸의 둘째 아들의 이름에서 왔다. 차가타이어는 오늘날 우즈베크어와 현대 위구르어로 이어진다. 타타르족, 튀르크멘족, 카자크족도 차가타이어를 문어로 사용하였는데, 이제는 자기들의 문어가 있다.

형태들은 기원적인 것이 아니고 더 오래된 tägül에서 왔다. 이른 시기 역행 모음동화가 불가능한 것은 아니지만 여기에서는 별로 가능해 보이지 않는다. Thomsen이 낱말 tügültin/ tügültün의 -tin/-tün 부분을 -matïn/-mätin에 보이는 부동사어미 -tï/-ti와 연결시키고자 한 것은 받아들여질 수 없다; 왜냐하면 부동사어미들은 오직 동사들에만 붙이기 때문이다. Malov가 둘째 부분을 Tün으로 읽고 땅 이름으로 여긴 것은 더 합리적인 설명 방법인 것처럼 보이지만 이 견해를 받아들이기에도 어려운 점들이 있다. 이것 앞에 있는 낱말 Čoγ(a)y와 yïš가 따로 표기되었는데도 (명사)수식구 Tün y(a)zï "튄 평원"의 첫 낱말은 왜 따로 표기되지 않고 자기 앞의 tüg(ü)l "~아니다"와 연결되었는가? 게다가 평원 이름으로 받아들여진 낱말 Tün이 퀼 티긴 비문에서는 왜 모음 없이 표기되었는가? 이러한 까닭으로 문제의 낱말을 tögültün이나 tügültün 형태의 세 음절로 된 땅(평원, 초원) 이름으로 여기는 것이 더 옳을 것이다(GOT: 231을 볼 것).

18) KT S 7 = BQ N 5: öls(i)k(i)g "너는 (분명히) 죽을 것이다".[13] 앞 문장의 서술어 öls(i)k(i)ŋ의 -g가 있는 종류이다. 돌궐어에는 음운변화 ŋ > γ/g의 예가 아주 많다(GOT: 92, 93). Thomsen(1896: 117) 등이 이 낱말을 üläsikig로 읽은 것은(위를 볼 것) 잘못이다; öls(i)k(i)g로 문장이 끝나고 이것 다음의 (a)n͡ta로 새로운 문장이 시작된다(GOT: 231을 볼 것).

---

13) Doerfer(1992: 8)는 추바시(Chuvash)어와 많은 할라지(Khalaj)어 형태들이, 사격(斜格)에서는 *ŋ이 있지만, 단수 2인칭 소유어미 -γ/g를 가리킨다는 점을 내세우며 ŋ > γ/g의 음운변화가 아니라 그 정반대일 것이라고 주장하였다.

할라지어는 이란의 콤(Qom)주와 마르카지(Markazi)주에서 사용되는 튀르크계 언어로서, 이른바 알타이조어의 *p-의 발달로 여겨지는 튀르크 조어(Proto-Turkic)의 h-, 튀르크 조어의 어중·어말의 d, 튀르크 조어의 일차 장모음을 체계적으로 유지하고 있다. 할라지족은 1968년에 약 1만 7천 명으로 추정되었으며, Ethnologue에 따르면 2000년에 42,107명이었다. 할라지족 대부분은 이란의 공용어인 파르시어(Farsi)도 함께 사용한다. 이미 40년 전에 어린이는 파르시어만 말하고 있었으므로 할라지어는 절멸 위기에 있는 언어라고 할 수 있다.

19) KT S 8: n(ä)ŋ buŋ(u)γ yo͡q "전혀 너의 걱정은 없다". 문장은 이 구절로 끝난다(GOT: 232를 볼 것).

20) KT S 8 = BQ N 6: ïs(a)r. 이 낱말이 ïds(a)r 대신에 이렇게 표기되었다는 견해는(Thomsen 1896: 151, 주 29, 1916: 55) 받아들여질 수 없다.[14] 돌궐어에서는 동화 ds/ts > ss의 다른 예가 없다. 반대로 자음쌍 ds가 유지된 것을 보여주는 예들이 있다. 하나 뒤의 문장에 나타나는 tods(a)r는 이들 중 하나다. "보내다"라는 뜻의 동사 ïd-는 tod- (< *to-d-) 등과 같이 더 간단한 어근 *ï-에 강화접미사 -d-가 붙어서 파생된 어간임이 분명하다.

21) KT S 8 = BQ N 6: toq (a)rq(u)q "배부르고 고집이 센, 배부르고 고집스러운".[15] 함께 표기된 이 두 낱말은 읽고 이해하기가 어려웠다. Thomsen은 이것을, 물음표와 함께, toqr(a)q(ï)q(a)로 읽고 형용사 toqraq(< toq-raq) "더 배부른"에 접미사 -ïq가 붙어서 된 가상적인 동사가 미래시제어미 -a(?)를 취한 형태라고 여겼다(1896: 170, 주 74). Malov는 낱말의 toq 부분으로 문장을 끝내고 arïq oq sän "너는 야위고 배고프다"로 새 문장을 시작하였다(1951: 28). Tekin은 낱말을 toqurqaq로 읽고 이것을 가상적인 동사 *toqurqa-(< toq-urqa-) "자신을 배부르다고 여기다, 배부르다고 간주하다"에 -q가 붙어서 된 형용사로 여겼다(GOT: 232, 109). Clauson은 문제의 글자 배열을 toq arquq 형태로 읽고 구절 toq arquq sän을 "you are satiated and refractory" 즉 "너는 배부르고 말을 듣지 않는다"라고 번역하였다(EDPT: 464).

접미사 -raq/-räk를 지닌 형용사들에 접미사 -ïq-/-ik-가 붙어서 동사가 파생된 다른 예가 없다. 게다가 고대 튀르크어에서 미래시제를 만드

14) Doerfer(1992: 8~9)는 -ds-가 유지되어 표기된 경우들이 있다는 것이 돌궐 비문들의 일정하지 않은 표기법을 볼 때 반증이 되지 못한다고 주장하며, ïs(a)r가 ïds(a)r에서 온 것이라고 하였다. 그는 어근 *ï-를 받아들이는 것이 오히려 대담한 것이라고 주장하였다.

15) Tekin은 지금은 이전의 독법으로 돌아가 to͡q(u)rq(a)q로 읽고 있다. 여기에서는 1988년도 원본의 내용을 그대로 옮기기만 한다.

는 어미 -a/-ä도 발견되지 않는다. 이 점에서 Thomsen의 설명은 받아들여질 수 없다.

Malov가 문제의 글자 배열을 toq arïq oq 형태로 읽은 것도 받아들여질 수 없다. “피곤한, 야윈”을 뜻하는 낱말은 고대 튀르크어에서 arïq가 아니라 aruq였다. 여기에 이 낱말이 있었다면 그 끝에 있는 소리떼 uq는 글자 ^{w}K로 표기되었을 것이다. 동일한 반대는 Malov가 oq로 읽은 글자 배열의 끝에 있는 K^{1}를 위해서도 유효하다. 강화첨사 oq가 부호 ^{w}K로 표기되어야 했다.

필자가 toqurqaq로 읽은 것에 대하여 말하면, 1968년의 이 독법을 필자는 고집하지 않는다. 형용사 toq에 접미사 -rqa-가 붙어서 동사가 파생되는 것은 가능하고 자연스럽지만 필자는 이러한 동사와 아직 어떠한 출처에서도 마주치지 못하였다. 게다가 toqurqaq “자신을 배부르다고 여기는”과 같은 형용사는 이것 다음에 오는 문장들에 있는 뜻과 잘 어울리지 않는다(22번 주석을 볼 것).

문맥에 가장 알맞은 독법은 Clauson의 것이다: toq arquq. 필자는 이전에 필자도 생각한 적이 있는 이 독법을 낱말 (a)rq(u)q가 부호 ^{w}K로 표기되지 않았다는 이유로 포기하였었다. 이제 필자는 어말의 소리떼 uq가 언제나 글자 ^{w}K로 표시되지는 않았다는 것을 증명하는 예들을 보면서 이 글자 배열이, Clauson이 제안한 것처럼, toq arquq로 읽힐 수 있으리라고 믿는다.

22) KT S 8: āčs(ï)q = BQ N 6: āčs(a)r. 퀼 티긴 비문에 있는 형태는 잘못임이 분명하다(이 뒤에 오는 낱말 tosïq의 영향으로 욜루그 티긴이 āčsar 대신에 āčsïq로 표기하였을 수 있다).[16] 빌개 카간 비문에 있는 그것의 형태로 빌개 카간이 여기에서 옛 속담을 튀르크 백성에게 적용하였음을 알 수 있다: āčsar tosïq ömäz sän; bir todsar āčsïq ömäz

16) 이 낱말은 핀란드 발간 도해에서는 K^{1}이 뚜렷하지 않은 상태로 $AČS^{2}K^{1}$, Radloff 발간 도해에서는 $AČS^{2}R^{1}$로 되어 있다. Tekin이 핀란드 발간 도해를 이용하였음을 알 수 있다. 그렇지만 뚜렷하지 않은 K^{1}(k)은 R^{1}(r)일 수 있다. 그렇다면 퀼 티긴 비문에 있는 이 낱말도 āčs(a)r로 읽혀서 아무런 문제가 없게 된다.

sän "너는 배고프면 배부름을(즉, 배부르리라는 것을) 생각하지 않는다; 너는 일단 배부르면 배고픔을(즉, 배고프리라는 것을) 생각하지 않는다".

빌개 카간의 이 문장은, 필자가 보기에는 한 속담을 바탕으로 만들어졌다. 그 속담은 십중팔구는 이러하였다: Āč tosïq ömäz, toq āčsïq ömäz "배고픈 자는 배부르리라는 것을 생각하지 않는다, 배부른 자(도) 배고프리라는 것을 생각하지 않는다". 이런 뜻을 지닌 속담이 터키어에도 있다: Aç doymam, tok acıkmam sanır(mış). [배고픈 자는 "나는 배부르지 않을 것이다", 배부른 자는 "나는 배고프지 않을 것이다"라고 생각한다(고 한다)]

빌개 카간은 이 속담을 튀르크 백성에게 적용함으로써 튀르크 백성이 그 성질이 성마르고, 완고하고 말을 듣지 않을 뿐만 아니라 현재의 상태가 지속되리라고 보고 미래를 그다지 생각하지 않는 기질도 있음을 강조하고 상기시키기를 원하였다. 이 맥락으로 보아, 이것 앞의 Türûk bod(u)n tôq (a)rq(u)q s(ä)n "튀르크 백성(아!), 너는 배부르고 고집이 세다(성질이 성마르다)"라는 문장은 모든 점에서 적절하다.

23) KT S 9: q(a)γ(a)n(ï)ŋ(ï)n "너의 카간의". 2인칭 소유어미 다음의 속격 어미는 -ï-n이다.[17)]

24) KT S 9 = BQ N 7: toru (< tor-u) "야위어". Thomsen(1896: 118), Malov(1951: 28) 및 Clauson(EDPT: 530)은 이 동사를 u로 tur-라고

17) Doerfer(1992: 9)는 q(a)γ(a)n(ï)ŋ(ï)n : s(a)bin : (a)lm(a)tin에서 -In으로 된 속격이 없고 오히려 이 구절이 통사적으로는, 맨 먼저는 전체, 그 다음에는 한 부분이 언급되는, 한 구문(構文)으로 된 대격을 뜻할 수 있다고 주장하며 구절을 "euern Chan, (nämlich) seine Worte nicht annehmend"["너희의 칸(汗)을, (즉) 그의 말을 받아들이지 않고"]라고 번역하였다. 그는 이와 비슷한 경우로 KT E 36에 있는 b(a)y(ï)rq͡uun(i)ŋ : (a)q (a)dγ(ï)r(ï)γ : udl(ï)qin : sïyu : urtï "그들은 바이르쿠족의 흰 종마(種馬)를 그 엉덩이를 부수어 쳤다"와 元朝秘史에 있는 Merkit irgen-i ebür ba anu qoqtorqui bolqaba "das Merkit-Volk, seine Brust haben wir leer gemacht"["메르키트족을, 그들의 가슴을 우리는 비게 하였다"]를 들었다.

읽는다. 필자가 보기에는 이 낱말은 o를, 게다가 장모음 o를 지니고 있다: 야쿠트어 tuor- "야위다" (< *tōr-), torγon "배고픈"[18], 투바어[19] dor-a öl- "굶어 죽다", 알타이어 torolo- "굶다, 굶주리다", toro "배고픈" (< *tor-a), 크르그즈어[20] toruq "야윈" (arïq와 함께 사용된다), 신(新)위구르어[21] tor "배고픈", torla- "굶다, 굶주리다" 등.

---

18) 주로 이리나 곰에 대하여 사용된다(P. A. Slepcov (ed.), *Jakutsko-russkij slovar´*, Moskva 1972, p. 391a를 볼 것).

19) 러시아 연방의 투바 공화국을 중심으로 인근의 몽골, 중국 신강 북부 등에서도 사용되는 튀르크계 언어이다. 투바어는 투바 공화국 안에서는 중앙(Central Tuvan), 서부(Western Tuvan), 동북(Northeastern Tuvan = Tožu), 동남(Southeastern Tuvan) 방언이 있고, 몽골과 중국에는 쾨크 몬차크(Kök Monchak), 몽골에는 토하(Tokha = Tsaatan), 우랑하이(Uriankhai), 쳉겔(Tsengel Tuvan), 러시아 연방의 부리야트 공화국에는 소요트(Soyot) 방언이 있다. 중앙 방언이 투바 문어의 토대가 되었다. 투바어는 할라지(Khalaj)어처럼 튀르크 조어(Proto-Turkic)의 어중·어말의 d를 체계적으로 유지하고 있다. 몽골어의 영향을 크게 받았다.

2002년 러시아 인구조사에 따르면 투바족은 243,442명, 투바어를 아는 사람은 242,754명이다; 투바족의 일족인 토자(Todzha)족은 4,442명이다. 몽골에 27,000명, 중국 신강 위구르 자치구에 2,600명의 투바족이 거주한다. 투바족은 몽골족처럼 불교(라마교)를 믿는다.

20) 크르그즈스탄(Kyrgyzstan)을 중심으로 인근의 우즈베키스탄, 중국 신강 위구르 자치구, 타지키스탄, 카자흐스탄 등에서도 사용되는 튀르크계 언어이다. 크게 북부 방언(Northern Kirghiz)과 남부 방언(Southern Kirghiz)으로 나뉘는데, 북부 방언이 크르그즈 문어의 토대가 되었다. 현대 크르그즈어가 고대 크르그즈어의 직계 후손인지는 분명하지 않다. 크르그즈어는 기원적으로 남부 시베리아에서 사용되는 알타이어의 남부 방언들과 밀접한 관계에 있지만, 후에 상당한 변화를 겪어 카자크어와 가깝게 되었으므로 흔히 큽차크 그룹에 속하는 언어로 분류된다. 그렇지만 고대 튀르크어의 taγlïγ "산이 있는"이 크르그즈어에서는 tōlū, 큽차크 그룹의 언어들에서는 tawlï로 발전하여 상당히 다르다. 위키피디아(Wikipedia)의 자료에 따르면 전 세계에 약 4~5백만 명의 크르그즈어 사용자가 있다.

21) 중국 신강 위구르 자치구를 중심으로 인근의 카자흐스탄, 크르그즈스탄 등에서도 사용되는 튀르크계 언어로서 고대 위구르어와 구별하기 위하여 신(新)위구르어(New Uyghur) 또는 현대 위구르어(Modern Uyghur)라 불린다. 우즈베크어와 밀접한 관계에 있다. 신(新)위구르어는 크게 중앙(Central Uyghur), 호탄(Khotan), 로프(Lop) 방언으로 나뉘지만, 카시가르-야르칸드(Kashgar-Yarkand), 옝이히사르(Yengi Hissar), 호탄-케르야(Khotan-Kerya), 차르찬(Charchan), 악수

25) KT S 10: q͡uubr(a)td(ï)m = BQ N 7: q͡uubr(a)t(tï)m. Thomsen에 의하여 먼저 qobart- 형태로 읽힌 이 동사는(1896: 118) 나중에 qubrat- 로 수정되었다(1916: 91). Malov에서는 여전히 qobart- (또는 qobrat-) 형태로 있다(1951: 28). 동사의 어근 음절에 있는 모음이 u라는 것은 브라흐미(Brāhmī) 문자로 된 텍스트들에 의하여 알 수 있다(TT VIII: 97)[22]. 동사의 단순태 quwra-(< *qubra-)에서 파생된 위구르어 quwraγ "종교 공동체, 종교적 집단"은 투바어에서 살아있다: xuvuraq, xūraq "(불교 수도원에서) 제자, 시동(侍童)".[23] 또한 크르그즈어, 카자크어,

---

(Aksu), 카라샤흐르(Qarashahr), 쿠차(Kucha), 투르판(Turfan), 쿠물(Kumul), 일리(Ili), 위뤔치(Ürümchi), 로프노르(Lopnor), 돌란(Dolan), 악토 튀르크멘(Akto Türkmen) 등의 방언으로 세분하기도 한다. 중국에서는 라틴 문자로 표기를 하였으나 1987년 이래로 아랍 문자를 개량하여 쓴다. 신(新)위구르어 사용자는 중국에 8백 5십만 명(2004), 카자흐스탄에 3십만 명 있다.

1921년에 동(東)튀르키스탄(즉, 오늘날의 신강 위구르 자치구) 일대의 튀르크어 사용자들을 고대 위구르족의 직계 후손이라고 가정하여 이들에 대한 통칭으로 위구르(Uyghur)라는 이름이 도입되었다. 그렇지만 이들은 고대 위구르족의 직계 후손이라기 보다는 몽골에서 840년에 크르그즈족에게 위구르 제국이 무너진 뒤 타림 분지로 이주한 위구르족과 그곳의 여러 토착 종족이 혼혈하여 생긴 다양한 집단들이다. 신(新)위구르어는 이를 반영하듯 방언이 많다. 이들 집단은 거주 지역의 이름을 따라 불렸으며, 위구르라는 이름은 오랫동안 사용되지도 않았다. 서양에서는 동(東)튀르키스탄 일대의 튀르크어 방언들을 흔히 Eastern Turki(또는 East Turki)라고 불렀다. 위구르족은 중국의 5대 민족 가운데 하나이다.

22) 음절문자인 브라흐미(Brāhmī) 문자는 인디아에서 산스크리트어 표기를 위하여 사용되었는데, 불교와 함께 중앙아시아로 와서 산스크리트어 종교 텍스트들을 표기할 때에 사용되었다. 중앙아시아에서 브라흐미 문자를 최초로 사용한 사람들은 불교도 토하르(Tokhar)족이나 사카(Saka)족인 것으로 추정되는데, 이들은 이 문자를 변용하였고, 이들로부터 위구르 사람들이 이 변용된 문자를 받아들여 다시 변용하였다. 브라흐미 문자는 튀르크어를 표기하기에는 알맞지 않지만, 모음 o와 u를 구별할 수 있다. TT VIII는 브라흐미 문자로 표기된 위구르 문헌을 다루는데, pp. 85-104는 어휘집이다. p. 97에 quwraγ "Schar, (Mönchs) gemeinde" ["무리, (승려의) 공동체"]라는 표제어가 있다.

23) 고대 위구르어 quwraγ는 몽골어에 quvaraγ 형태로 차용되었다. 투바어는 몽골어 차용어가 많다. 고대 튀르크어의 -γ는 투바어에서 유지된 반면에, 몽골어의 -γ는 투바어에서 -q로 바뀌었다. 그러므로 투바어 xuvuraq, xūraq는 고대 위구르어 낱말이 유지된 것이 아니라 몽골어 차용어라고 보는 것이 옳을 것이다.

카라칼파크어 등의 qura- "모으다" 및 그 파생어들과 비교할 것.

26) KT S 10: türük [bod(u)n ti]r(i)p. 빌개 카간 비문에서 이것에 상응하는 구절은 Radloff 텍스트에 따르면 türük bod(u)n(u)γ tir(i)p "튀르크 백성을 모아서"라는 구절이다. 이 경우에 여기에 있는 낱말 tir(i)p는 동사 tir- "모으다" 이외의 것이 될 수 없다. 그렇지만 이 문장과 이것 다음의 문장들에서 빌개 카간은 튀르크 백성에게 말하고 있다: il tuts(ï)q(ï)ŋ(ï)n "네가 틀림없이 나라를 다스리리라는 것을", y(a)ŋ(ï)l(ï)p öls(i)k(i)ŋ(i)n "네가 잘못을 저질러 틀림없이 죽으리라는 것을". 이 경우에 빌개 카간 비문에 있는 한정목적어 türük bod(u)n(u)γ는 문장에 어울리지 않는다. 게다가 퀼 티긴 비문에서 낱말 türük와 낱말 부분 r(i)p 사이에는, Thomsen에 따르면, 단지 일곱 글자가 들어 갈 정도의 여백이 있다. 글자 여백들 중 하나는 bod(u)n과 ti 사이에 있는 분리 부호일 것이므로 여기에는 오직 [bod(u)n : ti]만이 들어 갈 수 있다. 이런 까닭에 그리고 이것 다음의 문장에 있는 구절 y(a)ŋ(ï)l(ï)p öls(i)k(i)ŋ(i)n을 보면서 필자는 낱말 [ti]r(i)p가 동사 öl- ["죽다"]의 반의어인 동사 tir- "살다"의 -p를 지닌 부동사형이라고 생각하고 이것 앞의 구절 türük [bod(u)n]을 호칭으로 보았었다(GOT: 232, 262). 이 견해를 필자는 아직도 고집한다. Radloff 텍스트에 있는 bod(u)n(u)γ는 잘못일 수 있다. 그렇지 않다면, 우리는 빌개 카간 비문에서 퀼 티긴 비문에 있는 것과는 다른 문장을 대하고 있다는 말이 된다. 바로 앞의 문장에서 türük b(ä)gl(ä)r bod(u)n bunï (e)šid(i)ŋ 하고 튀르크 배그들과 백성에게 말한 빌개 카간이 이것 다음에 오는 문제의 문장에서는 단지 튀르크 배그들에게만 말하면서 "튀르크 백성을 모아서 ..." 식으로 이야기하였다는 것도 가능하다.

27) KT S 11 = BQ N 8: bödkä "이 때에, 이 시기에" < bu ödkä (3번

이와 관련하여 EDPT: 585a 및 Ferdinand D. Lessing (ed.), *Mongolian-English Dictionary*, corrected reprinting with a new Supplement, Bloomington 1973의 p. 1190b를 참조할 수 있다.

주석을 볼 것).

28) KT S 11: b(ä)d(i)z(ä)t(ti)m "나는 꾸미게 하였다". Thomsen(1896: 119), Orkun(ETY I: 28), Malov(1951: 28) 등에 있는 bädiztim은 잘못이다. 고대 튀르크어 명사 bädiz에서 만들어진 동사 bädizä- "꾸미다"는 Eski Türk Šiiri[24], 124(12, 63)에 나타난다: bädizä-gäli umun- "꾸미기를 바라다". 이 동사는 나중에 bädzä- > *bäzzä-를 거쳐 bäzä- 형태로 바뀌었다(MK, Qutadγu Bilig[25] 등 bäzä-, bäzät-). KT S 11에 있는 동사가 bädizät- 형태로 읽히는 것과 그 설명을 위해서는 GOT, p.232를 볼 것.

29) KT S 13: y[(a)γ]uq (e)l. Thomsen에 의하면 bu (ä)r(i)g(1896: 119). 핀란드 발간 도해에 따르면 첫 글자는 B^1이 아니고 T^2이다; 다음의 세 글자는 W, NT 및 L^2이다. Radloff 텍스트에 따르면 낱말

24) 1965년에 앙카라에서 발간된 Reşid Rahmeti Arat의 저서로서 "고대 튀르크 시(詩)"라는 뜻이다. Reşid Rahmeti Arat(또는 Gabdul Raschid Rachmati, 1900.5.15.-1964.11.29.)는 타타르족 출신의 터키의 튀르크학자로서 러시아의 카잔(Kazan) 부근에서 출생하였다. 1918년 고등학교 마지막 학년일 때 반혁명군 지도자 콜차크(Aleksandr Vasil´evič Kolčak, 1874.11.16.-1920.2.7.) 제독의 군대에 징집되어 적군(赤軍)과 싸우다가 콜차크의 군대가 패배하여 흩어졌을 때 1920년에 만주의 하르빈(Harbin, 哈爾濱)으로 갔다. 그곳에서 고등학교 교육을 마친 뒤 1922년 말에 대학교육을 받으러 도이칠란트의 베를린으로 가서 W. Bang의 제자가 되었다. 그곳에서 베를린 학술원에 쌓여 있는 위구르 문헌 판독 작업에 참여하였고, 1927년에 박사학위를 받았다. 베를린 학술원에서 근무하다가 1933년에 터키 정부의 초청으로 이스탄불 대학교 문과대학 터키어문학과 교수가 되어 사망할 때까지 근무하였다.

25) 쿠타드구 빌리그(Qutaðγu Bilig)는 "(사람들을 두 세상 모두에서) 행복하게 하는 지식"이라는 뜻을 지닌 책으로 11세기 후반에 Balasagun 사람 Yūsuf Ḫāṣṣ Ḥājib가 집필하였다. 모두 6645 beyit(二行連句, couplet)로 된 이 책의 원본은 전해지지 않고 후대에 필사된 Herat(또는 Wien) 사본, Fergana 사본, Cairo 사본의 세 필사본만 전한다. Maḥmūd al-Kāšγarī(카시가르 사람 마흐무드)가 집필한 Dīwān Luγāt at-Turk 및 Yüknäk 사람 Adīb Aḥmad가 집필한 'Atabatu'l-Ḥaqā'iq와 함께 카라한(Karakhanide) 왕조(9~13 세기)의 튀르크어를 연구하는 데에 귀중한 자료가 된다.

(ä)rs(ä)r까지 단지 글자 배열 $Y^1.^wK$:만 있다. Radloff 텍스트가 옳다면 이것은 y(a)γu͡q일 수 있다. 게다가 넷째 글자가 핀란드 발간 도해에서 보이는 것처럼 L^2이라면 이것은 (e)l로 읽힐 수 있고 구절은 의미를 지니게 된다: yaγuq el ärsär "(이곳은) 가까운 곳이기 때문에...".

30) KT S 13: (a)n͡č(a) t(a)qï, 즉 anča taqï. 네 글자로 된 이 배열은 핀란드 발간 도해에서는 $NČT^1K^1A$ 형태로, Radloff 텍스트에서는 MT^1K^1A 형태로 있다. Thomsen은 첫 글자에 대하여 결정할 수 없어서 이 낱말을 [.]tqa 형태로 나타내었다. 필자가 보기에는, 첫 글자는 NČ, 마지막 글자는 A가 아니라 I임이 분명하다.[26] 구절 anča taqï는 "그렇게 또", "그리고 또", 따라서 "게다가"를 뜻할 수 있다.

31) KT S 13: biti(t)d(i)m "나는 쓰게 하였다".[27] Malov(1951: 28) 등에서는 bitidim. 이것 앞의 동사가 to͡qïtd(ï)m이기 때문에 그리고 비문을 군주 자신이 썼다고는 생각할 수 없을 것이므로, 이 동사는 bitit-이어야 한다; bititdim에 있는 쌍자음 td는 글자 하나로 표기되었다. (낱말 및 철자법에 대해서는 GOT, p. 232, 47을 볼 것). 필자는 거기에서 낱말을 bitid(d)im으로 읽고 td > dd 동화를 생각했었다. 이러한 동화의 예가 하나 더 있다: y(a)r[(a)t(ït)]d(ï)m (BQ N 14) ~ y(a)r(a)t(ï)t(tï)m (Šine-Usu[28], E 8, 9, 10). 어중의 자음쌍 dt는 정상적으로는 동화에 의하여(역행동화!) tt로 되며 이것은 자주 글자 하나로 표시된다: ït(t)ï

26) NČ(v)와 M(m), A(a)와 I(i)는 서로 혼동될 수 있다.

27) Doerfer(1992: 9)는 많은 언어에서 사동태 대신에 단순태가 사용된다는 (이를테면, 시난(Sinan)이 자기 손으로 지은 것이 아니라 짓게 하였는데도 Sinan hat die Şehzade camii erbaut[시난이 셰흐자데 모스크를 지었다]로 표현된다는) 점을 들며, 이것을 bitidm "ich habe geschrieben"["내가 썼다"]로도 읽을 수 있다고 주장하였다.

28) 1909년에 Ramstedt가 몽골의 Šine-Usu 호수 근처에서 발견한, 돌궐 문자로 된 Šine-Usu 비문을 말한다. 51 행으로 된 이 비문은 위구르 제국의 두 번째 카간인 Moyun Čor(Bayan Čor(?), 중국 문헌에는 磨延啜로 기록; 재위 A.D. 747-759)의 묘비문으로서 위구르 제국의 건국 시기에 대하여 많은 자료를 제공한다. Moyun Čor 비문이라고도 한다.

< ïd-tï, ig(i)t(t)i < igid-ti, qot(t)ï < qod-tï 등처럼. 어중의 자음쌍 td가, 역시 역행동화에 의하여, dd로 되는 것 또는 그렇게 해석되어 부호 d 하나로 표기되는 것도 가능하다.

32) KT S 13: yol(lu)γ. 퀼 티긴 비문과 빌개 카간 비문을 쓴 왕자의 이름이다. 퀼 티긴 비문의 서남 모서리에 있는 명문에서는 두 개의 L^1로 표기되었다: yoll(u)γ. 이 낱말은 "행복한, 행운의"의 뜻으로 튀르크 언어들에서 살아있다: 투바어 čolduγ, 카라칼파크어 ǰollï, 노가이어[29] yollï "같은 뜻".

33) KT E 1 = BQ E 2: üzä "위에서, 상부에서". 고대 튀르크어의 명사 *üz "위, 상부"에 예스러운 여격-처격어미 -a/-ä가 붙어서 된 장소 부사이다.[30] 같은 어근에서 파생된 다른 낱말들은 다음과 같다: 위구르어 üstün < üz-tün (TT VII, 40), 중세 튀르크어[31] üzrä < üz-rä, üst <

29) 러시아 연방의 북부 코카서스 지역을 중심으로 카자흐스탄, 우즈베키스탄에서도 사용되는 튀르크계 언어로서, 타타르(Tatar)어, 바시키르(Bashkir)어, 카자크(Kazakh)어, 카라칼파크(Karakalpak)어, 카라차이-발카르(Karachay-Balkar)어 등과 함께 큽차크(Kypchak) 그룹에 속한다. 아크 노가이(Aq-Nogay = White Nogay, Western Nogay), 카라 노가이(Qara-Nogay = Black Nogay, Northern Nogay), 오르타 노가이(Orta-Nogay = Central Nogay, Nogay Proper) 방언으로 나뉘는데, 방언 차이는 크지 않다.
2002년 러시아 인구조사에 따르면 노가이족은 90,666명, 노가이어를 아는 사람은 90,020명이었다. 노가이족은 루마니아의 도브루자(Dobruja) 지방에도 수천 명 사는데, 이들의 언어는 크림 타타르어 방언이다. 터키에도 9만 명의 노가이족이 있는 것으로 알려져 있다.

30) Doerfer(1992: 9~10)는 예스러운 여격-처격어미 -A[즉, -a/-ä]가 고대 튀르크어에서 확실하게 증명되는 것은 아니고, 이 낱말은 üzä < *üŕŕä < *üŕ-rä로 설명될 수 있을지도 모른다고 주장하였다. 여기에서 -rä는 향격어미에서 비롯된 장소 부사 어미이다.

31) 중세 튀르크어(Middle Turkic)는 대략 13~16세기의 여러 튀르크 문어를 통칭하는 용어이다. 중세 튀르크어에 속하는 언어로는 화레즘 튀르크어(Khorezmian Turkic, 13~14세기), 초기 차가타이어(Early Chaghatay Turkic, 15~16세기), 큽차크어(14세기부터 기록됨), 초기 아나톨리아 튀르크어(Old Anatolian Turkish, 13세기부터)가 있다. 카라한 튀르크어(11~14세기)는 중세 튀르크어에

üst-ün 형태로 잘못 분석되어 < üs-tün (< üz-tün). "위, 상부"라는 뜻의 명사 üz는 Codex Cumanicus[32]에 나타난다: ayaγ üz-i "발의 위"(KW, 31, 271). 이 낱말은 오늘날 오직 서부 유구르(West Yugur, 西部裕固)어에서만 살아있다[33]: üz, yüz "위, 상부"(Malov 1957: 45, 132), ez "위, 상부"(Tenišev 1976: 118).

Thomsen은 이 낱말을 먼저 özä라고 읽었으나(1896: 97), 나중에 낱

포함되기도 하고 고대 튀르크어에 포함되기도 한다.

32) 13~16세기에 남부 러시아 초원과 근동에서 쿠만(Kuman, Cuman) 또는 킵차크(Kypchak)라 불리는 튀르크족이 살고 있었다. 남부 러시아 초원에 사는 쿠만족의 언어와 관련하여 Codex Cumanicus로 알려진 라틴 문자로 기록된 언어 교본이 있다. 1304년에 만들어진 사본 하나만 전해지는 Codex Cumanicus는 두 부분으로 이루어져 있다. 앞부분은 라틴어-페르시아어-쿠만어 사전인데, 이탈리아 상인들을 위하여 편집되었다. 뒷부분은 여러 가지 종교 텍스트들과 수수께끼들이 쿠만어로 기록되고 라틴어와 동부 중세고지도이치어(Eastern Middle High German)로 번역되었는데, 도이칠란트 선교사들을 위하여 만들어졌다. 덴마크의 Kaare Grønbech가 1942년에 Komanisches Wörterbuch[코만어 사전]이라는 이름으로 Codex Cumanicus에 있는 튀르크어 낱말 색인을 만들어 발간하였다.

33) 이것은 사실과 다르다. 실제로 Malov(1957)의 Jazyk želtyx ujgurov를 보면 yüz "위"; anïŋ (또는 anï) yüzige "그(것)의 위에"; teŋirniŋ yüzünde "하늘에서"(새가 날아오르는 것에 대하여); yüzige qalaγan qïštap yitismes yaqanǰiq par "위에 덮는, 따라가 잡지 못하는 옷이 있다"; yüz yüsünde "자기 위에서"(p. 45b), yüze "위에, 위에서"(p. 46a), üze "위에, 위에서"; oy üzete "초원에서"; üzeti-l′a "(그것의) 위", üzi, üzü "위에, 위에서"; sumalnïŋ üzige "자루의 위에"; üzüsünge "그(것)의 위에"(p. 132a)가 있다. p. 45b의 yüz는 yüzi "위(에서)"와 yüz "얼굴, 표면"의 서로 다른 두 어형으로 이루어졌음을 알 수 있다. teŋirniŋ yüzünde와 관련하여 터키어 gök yüzünde "하늘에서, 창공에서"를 참조할 만하다. yüz yüsünde는 yüz yüzüsünde의 잘못이거나 이것이 줄어든 형태일 것이다.

Tenišev(1976)의 Stroj saryg-jugurskogo jazyka는 p. 118에서 ez "위", ezge "위에": yunïŋ ezge "집의 위에", ezte "위에서": sunïŋ ezge "물의 위에서", p. 179a에서 eze "위에서"로 되어 있다. 따라서 ezge와 ezte는 각각 ezege와 ezete의 잘못이거나 이것들이 바뀐 형태일 것이다.

雷選春(編著), 西部裕固漢詞典, 成都 1992를 보면 eze "위"(p. 29b), üze "위"(p. 48b), yüze "위, 위쪽"(p. 281a)이 있다.

이들 형태는 모두 *üzä에서 바뀐 것임이 분명하다. 즉 서부 유구르어에는 üz가 따로 사용되지 않고 오직 그 파생형인 üze 및 그 변이형들만 있다.

말 üst와 낱말 üzrä을 고려하여 üzä 형태로 수정하였다(1916: 73). Radloff는 낱말을 처음부터 özä라고 읽었으며 이것을 바꾸지 않았다(1894: 5, 1897: 131). Bang은 낱말을 ö로 읽고 이것을 동사 ös- "자라다"에서 만들어진 부동사로 보았다(1916: 922). 낱말을, Bang처럼, 먼저 özä라고 읽은 Gabain은 나중에 브라흐미 문자로 된 텍스트들에 있는 그것의 철자를 보면서 üzä 형태로 수정하였지만(1938: 24-1812), üzä를 가상적인 동사 üz- "높아지다, 커지다"에서 끌어옴으로써 잘못을 범하였다.

34) KT E 1: (e)kin (a)ra "둘 사이에서". 이 수사의 첫 모음은 비문들에서 대개 표기되지 않았다. 이러한 까닭으로 이 낱말을 (e)ki라고 읽어야 한다. Clauson(EDPT: 100) 등이 이 낱말의 원형을 두 개의 k로, 즉 ekki나 äkki 형태로 추정하는 것은 옳지 않다. 이 낱말에 있는 자음 k는 나중에 쌍으로 되었다.

위의 구절에서 낱말 (e)ki의 끝에 있는 -n은 십중팔구는 어떤 형태소가 아니라 더 오래된 (본래의) 형태에서는 존재하다가 나중에 떨어졌지만, ekin ara처럼 모음으로 시작되는 낱말들로 이루어진 구절들에서는 보존된 소리임이 분명하다.[34)]

후치사 ara의 구조에 대해서는 GOT: 162를 볼 것.

---

34) Doerfer(1992:10)는 할라지(Khalaj)어 자료에 근거하여 이 낱말을 äkkin hāra로 읽는 것이 정확하다고 밝힌 뒤, 이것은 anï üčün "그 때문에, 그런 까닭에", ečisin teg[정확히는 täg] "그의 형처럼"처럼 대격과 동일한 형태로 있는 관계격(casus relationis)과 관련된 문제라고 하였다. 그는 ä/e/ikin ara가, Erdal(1976: 15)에서 주장된 것에 어긋나게, 결코 예스러운 것이 아니어서 TT VII.20에서 "frozen sequence"로 나타날 뿐만 아니라 원(元)나라 때의 몇몇 위구르어 문헌에서도 나타난다고 밝혔다.

TT VII.20은 G. R. Rachmati, *Türkische Turfan-Texte VII*, Berlin 1936에서 다룬 20번째 위구르어 문헌 조각을 말하는데, 이 조각의 14-16행에 on yangï-da irin ikin ara "am zehnten Tage ist er zwischen den Lippen"["제 10일에 그것[= 혼]은 입술 둘 사이에 있다"]라는 구절이 있다. TT VII의 pp. 83-99는 두 번째 부록으로서 Wolfram Eberhard의 "Sinologische Bemerkungen zu den türkischen Kalenderfragmenten"이라는 글이 실려 있고, pp. 100-124는 어휘집 성격의 낱말 색인이다.

35) KT E 1 = BQ E 3: bum(ï)n. 이 카간 이름은, Thomsen이 예전에 매우 적절하게 추측한 것처럼, 돌궐 제국의 건설자 T'u-mïn([土門], 552년 사망)의 이름과 그의 아들 Mu-han([木杆] = Buqan "황소"; 572년 사망)의 이름이 혼성(混成, contamination)된 결과로 생긴 것임이 분명하다(1916: 19). 이 낱말의 둘째 음절의 모음은 Tariat(Terkh) 비문에서는 표기되었다[35](Tekin 1983: 804를 볼 것).

36) KT E 1: išt(ä)mi = BQ E 3: (i)št(ä)mi. 돌궐 제국의 건설자 T'umïn의 동생이자 첫 서돌궐 군주(575/576년 사망)이다. 이 낱말은 두 비문 모두에서 부호 S^2로 표기되었다. 중국 문헌에서는 Še-tie-mi (Thomsen 1916: 18), Ši-tien-mi [室點密] (Liu, II) 형태로, 비잔틴 문헌에서는 Stembis-xagan (Thomsen 1916: 18; Moravcsik, Byzantino-Turcica) 형태로 나타난다. Thomsen은 이 낱말을 Istämi, Estämi 형태로 읽었고, Eštämi 형태로 읽힐 수 있음도 지적하였다(1916: 17).

37) KT E 2: q(a)d(ï)rq(a)n[36] : yïš. 만주에서 남북으로 뻗어있는 홍안령

---

35) 동쪽 면 1 행에서 bumïn q(a)γ(a)n 형태로 나온다. 이 낱말이 Tariat 비문에서도 bumïn으로 나오는 것을 보면 튀르크어 자료가 더 정확한 것이라고 볼 수도 있을 것이다. 즉 중국측 자료가 잘못된 것일 수도 있다. 그렇다면 土門은 夫門을 잘못 쓴 것일 수 있다.

Tariat (또는 Terkh) 비문은 몽골의 아르항가이(Arkhangai = 北 Khangai) 아이막의 Tariat 솜에서 1957, 1969, 1970년에 4 조각 상태로 발견되었다. 첫 조각은 1957년에 고고학자 Ts. Dorjsüren이 Terkhiin gol(Terkh 강) 강 골짜기에 있는 Doloon-mod라는 곳에서 발견하였다. Doloon-mod는 Terkhiin Tsagaan nuur("Terkh의 흰 호수")라는 호수로부터는 서쪽으로 12 km, Tarbagatai(서북 항가이) 산맥의 가파른 비탈로부터는 남쪽으로 2 km 지점이다. 소련-몽골 비문 조사단(S. G. Kljaštornyj, Kh. Lubsanbaldan, M. Shineekhüü, B. Bazilkhan)이 1969년에 이곳에서 발굴 작업을 벌여 거북 모양의 석조 비문 받침대를 발견하였다. N. Ser-Odjav와 V. V. Volkov가 1970년에 같은 곳에서 발굴 작업을 계속하여 두 조각을 발견하였다. 동쪽 면에 9행, 남쪽 면에 6행, 서쪽 면에 9행, 북쪽 면에 6행의 비문이 있다. 터키어 원문에는 강 이름이 Terkhin으로 되어 있는데 Terkh라고 하여야 한다. 몽골어에서는 강 이름을 부를 때에 속격을 사용하기 때문이다.

(興安嶺) 산맥의 고대 튀르크어 이름이다(Thomsen 1896: 136, 주 5를 볼 것).

38) KT E 2 = BQ E 4: t(ä)m(i)r q(a)p(ï)γ "철문(鐵門)". Balkh시와 Samarkand시 사이에 있는 유명한 고개이다[37](Thomsen 1896: 137, 주 6을 볼 것).

39) KT E 3: idi oqs(ï)z k̂öök türük̂ ... = BQ E 4: idi oqs(ï)z kök türük̂ iti ... 이 구절에 있는 idi oqs(ï)z 때문에 구절 전체를 이해하는 데에 상당히 오랜 시간이 걸렸다. Radloff는 여기에 있는 낱말 idi를 "주인"이라는 뜻의 낱말 idi로 보았고 idi uqsus (!) 형태로 읽은 처음의 두 낱말을 "keine herrschenden adligen Geschlechter habend", 즉 "다스리는 귀족 집안 없이"라고 번역하였다(1897: 131). Melioranskij가 이 구절을 읽고 번역한 것은 Radloff의 것과 다르지 않았다(1897: 17). 그러나, Melioranskij는 나중에 uq 대신에 oq로 읽는 것을 더 좋아한다고 밝히면서 이 구절을 "не имевшие хана и племень т.е. племенной организации" 즉, "군주 없이 그리고 부족 없이 (즉, 부족조직 없이)" 형태로 번역하였다(1899: 99, 주 2). Bang도 구절 전체를 "die früher (?) herrenlosen und hordelosen Kök Türk", 즉 "이전에 (?) 주인 없이 그리고 부족 없이 (있던) 쾨크 튀르크족" 형태로 이해하고 번역하였다(TP, VII, p. 331-332 및 348). 이 번역들을 비판한 Thomsen도 여기에 있는 낱말 idi를 "주인, 소유자, 지배자, 군주"라는 뜻의 낱말 idi로 보았고 구절 전체를 "les 'Turcs bleus' sans seigneur (= souverain, kagan) ni (organisation par) 'flèches'" 즉 "주인 없는 (= 군주 없는) 그리고 부족(조직) 없는 '푸른 튀르크족'" 형태로 번역하였다(1916: 23).

---

36) 위구르어를 다룬 명대의 화이역어(華夷譯語) 고창관잡자(高昌館雜字)를 보면 화목문(花木門)에 qadïrqan 哈的兒罕 "槐(회화나무)"라는 낱말이 있다. 이 낱말이 돌궐 비문들에 나오는 qadïrqan yïš의 qadïrqan과 관련이 있는지는 알 수 없다.

37) 더 정확하게 말하면, Balkh시와 Samarkand시를 연결하는 길의 중간에 있는, 우즈베키스탄의 Buzgala 애로(隘路)를 말한다.

이 구절을 더 잘 이해하기 위하여 빌개 카간 비문에 있는 과잉의 낱말 iti를 고찰한 Thomsen은 이것이 동사 it- "조직하다, 편성하다"에 -i가 붙어서 된 부동사형임을 밝히면서 욜루그 티긴이 퀼 티긴 비문을 쓸 때에 이 중요한 낱말을 잊었으나 3년 뒤 빌개 카간 비문을 쓸 때에는 본문에 덧붙였다고 기술하였다(1916: 24, 25, 26). Radloff는 낱말 iti를 잘못 이해하여 그 다음에 오는 (a)n͡ča와 함께 "so sehr lange" 즉 "그렇게 아주 오랫동안"이라고 번역하였다(1897: 131). Thomsen은 Radloff의 이 번역을 제대로 비판하였지만 낱말 idi가 "전혀"라는 뜻의 부사임을 이해할 수 없었기 때문에 이 구절을 역시 잘못 번역하였다(1916: 24).

이 구절에 있는 낱말 idi를 처음으로 옳게 확인하고 구절을 바르게 번역한 것에 대해서는 GOT: 263-264, 160을 볼 것. 여기에서 Radloff, Thomsen 및 다른 연구자들이 알아차리지 못한 매우 중요한 형태론적 특성은 다음과 같다: idi "주인"과 oq "부족"이 반복어 관계에 있었다면 접미사 -sïz/-siz는 두 낱말 모두에 붙어야 하였을 것이다.[38]

40) KT E 3-4: özi (a)n͡ča k(ä)rg(ä)k bolm(i)š. 처음의 두 낱말은 Radloff, Thomsen, Orkun 및 Malov에 의하여 özinčä 형태로 읽혔다. 다만 Malov는 özinčä가 öz ïnča (!) 또는 özi anča 형태로 두 낱말로 이루어진 것일 수 있지 않은가 생각하였다(1951: 29).

이 문장을 이해하는 데에 근본적인 어려움은 숙어 kärgäk bol- (또는 bul-?)이 여러 가지 형태로 설명된 것에서 생겨났다.[39] Thomsen은

38) Doerfer(1992: 10)는, 반복어 관계에 있는 두 낱말 모두에 접미사가 붙으므로 "군주와 조직이 없는"이라는 뜻은 idisiz oqsuz여야 한다는 것은 보편타당하지 않다고 하였다. 그는 두 낱말 모두에 접미사가 붙는 것이 통사론적으로 흔하기는 하지만 필수적인 것은 아니라고 주장하면서 GOT: 200에 있는, 대격어미가 두 번째 낱말에만 붙은 arquy qarɣū-ɣ "the fortifications and watchtowers"[T 53]를 예로 들었다. 그의 견해로는, türk bodun-uɣ "den Adelsstamm und das Volk"["귀족 부족과 (일반) 백성을"]도 여기에 속한다. 그는 또한 uq "Stamm"["부족"]과 oq "Pfeil"["화살"]을 구별하는 것을 고려하여야 한다고 주장하였다.

여기에 있는 낱말 kärgäk를 동사 *kärgä-에 -k가 붙어서 된 명사라고 제대로 보았고, Khuastuanift[40]에 나타나는 동사 kärgät- (< *kärgä-t-)를 그의 이 어원 설명에 대한 근거로 언급하였다(1916: 50, 51). 그렇지만 Thomsen은 낱말 kärgäk의 본뜻을 정확히 정하는 데에는 그리 성공적일 수 없었다. 위구르어 텍스트들에 있는 반복어 관계에 있는 낱말들 äksüt- kärgät- "줄이다 없애다"와 äksük kärgäk "부족한 필요한, 즉, 부족하고 없는"은 낱말 kärgäk의 본뜻이 "없는, 존재하지 않는"임을 분명히 보여준다. "필요한" 것은 "없는"을 뜻한다. 그렇다면 kärgäk bol-은 "없어지다"를 뜻하게 된다. 이렇게 되면 이 숙어에 있는 동사가 bul-이라는 것을 옹호하는 견해(EDPT: 742)도 근거가 없어 입증되지 못한다.

숙어 kärgäk bol-은 uč- 및 uč-a bar-처럼 주로 군주들 및 군주 가족 중 왕자들을 위하여 사용된 정중한 표현 형태라는 것이 이해된다.[41] 우리는 비문들에서 퀼 티긴에게도 이것이 사용되었음을 본다: in(i)m kül tig(i)n özi (a)n͡ča k(ä)rg(ä)k bol͡tï (KT E 30), in(i)m kül tig(i)n k(ä)rg(ä)k bol͡tï (KT N 10) 같은 숙어가 퀼리 초르(Küli Čor) 비문에서, 젊은 나이에 죽은 퀼리 초르 2세의 죽음에도 사용되었

39) Doerfer(1992:10)는 자신은 kärgäk bul- "das Notwendige (Unvermeidliche) finden"["필연적인 것(불가피한 것)을 발견하다"] = "sterben"["죽다"]를 선호하고, kärgä-는 아마도 "notwendigerweise jemandem zukommen"["필연적으로 누군가에게 따라오다"]를 뜻하고, kärgäk = yoq["없는"]이라는 뜻은 그리 잘 논증될 수 없다고 하였다.

40) 마니 문자(Manichaean script)로 표기된 15장(章) 338행의 고대 위구르어 마니교(Manichaeism) 참회 기도문의 이름이다. 헝가리 출신의 Aurel Stein이 중국 감숙성 돈황(燉煌)에서 발견하였다.

41) 돌궐 비문들에 나타나는 "죽음"과 관련된 표현들에 대하여는 Osman Nedim Tuna, "Köktürk Yazıtlarında 'Ölüm' Kavramı ile İlgili Kelimeler ve 'kergek bol-' Deyiminin İzahı"["돌궐 비문들에서 '죽음' 개념과 관련된 낱말들 및 숙어 'kärgäk bol-'의 설명"], *VIII. Türk Dil Kurultayında okunan Bilimsel Bildiriler 1957*[제 8 회 튀르크 언어 대회에서 읽힌 학술 발표문들 1957], Ankara 1960, pp. 131-148 및 Steven E. Hegaard, "Some Expressions Pertaining to Death in the Kök-Turkic Inscriptions", *UAJ*, 48 (1976), pp. 89-115를 참조할 수 있다.

다: y(a)γïqa y(a)lïŋus opl(a)yu kir(i)p özi q͡ïïsγa k(ä)rg(ä)k bol͡tï ["적에게 혼자서 몸을 던져 공격하여 들어가서 그 자신이 젊은 나이에 서거하였다"] (E 11).

카간보다 칭호가 낮은 사람들에게는 주로 숙어 yoq bol-이 사용된다: q(a)tun yo͡q b(o)lm(i)š (ä)rti (T 31), ul(u)γ oγl(u)m (a)γr(ï)p yo͡q bolča ... (BQ S 9), [q(a)rlu͡q] ilt(ä)b(ä)r yo͡q bolm(i)š (BQ E 40). 특히 이 숙어 yoq bol-은 숙어 kärgäk bol-이 우리가 설명한 형태로 이해되어야 한다는 것을 증명하고 뒷받침한다.

41) KT E 4: bükli čöl(lü)g (e)l = BQ E 5: bükli čöl(lü)g il.[42] Radloff는 이 구절을 Bökli čöllüg äl 형태로 바르게 읽고 "die Stämme der Bökli Steppe", 즉 "뵈클리 초원의 부족들"로 바르게 번역하였다(1897: 131). Thomsen은 처음에는 이 구절을 bökli čölig il 형태로 읽고 "les puissants peuples du désert", 즉 "강력한 사막 백성"으로 번역하였다가(1896: 98), 나중에 여기에 있는 낱말 Bökli(또는 Bükli)가 땅 이름이어야 한다는 것을 알고서는 "뵈클리 백성"이라고 번역하였다(1924: 145).

여기에 있는 낱말 Bükli(또는 Bökli?)는 bük (e)li "숲의 백성"이라고 이해되어야 한다는 주장도 있었다(Sertkaya 1979: 292를 볼 것). 필자의 생각으로는 이 견해는 옳지 않다. 왜냐하면 비문들에서 지리적 용어 앞에는 언제나 고유명사가 오기 때문이다: Altun yïš, Qadïrqan yïš, Čoγay yïš, Yarïš yazï 등. 게다가 이보다 더 중요한 것으로서 네 줄 아래에는 bükli q(a)γ(a)n이라는 구절이 있다: ... bükli q(a)γ(a)nqa t(ä)gi sül(ä)yü birm(i)š (KT E 8 = BQ E 8: ... bükli [q(a)]γ(a)n- qa t(ä)gi sül(ä)yü birm(i)š). 여기에 있는 구절을 bük

42) bükli를 일본의 역사학자 Iwasa Seiichiro(岩佐精一郎)는 bökli 貊句麗 "貊족의 句麗"로 읽었다(Masao Mori, "How should *bökli* or *bükli* be transcribed and interpreted?", *The Memoirs of the Toyo Bunko* 42 (1984), pp. 139-144 중 p. 139). 역자는 이 낱말을 bök(kü)li (< *bäkküli < *mäkküli 貊句麗) 또는 bök(kö)li (< *bäkköli < *mäkkoli 貊高麗)로 읽을 수 있다고 밝혔다(Yong-sŏng Li, "Zu QWRDNTA in der Tuńuquq-Inschrift", *CAJ*, 47/2 (2003), pp. 229-241 중 p. 236).

eli qaγan 형태로 이해하고 설명하는 것은 문법과 용법에 어긋나는 일이다. 단독으로는 bük el-i와 같은 명사 수식 구문은 정상적이지만(Tabγač ili 등과 비교할 것), 이렇게 3인칭 소유어미로 만들어진 명사 수식 구문이 3인칭 소유어미를 받지 않은 다른 명사와 새로운 수식 구문을 만들 수 있으리라는 것은 의심스럽다.

42) KT E 4 = BQ E 5: pur(u)m (또는 pur(o)m?) "동로마, 비잔틴". 낱말이 처음으로 이렇게 읽힌 것에 대해서는 Malov 1959: 29를 볼 것. 여기에 있는 (그리고 이것 앞의 낱말 Apar에 있는) 글자 p가 f 음을 나타내며 이 낱말은 Forom으로 읽혀야 한다는 식의 견해(Clauson-Tryjarski[43] 1971: 16)는 받아들여질 수 없다. 소그드어 Frōm에서 차용되었음이 이해되는 이 이름의 어두에 있는 f 음은 고대 튀르크어의 음운 체계에는 없었으므로 고대 튀르크 사람들은 (오늘날의 튀르크 사람들처럼) 이 소리 대신에 p 음을 두었다 (음의 대체).

Sertkaya는 이 낱말이 (a)p(a) pur(u)m "대(大) 로마" 형태로 두 낱말이라는 견해를 제시하였다(1982: 129). Sertkaya가 이렇게 읽기 위하여 제시한 이유가 그럴듯하게 보이기는 하지만 낱말의 철자는 이렇게 읽을 수 있도록 되어 있지 않다. 여기에 낱말 apa "대(大"가 있었다면 낱말 끝에서 모음 a가 표기되어야 했을 것이다.

43) KT E 5 oγlïti = BQ E 5: oγlït[i] "그들의 아들들".[44] Radloff는 이

43) Edward Tryjarski(1923.3.31.-). 폴란드의 동양학자/튀르크학자.

44) Doerfer(1992: 10~11)는 낱말 oγul에게는 이미 예스러운 (탁발위(拓跋魏, 北魏)의 언어에서 차용된) oγlan이라는 복수형이 있기 때문에 이 독법은 설득력이 없다고 하였다. 그의 주장에 따르면, -t로 된 복수형은 또한, 그 단수형이 -n으로 끝나는 tarxan - tarxat, tegin - tegit와 같은 몇몇 탁발위(拓跋魏, 北魏) 몽골어 차용어에 한정되어 있다. 십중팔구는 오히려 oγlï atï = oγlï atïsï "seine Söhne und Neffen"["그의 아들들과 조카들"]이 유효하며, 이 구절에서는 [3인칭] 소유어미가 첫 낱말에만 붙었는데 이것은 예스러운 특징일 수 있다. 고대 튀르크어는 병렬적인 결합된 낱말들에서는 통사적으로 여전히 매우 유연하였을지도 모른다. 객관적으로도 "seine Söhne und Neffen"["그의 아들들과 조카들"]이라고 번역하는 것이 더 알맞은데, 왜냐하면 고대 튀르크족 군주들의 계승자로

낱말을 처음에는 oγlï atï로 읽고 "그들의 아들들과 그들의 조카들"이라고 번역하였다(1894: 7). Thomsen은 이 독법과 번역에 대하여 낱말 atï "조카"가 3인칭 소유어미를 지니지 않았다는 이유를 들어 제대로 반대하였지만 자기가 oγlï atï 형태로 읽은 구절을 단순히 "그들의 아들들"이라고 번역하였고, 여기에 있는 낱말 atï를 설명할 수 없었다(1896: 141, 주 10). Radloff는 같은 낱말들을 그의 저서의 신판에서는 oγlïti 형태로 읽고 "그들의 아들들"이라고 번역하였다(1897: 131). Tekin은 이 낱말을 oγlïti로 읽고 oγlïti를 낱말 oγïl(아들)에 -t가 붙어 만들어진 복수형으로 보았다(GOT: 122).

Clauson이 oğlı atı[즉, oγlï atï] "그들의 아들들과 손자들" 형태로 읽고 설명한 것은 받아들여질 수 없다(EDPT: 40); 고대 튀르크어 atï "조카"도 서부 유구르(West Yugur, 西部裕固)어 낱말 ati "손자"도 모음으로 끝난다. 두 낱말로 이루어진 것으로 여겨지는 이 구절에서 낱말 oγlï가 3인칭 소유어미를 지닌 것으로 보아 낱말 atï도 같은 소유어미를 지녀야 했다. 이 낱말은 오직 oγlït-i "그들의 아들들" 형태로만 설명될 수 있다. 낱말 oγul, oγïl의 -t가 붙은 복수형은 야쿠트어에 살아 있다: uolattar "소년들" < uolatlar, uolat < uolan + -t.

44) KT E 5: bil(i)gs(i)z <(ä)rm(i)š> (ä)r(i)n͡č. 퀼 티긴 비문에서 욜루그 티긴은 낱말 bil(i)gs(i)z와 낱말 (ä)r(i)n͡č 사이에 있는 낱말 (ä)r-m(i)š를 잊었고, 이 잘못을 빌개 카간 비문에서는 고쳤다(E 6).

45) KT E 6: kürl(ü)g<in> = BQ E 6: kürl(ü)gin.[45] 욜루그 티긴은 퀼 티긴 비문에서 이 낱말의 끝에 있는 어미 -in을 잊었고 이 잘못을 빌개 카간 비문에서는 고쳤다.

결코 언제나 그들의 아들들이 나타난 것은 아니고 자주 그들의 형제들, 조카들 등이 나타났기 때문이다.

45) Doerfer(1992: 11)는 Tabγač bodun täbligin kürlüg üčün "중국 백성이 잘 속이기 때문에 사기꾼이기 때문에"에서도 병렬 구조에서 접미사가 첫 낱말에만 붙는다는 것에 대한 증거가 있는 것은 아닌지 묻는다.

46) KT E 6: kikšürtö̂kin. 이 낱말의 둘째 글자는 핀란드 발간 도해에서는 분명하게 선택되지 않은 Y^2, Radloff 텍스트에서는 K^2이다. 글자 K^2는 글자 Y^2와 형태상 비슷하기 때문에 이 서로 다른 견해가 생겼을 수 있다.[46] Thomsen에 따르면 셋째 글자는 ŋ이다. Thomsen은 이 때문에 낱말을 kiŋ(ä)sürtü̂kin으로 읽고 ŋ과 s 사이에 둔 모음 ä 아래에는 물음표를 놓았다(1896: 99). Thomsen은 동사 kiŋäsür-를 “tramer des complots” 즉 “모의하다”라고 번역하고 이것을 동사 kiŋäs- (kiŋäš-)의 사동태로 보았다(1896: 142, 주 11). 그렇지만 그가 이 설명을 위하여 증거로 든 위구르어, 차가타이어, 쿠만어[47] 동사 käŋäš-는 “모의하다”가 아니라 “상담하다, 협의하다”라는 뜻이다. Radloff는 낱말을 kekšürtükin으로 읽고 동사 kekšür-를 “anfeinden” 즉 “적대하게 하다”라고 번역하였다(1897: 130, 170). Tekin은 같은 낱말을 kiŋsür-로 읽고 이것을 kiŋ+ü-šür- 형태로 설명하면서 “to create a rift between” 즉 “사이가 벌어지게 하다”라는 식으로 번역하였다(GOT: 110, 117,

46) Y^2(J)와 K^2(K)는 서로 혼동될 수 있다.

47) 쿠만(Kuman, Cuman)어는 13~16세기에 남부 러시아 초원과 근동에서 사용된 튀르크계 언어를 가리킨다. 큽차크(Kypchak)어라고도 한다. 남부 러시아 초원의 쿠만어와 관련하여 Codex Cumanicus로 알려진 라틴 문자로 기록된 언어 교본이 있다. 1304년에 만들어진 사본 하나만 전해지는 Codex Cumanicus는 두 부분으로 이루어져 있다. 앞부분은 라틴어-페르시아어-쿠만어 사전인데, 이탈리아 상인들을 위하여 편집되었다. 뒷부분은 여러 가지 종교 텍스트들과 수수께끼들이 쿠만어로 기록되고 라틴어와 동부 중세 고지 도이치어(Eastern Middle High German)로 번역되었는데, 도이칠란트 선교사들을 위하여 만들어졌다. 덴마크의 Kaare Grønbech가 Codex Cumanicus에 있는 튀르크어 낱말 색인을 만들어 발간하였다(Kaare Grønbech, *Komanisches Wörterbuch: türkischer Wortindex zu Codex Cumanicus*, Kopenhagen 1942).

근동의 큽차크족은 남부 러시아에서 아랍 지역에 노예 용병(mamluk)으로 팔려간 사람들이었는데 나중에 이집트에서 맘루크(Mamluk) 왕조(1250-1517)를 세워 이집트와 시리아 일대를 지배하였다. 맘루크 왕조는 주로 큽차크족으로 이루어진 바흐리(Bahri) 왕조(1250-1382)와 주로 코카서스 출신의 체르케스(Cherkess, Circassian)족으로 이루어진 부르지(Burji) 왕조(1382-1517)로 나뉜다. 이들의 언어와 관련하여 아랍어로 저술된 여러 문헌이 남아 있다. 15~18세기에는 튀르크화한 아르메니아인들도 큽차크어를 사용하였다.

350). 필자는 kiŋ "넓은"과 이것에서 파생된 동사 kiŋü- "넓어지다"에 바탕을 둔 필자의 이 견해를 고집하지 않으며, 이 낱말을 MK (II, 195)에 있는 동사 kikčür- "자극하다"와 관련짓는 Clauson의 견해(EDPT: 714)에 동조한다.

47) KT E 6 = BQ E 7: yoŋ(a)šurto͡qin. Radloff(1897: 132), Thomsen (1896: 99) 및 Malov(1951: 29)는 이 낱말을 yoŋšur-로 읽었다. 필자가 보기에 이 동사의 가장 단순한 형태는 MK III, 197에 있는 동사 yoŋa- "중상하다, 밀고하다"이다: yoŋa-š-ur- "서로 중상하게 하다" (GOT: 117을 볼 것).

48) KT E 7: b(ä)gl(i)k urï oγlin qul bo͡ltï = BQ E 7: b(ä)gl(i)k urï oγlin q͡uul qïltï. 퀼 티긴 비문에 있는 형태 oγ(ï)lin 또는 oγlin은 잘못된 것이다.[48] 대격 어미[49]를 지닌 이 형태는 동사 qïl-을 필요로 한다. 욜루그 티긴은 이 잘못을 빌게 카간 비문에서는 고쳤다.

49) KT E 7: (e)šil(i)k = BQ E 7: (e)š(i)l(i)k "귀부인이 될 만한, 귀부인이 될". Radloff, Thomsen, Malov 등이 silik "깨끗한, 순수한, 청결

---

48) Doerfer(1992: 11)는 여기에서 관계대격(accusativus relationis)을 보아 이 문장을 "das Volk wurde in Bezug auf seine fürstlichen Söhne versklavt" ["백성은 그들의 군주의 아들들과 관련하여 노예가 되었다"]로 번역할 수도 있지 않는지 물었다. 그는 비슷한 구문(構文)이 몽골어에 흔하고, 아랍어와 그리스어, 라틴어에도 있다고 하며 몽골어와 아랍어 예를 들었다. 그는 또한 KT E 25 türü͡k bod(u)n(u)γ (a)ti küsi yo͡q bolm(a)zun tey(i)n "in Bezug auf Adelsstamm und Volk sagend: Ihr Ruf und Ruhm soll nicht vergehen"["귀족 부족 및 (일반) 백성과 관련하여 "그들의 명성이 사라지지 말기를"하고 말하며]라는 예도 비교하라고 하였다.

49) 돌궐 비문들에서 확인된 대격 어미는 다음 세 가지이다: (1) -γ/-g(명사의 단수 및 복수형 뒤에서); (2) -n(소유어미를 지닌 명사 뒤에서); (3) -nï/-ni(명사의 단수형이나 소유어미를 지닌 형태 뒤에서; 드물게 사용됨). 한편 대명사에서는 다음과 같은 것이 있다: bini "나를"(bän ~ män "나"), sini "너를"(sän "너"), bizni "우리를"(biz "우리"), bunï "이를"(bu "이"), anï "그를"(ol "그").

한"으로 읽은 이 낱말을 처음으로 Tekin이 ešilik로 읽고 위구르어 낱말 eši, iši "귀부인"에 접미사 -lik가 붙어 파생된 형용사로 보았다(GOT: 233, 106). Clauson에서는 이 낱말이 여전히 silik이다(EDPT: 826): silig, silik "pure, virgin" < sil- "to clean". 이 독법은 받아들여질 수 없다; 왜냐하면 "순수한, 깨끗한"이라는 뜻의 고대 튀르크어 낱말은 -k가 아니라 -g로 되어 있기 때문이다. 낱말의 오늘날의 형태들(투바어 silig "깨끗한", 하카스어 sĭlĭg "아름다운", 카자크어 suluw "아름다운", 크르그즈어 sulū "아름다운" 등)도 이것을 입증한다. 게다가 대구법에 따르면(bäglik urï oγïl : ešilik qïz oγïl) 이 낱말이 eši-lik인 것이 더 옳고 더 합리적이다.

50) KT E 7: ātin = BQ E 7: (a)tin. 비문들에서 모두 22번[50] 나타나는 낱말 at "이름, 칭호"의 모음은 위의 것 말고 다음의 예들에서도 표기되어 있다: t(a)bγ(a)č ātin (KT E 7), āt(ï)γ (KT W 2), āt birt(i)m (BQ E 41). 두 비문 모두에서 첫 소리 또는 첫 음절에 있는 장모음 a가 표기된 다른 낱말들은 다음과 같다: āč (BQ E 38), āč- (BQ N 6), āčs(ï)q (KT S 8, BQ N 6), tām-qa "벽에" (KT SE). 돌궐어에 있는 장모음들에 관하여는 GOT: 31, 50-56을 볼 것.

51) KT E 8: tuγs(ï)qda = BQ E 8: tuγs(ï)q(q)a. 두 형태 모두 문법적으로 적절하고 옳다. 같은 대응에 대하여는 u-da b(a)sd(ï)m(ï)z (KT E

---

50) 이것은 사실과 다르다. 터키어 원전의 p. 121에 있는 색인을 보면 22 군데가 제시되어 있지만, 항목의 맨 밑에 at-ı küsi yok bol- (KT D 25, 25; BK D 20, 21, 22, 36) 즉 이 번역본의 표기대로는 at-i küsi yoq bol- (KT E 25, 25; BQ D 20, 21, 22, 36)이 있는데 이곳들은 3 줄 위에서 a.-ı (KT D 25, 25; BK D 20, 21, 22, 36) 형태로 또 나온다. 이 6 곳이 겹쳐서 나오므로 빼야 한다. 그러므로 터키어 원전을 보면 16 개이어야 한다. 그런데 터키어 원전에서는 본문 BQ E 7의 tabγ[ač atin]이 색인에서는 atin, 즉 마멸되지 않은 것으로 제시되어 있으므로 이것도 빼야 한다. 그리하여 두 비문에서 실제로 확인되는 것은 15 개다. KT E 26의 [ati küsi]과 BQ E 7의 tabγ[ač atin]도 함께 생각하면 두 비문에서 이 낱말은 17 번 나오는 셈이 된다.

35, 37) ~ u-qa b(a)sd(ï)m(ï)z (T 27)와 비교할 것.

52) KT E 10: y(a)r(a)tunu = BQ E 9: y(a)r(a)t(ï)nu. 퀼 티긴 비문에 있는 연결모음 u가 철자상의 잘못이라는 견해(Hovdhaugen 1974: 61)에 동조하기는 어렵다. 고대 및 중세 튀르크어의 동사 ašun- (< aš-u-n-) "(넘어) 지나다"에 있는 연결모음도 ï가 아니라 u이다. Erdal[51)]이 동사 ašun-을, 그 속에 있는 모음 u 때문에, ašuq-와 관련 있는 것으로 보는 것도(1976: 144) 받아들여질 수 없다; 왜냐하면 ašuq-는 "서두르다"를 뜻하기 때문이다.

튀르크어의 더 오랜 시기에서 원순모음 u, ü도 연결모음으로 사용되었다는 것은 있을 수 있는 일이다. 몽골어에서 연결모음은 u, ü이다. Poppe[52)]에 따르면 알타이 조어(Proto-Altaic)에서 연결모음들은 -u-/-ü-와 -ï-/-i-였다(1955: 187). 결론으로 동사 yaratun-과 동사 ašun-에 있는 -u-는 고형으로 볼 수 있다. 게다가, yaratun- 형태는 yaratïn-에서 역행동화에 의하여 생긴 것일 수도 있다.[53)]

53) KT E 11 = BQ E 10: yüg(gä)rü < *yüg-gärü. Clauson이 이 형태를 *yükgärü에서 끌어 오는 것(EDPT: 915)은 옳지 않다. 명사 어근

51) Marcel Erdal(1945-). 이스라엘의 튀르크학자. 터키 이스탄불에서 태어났다. 도이칠란트의 프랑크푸르트 대학교에서 교수로 근무하고 있다.

52) Nikolaj Nikolajevič Poppe (또는 Nicholas/Nikolaus Poppe) (1897.8.8.-1991.6.8.). 도이치계 러시아인 언어학자/알타이학자. 그는 아버지가 외교관으로 근무하였던 중국에서 출생하였다. 몽골학자인 Boris Jakovlevič Vladimircov(1884.7.20.-1931.8.17.)의 제자로서 1921년에 페트로그라드(Petrograd) 대학교를 졸업하였다. 1920-1930년에는 레닌그라드(Leningrad) 대학교, 아시아 박물관, 소련학술원 동양학 연구소 등에서 근무하였다. 1926년에 교수가 되었고 1944년에 도이칠란트로 이주하였다. 1949년-1968년에는 미국 시애틀(Seattle)에 있는 워싱턴 대학교에서 교수로 근무하였다.

53) Doerfer(1992: 11~12)는 만약 그 자신처럼 약화된 모음(여기에서는 3음절에 있는)을 받아들인다면, y(a)r(a)tunu 형태는 잘 설명될 수 있다고 하였다. 그의 주장에 따르면, 여기에서는 동화가 매우 흔하게 일어날 수 있다: $yarat^{a}nu$ > $yarat^{u}nu$. 특히 약화된 모음들은 발음에서 매우 유연하고 가변적이며 주위환경에 동화할 수 있다.

은 *yüg임이 틀림없다. 고대 튀르크어 동사 yüksä-["높아지다"]도 더 오랜 형태 *yügsä-에서 발전한 것임이 분명하다(ägsü-["줄다"], ägsük ["부족한"] 등과 비교할 것). 가가우즈어[54] 낱말 üsek "높은"은 틀림없이 더 오랜 형태 *yügsä-k에 소급한다.

54) KT E 11: kötürm(i)š = BQ E 10: köt(ü)rti. 퀼 티긴 비문에 있는 -miš형이 더 옳고 적절하다.

55) KT E 12: y(a)γïsi = BQ E 11: y(a)γ(ï)si. 퀼 티긴 비문에 있는 형태가 철자법에 더 맞다.

56) KT E 12: q͡uur(ï)γ(a)ru = BQ E 11: q͡uurïγ(a)ru. 빌개 카간 비문에 있는 형태가 철자법에 더 맞다.

57) KT E 13: törösün = BQ E 11: tör(ö)sin. 퀼 티긴 비문에 있는 -sün은 틀림없이 -sin 대신에 잘못 표기된 것이다.[55]

58) KT E 14: b(i)ryä = BQ E 12: biryä. "오른쪽에, 남쪽에"를 뜻하는 이 낱말의 어근은 두 음절로 된 *biri임이 틀림없다; 왜냐하면 이 낱말

---

54) 몰도바의 가가우지아(Gagauzia) 자치 공화국 중심으로 우크라이나, 터키, 불가리아, 러시아 등에서도 사용되는 튀르크계 언어로서, 터키어(Turkish), 아제르바이잔어(Azerbaijani), 튀르크멘(Türkmen)어, 호라산 튀르크어(Khorasan Turkish) 등과 함께 오구즈(Oghuz) 그룹에 속한다. 터키어와 가까운 언어로서, 터키어의 루멜리(Rumelian) 방언의 하나로 보는 학자들도 있다. 주위의 슬라브 언어들의 영향으로 통사구조가 변하였다. 가가우즈족은 크리스트교(정교)를 믿는다. 현재 전 세계에는 약 25만 명의 가가우즈족이 있다.

55) Doerfer(1992: 12)는 이것에 대해서 예니세이 비문[중에서 Elegeš 비문] 10행[정확히는 6행]에 있는 törüsü[정확히는 tör(ü)sü]를 참조하라고 하였다. 그는 이것이 [표기상의] 잘못 문제인지 아니면 오히려 이른 시기의 통속적인 어형 문제인지를 물었다. 그는 각각의 언어는 여러 가지 층이 있으니 돌궐 비문의 튀르크어에서 이미 (예스러운) bän과 (통속적인) män["나"]이 병존한다는 것을 참조하라고 하였다.

이 옛 여-처격 어미 -ä가 붙어 만들어질 때에 그 사이에 공백을 메우는 y가 들어갔기 때문이다. "왼쪽에, 북쪽에"를 뜻하는 낱말 yïrya의 어근도 *biri와 *qurï처럼 본래 두 음절이었음이 틀림없다.

Clauson이 제시한, biryä(그에 의하면 bérye:), yïrya 및 qurïya(그에 의하면 yırya:, kurıya:)는 어근 *ber, *yïr 및 *qurï에 접미사 -ra/-rä가 붙어서 파생되었으며 나중에 형태변화를 겪었다는 견해(EDPT: 370)는 받아들여질 수 없다. Doerfer[56]가 제시한, 이 낱말들이 파생접미사 -yA로 만들어졌고 현대 튀르크어의 -DA + KI 어미를 지닌 낱말들과 상응하여 형용사로 사용되었다는 식의 견해(1975-1976: 45)도 잘못이다.[57] 이 돌궐어 낱말들은 장소부사로 사용되었다; 이것들이 형용사로 되는 것은 단지 어미 -KI에 의해서만 가능하다: b(i)ry(ä)ki bod(u)n, q͡uur(ï)y(a)qï yïry(a)qï öŋr(ä)ki bod(u)n (T 17)

56) Gerhard Doerfer(1920.3.8.-2003.12.27.). 도이칠란트의 튀르크학자/몽골학자. 쾨니히스베르크(Königsberg, 현재의 Kaliningrad)에서 출생하였다. 고등학교에 다닐 때 2차 세계대전에 징집되었다. 1949년에 베를린에 있는 훔볼트(Humboldt) 대학교에 들어가서 Karl Heinrich Menges(1908.4.22.-1999.9.20.)에게서 튀르크학과 알타이학을 배웠다. 1954년에 元朝秘史의 통사에 대한 연구로 박사학위를 받았다. 괴팅엔(Göttingen) 대학교에서 교수로 근무하였다. Türkische und mongolische Elemente im Neupersischen이라는 이름의 4권짜리 저서를 내어 세계적으로 유명해졌다. 알타이 민족들의 언어와 문학에 대하여 많은 연구를 하였다.

57) Doerfer(1992: 12)는 이것에 대하여 자신이 고대 튀르크어 접미사 -yA[즉. -ya/-yä]를 터키어 -DAki[즉, -daki/-deki/-taki/-teki]와 통사적으로 비교한 것은 두 접미사가 단지 명사를 수식하는(adnominal) 격으로 나타나지 결코 부사격(adverbiale Kasus)으로 나타나지 않는다는 것과 관련이 있다고 밝혔다. 그는 -yAKI[즉. -yaqï/-yäki]에 대한 증거들도 있다는 것은 반증이 아니라고 주장하며 터키어에서 Paris'te bir Türk["파리에서 한 터키 사람"]과 Paris'teki bir Türk["파리에 있는 한 터키 사람"]이 병존하는 것을 참조하라고 하였다. 그는 -rA > -yA[즉. -ra/-rä > -ya/-yä]의 발달, 이를테면 qurïra > qurïya(일종의 異化)는 비슷한 예들로 뒷받침되지 않기 때문에 그럴듯하지 않다고 하였다. *öŋyä가 아니라 öŋrä라고 불린다면, 이것은 의미론적으로 논증될 수 있을지도 모른다며, 동쪽이 고대 튀르크족에게는 주된 방위여서 그들은 이것에 대하여 나머지 방위들에 대한 것과는 아주 다른 정신적·물질적 관계에 있었기 때문이라고 하였다.

59) KT E 16: törödä = BQ E 14: [t]ör(ö)dä. 퀼 티긴 비문에 있는 형태가 철자법에 더 맞다.

60) KT E 17: ol(o)rto͡qda = BQ E 14: ol(o)rto͡q(q)a. 두 형태가 모두 문법적으로 적절하고 옳다 (51번 주석을 볼 것).

61) KT E 17 = BQ E 15: y(a)š(ï)l üg(ü)z. 고대 튀르크족이 황하(黃河)에 붙인 이름이다 (영어의 Yellow River와 비교할 것).

62) KT E 17 = BQ E 15: š(a)n͡tuŋ y(a)zï. 北京과 黃河의 남쪽에 있는 평원이다 (< 중국어 山東).

63) KT E 17 = BQ E 15: kögm(ä)n. 오늘날의 Sayan 산맥의 이름이다.

64) KT E 19: biz(i)ŋä y(a)ŋ(ï)lu͡qin üčün = BQ E 16: biz(i)ŋä y(a)-ŋ(ï)l͡to͡qin y(a)z(ï)n͡to͡qin üč(ü)n. 퀼 티긴 비문에 있는 y(a)ŋ(ï)lu͡qin은 잘못임이 분명하다.

65) KT E 19: id(i)s(i)z bolm(a)zun tiy(i)n = BQ E 16: [id(i)]siz q(a)lm(a)zun [tiy(i)]n. 두 형태 모두 옳은데, 빌게 카간 비문에 있는 동사 q(a)lm(a)zun "남게 하지 마라"가 상황과 구절에 더 적절하다.

66) KT E 20: q(a)γ(a)n (a)t = BQ E 17: q(a)γ(a)n (a)t(ï)γ "카간 칭호를". 빌게 카간 비문에 있는 대격 어미를 지닌 형태가 문법적으로 더 적절하다.

67) KT E 20: y(a)r(a)t[(ï)p] = BQ E 17: i[t(i)p] y(a)r(a)t(ï)p. 빌게 카간 비문에 있는 두 동사로 된 형태가 더 옳고 적절하다: KT E 19에 있는 (a)z bod(u)n(u)γ it(i)p y(a)r[(a)t(ï)p] 등처럼.

68) KT E 21: k(ä)ŋü t(a)rm(a)n = BQ E 18: k(ä)ŋü t(a)rb(a)n. 서쪽에 있는 땅 이름이다. 빌개 카간 비문에 있는 b를 지닌 형태가 더 옳고 본래의 것임이 틀림없다: män < bän, mäniŋ < bäniŋ 등과 비교할 것. Thomsen은 이 이름이 Tarbagatai와 동일한 것일 가능성을 생각한다(1896: 150, 주 27).

69) KT E 22: (e)l(i)ŋ(i)n töröŋ(i)n = BQ E 19: il(i)ŋ(i)n tör(ö)g(i)n "너의 나라를 너의 법을". 2인칭 소유어미 -ŋ이 -g와 (그리고 -γ와) 교체하는 예는 아주 많다: (ä)dgü-g "너의 소득", (ä)rt(i)g "너는 ~이었다", kigürt(ü)g "너는 넣었다", buŋ-(u)-γ "너의 걱정, 너의 괴로움" 등 (GOT: 92를 볼 것).

70) KT E 22: k(ä)m (a)rt(a)tï [ud(a)čï (ä)rti] = BQ E 19: k(ä)m (a)rt(a)tï ud(a)čï [(ä)rt]i. 퀼 티긴 비문에 있는 형태 (a)rt(a)tï로써 문장이 끝나지 않을 것은 분명하다. 여기에 있는 형태 artatï는 동사 artat- "부수다, 파괴하다"의 -ï를 지닌 부사형이다. 서술어가 되기 위해서는 이것은 (a)rt(a)t(t)ï (< artatdï)로 인정되어야 한다. 이렇게 인정된다고 하여도 문장은 문법적으로 맞지 않게 된다. 왜냐하면 이 문장에 종속된 두 개의 가정의 조건절이 있기 때문이다: üzä t(ä)ŋri b(a)sm(a)s(a)r, (a)sra yir t(ä)l(i)nm(ä)s(ä)r. 이 경우에 본문장 또는 주문장의 서술어는 단지 "(그가) 파괴할 수 있을 것이었다" 형태로 있어야 한다. 빌개 카간 비문에 있는 형태도 이 견해를 확증한다. 따라서 이 구절에 대한 Radloff(1897: 136), Thomsen(1896: 105), Malov(1951: 30) 및 Clauson (EDPT: 208)의 설명과 번역은 잘못된 것이다(GOT: 185를 볼 것).

71) KT E 23: kür(ä)güŋ(i)n üčün = BQ E 19: kür(ä)güŋ(i)n üč(ü)n. 이 구절은 Radloff, Thomsen, Malov 등이 이해할 수 없었다. 여기에 있는 낱말 kürägü는 동사 kürä- "달아나다"(MK III, 263)에 -gü가 붙어서 된 명사이다 (GOT: 112를 볼 것). 이 구절의 뜻은 "네가 달아나기 때문에, 네가 순종하지 않기 때문에"이다. 이 뜻은 문맥에 꼭 들어맞는다.

72) KT E 23: q(a)γ(a)n(ï)ŋ(ï)n "너의 카간과". GOT: 127에서 이 낱말에 있는 어미 -ï-n이 속격 어미라는 견해는 수정되어야 한다.[58] BQ E 19에 있는 이 낱말의 상응형 q(a)γ(a)n(ï)ŋa는 이 어미가 기구격 어미라는 증거이다.

73) KT E 23: (e)rm(i)š b(a)rm(i)š "발전한, 발달한, 독립되고 부유한". Thomsen은 이 구절에 있는 ermiš를 동사 är- "~이다"의 파생어로 여겼고 är- bar- "자유롭게 자주적으로 살다"라는 뜻의 숙어로 받아들였다(1896: 151, 주 30). Radloff(1897: 136)와 Malov(1951: 39)도 첫 동사를 이렇게 이해하였다. 그렇지만 이 동사는 "이르다, 도달하다"라는 뜻

---

58) Tekin(1968)은 속격을 설명하는 부분에서는 qaγanïŋ-ïn ... ädgü elīŋä "to the good realm of your kagan"이라고 읽고 번역하였지만(p. 127), 본문 전사에서는 이것이 포함된 부분을 igidmis bilgä qaγanïŋïn ärmis barmis ädgü eliŋä käntü yaŋïltïγ yablaq kigürtüg(p. 234)로 읽고 "you yourselves betrayed your wise kagan who had (always) nourished you, and you yourselves betrayed your good realm which was free and independent, and you (yourselves) caused discord"(p. 267)라고 영어로 번역하였다. 이것을 보면 Tekin은 qaγanïŋïn의 -ïn을 p. 127에서는 속격, p. 234와 p. 267에서는 기구격으로 보았음이 분명하다. 즉 그는 qaγanïŋ-ïn ... ädgü elīŋä를 "to your kagan and ... your good realm"["너의 카간 및 너의 좋은 왕국에"]라고 해석하였음이 분명하다. 기구격이라면 -ïn이 아니라 -ï-n으로 보아야 한다. -ï-n은 -ï-(연결모음) + -n(기구격 어미)로 분석된다.

한편 Doerfer(1992: 12)는 qaγanïŋïn "deinen Herrscher"["너의 군주를"]이 Tekin(1968)에서 대격으로 번역되었는데(you yourselves betrayed your wise kagan), 이것은 Tekin이 지금 기구격으로 "kağanın ile"["너의 카간과 함께"]라고 번역하는 것보다 더 설득력이 있다고 주장하였다. 이것을 보면 Doerfer는 qaγanïŋïn의 -ïn을 소유어미 다음에 붙는 대격 어미로 받아들이고 Tekin이 이 낱말이 포함된 부분을 "you yourselves betrayed your wise kagan"이라고 번역한 것을 보고 자신의 생각이 옳았다고 확신하였음이 분명하다. 그렇지만 위에서 볼 수 있듯이 Tekin은 qaγanïŋïn의 -ïn을 대격어미로 보지 않았다. 더구나 Doerfer는 영어 동사 betray는 타동사이지만 튀르크어 동사 yaŋïl-은 자동사라는 사실을 간과하였다. yaŋïl-은 대격이 아니라 여격을 지배한다는 것을 다음의 예들에서 알 수 있다: biz(i)ŋä y(a)ŋ(ï)lu͡qin üčün (KT E 19), biz(i)ŋä y(a)ŋ(ï)l͡to͡qin y(a)z(ï)n͡to͡qin üč(ü)n (BQ E 16), ... <bilgä> q(a)γ(a)n(ï)ŋa ... [... (ä)dgü] (e)l(i)ŋä k(ä)n͡tü y(a)ŋ(ï)l͡t(ï)γ (BQ E 19).

의 동사 er-임이 분명하다(GOT: 328). 필자는 구절 ermiš barmiš를 GOT에서 "free and independent" 곧 "자유롭고 독립된"으로 번역하였었다(1968: 267). 그러나 필자는 지금은 이 숙어가 "발전한, 발달한, 부유한"을 뜻할 수 있다고 생각한다. "가다, 걷다"를 뜻하는 동사들이 "발전하다, 진보하다"라는 뜻을 지니는 좋은 예가 투뉴쿠크 비문에 있다: ilt(e)r(i)š q(a)γ(a)n bilgä tuńu͡qu͡q q(a)zγ(a)n͡to͡q üč(ü)n q(a)p-γ(a)n q(a)γ(a)n türü͡k sir bod(u)n yorïdo͡qi bu "일테리시 카간(과) 빌개 투뉴쿠크가 획득하였기 때문에 카프간 카간의 튀르크 시르 백성이 발전한 것이 (바로) 이것(이다)" (T 61). KT N 1에 있는 문장 q(a)r-lu͡q bod(u)n (e)rür b(a)rur (ä)rkli y(a)γï bol͡tï와 BQ E 29에 있는 문장 q(a)rlu͡q bod(u)n buŋs(ï)z [(e)r]ür b(a)rur (ä)rkli y(a)γï bol͡tï에 있는 숙어 erür barur는 분명히 "멋대로 행동하는, 자유롭고 독립된"으로 이해하여야 한다.

74) KT E 23 = BQ E 19: q(a)n͡t(a)n "어디에서". Thomsen(1896: 105)과 Radloff(1897: 136)에서는 qanđïn이다; Malov에서는 바르게 qantan이지만 그 곁에는 괄호 안에 (qantïn?)이 있다 (1951: 30). GOT에 있는 qantïn(p. 234)은 정정되어야 한다.

75) KT E 23: k(ä)l(i)p(ä)n. Radloff와 Thomsen에서도 이러하다. 다만, 핀란드 발간 도해에서는 셋째 글자가 P가 아니라 Y^2이다. 돌궐어에는 부동사어미 -yïn/-yin이 있다: ti-yin, bol-(u)yïn (T 7), bulma-yin (T 2). 이 점에서 볼 때 käliyin "와서, 오면서"와 같은 형태는 여기에서 잘못된 것이 아니다. 그렇지만 필자는 두 가지 이유에서 이 낱말이 käliyin이 아닐 것이라고 생각한다: 1. 핀란드 발간 도해에 있는 Y^2는 P 대신에 잘못 쓰인 것일 수 있다; 왜냐하면 이 글자들은 서로 비슷하기 때문이다[59]; 2. 이것 앞의 문장에서는 kälip 형태가 사용되었다; 대구법

59) Y^2(J)와 P(p)는 서로 혼동될 수 있다. 그런데 Doerfer(1992: 12)는 사진을 보면 아주 뚜렷하게 klyn가 식별될 수 있으므로 [käly^{ä}n]이 옳다고 주장하였다. 그는 Tariat 비문 남쪽 면 4행에는 돌궐 문자로 기록된 튀르크어에서 여전히 매우 활

에 따라 이것 다음에 오는 문장에서도 동일한 어형의 확대형이 사용되었을 가능성이 아주 많다.

76) KT E 24: bilm(ä)dôk üč(ü)n = BQ E 20: ol bilm(ä)dôk(ü)g(i)n üč(ü)n. 이 구절 다음에 오는 구절 y(a)bl(a)q(ï)ŋ(ï)n üč(ü)n (BQ E 20)은 빌개 카간 비문에 있는 2인칭 소유어미를 지닌 형태가 더 적절함을 보여 준다. 그렇지만 퀼 티긴 비문에 있는 형태가 문법에 어긋난 것은 아니다.

77) KT E 25: türûk bod(u)n(ï)γ (a)ti küsi = BQ E 20: türûk bod(u)n (a)ti küsi "튀르크 백성의 명성". GOT에서 필자는 낱말 bod(u)n(ï)γ에 있는 -γ를 속격어미로 설명했었다(p. 127). Nauta[60]에 의하면 이것은 2인칭 소유어미다(1969: 309). 이것은 받아들여질 수 없다; 왜냐하면 이 문장에서는 아무에게도 말을 걸지 않기 때문이다. Hovdhaugen은 퀼 티긴 비문에 있는 -γ를 지닌 형태를 표기상의 잘못으로 보고 이 잘못이 빌개 카간 비문에서 정정되었다고 믿는다(1974: 68). Hovdhaugen은 그의 이 견해에서 옳을지도 모른다; 왜냐하면 ŋ > γ/g 변화는 비문들에서 오직 2인칭 소유어미에서만 보이기 때문이다.

78) KT E 25: köt(ü)rm(i)š = BQ E 21: köt(ü)r(ü)gmä. 퀼 티긴 비문에 있는, 과거분사 어미로 이루어진 형태가, 설명되는 행동에 적합하다. 다만 이것 다음에 있는 구절은 [현재]분사 어미 -gmä로 되어 있다: il bir(i)gmä t(ä)ŋri. 필자는 대구법에 따르면 빌개 카간 비문에 있는 형태 köt(ü)r(ü)gmä가 더 적절하다고 생각한다(Hovdhaugen 1974: 70을 볼 것).

기 있는 어미 -yXn[X는 모음을 말함]에 대한 또다른 증거인 turyn "aufstehend" ["일어서고"]가 나타난다는 사실을 참조하라고 하였다. 그의 주장에 따르면 지속적으로 나타나는 -mAyAn[즉 -mayan/-mäyän "~(하)지 않고"], tēy^{ä}n["말하고"] 말고도 bōly^{a}n["되고"], tury^{a}n["일어서서"], 심지어 käly^{ä}n["오고"]가 나타나는데 이것은 돌궐 문자로 기록된 튀르크어의 소량의 텍스트를 위한 증거로 충분하다.

60) Ane H. Nauta(1945-). 네덜란드의 튀르크학자. Leiden 대학교에 근무하고 있다.

79) KT E 26: yïls(ï)γ = BQ E 21: [y]ïls(ï)γ "부유하고 번영하는". 이 낱말의 뜻은 문장 속에서의 자리와 이것 다음에 오는 문장으로부터 대략 추정될 수 있다. 다만, 그 독법에 관하여 여러 가지 견해가 제시되었다. Radloff는 이것을 yïlsaγ으로 읽었고(1897: 137), Thomsen은 낱말이 S^2로 표기되어 있기 때문에 yïlsaγ이 아니라 yïlsïγ으로 읽혀야 한다고 주장하였다(1896: 106). Orkun, Malov 및 Tekin도 낱말을 이렇게 읽었다.

이 낱말에 대한 다른 독법과 어원이 Clauson에 의하여 제시되었다. 낱말을 yïlïšïγ으로 읽고 "comfortable, prosperous", 즉 "편안한, 번영하는"으로 뜻을 설명한 Clauson은 이것을 동사 yïlïš- "미지근해지다, 더워지다"에 -γ가 붙어서 된 형용사로 보았다(EDPT: 933). 이 어원은 받아들여질 수 없다[61]; 왜냐하면 "더워지다, 미지근해지다"라는 뜻과 "번영하는"이라는 뜻 사이에 관련을 맺기가 어렵기 때문이다. 필자는 낱말 yïlsïγ이 가상의 명사 *yïl에 접미사 -sïγ이 붙어서 파생된 것일 수 있다는 견해를 제시했었다(GOT: 107). 필자는 몽골어 형용사 yali "중요한, 중대한"과 동사 yali- "많아지다, 질이 좋아지다"를 이 어원을 위한 증거로 제시했었다 (같은 곳). 필자는 이 견해를 아직도 간직하고 있으며, 낱말 yïlsïγ이 타타르어[62] yïlmay-, 크르그즈어 ǰïlmay-, 카자크어

61) Doerfer(1992:13)는 Clauson이 yïlïšïγ "comfortable, prosperous" < "warm"으로 읽고 해석한 것이 매우 자연스럽고 설득력이 있다고 하면서 "warm"["따뜻한"] > "wohlhabend"["부유한"]의 의미 변화는 설명하기 어렵지 않다고 하였다. 그는 가령 도이치어 숙어 "im warmen Nest sitzen"["따뜻한 둥지에 앉다"] = "begütert sein"["부유하다"]를 참조하라고 하고, 따뜻함은 특히 북방의 민족들에게 긍정적인 특성이 있다고 하였다.

62) 러시아 연방의 타타르스탄(Tatarstan) 공화국을 중심으로 인근 지역 및 인근 국가에서도 사용되는 튀르크계 언어로서 바시키르(Bashkir)어, 카자크(Kazakh)어, 카라칼파크(Karakalpak)어, 노가이(Nogay)어, 카라차이-발카르(Karachay-Balkar)어 등과 함께 큽차크(Kypchak) 그룹에 속한다. 중부(= 카잔(Kazan)), 서부(= 미셰르(Misher)), 동부(= 시베리아 타타르(Siberian Tatar)) 방언으로 나뉜다. 시베리아 타타르 방언에는 Tobol-Irtysh, Baraba, Tom이 있고, Tobol-Irtysh 방언의 하위 방언들로는 Tyumen, Tobol, Zabolotny, Tevriz, Tara (Tumasheva)가 있다. 카잔 방언을 기초로 하여 타타르 문어가 형성되었다. 크림 타타르어와 다른 언어이다.

1989년 소련 인구조사에 따르면, 타타르족 6,645,588명 중에서 모어 화자는

žïlmïy-, 튀르크멘어 yïlγïr- "방긋 웃다"와, 더 정확히 말하면 이 동사들의 어근과 관련이 있고 본래의 뜻은 "방긋 웃는, 쾌활한"일 수 있다고 생각한다. 낱말은 yïlšïγ일 수도 있다.

80) KT E 26: bod(u)nqa = BQ E 21: bod(u)n͡ta üzä. 두 형태 다 문법에 맞다. 다만, 이것 다음에는 두 비문 모두에 구절 bod(u)n͡ta üzä가 있으므로 빌개 카간 비문에 있는 -ta üzä를 지닌 형태가 더 적합하다고 할 수 있다.

81) KT E 27: ud(ï)m(a)d(ï)m = BQ E 22: ud̆ïm(a)d(ï)m. 빌개 카간 비문에 있는 형태가 철자법에 맞다.

82) KT E 27: ol(o)rm(a)d<(ï)m> = BQ E 22: ol(o)rm(a)d(ï)m. 욜루그 티긴은 퀼 티긴 비문에서 낱말 끝에 있는 글자 M을 쓰는 것을 잊었다.

83) KT E 27 = BQ E 22: bir(i)ki, birki. 5번 주석을 볼 것.

84) KT E 29: t(ä)ŋri y(a)rl(ï)q(a)zu "신이여 보호하소서". 이 구절은 본문장 안에 있는 "삽입 문장", "괄호(속의) 문장"이다(GOT: 212를 볼 것). 빌개 카간 비문에서 이것에 대응하는 t(ä)ŋri y(a)rl(ï)q(a)d͡oq üč(ü)n "신께서 보호하셨기 때문에"는 주문장에 딸린 종속절이다. 구절 t(ä)ŋri y(a)rl(ï)q(a)zu는 투뉴쿠크 비문에도 나타난다(T 53). 이 낱말에 있는 어미 -zu는 Giraud가 생각한 것처럼 부동사어미(1961: 13)가 아니라 3인칭 명령형어미 -zun/-zün의 n이 없는 형태다.

85) KT E 29: tirg(ü)rü = BQ E 23: t[irg(ü)]rü. 이 낱말을 Radloff는

86%인 5,715,000명이었다. 2002년 러시아 인구조사에 따르면 타타르족은 5,554,601명, 타타르어를 아는 사람은 5,347,706명이었다. '위키피디아(Wikipedia)'의 자료에 의하면 전 세계에 약 1천만 명의 타타르족이 있다. 바시키르족 37만 명도 타타르어를 모어로 사용한다.

tirgärü (tiriggärü?) (1897: 137), Thomsen은 tirigrü (1896: 108), Malov도 tirigrü (1951: 31)로 읽었다. 뜻이 옳게 설명되었지만 잘못 읽힌 이 낱말은, 틀림없이, tirg(ü)rü (tir-gür-ü "되살려서")일 것이다 (GOT: 235를 볼 것). 둘째 음절의 원순모음은 첫째 음절에 있는 i 다음에 쓰였어야 한다.

86) KT E 29 = BQ E 24: ïγ(a)r. Gabain은 이 낱말을 고대 튀르크어에 있는 소그드어 ïγ'r "힘센, 강력한"에서 온 차용어로 설명하였다(1950: 309).

87) KT E 31: in(i)m kül tig(i)n (ä)r (a)t bul̈tï. Thomsen은 여기에 있는 마지막 낱말을 어떤 이유에서인지 boldï로 읽었다(1896: 108). 그렇지만 여기에 있는 är at가 "사나이 이름"인 것을 보면 동사는 bol-이 아니라 bul-일 것이다. 고대 튀르크족에게는 사내 아이가 젊은 나이에 씩씩함을 보여 주면서 "사나이·성숙함의 이름"을 얻는 전통이 있었다. 예니세이 비문들에서도 이 "성숙함의 이름"이 är atïm 형태로 표현되었다.[63)]

---

63) Doerfer(1992: 13~14)는 är at를 "사나이 이름"이라고 뜻풀이하는 것이 전적으로 가능하기는 하지만, "Kavallerieabteilung, Reiterkorps"["기병대"]로도 뜻풀이할 수도 있다고 하였다. 그는 그 근거로 (1) (āt "이름"이었다면 T^1로도 나타나기는 하지만 아마도 AT^1로 표기되었을 것인데) T^1만 표기된 점, (2) "사나이 이름"은 (속격 다음의 낱말에 소유어미가 붙지 않을 수 있지만 이것은 드물고) R^2 T^1I, 즉 är atï이어야 한다는 점, (3) 여기에서는 본래 är ātïn["사나이 이름을"]이 기대된다는 점, (4) är at "기병대"는 잘 증명된 용어라는 점을 들었다. 그는 네 번째 근거와 관련하여 1965년에 발간된 자신의 저서인 TMEN, Band II의 638번 항목[pp.178-179]을 참조하라고 하고 특히 쿠타드구 빌리그(Qutaðγu Bilig)에 이것에 대한 증거가 56개나 있다고 하였다. 그는 이 문장이 "er erhielt ein Reiterkorps (als Chef), ihm wurde die Führung eines Reiterkorps übertragen"["그(= 내 남동생)는 (우두머리로서) 기병대를 받았다, 그(= 내 남동생)에게 기병대의 지휘가 맡겨졌다"]를 뜻할 수 있다고 하였다.

그는 예니세이 비문들에서 자주 R^2 T^1(거의 언제나 R^2T^1M [즉 är atïm] 형태)이 나타나는데, 여기에서도 사람 이름이 아니라 기병대의 이름(해당 기병대가 속하는 사람의 이름)이 제시된 것은 아닌지 (고대 튀르크족의 예스럽고 집단주의적인 태도를 보면 이것이 불가능한 것은 아니다) 아니면 그 뜻이 "die Reiter-

88) KT E 31: (a)ltï čub soγd(a)q "六州 소그드족". Kljaštornyj[64]는 이 구절에 있는 낱말 čub을 "지역, 지방"을 뜻하는 중국어 낱말 州와 연결지었다(1964: 94). Clauson이 이 낱말을 čuv 형태로 읽는 것(EDPT: 394)은 받아들여질 수 없다.

89) KT E 32: yurčin "그의 [손아래] 처남을".[65] Radloff는 이 낱말을

---

schar, die ich führe, heißt (nach mir) X"["내가 이끄는 기병대는 (내 이름을 따서) X라고 불린다"]가 아닌지 묻는다. 그는 "사나이 이름"에 불리한 것으로서 다음의 것들을 열거한다: (1) 왜 단순히 atïm["나의 이름"]이라 하지 않고 당사자의 본명을 그렇게 "사나이 이름"으로 나타내어야 하는가, (2) 예니세이 비문들 중 Bay-Bulun 제 2 비문 2행에 나오는 Är atïm Aq-Baš-Tïŋ̑q ïnal ügä bän과 같은 곳은 가장 자유롭게는 "mein Reiterkorps ist A.B.T., ich bin ein (Titel) *ïnal ügä*"["나의 기병대는 Aq-Baš-Tïŋ̑q이다, 나는 (칭호가) ïnal ügä이다"]로 번역되는데 이것을 "ich bin mein Mannesname A.B.T. mit dem Titel *ïnal ügä*"["나는 나의 사나이 이름이 ïnal ügä라는 칭호가 있는 Aq-Baš-Tïŋ̑q이다"]로 번역하면 이상하게 들릴 것이다[Doerfer의 이 두 번째 번역은 잘못되었다. 이것은 "나의 사나이 이름은 Aq-Baš-Tïŋ̑q이다. 나는 ïnal ügä이다"로 번역될 수 있다], (3) 단순히 atïm이 나오는 경우가 많다. 그는 예니세이 비문들 중 Köžeelig-Xovu 비문의 앞면 1행에 나오는 oγlan atïm Čubuč Ïnal ... qa atïm Kümül ügä "mein Knabenname ist Č. Ï. ... mein Name ist K. *ügä*"["나의 소년 이름은 Čubuč Ïnal이다 ... 나의 이름은 Kümül *ügä*이다"]도 참조하라고 하면서 (여기에서조차 oγlan atïm과 är atïm이 명확히 비교되는 것은 아니라며) 문제는 어려운 상태로 남아 있다고 하였다.

64) Sergej Grigor'evič Kljaštornyj(1928.2.4.-). 벨로루시 출신의 소련/러시아의 역사학자.

65) MK III 7에서 yurč "손아래 처남", 차가타이어에서 yügürǰi "같은 뜻"으로 확인되는 이 낱말은 몇몇 현대 튀르크어에 남아 있다:

튀르크멘어 yüwürǰi "시동생"

타타르어 (방언) yŏrcï, yŏrtcï "시동생"

바시키르어 (방언) yŏrsŏ "어린 아이; 시동생, 손아래 처남"

알타이어 d'určï, d'urtčï "처남; 아내의 자매" ("시누이"로 나오는 자료도 있음)

알타이어 쿠만드 방언 čürčim "나의 처남" (< čürči-m)

출름 튀르크어 하류 출름 방언 yurcum "나의 손아래 처남" (< yurcu-m)

출름 튀르크어 중류 출름 방언 čurčum "나의 손아래 처남, 나의 시동생" (< čurču-m)

yoračïn으로 읽고 Yorač 형태의 고유명사로 보았다(1897: 138). Thomsen은 이것을 yorïčïn으로 읽고 이것 앞의 oŋ tutuq와 함께 "Ong-Tutuq의 yorïč" 형태로 번역하지 않은 채 두었다(1896: 155, 주 38). Malov는 낱말을 yorčïn으로 읽고 앞의 낱말과 함께 "Ong-Tutuq을 그의 지휘관들과 함께"라고 번역하였다(1951: 40). 그렇지만 이 낱말은 오직 yurč-i-n 형태로 설명될 수 있고 또 이렇게 설명되었다 (GOT: 235, 408).

90) KT E 32: y(a)r(a)ql(ï)γdï "무장 상태로, 무기를 지닌 상태로". 돌궐어에서 상태부사들을 파생시키는 접미사 -dï/-di에 대하여는 GOT: 157을 볼 것.

91) KT E 32: (a)n͡čol(a)dï. 그 뜻이 쉽게 짐작되는 이 낱말을 Radloff는 änč ulïdï (1897: 138), Thomsen은 änč uladï (1896: 109)로 읽었다. 낱말을 처음으로 바르게 읽은 사람은 Melioranskij였다(1899: 32). 낱말의 구조에 대하여는 GOT: 109를 볼 것.

92) KT E 32: yo͡q qïšd(ï)m(ï)z "우리는 없앴다". 동사 qïš-는 비문들에서 대개 낱말 yoq와 함께 사용된다: ol süg (a)n͡ta yo͡q qïšd(ï)m(ï)z (KT E 34), ol süg (a)n͡ta yoo͡q qïšd(ï)m (BQ E 25). 빌개 카간 비문의 남쪽 면에는 구절 yo͡q qïl͡t(ï)m이 한 번 나타난다 (BQ S 4). 이 동사 qïš-가 qïl-과 같은 뜻이고 따라서 관련이 있다는 것은 명백하다. 튀르크어

하카스어 čurču "처남; 아내의 자매" ("손아래 처남"으로 나오는 자료도 있음)
쇼르어 čurču "처남"
투바어 čuržu "손아래 처남; 처제"
서부 유구르어 yohrtşi, yohrt^{h}tşi, yöhrtş^{h}i "시동생"
야쿠트어 surus "(누나에 대하여) 남동생" (surǰum "나의 남동생")
위에서 제시한 예들에서, "처남"은 "손아래 처남", "아내의 자매"는 "처제"임이 분명하다. -m은 단수 1인칭 소유어미이다. -ï/-i/-ŏ/-u는 원래는 단수 3인칭 소유어미였는데 낱말의 일부로 굳어진 것이다. 튀르크어에는 이와 같이 단수 3인칭 소유어미가 낱말의 일부로 굳어진 예가 매우 많다.

동사 qïl-은 같은 뜻의 몽골어 동사 ki- (< *qï-)에 비추어 볼 때 qï-l- 형태로 분석될 수 있다. 이 경우에 동사 qïl-에 있는 형태소 -l-은 알타이어 반복태 접미사로 설명될 수 있다 (Tekin 1983: 821을 볼 것). 이 경우에 동사 qïš-에 있는 형태소 -š-는 튀르크 조어(Proto-Turkic) 동사 *qï-의 상호태를 형성하는, 알려진 접미사로 설명될 수 있다 (이것을 나중에 qïlïš- 형태가 대신하였다). 그렇지만 빌개 카간 비문에 있는, 그 주어가 단수 1인칭인 yoq͡q qïšd(ï)m 형태는 이 설명에 어긋난다. 도대체 빌개 카간은 자기 군대와 함께 실행한 이 행동을 그 자신이 설명하기 때문에 qïš- 형태를 사용하였단 말인가? Clauson은 이 동사를 qïs- “to compress, squeeze, pinch”, 즉 우리가 알고 있는 (터키어) 동사 kıs-로 받아들인다(EDPT: 665-666). 이것은 받아들여질 수 없다; 왜냐하면 이 동사는 S^1이나 S^2가 아니라 뚜렷하게 글자 Š로 표기되어 있기 때문이다. 게다가 낱말 yoq와 동사 qïs-가 어떻게 한 곳에 모일 수 있는가?

93) KT E 32: t(a)d(ï)q(ï)ŋ čor(ï)ŋ “Tadïq의, Čor의 (즉, Tadïq Čor의)”.[66] 사람 이름 Tadïq (또는 Tadaq?)과 칭호 čor로 이루어진 이 구절에서 속격어미가 두 낱말에 다 붙은 것은 이 이름-칭호 무리가 여기에서 동격으로 사용되었음을 보여 준다. Tadïqïŋ이라 불린 뒤에, 같은 이름을 지닌 다른 사람들과 혼동되지 않도록 그 사람의 칭호인 čor가 언급되었고 이렇게 하여 두 낱말 모두 속격어미가 붙게 되었다.

94) KT E 33: y(a)r(ï)qïn͡ta y(a)lm(a)sïn͡ta. 첫 낱말을 Radloff, Thomsen, Orkun 및 Malov는 yaraq로 읽었다. Radloff는 이 낱말을 “Befestigung”, 즉 “장비”로 번역하였고(1897: 139), Thomsen은 “armure”, 즉 “갑옷”으로 번역하였다(1896: 109). “무기, 군장비”라는

66) 이 부분은 핀란드 발간 도해에서는 셋째와 넷째 글자가 희미한 $T^1D^1K^1S^2N^1WR^1$Ŋ, Radloff 발간 도해에서는 $T^1D^1K^1S^2ČWR^1$Ŋ 형태로 있다. 단지 다섯째 글자만 서로 다른데, N^1(n)을 Č(C)의 잘못으로 본다면 앞의 네 글자는 t(a)d(a)-q(a)š, t(a)d(a)q(ï)š, t(a)d(ï)q(ï)š 등으로 읽힐 수 있다. Tekin 등 여러 연구자의 독법은 S^2(S)가 Ŋ(h)의 잘못(또는 혼동)이라고 볼 때에만 가능한데, 두 도해 모두 S^2로 되어 있기 때문에 이 글자를 Ŋ으로 읽는 것은 무리일 것이다.

뜻의 낱말 yaraq는 KT E 32에 나왔었다 (90번 주석을 볼 것). 그렇지만 고대 튀르크어에는 이것 외에 낱말 yarïq "갑옷"도 있다. 이 줄에 있는 낱말은 yaraq가 아니라 yarïq이어야 한다; 왜냐하면 이것과 함께 사용된 yalma는 "카프탄(kaftan)"을 뜻하기 때문이다 (MK III, 34를 볼 것). 이 둘째 낱말을 Radloff는 aylamasindä로 읽고 "in ihrer Umgebung", 즉 "그들의 주위에서"라고 번역하였다(1897: 139). Thomsen은 yalamasïnda 형태로 읽은 이 낱말을 번역하지 않은 채 두었다. 이 낱말을 처음으로 바르게 읽은 사람은 Orkun이었다: yalmasïnda "그의 말의 갑옷에" (ETY I: 44-45).

95) KT E 33: yüz (a)rtu͡q o͡qun urtï "그들은 백여 개의 화살로 쳤다". 아주 뚜렷한 이 구절을 Radloff는 이해하지 못하였다(1897: 139). 낱말 oq의 기구격인 낱말 oqun을 Radloff는 aqun으로 읽고 이것을 "Angriff", 즉 "공격"이라고 번역하였다(같은 곳). Tuna는 이 낱말과 urtï를 합쳐 그 둘을 q͡oonurtï로 읽고 이것을 "그가 자리 잡게 하였다" 형태로 이해하였다(1960: 224). Doerfer는 낱말 oqun을 oq on이라고 읽고 문장을 완전히 잘못 이해하였다(TMEN IV: 190).

Malov는 위에 있는 구절을 "백여 개의 화살이 명중하였다" 형태로 번역하였다(1951: 41). 이 번역은 단지 구절 yüz artuq oq urtï의 번역이 될 수 있을 뿐이다. 낱말 oq가 여기에서 기구격으로 있는 것을 보면 문장의 주어는 "적(군)"이다.

96) KT E 33: yüz[(i)ŋä] b(a)šïŋa bir t[(ä)gm(ä)di] (tägürmädi?). 첫 두 낱말은 Radloff에서는 yeriŋä bašiŋä (1897: 139), Thomsen에서는 yüzkä (첫 글자 다음은 불확실하다) bašïŋa (1896: 109) 형태로 있다. 첫 낱말을 Orkun은 yizkä로 읽었으나(ETY I: 44), "그의 얼굴에" 형태로 번역하였다(ETY I: 45). (어휘집에서 이 낱말은 yüzkä이다). Malov는 같은 낱말을 미심쩍게 yizäk로 읽고 "전위"를 뜻하는 낱말 yezäk와 관련지었다(1951: 31, 389).

핀란드 발간 도해에서는 첫 낱말의 세 글자 Y^2, I 및 Z만이 읽힐 수 있고 마지막 두 글자는 읽힐 수 없다.[67] 이것 다음에 오는 낱말 b(a)šïŋa를 고려하여 필자는 둘째 글자가 본래 Ẅ임이 틀림없다는 생각에 이르러서 낱말을 yüz[(i)ŋä] 형태로 고친 바 있다(GOT: 235). Radloff 발간 도해에서는 셋째 글자는 불확실한 R^2, 넷째 글자와 다섯째 글자는 ŋ와 A이다. Radloff가 셋째 글자를 잘못 추정했음이 이해된다.

구절에서 낱말 b(a)šïŋa 다음에는 분리 부호와 글자 배열 $B^2IR^2T^2$가 있다; 이것 다음은 읽힐 수 없었다. Radloff는 이 글자 배열을 bir t...... (1897: 139), Thomsen은 birt... 형태로 읽고 그대로 두었다. Orkun은 같은 곳을 bir t(ägmädi?), Malov는 bir t(ägürmädi) 형태로 읽고 고쳤다. 필자도 GOT에서 여기를 Malov처럼 bir [tägürmädi] 형태로 완성했었다(1968: 235). 두 형태 모두 적절한데, 필자는 이것 다음 줄의 첫머리에 있는 낱말 t(ä)gdô̂kin을 고려하여 지금은 이 동사가 tägmädi일 가능성이 더 유력하다고 생각한다.

97) KT E 34: t(ä)gdô̂kin türûk b(ä)gl(ä)r q̂oop bilir siz. 첫 부분을 읽을 수 없는 이 문장으로부터 퀼 티긴이 중국 군대와 치러진 이 싸움에서 한 군데 또는 몇 군데 명중되고 부상당했음이 이해된다.[68]

98) KT E 36: opl(a)yu "재빠르게, 자신을 억제하지 못하면서". 이 동사는 십중팔구 의성어 *op에 접미사 -la-가 붙어서 만들어졌다 (터키어 hopla- ["깡충깡충 뛰어오르다"]와 비교할 것). 동사의 여기에서의 뜻은 "제자리에 있지 못하다, 자신을 억제하지 못하다"임이 분명하다. 같은 뜻의 크르그즈어 동사 opton-은 틀림없이 더 고형의 *op-la-n- 형태로 소급한다. 어떤 연구자들은 이 낱말 oplayu가 op "탈곡하기 위하여 멍에로 매

---

67) 이것은 사실과 다르다. 왜냐하면 핀란드 발간 도해에서는 이 낱말이 넷째와 다섯째 글자가 희미한 $Y^2IZS^2S^2$ 형태로 되어 있기 때문이다, I(i)를 Ẅ(O), 넷째 글자 S^2(S)를 ŋ(h), 다섯째 글자 S^2를 A(a)의 잘못으로 본다면 이 낱말은 충분히 yüz(i)ŋä로 읽힐 수 있다.

68) 본문에서는 t(ä)gdô̂kin türûk b(ä)gl(ä)r q̂oop bilir siz를 "그가 공격한 것을 튀르크 배그들 너희 모두는 안다."라고 함으로써 Tekin은 t(ä)gdô̂kin을 "그가 명중된 것을"이 아니라 "그가 공격한 것을"로 번역하고 있다.

어진 거세우들 중 가운데에 있는 것” + -layu “～처럼”로 설명될 수 있을 것이라고 주장하였다 (Sertkaya 1983: 374를 볼 것). 이 설명은 그다지 설득력이 없다; 왜냐하면 탈곡하는 거세우들의 행동은 느리기 때문이다, 게다가 아주 느린 행동이기 때문이다. 싸울 때의 행동과 공격들은 재빨라야 한다. Clauson이 낱말 oplayu를 오스만 튀르크어 동사 ufla- “성급함의 표현으로서 uf라고 말하다”와 관련짓는 것(EDPT: 11)도 설득력 있는 설명 방법으로 볼 수 없다.

99) KT E 36: udš(u)ru s(a)n͡čdï. 몇 번(두 번) 나타나는 이 구절에 있는 첫 낱말을 필자는 GOT에서 ud (a)šru “엉덩이 너머” 형태로 읽고 설명했었다. 그렇지만, 낱말 udlïq “넓적다리”의 *ud 형태가 확인되지 않았음을 고려하여 필자는 이 낱말을 지금은 동사 *udšur- < ud-uš-ur- “뒤쫓다, 흩뜨리다”의 어미 -u를 지닌 부사형으로 설명하는 것이 더 옳고 적절하리라고 생각한다(EDPT: 73을 볼 것).

100) KT E 36: b(a)y(ï)rq͡uun(i)ŋ. 속격어미 앞에 있는 자음 -n-이 N^2로 표기되었다. Erdal이 이 낱말을 Bayïrqu näŋ “바이르쿠(의) 것”으로 설명하려고 하는 것(1979: 10)은 받아들여질 수 없다; 왜냐하면 고대 튀르크어 텍스트들에서 낱말 näŋ “것”이 이렇게 사용된 것을 볼 수가 없기 때문이다. 이와는 대조적으로 경구개음화의 예들은 비문들에서 아주 많다.

101) KT E 37: otča borča.[69] Thomsen은 둘째 낱말을 먼저 bur(a)ča로

---

69) Doerfer(1992: 14)는 자신이 이미 이 구절을 otča burča “wie Feuer und Wirbelasche”[“불 및 회오리치는 재처럼”]이라고 읽었다면서 이것이 자기 생각으로는 유일하게 자연스러운 뜻풀이라고 하였지만 그의 독법은 Milan Adamović 에 의하여 반박되었다.

Milan Adamović(1996)는 bor[bōr]가 토하르어 *pōr “불”에서 차용된 것이라 주장하며 이 구절을 “wie ein Flächenbrand”, 즉 “큰 화재(conflagration)처럼”이라고 번역하였다. 아다모비치(Adamović)에 따르면, 이 낱말은 토하르어 동부 방언(Tokhar A)에서는 por, 서부 방언(Tokhar B)에서는 puwar, pwār

읽었으나(1896: 110), 나중에 동(東)튀르키어[70](Eastern Turki) 동사 bora-와 크르그즈어 동사 boro- "(날씨가) 눈보라로 변하다"를 고려하여 이것을 borča (또는 burča?)로 정정하였다(1916: 94, 주 2). Radloff는 이 두 낱말을 otača buračа로 읽고 이것을 "von allen Seiten", 즉 "사방으로부터"(!)라고 번역하였다(1897: 141). Radloff의 이 독법과 설명은 물론 완전히 잘못이다. Orkun은 otča borča로 읽은 이 구절을 "불과 물처럼"(ETY I: 46), Malov는 같은 형태로 읽은 두 낱말을 "불과 포도주처럼"(1951: 32, 41)으로 번역하였다. Orkun의 설명과 Malov의 설명도 받아들여질 수 없는데, 왜냐하면 튀르크어에는 "물"을 뜻하는 낱말 *bor가 없을 뿐만 아니라 적의 군대가 "포도주처럼" 오는 것도 무의미하고 심지어 당치도 않기 때문이다. Clauson도 낱말 borča를 낱말 bor "포도주"의 동등격으로 설명하고 "너무 많은 포도주가 혼란을 일으킬"과 같은 해석을 내렸다(EDPT: 357).

이들 설명 중에서 제일 조리에 닿는 것은 물론 Thomsen의 것이

로 확인되므로 토하르어에서는 "불"이라는 낱말이 *pōr였는데 돌궐 비문들을 쓴 사람들은 이 사실을 알고 있었고, "불의 범위"를 강조하기 위하여 튀르크어 고유의 낱말 ot[ōt] "불"과 짝을 맞추었을 것이라 한다. 그런데 고대 튀르크어에는 어두에 p가 없었으므로 *bōr 형태로 차용하였을 것이라 한다. 즉 otča borča [ōtča bōrča]라는 두 개의 동의어로 이루어진 구절이 되는 것이다. 고대 튀르크어 뿐만 아니라 현대 튀르크 언어들에서도 이렇게 두 개의 동의어로 이루어지는 구절들이 많이 나타나므로 Adamović의 독법은 상당히 설득력이 있다. 더구나 이 싸움이 투뉴쿠크 비문에도 언급되어 있는데 40행에는 otča borča 대신에 örtčä "불처럼, 불같이"라는 표현이 있다는 점도 그의 주장을 뒷받침한다.

토하르어는 신강성에서 사용되었던 인도-유럽어족의 Kentum군에 속하는, 사멸된 언어이다. 20세기 초의 여러 차례의 발굴 결과 브라흐미(Brāhmī) 문자로 기록된 여러 문헌의 출토에 의하여 확인되었다. Turfan-Karašar 지역의 Tokhar A(또는 동(東)Tokhar어)와 Kuča 지역의 Tokhar B(또는 서(西)Tokhar어)라는 서로 다른 두 방언(또는 언어)이 확인되었다.

70) 서양에서는 동(東)튀르키스탄(즉, 오늘날의 신강 위구르 자치구) 일대의 튀르크어 방언들을 흔히 Eastern Turki(또는 East Turki)라고 불렀다. 1921년에 동(東)튀르키스탄 일대의 튀르크어 사용자들을 고대 위구르족의 직계 후손이라고 가정하여 이들에 대한 통칭으로 위구르(Uyghur)라는 이름이 도입되었다. 이들의 언어를 고대 위구르어와 구별하기 위하여 신(新)위구르어(New Uyghur) 또는 현대 위구르어(Modern Uyghur)라 부른다.

다. 동(東)튀르키어(Eastern Turki) 동사 bora-와 크르그즈어 동사 boro- (< *bor-a-)의 어근인 *bor가 오늘날 튀르크 언어 및 방언들에서 없다고 해서 Thomsen의 견해가 약해지는 것은 아니다; 왜냐하면 어떠한 언어나 방언에도 남아 있지 않는, 잊혀진 다른 어근 낱말들도 있기 때문이다.

102) KT E 38: t(a)b(a)rda "타바르에서". Radloff는 이 낱말이 땅 이름이라는 것을 이해하지 못하고 동사 tab- "찾아내다"(!)로 여겼다(1895: 124). Thomsen은 이 설명을 옳게 비판하고 낱말을 Tabar-da로 설명하였다(1896: 159, 주 48). 이것 다음에 오는, 단지 처음의 두 글자만 읽힐 수 있는 낱말도 Radloff가 생각한 것처럼 qu[rïγaru]가 아니라 (1897: 142), 역시 Thomsen이 적절하게 추정한 것처럼 qo[n͡t(u)rt(u)m(ï)z] "우리가 정착하게 하였다, 우리가 자리 잡게 하였다, 우리가 거주하게 하였다"임이 틀림없다(1896: 159).

103) KT E 39: k(ä)ŋ(ä)r(ä)s t(a)pa b(a)rdï. 지금까지 종족 이름으로 여겨진 낱말 캥애래스가 땅 이름이라는 것은 몽골에서 새로 발견된 테스(Tes) 비문에 의하여 알 수 있다: ol bod(u)n(u)m k(ä)ŋk(ä)r(ä)s... (N 10).[71] Kljaštornyj가 이 낱말을 käŋ kärišdi "widely quarrelled",

71) 위구르 제국의 3대 카간인 뵈귀(Bögü) 카간 재위 시에, 특히 761~762년에 세워진 것으로 추정되는 테스(Tes) 비문은 1915년에 러시아의 B. J. Vladimircov가 테스 강 골짜기에서 발견하였다. 그는 돌궐 문자로 된 비문을 베꼈지만 발간하지 못하였다. 그 뒤 소련의 S. G. Kljaštornyj가 1969년과 1975년에 이 비문을 다시 방문하여 관찰하고 발간하였다(S. G. Kljaštornyj, "The Tes Inscription of the Uighur Bögü Qaghan", *AOH*, XXXIX, 1 (1985), pp. 137-156.). 서쪽 면에 6행, 북쪽 면에 5행, 동쪽 면에 6행, 남쪽 면에 5행 등 모두 22행으로 이루어진다. 그런데 서쪽 면 제1행과 남쪽 면 제5행은 완전히 마멸되었고, 나머지 행들에서도 많은 글자가 마멸되었으며 비문의 밑부분 절반(즉 시작 부분)이 아직 발견되지 않고 있어서, 실제 판독이 가능한 부분은 비문의 3분의 1이나 4분의 1 정도 밖에 되지 않을 수 있다. 문제의 구절 ol bod(u) n(u)m k(ä)ŋk(ä)r(ä)s... 는 북쪽 면 제4행(전체에서 보면 제10행)에 나온다. 그러므로 N 10은 N 4로 정정되어야 한다. 테스 강은 몽골 서북부 흡스굴(Khövsgöl) 아이막에서 발원

즉 "그들이 널리 다투었다" 형태로 읽고 설명하는 것은 받아들여질 수 없다(1985: 152).

104) KT E 40: (a)n͡t(a)γ ödkä ök(ü)n(ü)p. Clauson은 여기에 있는 동사 ökün-이 ükün-, 즉 동사 ük- "쌓다"의 재귀태라고 주장하였다(EDPT: 111). 그에 의하면 문장 antağ ödke: ükünüp Kül Téginig az eren értü:rü ıt(t)ımız[즉, antaɣ ödkä̈ ükünüp Kül Tiginig az ärän ertü̃rü ït(t)ïmïz]는 다음과 같이 이해되어야 한다: "Thereupon collecting (our troops) we sent Kül Tégin, providing him with a few men", 즉 "그리하여 우리는 (우리의 군대를) 모아서 퀼 테긴을 몇 사람과 함께 보냈다". 이 설명과 이 번역은 받아들여질 수 없다: 1. "쌓다"라는 뜻의 동사는 ük-가 아니라 üg- 형태로 있다 (하카스어 üg-, 크르그즈어, 카자크어[72] üy-, 튀르크멘어 üw-와 비교할 것); 2. 이 동사의 재귀태는 "쌓다, 모으다"라는 뜻이 될 수 없다; 다만 "쌓이다, 모이다"가 될 수 있을 뿐이다; 3. (a)n͡t(a)γ ödkä는 "thereupon"이라고 이해될 수 없다; 이 구절의 뜻은 "그러한 (나쁜, 운 없는) 때에"이다. 이것 앞에 있는 문장 alp är biziŋä tägmiš ärti로부터 튀르크족이 세찬 공격을 받았음을 알 수 있다; 게다가 군마(軍馬)들은 야위고 먹이가 없다. 요컨대 이것은 튀르크족에게는 나쁘고 운이 없는 때이다. 이 나쁜 상황에 대하여 슬퍼하지, 한탄하지 않을 수 없는 것이다. 그러므로 튀르크족은 이렇게 자기들에게 불리하고 나쁜 순간에 공격을 받았기 때문에 슬퍼하고 한탄하였다, 즉 ökün하였다.

하여 옵스 노오르(Uvs nuur, 옵스 호) 호수로 흘러 들어간다. 몽골어로는 Tesiin gol(테스 강), 투바어로는 Tes khem(테스 강)이라 한다.

72) 카자흐스탄을 중심으로 중국 신강 위구르 자치구 북부, 몽골 서단, 러시아, 우즈베키스탄 등에서 약 1천 2백만 명이 사용하는 튀르크계 언어로서, 타타르(Tatar)어, 바시키르(Bashkir)어, 카라칼파크(Karakalpak)어, 노가이(Nogay)어, 카라차이-발카르(Karachay-Balkar)어 등과 함께 큽차크(Kypchak) 그룹에 속한다. 크게 동북, 남부, 서부 방언으로 나뉘지만 방언 차이가 크지 않다. 카자흐스탄과 몽골 등에서는 키릴 문자, 중국에서는 아랍 문자로 표기된다.

105) KT N 1: q(a)lïs(ï)z. Thomsen에서는 [.....]in (1896: 111), Radloff에서는 tägipän (1897: 143)이다. 핀란드 발간 도해에서는 글자 배열이 $K^1L^1IS^2Z$이다. 이것을 뒤따르는 낱말이 q͡oop (qop)이므로 이 글자 배열은 옳다. Malov(1951: 32)와 Tekin(GOT: 236)도 이렇게 읽었다.

106) KT N 1: (e)rür b(a)rur (ä)rkli. 이 구절에 있는 낱말 (ä)rkli를 Radloff와 Malov는 ärikli로 읽었고, Radloff는 이것을 "frei, unabhängig", 즉 "자유로운, 독립된"이라고 번역하였다(1897: 163). Thomsen은 먼저는 ärkli로 읽은 이 낱말을 ärklig 대신에 불완전하게 표기된 것으로 보았지만(1896: 202), 나중에는 이것이 동사 är- "~이다"에 접미사 -gli가 붙어서 파생된 형태임이 틀림없다는 견해에 이르렀다(1916: 64, 65). 다만 Thomsen은 ärikli로 읽은 이 낱말에서 접미사 -gli의 첫머리에 있는 g의 무성음화를 설명할 수 없었다.

많은 곳에서 "~일 때에"를 뜻하는 이 낱말은 ärkli로 읽혀야 하고 i의 탈락에 의하여 *är-igli 형태에서 도출되어야 한다(GOT: 180): kičä y(a)r(u)q b(a)t(a)r (ä)rkli süŋ(ü)šd(ü)m "저녁에, 해가 질 때에 나는 싸웠다" (Šine-Usu 비문 E 1), tuγ t(a)s͡ïq(a)r (ä)rkli "군기(軍旗)가 나올 때에" (Šine-Usu 비문 E 5) 등. 그러나 우리는 투뉴쿠크 비문에서는 이 낱말 ärkli가, 기대되는 것처럼, "~인"의 뜻으로 사용되는 것을 본다: yuyqa (ä)rkli top(u)lγ(a)lï uč(u)z (ä)rm(i)š y(i)n͡čgä (ä)rkl(i)g üzg(ä)li uč(u)z... "얇은 (면을 지닌) 것은 뚫기 쉽다 한다, (실이나 막대처럼) 가는 것은 부러지기 쉽다 한다..."[73](T 13). 퀼 티긴 비문과 BQ E 29에 있는 구절 erür barur ärkli는 "오고 가는" 즉 "자기 마음 먹은 대로 하는, 자유로이 결정하고 행동하는"이라고 번역하는 것은 옳다.

낱말에 있는 자음 g의 무성음화는 *ärigli에 있는 모음 i가 탈락하여 생긴 것임이 분명하다: ärigli > *ärgli > ärkli.

---

73) Tekin은 1994년에서는 이 부분을 "얄팍한 것은 뚫기 쉽다고 합니다, 가느다란 것을 꺾기 쉽습니다."로 번역하였다.

107) KT N 2: (a)z bod(u)n y(a)γï bol͡tï. 마지막 낱말은 Radloff 텍스트에서 WLTI이다. Radloff는 이것을 먼저는 qaldï로 읽었다가 나중에는 (b)oltï 형태로 정정하였다(1897: 144). 핀란드 발간 도해에서는 첫 글자 B^1이 아주 뚜렷하고, 글자 W, LT와 I는 식별될 수 있다. 낱말이 boltï라는 것은 의심할 여지가 없다. Thomsen은 무슨 이유에서인지 도리어 qaldï 형태를 택하였다(1896: 111). Orkun에서도 물론 이러하다(ETY I: 48).

108) KT N 3: q(a)mš(a)γ "흔들린, 흔들리는". Radloff, Thomsen 등이 qamašïγ로 읽고 잘못 이해한 이 낱말은 동사 qamša- "흔들리다, 움직이다"(ÏB: 16번 점괘)[74]에 -γ가 붙어 만들어진 형용사이다(GOT: 111을 볼 것). 비문들에서는 동사 qamša-의 사동태가 숙어 adaq qamšat- "발이 흔들리다, 비틀거리다"에 나타난다(KT N 7, BQ E 30).

109) KT N 3: bod(u)n il(i)g ik(ä)gü bolt͡oqï͡nta "백성과 군주가 두 패로 갈라졌을 때에".[75] 첫 세 낱말을 Radloff는 budun ilig-ik(li)g(i?)로(1897: 144), Thomsen은 budun ilgikgi 형태로 잘못 읽었고 당연히 바르게 번역할 수 없었다. Malov는 같은 구절을 budun iligi kägi boltuqïnta 형태로 읽고 "백성에게 질투와 원한이 나타났을 때에"로 번역하였다(1951: 32, 42).

둘째와 셋째 낱말은 Radloff 발간 도해에서는 $\ddot{W}L^2G^2IK^2.G^2$, 핀란드 발간 도해에서는 $IL^2G^2IK^2G^2I$ 형태로 있다. 필자 생각으로는 핀란드 발간 도해에 있는 형태가 마지막 글자를 제외하고는 옳다. 마지막

---

74) 제 25번, 37번, 39번 점괘에도 나타난다.

75) Doerfer(1992: 14)는 돌궐 문자로 표기된 튀르크어에서는 언제나 첫머리에 ä가 있는 äk(k)i["2"]가 유효하므로 ik(ä)gü 형태는 있을 법하지 않다고 주장하며 할라지(Khalaj)어 äkki["2"], 야쿠트(Yakut)어 ikki~äkki["2"]를 참조하라고 하였다. 그는 ek(k)i, ik(k)i 형태가 후대의 문헌에 나온다고 하였다. 그는 이 낱말이 있는 부분이 해석하기 어렵다고 하였다. 그리하여 핀란드 발간 도해의 사진을 보면 (보고된 ilgikgi에서) ilgi만 식별할 수 있고 -ü는 존재하지 않는 듯하다고 하였다.

글자는 본래 Ẅ임이 틀림없다.[76] 이 경우에 이 글자 배열은 il(i)g ik(ä)gü(또는 ikigü)로 읽힐 수 있고 전체 구절이 뜻이 통하게 된다(GOT: 236을 볼 것).

Clauson은 필자가 il(i)g로 읽은 낱말을 éllig로 읽는다.[77] 낱말 ilig "군주"의 이 어원은 옳지 않음이 분명하다; 왜냐하면 이 낱말은 위구르어 텍스트들에서 언제나 1 하나로만 표기되었기 때문이다.

110) KT N 5: sü [t(ä)]gišin͡tä "군대가 조우하였을 때에, 근접전에서". Radloff는 이것을 임의로 바꾸어 sü [ki]šisindä 같이 괴상한 형태로 읽었다(1897: 145). 낱말이 kišisindä로 읽힐 가능성이 없다; 왜냐하면 핀란드 발간 도해에서도 분명히 보이듯이, 판독할 수 없는 첫 글자 다음에는 글자 배열 G^{2}IS^{2}INTA가 오기 때문이다.[78] 게다가 우리는 sü kišisi "전투원, 전사"와 같은 표현과 다른 어떤 곳에서도 마주치지 않는다. Thomsen의 독법[79]이 틀림없이 옳다(1896: 112 및 160, 주 53).

111) KT N 5: qoš(u)lγ(a)qda. 땅 이름인 이 낱말은 여러 가지 형태로 읽힐 수 있다. Radloff는 Qušlaγaq (1897: 145), Thomsen은 Qušlïγaq (1896: 112) 형태를 선호하였다. 필자는 GOT에서 Quš-alγaq로 읽었었다(1968: 236). 필자는 지금은 Qošulγaq 형태를 선호하고 이 땅 이름이 동사 qošul-["결합되다, 붙여지다"]에 접미사 -γaq가 붙어 만들어

76) Ẅ(O)와 I(i)는 서로 혼동될 수 있다.

77) Clauson의 표기법에서 éllig는 ellig를 뜻한다. ellig은 el("백성, 나라") + -lig ("~이 있는")으로 분석된다. 즉, Clauson은 군주라는 말을 "백성/나라 있는 (자)"로 읽고 싶어 하였다.

78) 이 부분은 핀란드 발간 도해에서는 S^{2}Ẅ:G^{2}IS^{2}INTI(S^{2}는 뚜렷하지 않다), Radloff 발간 도해에서는 S^{2}Ẅ.ŠIS^{2}INTA로 있다. 즉, 핀란드 발간 도해에서 S^{2}Ẅ 다음에 있는 것은 판독할 수 없는 글자가 아니라 분리 부호 (:)이며, Radloff 발간 도해에서는 S^{2}Ẅ 다음에 글자 1 개가 들어갈 만한 공백이 있다. A(a)와 I(i)는 서로 혼동될 있으므로, 핀란드 발간 도해에 있는 마지막 글자는 A일 것이다. 이 도해에 따르면, sü : <t(ä)>gišin͡tä로 읽을 수 있다. Š(w)를 G^2(G)의 잘못으로 여긴다면, Radloff 발간 도해의 것은 sü [t(ä)]gišin͡tä로 읽을 수 있다.

79) Thomsen은 sü [t(ä)]gisin͡dä로 읽었다

진, "두 강이 결합되는, 서로 만나는 곳"이라는 뜻의 낱말일 수 있다고 생각한다.

112) KT N 7: q(a)mš(a)tdï. 이 낱말을 Radloff는 qamaštï (!), Thomsen은 qamaštdï 형태로 읽었다. Orkun과 Malov도 Thomsen처럼 읽었다. 낱말이 처음으로 qamšatdï 형태로 읽힌 것에 대하여는 Tekin (GOT: 236)을 볼 것. 또 숙어 adaq qamšat-에 대하여도 Tekin (1957: 373)을 볼 것.

113) KT N 7: toŋa tig(i)n : yoγïn͡ta. 여기에서 언급된 통아 티긴은 714년에 Bešbalïq(北庭) 성벽 앞에서 복병을 만나 죽음을 당한 카프간의 아들 통아 티긴[80]임이 분명하다(Liu, I: 275를 볼 것). 684년에 태어난 퀼 티긴이 이 싸움에서 31 살인 것을 보면 싸움이 715년에 일어났다는 것을 뜻한다. 이보다 한 해 전에 죽음을 당한 통아 티긴의 장례식도 715년에 치러졌음이 분명하다.

114) KT N 7: (ä)zg(ä)nti q(a)d(i)zdä. 처격어미의 d가 D^2로 표기되었다. 이것이 표기의 잘못이 아니라면, 낱말이 Qadaz나 Qadïz가 아니라 Qadiz 형태로 발음되었음을 보여준다.[81] Radloff에서는 Äzgänti Qadindä (Qadazda)[82], Thomsen에서는 äzgänti qadazdä 형태로 있다. Malov는 Äzgänti Qadazda로 읽었다(1951: 33).

115) KT N 8: b(a)lïq͡q(q)a b(a)s(ï)qdï "그가 진창에 밀어 넣었다, 그가 진창과 뒤섞었다". Radloff는 이 구절을 Balïq(q)a barmadï "그가 도

80) 중국 문헌에는 同俄特勒으로 나오는데, 勒은 勤의 잘못임이 분명하다.
81) Doerfer(1992: 14)는 여기에서도 오히려 표기 문제가 있어서 $ZG^2N^2T^2IK^1D^1Z D^2A$라고 표기된 것의 발음은 [Äzgändi Qað^{a}zða]일 것이라고 하였다. 전설 글자 표기와 후설 글자 표기가 자주 일정하지 않은데 이와 관련하여 Tekin(1988)의 119, 120, 143, 145번 주석을 보라고 하였다. 그는 D^1과 D^2가 사실상 동일하게 발음되며 어쨌든 동일한 음소를 달리 표기한 것뿐이라고 하였다.
82) Z(z)와 N^2(N)는 서로 혼동될 수 있다.

시에 가지 않았다"라고 읽고 설명하였다(1897: 146).[83] 이러한 문장이 여기에서 적절하지 않으리라는 것은 분명하다. Thomsen에서는 이 구절이 ba[....]a ba[..]dï이다(1896: 113). 첫 낱말은 Radloff 발간 도해에서는 b(a)lïı̂q(q)a로 읽힐 수 있는 형태로 있다. Radloff가 barmadï로 읽은 둘째 낱말은 핀란드 발간 도해에서는 B^{1}S^{2}K^{1}D^{1}I 형태로 있다. 그러나 둘째 글자와 셋째 글자는 그리 뚜렷하지 않다. 필자의 생각으로는 이 글자 배열에 있는 둘째 글자는 글자 S^{2}나 S^{1}인데 S^{2}일 가능성이 더 많다. 이 경우에 이 낱말은 단지 basïqdï로 읽힐 수 있고 뜻이 있게 된다. 문장을 처음으로 이렇게 읽은 것에 대하여는 Tekin(1968: 237)을 볼 것.

동사 basïq-가 형태상 피동태나 재귀태라고 주장함으로써 이 설명에 이의를 제기할 수 있다. 이 주장에 대하여 우리는 피동-사동 개념들이 자주 서로 뒤섞이며 사동태들이 피동태의 뜻으로도 사용된다는 (이를테면 basït- "밟게 하다", 따라서 또한 "밟히다") 변론을 할 수 있다. 더구나 우리는 튀르크어에서 사동 또는 강세 접미사 -q도 언급될 수 있으리라고 생각한다: [터키어] 동사 yak- [즉 yaq- "불태우다"] < *ya-q- (yan- ["불타다"] < *ya-n-과 비교할 것)에 있는 형태소처럼.

116) KT N 8: (a)mγa qorγ(a)n. 이 성(城)의 이름은 BQ E 31에서 (a)mγï로 나타난다. 그러나 이 마지막 형태에 있는 글자 I는 A대신에 잘못 읽힌 것일 수도 있다.[84]

---

83) b(a)lïı̂q(q)a : b(a)s(ï)qdï : ol sü : (a)n̂ta öl[ti] : 부분은 핀란드 발간 도해에서는 B^{1}S^{2}S^{2}ŊA:B^{1}S^{2}K^{1}D^{1}I:WẄS^{2}Ẅ:S^{2}NTAẄ..S^{2}:(둘째와 셋째 S^{2}, Ŋ, I, Ẅ는 뚜렷하지 않은데 Ŋ의 왼쪽 부분이 위를 향해 있다), Radloff 발간 도해에서는 B^{1}L^{1}I^{ï}KA:B^{1}R^{1}MD^{1}IWG^{1}Z:NTAẄL^{2}..로 되어 있다. L^{1}(l)과 S^{2}(S), I(i)와 S^{2}(S), ^{ï}K(x)와 Ŋ(h)는 서로 혼동될 수 있다. 그런데 핀란드 발간 도해의 : S^{2}NTA를 : (a)n̂ta로 읽을 수는 없다. 오히려 Radloff 발간 도해를 주로 사용한다면 이 부분은 b(a)lïı̂q(q)a : b(a)rm(a)dï oγ(u)z : (a)n̂ta öl[t]i : "그(들)는 도시에 가지 않았다. 오구즈족은 거기에서 죽었다"로 읽고 번역할 수 있다.

84) 이 부분은 핀란드 발간 도해에서는 MG^{1}AK^{1}WR^{1}G^{1}L^{2}, Radloff 발간 도해에서는 ..: K^{1}WR^{1}G^{1}.로 되어 있다. 상응하는 BQ E 31을 보면 두 도해 모두에서 (a)mγa qorγ(a)n이 MG^{1}IK^{1}WR^{1}G^{1}N^{1}, 즉 (a)mγï qorγ(a)n으로 읽힐 수 있는

117) KT N 8: kül t(e)g(i)n (ä)b(i)g b(a)šl(a)yu (a)qït(tï)m(ï)z. 여기에 있는 낱말 (ä)b(i)g "본영을"을 Radloff와 Thomsen은 bäg "배그"로 읽었다. 마지막 낱말을 Radloff는 aqït(t)ïmïz, Thomsen은 qïtïmïz로 읽었다. Radloff는 문장 전체를 "우리는 퀼 티긴을 배그들의 우두머리로 (삼아) 보냈다" 형태로(1897: 147), Thomsen은 "우리는 퀼 티긴을 최고 지휘관으로서 임무를 수행하도록 보냈다"(1924: 155)로 번역하였다. 이들 번역은 옳은 것일 수 없다; 왜냐하면 이 싸움에서 퀼 티긴은 전선에 가지 않고 äb에, 즉 본영에 남아 이곳의 방어를 맡았기 때문이다. 이 사실은 이 다음에 있는 문장들로부터 알 수 있다. 문장의 번역은 "우리는 퀼 티긴을 본영 지휘관으로 임명하고 (적을) 공격하였다"이어야 한다.

118) KT N 10: öd t(ä)ŋri (a)ys(a)r. 이 구절의 동사는 Radloff에 의하여 yašar로 읽히고 전체 문장은 "Ewig lebt (nur) der Himmel", 즉 "영원히 (오직) 신만이 산다"로 번역되었다(1897: 148). Thomsen은 이 낱말을 동사 yasa- "배열하다, 정돈하다"의 부정과거시제(aorist tense)로 보고 문장을 "Le ciel dispose du temps", 즉 "시간을 (일생을) 신이 배열한다" 형태로 번역하였다(1896: 113). Orkun(ETY I: 50), Malov (1951: 33) 및 Tekin(1968: 210)의 번역들도 이 뜻으로 되었다.

처음으로 Clauson이 여기에 있는 동사는 yasa-가 될 수 없으리라는 것, 그 이유는 몽골어인 이 낱말이 13세기와 14세기 이전에는 튀르크어 텍스트들에서 보이지 않기 때문이라는 것을 주장하고 öd täŋri aysar로 읽은 이 구절을 "when heaven prescribes the time", 즉 "신이 시간을 (일생을) 결정할 때에..." 형태로 번역하였다(EDPT: 974). Doerfer도 낱말 öd를 üd로 읽으며 이 구절을 같은 형태로 번역하였다(TMEN IV: 72). 이 정정은 적절한 것 같다. 왜냐하면: 1) 동사 yasa-는 실제로 몽골어이고; 2) 튀르크어라 하더라도 그것은 두 음절의, 모음으로 끝나는 동사이기 때문에 초월시제 어미는 -r이 아니라

형태로 있다. L^2(L)과 N^1(n), A(a)와 I(i)는 서로 혼동될 수 있다. 그러므로 (a)mγa qorγ(a)n이 아니라 (a)mγï qorγ(a)n으로 읽는 것이 옳을지도 모른다.

-yur였어야 하기 때문이다 (yaša-yur, yorï-yur 등처럼).

문제의 이 동사는 틀림없이 동사 ay-이다. 그러나 동사 ay-의 여기에서의 뜻은 "말하다"가 아니라 "명령하다, 결정하다, 예정하다"이어야 한다. 조건어미 -sar는 여기에서 행동의 때를 알리는 부동사 어미의 기능을 한다.

119) KT N 11: közdä y(a)š k(ä)ls(ä)r tida... s(a)q(ï)n͡t(ï)m. 여기에 있는 부동사 tida (< *tïd-a)를 Radloff, Thomsen, Orkun 및 Malov는 잘못 읽고 잘못 이해하였다. 그러나 이 낱말은 동사 tïd- "막다, 방해하다"에 어미 -a가 붙은 부사형에 지나지 않고 문장의 둘째 부분에 있는 부동사 y(a)n͡t(u)r-u "되돌리며"에 대응한다(GOT: 237, 381을 볼 것). 연구자들을 어리둥절하게 한 것은 아마도 어두에 있는 글자 T^2였을 것이다. 그러나 이것은 돌궐어에 아주 많이 있는 경구개음화 예들 중 하나이다 (tiŋla-, yaγutir, qatïγdi, siγun, siγït 등과 비교할 것).

120) KT N 11: q(a)t(ï)γdi. 이 낱말에 있는 부사화 접미사의 d는 Radloff 발간 도해에서도 핀란드 발간 도해에서도 D^2로 되어 있다. 그런데도 Radloff와 Thomsen은 이 낱말을 qatïγdï로 읽었다.

121) KT N 12: iš(i)yi lik(ä)ŋ. 중국 황제가, 퀼 티긴의 장례식에 참석하여 황제의 조사(弔詞)를 빌개 카간에게 전하도록 보낸 사신 중의 한 사람인 Lü Hiang[呂向]이다. 첫 낱말은 이 사람의 임무를 나타내는 "기록자(chronicler)"라는 뜻의 shê-yen[舍人]과 동일한 것일 수 있다 (Liu I: 179).

122) KT N 12: b(ä)rč(i)k(ä)r. Radloff의 텍스트에서는 $B^2R^2ČL^2R^2$, 핀란드 발간 도해에서는 $B^2R^2ČK^2R^2$ 형태로 있다. Radloff가 글자 K^2를 L^2로 여겼음을 알 수 있다.[85] Radloff는 이 낱말을 bäräčilär로 읽었고

85) K^2(K)와 L^2(L)는 서로 혼동될 수 있다.

(1897: 149) 물론 잘못 번역하였다. Thomsen은 같은 낱말을 bärčäkär로 읽었고 바르게 "les Perses (?)"라고 번역하였다(1896: 114). Orkun과 Malov도 같은 독법과 뜻을 받아들였다. 필자는 GOT에서 이 낱말을 위에 있는 것처럼 그렇지만 두 낱말로 읽었었다: bärčik är "페르시아 군사, 페르시아 군사들". 여기에 있는 낱말 bärčik는 중세 페르시아어(Middle Persian) *Parsig, *Persig와 같은 명사에서 와전된 형태일 수 있다.

123) KT N 12: buq(a)r(a)q ul(u)š. 이 구절은 "부하라 시(市)"로 이해되어야 한다: buq(a)r(a)q ul(u)š bod(u)n "부하라 시(市) 백성". 낱말 ul(u)š는 글자 S^2로 표기되었다.

124) KT N 12: n(ä)k s(ä)ŋün, oɣ(u)l t(a)rq(a)n. 첫 낱말은 Radloff 발간 도해에서는 N^2Ŋ, 핀란드 발간 도해에서는 N^2K^2 형태로 있다.[86] Radloff는 이것을 둘째 낱말과 함께 Näŋsäŋün으로 읽고 전체 구절을 "Neng-sengün의 아들 Tarkan"이라고 번역하였다(1897: 149). Thomsen은 바르게 "Neng-sengün과 Oɣul Tarkan" 형태로 번역하였다(1896: 114). 퀼 티긴의 장례식에 부하라 시 백성에게서 사절 두 명이 왔다는 것은 확실하다. 이들 중 "장군" 계급을 지닌 첫째 사람의 이름인 글자 배열 N^2K^2는 N(ä)k로도 읽힐 수 있고 (Ä)n(ä)k나 (Ä)n(i)k 형태로도 읽힐 수 있다.

125) KT N 13: m(a)q(a)r(a)č t(a)mɣ(a)čï. 첫 낱말은 위구르어 텍스트들에서 maxarač (< 산스크리트어 mahārāja "고위 통치자 또는 주인, maharajah") 형태로 나타나는 낱말과 동일한 것임이 분명하다. Radloff에서는 Maqrač(1897: 149), Thomsen에서는 바르게 maqarač이다(1896: 114).

---

86) Ŋ(h)와 K^2(K)는 서로 혼동될 수 있다.

126) KT N 13: t(a)bɣ(a)č q(a)ɣ(a)n čïq(a)ni č(a)ŋ s(ä)ŋün “중국 황제의 이종사촌 창 장군”. 이 구절에 있는 낱말 čïq(a)n “이모의 아들, 이종사촌 형제”는 오랫동안 이해될 수 없었다. Radloff의 텍스트에서는 낱말의 둘째 글자가 틀리게 N^{2}이다.[87] Radloff는 이 때문에 낱말을 잘못 읽고 칭호와 고유명사로 여겼다(1897: 149). Thomsen은 낱말을 바르게 읽기는 하였지만 설명하지 못하고 중국어 칭호로 여겼다(1896: 114와 166, 주 66). Orkun은 전체 구절을 “중국 황제에게서 Çıkan(?)과 Çang-Sengün이 왔다”라고 번역하였다(I, 52). Malov도 이 낱말을 칭호로 여기고 “чиновник”, 즉 “관리, 관료”로 번역하였다(1951: 43, 377).

그러나 여기에 있는 낱말 čïqan은 중국어 칭호가 아니고 튀르크어 친족용어이다. Kāšɣarī는 이 낱말을 “이모의 아들”이라고 번역하였다 (MK I, 402). 이 낱말은 차가타이어에서도 čïɣan으로 확인되었다.[88] 이렇게 이 구절은 위에서처럼 번역되어야 한다(GOT: 237, 323을 볼 것).

구절에서 언급된 č(a)ŋ s(ä)ŋün “창 장군”은 중국 황제가 퀼 티긴의 장례식을 위하여 빌개 카간의 곁으로 보냈음이 중국 문헌에 언급되어 있는 Chang K’ü-i[張去逸]와 동일한 사람임이 틀림없다(Thomsen 1896: 166, 주 66 및 Liu I: 179와 II: 주 995).

127) KT NE: q͡ooń yïlqa yiti y(e)g(i)rm(i)kä “양해에 (첫째 달의) 열일곱(째 날)에”. 열두 동물이 있는 튀르크 달력에 따라 확인된 이 날짜는 731년 2월 27일에 해당된다(Bazin 1974: 244).

128) KT NE: toq(u)z(u)n͡č (a)y y(e)ti ot(u)zqa “(양해의) 아홉째 달(의) 스물일곱(째 날)에”. 이 날짜는 731년 11월 1일에 해당된다(Bazin 1974: 244).

---

87) K^{1}(k)와 N^{2}(N)는 서로 혼동될 수 있다.

88) 이 낱말은 오늘날 튀르크멘어 čïqan “이종사촌”, 우즈베크어(화레즘 방언) čïqan “여자 친구”, 카라칼파크어 šïqan “여자 친구”, 서부 유구르어 tʂ^{h}iqan, tʂ^{h}iq^{h}an “사촌”, 야쿠트어 sïgan “사촌; 육촌”으로 살아 있다. Derleme Sözlüğü[(터키어 방언) 수집 사전] III: 1165에 있는 çıkana “자매/누이의 아이”도 이것과 관련이 있는 듯하다.

129) KT NE: bičin yïlqa yit(i)n͡č (a)y yiti ot(u)zqa "원숭이해에 일곱째 달(의) 스물일곱(째 날)에". 퀼 티긴을 위하여 만들어진 영묘가 완성된, 퀼 티긴 비문 쓰기가 끝난 날짜이다; 732년 8월 21일에 해당된다(Bazin 1974: 244).

130) KT NE: (a)lqd[(ï)m(ï)]z "우리는 끝냈다, 우리는 완성하였다". 이 낱말을 Radloff, Thomsen, Orkun 및 Malov는 alqadïmïz 형태로 잘못 읽었다. 동사는 단음절어이고 그 형태는 alq-이다(GOT: 237). 이 동사의 수동태는 KT S 9 = BQ N 7에 나타난다: (a)lq(ï)n-.

131) KT NE: kül tig(i)n ö[zi] q͡ïïrq (a)rtu͡q[i y]iti y(a)šï[ŋa] boltï. 셋째 낱말이 Ẅ 즉 ö나 ü로 시작된다는 것은 확실하다. 이 낱말을 Radloff는 ö[zi], Thomsen은 ö[l(i)p]로 완성하였다. 이 구절에 있는 본질적인 어려움은 일곱째 낱말과 여덟째 낱말을 읽는 데에 있다. 일곱째 낱말은 Radloff 텍스트에서는 Y¹ŠŊ, 핀란드 발간 도해에서는 Y¹ŠIK² 형태로 있다. 보이는 것처럼 이 낱말은 Radloff 텍스트에서는 글자 하나가 부족하다. 이 낱말이 Radloff가 읽은 것처럼 yašïŋ이 된다는 것(1897: 156)은 문법상 불가능하다. 한편 핀란드 발간 도해에 있는 형태도 잘못되거나 부족한 것임이 분명하다. 필자는 이 낱말 다음에 글자 A가 하나 있어야 한다고 생각한다. 그렇게 되면 이 낱말은 y(a)šïŋa "(그가) ~ 살에"로 읽히고 뜻이 있게 된다. 마지막 낱말은 Radloff 발간 도해에서는 B¹WLTT¹ 형태로, 핀란드 발간 도해에서는 B¹WL¹IT¹ 형태로 있다. 문장의 마지막 낱말인 이 글자 배열은 bulït나 bolït로 읽힐 수 있다. Thomsen은 앞의 낱말을 불확실한 형태로 yašïq, 둘째 낱말도 불확실하게 bulït로 읽었지만 해당 면 아래쪽의 주석에서는 이 둘이 yašlïɣ boltï로 읽힐 수 있으리라는 것도 밝혔다(1896: 120). 핀란드 발간 도해에 있는 글자 배열이 옳다면 욜루그 티긴이 여기에서 글자 I를 글자 T¹보다 먼저 쓰면서 잘못을 저질렀다고 생각할 수 있다.

132) KT NE: t(a)š [b(a)rq itgüčig]. 여기에서 불확실한 낱말 t(a)š 다음은 판독될 수 없다.89) 문장의 더 나중의 부분(bun͡ča b(ä)d(i)zčig)을 보고 아마도 [b(a)rq itgüčig] 형태로 채워질 수 있을 것이다.

133) KT NE: tuyγ(u)n (e)lt(ä)b(ä)r. 중국의 건축가, 화공 및 조각사들을 데리고 온 사람의 이름과 칭호이다. Radloff와 Thomsen은 첫 낱말을 toyγun으로 읽고 이것을 계급으로 여겼으며 구절을 "토이군들과 엘태배르들" 형태로 번역하였다(1896: 120, 1897: 156). Orkun (ETY I: 53)과 Malov도 구절을 이렇게 이해하였다. 필자는 첫 낱말이 고유명사임이 틀림없다는 견해에서 출발하여 크르그즈어 낱말 tuyγun "흰 송골매"도 고려하며 이것을 tuyγun으로 읽었었다. 필자는 이 견해를 아직도 유지한다.

Clauson은 이 낱말 tuyγun을 toyγun으로 읽고 퀼 티긴 비문 동남면에 있는 tayγun과 관련짓고서(!) 이 낱말들의 첫 음절이 중국어

---

89) 이것은 사실과 조금 다르다. 이 부분은 핀란드 발간 도해에서는 두 번째 S^2가 뚜렷하지 않은 상태로 $B^1WS^2T^1S^2$....., Radloff 발간 도해에서는 $T^1Š[B^1R^1]$.....로 되어 있다. 두 도해 모두 글자 5 개 정도가 들어갈 만한 공백이 있다. Tekin이 이 부분에서는 Radloff 발간 도해를 이용했음을 알 수 있는데, 그의 독법대로라면 공백에 들어갈 글자의 수가 너무 많다. Radloff 발간 도해를 따른다면 이 부분은 t(a)š b(a)r[qin : üč(ü)n] "그의 돌 능묘를 위하여"라고 채우고 해석할 수 있다. 그런데 핀란드 발간 도해에서 $B^1WS^2T^1S^2$(StSob)를 $B^1WL^1T^1I$ (itlob), 즉 boltï "그가 ~ 되었다"로 볼 수 있다. 이것 바로 앞의 낱말이 핀란드 발간 도해에서는 $B^1WL^1IT^1$, Radloff 발간 도해에서는 B^1WLTT^1이므로, LT(;)를 글자 배열 L^1I(il)의 잘못으로 본다면, 이 두 낱말을 bulït : boltï "그가 구름이 되었다"로 읽을 수 있다. "그가 구름이 되었다"는 여기에서 učdï와 같은 뜻, 즉 "그가 서거하였다"의 은유로 볼 수 있다. 이렇게 보면 uč-와 같은 뜻의 새로운 숙어 bulït bol-을 생각할 수 있고, 핀란드 발간 도해에 있는 $B^1WL^1IT^1$를 131번 주석에서처럼 $B^1WL^1T^1I$의 잘못으로 보지 않아도 된다. 핀란드 발간 도해에 따르면 Tekin이 kül tig(i)n : ö[zi] q͡ïïrq : (a)rtu͡q[i y]iti : y(a)šï[ŋa] : boltï : t(a)š [b(a)rq : itgüčig]로 읽은 부분은 kül tig(i)n : ö[zi] q͡ïïrq : (a)rtu͡q[i y]iti : y(a)šï<a> : bulït : boltï : [(a)nï üč(ü)n] "퀼 티긴 자신은 47 살에 구름이 되었다(즉, 서거하였다). [그를 위하여]"로 읽힐 수 있고 문맥도 자연스러워진다. 퀼 티긴은 A.D. 684~731에 살았으므로 사망할 당시 47 살이었다.

낱말 t'ay[大] "큰"일 수 있으리라고 주장하였다(EDPT: 568). 이 견해는 받아들여질 수 없다. 이것 다음에 오는 eltäbär가 칭호인 것을 보면 이것 앞의 낱말은 사람 이름이어야 한다. 게다가 "큰"이라는 뜻의 중국어 낱말은 비문들에서 tay 형태로, 즉 o가 아니라 a로 되어 있다(tay-säŋün처럼). 두 번째로, toyγun에 있는 toy-가 중국어 t'ay[大]라면 -γun은 무엇인가? 이것이 설명되지 않는 한 이 낱말이 중국어 계급이나 칭호라는 견해는 받아들여질 수 없다.

Clauson은 이 이름이 있는 문장도 "... brought so many decorators, high officials(?), and eltebers", 즉 "큰" 형태로 잘못 번역하였다. 왜냐하면 tuyγun eltäbär는 문장의 목적어나 목적어들이 아니라 주어이기 때문이다!

134) KT NE: k(ä)lü<r>ti. 욜루그 티긴은 이 낱말에 있는 r를 잊었다.

135) KT SE: yig(i)rmi kün ol(o)r(u)p... bitid(i)m. 퀼 티긴 기념비에 있는 한문 비문이 732년 8월 1일에 쓰인 것으로 보아 욜루그 티긴은 퀼 티긴 비문을 732년 8월 2일과 21일 사이에 쓴 것이 틀림없다.

136) KT SE: bu tāmqa "이 벽에". Thomsen은 낱말 tāmqa를 tamγa로 여기고 구절을 "ces nombreux signes", 즉 "이 많은 부호들"이라고 번역하였지만(1896: 120) 나중에는 구절을 이것 앞의 bu t(a)šqa와 함께 "auf diesen Stein und diese Mauer"["이 돌과 이 벽에"] 형태로 바르게 번역하였다(1924: 159). Orkun은 이 정정을 고려하지 않고 Thomsen의 첫 번역에 있는 것처럼 낱말 tāmqa를 "인장(印章)"과 대응시켰다(ETY I: 54).

137) KT SE: t(a)yγun(u)ŋ(ï)zda. 이 문장에 있는 낱말 t(a)yγun도 칭호로 여겨지고 이것 다음에 있는 $Y^2G^2D^2I$, 즉 낱말 y(e)gdi "더 잘"도 이해될 수 없었기 때문에 이 문장은 잘못 번역되었다. Radloff는 첫 음절에 W가 없는데도 낱말을 toyγun으로 읽고 칭호로 여겼다(1897:

155). Thomsen은 낱말을 바르게 읽었으나 그도 이것을 어떤 칭호로 여겼다(1896: 120). Thomsen은 게다가 이 줄에 있는 일부 낱말에 할애한 주석에서 낱말 tayγun이 "큰"이라는 뜻의 중국어 낱말 tay[大]와 집합명사들을 만드는 접미사 -γun/-gün으로 이루어진 것일 수 있다는 견해를 주장하였다(1896: 177, 주 84). 이 견해는 받아들여질 수 없다. 왜냐하면 중국어 낱말 tay는 고대 튀르크어에서 단지 중국어 칭호들의 부분으로 있을 뿐 (tay-säŋün처럼) 별개의 낱말로 사용되지 않기 때문이다.

문장에서 낱말 oγl(a)n(ï)ŋ(ï)zda와 함께 사용된 이 낱말을 필자는 튀르크어 낱말 tay["망아지"]가 접미사 -γun을 취한 집합형태 또는 복수형으로 보고 낱말 tayγun이 여기에서 은유적으로 "망아지 같은 자식들"이라는 뜻으로 사용되었을 수 있다고 주장하였었다(1968: 121, 377). 필자는 이 견해를 오늘날에도 유지한다.[90]

138) KT SE: y(e)gdi "더 잘". 이 낱말은 Radloff 발간 도해에서는 $K^2G^2D^2A$, 핀란드 발간 도해에서는 $Y^2G^2D^2I$ 형태로 있다. 틀림없이 핀란드 발간 도해에 있는 형태가 옳다; 글자 Y^2는 글자 K^2를 닮았기 때문에 Radloff가 잘못하였다.[91] 이 낱말은 BQ E 36에도 나타난다: [il(i)g t]örög y(e)gdi q(a)zγ(a)n͡t(ï)m "나는 [나라를] 법을 더 잘 획득하였다". Thomsen은 이 낱말을 y(i)g(ä)di로 읽고 이것을 동사

90) Doerfer(1992: 15)는 돌궐 문자로 기록된 튀르크어에서 "망아지"가 tań 형태로 있기 때문에, tayγun을 tay "망아지"의 복수형으로 보기는 어렵다고 하였다. 그는 D. D. Vasil´ev, *Korpus tjurkskix runičeskix pamjatnikov bassejna Jeniseja*, Leningrad 1983을 보면 Kemčik Čïrgak 비문 2행에서 첫 낱말이 사진에서 $T^1ŃL^1R^1M$[t(a)ńl(a)r(ï)m]으로 뚜렷하게 식별될 수 있다고 하였다. 한편 역자는 지난 2006년 7월에 몽골 흡스굴(Khövsgöl) 아이막의 차가앙 우우르(Tsagaan-Üür)에서 투바(Tuva)어의 우랑하이(Uriankhai) 방언을 조사한 적이 있는데 이때 피조사자가 고대 튀르크어에서도 y로 확인되는 몇몇 낱말을 ń으로 발음하는 것을 확인할 수 있었다. 이를테면, "잔, 컵"을 뜻하는 낱말이 ÏB에서도, 그 후의 여러 문헌이나 여러 현대 튀르크어에서도 모두 ayaq로 확인되지만, 우랑하이 피조사자는 ańaq로 발음하였다. 혹시 tań ↔ tay도 이러한 관계인지 모른다.

91) Y^2(J)와 K^2(K)는 서로 혼동될 수 있다.

yigäd- "faire du bien", 즉 "개선하다"의 -i를 지닌 부사형으로 여겼다(1896: 146, 주 20). Orkun도 낱말을 y(e)g(e)di로 읽고 이것을 부동사로 여겼지만 동사 yegäd-에 "높이다, 올리다"라는 뜻을 주었다(ETY IV: 138).

139) KT SE: t(ä)ŋr[idä]. 글자 R^2 다음과 낱말 tir(i)gd(ä)kičä 앞에는 단지 두 글자가 들어갈 만한 공백이 있다. Radloff 발간 도해에서는 낱말 t(ä)ŋri 다음에 분리 부호로 다음 낱말로 넘어간다. 도대체 우리는 t(ä)ŋri : tir(i)gd(ä)kičä : [qïlzun]과 같은 문장을 대하고 있다는 말인가? Gabain은 이 문장을 t(ä)ŋr[idä] tir(i)gd(ä)kičä [boltačï siz] 형태로 고쳤다(1950: 257).

140) KT SW: tör[t b(i)ŋ] y(ï)lq[ïs]ïn.[92] 이 구절은 Thomsen에서는 다음과 같은 형태로 있다: tür[......]q[..]ïn (1896: 120). 해당 면 아래쪽

92) 이 구절은 핀란드 발간 도해에서는 T^{2}ẄR^2.B^{2}ẄY^{1}L^{1}K^{1}G^{1}K^{2}IN^1(B^{2}Ẅ와 L^{1}은 뚜렷하지 않다), Radloff 발간 도해에서는 T^{2}ẄR^2.......:K^{1}R^{1}S^{2}IN^1 형태로 있다. 그런데 핀란드 발간 도해에서는 이 구절이 있는 부분에서 분리 부호 (:)가 제대로 표시되어 있지 않지만, Radloff 발간 도해에서는 잘 표시되어 있다. 두 도해 모두 T^{2}ẄR^{2}가 있지만 그 다음의 부분이 핀란드 발간 도해에서는 글자 하나가 들어갈 만한 공백과 함께 B^{2}ẄY^{1}L^{1}K^{1}G^{1}K^{2}IN^1(niKgkljOB), Radloff 발간 도해에서는 6~7 개의 글자가 들어갈 만한 공백과 함께 분리 부호 (:)와 K^{1}R^{1}S^{2}IN^1(niSrk)로 되어 있어 서로 다르다. Radloff 발간 도해의 것이 글자 2~3 개가 더 많다. 그런데 이 구절이 있는 부분은 3인칭 소유어미 다음의 대격어미가 N^2(N)가 아니라 N^1(n)로 되어 있는 점이 특이하다. Radloff 발간 도해의 것을 따른다면 핀란드 발간 도해의 Y^{1}L^{1}K^{1}G^{1}K^{2}IN^{1}에 해당하는 :K^{1}R^{1}S^{2}IN^{1}은 : q(a)r(ï)šïn이나 : q(a)r(a)šïn 또는 : (a)q(a)r(ï)šïn 등으로 읽힐 수 있다.

그런데 낱말 yïlqï는 빌개 카간 비문에서 낱말 barïm과 함께 짝을 이루어 yïlqïsin barïmin (E 24), yïlq[ïsin barïmin] (E 39), [yï]lqïsin barïmin (S 3) 형태로 3 번 나타난다. 낱말 barïm은 퀼 티긴 비문에서 äb나 aɣïš와 짝을 이루어 aɣïšïn barïmïn (SW), äbin barïmin (N 1) 형태로 나타난다. 이것을 보면 빌개 카간 비문에서 낱말 barïm과 짝을 이루는 낱말 yïlqï가 퀼 티긴 비문에서 aɣïšïn barïmïn 다음에 단독으로 나타난다는 것은 자연스럽지 않다. 어쩌면 이 낱말은 yïlqï가 아니라 Radloff 발간 도해에 있는 것일 수 있다.

에 둔 주석에서 Thomsen은 이 구절이 tör[t (ä)bin yïl]q[ïs]ïn 형태로 채워질 수 있으리라고 밝혔다(주 4). 그는 비문들의 두 번째이자 마지막 번역에서는 이 구절을 "viertausend Zuchtpferde", 즉 "4천 마리의 기른 말" 형태로 번역하였다(1924: 159). Gabain은 같은 구절을 tör[t tüm(ä)n yïl]q[ïs]ïn... 형태로 고쳤다(1950: 257).

핀란드 발간 도해에서는 tör 다음에 글자 하나가 들어갈 만한 공백이 있고 그 다음에는 뚜렷하지 않은 글자 B²와 글자 Ẅ가 있다. 도해에서 Ẅ로 확인되는 글자는 ŋ일 수 있으며 이것은 글자 I가 없는 b(i)ŋ으로 받아들여질 수 있다. 그 다음에는 뚜렷한 Y¹, 뚜렷하지 않은 L¹과 K¹이 있다. 이것들은 y(ï)lq 형태로 읽힐 수 있다. 도해에서 K¹ 다음에 있는 글자 G¹과 글자 K²는 잘못임이 분명하다. 이것들이 I와 S²이라면 낱말은 y(ï)lq[ïs]ïn으로 고쳐질 수 있다. Gabain이 고친 낱말 tüm(ä)n을 위하여 충분한 공백이 없다. 게다가 "tört tümän", 즉 "4만"은 큰 수이다; "4천"은 보통의 수이다.

141) KT SW: (a)y(a)γma. Thomsen은 이 낱말을 읽지 못하고 단지 글자 배열 yγma로 나타냈을 뿐이다. 낱말은 Radloff 텍스트에서도 이러하다. 핀란드 발간 도해에서는 마지막 글자가 A가 아니라 I이다.[93]

필자의 생각으로는 이 낱말은 (a)y(a)γma로 읽힐 수 있고 "지키는, 보호하는"으로 이해될 수 있다: aya-γma. Thomsen은 그의 두 번째 번역에서 이 낱말을 위하여 동사 "beaufsichtigen", 즉 "감독하다, 감시하다"를 사용하였다. 고대 튀르크어 동사 aya-는 "지키다, 보호하다"를 뜻하기도 한다 (MK I, 271: ol tonïn ayadï "그는 그의 옷을 지켰다"와 비교할 것).

142) KT SW: tuyγ(u)t. 이 낱말은 핀란드 발간 도해에서는 T¹WY¹G¹T¹, Radloff 텍스트에서는 T¹WY¹G¹I 형태로 있다. 마지막 글자가 불확실함을 알 수 있다. Thomsen은 그의 두 번째 번역에서 이 낱말을

93) A(a)와 I(i)는 서로 혼동될 수 있다.

"Toygun (?)" 형태로 받아들였다, 즉 고유명사나 칭호로 여겼다. 낱말의 마지막 글자가 N[1]이라면, 필자의 생각으로는 이것은 사람 이름이고 십중팔구 KT NE에 있는, 중국에서 장인들을 데리고 온 투이군 엘태배르(Tuyγun Eltäbär)와 같은 사람이다.

143) KT W 1: q͡uur(ï)d(ï)n94) [s]oγ(u)d örti "서쪽에서 소그드족이 반란을 일으켰다". 핀란드 발간 도해에서는 두 번째 낱말의 첫 글자만이 뚜렷하지 않은 S[2]이다. 이 낱말이 일반적으로 S[1]로 표기된다고 하여도 여기에서는 S[2]로 표기되었을 수 있거나 이 글자가 본래 S[2]인데도 뚜렷하게 식별될 수 없었던 것이다.

이 문장에서 동사 ör- "오르다"는 "봉기하다, 반란을 일으키다"의 뜻으로 사용되었음이 분명하다. 비문들에서는 700년의 탕구트 원정 뒤에 튀르크족이 701년에 소그드족에 대한 군사 행동에 착수하였음이 언급되어 있다: s(ä)k(i)z y(e)g(i)rmi y(a)š(ï)ma (a)ltï čub [soγd(a)q] t(a)pa sül(ä)d(i)m (BQ E 24-25) 및 (a)ltï čub soγd(a)q t(a)pa sül(ä)d(i)m(i)z (KT E 31). 이 원정에서 빌개 카간은 18 살, 퀼 티긴은 17 살이다. 튀르크족은 710년이나 711년에 또다시 "소그드족을" 정리하기 위하여 Syr Darya[옌취] 강을 건너 태미르 카프그까지 출정하였다: soγd(a)q bod(u)n it(ä)yin tiy(i)n yin͡čü üg(ü)z(ü)g k(ä)čä t(ä)m(i)r q(a)p(ï)γqa t(ä)gi sül(ä)d(i)m(i)z (KT E 39). 이 구절에서 언급된 소그드족의 반란은 두 번째 "소그드 원정"일 수 있다. 왜냐하면 바로 그 뒤에 türü͡k bilgä q(a)γ(a)n [(a)y]u͡qï[ŋ]a in(i)m k͡üül tig(i)n(i)g k͡üüz(ä)dü ol(o)rt[(u)m]이라는 문장이 오기 때문이다.

---

94) 고대 튀르크어에서 "서쪽에서"를 뜻하는 낱말로는 qurïya와 kedin이 있을 뿐 qurïdïn은 확인되지 않는다. 이 낱말은 q͡oor(ï)d(ï)n으로 읽고 (흔히 Qurïqan으로 읽어 온) Qorïqan[骨利幹]족이라고 보는 것이 옳을지도 모른다(Yong-sŏng Li, "Zu QWRDNTA in der Tuńuquq- Inschrift", *CAJ*, 47/2 (2003), pp. 229 -241을 볼 것).

144) KT W 1: [(a)y]u͡qï[ŋ]a. 핀란드 발간 도해에서는 첫 글자가 N^1, 두 번째 글자는 ^{w}K, 세 번째 글자는 I, 네 번째 글자는 뚜렷하게 식별될 수 없는 K^1, 마지막 글자는 A이다. Thomsen은 이것을 불확실하게 (a)nu͡q[.]qa로 읽었다(1896: 121). 그는 해당 면의 아래쪽에 둔 주석에서는 “Radloff가 읽은 것처럼 yo͡qïqa가 될 수 있을까?”라고 물었다. 3인칭 소유어미를 받은 낱말의 여-처격어미는 -qa가 될 수 없을 것이므로 두 독법 다 받아들여질 수 없다. 필자의 생각으로는 핀란드 발간 도해에 있는 불확실한 글자 K^1는 ŋ일 것이다.[95] 낱말의 첫 글자가 Radloff 텍스트에 있는 것처럼 Y^1이라면[96] 이 낱말은 (a)yu͡qïŋa일 수 있다. “말하다”라는 뜻의 동사 ay-는 “명령하다, 다스리다”도 뜻한다. 이것에 접미사 -uq가 붙어 만들어진 낱말 ayuq는 “다스려지는, 다스려진 (나라)”를 뜻할 수 있다.

145) KT W 2: in(ä)n͡ču. 이 낱말은 핀란드 발간 도해에서는 IN^2NČW, 즉 in(ä)n͡ču로 읽힐 형태로 있다. 터키어 동사 inan-[“믿다”]의 첫 모음은 처음부터 이러하였을 수 있다(몽골어 ünen “진실”과 비교할 것). 이 어원이 옳다면 여기에서 우리는 경구개음화의 또 다른 예를 대하고 있다는 말이 된다. 이낸추 아파 야르간 타르칸은 퀼 티긴의 칭호이다.

146) KT W 2: [bi]rt(i)m [(a)n]ï ögtürt[(ü)m]. 핀란드 발간 도해에서는 낱말 āt(ï)γ 다음에 두 글자가 들어갈 만한 공백과 R^2T^2M이라는 글자들이 있다.[97] 이것은 오직 [bi]rt(i)m “나는 주었다”일 수 있다. 그 다음에는 뚜렷하지 않은 글자 W와 뚜렷한 글자 I가 있다. 글자 N^1은 글

95) K^1(k)과 ŋ(h)는 서로 혼동될 수 있다.

96) N^1(n)과 Y^1(j)는 서로 혼동될 수 있다.

97) 이는 사실과 다르다. āt(ï)γ [bi]rt(i)m [(a)n]ï ögtürt[(ü)m] 부분이 핀란드 발간 도해에서는 $IT^1G^1.R^2T^2$:MWIẄG^2T^2ẄR^2T^2(G^1, W, ẄG^2T^2ẄR^2T^2가 뚜렷하지 않다)까지 판독되는데, Radloff 발간 도해에서는 AT^1G^1: 다음은 판독되지 않는다. A(a)와 I(i)는 서로 혼동될 있으므로 IT^1G^1는 āt(ï)γ로 읽을 수 있다. 그 다음에는 두 글자가 아니라 한 글자가 들어갈 만한 공백이 있을 뿐이다. 그리고 R^2T^2와 M 사이에는 분리 부호 (:)가 있다.

자 W를 닮았다.[98] 필자의 생각으로는 이 글자 배열은 N^1I이다. 이것은 오직 (a)nï로 읽힐 수 있다. 그 다음에는 뚜렷하지 않은 다음의 글자 배열이 있다: ẄG^2T^2ẄR^2T^2. 이 글자 배열이 옳다면 여기에 있는 낱말은 오직 ögtürt[(ü)m]일 수 있다. Radloff와 Thomsen은 āt(ï)γ 다음을 읽을 수 없었다.

98) N^1(n)과 W(o)는 서로 혼동될 수 있다.

▥ 빌개 카간 비문 ▥

147) BQ N 1: bödkä = KT S 1: bu ödkä (3번 주석을 볼 것).

148) BQ N 1: (e)š(i)d = KT S 1: (e)šidg(i)l. 둘 다 S^2로.

149) BQ N 2: tuγs(ï)qïŋa = KT S 2: tuγs(ï)q(q)a. (7번 주석을 볼 것).

150) BQ N 2: (i)čr(ä)ki = KT S 2: ičr(ä)ki. 어두모음 i가 원칙에 어긋나게 표기되지 않은 다른 예들에 관하여는 GOT, p. 31을 볼 것: (i)lg(ä)rü (KT E 21), öz (i)či (T 13), (ä)ŋ (i)lki (KT E 32) 등.

151) BQ N 3: yin͡čü = KT S 3: y(e)n͡čü.

152) BQ N 3: yir b(a)y(ï)rq͡uu = KT S 4: y(i)r b(a)y(ï)rq͡uu.

153) BQ N 3: y(e)r(i)ŋä = KT S 4: yiriŋä.

154) BQ N 3: y(ï)š = KT S 4: yïš. 이 낱말은 두 비문 모두에서 언제나 Y^2로 표기되었다. 이 표기는 낱말에 있는 후설모음 ï가 y와 š같은 경구개 자음들의 사이에서 일찍이 경구개음화되었음을 보여 준다(알타이어 d´ïš, 쇼르어[99] čïš "숲이 우거진 산", 하카스어 čïs "울창한 숲" 등

---

99) 러시아 연방 케메로보(Kemerovo)주의 타시타골구(Taštagol' 區), 므스키(Myski) 및 메지두레첸스크(Meždurečensk)에서 사용되는 튀르크계 언어로서 므라스-상류 톰(Mras-Upper Tom) 및 콘도마-하류 톰(Kondoma-Lower Tom)

과 비교할 것). 이 낱말은 야쿠트어에서 i로 되어 있다: sis "산림, 산악지역의 숲" < *yiš.

155) BQ N 3: küm(ü)s = KT S 5: küm(ü)š.

156) BQ N 3: (e)šg[(i)ti] = KT S 5: išg(i)ti (10번 주석을 볼 것).

157) BQ N 4: süč(i)g = KT S 5: süčig. 퀼 티긴 비문에 있는 표기가 원칙에 맞다.

158) BQ N 4: (a)ń(ï)γ bil(i)g(i)n = KT S 5: (a)ń(ï)γ bil(i)g (14번 주석을 볼 것).

159) BQ N 5: süč(i)g = KT S 6: süčig.

160) BQ N 5: ük(ü)š = KT S 6: ü̂küs.

161) BQ N 5: tög(ü)ltün = KT S 6: tög(ü)lt(ü)n (17번 주석을 볼 것).

162) BQ N 6: ötü̂k(ä)n = KT S 8: ötük(ä)n.

163) BQ N 6: āčs(a)r = KT S 8: āčs(ï)q. 빌개 카간 비문에 있는 형태가 옳다(22번 주석을 볼 것).

의 두 방언으로 나뉜다. 하카스어(Khakas)의 쇼르(Shor) 방언과는 다른 것이다. 쇼르 문어의 토대가 된 므라스-상류 톰 방언은 이른바 azaq 그룹에 속한다. 따라서 이 방언은 하카스어, 출름 튀르크어의 중류 출름 방언, 서부 유구르어 등과 비슷하다. 한편, 이른바 ayaq 그룹에 속하는 콘도마-하류 톰 방언은 알타이어의 북부 방언들 및 출름 튀르크어의 하류 출름 방언과 매우 비슷하다. 1989년 소련 인구조사에 따르면 16,652명의 쇼르족 중에서 모어 사용자가 9,446명(≒57%)이었다. 2002년 러시아 인구조사에 따르면 쇼르족은 13,975명, 쇼르어를 아는 사람은 6,210명이었다. 쇼르어는 현재 절멸 위기에 있다.

164) BQ N 6: üč(ü)n = KT S 9: üčün. 빌개 카간 비문에 있는 형태가 철자법에 더 맞지만 퀼 티긴 비문에 있는 완전한 표기는 둘째 음절의 모음이 장모음이라는 것을 나타내는 것일 수도 있다(튀르크멘어 üčīn "~때문에" < *üčūn과 비교할 것).

165) BQ N 7: q̂uubr(a)t(tï)m = KT S 10: q̂uubr(a)td(ï)m. 빌개 카간 비문에 있는 형태는 낱말에서 tt < td 동화가 있음을 보여준다(25번 주석을 볼 것).

166) BQ N 7: ük(ü)š = KT S 10: ûküš.

167) BQ N 9: n(ä)n͡čä "꽤 많이, 아주 많이". 대명사 nä의 동등격이다. bunča, anča 같은 형태들의 영향으로 생긴 듯하다. 돌궐어 외에는 näčä, ničä이다.[100]

168) BQ N 10: q̂ïzïn "그의 딸을". 두 비문 모두에서 3인칭 소유어미 다음의 대격어미 -n[101]은 대개 N^2로 표기된다. 이 표기는 3인칭 소유어미가 돌궐어에서 아직 모음조화의 적용을 받지 않았음을 보여준다. 이 낱말처럼 모음조화의 적용을 받은 예들이 몇 개 있다: (a)ltunïn, (a)γïšïn, b(a)r(ï)mïn (KT SW). Šine-Usu 비문에서는 3인칭 소유어미가 모음조화의 적용을 받는다: b(a)r(ï)mïn, b(a)rqïn, q(a)tunïn (E

100) Khakassko-russkij slovar'(1953)의 p. 117을 보면 нинче "сколько", 즉 ninǰe "얼마나"로 되어 있다. 고대 튀르크어와 비교하여 하카스어에서는 ä > i 및 i > ĕ의 변화가 있고 유성음 사이의 č는 ǰ로 되는 경우가 아주 많다. 그리고 Derleme Sözlüğü[(터키어 방언) 수집 사전] IX: 3246을 보면 nence "Ne kadar" (*Kilis - Gaz.), 즉 nenǰe "얼마나"(Gaziantep도 Kilis군)로 되어 있다.

101) 돌궐 비문들에서 확인된 대격어미는 다음 세 가지이다: (1) -γ/-g(명사의 단수 및 복수형 뒤에서); (2) -n(소유어미를 지닌 명사 뒤에서); (3) -nï/-ni(명사의 단수형이나 소유어미를 지닌 형태 뒤에서; 드물게 사용됨). 한편 대명사에서는 다음과 같다: bini "나를"(bän~män "나"), sini "너를"(sän "너"), bizni "우리를"(biz "우리"), bunï "이를"(bu "이"), anï "그를"(ol "그").

2, 3, 5)[102] 등(GOT: 61을 볼 것).

169) BQ N 11: q͡ïïrγ(a)γl(ï)γ q͡oot(a)yin kinl(i)g (e)šg(i)tisin. 첫 낱말에 대해서는 MK II, 288: qïrγaγ "옷의 옆과 가장자리"와 비교할 것. 이 낱말은 "가장자리, 가"를 뜻하는 낱말 qïrïγ에서 파생된 동사 *qïrγa- "가장자리를 두르다"에 -γ가 붙어서 된 명사일 수 있다. 낱말 kinl(i)g에 대하여 말하면, 이 낱말은 이전에는 (ä)kinl(i)g으로 읽혔고 여기에 있는 (ä)kin은 우리가 아는 [터키어] 낱말 ekin으로 여겨졌다. Thomsen은 이것을 "graine", 즉 "곡물"이라고 번역하였다(1896: 132). 그러나 이것 다음의 낱말은 MK에 있는 ešgürti 및 위구르어 텍스트들에 있는 ešgirti "수놓은 비단"이라는 낱말과 동일한 것이다. 게다가 낱말 äkin은 i 없이, 즉 K^2N^2 형태로 표기되었어야 한다. 이 낱말은 Clauson이 추정하였듯이 kin "사향"임이 분명하다. 이리하여 kinl(i)g (e)šg(i)ti는 "사향의 향기가 나는 수놓은 비단"이라고 이해될 수 있다.

170) BQ N 13: bu b(ä)gl(ä)r(i)g[...........]b(u)ŋd[a ......]. Radloff, Thomsen 등에 의하여 채워지지 못한 이 부분들은 여기에서 우리가 제안한 형태로 채워질 수 있다. 필자는 이 구절의 [..]b(u)ŋd[a ......] 부분을 GOT에서 [su]b(u)ŋd[a (a)dr(ï)lm(a)s(a)r] 형태로 고쳤었다(1968: 247).

171) BQ N 13: türu͡k [bod(u)n]. 첫 낱말은 Thomsen에서 ti[—] 형태로 있다(1896: 132). Radloff 텍스트에서는 이 낱말이 $T^2\ddot{W}R^{2\ddot{w}}K$, 즉 türu͡k이다.

172) BQ N 14: kirt(ä)či s(ä)n. Thomsen에서는 kört(ä)čis(ä)n이다(1896: 133). 그러나 Thomsen은 첫 두 글자 밑에 하나씩 물음표를 두었다. 이 낱말은 Radloff 텍스트에서는 뚜렷하게 kirt(ä)či s(ä)n이

102) 실제로 Šine-Usu 비문을 보면 b(a)r(ï)mïn은 E 3, b(a)rqïn은 E 2, q(a)tunïn은 N 10에 나온다. E 5에는 y(a)bl(a)qïn이 있다.

다. Radloff도 이렇게 읽었다(1897: 154).

173) BQ N 14: y(a)r[(a)t(ït)]d(ï)m. 핀란드 발간 도해에서는 Y¹R¹..M, Radloff에서는 Y¹R¹.D¹M이다. 이 낱말을 Radloff는 yarttïm (!), Thomsen은 y(a)r(a)td(ï)m으로 읽었다. 필자의 생각으로는 동사가 사동이어야 한다. 왜냐하면 퀼 티긴의 능묘를 빌개 카간이 건설하지 않고, 중국인 건축가들에게 건설하도록 하였기 때문이다. 동사 yaratït-는 Šine-Usu 비문에도 나타난다: y(a)r(a)t(ï)td(ï)m (E 8, 9, 10).

174) BQ N 15: to͡qïtd(ï)m biti(t)d(i)m. Thomsen에서는 구절 b(ä)ŋg[ü] t(a)š 다음이 없다. Radloff 텍스트에서는 위에 있는 두 낱말이 있다. 마지막 낱말을 앞 줄에 있는 y(a)r[(a)t(ït)]d(ï)m과 비교할 것.

175) BQ N 15: bu[nï kör(ü)p (a)n͡ča bil(i)ŋ ol] t(a)š b(a)rqin ... Thomsen에서는 없다. Radloff 텍스트에 있는 bu...와 구절 t(a)š b(a)rqin 사이의 공백은 위에 있는 형태로 채워질 수 있다.

176) BQ E 1: t(ä)ŋri t(ä)g t(ä)ŋri y(a)r(a)tm(i)š tür͡ük bilgä q(a)γ(a)n. 빌개 카간의 작은 아들 빌개 쿠틀루그 카간(Bilgä Qutluγ Qaγan, 734-741)의 칭호이다. Thomsen은 이것을 중국 문헌들이 I-yan[伊然]이라는 이름으로 기록한 빌개 카간의 아들이자 계승자의 칭호로 여겼지만(1924: 128), 필자의 생각으로는 그는 이 견해에서 잘못하였다.

빌개 카간의 계승자에 관하여 중국 문헌들에서 주어진 정보는 뒤죽박죽인데다가 때로는 모순되기도 한다. 어떤 문헌들은 빌개 카간이 죽은 뒤 돌궐 권좌에 그의 아들 I-yan 카간이 올랐으나 그는 얼마 뒤에 죽었으며 그를 대신하여 그의 동생 탱리[登利] (Täŋri) 카간이 올랐다고 기록한다(Liu II, 622). 어떤 문헌들은 I-yan에 관하여 전혀 언급하지 않고 빌개 카간 다음에는 그의 아들 탱리가 카간이 되었다고 기록한다. 중국 문헌들에서 주어진 모든 정보를 번역하고 조사한 Liu Mau-Tsai는 다음과 같은 결론에 이른다: I-yan 카간과 탱리 카간은 서로 다른 두 사람이다; I-yan은 빌개 카간의, 탱리는 I-yan의 계승자이다; I-yan은 빌개 카간의 큰 아들인데 아주 짧은 기간 카간으로 있다가 죽었고, 그가 죽은 뒤에는 빌개 카간의 작은 아들 Teng-li (Täŋri)가 즉위하였다(Liu II, 628).

Liu Mau-Tsai의 견해에 동조하지 않을 수 없다. 그도 밝혔듯이 이 문제에 관하여 가장 정확하고 가장 믿을만한 정보는 K'ang Hi-sin[康希詵]의 묘비에서 주어진 정보임이 틀림없다: "(빌개 카간이 죽은 뒤에) 나라의 고관들은 그의 아들 I-yan을 카간으로 삼았다. (I-yan은) 얼마 지나지 않아 병들어 죽었다. 그 뒤에 그들은 그의 동생을 탱리 카간으로 삼았다" (Liu II, 622). 같은 정보가 Kiu-t'ang-shu[舊唐書]에서는 다음과 같이 주어졌다: "그가 죽은 뒤에 백성은 그의 아들 I-yan을 카간으로 삼았다. 황제는 교섭하고, 조의를 표하고 동시에 그를 카간으로 임명하기 위하여 Tsung-cheng-k'ing[宗正卿] Li Ts'üan[李佺]을 I-yan에게 보냈다. 고인(빌개 카간)을 위하여 황제는 묘비와 사당을 만들게 하도록 하였다. 황제는 또한 (한문) 비문을 쓰게 하려고 K'i-kü-shê-yen[起居舍人] Li Yung[李融]을 보냈다. 얼마 지나지 않아 I-yan 카간이 병들어 죽었다. 그러자 그들은 그의 동생을 탱리 카간으로 삼았다" (Liu I, 179). Tse-chi-t'ung-kien[自治通鑑]에서 주어진 정보도 이것들을 확증한다: "(빌개가 죽은 뒤에) 그의 아들 I-yan이 즉위하였다. (그러나) 그는 얼마 지나지 않아 죽었다. 그의 동생 탱리 카간이 즉위하였다" (Liu II, 622).

이들 정보는 I-yan 카간과 탱리 카간이 같은 사람이라는 식의 Pelliot[103)]의 견해와 의견(*TP*, XXVI, 229-46)을 반박하고 있다.

이것 다음에는 빌개 카간 비문을 쓰게 하고 세우게 한 카간의 신원 문제가 나타난다. 비문을 잠시 동안 카간으로 있다가 죽은 I-yan 카간이 세우게 하였는가 아니면 그의 동생이자 계승자인 탱리 카간이 세우게 하였는가? 이 문제의 대답도 어렵지 않을 것이다. 중국 문헌들은 탱리 카간이 8 년 동안 카간 자리에 있었다는 것과 741년에 죽었다는

103) Paul Pelliot(1878.5.28.-1945.10.26.). 프랑스의 중국학자/중앙아시아 탐험가.

것을 기록하고 있다. 이 경우에 탱리 카간이 734년에 즉위하였다는 뜻이 된다. 빌개 카간이 734년 11월 25일에 죽은 것을 보면(Bazin 1974: 244), 그의 큰 아들 I-yan은 몇 달 동안 카간 자리에 있었고 그를 그의 동생 탱리 카간이 대신하였다. 빌개 카간의 장례식이 735년 6월 22일에 치러진 것을 보아도 비문을 쓰게 하도록 하고 세우게 한 사람은 탱리 카간이다. 달리 말하면 비문이 쓰였을 때에 I-yan 카간은 이미 죽었었다. 이 점은 빌개 카간 비문에서 다음과 같이 표현되어 있다: ul(u)γ oγl(u)m (a)γr(ï)p yo͡q bolča q͡uuγ s(ä)ŋün(ü)g b(a)lb(a)l tikä birt(i)m "나의 큰 아들이 병들어 죽자 나는 쿠 장군을 발발로 세워버렸다"(S 9). 그러나 이 문장은 문제 하나를 더 제기한다: 빌개 카간의 큰 아들 I-yan이 (빌개 카간) 자신보다 먼저 죽었다면 어떻게 몇 달 동안이나마 돌궐 권좌에 오를 수 있었는가? 필자의 생각으로는 이 문제는 다음과 같이 풀릴 수 있다: 몇 달 동안 카간 자리에 있다가 병들어 죽은 그의 형 I-yan의 죽음을 탱리 카간은 그 자신의 입으로가 아니라 그의 아버지 빌개 카간의 입으로 말하는 것이 더 적절하다고 생각하였다. 실제로 비문에서는 이것 다음에 빌개 카간의 입에서 나온 문장이 두 개 더 있다. 그 다음에 탱리 카간이 말하고 있다.

177) BQ E 1: [(a)l]tï sir "Altï Sir". 꽤 긴 공백 다음에 오는 글자 무리 $T^1IS^2IR^2$를 Thomsen [....]tïsï (ä)r로 읽고 번역하지 않았다(1896: 122). Radloff도 이 글자 무리를 Thomsen처럼 읽고 낱말 är를 "мужи", 즉 "남자들"이라고 번역하였다(1897: 15). Malov도 Radloff를 되풀이하는 것으로 만족하였다(1959: 16). 필자의 생각으로는 돌궐 연맹에 속하는 부족들의 이름들이 언급된 이 구절에서 [...]T^1I라는 글자들은 낱말 (a)ltï의 마지막 두 글자이고, 글자 배열 S^2IR^2는 제2차 돌궐 제국의 주요 집단을 이루는 부족 연맹의 이름인 Sir이다. Sir라는 이름은, 알려진 바와 같이 투뉴쿠크 비문에서 다섯 번 나타난다: türk sir bod(u)n "튀르크 시르 백성" (3, 11), q(a)pγ(a)n q(a)γ(a)n türü͡k sir bod(u)n "카프간 카간의 튀르크 시르 백성" (60, 61), türü͡k bilgä q(a)γ(a)n türü͡k sir bod(u)n(u)γ oγ(u)z bod(u)n(u)γ ig(i)dü ol(o)rur "튀르크 빌개

카간은 튀르크 시르 백성을, 오구즈 백성을 돌보며 군림한다" (62).

빌개 카간 비문에서 [(a)l]tï sir라는 이름으로 언급된, 6 부족으로 이루어진 이 부족 연맹은 중국 문헌들에서 T'ie-lê[鐵勒]라는 이름으로 언급되는 연맹임이 틀림없다. 6 부족으로 이루어진 T'ie-lê 연맹에는 다음의 부족들이 포함되어 있었다: Huy-ho (Uighur)[廻紇], Pa-ye-ku (Bayïrqu)[拔也古], A-tie (Ädiz)[阿跌], T'ung-lo (Toŋra)[同羅], P'u-ku (= Buγu?)[僕骨], Po-si[白霫] 또는 Si (= Sir?)[霫].

178) BQ E 1: (e)ki (ä)d(i)z[104] k(ä)r(ä)kül(ü)g. Thomsen은 두 개의 분

---

104) (e)ki (ä)d(i)z는 kid(i)z "펠트"로 읽힐 수 있고 또 그렇게 읽혀야 하는데 이는 다음과 같은 이유에서이다:

(1) Talat Tekin은 Altï Sir를 6 부족으로 이루어진 철륵(鐵勒) 연맹으로 보고 있는데(앞의 177번 주석을 볼 것), 그 구성 부족 중 하나가 Ädiz(阿跌)이어서 Altï Sir 다음에 같은 줄에서 유독 Ädiz만 언급한다는 것은 있을 수 없는 일이다.

(2) (e)ki (ä)d(i)z는 돌궐 비문들 중 오직 여기에서만 단 한 번 나타난다.

(3) BQ E 1에서는 시르(Sir) 다음에 오구즈(Oγuz)가 언급되어 있는데, 투뉴쿠크 비문 62행에서도 türük sir bod(u)n(u)γ oγ(u)z bod(u)n(u)γ 형태로 시르(Sir) 다음에 오구즈(Oγuz)가 언급되어 있다. 단지 빌개 카간 비문에는 (구성 부족의 수를 나타냄이 분명한) altï와 toquz가 있을 뿐 두 비문이 일치하므로 oγ(u)z 다음의 낱말은 분명 부족 이름이 아니다.

(4) A. von Gabain의 Alttürkische Grammatik(1974) p. 342에 kidiz, ki'iz, kiiz "펠트", MK에서 kiðiz "펠트"가 나타난다. 펠트는 양털을 주원료로 만드는 것이기 때문에 kid(i)z k(ä)r(ä)kül(ü)g로 읽으면 "펠트(로 된) 천막의"가 되어 유목민의 생활상을 그대로 반영하므로 문맥도 아주 자연스럽게 된다.

낱말 kidiz는 현대 튀르크 언어들에서 kidis, kiyiz, kiyis, kiyĕz, kĕyĕð, kīs, kīð, kigiz 등 여러 형태로 남아 있다.

(e)ki (ä)d(i)z는 kid(i)z "펠트"로 읽혀야 한다는 것을 1993년 어느 날 역자가 터키언어학회(Türk Dil Kurumu)의 서점에 들렀을 때 만난 불가리아 출신의 터키 노인이 역자에게 알려주었었다. 역자가 이 노인의 이름을 기억하지는 못하지만, 그는 우체국에서 근무하다가 정년퇴직하였다고 하였다.

한편 역자의 번역(1996)보다 조금 늦게 나온 글에서, 역자의 주장과는 별도로 터키의 아츠괴즈(Açıkgöz)는 문제의 구절에서 k(ä)r(ä)kül(ü)g을 꾸미는 형용사가 숨어 있다고 생각하여 여러 옛 문헌에서 kidiz 및 그 변화형이

리부호 사이에서 함께 표기된 이 세 낱말을 (i)ki (ä)d(i)zk(ä)r kül(i)g 형태로 읽고 이것을 "les vaillants nobles", 즉 "용감한 자들과 고귀한 자들"이라고 번역하였다(1896: 122). 이 구절에 대한 주석에서는 이 독법과 번역을 그리 확신하지 못하고 있음을 밝혔다(1896: 178, 주 85). 동시에 Thomsen은 이 구절에 있는 ädiz가 퀼 티긴 비문(N 5)에 나타나는 종족 이름 애디즈와 같은 것일 수 있다고 생각하였다.

오구즈 부족들 중 하나의 이름인 낱말 애디즈는 [예니세이 비문들 중] 켐치크 츠르가크(Kemčik Čïrgak) 비문에도 나타난다: (ä)d(i)z (e)l ur(u)γ(ï)n... (a)rt(ï)mγa (a)ñt(ï)m "나는 애디즈 백성의 씨족들을... 내 뒤에 얻었다" (Kemčik Čïrgak, b-5).

부족 이름 (E)ki (Ä)d(i)z 다음의 글자 무리는 형용사 k(ä)r(ä)kü-l(ü)g "천막이 있는" 이외의 다른 것이 될 수 없다고 필자는 생각한다. "천막"을 뜻하는 낱말 käräkü는 Ïrq Bitig에 나타난다: k(ä)räkü iči nä t(ä)g ol "천막 안은 어떻습니까?" (ÏB: 18번 점괘). 위구르어 텍스트들에서 äwig barqïγ käräküg 형태로 더 많이는 "천막"의 뜻으로 나타나는 이 낱말은 MK에서도 "ḫibā", 즉 "천막"이라는 낱말로 대응되었다. 같은 낱말이 오늘날의 언어와 방언들에서는 kärägä 형태로 그리고 더 많이는 "천막의 나무 뼈대, 천막 뼈대"라는 뜻으로 살아 있다: 크르그즈어, 카자크어, 카라칼파크어[105], 알타이어 kärägä, 타타르

나타난 예와 몇몇 현대 튀르크 언어에서 이 낱말의 변화형이 살아있는 점을 근거로 들어 이 낱말이 kid(i)z "펠트"로 읽혀야 한다고 주장하였다(Halil Açıkgöz, "Bilge Kağan Yazıtı'nın Doğu Yüzünün ilk satırında *(i)ki (e)d(i)z k(e)r(e)kül(ü)g* mü yoksa *kid(i)z k(e)r(e)kül(ü)g* "keçe çadırlı" mı okunmalı" ["빌개 카간 비문의 동쪽 면 1행에서 *(i)ki (e)d(i)z k(e)r(e)kül(ü)g*로 아니면 *kid(i)z k(e)r(e)kül(ü)g* "펠트 천막의"로 읽혀야 하는가?"], *TDAY 1994* (1996), pp. 1~10).

105) 우즈베키스탄의 카라칼파크 자치공화국을 중심으로 카자흐스탄, 튀르크메니스탄, 러시아, 아프가니스탄에서 50여만 명이 사용하는 튀르크계 언어로서, 타타르(Tatar)어, 바시키르(Bashkir)어, 카자크(Kazakh)어, 노가이(Nogay)어, 카라차이-발카르(Karachay-Balkar)어 등과 함께 큽차크(Kypchak) 그룹에 속한다. 동북 방언과 동남 방언으로 나뉜다. 카자크어와 매우 비슷하므로 카자크어 방언으로 볼 수도 있다.

어, 바시키르어[106] kirägä, 튀르크멘어 gärägä 등.

비문에서 카간이 그 이름들이 언급된 "유목의" 튀르크 부족과 배그들에게 "천막이 있는"을 뜻하는 형용사 käräkülüg를 사용하며 말을 거는 것은 자연스럽다.

179) BQ E 2: [ö]g(i)r(i)p "기뻐하고". Radloff 텍스트에서는 이것 앞의 낱말 bod(u)n의 첫 세 글자 다음에 세 글자가 들어갈 만한 공백이 있다. 이것 다음에는 글자 배열 G^2R^2P와 분리부호가 있다. 핀란드 발간 도해에서도 판독될 수 없는 첫 글자 다음에 G^2R^2P라는 글자들이 있다. Thomsen은 이 낱말을 먼저는 (ä)g(i)r(i)p로 읽고 이것을 동사 ägir- "돌리다, 회전시키다"로 여겼지만(1896: 122 및 161, 주 55), 나중에는 이 낱말을 [ö]g(i)r(i)p "기뻐하고"로 정정하였다(1916: 74). 이 정정을 알아차리지 못한 Orkun은 Thomsen의 첫 독법과 번역을 되풀이하였다. Malov는 Thomsen의 정정을 고려하여 낱말을 ögirip로 읽고 "기뻐하고"라고 번역하였다(1959: 11, 101).

180) BQ E 2: toŋ(ï)tm(ï)š. 이 낱말은 Radloff 텍스트에서는 $T^1WS^2T^1$ MŠ 형태로 잘못되어 있다.[107] 핀란드 발간 도해에서는 바르게 $T^1W\text{Ŋ}T^1$MŠ이다. Thomsen은 낱말을 toŋt(a)m(ï)š로 읽고, toqt(a)-m(ï)š일 수도 있다고 써 두었다[108](1896: 122, 주 1). 그는 나중에는

---

106) 러시아 연방의 바시코르토스탄 공화국을 중심으로 타타르스탄 공화국 등 인근 여러 지역과 카자흐스탄, 우즈베키스탄 등에서 사용되는 튀르크계 언어로서, 타타르(Tatar)어, 카자크(Kazakh)어, 카라칼파크(Karakalpak)어, 노가이(Nogay)어, 카라차이-발카르(Karachay-Balkar)어 등과 함께 큽차크(Kypchak) 그룹에 속한다. 쿠바칸(Kuvakan = Mountain Bashkir), 유르마트(Yurmaty = Steppe Bashkir), 부르잔(Burzhan = Western Bashkir) 방언으로 나뉜다. 타타르어와 매우 유사하다. 다른 튀르크어들과 비교할 때 바시키르 문어에서는 /č/ > /s/; /s/ > /h/ (낱말과 접미사/어미의 어두에서), /s/ > /θ/ (어중과 어말에서); /z/ > /ð/; /o/ > /u/; /ö/ > /ü/ 등의 음운 변화가 있다. 2002년 러시아 인구조사에 따르면 바시키르족은 1,673,389명, 바시키르어를 아는 사람은 1,379,727명이었다.

107) S^2(S)와 Ŋ(h)는 서로 혼동될 수 있다.

이 낱말이 오히려 toqtamïš "멈춘, 고정된, 달라지지 않은"일 수 있다는 견해를 취하였다[109](1916: 74-75, 주 2). Orkun은 낱말을 toŋtamïš로 읽고 "아래로 기울어진"이라고 번역하였다(ETY I: 60). Malov는 같은 낱말을 toqtamïš로 읽고 "спокойный", 즉 "조용한"이라고 번역하였다(1959: 11, 16, 104). Tekin은 이 낱말을 toŋtamïš로 읽고 이것을 "down-looking", 즉 "아래를 보는, 아래로 향한"이라고 번역하였다(GOT: 275).

이 낱말을 위한 가장 옳은 독법을 Clauson이 제안하였다. 그에 의하면 이 동사는 MK에 있는 동사 töŋit- "기울다, 아래로 내려가다"의 후설모음형이 틀림없고 toŋït-로 읽혀야 한다(EDPT: 518). 위구르어 동사 toŋtarïl- "뒤집히다, 전복되다"는 이 동사에서 온 것이다: toŋït-ar-ï-l-.

181) BQ E 3: (i)št(ä)mi = KT E 1: išt(ä)mi. 둘 다 S^2로.

182) BQ E 4: kök türü͡k iti (a)n͡ča ol(o)rur (ä)rm(i)š = KT E 3: k͡öök türü͡k (a)n͡ča ol(o)rur (ä)rm(i)š. 빌개 카간 비문에 있는 iti를 지닌 형태가 옳다. 왜냐하면 이 문장의 주어는 Kök Türü͡k가 아니라 첫 돌궐(Köktürk) 카간들이기 때문이다.

183) BQ E 4: tutm(i)š = KT E 3: tutm(i)s.

184) BQ E 5: čöl(lü)g il = KT E 4: čöl(lü)g (e)l.

185) BQ E 5: sïγtam(i)š yoγlam(i)š = KT E 4: sïγtam(i)s yoγlam(i)s. 동사 어간의 끝에 있는 모음 a는 다음의 예들에서도 표기되었다: t(a)plam(a)dï (BQ E 35), unam(a)ŋ (T 35). 필자는 이 표기가 문

108) ŋ(h)와 K^1(k)은 서로 혼동될 수 있다.

109) toqta-는 튀르크어 동사 tur- "서다, 멈추다"에 상응하는 몽골어 동사이다. 고대 튀르크어 시대에 이 몽골어 동사가 차용되었다는 것은 받아들여질 수 없다. 튀르크 언어들에 있는 몽골어 낱말들은 대개 13세기 이후에 차용된 것들이다.

제의 모음들이 장모음임을 보여준다는 식의 필자의 견해(GOT: 67-68과 그 이하를 볼 것)를 포기한다. 이것들을 완전한 표기의 예들로 보는 것이 더 옳을 것이다.

186) BQ E 5: bolm(i)š = KT E 5: bolm(i)s.

187) BQ E 6: ol(o)rm(i)š = KT E 5: ol(o)rm(i)s.

188) BQ E 6: bil(i)gs(i)z (ä)rm(i)š (ä)r(i)n͡č = KT E 5: bil(i)gs(i)z (ä)r(i)n͡č. 빌개 카간 비문에 있는 (ä)rm(i)š를 지닌 형태가 옳다.

189) BQ E 6: kürl(ü)gin [üč(ü)n] = KT E 6: kürl(ü)g üčün. 빌개 카간 비문에 있는 kürl(ü)gin 형태가 옳다.

190) BQ E 7: yoŋ(a)šurto͡qin üč(ü)n = KT E 6: yoŋ(a)šurto͡qin üčün. 빌개 카간 비문에 있는 üč(ü)n 형태가 철자법에 더 맞기는 하지만 퀼 티긴 비문에 있는 형태는 둘째 음절에 있는 모음 ü가 장모음임을 보여주는 것일 수 있다(튀르크멘어 üčīn과 비교할 것). 이 낱말은 퀼 티긴 비문에서 대개 이렇게 표기되었다.

191) BQ E 7: il(lä)dö͡k = KT E 6: ill(ä)dö͡k.

192) BQ E 7: [ï]dm(i)š = KT E 6: ïdm(i)s. 이 다음의 문장에도 있다.

193) BQ E 7: (e)š(i)l(i)k = KT E 7: (e)šil(i)k. 둘 다 S^2로 (49번 주석을 볼 것). 둘째 음절의 모음 i의 표기에 대하여는 (e)š(i)d (BQ N 1) = (e)šidg(i)l (KT S 1)과 비교할 것.

194) BQ E 8: t(ä)m(i)r q(a)p(ï)γqa <t(ä)gi>. 욜루그 티긴이 낱말 t(ä)gi를 잊었다.

195) BQ E 9: birto͡k(kä)rü = KT E 10: birto͡kg(ä)rü. Thomsen은 이 낱말을 birtu͡krü로 읽었다(1896: 100). 퀼 티긴 비문에 있는 상응 형태는 이것이 birto͡kk(ä)rü 대신에 사용된, 불완전한 표기 또는 간결한 표기임을 보여주고 있다. 쌍자음이 글자 하나로 표시되는 것은, 알려져 있다시피, 예가 아주 많이 있는 철자법이다. 필자의 독법에 반대하는 Hovdhaugen은 kk < kg 동화를 위한 다른 예가 없음을 밝혔다(1974: 68). 비문들에서 kk < kg 동화를 위한 다른 예가 없기는 하지만 qq < qγ 동화를 위한 예는 있다: yo͡q(qa)ru. 이 낱말은 틀림없이 더 이전의 *yoqγaru 형태로 소급한다.

196) BQ E 10: türu͡k t(ä)ŋrisi <türu͡k> ïdu͡q yiri subi. 퀼 티긴 비문에 있는 상응 구절이 이렇다. 욜루그 티긴이 두 번째 낱말 türu͡k를 잊었음을 알 수 있다.

197) BQ E 10: köt(ü)rti (ä)r(i)n͡č = KT E 11 kötürm(i)š (ä)r(i)n͡č. 여기에서 설명되는 사건을 위해서는 목격하지 못한 [사건을 말할 때 사용되는] -miš형의 과거시제가 더 적절할 것이었다.

198) BQ E 13-14: [q(a)ŋ(ï)m] q(a)γ(a)n učdo͡qda öz(ü)m s(ä)k(i)z y(a)šda q(a)lt(ï)m. 이 문장은 퀼 티긴 비문에는 없다.[110)]

199) BQ E 14: yičä itdi yičä ig(i)t(t)i = KT E 16: yičä itdi ig(i)t(t)i. 빌게 카간 비문에 있는 형태가 표현의 견지에서 보면 더 강하다.

여기에 있는 낱말 yičä는 여러 가지 형태로 이해되었다. Radloff는 이것을, 퀼 티긴 비문에서 되풀이하여 사용되었기 때문인 듯, 반복 접속사로 보고(1897: 173) 구절을 "그는 정리하고 높였다" 형태로 잘못 번역하였다(1897: 134). Thomsen은 그의 두 번째 번역에서 낱말 yičä를 "다시, 새로이"라고 번역하였다(1924: 147). Orkun은 이 낱말

110) 이 주장은 사실과 다르다. KT E 30에는 이와 비슷한 q(a)ŋ(ï)m q(a)γ(a)n učdo͡qda in(i)m kül tig(i)n yit[i y(a)šda q(a)ltï]라는 문장이 있다.

을 터키어 yüce["높은"]과 관련짓고(!) 구절을 "그는 높게 하였다, 바르게 하였다" 형태로 번역하였다(ETY I: 37). Malov(1951: 38, 387)와 Tekin(GOT: 161, 266)은 낱말 yičä를 Thomsen처럼 "다시, 새로이"를 뜻하는 부사로 받아들였다. 자신의 사전에서 이 낱말을 자세히 설명한 Clauson은 이것이 yičä 또는 äyičä(!)일 수 있고, 가장 알맞은 뜻은 "as before, as previously", 즉 "전과 같이, 예전처럼"이라고 주장하였다(EDPT: 882). 이 낱말에 있는 -čä는 Clauson에 의하면 동등격 어미이다.

이 낱말(yičä, *äyičä가 아니다!)은 Šine-Usu 비문에서 두 번 나타난다: udu k(ä)l(i)ŋ tid(i)m, qod(u)p b(a)rd(ï)m, k(ä)lm(ä)di; yičä irt(i)m "너희는 (나에게) 복종하여라(라고) 나는 말하였다, 나는 두고 갔다, 그들은 오지 않았다: 나는 다시 이르렀다" (E 2-3), y(a)na ič(i)k, ölm(ä)či y(i)tm(ä)či s(ä)n tid(i)m; yičä iš(i)g küč(ü)g birg(i)l tid(i)m "너는 다시 (나에게) 복종하여라, 너는 죽지 않을 것이다 사라지지 않을 것이다(라고) 나는 말하였다: 너는 다시 (나에게) 봉사하여라(라고) 나는 말하였다" (E 5). 이들 예로부터 알 수 있듯이 낱말 yičä는 "다시, 새로이"를 뜻하는 부사이다. 이 낱말을 "noch einmal", 즉 "한 번 더"라고 번역한 Ramstedt는 그것을 같은 뜻의 몽골어 ǰiči와 비교하였다(1913: 49).

200) BQ E 14: ol(o)rto͡q(q)a. 60번 주석을 볼 것.

201) BQ E 15: tört y(e)g(i)rmi y(a)š(ï)mqa t(a)rduš bod(u)n üzä š(a)d ol(o)rt(u)m. 빌개 카간이 684년[111)]에 태어난 것을 보면 그는 샤드 칭호를 697년에 받았다.

202) BQ E 19: k(ä)m (a)rt(a)tï ud(a)čï [(ä)rt]i. 본문을 이 형태로 고친 데 대하여는 70번 주석을 볼 것.

---

111) 683년일 것이다.

203) BQ E 19: türü͡k bod(u)n (ä)rt(i)n ök͡üün “튀르크 백성(아) (오너라) 포기하여라, 참회하여라!”. 이 문장에 있는 세 번째 낱말은 도해들에서 R^2T^2Z 형태로 있다.[112] Radloff는 낱말을 ärtiz로 읽고 “순종하는”(?)으로 번역하였다(1897: 136). Thomsen은 (ä)rt(.)z 형태로 번역한 이 낱말을 먼저는 번역하지 않고 두었고, 나중에는 전체 구절을 “Türkisches Volk! zittre und geh in dich!”, 즉 “튀르크 백성아! 떨어라 그리고 반성하여라!”라고 번역하였다(1924: 149). Orkun의 문장 번역은 다음과 같다: “튀르크족아 너 자신에게 돌아오너라!”(ETY I: 40). 필자는 GOT에서 낱말을 ärtin으로 읽고 이것을 동사 ökün-과 같은 뜻을 지닌 동사 *ärtin-의 명령형으로 보았었다(1968: 234, 329). 필자는 오늘날에는 이 낱말을 “포기하다”를 뜻하는 ärtin- (< ärt-i-n-)으로 받아들이는 것이 본문에 더 맞을 것이라고 생각한다. 고대 튀르크어 동사 ärt-[“지나다”]의 동의어인 동사 käč-는 튀르크 언어들에서 “포기하다”라는 뜻으로 쓰인다: 크르그즈어 käčtim baydïn qïzïnan “나는 부자의 딸을 포기하였다”, aqïŋdan käč “너의 권리를 포기하여라” 등처럼. 빌개 카간이 여기에서 튀르크 백성에게 나쁜 버릇을 포기할 것과 지금까지 한 것들을 후회할 것을 바라는 것을 보면 “포기하다”라는 뜻의 동사 ärtin-이 본문에 또는 문맥에 적합하다.

204) BQ E 24: y(e)ti y(e)g(i)rmi y(a)š(ï)ma, 즉 700년에.

205) BQ E 24: s(ä)k(i)z y(e)g(i)rmi y(a)š(ï)ma, 즉 701년에.

206) BQ E 25: q(a)l(ï)ŋ[...] (ä)b(i)rü k(ä)lürt(ü)m. 여기에 있는 낱말 (ä)b(i)rü “돌려서, 되돌려”를 Radloff(1897: 138)와 Thomsen(1896: 123)은 äbrü로 읽었다. Radloff는 낱말 äbrü를 äb-rü “집을 향하여, 집으로” 형태로 이해하고 그렇게 번역하였다. Thomsen, Orkun 및 Malov도 낱말을 이렇게 이해하고 해석하였다. 이 설명은 분명히 잘못

---

112) N^2(N)와 Z(z)는 서로 혼동될 수 있다.

되었다; 왜냐하면 고대 튀르크어에서 독립된 -ru/-rü라는 향격 어미가 없기 때문이다. 이 어미는 단지 여격 어미에만 붙는다. 이 까닭에 Ramstedt가 Šine-Usu 비문 S 4에 있는 글자 배열 B^{2}MR^{2}Ẅ를 äbimrü 형태로 읽는 것도 잘못이다; 이 낱말은 äbimärü 형태로 읽히고 설명되어야 한다. Radloff 등이 äbrü로 읽은 낱말은 위에 있는 것처럼 읽히고 äbir-ü 형태로 이해되어야 한다(GOT: 243을 볼 것).[113]

207) BQ E 25: (e)ki ot(u)z y(a)šïma, 즉 705년에.

208) BQ E 26: (a)ltï ot(u)z y(a)š(ï)ma, 즉 709년에.

209) BQ E 26: y(e)ti o[t(u)z y(a)š(ï)]ma, 즉 710년에.

210) BQ E 28: ot(u)z y(a)š(ï)ma, 즉 714년에.[114]

211) BQ E 28: oq(ï)γ(a)lï. Radloff는 uqγalï(1897: 140), Thomsen은 oq(ï)γlï(1896: 124), Orkun은 oq(ï)γlï(ETY I: 62), Malov는 uqγalï (1959: 17), Tekin은 oqïγalï(GOT: 244). 이 낱말은 oqï-γalï이어야 한다; 왜냐하면 이것 다음의 문장에서 베시발르크[北庭]시가 이 까닭

113) Doerfer(1992: 15~16)는 고대 튀르크어에서 -ru/-rü라는 향격 어미가 단지 여격 어미에만 붙어 나타난다는 것은 확실하지 않다고 하였다. 그는 Tekin이 äbirü 형태로 읽은 부동사는 äbirä이어야 한다며 Erdal(1976: 200~202)을 보라고 하였다. 그는 카라한 튀르크어에서는 여전히 어미 -ä가 붙어서 Qutaðγu Bilig에는 ävürä 형태로 있고, ävirü 형태는 원(元)나라 때에 비로소 나타난다고 하였다. 그렇지만 그의 주장과는 달리 äbirü 형태는 투뉴쿠크 비문 26행과 28행에서도 나타난다. 그는 이 낱말을 äbrü "zum Hause"[집으로] 또는 äbirü "zu seinem Hause"["그의 집으로"]로 읽을 수 있지는 않은지 물었다. 그렇지만 äbirü를 "zu seinem Hause"["그의 집으로"]로 번역하는 것은 불가능하다. 3인칭 소유어미는 원래 -in였는데, 절대격(흔히, 주격)에서만 n이 탈락할 뿐 나머지 격에서는 n이 유지되기 때문이다. 오늘날 우즈베크어와 신(新)위구르어에서만 3인칭 소유어미의 n이 완전히 탈락하였다.

114) 713년이 맞을 것이다. 233번 주석을 볼 것.

에, 즉 빌개 카간과 그의 군대를 "그들이 불렀기" 때문에 (파괴에서) 벗어났다고 표현되고 있기 때문이다.

212) BQ E 29: ödiŋ[ä] "그들의 쓸개즙에, 그들의 쓸개에".[115] 이른 시기의 이 유성음화는 놀라운 것이다. 이른 시기의 다른 유성음화 예는 MK I, 31에 있는 오구즈어 낱말 ȫd "구멍"이다.

213) BQ E 30: yüz(ü)ti "헤엄치게 하며". Radloff는 yüzti (yüziti?)(1897: 140), Thomsen은 yüz(?)ti(1896: 124), Orkun은 yüz(ä)ti (ETY I: 62), Malov는 yüzti (yüziti)(1959: 17), Tekin은 yüzüti (GOT: 244).

214) BQ E 31: toŋra yïlp(a)γuti bir uγ(u)š(u)γ = KT N 7: toŋra bir uγ(u)š (a)lp(a)γu on (ä)r(i)g. 퀼 티긴 비문에 있는 낱말 alpaγu는 동사 *alpa-에 -γu가 붙어서 된 명사로 설명될 수 있다(uruŋu < urun-γu와 비교할 것).[116] 빌개 카간 비문에 있는 -t가 있는 형태는 이 낱말의 복수형임이 틀림없다.[117] 어두에 있는 모음 a-가 돌궐어에서 ï-/yï-

115) Doerfer(1992: 16)는 t가 장모음 다음에서 d로 바뀐 것은 11세기에 오구즈어에서나 일어났기 때문에 8세기에 ȫt "쓸개(즙)" > ȫd의 변화가 있었다는 것은 있을 법하지 않고, 이것이 필사자의 잘못일리도 없다고 밝혔다. 그는 üdiŋ(ä) küni tgdük üčn ygï bol͡dï로 자역한 문제의 구절을 "da zu ihrer Zeit ihr Tag angebrochen war, wurden sie Feinde" (das heißt: die Oghusen glaubten, ihre Zeit sei gekommen, um zu rebellieren)["그들의 시간에 그들의 날이 밝기 시작하였으므로 그들은 적이 되었다" (즉: 오구즈족은 그들이 모반을 일으킬 시간이 왔다고 믿었다)]로 번역할 수 있지 않는지를 물었다.

116) 고대 위구르어에서 urun-은 "두다, 놓다; 싸우다, 충돌하다", uruŋu는 "기(旗); 싸움꾼, 전사"를 뜻하였다.

117) Doerfer(1992: 16)는 -t가 아마도 탁발위(拓跋魏, 北魏)의 몽골어에서 차용된 낱말들과 관계있기 때문에 yïlpaγut/alpaγut의 어원 설명이 어렵다고 하였다. 그는 고대 튀르크어[위구르어] 낱말 uruŋu는 몽골어 oraŋγa "기(旗)"를 생각나게 하는데 오히려 oroŋγo "Fahnenträger"["기수"]로 읽고 번역할 수 있을지 모른다고 하였다. 그렇지만 EDPT 236a에 따르면, 이 낱말은 튀르크어에서 몽골어로 차용되었다.

와 교체되는 것을 알 수 있다(GOT: 70을 볼 것). 튀르크어에 이러한 (모음)교체가 있다는 것은 다른 예들로도 증명될 수 있다: 차가타이어 aldara- "서두르다", 크르그즈어 aldïra-, 튀르크멘어 alǰïra- "같은 뜻" ~ 튀르크멘어 yïldam "빠른, 신속한", 카자크어 žïldam, 크르그즈어 ǰïldam, 차가타이어, 동(東)튀르키어 ildam 등. 낱말 yïlpaɣut에 있는 글자들 yï- (Y^2I-)는 표기의 잘못이라는 식의 Clauson의 주장(EDPT: 128)은 받아들여질 수 없다.

215) BQ E 32: (e)kin sü "제 2군". 여기에 있는 (e)kin은 (e)kinti 대신에 쓰인 표기의 잘못임이 틀림없다.

216) BQ E 33: in(i)l(i)gü. 낱말 ini의 공동격(comitative)인 이 낱말을 Radloff는 äniligü로 읽고(1897: 142) 이것을 änlig- "streben, wünschen" (노력하다, 원하다)와 같은 한 동사의(!) 부사형으로 보았다(1897: 162). Thomsen은 iniligü로 읽은 이 낱말을 낱말 inilig "남동생이 있는"의 부사형처럼 보고(1896: 181, 주 98) 구절 män iniligü를 "de concert avec mon frère cadet", 즉 "내 남동생과 협력하여" 형태로 번역하였다(1896: 125-126). 그렇지만 Thomsen은 그의 두 번째 번역에서는 이 낱말을 번역하지 않고 그대로 두었다. Malov는 Radloff를 따라 iniligü를 동사 inilig- "сильно желать" (몹시 원하다)(!)의 부사형으로 보았다(1959: 94).

필자는 GOT에서 이 낱말과 BQ E 41에 있는 구절 (e)ki üč kiš(i)l(i)gü "두세 사람과 함께"에 나타나는 낱말 kišiligü를 필자가 돌궐어에 있다고 주장한 명사격 중의 하나인 공동격(comitative)의 예로서 제시하였었다(1968: 137-138). 자기의 사전을 1968년에 마무리하여 인쇄에 넘겼기 때문에 필자의 이 견해를 알지 못한 Clauson은 연구자들이 män inilgü 형태로 읽은 구절은 잘못이라고 주장하고는 핀란드 발간 도해에 따르면 여기에는 $IN^2IẄL^2G^2Ẅ$라는 글자들이 있다고 주장하면서 구절을 ini ölgü 형태로 읽었다(EDPT: 186). Clauson의 이 주장은 옳지 않다. 핀란드 발간 도해에서도 Radloff 발간 도해에서도 이 글자 배열은 뚜렷하게 MN^{2}IN^{2}L^{2}G^{2}Ẅ이다. 그 경우에 첫 두 글자가 m(ä)n이라는 것은 전혀 의심될 수 없다. 망설임은 둘째 낱말의 읽기와 설명에서 나타났다. BQ E 41에 있는 K^{2}IS^{2}L^{2}G^{2}Ẅ, 즉 낱말 kiš(i)l(i)gü도 문제의 구절의 둘째 낱말에 해결의 빛을 던지고 있으며 이것이 in(i)l(i)gü 외의 다른 것이 될 수 없으리라는 것을 분명히 보여주고 있다. Clauson은 이 구절을 잘못 읽고 전체 문장을 잘못 번역하였다.

고대 튀르크어의 명사격들을 고찰한 Doerfer는 필자의 공동격에 대해서도 언급하였으나 다른 모든 연구자들이 어미 -ligü를 지닌 두 낱말을 다르게 읽었다는 이유로 이 어미의 존재를 받아들이기를 주저하였다(1975-1976: 43). 그렇지만 이렇게 주저할 여지가 전혀 없다. 공동격은 게다가 같은 어미로 야쿠트어에서 살아 있는 명사격으로 있다: aγa "아버지", aγa-lī̈n "아버지와 함께", oγo-lūn "아이와 함께", at-tī̈n "말(馬)과 함께", üör-dǖn "무리와 함께" 등등. 야쿠트어 공동격 어미는 틀림없이 더 이전의 -lïγïn/-ligin 또는 -lïγun/-ligün 형태로 소급하는 것이니 이것도 돌궐어에 있는 어미 -ligü가 -n으로 확대된 형태에 지나지 않는다. 공동격은 몽골어에도 있는데 어미 -luγa/-lüge로 만들어진다: aqa-luγa "형/오빠와 함께", eme-lüge "여자와 함께" 등. 고대 튀르크어 공동격 어미와 몽골어 공동격 어미는 보다시피 형태상 서로 비슷하다.

217) BQ E 33: b(a)šl(a)yu q(a)zγ(a)nm[(a)s(a)r]. 여기에 있는 낱말 bašlayu는 "먼저, 처음에" 형태로 잘못 번역되었다(Thomsen 1896: 125, 1924: 156 및 ETY I: 64를 볼 것). Malov는 낱말을 본문에서는 번역하지 않고(1959: 21) 어휘집에서는 여기에 있는 동사 bašla-에 "начинать", 즉 "시작하다"라는 뜻을 주었다(1959: 92). 그렇지만 이 문장에 있는 동사 bašla-는 "이끌다, 지도하다"라는 뜻이다(GOT: 277, 309를 볼 것).

둘째 낱말에 대하여 말하면, 이 낱말은 Radloff 텍스트와 그의 저서에서 K^{1}ZG^{1}N^{1}MD^{1}M (qazγanmadïm) 형태로 있다(1897: 142).

Radloff가 낱말의 마지막 두 글자를 잘못 보았음이 분명하다. 왜냐하면 낱말 qazɣanmadïm은 문장에 맞지 않기 때문이다. 같은 낱말을 Thomsen은 q(a)zɣ(a)nm[(a)tï]n 형태로 주고 해당 쪽 아래에 둔 주에서는 이것의 마지막 두 음절이 -m[(a)s(a)]r가 될 수 있지 않을까 생각한다는 것을 밝혔다(1896: 126, 주 1). 핀란드 발간 도해에서 $K^1ZG^1N^1M.N^2$ 형태로 주어진 이 낱말을 Orkun은 Thomsen처럼 q(a)zɣ(a)nm[(a)tï]n 형태로(ETY I: 64-65), Malov는 qazɣanmasar 형태로 받아들였다(1959: 13, 17). 필자도 이 낱말을 qazɣanma[sar] 형태로 고쳤었다(GOT: 244). 낱말이 이렇게 되어야 하는 이유들은 다음과 같다: 1) 이 낱말은 가상적인 조건절의 서술어이다; 2) Radloff 발간 도해에서도 핀란드 발간 도해에서도 M과 마지막 글자 사이에는 단지 한 글자가 들어갈 만한 자리가 있다; 낱말이 어미 -matïn을 지니고 있었다면 여기에는 한 글자가 아니라 두 글자가 들어갈 여백이 있었을 것이다; 왜냐하면 어미 -matïn/-mätin에 있는 모음 I는 언제나 표기되기 때문이다(GOT: 70을 볼 것).

끝으로, Clauson이 문제의 낱말을 qazɣanmatïn 형태로 읽고 이것을 조건절의 서술어처럼 번역하는 것(EDPT: 186)은 결코 받아들여질 수 없다.

218) BQ E 35: t(a)plam(a)dï. 동사 어간의 끝에 있는 모음 a는 또한 다음 낱말들에서도 표기되었다: sïɣtam(i)š, yoɣlam(i)š (185번 주석을 볼 것).

219) BQ E 35: y(e)r(i)n subin. 첫 낱말에 3인칭 소유어미가 표기되었어야 했다.

220) BQ E 36: y(e)gdi q(a)zɣ(a)n͡t(ï)m. 여기에 있는 낱말 y(e)gdi를 Thomsen은 y(i)g(ä)di로 읽고 이것을 동사 yigäd- “좋게 하다, 개선하다”의 -i 부사형으로 여겼다(1896: 146, 주 20). Orkun은 낱말을 yeğed로 읽고 동사 yegäd-를 “높이다”로 이해하였다(ETY IV: 138). Malov도 낱말을 Orkun처럼 yegädi로 읽었지만 동사 yegäd-를 “좋아

지다, 더 좋게 되다" 형태로 번역하였다(1959: 17, 96). 필자는 같은 낱말을 형용사 yeg-의 -di 부사형으로 여겼었다(GOT: 157). 필자는 오늘날에도 같은 견해이다. 여기에 있는 문장 [t]örög y(e)gdi q(a)zγ(a)n͡t(ï)m에서도 퀼 티긴 비문 동남면에 있는 문장 ïγ(a)r oγl(a) n(ï)ŋ(ï)zda t(a)yγun(u)ŋ(ï)zda y(e)gdi ig(i)dür (ä)rt(i)g(i)z에서도 yegdi가 부동사가 아니고 서술동사를 꾸미는 부사임이 분명하게 이해된다.

221) BQ E 37: q(a)r(a)γ(a)n q͡ïïs(ï)lta "카라간 고개에서". Radloff는 이 두 낱말을 qurγan (qaraγïn) qïsïlta (1897: 143), Thomsen은 q(a)-r(a)γ(ï)n qïs(a)l(a)ta (1896: 127)로 읽었다. Radloff가 첫 낱말을 qurγan으로 읽고 "Befestigung"(요새)라고 번역한 것은 틀림없이 잘못이다. Thomsen이 첫 낱말을 차가타이어 낱말 qaraγ "약탈"의 기구격으로 여긴 것(1896: 182, 주 101)도 받아들여질 수 없다. 이들 설명 중 어느 하나도 문장에 맞지 않다. 필자의 생각으로는 첫 낱말은 특별한 땅 이름이고, 두 번째 낱말은 "고개"를 뜻하는 qïsïl의 처격이다(GOT: 245, 278을 볼 것). 그 당시 필자가 q(a)rγ(a)n 형태로 읽은 첫 낱말을 지금은 Tariat(Terkh) 비문에 있는 강 이름 q(a)r(a)γa(=몽골어 *Kharaa* ?)를 고려하여(Tekin 1983: 834를 볼 것) q(a)r(a)-γ(a)n 형태로 정정한다.

두 번째 낱말에 대하여 말하면, Radloff는 이것을 동사 qïsïlt- "umringen, einschränken"["포위하다, 제한하다"]의 -a 부사형으로 여겼다(1897: 169). 이것은 받아들여질 수 없는데, 왜냐하면 이러한 동사가 없기 때문이다. Thomsen은 이 낱말을 qïsalat- 같은 동사와 관련지었다(1896: 182, 주 101). 이 견해도 받아들여질 수 없는데, 왜냐하면 오스만 튀르크어 qïsa["짧은"]은 더 이전의 qïsγa 형태로 소급하기 때문이다! 필자의 생각으로는 이 낱말은 필자가 GOT에서도 설명하였듯이(1968: 113) 동사 qïs-에 -l이 붙어서 된 명사이고 그 뜻은 "좁은 고개"이다. 이 낱말은 위구르어 텍스트들에서 확인되었다: taγ qïsïlïnta "좁은 고개에서"[118](U II, 26). 낱말 qïsïl은 필자가 알기로는 오늘날 단지 야쿠트어에서 규칙에 맞게 기대되는 바와 같이 qïtïl 형태로 살아 있다[119]: örüs qïtïla "유역, 강가".

222) BQ E 40: [........ tur]γ(a)q(ï)ŋa. -γ(a)q(ï)ŋa보다 앞에 있는 부분은 이렇게 채워질 수 있다.

223) BQ E 41: [....... (a)r]q(ï)ši : k(ä)lm(ä)di. 두 번째 낱말은 Radloff 발간 도해에서는 $K^2L^2MD^2I$(kälmädi), 핀란드 발간 도해에서는 $Y^2L^2MD^2I$(yälmädi) 형태로 있다.[120] 이 때문에 Radloff는 이 낱말을 kälmädi, Thomsen은 y(ä)lm(ä)di로 읽었다. arqïš 즉 "카라반"과 yäl- "(말이) 속보 또는 측대보로 가다"는 그다지 어울리지 않으므로 문제의 낱말은 Radloff 텍스트에 있는 것처럼 k(ä)lm(ä)di이어야 한다.

224) BQ E 41: (a)nï (a)ń(ï)t(a)y(ï)n. 두 번째 낱말은 핀란드 발간 도해에서는 $ŃT^1Y^1N^2$이다. Radloff는 이 낱말을 ïnčïtayïn으로 읽고 동사 ïnčït- "처벌하다"의 단수 1인칭 명령형으로 여겼다(1897: 145, 166). 이 독법과 설명은 받아들여질 수 없다. 왜냐하면 고대 튀르크어에 이러한 동사가 없기 때문이다. 더구나 이것이 ï로 시작되는 낱말이었다면 이 모음은 표기되었어야 한다. 이 때문에 핀란드 발간 도해에 있는 Ń가 있는 형태를 옳다고 여겨야 한다. 글자 Ń가 NČ와 아주 비슷하기 때문에 Radloff는 이것을 NČ로 생각했음이 분명하다.[121]

Thomsen은 이 낱말을 (a)ń(ï)t(a)y(ï)n으로 읽고 이 동사를 "reclamer", 즉 "부탁하다, 요청하다"라고 번역하였다(1896: 128). 해당 쪽 아래에 둔 주에서는 낱말이 aytayïn이나 anïtayïn 형태로도 읽힐 수 있으리라고 기록한 Thomsen은 이 동사를 동사 ay- "말하다"

---

118) taγ qïsïlïnta는 글자그대로는 "산 고개에서"를 뜻한다.

119) 야쿠트어에서는 튀르크 조어(Proto-Turkic)의 /s/가 s- > ø, -s-/-s > -t-/-t로 규칙적인 변화를 겪었다. 더 자세한 것은 Talat Tekin, "The Representation of Proto-Turkic Medial and Final /s/ in Yakut", *CAJ*, XX (1976), pp. 110-114를 볼 것.

120) K^2(K)와 Y^2(J)는 서로 혼동될 수 있다.

121) Ń(y)와 NČ(v)는 서로 혼동될 수 있다.

의 사동태인 ay(ï)t- "묻다"로 이해하고 설명했음이 분명하다. Orkun은 낱말을 텍스트에서는 "내가 요청할게" 형태로 번역하였지만(ETY I: 68), 어휘집에서는 이 동사를 ayït- "묻다, 말하다"(ETY IV: 15) 항목에 포함하였다. Malov도 낱말을 Ń가 있는 ańïtayïn 형태로 받아들이고 전체 구절을 "Чтобы наказать их", 즉 "그들을 처벌하기 위하여"라고 번역하였다(1959: 14, 22). 자기 저서의 어휘집 부분에서 Malov는 동사 ańït-를 야쿠트어 불평 감탄사 aya 및 "죄, 과실, 벌"을 뜻하는 낱말 ayï̄[122]와 관련된 것으로 보았다(1959: 90).

GOT에서 필자는 이 낱말을 ańïtayin으로 읽고 이 동사를 ańït- "두려워하게 하다"로 설명하였었다(1968: 245, 278, 117). 위구르어 텍스트들에서 나타나는 ayïnč "두려움", aymanč "두려움", ayïn- "두려워하다" 및 ayman- "두려워하다" 형태들의 가장 단순한 어근인 동사 *ay- "두려워하다"(몽골어 ayu- "두려워하다"와 비교할 것)는 원래 음소 ń로 된 것일 수 있다.[123] Clauson은 핀란드 발간 도해에 있는 표기에도 불구하고 낱말을 ayït- "묻다, 요청하다"로 받아들였다(EDPT: 268).

225) BQ E 41: q͡oor(ï)γu (e)ki üč kiš(i)l(i)gü t(ä)z(i)p b(a)rdï. 첫 낱말을 Radloff는 qoruγu(1897: 145), Thomsen은 qorγu(1896: 128)로 읽었고, 두 사람 다 이것을 "두려워서"라고 번역하였다. Radloff는 자기 저서의 어휘집 부분에 동사 qorq-와는 별개로 qorγ- "두려워하다" 형태를 수록하였다(1897: 169). Malov도 같은 것을 하였다(1959: 98). 이 견해는 받아들여질 수 없다. 왜냐하면 동사 qorq-는 -q-로 되어 있는데 이 낱말에서는 -q- 대신에 -γ-가 있기 때문이다. 필자는 이 때문

122) P. A. Slepcov (ed.), *Jakutsko-russkij slovar´*, Moskva 1972의 p. 35를 보면 айыы («й» носовой) 1) *уст. рел.* грех ‖ грешно; 2) вина, проступок로 되어 있어서, 이 낱말은 ay͞ï로 전사하여야 한다.

123) Doerfer(1992: 17)은 동사 ńt-가 ayïnč와 거의 관련지을 수 없기 때문에 ńtyn의 해석은 여전히 어렵다고 하였다. 이러한 상황 때문에 몽골어와 비교하게 되는데, 몽골어에서는 고대 튀르크어의 ń이 n으로 나타난다고 하면서 qoń = qonin "양(羊)", *soγonqïńa = soγoŋγina "(작은) 양파"와 같은 예를 들었다. 그리고 그는 "두려워하다"를 뜻하는 몽골어 동사는 ayu-가 아니라 anu-라고 하였다.

에 낱말을 qorï- "지키다"에 -γu가 붙어서 된 명사로 여기고 이것을 "protector", 즉 "수비대, 성의 수비대"라고 번역하였었다(GOT: 112, 245, 278). 필자는 오늘날에도 같은 견해를 유지하고 있다. 왜냐하면 이 문장에 있는 낱말 qor(ï)γu는 이것 다음의 문장 q(a)ra bod(u)n q(a)γ(a)n(ï)m k(ä)lti tip ög[di]에 있는 qara bodun의 상대어로 사용되었기 때문이다: 수비대, 성의 지휘관 — 백성, 민중.

226)[124] BQ SE: [kök] öŋ(ü)g yuγ(u)ru. 이 구절은 투뉴쿠크 비문 15 행에 있는 kök öŋ(ü)g yuγ(u)ru와 동일하다; 낱말 [kök]도 이것에 따라 채워졌다. 구절 Kök Öŋ "푸른 욍"이 강 이름이라는 것은 분명하다. 그것 다음의 낱말 yuγ(u)ru를 Radloff는 yoγ(γ)aru로 잘못 읽고 이것을 낱말 yoγ "장례식"과 관련이 있다고(!) 생각하였다(1897: 155, 173). Thomsen은 이 낱말을 먼저는 yoγ(a)ru로 읽고 낱말 yoqaru라고 생각하였지만(1896: 128), 나중에는 이것이 잘못임을 알고서 낱말을 yoγ(u)ru "반죽하며, 짓밟으며" 형태로 정정하였다(1916: 81). Orkun이 이 정정을 알지 못하였음을 알 수 있다. 그는 낱말을 yoγ(a)-ru로 읽고 번역하지 않았다. Malov는 Radloff의 독법과 번역을 되풀이하였다(1959: 19, 24). 그렇지만 Thomsen이 yoγur-u로 읽고 낱말을 설명한 것이 모든 점에서 옳고 설득력이 있다. 여기에서 군대의 행군이 yuγuru "반죽하며, 짓밟으며"로 묘사된 이유는 군사들이 물이 줄거나 빠진 강바닥에 있는 진흙을 거의 반죽하며 나아갔기 때문이다(GOT: 278을 볼 것)

Clauson은 투뉴쿠크 비문에 있는 이 구절과 비슷한 구절을 Kök Öŋüg yoğaru: 형태로 그의 사전에 수록하고 이것을 "up the Kök Öŋ river", 즉 "쾨크 욍 강 상류로"라고 번역하였다(EDPT: 906, yokaru: 항을 볼 것). Clauson에 따르면 낱말 yoqaru의 돌궐어형은 yoqaru가 아니라(!) yoγaru이다; 달리 말하면, 그는 이 구절에 있는 yoγaru를 돌궐어 본래의 바른 형태로 보고 있으며 이 때문에 투뉴쿠

124) Tekin은 이제는 yoγ(u)ru로 읽는다. 226번 주석은 1988년의 원본을 그대로 따르기로 한다.

크 비문 25 행에 있는 yoqaru 형태를 이상하게 여기고 있다. 지금 바로 밝히는데, 이 구절에 대한 Clauson의 독법과 번역이 틀렸을 뿐만 아니라 낱말 yoqaru의 돌궐어형이 yoγaru라는 식의 그의 견해도 결코 옳지 않다; 투뉴쿠크 비문 25 행에 있는 yoq(a)ru 형태도 이상하게 생각할 형태가 아니라 예상되는 그리고 예상될 정상적인 형태이다.

227) BQ SE: yol(a)γčï [(ä)r(i)]g... 이 구절은 핀란드 발간 도해에는 $Y^1WL^1G^1ČA.G^2$ 형태로 있다.[125] Thomsen은 이것을 yol(ï)γča [.]g로 읽고 번역하지 않았다. 해당 면 아래에 둔 주에서 그는 낱말이 -ča가 아니라 -čï로 되어 있을 수 있으리라는 것을 기록하였다. 글자 A와 글자 I가 자주 서로 혼동되었다는 것을 고려하며 필자는 GOT에서 이 낱말을 yul(u)γčï "약탈자"로 읽었었다(1968: 245). 지금 필자는 이 문맥 속에서는 yuluγčï ärig "약탈자 군사들을" 같은 구절이 적절하지 않으리라는 것을 생각하면서 낱말을 yol(a)γčï "길 가는 이, 길 떠나는 이, 나그네"로 읽는 것이 더 옳으리라고 본다. 동사 yola- "길 떠나다, 걷다"에 접미사 -γčï가 붙어 파생된 이 낱말은 튀르크 언어들에 살아 있다: 튀르크멘어 yōlaγčï "나그네", 신(新)위구르어 yolawči, 카자크어 žolawšï, 크르그즈어 ǰolōču 등.

228) BQ SE: k(ä)č(ä)nkä. 땅 이름 캐챈에 관해서는 James Hamilton[126], "Le nom de lieu K.Č.N dans le inscriptions turques runiforms", *TP*, LX, 4-5 (1974), pp. 294-303을 볼 것.

229) BQ S 2: ot(u)z (a)rtu͡qi s(ä)k(i)z y(a)š(ï)ma, 즉 721년에.

---

125) 이 구절은 실제로는 핀란드 발간 도해에서 $Y^1WL^1G^1ČA$:.G^2, Radloff 발간 도해에서는 $Y^1WL^1G^1T^2IG^2N^2G^2$ 형태로 있다. Radloff 발간 도해를 따른다면 yol(lu)γ tig(i)n(i)g "욜루그 티긴을"로 읽힐 수 있다.

126) James Russell Hamilton(1921.3.14.-2003.5.29.). 미국의 중국학자/튀르크학자. 프랑스에 거주하며 프랑스어로 저술 활동을 하였다.

230) BQ S 2: [ot(u)z (a)rtu͡q]i [toq(u)z y(a)]š(ï)ma, 즉 722년에.

231) BQ S 7: (ä)l(i)g y(a)š(ï)ma, 즉 733년에.

232) BQ S 9: ul(u)γ oγl(u)m (a)γr(ï)p yo͡q bolča. 빌개 카간의 큰 아들은 중국 문헌에서 I-yan[伊然] 카간으로 언급되어 있는 사람이다.

233) BQ S 9: ot(u)z (a)rtu͡qi bir [y(a)š(ï)ma...], 즉 714년에.[127)]

234) BQ S 10: bun͡ča q(a)zγ(a)n(ï)p... 여기부터 이제는 새로운 카간[128)]이 말하고 있다.

235) BQ S 10: [ï]t yïl on(u)n͡č (a)y (a)ltï ot(u)z "개해 열째 달 스물여섯째 날". Bazin에 따르면 734년 11월 25일에 해당된다(1974: 244).

236) BQ S 10: l(a)γzin yïl biš(i)n͡č (a)y yiti ot(u)z "돼지해 다섯째 달

---

127) 이 구절에서 31은 나이를 뜻하지 않을 수도 있다. 빌개 카간이 31 살일 때에는 BQ E 28~29에서 보면 알 수 있듯이 "카를루크 백성이 제멋대로 행동하는 적이 되었다"는 것 말고는 특기할 만한 사건이 없다. 더구나 BQ E 13~S 7에는 빌개 카간의 행적이 순차적으로 제시되어 있기 때문에 BQ S 7에서 50 살 때의 행적을 말한 뒤 BQ S 9에서 갑자기 31 살 때의 행적을 말하는 것은 이치에 맞지 않는다. 바로 앞 문장에는 빌개 카간이 19 년 동안은 샤드였고 19 년 동안은 카간이었다는 표현이 있으므로 특별히 31 살 때의 행적을 언급할 이유가 없다. 빌개 카간은 A.D. 683~734에 살았으므로 BQ S 9에서 굳이 나이를 표현한다면 그의 사망 당시의 나이인 51이나 52라는 수가 필요하였을 것이다.
 KT E 18과 BQ E 15를 보면 빌개 카간은 숙부인 카프간(Qapγan) 카간과 함께 25 번 출정하여 13 번 싸웠고, KT E 28과 BQ E 23을 보면 카간이 된 뒤에는 오구즈, 거란, 타타브, 중국에 12 번 출정하였다. KT E 28과 BQ E 23에서 언급되지 않은 출정과 싸움들도 있으므로 ot(u)z (a)rtu͡qi bir 다음의 마멸된 부분은 [yolï süŋ(ü)šd(ü)m...], 즉 "[나는 ~ 번 싸웠다...]" 형태로 채워질 수 있을 것이다. 아니면 빌개 카간이 정복한 도시(balïq)나 백성(bodun)의 수가 31일지도 모른다.

128) 탱리(登利) 카간을 말한다.

스물일곱째 날". Bazin에 따르면 735년 6월 22일에 해당된다(1974: 244).

237) BQ S 11: q(a)ŋi. Radloff 발간 도해와 핀란드 발간 도해에서 이렇게 되어 있다. Radloff는 aqaŋï "sein Vater"로 읽었다(1897: 147). Thomsen은 이 낱말을 웬일인지 m(a)ŋa로 읽었고(1896: 130), Orkun (ETY I: 70)과 Malov(1959: 18)도 그를 따랐다. 그렇지만 문제의 글자 배열은 오직 q(a)ŋi로 읽힐 수 있을 뿐이다(GOT: 246, 279).

238) BQ S 11: lisün t(a)y s(ä)ŋün "리쉰 대장군". 중국 황제가 빌개 카간의 장례식을 위하여 보낸 중국인 장수이다. 중국 문헌에는 그 이름이 Li-Ts'üan[李佺]으로 나온다(Liu I: 179, II: 주 999).

239) BQ S 11: q̂ooq(ï)l(ï)q. Radloff는 이 낱말을 qoqïlaq로 읽고 "Wohlriechende", 즉 "향료"라고 번역하였다(1897: 148). Thomsen의 독법이 더 적절한 것처럼 보이지만 이 형태를 설명하는 데에는 일부 어려운 점들이 있다.[129] 이 때문에 필자는 GOT에서 이 낱말을 qoqlïq로 읽고 명사 어근 qoq에 결부시켰었다(1968: 106). 그렇지만 MK에는 동사 qoq- "(타는 것이) 냄새를 풍기다"도 있다. 이 경우에 동사 qoq-에 -ï가 붙어 명사가 되고 이것에 접미사 -lïq가 붙어 qoqïlïq 형태가 파생되었다고 생각할 수 있다.

240)[130] BQ S 15: tim(a)γ. 빌개 카간 비문에서 해독이 가장 어려운 낱말 중의 하나이다. Radloff는 이 줄에 두 번 나타나는 이 낱말을 timaγ로 읽고 앞의 ärtiŋü (Radloff에서는 ärtäŋü)와 함께 "die Ehrenbe-

---

129) 터키어 원전에는 인쇄상의 잘못인 듯 Thomsen(1896)의 독법이 전혀 언급되어 있지 않다. Thomsen은 qoq(ï)l(ï)q로 읽었다(1896: 130).

130) Tekin은 이제는 ti m(a)γ로 읽고 ti를 "지속적으로, 오랫동안"을 뜻하는 시간 부사, m(a)γ를 "칭송, 칭찬"을 뜻하는 몽골어 차용어로 본다(Talat Tekin, "On the Adverb *ti* in Orkhon Turkic", 『알타이학보』 제 6 호 (1996), pp. 101-105를 볼 것). 240번 주석은 1988년의 원전을 그대로 따르기로 한다.

zeigung, Huldigung (?)", 즉 "경의를 표하기, 존경하기"라고 번역하였다(1897: 129)[131]. Thomsen은 낱말의 첫 음절에 있는 부호 T^2를 보고 여기에는 하나가 아니라 두 개의 낱말이 있어야 한다는 결론을 내리고는 네 개의 글자로 된 이 배열을 (ä)ti m(a)γ로 읽었다(1896: 131). Thomsen은 낱말 maγ를 위구르어 낱말 maγu (?) 및 차가타이어 낱말 maγ (?) "hoch, Höhe, Auszeichnung, Lob"와 관련지었으나 äti를 설명할 수 없었다.

필자는 GOT에서 문제의 낱말을 ti maγ 형태로 두 낱말로 읽고 낱말 ti를 ärtiŋü와 같은 뜻의 부사로 여겼었다(1968: 246). 그렇지만 ärtiŋü ti라는 동의어구는 다른 어떤 곳에도 나타나지 않는다. "칭찬"을 뜻하는 낱말 maγ도 튀르크어가 아니라 몽골어이다. 이 때문에 필자는 지금 필자의 이전의 설명을 포기하고 문제의 낱말을 timaγ(< *tïmaγ) 형태로 읽는 것이 더 옳으리라고 생각한다. 튀르크멘어에 tumaqlï라는 낱말이 하나 있다. 이 낱말은 사전들에서 "гордый, важный, надменный", 즉 "오만한, 건방진"으로 풀이되어 있다. 이 튀르크멘어 자료를 고려하면 돌궐어 낱말 timaγ(< *tïmaγ)은 "자만, 위엄, 명예"로 이해될 수 있다. 이 줄에 나타나는 숙어 timaγ it-는 "존경하다, 높이다, 칭찬하다"를 뜻함이 분명하다. 이 줄에서 tim(a)γ itdi 뒤에 오는, 필자가 ögd[i] "그가/그들이 칭찬하였다" 형태로 고친 낱말도 이 해석을 뒷받침하고 있다.

241) BQ S 15: yoγ(a)n ïγ "굵은 나무를". 두 번째 낱말은 낱말 ï "나무"의 대격이다.

242) BQ W 4: köb(ü)rg(ä)si "그(것)의 북". 이 낱말을 Thomsen은 köbr(ü)g(ä)si로 읽었다(1896: 133), 위구르어 텍스트들에서 köwrüg/

131) 터키어 원전에는 인쇄상의 잘못인 듯 해당 페이지가 제시되어 있지 않다. 실제로 Radloff의 저서를 보면 본문에서는 äti maγ으로 읽고는(p. 149), 어휘집에서는 äti "bedeutend, tüchtig; sehr"(p. 163), maγ "das Lob"(timaγ = äti maγ)(p. 181)로 되어 있다.

küwrüg 형태로 두 음절로 나타나는 이 낱말이 여기에서 3인칭 소유어미 -si를 받아 köb(ü)rg(ä) 또는 köbr(ü)g(ä) 형태로 나타나는 것은 놀라운 일이다. 왜냐하면 이 형태는 튀르크어라기 보다는 오히려 몽골어이기 때문이다: 몽골문어 kögerge, kögürge "북", 할하어 xöö-rög "같은 뜻", 元朝秘史 ke'ürge, kö'ürge (Haenisch[132] 1939: 100, 105). 비문에서 글자 G^2와 글자 I 사이에 글자 S^2가 있기 때문에 낱말을 다르게 읽을 가능성이 없다. 이 경우에 여기에서는 낱말의 몽골어 형태가 사용되었다는 것을 받아들여야 한다.

243) BQ W 4: (ä)t(ä)rčä "으르렁거리듯이".[133] 빌개 카간 비문에서 오랫동안 해독되지 않은 낱말 중의 하나가 이것이다. Thomsen은 이것을 t(ä)rčä로 읽었지만(1896: 133) 번역하지 않았다. 낱말을 필자가 처음으로 ätärčä 형태로 읽고 앞에 있는 낱말 köb(ü)rg(ä)si와 함께 "as the bridge of Heavens thunders", 즉 "하늘 다리(북)가 천둥치듯이"[134]라고 번역하였다(GOT: 247, 281).

---

132) Erich Haenisch(1880.8.27.-1966.12.21.). 도이칠란트의 중국학자/몽골학자/만주학자. 중국학자/언어학자/민족학자인 Wilhelm Grube(1855.8.17.-1908.7.2.)의 제자이다. 베를린 대학교에서 1913년부터 강사, 1920년부터 조교수로 근무하였다. 1925-1932년에는 괴팅엔(Göttingen) 대학교에서 잠시 근무한 뒤 라이프치히(Leipzig) 대학교에서 근무하였다. 1932년부터 베를린 대학교 중국학 교수로 근무하였다. 1927-1951년에는 뮌헨(München)에서 동아시아 문화·언어학 교수였다. 元朝秘史를 번역하였다.

133) Doerfer(1992: 17)는 ät- "(짐승이) 울부짖다, 포효하다"에 대하여 비슷한 예가 문서로써 증명되어 있지 않고, 이것이 나타나는 부분도 뚜렷하지 않다고 하였다. 그렇지만 오늘날 투바어에 äʔt- "(취주 악기나 소총이) 소리를 내다; (동물이) 부르짖다; 지껄이다"라는 동사가 있다.

134) GOT의 p. 281을 보면 "as if the bridge of heavens speaks(that is, it thunders)", p. 351에는 köbürgä "bridge"로 되어 있어 Tekin이 이 낱말을 "북(鼓)"이 아니라 "다리(橋)"으로 보았다는 것을 알 수 있다. 242번 주석의 내용과 맞지 않는 것이다. "하늘 다리(북)가 천둥치듯이"라고 한 것은 Tekin이 나중에 괄호 안에 북(鼓)을 써 넣은 것에 불과하다. "북(鼓)"과 "다리(橋)"는 처음부터 별개의 낱말이어서 EDPT에서는 **köprüg** 'a bridge'; ...(p. 690b)와 **küvrüg** 'drum'...(pp. 690b-691a)의 서로 다른 항목으로 제시되어 있고, 문제

244) BQ W 5: (ä)ts(ä)r "으르렁거리면, 으르렁거린다면". Thomsen은 이 낱말을 tsr 형태로 읽고, 더 엄밀하게 말하면 읽지 못하여 자역 형태로 적고는 이것은 동화에 의해 본래의 형태 täzsär "달아나면, 달아난다면, 달아날 때"가 단자음화하여 나타난 형태일 수 있다고 지적하였다(1896: 133 및 187, 주 117). 낱말을 필자가 처음으로 ätsär로 읽고 앞에 있는 taγda sïγun이라는 낱말들과 함께 "as if a deer bellows at mountains", 즉 "마치 산에서 사슴 한 마리가 우는 것처럼"이라고 번역하였다(GOT: 247 및 281).

의 köb(ü)rg(ä)si에 대하여 **küvrüg** 항목에서 "the word read **küvrügsi**: in *II W* 4 might contain this word misread, but this part of the inscription is fragmentary"라고 하고 있다.

▒ 투뉴쿠크 비문 ▒

245) T 1: tuńu͡qu͡q. 대개 /o/로 Tońuquq 형태로 읽혀온 이 이름 또는 칭호는 /u/로 Tuńuquq 형태로 읽혀야 한다고 꽤 오래 전에 제안되긴 했지만(V. M. Nadeljajev[135], "Čtenije orxono-jenisejskogo znaka y i etimologija imeni Tonjukuka", *Tjurkologičeskije Issledovanija* ["오르콘-예니세이 (비문들의) 부호 y의 독법과 토뉴쿠크 명칭의 어원", 튀르크학 연구], Moskva 1963, pp. 197-213.) 이 제안은 잘 받아들여지지 않았다. 고유명사라기보다는 오히려 칭호인 듯한 이 두 낱말은 십중팔구, tun과 yuquq 형태의 두 낱말로 이루어진 합성어이다.[136] 첫째 낱말 tun은 튀르크 언어들에 살아 있으며 "맏, 첫, 제1"을 뜻한다: 크르그즈어 *tun ūlum* "나의 맏아들", *änäm tunun qïz töröptür* "나의 어머니는 첫 아이를 딸을 낳았다", *tun bala* "맏아이" 등. 둘째 낱말에 대하여 말하면, 이것은 음운론적 견지에서 다소 난점을 나타내기는 하지만 MK[137]에 있는 칭호 yuɣruš "재상, 대신"[138]

---

135) Vladimir Mixajlovič Nadeljajev(1912.8.14.-1985.8.19.). 소련의 튀르크학자/몽골학자.

136) 투뉴쿠크는 BQ S 14에는 tunyu͡qu͡q, 중국 문헌에는 暾欲谷으로 나타난다.

137) MK는 Maḥmūd al-Kāšɣarī(카시가르 사람 마흐무드)가 튀르크어 방언들을 연구하여 11세기 후반에 아랍어로 저술하여 바그다드의 압바스조 칼리프에게 바친, Dīwān Luɣāt at-Turk라는 튀르크 언어들에 대한 최초의 포괄적인 사전을 말한다. 이것은 Balasagun 사람 Yūsuf Ḫāṣṣ Ḥājib가 쓴 Qutaδɣu Bilig 및 Yüknäk 사람 Adīb Aḥmad가 쓴 'Atabatu'l-Ḥaqā'iq과 함께 카라한(Karakhanide) 왕조(9~13 세기)의 튀르크어를 연구하는 데에 귀중한 자료가 된다.

138) 실제로 MK에서 yuɣruš는 "단지 튀르크인 사이에서, (일반) 백성 출신으로 재상직에 오른 사람이며 카간보다 한 계급 아래"라고 되어 있다.

에 근접시킬 수 있다. 낱말 tuńuquq(< tun yuquq)는 이렇게 해서 "첫 대신, 총리(대신)"을 뜻하는 칭호일 수 있다. 알려진 바와 같이 투뉴쿠크는 빌개 카간과 퀼 티긴의 아버지인 쿠틀루그[139]를 카간으로 선포하고 그에게, 뵈귀 카간에게 그리고 빌개 카간에게 총리(대신) 노릇을 한 위대한 정치가였다.

246) T 1: bilgä tuńu͡qu͡q b(ä)n. 이 줄에 있는 이 첫 낱말 3개가 한 문장을 이룬다고 주장된 바 있다: bilge tunyukuk b(ä)n "나는 빌개 투뉴쿠크이다"(Sertkaya 1979: 288-292). 이 견해는 다음의 이유들로 해서 받아들여질 수 없다: 1) 분리 부호로 사용된 위아래 두 점은 bilgä tuńu͡qu͡q와 b(ä)n 사이에 있다; 달리 말하면 낱말 b(ä)n과 낱말 öz(ü)m은 함께 표기되었다; 2) 낱말무리 b(ä)n öz(ü)m "나 나 자신"은 비문에서 여러 번 나타난다: tü[rk q(a)γ(a)n(ï)γ] türk bod(u)-n(u)γ öt(ü)k(ä)n y(e)rkä b(ä)n öz(ü)m bilgä tuńu͡qu͡q <k(ä)lür-t(ü)m>(17행), ilt(e)r(i)š q(a)γ(a)n q(a)zγ(a)nm(a)s(a)r yo͡q (ä)rti (ä)rs(ä)r b(ä)n öz(ü)m bilgä tuńu͡qu͡q q(a)zγ(a)nm(a)s(a)r b(ä)n yo͡q (ä)rt(i)m (ä)rs(ä)r(59행) 등.[140]

247) T 1: t(a)bγ(a)č il(i)ŋä. 이 구절은 대개 "중국(나라)에서"라고 이해되었다(ETY I: 100). 그렇지만 여기에 있는 낱말 il은 "지배[141], 통치"를 뜻한다. 틀림없이, 이 구절은 처음으로 Giraud가 옳게 번역한 것처

139) 쿠틀루그(Qutluγ)는 중국 문헌에는 骨咄祿이나 骨篤祿으로 기록되어 있는 인물로서 그 성씨는 阿史那이다. 중국의 지배에서 벗어나 돌궐 제국을 재건하였다. 투뉴쿠크의 도움으로 일테리시(Ilteriš) 카간이 되었으며, 자신의 아우들인 默啜과 咄悉匐(또는 吐悉匐)을 각각 샤드(殺, 設)와 야브구(葉護)로 임명하였다. Qutluγ는 qut "운, 행운"의 파생어로서 "운이 좋은, 행운의"라는 뜻이다.

140) b(ä)n öz(ü)m은 q(a)γ(a)n[(ï)m b(ä)n] öz(ü)m bilgä tuńu͡qu͡q öt(ü)ntö͡k öt(ü)n͡č(ü)m(i)n (e)š(i)dü b(e)rti(15 행)에서도 확인된다.

141) 이 부분은 원전에서 "devlet, yönetim", 즉 "state, administration"으로 되어 있다. 한 편 "중국(나라)에서"는 "Çin ülkesinde", 즉 "in the country of China"로 되어 있다.

럼(1961: 59), "중국 지배 시절에" 즉 "튀르크[142] 백성이 중국에 예속되어 있을 때" 식으로 이해되어야 한다.

248) T 1: q͡ïl(ï)n͡t(ï)m. "창조되다, 생기다"를 뜻하는 동사 qïlïn-의 첫 부분에 있는 부호 x(ïK)는 단지 /q/를 나타낼 뿐이다. 낱말에 있는 자음 /l/이 전설 글자 l[143]로 표기된 것도 음운론적 가치가 전혀 없는데, 그 이유는 낱말에 있는 자음군 /nt/가 단지 후설모음으로 된 낱말들의 표기에서만 사용된 겹글자 NT로 표기되었기 때문이다. 낱말의 뜻에 대하여 말하면, Clauson이 이 문장[144]을 "I grew up for (i.e. as a subject of) the Chinese Empire"[145] 형태로 번역한 것은 필자의 생각으로는 옳지 않다. 이 동사는 두 개의 큰 오르콘 비문[146]에서도 이해되듯이 다만 "창조되다, 생기다, 태어나다"를 뜻할 뿐이다: üzä kök t(ä)ŋri (a)sra y(a)γ(ï)z y(e)r qïl(ï)n͡to͡qda (e)kin (a)ra kiši oγli qïl(ï)nm(i)š (KT E 1), inisi (e)čisin t(ä)g qïl(ï)nm(a)d͡oq (ä)r(i)n͡č oγli q(a)ŋin t(ä)g qïl(ï)nm(a)d͡oq (ä)r(i)n͡č (KT E 5) 등. 이 경우에 문제의 구절[147]의 뜻은 "나는 (튀르크 백성이) 중국에 종속되어 있을 때 태어났다" 형태로 될 것임이 분명하다.

249) T 1: k͡öör(ü)r. 낱말 첫 부분에 있는 글자 k͡ö는 단지 /k/를 나타낼 뿐이다.

---

142) 돌궐(突厥)을 말한다.

143) 전설 글자 l이란 전설모음으로 된 낱말에 들어 있는 자음 /l/을 표기하는 데에 쓰이는 글자 L을 말한다.

144) t(a)bγ(a)č il(i)ŋä : q͡ïl(ï)n͡t(ï)m을 말한다.

145) EDPT 623에 (I myself, the Counsellor Toñukuk) Tavğaç éliŋe: kılıntım "grew up for (i.e. as a subject of) the Chinese Empire"로 되어 있다. Clauson은 터키에서 사용되는 표기방식을 주로 따랐다. 그리고 후대에 β, w, v로 발전한 일부 낱말의 b는 v로 표기하였다. Tavğaç éliŋe: kılıntım을 이 책의 표기대로 옮기면 tavγač eliŋä qïlïntïm이 된다.

146) 퀼 티긴 비문과 빌개 카간 비문을 말한다.

147) t(a)bγ(a)č il(i)ŋä : q͡ïl(ï)n͡t(ï)m을 말한다.

250) T 2: q(a)nin. "그(들)의 칸(汗)을". 3인칭 소유어미 다음에 있는 대격어미 -n이 오르콘 비문들에서 대개 전설 글자 n[148)]으로 표기되었다는 것은 3인칭 소유어미 -i/-si[149)]가 돌궐어에서 아직 모음조화의 적용을 받지 않았음을 보여준다.

251) T 2: bulm(a)y(i)n "찾아내지 못하고". 이 낱말을 예전의 연구자들은 bolmayïn으로 읽었다. 그렇지만 이 뜻은 문맥에 적합하지 않다.[150)] 낱말을 처음으로 bulmayin으로 읽은 것에 대해서는 GOT, p. 249를 볼 것.[151)]

252) T 3: q(a)n(ï)ŋ(i)n "너의 칸(汗)을". 대격어미 -n이 여기에서 전설 글자 n으로 표기되었다는 것은 이 어미 앞의 모음이 /i/이라는 것을 보여준다. Ïrq Bitig 및 룬 문자로 된 일부 비문에서도 사정은 대개 이러하다: t(a)pladoq(u)min "내가 사랑한 것을"(ÏB: 3번 점괘), quruγ-s(a)q(ï)min "나의 위(胃)를"(ÏB: 8번 점괘), oγl(ï)m(i)n qïz(ï)m(i)n "나의 아들을, 나의 딸을"(Suǰi 6-7)[152)] 등.

253) T 3: öl t(e)m(i)š. 이 낱말 떼는 Radloff에서는 l이 없이 $\ddot{W}T^2MS^2$ 형태로 있고(1899: 2), 다른 모든 출판물들에서는 l이 있다. (이) 낱말

---

148) 전설 글자 n이란 전설모음으로 된 낱말에 들어 있는 자음 /n/을 표기하는 데에 쓰이는 글자 N을 말한다.

149) -i는 자음 뒤에, -si는 모음 뒤에 사용되는 형태이다.

150) bolm(a)y(ï)n(또는 bolm(a)y(i)n)으로 읽을 경우 q(a)nin은 단지 q(a)n("칸(汗)") + -i (3인칭 소유어미) + -n(기구격 어미)으로만 분석되고 이 두 낱말은 "(튀르크 백성은) 자기 칸(汗)과 함께 있지 못하고" 또는 "(튀르크 백성은 중국) 칸(汗)과 함께 있지 않겠어!(라 하고)"를 뜻하게 되어 어색해진다.

151) Tekin이 낱말을 처음으로 bulm(a)y(i)n으로 읽었다는 것은 사실과 다르다. 이미 Giraud(1961)가 bulm(a)y(ï)n으로 읽었다.

152) Suǰi 비문의 6-7행을 말한다. Suǰi 비문은 Ramstedt가 1900년 몽골 북부에서 발견하였으며 모두 11행으로 되어 있다. 이 비문을 Ramstedt는 위구르 비문으로 여겼지만, 오히려 위구르 제국 멸망 후 한 크르그즈 배그(bäg)가 세웠을 가능성이 더 있다.

은 Ramstedt-Granö-Aalto에서 ül(ä)tm(i)š(p. 31), 다른 출판물들에서는 öl(ü)tm(i)š로 읽혔다.[153] Clauson에 의하면 첫 글자와 t 사이에 금이 하나 있어서 여기에 전설 글자 l이 있다고 생각되어 낱말이 잘못 읽힌 것이다. Clauson은 낱말을 ötmiş로 읽고 문장 teŋri: ötmiş erinç[즉, t(ä)ŋrī ötm(i)š (ä)r(i)nč]를 "Heaven, no doubt, abandoned you" 형태로 번역하였다(EDPT: 133). 이 번역은 받아들여질 수 없는데 그 이유는 고대 튀르크어 동사 öt-의 뜻은 "버리다"가 아니라 "지나다"이기 때문이다. 글자 배열 ẄL²T²MS²는 십중팔구 ölütmišㄴ나 öl temiš 형태로 읽혀야 한다. 필자는 GOT에서 이 낱말을 ölütmiš 형태로 읽었었다(1968: 249).[154] 지금 필자는 이것을 öl t(e)m(i)š 형태로 읽는 것이 더 옳을 것이라고 생각한다.

254) T 3: Sir. 투뉴쿠크 비문에서 구절 türk sir bod(u)n에서 다섯 번 나타나는[155] 이 낱말에 관해서 서로 다른 견해들이 제시되었다. 이들 견해 중 필자가 생각하기에 옳은 것은 꽤 오래 전에 Hirth가 주장한 견해이다. Hirth에 의하면 이 구절에 있는 낱말 sir는 종족 이름이고 중국 문헌에 나타나는 낱말 Sie-yen-t'o[薛延陀] (= Sir Tarduš)의 첫 음절과 동일한 것이다(Nachworte: 133).[156] Sir라는 이름은 빌개 카간 비문에도 한 번 나타난다: ... (a)l]tï sir toq(u)z oγ(u)z (e)ki (ä)d(i)z[157] k(ä)r(ä)kül(ü)g b(ä)gl(ä)ri bod(u)ni... "... 알]트 시르 토쿠즈 오구즈, 에키 애디즈 천막의 배그들 (및) 백성..."(BQ E 1).

255) T 5: (a)yγ(ï)l, (a)y(ï)γm(a)si. 초기의 연구자들이 y(a)γ(ï)l "참여

---

153) Giraud(1961)는 öl t(e)m(i)š로 읽었다.
154) ölütmis로 되어 있다.
155) 3행과 11행에서 türk sir bod(u)n, 60행과 61행에서 türük sir bod(u)n, 62행에서 türük sir bod(u)n(u)γ으로 나타난다.
156) Friedrich Hirth의 "Nachworte zur Inschrift des Tonjukuk"라는 글의 p. 133을 말하는데, 이 글은 Radloff, Wilhelm, *Die alttürkischen Inschriften der Mongolei, Zweite Folge*, St. Petersburg 1899에 들어 있다.
157) (e)ki (ä)d(i)z는 kid(i)z "펠트"로 읽힐 수 있고 또 그렇게 읽혀야 한다.

해!, 참가해!" 및 y(a)γm(ï)šï "그의 참여자, 그의 참가자"로 읽고 풀이한(ETY I: 100) 이 낱말들을 Giraud가 처음으로 위의 것처럼 ayγïl 및 ayïγmasï로 읽었으며(1961: 70-71) 이 견해는 그 뒤 Tezcan에 의해서도 되풀이되었다(TDAY 1975-1976: 174-175). 필자는 문제의 낱말들을 옛 동사 *yaγ- "참여하다, 참가하다"와 관련된 것으로 여겨 y(a)γ(γï)l 및 y(a)γm(i)si 형태로 읽었었다(GOT: 249, 395). 지금 필자는 과거 및 현대의 튀르크 언어들에서 이러한 동사가 발견되지 않는 까닭에 과거의 이 독법 및 풀이를 포기하고 Giraud의 독법을 받아들이고 있다. 다만, 동사 ay- "말하다"의 이들 낱말에서의 뜻은 필자 생각에는 "충고하다, 무엇을 해야 할지 말하다"가 아니라 "어떤 지도자의 대변인 노릇을 하다. 어떤 지도자 대신에 명령하다"임이 분명하다. 이럴 경우, 낱말 ayγïl은 "내 이름으로 명령하게! 나의 대변인 노릇을 하게!" 형태로 풀이될 수 있다; 낱말 ayïγma는 "지도자 이름으로 말하는 이, 명령하는 이, 지도자의 대변인"을 뜻하게 된다(ayγučï "대변인"과 비교할 것).

256) T 5: q͡ïïš(a)yin. 낱말 첫 부분에 있는 글자 x(ᴵK)는 단지 /q/를 나타낼 뿐이다. 여기에서 qïl- 대신에 사용된 이 š를 지닌 형태는 투뉴쿠크 비문에서 여섯째 줄의 문장 öz(ü)m ȏk q(a)γ(a)n qïšd(ï)m "(그를) 바로 나 자신이 카간으로 삼았다"에서도 나타난다. 같은 동사 qïš-는 오르콘 비문들에서도 세 번 나타난다: ol süg (a)n͡ta yo͡q qïšd(ï)m (ï)z "우리는 그 군대를 거기에서 없앴다"(KT E 32, 34), ol süg (a)n͡ ta yoo͡q qïšd(ï)m "나는 그 군대를 거기에서 없앴다"(BQ E 25). "없애다"를 뜻하는 숙어 yoq qïš-에서 더 많이 나타나는 이 동사 qïš-는 원래, 동사 qïl-의 어근인 동사 *qï-158)의 상호태임이 분명하다. 그렇지만 동사 qïš-가 그 주어가 bän["나"]인 문장에서도 사용되었다는 것이

158) 튀르크어 동사 qïl-은 몽골어의 같은 뜻을 지닌 동사 ki-(< *qï-)와 비교해 볼 때 qï-l-로 분석될 수 있다(92번 주석을 볼 것). 한편 야쿠트어에는 동사 gïn- "하다"가 있는데 이는 gïn- < kïn- < *qïn- < *qï- + -n-(재귀태 접미사)로 분석될 수 있다.

놀랍다.

Clauson은 이 숙어에 있는 동사가 qïs- "to compress, squeeze, pinch"라고 주장하였다(EDPT: 665-666). 이 독법은 받아들여질 수 없는데 그 이유는 동사 qïs-가 문맥에 맞지 않기 때문이다. Clauson이 문장을 xağan-mu: kısayı:n tedim[159] "I said (to myself) 'Shall I press (him to become) *xağan?*'" 형태로 번역한 것은 억지에 불과하다. 게다가 비문들에서는 숙어 yoq qïš-와 더불어 같은 뜻의 숙어 yoq qïl-도 나타난다: [...yu]t(u)zin yo͡q qï͡lt(ï)m "나는 그들의 부녀자들을 없앴다"[160](BQ S 4).

257) T 5: toru͡q. 첫 연구자들이 /u/로 turuq 형태로 읽은 이 낱말은 toruq로 정정되어야 한다(GOT: 364, 1988: 67, 주 24를 볼 것). 왜냐하면 바로 이 형용사가 파생된 동사가 야쿠트어에 tuor- "야위다" 형태로 살아 있는데 이것은 더 고형의 근원적인 튀르크 조어(Proto-Turkic) *tōr- 형태로 소급하기 때문이다. 이걸 보면 EDPT에 있는 tu:r- "to be, or become, weak, emaciated"(p. 530) 및 turuk "lean, emaciated"(p. 539)는 정정되어야 한다.

258) T 5: buu͡q(a)lï. "황소"를 뜻하는 낱말 buqa가 이 줄에서 두 번, 이것 다음 줄에서는 한번 buu͡q(a)형태로 표기되었다.[161] 이러한 표기는 낱말의 첫 음절에 있는 모음 /u/가 장모음임을 보여준다: būqa. 아제르

159) Clauson은 터키에서 사용되는 표기방식을 주로 따랐는데 이 문장을 이 책의 방식대로 옮기면 xaγan-mū qïsayïn tädim이 된다. Clauson에 있는 tedim은 tédim의 잘못임이 분명하다. tédim을 이 책의 방식대로 옮기면 tedim이 된다.

160) 여기에 있는 타동사 yo͡q qï͡lt(ï)m의 목적어는 yu]t(u)zin이 아닐 가능성이 있다. 왜냐하면 빌개 카간 비문에서 낱말 yutuz는 oγlin yu[t(u)z]in (E 24), [o]γlin yut(u)zin (E 38), oγlin yut(u)zin (S 3)의 예들에서처럼 낱말 oγïl과 함께 일종의 중언법(重言法, hendiadys)으로 사용되었는데 이 세 군데 모두에서 그 타동사가 (a)lt(ï)m "내가 빼앗았다"이지 "내가 없앴다"가 아니기 때문이다. 패배한 적의 부녀자는 전리품이지 "없앨 대상"이 아니다.

161) 5행에서는 두 번 buu͡q(a)lï, 6행에서는 한 번 buu͡qa로 표기되었다. -lï는 등위 접속어미이다.

바이잔어[162] 및 튀르크멘어 buɣa, 터키어 boğa 형태들도 이 견해를 증명한다.[163]

259) T 5: ïr(a)qda. (이) 낱말의 첫 글자는 Radloff에서, 따라서 Orkun 및 Malov에서도 A이다. 이 연구자들은 이 때문에 낱말을 arq(a)da[164]로 읽었다(Radloff, Orkun, Malov, Giraud). Ramstedt-Granö-Aalto의 출판물에서는 첫 글자가 A가 아니라 I이며[165] 낱말은 당연히 ïr(a)qda로 읽혔다(p. 31).[166] (이 둘 중) 옳은 것은 이것임이 분명하다. (이) 낱말이 A로 표기되었다 하더라도 이를 표기상의 잘못으로 보아야 한다. 왜냐하면 어떤 속담에 바탕을 둔 이 문장에 있는 관념은 '어떤 사람이 앞으로 성공할 수 있는지 여부를 미리 알 수 없다' 또는 '추측할 수 없다'이기 때문이다.

260) T 6: bils(ä)r. Radloff, Thomsen, Orkun 및 Malov에서는 bils(ä)r

---

162) 이란 서북부 및 아제르바이잔 공화국을 중심으로 인근의 러시아의 다게스탄(Dagestan) 공화국, 그루지야 동남부, 터키 동부, 이라크 북부 등지에서도 사용되는 튀르크계 언어로서 크게 아제르바이잔 공화국을 중심으로 하는 옛 소련 지역의 북아제르바이잔어와 이란 지역의 남아제르바이잔어로 나눌 수 있다. 터키어(Turkish), 가가우즈(Gagauz)어, 튀르크멘(Türkmen)어, 호라산 튀르크어(Khorasan Turkish) 등과 함께 오구즈(Oghuz) 그룹에 속한다.
 이란에 1천 6백만~2천 3백만 명, 아제르바이잔 공화국에 8백만 명, 기타 지역에 8십만 명 등 전 세계에는 아제르바이잔어를 모어로 사용하는 사람이 2천 3백만~3천만 명 있다. 아이날루(Aynallu), 아프샤르(Afshar), 카시카이(Qashqa'i) 등의 방언은 아제르바이잔어가 아니라 남(南)오구즈(South Oghuz)어에 속한다. 터키 아나톨리아 동부의 방언들은 엄밀히 말하면 아제르바이잔어의 방언들이다. 아제르바이잔의 공식문자는 라틴 문자이지만 키릴 문자도 많이 사용된다. 아제르바이잔족의 대부분은 시아파 이슬람교도이다.

163) 터키어, 가가우즈어, 아제르바이잔어, 튀르크멘어 등 오구즈(Oghuz) 그룹에 속하는 튀르크 언어들에서는 튀르크 조어에서 장모음 뒤에 있던 자음 /p, t, č, q (및 k)/가 두 모음 사이에서 유성음으로 변하였다.

164) arq(a)da는 "뒤에서, 뒤로부터"를 뜻한다. 돌궐 비문들에서 -da/-dä 및 -ta/-tä (l, n, r 뒤에서)는 처격-탈격어미로 사용되었다.

165) A(a)와 I(i)는 서로 혼동될 수 있다.

166) p. 31에서는 ïr(a)qda가 "im voraus", 즉 "앞서, 미리, 지레"로 의역되어 있다.

이고 Sprengling에서는 $B^2\ddot{W}L^2S^2R^2$이다. 비문의 사진들을 보면 둘째 글자는 Ẅ를 더 많이 닮았다. 그렇지만 이 유사성은 글자 i(i)의 오른쪽 아래로 내려온 짧은 줄에서 오른쪽 위로 올라가는 금에 기인한 것일 수도 있다.167) Aalto의 출판물에서는 (이) 낱말이 büŋs(ä)r 형태로 글자 l 대신에 ŋ을 지니고 있다는 것은 이 두 글자가 룬 문자에서는 서로 닮은 데서 비롯된 것임이 분명하다.168)

Clauson은 이 낱말을 bölser[즉 bölsär] 형태로 읽고 조건절을 "if one (tries to) distinguish between a lean ox and a fat ox in the distance"라고 번역하였다(EDPT: 322). 그렇지만, 필자가 아는 바로는 동사 böl-은 고대 튀르크어에서도 현대 튀르크 언어들에서도 이런 뜻이 없다. 따라서 Clauson의 이 풀이는 그다지 설득력이 없다.

필자는 이 낱말을 필자의 GOT에서 böŋsär로 읽고(1968: 249) 이 동사를 신(新)위구르어에 살아 있는 동사 möŋ- "(말 등이) 뒷발로 차다"와 결합시켜 (조건)절 toruq būqalï sämiz būqalï ïraqda böŋsär를 "if lean bulls and fat bulls kick one another at a distance"라고 번역하였었다(1968: 249, 322). 지금 필자는 여기에서 필자가 설명하려고 애쓴 이유들로 해서 필자의 이 견해를 포기한다.

261) T 6: s(a)q(ï)n͡t(ï)m. 바로 앞 줄에서는 후설 글자 $s(S^1)$로 표기된 이 낱말이 여기에서는 전설 글자 $S(S^2)$로 표기되었다. 이 표기는 음운론적 가치가 없다.

262) T 7: bol(u)y(ï)n "되고, 되어". 첫 연구자들이 bol(a)y(ï)n으로 (Giraud는 bulayïn으로) 읽고 "나는 ...될게!"라고 해석한 이 낱말은 동사 bol-의 어미 -yIn[즉, -yïn/-yin]으로 된 부동사 형태이다(GOT:

---

167) I(i)의 오른쪽 끝에서 위로 금이 갈 경우에 Ẅ(O)와 비슷하게 된다. 현장에서 여러 차례 조사하였던 Alyılmaz(2000)는 이 글자가 Ẅ(O)라는 것을 확인하였다면서 이 낱말을 böls(ä)r 또는 büls(ä)r 형태로 읽고 해석해야 한다고 주장하였다.

168) L^2(L)와 ŋ(h)는 서로 혼동될 수 있다.

183-184, 249). 투뉴쿠크 비문에서 이 어미로 된 다른 부동사는 둘째 줄에 있는 낱말 bulm(a)y(i)n "찾아내지 못하고, 찾아내지 못하며, 찾아내지 못하자"이다. (오르콘) 비문들과 위구르어 텍스트들에서 자주 나타나는 불변화사 t(e)yin/tiyin "하고, ~라고"도 본래는 동일한 어미로 된 부동사이다.

263) T 7: b(i)lg(ä)si č(a)b(ï)ši. 이 두 낱말을 첫 연구자들은 b(i)l(i)g(e)ši č(a)b (e)ši 형태로 읽고 "지식에서 그의 친구, 명성에서 그의 친구"라고 이해하였다(ETY I: 102). Clauson은 퀼리 초르(Küli Čor) 비문에도 나타나는 이 구절을 처음으로 bilgäsi čavušï 형태로 읽었다[169]: küli čor ... b(i)lgäsi č(a)v(u)šï (ä)rti, (a)lpï bök(ä)si (ä)rti "(그의) 현명한 (고문이자) 지휘관이었고 용감한 전사였다"[170](E 5). 이 독법을 옳게 여겨 필자도 GOT에서 투뉴쿠크 비문의 일곱째 줄에 있는 같은 구절을 b(i)lg(ä)si č(a)b(ï)ši로 읽었었다(1968: 249). 퀼리 초르(Küli Čor) 비문에서 낱말 b(i)lgäsi의 모음 /ä/가 표기된 점은 이 독법 및 풀이가 옳음에 대한 가장 강력한 증거이다.

264) T 8: oč͡oq 및 a͡š <t(ä)>g. 첫 낱말이 나타나는 문장 y(a)γ(ï)m(ï)z t(ä)grä WČ^{W}K t(ä)g (ä)rti를 연구자들은 서로 다른 형태로 이해하고 해석하였다. Radloff는 첫 낱말을 "우리의 적들"로 이해하고, 낱말 učuq를 물음표와 함께 "Sehnen", 즉 "활시위들"[171]이라고 번역하였

169) 이것은 사실과 다fms 듯하다. Kotwicz/Samoïlovitch(1926)은 b(i)lgä (e)si č(a)b (e)si, Orkun (1936)은 b(i)lge (e)ši č(a)b (e)ši, Malov(1959)는 bilgä äsi čab äsi, Tekin(1968)은 bilgäsī čabïsī로 읽었다. 즉 처음으로 이렇게 읽은 사람은 Tekin 자신인 셈이다.

170) 이 부분은 Clauson(1971)에서 Külī Čor, ančaq, bilgä̅sī, čavuš̅ï ärtī. Alp̅ï, bökäsī ärtī. "Külī Čor was his Counsellor and Field Marshal, his warrior and champion"으로 되어 있으므로, 그 번역은 "Küli Čor는 그의 고문이자 육군 원수였고, 그의 용사이자 투사였다"이어야 한다. 여기에서 낱말 alp는 3인칭 소유어미가 붙었으므로 bökä를 꾸미는 형용사가 아니라 bökä와 대등한 명사이다.

171) 이 책의 터키어 원본에는 "damarlar, sinirler", 즉 "혈관들, 힘줄들"로 되어 있

다(1899: 5). Thomsen은 문장 전체를 "Unsere Feinde waren ringsum wie Raubvögel (?)"["우리의 적들은 맹금(猛禽)들 같았다"]라고 번역함으로써 낱말 učuq를 "Raubvögel", 즉 "맹금(猛禽)들"로 이해하고 싶어하였다(1924: 163). Orkun은 Thomsen의 번역을 받아들여 문장 전체를 "우리의 적은 주위에서 새 같았다" 형태로 번역하였다(ETY I: 102). Giraud는 같은 낱말을 "envolé", 즉 "날아오른"[172] 이라고 해석하였다(1961: 155). Thomsen이 동사 uč-["날다"]에서 "맹금"을 뜻하는 낱말 učuq를 고안한 것은 재미있는 발명이다. 그렇지만 튀르크 언어들에서 이런 낱말이 발견되지 않는다.

Clauson은 문장을 Thomsen과는 조금 다르게 "our enemies were all round us like a flock of birds"라고 번역하였다(EDPT: 23). Clauson이 낱말 učuq에 준 "flock of birds"라는 뜻은 Radloff 사전에 있는 차가타이어 표제어 učuq "der Flug (des Vogels)"[173]에서 비롯된 듯하다.[174] 그렇지만 차가타이어 낱말 učuq는 더 오래된 učuγ에서 발전한 것임이 분명하다.[175]

Ramstedt-Granö-Aalto의 출판물에서는 낱말 y(a)γ(ï)m(ï)z가 "우리의 지방(脂肪)"으로 해석되었으며[176] y(a)γ(ï)m(ï)z t(ä)g(ü)rä

는데 이 터키어 번역은 그리 적절하지 않다. Radloff의 저서에서는 이 부분이 "gegen den Angriff unserer Feinde war es hart wie Sehnen(?)"으로 번역되어 있으므로 우리는 "활시위들"로 번역하기로 한다.

172) 이 책의 터키어 원본에는 "uçuş", 즉 "날아오름, 비상, 비행"으로 되어 있는데 이는 "uçmuş", 즉 "날아오른"이어야 한다. 왜냐하면 envolé는 과거분사 형태이기 때문이다. 고대 튀르크어에는 동사에서 형용사를 파생시키는 접미사로 -uq/ -ük가 있다. 그래서 Giraud가 이 낱말을 uč-uq로 분석한 것이다.

173) 이 낱말은 Wilhelm Radloff, *Versuch eines Wörterbuches der Türk-dialecte* I, St. Petersburg 1893의 1724 단(段)에 나온다.

174) 영어의 flock "떼, 무리"를 뜻하고 도이치어의 Flug는 "비행(飛行)"을 뜻하므로 이 두 낱말은 서로 관련이 없다. 도이치어의 Flug와 비교될 수 있는 영어 낱말은 flight이다.

175) 차가타이어에서는 고대 튀르크어의 -γ/-g가 -γ/-g ~ -q/-k로 표기되었고 이의 후신인 오늘날의 우즈베크어와 신(新)위구르어에서는 대개 -q/-k로 되었다.

176) 고대 튀르크어에서는 "적(敵)"을 뜻하는 낱말로 yaγï, "기름, 지방(脂肪)"을 뜻하는 낱말로 yaγ가 있는데, 1인칭 복수 소유어미 -mïz가 붙을 경우에 돌궐 비

učuq t(ä)g (ä)rti 형태로 읽힌 문장은 “Unser Fett zu berühren - es war wie Sehnen”이라고 번역되었다(1958: 7: 32-33). 그렇지만 이 번역은 그리 분명하지 못하다. 게다가, 여기에서 $T^2G^2R^2A$ 형태로 표기된 낱말은 십중팔구 “빙 둘러”를 뜻하는 부사 t(ä)grä이다.

필자는 GOT에서 낱말 učuq가 크르그즈어 낱말 učuq “산꼭대기, 정상”[177]과 동일한 것일 수 있다고 생각하여 (이) 문장을 “our enemies were like peaks (?) around us” 형태로 번역하였었다(1968: 284). 필자는 둘째 문장[178]에 있는 글자 배열 A͡šg를 aš(i)g으로 읽고 “mountain pass”, 즉 “산길”로 번역하였었다.[179] 지금 필자는 완전히 다른 견해를 제시하고자 한다: 첫 낱말은 “우리의 적들”을 뜻하고, 셋째 낱말은 “화덕”을 뜻하는 낱말 očoq이다. 첫 문장의 뜻은, 이렇게 볼 때, “우리의 적들은 사방에서(또는 우리 주위에서) 화덕 같았다”임이 분명하다.

둘째 문장에 있는 글자 배열 A͡šg를 첫 연구자들은 여러 가지 형태로 읽고 설명하였다. Radloff는 이것을 b(ä)g로 완전히 잘못 읽어 Thomsen에게 비판을 받았다. Thomsen은 첫 글자를 NT로 인정하여 ant(ä)g로 읽었으며(1916: 95)[180] 둘째 문장을 “So war unsere Lage”, 즉 “우리의 처지가 그러했다”라고 번역하였다(1924: 163). Orkun은 같은 낱말을 s(ä)g[181]로 읽고 “주의 깊은, 방심하지 않

문의 철자에서 이 두 낱말은 표기 형태가 같게 된다.

177) 이 낱말은 Wilhelm Radloff, *Versuch eines Wörterbuches der Türk-dialecte* I, St. Petersburg 1893의 1724 단(段)에 따른 것이다. K. K. Judaxin의 Kirgizsko-russkij slovar’(1965)를 보면 učuq I “입술 위의 물집 (이를테면 열병에 의한); (더 정확히는 qurγaq učuq) 폐결핵, 폐병”(p. 812b) 및 učuq II “실의 끝 (바늘에 꿰어진 조각); 알아채지 못하게 남자 옷에 실 조각을 꽂아 넣은 여자에게 남자가 주는 선물”(pp. 812b-813a)이 있다.

178) biz a͡š <t(ä)>g (ä)rt(i)m(i)z를 말한다.

179) aš- “넘다” + ï(연결모음) + -ɣ(명사화 접미사)로 여긴 듯하다.

180) (1916: 95)는 Thomsen의 저서인 Turcica(1916)의 제 95번 주석을 말한다. Thomsen은 n͡t를 n͡d로 읽었으므로 an͡t(ä)g는 an͡d(ä)g로 되어 있다.

181) Orkun이 이 낱말을 s(ä)g(원전에는 s^eğ로 되어 있음)로 읽은 것은 고대 위구르어 문헌과 MK 등에 나타나는 낱말 saq(더 정확히는 sāq) “주의 깊은”과 관

는"(?)이라고 번역하고 싶어하였다(ETY I: 102). Giraud는 이 낱말을 aŋtäg로 완전히 잘못 읽었다(1961: 54).182) Aalto의 출판물에서는 이 낱말이 säg로 읽히고 "Aas", 즉 "썩은 짐승의 시체"라고 번역되었다183)(1958: 32-33).

이들 독법 및 설명 중 어느 하나도 받아들여질 수 없는데 그 이유는 첫 글자가 B^2도 NT도 아니기 때문이다. 이 글자는 십중팔구는 예니세이 비문들에도 나타나는 그리고 거기에서는 대개 aš/äš의 음가를 지니는 네모꼴의 글자이다. 게다가 튀르크 언어들에는 "주의 깊은, 방심하지 않는" 또는 "썩은 짐승의 시체"를 뜻하는 säg라는 낱말이 없다.

필자의 생각으로는, 둘째 문장에 있는 네모꼴의 글자는 예니세이 비문들에서 aš/äš의 음가로 사용된 글자와 동일한 것이다. 이 글자로 낱말 aš "음식"을 표기한 필기자가 이 부호 다음에 전설 글자 t를 표기하는 것을 잊고는 곧바로 전설 글자 g를 표기했던 것이다. 다시 말하면 $\widehat{AŠ}T^2G^2$, 즉 aš t(ä)g "음식 같은"을 표기하려다가 $\widehat{AŠ}G^2$만 표기한 것이다.184) 바로 앞의 문장과 대구를 이루는 점으로 보아도 oč$\widehat{oq}$ t(ä)g이라는 비유에 대응하도록 이 문장에서도 t(ä)g "~같은, ~처

련시키고자 하였기 때문이다.

182) Giraud는 aŋ을 "맹금, 송골매"로 여겨 둘째 문장을 "우리는 송골매 같았다"라고 번역하였다. 그는 적(敵)을 "날아오른 먹이"로 보았다.

183) Malov(1951)는 이 낱말을 šäg로 읽고 "(썩은) 짐승의 시체"로 번역하였다. 투뉴쿠크 비문에서 s^2는 전설모음으로 된 낱말에서 s와 š를 나타내므로 Malov는 š로 읽은 것이다.

184) Sprengling(1939)은 문제의 이 부분을 ässig으로 읽고 äs를 MK에서 확인되는 äs "먹이(prey)", -sig을 역시 MK에서 확인되는 "~ 같은 (like)"으로 분석하였다. 그는 첫 문장은 Thomsen의 독법을 따랐다. 그리하여 그는 두 문장을 y(a)γ(ï)m(ï)z t(ä)grä uč(u)q t(ä)g (ä)rti biz (ä)ss(i)g (ä)rt(i)m(i)z "Round about like birds of prey, were our enemies; like prey were we", 즉 "주위에서 우리의 적은 맹금 같았다; 우리는 먹이 같았다"라고 번역하였다. Sprengling(1939)의 독법을 따른다면 문제의 낱말은 ässig으로 읽혀 둘째 문장은 아무런 문제가 없게 된다. 그런데도 Tekin은 Sprengling(1939)의 독법을 언급하지 않았다. 접미사 -sig는 고대 위구르어 문헌에서도 -sïγ/-sig 형태로 확인되고, 현대 터키어(터키 공화국에서 공용어로 사용되는 튀르크어)에서는 -sï/-si/-su/-sü 형태로 남아 있다.

럽"으로 이루어진 구절이 있어야 하였다(KT E 12에 있는 q(a)ŋ(ï)m q(a)γ(a)n süsi böri t(ä)g (ä)rm(i)š y(a)γïsi q͡ooń t(ä)g (ä)rm(i)š 와 비교할 것). 바로 이 이유로 필자는 지금 둘째 문장을 biz a͡š <t(ä)>g (ä)rt(i)m(i)z 형태로 정정하고 이를 "우리는 (화덕 가운데에 있는) 음식 같았다"라고 번역한다.

265) T 8: oγ(u)zd(u)n͡t(a)n. 이 낱말은 뜻은 분명하지만 구조가 그리 분명하지 않다. Radloff는 이를 oγuzdandan으로 읽기는 했지만 이것을 뜻은 분명하나 설명이 어려운 형태라고 평하였다(1899: 38, 주 8, 14).[185] Orkun과 Malov는 같은 독법을 받아들였다.[186] Giraud의 독법인 Oγuzdïntïn은 받아들여질 수 없다(1961: 54).[187] Aalto의 출판물에서는 낱말의 전사가 oγ(u)zd(a)n͡t(a)n 형태로 되어 있다(1958: 33). 필자는 GOT에서 이 낱말을 oγ(u)zd(u)nt(a)n 형태로 읽었었다(1968: 249). 필자가 이렇게 읽은 까닭은 Moyun Čor(Šine-Usu)비문[188]의 남쪽 면 넷째 줄에 있는 낱말 t(a)šd(ï)n͡t(a)n "밖으로부터" 때문이었다. 필자는 여전히 같은 견해이다.

266) T 8: (ä)rkli "~일 때". 이 낱말을 Thomsen은 ärikli로 읽었지만 바르게 번역하였다(1916: 64, 주 1). 다른 연구자들은 이 낱말을 ärkäli로 잘못 읽었다[189](Giraud 1961: 54). Gabain도 낱말을 ärkäli로 읽

---

185) Radloff(1899)의 p. 38에 있는 투뉴쿠크 비문의 8행의 (분리 부호 (:)로 구분되는) 14번째 구절에 대한 주석을 말한다. Radloff는 이 낱말을 Oγuzdandan(?) (p. 5), oγuzdandan 또는 oγuzdïndan (p. 38) 및 oγuzdandïn(?) (p. 89)으로 표기하였다.

186) Orkun(1936)은 oγuzdandan, Malov(1951)는 Oγuzdantan으로 읽었다.

187) -dan/-dän/-tan/-tän 형태의 탈격어미는 훨씬 후대에 나타나므로 oγ(u)z-d(u)n͡t(a)n보다는 oγ(u)zd(u)n͡t(ï)n으로 읽는 것이 더 옳을 것이다.

188) 1909년에 Ramstedt가 몽골의 Šine-Usu 호수 근처에서 발견한, 돌궐 문자로 된 51행의 비문이다. 위구르 제국의 두 번째 카간인 Moyun Čor(Bayan Čor(?), 중국 문헌에는 磨延啜로 기록; 재위 A.D. 747-759)의 묘비문으로서 위구르 제국의 건국 시기에 대하여 많은 자료를 제공한다. Moyun Čor 비문이라고도 한다.

189) 이는 사실과 다르다. Orkun(1936), Sprengling(1939) 및 Malov(1951)도 이 낱말을

고 잘못 번역하였다(Aalto 1958: 52).[190]

267) T 8 kür(ä)g "탈주자". 처음부터 모든 연구자들은 (이 낱말을) körüg으로 읽고[191] "첩자"라고 이해하였다. 이 낱말이 kür(ä)g "탈주자"이어야 한다는 것을 처음으로 Erdal(1991: 196)이 알아차렸다. "달아나다"를 뜻하는 동사 kürä-는 오르콘 비문들, (고대) 위구르어 및 MK에 있다. 이것으로부터 접미사 -g에 의하여 파생된 낱말 kür(ä)g "탈주자"는 (고대) 위구르어(Hamilton 1986: 241)와 쿠타드구 빌리그(EDPT: 737)에 나타난다.

268) T 9: q̂uunï s(ä)ŋün(ü)g "쿠 장군을". 이 구절의 첫 낱말을 연구자들은 주격(nominative case)의 고유명사로 보았다. 그러나 이 첫 낱말은 사람 이름 Q̂uu의 (격)어미 -nï로 된 대격이다(GOT: 130). 왜냐하면 이 고유명사가 (격)어미 없이 빌개 카간 비문에 나타나기 때문이다: qu s(ä)ŋün b(a)š(a)du tört tüm(ä)n sü k(ä)lti "쿠 장군이 이끌며 4 만 군대가 왔다"(BQ S 8). 투뉴쿠크 비문에 있는 예에서 재미있는 것은 고유명사도 칭호도 (격)어미를 받았다는 점이다. 같은 상황이 십중팔구 BQ S 9에도 나타난다: ul(u)γ oγl(u)m (a)γr(ï)p yo͡q bolča q̂uu-γ s(ä)ŋün-(ü)g b(a)lb(a)l tikä birt(i)m "나의 큰 아들이 병들어 죽자 (그의 무덤 옆에) 나는 쿠 장군을 발발(로서) 세워버렸다". 다만, 이 마지막 예에 있는 형태 q̂uuγ는 사람 이름 qu의 모음이 장모음 /u/이므로 다르게 표기된 것일 수도 있다.

269) T 11: b(i)rd(i)n y(ä)n, öŋd(ü)n y(ä)n, yïrd(ï)n͡t(a) y(a)n. 이 구절들은 그 의미 및 첫 요소가 분명하지만 그 둘째 요소에 대해서는 서로

Thomsen처럼 ärikli로 읽었다. Radloff(1899)는 ärkli(p. 5, 38, 88) 및 ärikli(p. 88)로 읽고 "frei, unabhägig", 즉 "자유로운, 독립적인"이라고 번역하였다.

190) p. 52에 ärkäli: Gabain "seit"[즉, "~이래"]로 되어 있어서 Gabain이 이 낱말을 är-("~이다, 있다") + -gäli("~이래; ~하기 위하여")로 분석하고자 하였음을 알 수 있다.

191) Giraud(1961)는 körig로 읽었다.

다른 견해가 제시되었다. Radloff는 이 구절들이 탈격어미 -dan 및 낱말 yan "쪽, 방향"으로 이루어졌다는 견해였다(1899: 40). 이 견해는 대개 그리고 필자에 의해서도(GOT: 152) 받아들여졌다. 그렇지만 Gabain은 이들 예의 둘째 요소가 본래는 낱말 yan이 아니라 (고대) 위구르어에서 자주 사용된 후치사 iyin/eyin "따라, 따르며"라고 주장하였고(1941: § 234, 296), 같은 견해가 그를 따르는 Tezcan에 의해서도 되풀이되었다(1975-1976: 179).

그렇지만 문제의 구절들의 둘째 요소에 대하여 제시된 이 두 번째 견해는 다음의 두 가지 이유로 인하여 설득력이 없다:

1) 위구르어 iyin/eyin은 명사의 주격이나 여격을 지배한다: öd iyin "gemäß der Zeit", köŋül iyin "nach Wunsch", ayïγ öglilärkä[192] iyin bol- "Übelgesinnten folgen" 등처럼. 그렇지만, 투뉴쿠크 비문에 있는 예들에서는 첫 요소가 탈격으로 되어 있다: yïrdïn-ta yan "북쪽으로부터"(11행), qan-ta yan "칸(汗)쪽으로부터, 칸한테서"(33행);
2) 위구르어 후치사 iyin/eyin의 뜻은 "~쪽으로부터"가 아니라 "따라, 따르며, 의하면, 때문에"이다; 투뉴쿠크 비문에 있는 예들에서는 (그) 뜻이 "~쪽으로부터"이다.

Tezcan의 "yän 형태의 낱말은 과거 및 현대의 (튀르크어) 방언들에서 발견되지 않는다"는 식의 반박에 대하여 말하면, 이것은 옳다. 다만, Tezcan은 자기의 문제의 소논문에서 불변화사 yana[193]가 자음 y의 경구개음화 영향으로 이미 고대 튀르크어 시대에 yänä 형태를 지니게 되었다고 밝힘으로써 자기의 반박을 약화시켰다.

고대 튀르크어 낱말 yan은 돌궐어에서 또는 적어도 투뉴쿠크의 방언에서 탈격의 명사에 붙어서 "~쪽으로부터"의 뜻으로 구절을 이루었을 수 있다. "쪽, 방향"을 뜻하는 고대 튀르크어 낱말 sïŋar[194] 및

192) öglilärkä는 ö-("생각하다") + -gli(현재분사 어미) + -lär(복수어미) + -kä(여격 어미)로 분석된다.
193) yana "다시, 또"는 yan-("돌아가다, 돌아오다") + -a(부동사 어미)로 분석된다.
194) sïŋar는 "절반"도 뜻한다.

낱말 yïŋaq도, 알려진 바와 같이, 이렇게 사용된다: kün ortuda[195] sïŋar yel tursar "남쪽으로부터 바람이 불면"(M Ⅲ 10)[196], kün ortudun sïŋar tägirär, yanturur "(그가) 남쪽으로 데려간다, 되돌린다"(M Ⅲ 10, 12) taγđïn sïŋar yüzlänip "북쪽으로 돌아" (TT V A 76-77)[197], kün ortu yïŋaq yüzlänip "남쪽으로 돌아"(TT V A 88-89), kedin[198] yïŋaq yüzlänip "서쪽으로 돌아"(TT V A 99) 등. 이와 비슷한 용법이 오늘날의 아제르바이잔어에도 있다: mändän täräf gäldi "그는 내쪽으로/나를 향하여[199] 왔다."

270) T 12: ud(ï)sïq(ï)m. 둘째 음절의 모음 /ï/가 표기되었어야 했다.

271) T 12: buč(ä)gü. (이 낱말은) 모음축약에 의하여 bu üčägü[200]에서 생겼다. (이와) 비슷한 모음축약이 다음의 예에도 있다: BQ E 2 bödkä "이 때에", KT S 1 bu ödkä "이 때에"(GOT: 74).

272) T 12: q(a)b(ï)š(sa)r. (이 낱말은) Radloff에서 qabïšïr, Malov에서 qabïsïr, Orkun과 Giraud에서 q(a)bs(a)r, Aalto에서 q(a)b(ï)s(a)r, Tekin에서 qabïs(s)ar, EDPT에서 kavïš(s)ar로 되어 있다. 어중의 중복자음이나 서로 비슷한 두 자음이 글자 하나로 표시되는 것에 관해

---

195) kün ortuda 보다는 kün ortoda가 더 정확할 것이다.

196) M Ⅲ 10은 Albert von Le Coq, *Türkische Manichaica aus Chotscho.* Ⅲ, Berlin 1922의 p.10을 뜻한다. p.10에서는 이 부분이 "wenn von Mittag her der Wind stände"로 번역되어 있다. 도이치어에서 Mittag는 "정오, 한낮; 남쪽"을 뜻한다. 러시아어 полдень도 "정오, 한낮; 남쪽"을 뜻한다.

197) TT V A 76-77는 W. Bang und A. von Gabain, *Türkische Turfan-Texte V: Aus buddhistischen Schriften*, Berlin 1931에서 A. Aus einem tantrischen Text의 76-77행을 말한다.

198) 동쪽을 "앞"으로 볼 경우 그 뒤는 "서쪽"이 되므로, 본래 "뒤에서"를 뜻하는 kedin은 "서쪽에서"를 뜻하기도 한다.

199) mändän은 män("나") + -dän(탈격어미)로 분석된다. täräf는 아랍어 차용어로서 "쪽, 방향"을 뜻하는데 여기에서는 탈격을 지배하는 후치사로 사용되었다.

200) üčägü는 üč("3") + -ägü(공동체 수사를 만드는 접미사)로 분석된다.

서는 GOT: 47-48을 볼 것.

273) T 13: öz (i)či "자기의 내부(군대)". Aalto의 출판물에서는 마지막 글자가 A로 잘못되어 있다.201) 함께 표기된 이 두 낱말은 z 다음에 모음 i가 표기되지 않았으므로 첫 연구자들에 의하여 잘못 읽혔고 해석될 수 없었다. 글자 배열 ẄZČI가 처음으로 öz (i)či 형태로 읽히고 해석된 것에 관해서는 GOT: 250, 284를 볼 것.202)

274) T 13: top(u)lγ(a)lï, top(u)lγulu͡q "(그것이) 뚫리기". 첫 연구자들이 toplaγalï 및 toplaγuluq로 읽은 이 낱말들은 위에서처럼 읽히고 해석되어야 한다고 처음으로 Tezcan(1975-1976: 175-178)이 제언했다:203)

yuyqa ärkli topulγalï učuz ärmiš
yinčgä ärkli üzgäli učuz
yuyqa qalïn bolsar topulγuluq alp ärmiš
yinčgä yoγun bolsar üzgülük alp ärmiš

다만, 둘째 줄에는 Tezcan이 주의하지 못한 것이 하나 있다: 거기에

---

201) I(i)와 A(a)는 서로 혼동될 수 있다.

202) 이는 사실과 조금 다르다. Malov(1951)가 q(a)͡lt(a)čï b(i)z öz (i)či t(a)š(ï)n tutm(i)š t(ä)g biz를 qaltačï biz öz iči tasïn tutmïs² täg biz "мы (пожалуй) останемся как бы предоставленные самим себе (или: мы останемся, как бы держа свою внутренность внешностью своего существа)"로 읽고 번역한 뒤 어휘집 부분에서는 "öziči (?), Toñ., 13. Öz-iči?"라 해 놓았기 때문이다. Tekin(1968)에서는 이 낱말이 öz (i)čï로 되어 있다.

203) 이는 사실과 조금 다르다. 이미 Sprengling(1939)이 이들 낱말을 top(u)lγ(a)lï (or topl(a)γ(a)lï) 및 top(u)lγul(u)q로 읽고 "to pierce"라고 번역하였다. Sprengling은 MK(C. Brockelmann, *Mitteltürkischer Wortschatz nach Maḥmūd al-Kāšγarīs Dīvān Luγāt at-Turk*, Bibliotheca orientalis Hungaria 1, Budapest 1928을 가리키는 것이 분명함)에 있는 동사 tubul- 및 tublun- "뚫리다"를 보고 이렇게 읽고는 이것이 topla- "접다, 구부리다"보다 더 낫고 적절하다고 하였는데 Tezcan은 자기의 소논문에서 Sprengling에 대하여 전혀 언급하지 않았다.

있는 낱말은 (ä)rkli가 아니라 (ä)rkl(i)g 즉 낱말 (ä)rkli "~인 (것)"의 대격이고 이 대격은 첫째 줄의 (ä)rkli에도 속한다. 이 경우에 처음 두 줄은 다음과 같이 번역하여야 한다: "얄팍한 것을 뚫기는 쉽다 한다, 가느다란 것을 꺾기는 쉽다."

275) T 14: qur(ï)d(ï)n͡ta "서쪽으로부터". 필자가 GOT에서 qurïdïnta로 읽고 "from the west" 즉 "서쪽으로부터"라고 번역한[204] 이 낱말을 Clauson은 kordanta로 읽고 "from Khotan (?)"[205]이라고 번역하였다(EDPT: 645a *kurı:). 이 견해를 받아들이기는 힘들다; 왜냐하면 호탄(Khotan)은 오늘날의 신강성(新疆省) 서남부에 있는데다 외튀캔(Ötükän)으로부터 대략 2000 km 거리에 있기 때문이다. 동돌궐 제국의 서쪽 경계가 나라의 초창기에 호탄까지 뻗쳤다고는 생각할 수 없다.

276) T 15: kök öŋ(ü)g "쾨크 욍(강)을". Radolff는 이것을 Kök-Üŋür로 잘못 읽었다(1899: 9). 이 구절의 마지막 자음이 G^2이라는 것을 처음으로 알아차린 사람은 Thomsen이었다(1916: 81). 그 뒤 이 문제를 연구한 Czeglédy[206]가 처음으로 Kök Öŋ은 오늘날의 Ongin 강[207]일 수 있으

---

204) 이는 사실과 조금 다르다. 실제로 GOT의 p.250, 285를 보면 qurïya qurïdïnta "from the western (Turks) in the west"로 읽히고 번역되어 있다. 그런데 이 구절은 qurïya Qurïdïnta(또는 Qorïdïnta) "서쪽에서는 Qurïqan으로부터"로 읽고 해석하는 것이 정확할 수도 있다. 이 구절에서는 동돌궐의 사방에 있는 적대적인 종족 이름들이 언급되어 있는데, 유독 서쪽에 대해서만 종족 이름을 거론하지 않는 것은 논리에 맞지 않는다. 오늘날의 야쿠트족의 조상으로 여겨지는 쿠르칸(Qurïqan, 骨利幹)족은 옛 문헌에 Qurï로도 나온다. 투뉴쿠크 비문에는 qurïdïnta와 비슷한 구조로 되어 있는 oɣ(u)zd(u)n͡t(a)n도 있다. 더구나 고대 튀르크어에서 "서쪽에서"를 뜻하는 낱말로는 qurïya와 kedin이 있을 뿐 qurïdïn은 확인되지 않는다. 이 문제와 관련하여 Yong-sŏng Li, "Zu QWRDNTA in der Tuńuquq-Inschrift", *CAJ*, 47/2 (2003), pp. 229-241을 볼 것.

205) 이는 사실과 조금 다르다. 실제로 EDPT: 645a를 보면 qurïya qurïdïnta가 kurıya: (PU) kordanta: 즉 qurïyā (pronunciation uncertain 발음 불확실) qordantā로 읽히고 "among ... Khotan(?) in the west"로 번역되어 있다.

206) Károly Czeglédy(1914.12.21.-1996.6.20.). 헝가리의 동양학자/언어학자/역사학자.

며 이 고유명사는 여기서 대격이라는 견해를 제시하였다(1962: 55-69).

277) T 15: yoγ(u)ru. Radloff는 이 낱말을 yoγaru로 읽고 이것을 yoqaru ["위로, 위쪽으로"][208]와 동일하다고 여겼다(1899: 8-9). Thomsen은 yoγ(u)ru로 읽은 이 낱말을 동사 yoγur- "반죽하다, 개다"의 어미 -u로 된 부동사형으로 이해하고 구절을 "en nous frayant le chemin par (proprement: en piétinant) le Kök-Üngüg (l' Üngüg bleu)", 즉 "우리는 Kök-Üngüg(푸른 Üngüg)을 통해 길을 트면서(적확하게는 발을 구르면서)"라고 번역하였다(1916: 79-80). Thomsen의 독법과 해석을 받아들인 Orkun은 구절을 터키어로 "Kök üngü bata çıka"["Kök üng을 따라 발을 질질 끌며 (걸어서)"] 형태로 번역하였다 (ETY I: 104).

낱말을 처음으로 옳게 번역한 사람은 Gabain이었다: Kök öŋüg yoγ(u)ru "den Kök Öng überquerend", 즉 "쾨크 욍을 가로지르며"(1950: 140). 이 독법과 해석은 Malov, Aalto 및 Giraud에 의해서도 받아들여졌다. Malov는 낱말을 yuγuru로 읽고 이것을 동사 yuγur- "반죽하다. 개다"의 부동사형으로 여겼다(1951: 62, 66, 390).[209] 필자도 이 낱말을 GOT에서 yoγuru로 읽었지만 이것을 동사 yoγur-

---

207) 정확하게는 Ongi강이라고 하여야 한다. 몽골어로는 Ongiin gol(Ongi 강)이라고 한다. 몽골어에서는 강 이름을 부를 때에 속격을 사용하기 때문이다. Ongi 강은 몽골 중부의 우부르항가이(Övörkhangai = 南 Khangai) 아이막 북부 지역에서 발원하여 고비 사막의 올라안 노오르(Ulaan nuur "붉은 호수") 호수로 흘러 든다.

208) 현대 터키어에서 "위로, 위를 향하여"를 뜻하는 낱말 yukarı는 고대 튀르크어 yoqqaru(< *yoqγaru < *yoq("위") + -γaru("향격 어미")에서 변화한 것이다. 고대 튀르크어 시대에 이미 yoγaru < yoqaru(< yoqqaru)의 변화가 있었다고 볼 수는 없으므로 Radloff의 견해는 옳지 않다. 고대 튀르크어에는 동사 yoqla- "오르다"(< *yoq("위") + -la-("동사화 접미사"))가 있었다.

209) Malov는 yuγuru로 읽고(p. 62) 이를 "пройдя", 즉 "지나서, 지나며"로 번역한 뒤(p. 66), 어휘집 부분에서는 yuγur- "утаптывать (снег), Тоń. 26, итти по воде (меситьводу), Тоń. 15", 즉 "(눈을) 밟아 굳히다 (투뉴쿠크 비문 26행), 물을 따라 가다 (물을 반죽하다) (투뉴쿠크 비문 15행)"(p. 390)으로 밝혀 놓았다.

"반죽하다, 개다"의 부동사형으로 여기고 (이) 구절을 "Having waded Kök Öŋ"이라고 번역하였었다. 즉 이것을 "쾨크 욍(강의 질척질척한 바닥)을 짓밟으며"라고 이해하였었다(1968: 285). 지금 필자는 필자의 제자이자 조교인 Mehmet Ölmez[210] 박사가 필자에게 얻어준 믿을 수 있는 증거들을 대하고서는 Gabain의 해석을 받아들이고 여기에 있는 동사가 공통 튀르크어(Common Turkic) 동사 yuγur- "반죽하다, 개다"와는 완전히 다른, "큰 강, 호수, 눈보라 등과 같은 위험한 장애물을 넘다, 지나다"를 뜻하는 동사 yoγur-임을 받아들인다. 우리는 아주 드물기는 하지만 위구르어 텍스트들에서 이 동사와 마주친다: 현장 전기(玄奘傳記)[211] 제Ⅵ장 (9.15-19) 231-35: vayram yeel kölünsär [tal]uy ügüzüg käčmäk ïraq ärmäz, [lu]u yaŋlïγ kemidä olursar uluγ köllärig yoγurmaq alp ärmäz["질풍을 타면 바다·강을 지나기가 멀지 않고, 용 같은 배에 앉으면 큰 호수들을 건너기가 어렵지 않다"] (Tuguševa[212] 1991: 104), yoγur- "переходить, пересекать(건너다, 가로지르다)"(같은 곳 390), yoγurunčsuz uluγ öŋ körtüküg yoγurup, käčinčsiz täriŋ taluy ügüz suwïn toγurup ...["가로지를 수 없는 사막·설원을 가로지르고, 건널 수 없는 깊은 바다·강의 물을 건너서 ..."] (TT Ⅵ: 62, 각주 1); 위구르어 Apo-

---

210) Mehmet Ölmez(1963.3.31.-). 터키의 튀르크학자. 터키 중부 Nevşehir도의 Uçhisar 출신으로 1985년에 앙카라에 있는 하제트테페(Hacettepe) 대학교 터키어문학과를 졸업하였다. 같은 곳에서 1988년에 석사, 1994년에 박사 학위를 받은 뒤 부교수로 근무하였다. 도쿄 외국어 대학교 터키어과에서 2년 동안 초빙교수로 근무하기도 하였다. 현재 이스탄불에 있는 Yıldız 대학교에서 터키어문학과 학과장으로 근무하고 있다.

211) 현장 전기(玄奘傳記)란 7세기의 유명한, 당나라 구법승 현장의 일대기로 그 제자들 중 혜립(慧立)이 A.D. 648-649년에 집필하기 시작하여 언종(彦悰)이 A.D. 688년에 완성한 대당대자은사삼장법사전(大唐大慈恩寺三藏法師傳)을 10세기에 위구르인 학자 Šiŋqo Šali Tutuŋ이 위구르어로 번역한 것을 말한다. Šiŋqo라는 이름은 중국어 勝光의 차용어이다. 이 위구르어 사본은 오늘날 북경, 파리 및 상크트 페테르부르그에 분산·소장되어 있다.

212) Lilija Jusufžanovna Tuguševa(1932.1.10.-). 소련/러시아의 튀르크학자. 카자흐스탄에서 출생하였다.

kryphes Sūtra[213]에서는 (동사 yoγur-가) "(시간을) 보내다, (질병을) 이겨내다[214](verbringen, passieren)"의 뜻으로, 중국어 累 lei "묶다, 서로 묶다(to tie together)"(G. 6820)[215]의 상응어로서 사용된다 (Kara-Zieme[216] 1986: 374를 참고할 것); 현장 전기에서는 위구르어 낱말(yoγur-)의 완전한 상응어가 발견된다: 涉 she "물을 건너다"(G. 9784) Taishō 제50권, 253a17[15].[217]

278) T 15: ing(ä)k k̂öl(ä)k(i)n toγl(a)da oγ(u)z k(ä)lti. 이 문장의 첫 낱말 세 개를 Radloff는 Ingäk-kölgä(?) Toγlada 형태로 잘못 읽고 (문장을) "die Oguz kamen zum Ingäk-Köl(?) von der Togla her"라고 잘못 번역하였다(1899: 9). 둘째 낱말의 마지막 글자는 A가 아니라 N^2이다.[218] Thomsen의 번역은 상당히 다르다: "Mit Kühen und Lasttieren kamen die Oγuzen die Toγla entlang"(1924: 164). Thomsen이 첫 낱말은 "암소", 둘째 낱말은 "짐 나르는 짐승"을 뜻하는 kölük이어야 한다고 생각했음을 알 수 있다. Thomsen의 이 견해는 대개 받아들여졌다. Orkun은 이 구절[219]을 "그들의 암소들 및 짐 나르는 짐승들과 함께"[220], Clauson은 "with(?) the cattle and

---

213) 위구르어 Apokryphes Sūtra(apocryphal sutra)란 佛頂心大陀羅尼의 (고대) 위구르어 번역본을 말한다.

214) "passieren"은 "통과하다"를 뜻한다. "(질병을) 이겨내다"는 "passieren"의 번역으로는 적절하지 않다.

215) G. 6820은 Herbert A. Giles, *A Chinese-English Dictionary*, Shanghai-London 1912에 있는 번호 6820의 글자를 가리킨다.

216) György Kara(1935-). 헝가리의 몽골학자/알타이학자. 인디애나 대학교 교수로 근무하고 있다.
Peter Zieme(1942.4.19.-). 도이칠란트의 튀르크학자. 고대 위구르어 문헌과 관련하여 저술을 많이 하였다.

217) Taishō 제50권, 253a17[15]는 大正新修大藏經(Tokyo 1927) 第五十册 p. 253에서 (오른쪽으로부터) 17행의 (아래로) 열다섯 번째 글자를 말한다. 바로 이 부분에 현장 전기가 있다.

218) A(a)와 N^2(N)는 서로 혼동될 수 있다.

219) ing(ä)k k̂öl(ä)k(i)n을 말한다.

220) Orkun(1936)의 룬 문자로 된 원문에서는 Radloff(1899)에서처럼 $IN^2G^2K^{2w}$

baggage animals"라고 번역하였다(EDPT: 184). 필자는 GOT에서 첫 낱말 두 개를 조금 다르게 "with carts drawn by oxen"이라고 번역하였었다(1968: 285). 지금 필자는 완전히 다른 해석을 하고자 한다. 오구즈족이 이렇게 오는 것은 이주(移住)가 아니라 공격이다; 공격은 암소들, 거세한 황소들 및 짐 나르는 짐승들을 가지고 행해지지 않는다. 이 경우에 글자 배열 ${}^{w}KL^{2}K^{2}N^{2}$은 kölük "짐 나르는 짐승" 또는 "수레"[의 기구격]일 수 없다. 그럴듯한 유일한 가능성은 이 낱말이 기구격으로 되어 있는 낱말 köl(ä)k "작은 호수, 늪"이라는 것이다. 아마도 토글라(Toγla) 강의 긴 물줄기를 따라 거기에 가까운 곳에 또는 거기에 인접하여 인개크(Ingäk)라 불린 작은 호수 또는 늪이 있었고 오구즈족은 이쪽에서 오면서 튀르크족을 공격하였을 것이다. 이 경우에 첫 낱말 세 개를 "인개크 못(또는 늪)과 토글라(강이 서로 가까이 있는 또는 인접해 있는 곳)에서부터"라고 해석하는 것은 잘못이 아닐 것이라고 필자는 생각한다.

279) T 17: tü[rk q(a)γ(a)n(ï)γ]. 구절 türk bod(u)n(u)γ 앞에 있는 글자 여섯 개가 들어갈 수 있는 공백은 Thomsen이 옳게 생각한 것처럼 이렇게 채워져야 한다.

280) T 17: ... b(ä)n öz(ü)m bilgä tuńûqûq <k(ä)lürt(ü)m>. 글쓴이가 줄의 첫 부분에서 시작된 문장의 마지막 낱말을 (서술어를) 표기하는 것을 잊었다. 이 (표기되지 않은 낱말)은 단지 k(ä)lürt(ü)m "내가 데려왔다"일 수 있다. 낱말 öt(ü)k(ä)n과 함께 그 주어가 "튀르크족"인 둘째 문장이 시작되고 있다.

281) T 18: [: (e)ki] süm[(ü)z b]olṫï "[우리의] 군대는 [둘]이었다". 문장이 이런 형태로 고쳐진 것은 Thomsen에 의해서였다. Grønbech가

$KL^{2}K^{2}A$(p.105), 이의 전사는 ing(e)k k̊ölke로 되어 있어서(p. 104) "그들의 암소들 및 짐 나르는 짐승들과 함께"로는 도저히 번역될 수 없다. 오히려 k̊ölke는 "호수에, 호수에서"로 번역될 수 있다.

süm(ü)z (e)ki boltï 형태로 (이 문장을) 고친 것[221]은 받아들여질 수 없다. 왜냐하면 süm의 앞과 뒤에는 단지 두 글자씩만 들어갈 수 있는 공백이 있기 때문이다.[222]

282) T 18: q[ïl(ï)nγ(a)l]ï “[창조된 이래]”. Grønbech는 구절 türk bod(u)n 다음에 있는 이 공백을 [qazγanγal]ï 형태로 채웠다. Aalto의 출판물에서는 이 공백이 q[(a)z(u)rγ(a)l]ï 형태로 채워지고 이 낱말은 “um zu erobern”이라고 번역되었다[223](1958: 36-37). Giraud는 같은 공백을 낱말 olurγalï로 채웠다[224](1961: 54). 이들 독법의 어느 하나도 받아들여질 수 없다. 필자는 GOT에서 이 공백을, 동사 qïlïn-이 “창조되다”를 뜻함을 고려하여, q[ïlïnγal]ï 형태로 채웠었다. 필자는 지금도 같은 견해이다. 이것 다음에 오는 구절 türk q(a)γ(a)n ol(o)rγ(a)lï “튀르크 카간이 즉위한 이래”에 가장 알맞은 수정은 필자가 보기에는 이것만이 될 수 있다: “튀르크 백성이 창조된 이래, 튀르크 카간이 즉위한 이래...”.

283) T 19: usïn bun͡t(u)tu. 투뉴쿠크 비문의 가장 어려운 구절 중의 하나

---

221) Aalto(1958)의 p. 54에 있는 주를 보면 sümüz iki boltï로 되어 있다.

222) 이 문장은 Radloff(1899)에서는 .....(B)WLTI, Aalto(1952)에서는 ......WLTI로 되어 있다. 이를 보면 Grønbech가 Radloff의 저작을 주로 이용했음을 알 수 있다. 그런데, [$S^2\ddot{W}MZ\ K^2IB^1$]WLTI로 보아도 공백에 일곱 글자가 들어가게 되므로 한 글자가 더 많아 Grønbech의 것은 무리이다. Malov(1951)에서는 이 문장이 $B^2IZK^2IS^2\ddot{W}B^1$WLTI, 즉 biz (e)ki sü boltï로 되어 있는데 이는 문법에도 어긋난다. 왜냐하면 주어는 biz “우리”인데 서술어는 boltï “그가/그것이 되었다”이기 때문이다.

223) 고대 튀르크어에서 동사 qazur- “정복하다”는 확인되지 않는다. Aalto 등이 이 가상의 낱말을 “um zu erobern”이라 번역한 것은 고대 튀르크어에서 어미 -γalï/-gäli가 “~하기 위하여; ~한 이래”를 뜻하기 때문이다. Thomsen(1924)에서는 이 부분의 번역이 “Um Eroberungen zu machen”으로 되어 있어(p. 165), Aalto(1958)의 번역과 일치한다.

224) Radloff(1899), Orkun(1936) 및 Malov(1951)도 이 부분을 olurγalï로 읽었는데, 이를 Radloff는 “(거기에서) 정주하기 위하여”, Orkun은 “있게 된 이래”, Malov는 “거주하기 (정복하기) 위하여”, Giraud는 “군림한 이래”로 번역하였다.

인 이 두 낱말을 첫 연구자들은 사람 이름으로 이해하였다[225]: Radloff *Ussïn Bundatu*(?), Thomsen, Orkun, Malov *Usïn Bundatu*(?). Aalto의 저서에서는 같은 형태로 읽힌 이 두 낱말이 땅 이름으로 해석되었다: "In dem Usïn-Bundatu Wohnsitz..."[226](1958: 36). Giraud는 같은 구절을 us-ï-n bundat-u로 읽고 "Laissant abêtir son esprit"라고 번역하였다(1961: 55, 61). 필자는 GOT에서 이 구절을 u-sï̄-n bundatu 형태로 읽고(1968: 250) "Having not been able to sleep enough" 형태로 번역하였었다(1968: 285). 이렇게 번역한 까닭은 앞의 문장의 주어가 "카간", 즉 "일테리시 카간"이기 때문이었다: üč ot(u)z b(a)l̂ïq sïdï "(일테리시 카간은) 23 도시를 점령하였다". 이를 뒤따르는 그리고 그 술어가 y(a)tu q(a)lur (ä)rti인 문장의 주어도 "일테리시 카간"이다. 이것 다음의 문장에서 튀르크족의 적들이 아주 많음이 언급된 것을 보면 이러한 상황에서 일테리시 카간이 편하게 잠잘 수 없는 것, 그의 잠이 달아나는 것 그리고 야영지에서 아무것도 하지 못하고 "누워 있는 것"은 지극히 당연하다. 첫 낱말을 설명하기는 쉽다: u-sï-n "그의 잠을." 어려운 것은 둘째 낱말이다. 필자의 생각으로는, 그 목적어가 u-sï-n인 둘째 낱말은 buntat- 또는 buntut- 형태인 그리고 "갈피를 못 잡게 하다, 빗나가게 하다, 놓치게 하다, 길을 잃게 하다"를 뜻하는 어떤 동사의 -u로 된 부동사형일 수 있다. 고대 튀르크

225) 이 주장은 사실과 조금 다르다. 이 두 낱말을 Orkun만 물음표와 함께 사람 이름으로 보았을 뿐 다른 연구자들은 땅 이름으로 보았다. Radloff는 Usïn-bundatu(?)로 읽고(p.11) 땅 이름 "Ussïn-Bundatu"로 번역한 뒤(p. 10) 주석 부분에서는 이를 Usïnbundatu나 Ušïnbundatu로 읽을 수 있다고 하였으며(p. 48), 어휘집 부분에서는 Usïn-bundatu(?)를 땅 이름이라고만 하였다(p. 92). Radloff가 p. 10에서 "Ussïn-Bundatu(Ussyn-Bundatu로 되어 있음)"로 표기한 것은 도이치어 표기법에서 두 모음 사이의 s는 /z/, ss는 /s/를 나타내기 때문이지 결코 Ussïn-Bundatu로, 즉 이중자음 s로 읽었기 때문이 아니다. Thomsen은 이를 Usïn Bundatu로 읽고 땅 이름으로 보았다. Malov는 본문(p. 62) 및 어휘집(p. 439)에서는 이를 땅 이름 "Usïn buntatu"로 읽었지만 번역 부분(p. 66)에서는 Usïn-bundatu로 읽었다.

226) 이 부분은 us(ï)n bun͡t(a)tu yurtda의 번역인데, us(ï)n은 usïn의 잘못이다. 본문에서는 bun͡t(a)tu로 읽힌 낱말이 번역 부분에서는 Bundatu로 되어 있다.

어에는 "미치다, 머리가 돌다"를 뜻하는 동사 mun-이 있다(EDPT: 348). 이 동사는 쿠타드구 빌리그(Qutaδγu Bilig)에서 동사 az-와 함께 "미치다, 머리가 돌다, 광포해지다"의 뜻으로 나타난다: yaβlaq sämirsä mun-ar häm az-ar "사나운 말이 살찌면 광포해진다 그리고 억제할 수 없게 된다"(QB 3600).[227] 이 동사의 사동태는 muntur- "(누군가를) 미치게 하다" 형태로 M Ⅲ에 나타난다(EDPT: 768).

투뉴쿠크 비문에 있는 buntut- 형태는 다음과 같이 설명될 수 있다: bun-u-t- 및 이것으로부터 다시 접미사 -t-에 의해 bunt-u-t-. 돌궐어에는 이와 비슷한 구조의, 즉 접미사 -t-를 두 개 지닌 동사가 더 있다: yara-t-ï-t- "만들도록 하게 하다"; b(ä)lgüm(i)n bit(i)g(i)m(i)n (a)n͡ta y(a)r(a)t(ï)td(ï)m["나는 나의 (재산) 부호 및 나의 비문을 거기에서 만들도록 하게 하였다"] (Šine-Usu E 8), örg(i)n (a)n͡ta y(a)r(a)t(ï)td(ï)m["나는 옥좌를 거기에서 만들도록 하게 하였다"] (Šine-Usu E 9) 등. (이) 동사의 *bunut-/ *munut- 형태는 지금까지 어떤 곳에서도 발견되지 않았다. 그러나 이것으로부터 접미사 -z에 의하여 파생된 형용사 munduz "미친, 돌아버린, 광포한"[228]은 MK에 나타난다: munduz aqïn "a stream in flood"[229](EDPT: 768). 또한, muntru muntuz yäklär "(사람들을) 나쁜 길로 이끄는, 선동자 악마들"(ETŞ: 28)을 참조할 것. Bang은 (이) 구절에 있는 형용사 muntuz를 바르게 동사 *mun-ut-에서 이끌어냈다(ETŞ: 312, 주 6-16).[230] 바로 이런 모든 이유로 해서 필자는 이 구절을 usïn buntutu로 읽고 "그의 잠을 달아나게 하며" 또는 "그의 잠을 빗나가게 하며, 미치게

227) QB 3600은 Qutaδγu Bilig의 3600 번째 beyit(二行連句, couplet)를 말한다.
228) 실제로 MK를 보면 munduz의 뜻이 단독으로는 "어리석은, 우둔한"으로 나타난다.
229) 실제로 MK를 보면 munduz aqïn의 뜻은 "갑작스러운 홍수(sudden flood)"이다.
230) ETŞ의 p. 312에 있는, 여섯째 시의 16행에 대한 주를 말한다. Arat는 p. 28에서는 muntrumuntuz yekler로 전사하고 p. 29에서는 이를 단지 "muntrumuntuz şeytanlar", 즉 "muntrumuntuz 악마들"이라고 번역하였다. Arat는 muntrumuntuz를 번역하지 않고 p. 312에서 W. Bang의 견해를 그대로 인용하였다. "(사람들을) 나쁜 길로 이끄는, 선동자 악마들"이라고 번역한 사람은 p. 312에 나와 있듯이 W. Bang이다. 여기의 yekler는 yäklär를 가리킨다.

하며“, 즉 ”잠을 이루지 못하며“라고 해석한다.

284) T 20: (a)rt[u͡q : q͡ïïrq(ï)z :]. 이 구절의 첫 낱말을 Thomsen은 (a)rt[uq] 형태로 고치고 이것을 “[De] plus”[“게다가”][231]라고 번역하였다(1916: 9). 그의 투뉴쿠크 비문의 도이치어 번역에서도 이 낱말은 “außer[dem]”[“게다가”]로 대응되었다(1924: 165). Grønbech는 첫 낱말을 (a)rt[uqi] 형태로 고쳤다.[232] Aalto의 출판물에서도 첫 낱말에 “Ausserdem”이라는 뜻이 주어졌다(1958: 36). 필자의 생각으로는, 첫 낱말은 (a)rtuq로 읽히고 종족 이름 크르그즈의 형용사로 이해되어야 한다. 왜냐하면, 이를 뒤따르는 구절도 형용사 küčl(ü)g로 이루어진 수식구이기 때문이다.[233] 더구나, 필자는 낱말 artuq나 artuqi가 문장 접속어로 사용된 다른 예가 발견될 수 없을 것이라고 생각한다.

285) T 21: (e)di yo͡q q͡ïïš(a)l(ï)m. 대개 ID^2I 형태로 표기되는 첫 낱말이 여기에서는 D^2I 형태로 표기되었다. Grønbech에 의하면 첫 낱말은 N^1I, 즉 (a)nï이다.[234] 그렇지만 Sprengling의 사본에서는 첫 글자가 N^1이 아니라 더하기 부호처럼 표기된 D^2이다.

---

231) Giraud는 이를 Arttuq로 읽고 “de plus”라고 번역하였다.

232) Malov에서는 룬 문자로 된 원문에서 $R^1T^{1w}K$(qtr)(p. 58), 그 전사는 art[uqï](p. 62), 번역은 “Но больше всего”(p. 66)로 되어 있다.

233) 여기에서 낱말 küč[l(ü)g]는 고유명사일 가능성이 있다. 13세기 초에 칭기스칸에 대항했던 나이만(乃蠻)족 왕자의 이름도 Küčlüg(屈出律)이다. 참고로 KT E 14, 16과 BQ E 12, 13에 나오는 토쿠즈 오구즈 백성의 baz 카간에서 baz는 “종속된”을 뜻하지만 중국 문헌에 比粟로 기록된 것으로 보아 그대로 Baz 카간으로 받아들이는 것이 좋을 것이다. 그런데 比粟로 나오므로 돌궐 비문에서는 *Biz나 *Bez 또는 이와 비슷한 형태로 있어야 한다. 이것은 혹시 광개토왕비에서 백제(百濟)를 적대시하여 백잔(百殘)으로 표기한 것과 비슷한 맥락에서 이해해야 하는 것인지 모른다. 즉, 적의 카간 이름을 발음이 조금 비슷한 baz “종속된, 예속된”으로 나쁘게 표현했을지 모른다.

234) 낱말 anï는 “그(들)을”을 뜻한다. Radloff, Orkun, Malov 및 Giraud에서도 N^1I, Aalto에서는 D^2I로 되어 있다.

286) T 22: bulγ(a)n͡č "혼란한", t(a)rq(ï)n͡č "괴로운, 어려운 상황에 있는, 불안한, 불만인". 첫 낱말은 Radloff, Orkun, Malov 및 Giraud에서 $B^1WL^1G^1K^1$, 즉 bulγ(a)q로 잘못 되어 있다.[235] Grønbech는 둘째 낱말을 tarïqïnč로 읽었다. Orkun에서는 낱말이 t(a)rq(a)nč 형태로 있다[236]; 다만 이 낱말이 들어 있는 문장은 "그는 오구즈족에게도 '반란을 일으키시오!'라고 말하였다 한다"로 잘못 번역되었다(ETY I: 108).[237] (이) 낱말은 Aalto의 출판물에서는 t(a)rγ(a)nč 형태로 잘못 되어 있다.[238] 필자는 GOT에서 이 낱말을 tarqïnč로 읽고 "displeased"라고 번역하였었다. 즉 낱말을 어근 tār "좁은, 비좁은"에서 파생된 동사 tārïq- "어려움을 겪다, 곤경에 처하다"(튀르크멘어 dārïq- "같은 뜻"[239]과 비교할 것)에서 만들어진 형용사로 생각하였었다(1968: 250, 286). Clauson은 낱말을 tarqïnč로 읽고 "uneasy, unsettled, difficult"로 번역하였다(EDPT: 540).

287) T 22: <kün y(ä)mä> ol(o)rs(ï)q(ï)m k(ä)lm(ä)z (ä)rti. 글쓴이는 여기에서도 구절 kün y(ä)mä를 표기하는 것을 잊었다.

---

235) 이 주장은 사실과 조금 다르다. 첫 낱말이 Malov에서는 $B^1WL^1G^1NČ$(p. 58), 그 전사는 bulγanč(p. 62)로 되어 있기 때문이다.

236) Radloff와 Malov는 tarqanč "흩어진", Giraud는 tarqanč "성난, 화난"으로 읽고 번역하였다.

237) Orkun이 낱말 tarqanč를 "âsî, isyan eden", 즉 "모반한 (사람), 반란을 일으킨 (사람)"으로 번역하고 tarqanč ol을 "isyan edin!", 즉 "(당신들은) 반란을 일으키시오!"라고 본 것은 여기의 ol을 현대 터키어 동사 ol- "~ 되다"(< *wol- < *βol- < bol- [bōl-])의 어간으로 착각하였기 때문이다. 튀르크 언어들에서 동사의 어간은 단수 2인칭 명령형이 된다. 그렇지만 여기의 ol은 3인칭 계사이므로 Orkun의 번역은 옳지 못하다.

238) Aalto의 출판물을 보면 이처럼 전사가 잘못된 부분이 꽤 많이 발견된다. 룬 문자로 된 원문에서는 $T^1R^1K^1NČ$로 되어 있으므로(p. 36), 이의 전사는 t(a)rq(a)n͡č 같은 것이어야 한다. p. 37에 있는 t(a)rγ(a)n͡č는 잘못 인쇄된 것일 수도 있다.

239) 튀르크멘어에서 동사 dārïq-는 "마음 졸이다, 근심하다, 신경과민이 되다, 절망하다"를 뜻한다.

288) T 22: s(a)q(ï)n͡t(ï)m a. 어말에 있는 a는 놀람, 경악, 당황을 나타내는 불변화사임이 틀림없다. MK ol m(ä)ni a qïldï "그는 나를 놀라게 하였다"(I: 39)240)와 비교할 것.

289) T 23: [ilk q͡ïïrq(ï)zq]a sü[l(ä)s(ä)]r [y(e)g (ä)r]m(i)š. 첫 공백은 Thomsen에 의하여 채워졌다. Grønbech가 [... qïrqïz tap]a sü[läsär ädgü] ol 형태로 고친 것은 받아들여질 수 없다. 왜냐하면 공백 다음에 MS^2라는 글자들이 있는 데다 -q]a 대신에 tap]a가 들어갈 자리가 공백에 없기 때문이다.241)

290) T 23: čölgi (a)z (ä)ri bult(u)m. Thomsen은 첫 낱말을 čül(ü)g로 읽고 "fern", 즉 "먼"이라고 번역하였다; Gabain에 의하면 이 낱말의 뜻은 "fremd", 즉 "낯선"이다. Radloff, Orkun 및 Malov는 낱말을 čölgi로 읽고 "사막에 속하는, 사막에 있는, 초원에 있는"이라고 번역하였다. 필자도 GOT에서 이렇게 읽고 구절 전체를 "I found a man from the Az people who lived in the plain"이라고 번역하였었다(1968: 251, 286). 필자는 지금도 같은 견해이다.

Giraud는 더 다른 독법과 번역을 권하였다: čöllig iz äri bultïm "나는 초원에 사는 안내자를 한 사람 찾아냈다"242)(1961: 55, 61). 문제의 첫 낱말 세 개는 이렇게 읽힐 수 있다; 다만 "안내자" 대신에 iz äri라는 관용어가 있는지 의심스럽다. 투뉴쿠크 비문에서 "안내자"의

---

240) Besim Atalay, *Divanü Lûgat-it-Türk Tercümesi* [Dīwān Luɣāt at-Turk 번역] I, Ankara 1939의 p. 39를 말한다.

241) Radloff 발간 도해를 보면 이 부분이 ....$A:S^2\ddot{W}$..........로 되어 있다. 앞에는 글자 10개, 뒤에는 9개가 들어갈 만한 공백이 있다. 그러므로 Grønbech가 Radloff의 출판물을 주로 사용하여 이 부분을 [...qïrq(ï)z t(a)p]a : sü[l(ä)-s(ä)r : (ä)dgü] ol "[...크르그즈를 향하]여 출정[하면 좋]다" 형태로 고쳤음을 알 수 있다.

242) Tekin의 이 번역은 잘못된 것이다. 실제로 Giraud(1961)의 p. 61을 보면 이 문장이 "Je trouvai un homme qui connaissait les pistes du désert", 즉 "나는 사막의 자국들을 잘 아는 사나이를 하나 찾아냈다"로 번역되어 있다.

뜻으로 그리고 동일한 사나이를 위하여 사용된 낱말은 y(e)rči이다: y(e)rči y(e)r y(a)ŋ(ï)l(ï)p boγ(u)zl(a)n͡tï(26행). 한편, 24행의 첫 부분에는 낱말 (e)š(i)t(ti)m 다음에 (a)z yir y[oli] 형태로 구절이 하나 있다. 이것에 의하여, 튀르크족이 크르그즈족을 향하여 출정할 때 아즈족의 땅을 지나야만 했다는 것을 알 수 있다. 아즈족의 대부분은 십중팔구 크르그즈족의 남쪽에 있는 산악지역에 살고 있었을 것이다. čölgi Az äri라는 구절에서 아즈족의 일부가 더 남쪽에 čöl에, 즉 초원에 살았음을 알 수 있다.

291) T 25: (a)tl(a)t [t(e)d(i)]m. 첫 낱말은 초기의 출판물들 및 Sprengling에서 $T^1L^1T^1$, Orkun 및 Aalto에서는 $T^1L^1T^1N^1$ 형태로 있다.[243] Grønbech는 전체 구절이 atïlturtum 또는 atlandurtum 형태로 있을 수 있다고 주장하였다. 필자는 첫 낱말이 $T^1L^1T^1N^1$ 형태로 표기되었다는 것을 받아들여 이것을 tal atïn “Enter the water on horseback!”, 즉 “말 타고 물에 뛰어 들어!”[244]로 읽고 해석하였었다(GOT: 251, 286). 지금 필자는 첫 낱말이 오직 세 글자로 되어 있음을 고려하여 이것은 다만 (a)tl(a)t로만 읽힐 수 있을 것이라고 생각하고 있다.

292) T 25: uγ(u)r q(a)l(ï)td(ï)m “나는 시간을 벌었다”. 첫 연구자들은 이 구절을 서로 다른 형태로 읽고 해석하려 애썼다. Radloff: Oγuz aqlattïm[245] “liess ich die Oguz ihre Treue beweisen (indem ich sie

---

243) 이 주장은 사실과 조금 다르다. 이 낱말은 Orkun, Malov 및 Giraud에서도 $T^1L^1T^1$로 되어 있다. Aalto의 출판물을 보면 룬 문자로 된 원문에서 $T^1PT^1N^1$로(p. 38), 이의 전사는 (a)tl(a)t(u)n으로(p. 39) 되어 있어 P(p)가 L^1(l) 대신에 잘못 인쇄되었음을 알 수 있다.

244) 이 경우에 atïn은 at(“말(馬)”) + ï(연결모음) + -n(기구격 어미)로 분석된다.

245) Radloff의 룬 문자로 된 원문에서는 $WG^1ZK^1L^1T^1D^1M$으로 되어 있으므로(p. 12), Radloff는 이를 Oγuz aqlatdïm으로 읽었어야 한다. Z(z)와 R^1(r)은 서로 혼동될 수도 있다. Radloff는 동사 aqlat-를 오스만 튀르크어 등에 있는 동사 aqla- “희게 하다, 무죄로 하다, 명예를 깨끗하게 하다”의 사동형으로 보았다. Orkun은 이 부분을 oγ(u)z (a)ql(a)td(ï)m “나는 오구즈족을 앞으로 보냈다”로 읽고 번역하였다(ETY I: 108). 그런데 여기에서 Orkun은 동사 aqlat-를 MK에

vorausschickte)"(1899: 13), Thomsen: "ließ ich es sich sammeln" (1924: 166), Grønbech: oɣraqlatdïm (oɣraqlat- "lade slaa lejr, arrangere mødested"), Malov: oɣraqlatdïm "я приказал остановиться (тыловым) лагерем"(1951: 62, 67), Giraud: Oɣuz qalatdïm "je fis encadrer les Oghouz"(1961: 55, 61), Tekin: oɣurqalatdïm "I let (the soldiers) heat their backs"(GOT: 251, 286), Clauson: uɣraqlatdïm "I chose a favourable moment" (EDPT: 94) 등. 이들 중 어느 하나도 설득력이 있어 보이지 않는다. Clauson의 동사 *uɣraqlat-는 어느 곳에서도 확인된 적이 없다. 필자가 보기에 문맥에 가장 알맞은 독법은 Clauson의 반박(EDPT: 619)[246]에도 불구하고 qalïtdïm이다. 왜냐하면, 투뉴쿠크는 크르그즈족에게 갈 때 군대로 하여금 아크 태르맬(Aq Tärmäl) 강을 건너게 하는 방법으로 길을 줄였기 때문이다. 즉 시간을 남겨두었기 때문이다 또는 벌었기 때문이다. 고대 튀르크어 낱말 uɣur의 가장 일반적인 그리고 아마도 본래의 뜻은 "때, 시간"이다. 둘째 낱말 *qālït- "남기다, 뒤에 남기다, 남겨두다"는 동사 qāl- "남다"로부터 고대 튀르크어에서 매우 생산적이었던 접미사 -t-에 의하여 파생된 사동어간이다. 이 어간은 아직 텍스트들에서 확인되지는 않았지만 그렇다고 해서 이 사동어간이 없었다는 뜻은 아니다.

293) T 26: yuɣ(u)rča ïd(ï)p.첫 낱말의 마지막 글자는 (이) 비문의 발간된 모든 사본들에서 A이다.[247] Thomsen은 이것이 I일 수 있다는 것도 생각하여[248] 낱말이 yoɣurča 또는 yoɣurčï 형태로 읽힐 수 있다고

나타나는 동사 aɣlat- "쫓아내다, 비우다"와 동일한 것으로 착각하였다.

246) p. 619의 표제어 kalıt-[즉 qalït-]를 보면 Clauson은 이것이 동사 qalī- "공중에 오르다; 뛰어오르다"의 사동형임을 밝힌 뒤 Türkü VIII this word has been incorrectly read in T 25, see uğraklat-로 적어 놓았다. 즉 Clauson은 8세기의 돌궐족(비문들에서는 türk나 türük로 나타나는데 Clauson은 늘 türkü로 읽었음)이 남긴 투뉴쿠크 비문의 25행에 있는 낱말 uğraklat-[즉 uɣraqlat-]의 뒷부분이 그 동안 qalït-로 잘못 읽혀 왔으니 이 사전의 표제어 uğraklat-를 보라고 한 것이다.

247) Malov에서는 첫 낱말이 $Y^1WG^1R^1W$ yuɣuru(p. 58, 62)로 되어 있다.

248) A(a)와 I(i)는 서로 혼동될 수 있다.

주장하였다(1916: 82). Gabain은 yoγur-ča를 bol-ča[249]처럼 어미 -ča로 된 부동사들 사이에 넣고 Thomsen에 의거하여 "sobald as"라고 번역하였다(1941: § 223). 이 낱말을 필자는 중음생략(haplology)에 의하여 일차적인 형태 *yoγur-ur-ča에서 발전한 형태로 여겼었다(GOT: 74). 필자는 지금도 같은 견해이다.

둘째 낱말은 모든 사본들에서 ID^1P, 즉 ïd(ï)p 형태로 있다. 다만 Thomsen이 이것 대신에 불확실하게 $T^2G^2R^2P$ 즉 t(ä)g(ü)r(ü)p 형태를 제언했을 뿐이다[250](1916: 82). 그러나 비문에는 yuγ(u)rča 및 분리 부호 (:) 다음에 겨우 세 글자가 들어갈 수 있는 자리가 있다. 게다가, 낱말이 tägürüp이었다면 g 다음에 글자 Ẅ가 표기되었어야 한다. 필자가 보기에, öŋr(ä)ki (ä)r yuγ(u)rča ïd(ï)p는 문법과 문맥에 맞는 절이다.

294) T 26: ï b(a)r b͡aš "숲으로 덮인 꼭대기(를)". 이 구절의 마지막 글자인 나비넥타이 모양의 룬 문자의 부호(⋈)의 음가에 대하여 서로 다른 견해들이 제시되었다. Bang은 이것이 낱말 baš를 나타내는 표의문자라는 견해였다. Ramstedt에 의하면 이 룬 글자는 여기에서 십중팔구 -lïq의 음가가 있다. 이리하여 Aalto의 출판물에서는 구절 전체가 물음표와 함께 ïb(a)r(lïq?)로 읽히고 이것은 어떤 땅 이름으로 여겨졌다(1958: 39). Giraud는 이것을 모든 이와는 달리 ï barča 형태로 읽었다[251](1961: 55).

사실에 가장 가까운 독법과 해석은 Malov가 제안했다: ï bar baš

---

249) bolča는 "~ 되자"를 뜻한다. BQ S 9에 ul(u)γ oγl(u)m (a)γr(ï)p yo͡q bolča "나의 큰 아들이 병들어 죽자"가 있다.

250) Malov에서도 $T^2G^2R^2P$(p. 58), tägürüp(p. 62)로 나타난다. Orkun에서는 ID^1P(p. 109)가 t(ä)g(ü)r(ü)p로 잘못 전사되어 있다(p. 108). 왜냐하면 Orkun이 룬 문자로 된 원문으로 Radloff 발간 도해를 사용하였기 때문이다.

251) Giraud는 ï b(a)r b͡aš (a)šd(ï)m(ï)z를 ï barča ašđïmïz "nous franchîmes complètement la forêt(우리는 숲을 완전히 넘었다)"로 읽고 번역하였다(p. 55, 61). 고대 튀르크어에서 barča(< bar("있다") + -ča(동등격어미))는 "모두"를 뜻한다. 이 낱말은 일부 튀르크어에서 아직도 남아 있다.

"초목이 있는 꼭대기"[252](1951: 62, 67). 필자가 보기에도 이 구절은 ï bar baš로 읽혀야 한다(GOT: 251, 286). 낱말 ï "숲" 및 낱말 b(a)r "있다"로 이루어진 구절 ï b(a)r는 낱말 b͡aš "꼭대기, 정상"의 수식어 상태에 있으며 문법에도 맞다(KT E 29에 있는 q͡uut(u)m b(a)r üč(ü)n ülüg(ü)m b(a)r üčün "나는 신의 은총이 있기 때문에, 나는 행운이 있기 때문에", BQ E 23에 있는 q͡uut(u)m ül(ü)g(ü)m b(a)r üč(ü)n "나는 신의 은총이, 행운이 있기 때문에" 등과 비교할 것). 이 해석은 문맥에도 맞다. 왜냐하면 투뉴쿠크의 군사들은 꼭대기에 ïγač tutunu, 즉 "나무에 매달리며" 기어올랐기 때문이다. 즉, (그들이) 넘어간 산은 숲으로 덮인 산이다.

양식화된 나비넥타이 모양의 부호(⋈)는 예니세이 비문들에 나타나며, 그것이 나타나는 곳들에서 이 부호는 b͡aš로 읽힐 수 있다: (ä)r (a)tïm y(a)š(ï)q b͡aš b(ä)n "나의 사나이 이름: 나는 Yašïq Baš이다"(Uyug-Arkhan 5)[253], (ä)r (a)tïm (a)q b͡aš (a)t͡ïq "나의 사나이 이름은 Aq Baš Atïq이다"(Tuva I, 앞 2).

295) T 26: tuγ (ä)birü. 첫 낱말은 동사 tu- "닫다, 막다, 저지하다"에 접미사 -γ가 붙어서 파생된 명사이다.[254] Clauson이 이것과 동사 tu-를 tod- "배부르다" 및 tol- "(가득)차다"의 동근어로 여겨 /o/로 표기한 것은 잘못이다(EDPT: 463, 434). 왜냐하면 접미사 -n-이 첨가된, 이 동사의 피동형어간이 튀르크 언어들에서 tun-, dun- 형태로 살아 있기 때문이다: 투바어 dun- "메다, 막히다", 하카스어 tun- "귀먹다, (귀가) 막히다" 등. Radloff가 bärü, Orkun이 birü, Giraud가 berü로 읽은 둘째 낱말은 Malov(1951: 62)와 Aalto가 읽은 것처럼 (ä)birü, 즉

252) 이 책의 터키어 원본에는 "bitki ile örtülü tepe", 즉 "초목으로 덮인 꼭대기"라고 다소 의역되어 있지만 우리는 이를 ï bar baš의 원뜻에 가깝게 "초목이 있는 꼭대기"로 번역한다. Malov는 이 부분을 ï bar bas라고 전사하였다. 왜냐하면 투뉴쿠크 비문에는 자음 /š/를 위한 별도의 글자가 없어 S^1이나 S^2가 대용되었기 때문이다.

253) Uyug강의 오른쪽 기슭에서 발견된 비문으로 짧은 5행으로 되어 있다.

254) 한국어의 "둑"도 이와 관련시켜 볼 수 있다.

äbir-ü로 읽히고 "돌며, 돌아서"로 이해되어야 한다.

296) T 27: (a)nï sub[qa] b(a)rd[(ï)m(ï)z]. Thomsen은 이 문장을 Anï su[b8]γ b[ara?]lïm으로 고쳤다(1916: 87). 그렇지만, Radloff의 출판물에서는 둘째 낱말이 subqa이다; Aalto의 출판물에서는 sub 다음의 글자가 K^1로 선택될 수 있다. 게다가, 동사 bar-는 대격이 아니라 여격이나 향격(向格)을 지배한다. 이밖에도 "아느 (강)물에 갑시다"라는 카간의 말 다음에 ol sub q͡uudï b(a)rd(ï)m(ï)z "우리는 그 강을 따라 (내려)갔다"라는 문장으로 넘어가기는 어렵다; 왜냐하면, 그 물을 따라 갈 수 있으려면 먼저 그 물에 이르러야 하기 때문이다.

297) T 27: (a)s(ï)nγ(a)lï. Radloff는 이 낱말을 ašïnγalï로 읽고 "기어오르기 위하여"라고 번역하였다(1899: 14, 15). Thomsen은 같은 낱말을 sanaγalï로 읽고 "Pour dénombrer (les hommes)", 즉 "(사람들의) 수를 세기 위하여"라고 번역하였다(1916: 87). Thomsen은 1924년의 (도이치어) 번역에서도 (이를) 바꾸지 않았다(1924: 166). Malov는 Thomsen을 뒤따랐다[255](1951: 62, 67). Aalto는 낱말을 처음으로 (a)s(ï)nγ(a)lï로 읽었지만 "Um abzukochen", 즉 "취사하기 위하여"라고 번역하였다(1958: 39). 그렇지만 "취사하다"를 뜻하는 이런 동사가 없다. 필자는 이 낱말을 ašanγalï로 읽고[256] "in order to be fed", 즉 "음식 먹여지기 위하여"라고 번역하였었다(GOT: 251, 287). Clauson은 Aalto의 번역을 옳다고 생각하였지만 낱말이 ašanγalï로 읽혀야 한다고 밝혔다(EDPT: 248).

이제 필자의 첫 번역으로부터 24년이 지난 뒤 필자는 이 낱말을

255) Orkun(1936)에서는 s(a)n(a)γ(a)lï "[Efradı] saymak için" (p. 110), 즉 "[병사들을] 세기 위하여", Giraud(1961)에서는 sanaγalï "Pour faire l'appel" (p. 62), 즉 "출석을 부르기 위하여"로 되어 있다.

256) p. 251에서는 asanγalï로 되어 있다. 왜냐하면 투뉴쿠크 비문에는 자음 /š/를 위한 별도의 글자가 없어 S^1이나 S^2가 대용되었기 때문이다. ašanγalï는 aš ("음식") + -a-(명사에서 동사를 파생시키는 접미사) + -n-(재귀태 접미사) + -γalï("~하기 위하여")로 분석된다.

(a)s(ï)nɣ(a)lï로 읽고 "기어오르기 위해"라고 번역한다. 고대 튀르크어 동사 asïn-은 "자신의 위에 무엇인가를 걸다"의 뜻으로 (고대) 위구르어에서 확인되었다. 다만, (이) 동사는 재귀태이므로 "자신을 높이다", 즉 "기어오르다"를 뜻할 수도 있다. 실제로 이 동사는 야쿠트어에서 "기어오르다"의 뜻으로 살아 있다: ïtïn- "기어오르다", xayaɣa ïtïn- "산에 기어오르다" 등. 야쿠트어 동사 ïtïn-은 규칙적인 /a/ > /ï/ 및 -s- > -t-[257] 변화들에 의하여 더 고형의 일차적인 동사 *asïn-에서 온다.

298) T 28: [usï]n (?) süŋ(ü)g(ü)n (a)čd(ï)m(ï)z. (이) 줄의 첫 부분에 있는 공백은 여러 출판물에서 다음과 같다: Radloff에서는 ..W[258] (1899: 14, 15), Aalto에서는 ...N¹W(1958: 40, 41)[259], Sprengling에서는 (이) 줄이 둘째 낱말로 시작되고 있다.[260]

Thomsen은 첫 낱말을 위하여 아무것도 제언하지 않았지만 전체 문장을 "Wir... öffneten (uns den Weg?) mit den Lanzen"이라고 번역하였다(1924: 166).[261] "우리는 크르그즈족을 잠에서 (있을 때에) 습격하였다"를 뜻하는 문장 다음에 "우리는 우리 자신에게 창으로 길을 열었다" 같은 문장은 사건들의 순서에 어긋나며 따라서 문맥에도 어긋난다.

필자는, (이) 줄의 첫 부분에는 세 글자가 들어갈 수 있는 공백이 있으며 W로 여겨진 글자는 N¹일 수 있다[262]는 생각에서 이 공백을 불확실하게 [usï]n 즉 u-sï-n "그(들)의 잠을" 형태로 채웠었다(GOT: 251).[263] 실제로도 문장 Qïrqïzïɣ uqa basdïmïz "우리는 크르그즈족

257) 야쿠트어에서는 튀르크 조어(Proto-Turkic)의 /s/가 s- > ø, -s-/-s > -t-/-t로 규칙적인 변화를 겪었다. 더 자세한 것은 Talat Tekin, "The Representation of Proto-Turkic Medial and Final /s/ in Yakut", *CAJ*, XX (1976), pp. 110-114를 볼 것.

258) Orkun(1936)에서도 ..W로 되어 있지만(p. 111), 이것의 전사는 없다(p. 110).

259) 룬 문자로 된 원문에서는 ..N¹W(p. 40), 이것의 전사는 ...nu(p. 41)로 되어 있다.

260) Malov(1951)에서는 룬 문자로 된 원문에서 28행이 이렇게 시작되지만(p. 58), 이것의 전사에서는 ... 다음에 둘째 낱말이 시작된다(p. 63).

261) Orkun(1936)도 이렇게 번역하였다(p. 110).

262) W(o)와 N¹(n)는 서로 혼동될 수 있다.

을 잠에서 (있을 때에) 습격하였다" 다음에 문맥에 가장 알맞은 문장은 usïn süŋügün ačdïmïz "우리는 그들의 잠을 (우리의) 창으로 열었다"일 것이다. 필자는 지금도 같은 견해이다.

299) T 31: in(ä)l q(a)γ(a)n. 이 구절에 있는 첫 낱말을 Radloff는 inim으로 잘못 읽었다(1899: 17). Thomsen은 마지막 글자가 전설 l(L^2)임을 고려하여 낱말이 Inil 또는 Inäl로 읽혀야 한다고 주장하고 Inil/ Inäl qaγan이라는 이름을 중국 문헌에서 카프간 카간의 아들의 칭호로 나타나는 I-nieh ko-han[移涅可汗]과 결합시켰다(1916: 97-98). Thomsen의 이 독법은 그 뒤의 연구자들에 의하여 대개 받아들여졌다 (Orkun, Malov, Giraud, Tekin에서는 Inäl, Aalto에서는 Inil).

근년에 in(ä)l q(a)γ(a)n이라는 칭호 구절은 Ini Il Qaγan "Kleiner Reichs-Kagan" 형태로 읽히고 해석되어야 한다는 주장되었다(Sertkaya 1982: 22). 중국 문헌에서 I-nie ko-han 형태로 표기된 명칭이 중국어로는 "작은 카간"[264]으로 번역된 점과 튀르크어 낱말 ini는 "작은"을 뜻하는 낱말이어야 한다는 의견에 바탕을 둔 이 견해는 다음의 이유들로 인하여 받아들여질 수 없다: 글자 배열 IN^2L^2는 ini il 형태로 읽힐 수 없다; 이렇게 읽힐 수 있으려면 낱말 ini의 마지막 모음이 표기되었어야 한다. 게다가, 중국 문헌에 있는, 그 전사가 I-nie인 낱말이 반드시 "작은"을 뜻하는 낱말이거나 이러한 낱말을 포함할 필요도 없다. Doerfer가 옳게 밝힌 것처럼, 낱말 Inäl은 여기에서 "왕위계승자, 태자"를 뜻하는 형용사임이 분명하다. 이슬람 문헌에 나타나는 inäl/yinäl tegin "태자" 및 yinäl yabγu "후계자 야브구"라는 칭호들도 이 견해를 뒷받침한다(TMEN IV: 196-199).

300) T 32: k̑öörü k(ä)lür.[265] 필자는 이 구절을 GOT에서 kür ökülür라

263) p. 251에서는 [usïn?]으로 되어 있다.
264) 舊唐書, 新唐書 등에 小可汗으로 나타난다.
265) 이 부분은 Radloff(1899)에서 $^{W}KẄG^2$:$ẄK^2L^2ẄR^2$(p. 16), küg ökülür!(p. 17)로 되어 있고, 바로 앞의 kälir ärsär와 함께 "Die Nachricht, dass sie

고 읽고[266] “a trick can be planned”, 즉 “(어떤) 계략이 세워질 수

---

kommen, lass mich wissen!”(p. 16), 즉 “그들이 온다는 소식을 나에게 알려라!”로 번역되어 있다. Radloff는 küg를 낱말 kü “소식”의 대격, ökülür를 “보고하다”를 뜻하는 동사의 어간(즉, 단수 제2인칭 명령법)으로 본 것인데, 고대 튀르크어에서 이러한 동사는 아직 발견된 바 없다.

Thomsen(1924)에서는 이 부분이 “laß Kundschafter(?) (zu mir) kommen”(p. 167), 즉 “정찰병(?)을 (나에게) 오게 하여라”로 번역되어 있다.

Orkun(1936)에서 이 부분의 룬 문자로 된 원문은 Radloff의 것과 같고 그 전사는 kög ök(ü)lür(p. 110), 번역은 “kög(?) toplanır”(p. 111), 즉 “kög가 모인다”로 되어 있다. Orkun은 kög를 해석하지 못하였고 동사 ökül-을 “모이다, 쌓이다”의 뜻으로 MK에 나타나는 동사와 같다고 보았는데 이는 잘못이다. 이제까지 ökül-이나 ükül-로 읽혀 온 MK의 동사는 ügül-로 읽혀야 한다. 아랍 문자에서는 g와 k가 동일한 글자 ك로 표기되어 서로 구분이 되지 않는데, 이 동사의 단순태는 현대 튀르크 언어들 중에서 하카스어 üg-, 카자크어 üy- 등을 볼 때 üg-로 읽혀야 한다. 즉, 투뉴쿠크 비문에 나타나는 낱말은 MK의 동사 ügül-과 비교될 수 없다.

Malov(1951)에서는 이 부분이 ^{W}KẄR^{2}:ẄK^{2}L^{2}ẄR^{2}(p. 59), kü är ükülür (p. 63)로 되어 있고 바로 앞의 kälir ärsär와 함께 “Если (кто) придет (т.е. присоединится к нам), то увеличится (у нас) число храбрых мужей”(p. 68), 즉 “만약 (누군가가) 오면 (즉, 우리에게 가입하면), (우리의) 용감한 남자들의 수가 늘어난다”로 되어 있다. 어휘집 부분에서는 kü “молва, слух”(p. 396), kü är “знаменитые мужи, или слухи и войско (солдаты)”(p. 396) 및 ükül- “увеличиваться”(p. 440)으로 되어 있다. 즉 Malov는 “늘어나다”의 뜻으로 동사 ükül-을 생각하였는데, 고대 튀르크어에서 이 뜻으로 확인되는 동사는 ükli-이다(üküš “많은, 많이”와 비교할 것).

Aalto(1958)에서는 ^{W}KẄR^{2}. ẄK^{2}L^{2}ẄR^{2}(p. 40), k͡öörü k(ä)lür(p.41), 그 번역은 “einen Späher lass kommen”(p. 41), 즉 “첩자 하나를 오게 하여라”로 되어 있다. 그렇지만 고대 튀르크어에서 “첩자”를 뜻하는 낱말은 körüg이지 körü가 아니므로 Aalto의 번역은 받아들여질 수 없다. 그런데 예전에 körüg “첩자”로 읽혔던 낱말도 이제는 küräg “탈주자”로 읽힌다.

Giraud(1961)는 이 부분을 kör ükülür로 읽고(p. 56), “regarde! il se rassemblera”(p. 62), 즉 “봐라! 그것이 모인다”로 번역하였다. 즉 Giraud는 동사 ükül-을 “모이다, 쌓이다”로 보았는데, 이것은 위에서 밝힌 이유 때문에 받아들여질 수 없다.

266) p. 251에서는 kör ökülür로 되어 있는데, 어휘집 부분에서는 kür “fraud, deceit”(p. 355)로 되어 있어서 p. 251의 kör가 kür 대신에 잘못 표기되었음을 알 수 있다.

있다"라고 번역하였었다(1968: 251, 287). 지금 필자는 *ökül- "생각되다, 계획되다"267)라는 동사가 아무 곳에도 없으므로 이 구절을 kör-ü käl-ür, 즉 "(그가) 눈에 띄며 온다", "(그가) 보이며 온다"라고 설명하는 것이 옳으리라 본다.268)

301) T 33: q(a)n͡t(a) y(a)n "칸(汗) 쪽으로부터, 칸에게서, 칸한테서. $K^1NTY^1N^2$ 형태로 표기된 이 두 낱말을 첫 연구자들은 qantayin, qandayïn 형태로 한 낱말처럼 읽었다.269) 필자는 GOT에서 이것을

---

267) 같은 책의 p. 115를 보면 Tekin이 동사 *ökül-을 ö-("생각하다") + -k-(강화접미사) + ü(연결모음) + -l-(수동태 접미사)로 분석하였음을 알 수 있다. 한편, 이 한국어 번역본의 터키어 원본에서는 동사 *ökül-의 뜻이 "düşünmek, planlamak", 즉 "생각하다, 계획하다"로 되어 있는데 이것은 "düşünülmek, planlanmak", 즉 "생각되다, 계획되다"의 잘못임이 분명하다.

268) 이 책의 터키어 원본에서는 kör-ü가 "göz göre"로 번역되어 있다. 터키어에서 göz göre(또는 göz göre göre)는 "openly, publicly; knowingly, with one's eyes open"을 뜻한다. Tekin은 이 부분에서 Aalto의 출판물을 주로 이용하고 있다. 그런데 동사 käl-의 부정과거(aorist, 고대 튀르크어에서는 현재시제의 기능이 있었다)형은 käl-ür가 아니라 käl-ir이다. kälür는 "가져오다, 오게 하다"를 뜻하는 동사의 어간, 즉 단수 제2인칭 명령형이다. 더구나 Aalto의 출판물을 보면 $^{W}K\ddot{W}R^2$다음에 글자 하나가 들어갈 만한 공백이 있는데다 이 공백은 흔히 분리부호(:)로 읽혔으므로 Tekin의 독법도 그리 설득력이 있는 것은 아니다.
돌궐 비문들에서는 대구(對句)로 표현된 경우가 많다. 이 부분도
k(ä)lir (ä)rs(ä)r k͡öörü k(ä)lür
k(ä)lm(ä)z (ä)rs(ä)r tïl(ï)γ s(a)b(ï)γ (a)lï olor
의 대구로 나타난다. 둘째 문장의 뒷부분은 "정보를 얻으며 머물러라!"의 명령형으로 되어 있다. 그렇다면 앞 문장의 뒷부분도 명령형으로 되어 있다고 보는 것이 논리에도 맞다. 그러므로 $^{W}K\ddot{W}R^2$:Ẅ를 $^{W}K\ddot{W}R^2\ddot{W}$:의 잘못으로 볼 경우에, k͡öörü k(ä)lür를 "(적을) 보면서 오게 하라!"로 해석하는 것이 문법에 맞고 자연스럽다.

269) Radloff(1899)는 Qantayin "Was soll ich (mit dieser Nachricht) anfangen?", 즉 "나는 (이 소식을) 어떻게 할까?"(p. 17)로 읽고 번역하였으며, 어휘집 부분에서는 qanta- "was tun?"으로 해석한 뒤 동사 qanta-를 qan-ï-ät-로 분석하였는데 (p. 93) 이는 설득력이 없다. Orkun(1936)은 q(a)n͡d(a)y(ï)n "Handan (칸(汗)에게서)"(p. 112)로 읽고 번역하였다. Malov (1951)는 Qantayïn(p. 63), "Что делать?!(무엇을 할 것인가?!)"(p. 68)로 읽고 번역하였다. 어휘집

qanta yan 형태로 두 낱말로 읽고 “From the khan”이라고 번역하였었다(1968: 251, 287). 필자는 지금도 같은 견해이다. 설명을 위해서는 269번 주석을 볼 것.

302) T 33-34: s(a)b(ï)γ y(a)na k(ä)l<ür>ti. 마지막 낱말은 비문에서 $K^2L^2T^2I$, 즉 k(ä)lti 형태로 있다. 이것이 옳다면, 첫 낱말이 왜 대격으로 있는지를 이해하기 힘들다; 왜냐하면 동사 yan-은 자동사이기 때문이다. 이 상황은 다만 다음과 같이 설명될 수 있다: y(a)na로 줄을 마친 글쓴이가 34행으로 넘어갈 때 k(ä)lürti를 표기할 곳에 실수로 k(ä)lti를 표기했던 것이다.

303) T 34: bög<ü> q(a)γ(a)n. 글쓴이가 첫 낱말의 마지막 모음을 표기하는 것을 잊었다. 실제로 (그는) 50행에서도 같은 이름을, 그 첫 음절에 있는 모음을 표기하는 것을 잊고서 b(ö)gü 형태로 표기하였다.[270]

304) T 34: (a)n͡ča yïdm(i)š. Radloff는 둘째 낱말을 동사 ayït-로 여겨 ayïdmïš(1899: 17), Grønbech는 ay ïdmiš로 읽었다. 본래 이 동사는 동사 ïd- “보내다” 이외의 것일 수 없다: anča와 ïdmiš 사이에 있는 외적 모음접속(external hiatus)이 /y/에 의하여 방지되었다[271](GOT: 101).

부분에서는 qantayïn “как?, каким образом?(어떻게?, 어떤 방법으로?)”로 되어 있다(p. 411). Aalto(1958)는 q(a)n͡t(a)y(i)n “Von Qaγan(카간에게서)”(p. 41)로 읽고 번역하였다. Giraud(1961)는 Qantayïn(p. 56) “du Qaghan(카간에게서)”(p. 62)로 읽고 번역하였다.

270) 50행의 türü͡k b(ö)gü q(a)γ(a)nqa라는 표기를 보면 b(ö)gü보다는 b(ü)gü로 읽는 것이 더 옳을 것이다. 즉 첫 모음은 원순 개모음이 아니라 원순 폐모음일 수 있다. 더구나 이 이름은 중국 문헌에서 默啜로 나타나는데 이 형태는 bögü (?bügü) čor를 표기한 것일 수 있다.

271) 이 구절을 Radloff(1899)는 anča ayïdmïš, Orkun(1936)은 (a)n͡ča (a)yïdm(ï)š, Malov(1951)는 anča ayïdmïs^{2}로 읽고 여기의 ayïd-를 “묻다, 말하게 하다, 말하다”를 뜻하는 동사로 보았는데 이는 잘못이다. 왜냐하면 고대 튀르크어에서 이 뜻으로 확인되는 동사는 ayt-, ayït-(< ay-(“말하다”) + ï(연결모음) + -t-(사동접미사))이기 때문이다. Aalto(1958)는 이 구절을 (i)n͡čä yïdm(i)š로

305) T 34: üz ol. Radloff, Thomsen 및 이들 다음에는 Orkun, Malov 그리고 Aalto가 첫 낱말을 öz로 읽었다.272) Thomsen은 이 낱말을 "selbstherrlich", 즉 "독단적인"으로, Aalto는 "eigen(mächtig)", 즉 "제멋대로인"으로 번역하였다. 이들은 이 낱말을 öz "자신, 자기"와 동일한 것으로 여겼음이 분명하다. 그렇지만 이 ẄZ는 위구르어 텍스트들에 자주 나타나는 동의어반복 üz buz "미움, 증오"의 첫 요소일 수 있을 뿐만 아니라 MK에서 "귀먹은"의 뜻으로 기록되어 있는 낱말 üz와 동일한 것일 수도 있다: (위구르어에서) üz buz bilig "증오의 감정", öpkä üz buz köŋül "분노 및 증오의 마음", MK üz kiši "귀머거리" 등. MK에 있는 예를 고려하면 투뉴쿠크 비문에 나타나는 üz가 이것과 동일한 것이라고, 즉 "귀먹은, 다른 사람의 말을 듣지 않는, 남의 말에 귀 기울이지 않는, 제멋대로인"을 뜻하는 형용사라고 말할 수 있다.

306) T 35: (a)q(ï)td(ï)m(ï)z. Radloff에서 시작하여 이 낱말은 qatdïmïz로 읽히고 잘못 해석되었다.273) Grønbech와 Gabain은 이것을 처음으

읽고 yïd-를 ïd- "보내다"와 같은 뜻의 동사로 보았다. Giraud(1961)는 이 구절을 anča ay-ïdmïš로 읽고 ay-ïdmïš를 ayï-ïdmïš에서 변화한 것으로 보았다. 즉, Giraud는 동사 ay- "말하다"의 부동사형인 ayï와 동사 ïd- "보내다"가 결합되어 ay-ïd- 형태로 발전한 것으로 본 것이다. 그렇지만 동사 ay-의 부동사형은 ayï가 아니라 ayu이다. 그러므로 이 형태를 ayu ïdmiš에서 모음축약에 의하여 발전한 것으로 보는 것이 타당할 것이다. 모음축약과 관련하여 3번과 271번 주석을 볼 것. 이렇게 보면 연결자음 y를 생각하지 않아도 된다.

272) Aalto(1958)에서는 ẄN^2(p. 42), ön(p. 43)으로 되어 있다. Z(z)와 N^2(N)는 서로 비슷하므로 인쇄할 때 잘못되었을 가능성이 많지만 원문과 이의 전사를 보면 반드시 그렇지만은 않은 것 같다. Giraud(1961)도 öz로 읽었다. 한편 Aalto의 것만 빼고 나머지 출판물 모두에서는 üz ol 다음에 글자 배열 ŊL^{1}R^{1}이 있다. 그러므로 Tekin이 이 부분에서는 Aalto의 출판물을 이용하였음을 알 수 있다.

273) Radloff(1899)에서는 룬 문자로 된 원문에 K^{1}T^{1}D^{1}MZ로 되어 있는데도(p. 18) 그 전사는 qattïmïz(p. 19)로 되어 있다. 이 낱말은 "wir setzten unsern Marsch fort", 즉 "우리는 계속 행군하였다"로 번역되었고 어휘집 부분에서는 동사 qat-의 뜻이 "hinzufügen", 즉 "덧붙이다"로 되어 있다(p. 93). Thomsen도 qatdïmïz "wir setzten (unsern Marsch) fort"로 읽고 번역하였다.

로 aqïtdïmïz 형태로 바르게 읽긴 하였지만 이 낱말이 "우리는 돌진하게 하였다"를 뜻함을 알아차리지 못하였다.[274] 그렇지만 같은 동사가 퀼 티긴 비문 N 8에 나타난다: kül t(e)g(i)n (ä)b(i)g b(a)šl(a)yu (a)qït(tï)m(ï)z "퀼 티긴이 본영을 지휘하고 우리는 (군대에게) 공격하게 하였다". MK I 212에 있는 bäg aqïnčï aqïttï "배그가 (적에게) 습격대를 보냈다"라는 예가 이 동사의 존재 및 의미에 대하여 전혀 의심의 여지를 남기지 않는다.

307) T 37: (a)rïγ ub(u)ti y(e)g. Radloff는 문장을 "die Bescheidenheit des Reinen ist gut", 즉 "깨끗한 사람의 겸손이 좋다"(1899: 18-19), Thomsen은 "für den Reinen ist Bescheidenheit das Beste", 즉 "깨끗한 사람들을 위해서는 겸손이 제일 좋다"(1924: 168), Gabain은 "Reinheit ist besser als ihre Beschämung", 즉 "깨끗함이 그들의 부끄러움보다 낫다"라고 번역하였다.[275] Aalto는 같은 문장을 "Dem

---

Orkun(1936)도 q(a)td(ï)m(ï)z "(yürüyüşe) devam ettik", 즉 "우리는 계속 행군하였다"로 읽고 번역하였으며, 어휘집 부분에서는 동사 qat-의 뜻이 "katmak, ilâve etmek", 즉 "더하다, 덧붙이다"로 되어 있다. Malov(1951)도 qatdïmïz "не делая остановки", 즉 "(우리는) 멈추지 않고"로 읽고 번역하였으며(p. 63, 68), 어휘집 부분에서는 동사 qat-의 뜻이 "накладывать рядами, присоединять", 즉 "열을 지어 놓다, 덧붙이다"로 되어 있다. Giraud(1961)도 이를 qatdïmïz "nous continuâmes", 즉 "우리는 계속하였다"로 읽고 번역하였으며(p. 56, 63), 어휘집 부분에서는 동사 qat-의 뜻이 "ajouter, continuer", 즉 "덧붙이다, 계속하다"로 되어 있다(p. 149).

274) Aalto(1958)의 p. 56에 있는 주에 따르면, Grønbech는 이 낱말을 aqïtdïmïz (qatdïmïz?)로 읽고 동사 aqït-가 "udsende strejfkorps", 즉 "별동대를 보내다"를 뜻한다고 보았지만, 동사 qat-의 뜻에 대하여는 아무 것도 언급하지 않았다. Gabain은 tün aqïtdïmïz bolčuqa taŋ üntürü tägdimiz "in der Nacht liessen wir uns Bolču(-Fluss) dahintreiben, am Morgen kamen wir (aus dem Fluss) heraus und gelangten (ans Ufer)", 즉 "밤에 우리는 볼추(강으로) 재촉하여 갔고, 아침에 (그 강으로부터) 나와서 (강가에) 이르렀다"로 읽고 번역하였다. Aalto의 출판물에서는 (a)q(ï)td(ï)m(ï)z "(In der Nacht) trockneten wir uns", 즉 "(밤에) 우리는 몸을 말렸다"로 되어 있다(p. 42, 43).

275) Radloff(1899)에서는 이 문장이 arïγ obutï yäg로 되어 있다(p. 19). Malov (1951)에서는 Arïγ obutï yig "Стыд чистых хорош!", 즉 "깨끗한 이들의 부

Reinen ist Scham besser" 즉 "깨끗한 사람에게는 부끄러움이 더 좋다"(1958: 43)[276] 형태로 이해하였다. 필자는 GOT에서 이 문장을 arï γu batï yeg[277]로 읽고 "To become tired is, of course, better", 즉 "지치는 것이 물론 더 좋다"라고 번역하였었다(1968: 252, 288). Clauson은 arïγ uvutï̄ yeg 형태로 읽은 문장을 "modesty becomes the pure man"을 뜻하는 속담으로 여겼다(EDPT: 213).

필자는 지금 전형적인 독법으로 되돌아가지만 문장을 "깨끗함의(즉, 싸워서 지지 않은 인간의) 부끄러움이 (싸워서 진 인간의 것보다) 더 낫다"라고 번역한다.

308) T 38: k(ä)lm(i)ši (a)lp tidi tuym(a)dï. Radloff는 문장 kälmiši alp

---

끄러움이 좋다!"로 되어 있다(p. 63, 68). 이 경우에 arïγ는 동사 arï- "깨끗해지다"에서 접미사 -γ로 파생된 명사(및 형용사)이다. 그리고 obutï로 읽힌 낱말은 ubuti "그(들)의 부끄러움"으로 정정되어야 한다.

Orkun(1936)에서는 이 부분이 (a)rïγ ob(u)tï y(e)g "Ere (?) nefsini saklamak yektir", 즉 "군사에게는(?) 그 자신을 숨기는 것이 더 좋다"로 되어 있다(p. 112). 즉 Orkun은 낱말 arïγ를 ärig "군사를"(< är("군사") + i(연결모음) + -g(대격 어미))의 변형, 낱말 obutï를 MK의 동사 apït- "숨기다, 감추다"와 동일한 동사 obut-에 접미사 ï가 붙어서 된 명사로 본 것인데, 이는 받아들여질 수 없다.

한편 Giraud (1961)에서는 이 부분이 Arïγ ubatï yeg "il vaut mieux laisser diminuer la fatigue!", 즉 "피로를 줄이는 것이 더 좋다!"로 되어 있다(p. 56, 63). 즉 Giraud는 낱말 arïγ를 동사 ar- "지치다"에 접미사 ï가 붙어서 된 명사의 대격, ubatï를 동사 ubat- "줄이다, 작게 하다"에 접미사 ï가 붙어서 된 명사로 본 것인데 이는 받아들여질 수 없다. 왜냐하면 고대 튀르크어에서 동사에서 명사를 파생하는 -a/-ä, -ï/-i/-u/-ü 등의 접미사는 본래는 부동사 어미로서 해당 동사의 부정과거(aorist)의 긍정형에 있는 모음과 같은데, Giraud가 생각한 동사들은 MK의 자료를 볼 때 ar-ar, ubat-ur가 될 것이 분명하기 때문이다.

276) Aalto(1958)에서는 이 문장이 (a)rïγ ub(u)ti y(i)g로 되어 있다(p. 43).

277) Tekin은 arïγu를 동사 arï- "지치다"에 접미사 -γu가 붙어서 된 명사로 본 것인데, "지치다"를 뜻하는 동사는 arï-가 아니라 ar-이므로 이 독법은 받아들여질 수 없다. 같은 책의 어휘집 부분에서는 batï "certainly(?)"로 되어 있다(p. 310).

를 "die von ihnen gekommen sind tapfer", 즉 "그들 중 온 사람들은 용감하다"(1899: 19), Thomsen은 "die (Feinde), die hierher vorgerückt sind, sind tapfer, hat man gesagt", 즉 "'여기에 온 (적들은) 용감하다'(하고 누군가가) 말하였다"(1924: 168) 형태로 번역하였다.[278] Gabain은 같은 문장을 다음과 같이 이해하였다: "die (auf diesen beschriebenen Weg) hergekommenen sind Tapfer", 즉 "(이 묘사된 길로) 온 사람들은 용감하다". Aalto는 이 문장을 tidi와 함께 "Das Kommen war schwierig, sagte (man)", 즉 "'오기 힘들었다'(하고 누군가가) 말하였다"라고 번역하였다(1958: 43). 필자는 이 문장을 "Those who have come (with us) said: 'It was difficult (to go forward)'"라고 번역하였었다(GOT: 288). Clauson은 낱말 tidi를 tidim 형태로 바꾸고 문장을 "it was hard to come, I said"라고 번역하였다.

지금 필자도, Clauson처럼, 낱말 kälmiš가 여기에서는 행위자명사가 아니라 행위명사로 사용되었음을 받아들이고[279] 이 두 문장을 이렇게 이해한다: "(너희들 중 상당수는) 오기 힘들(었)다고 말했다, (그러나 그들조차 이 어려움을 그리) 느끼지 않았다".[280] 바로 뒤에 오는

278) 이 문장을 Orkun(1936)은 "(Buraya) gelenler (= düşmanlar) cesur"(p. 113), 즉 "(여기에) 온 사람들(= 적들)은 용감하다", Malov(1951)는 "(враг, который) приходит - герой"(p. 68), 즉 "오는 (적은) 용사이다", Giraud(1961)는 "La venue a été rude!"(p. 63), 즉 "오기 힘들었다!"라고 번역하였다.

279) 이것은 본문의 번역과 상충한다. 본문에서는 kälmiš가 "(여기까지) 온 사람들"을 뜻하는 행위자명사로 번역되어 있다.

280) tuym(a)dï를 Radloff(1899)는 "Sie haben (uns) nicht wahrgenommen" (p. 19), 즉 "그들은 (우리를) 알아채지 못하였다", Thomsen(1924)은 "Sie haben uns nicht bemerkt"(p. 168), 즉 "그들은 (우리를) 알아채지 못하였다", Orkun(1936)은 "(bizim geldiğimizi ise) duymadılar"(p. 113), 즉 "그들은 (우리가 온 것을) 듣지 못하였다", Malov(1951)는 "они (о нас) не проведали" (p. 68), 즉 "그들은 (우리에 관하여) 들어 알지 못하였다", Aalto(1958)는 "Man ist uns nicht gewahr geworden"(p. 43), 즉 "그들은 우리를 알아채지 못하였다", Giraud(1961)는 "ils ne m'écoutèrent pas"(p. 63), 즉 "그들은 내 말을 듣지 않았다", Tekin(1968)은 "They did not suffer (these difficulties so much)"로 번역하였다. 현대 터키어에서 동사 duy-(< tuy-)는 "느끼다; 들

문장 t(ä)ŋri um(a)y ïdu͡q y(e)r sub b(a)sa b(e)rti (ä)r(i)n͡č "신, 우마이 (여신 및) 신성한 땅(과) 물(의 정령들)이 (우리를) 도왔습니다 분명"이 이 번역을 확증한다고 필자는 생각한다.

309) T 41: t(a)rduš š(a)dra udï. 이 구절을 Radloff는 tarduš šad ara badï라고 읽고 "Tardusch Schad nahm Theil am Kampfe", 즉 "타르두시 샤드가 싸움에 참가하였다" 형태로 번역하였다(1899: 20).281) 이 독법과 해석은 Orkun, Malov 및 Giraud에 의해서도 받아들여졌다.282) 그렇지만 마지막 낱말의 첫 글자는 B^1이 아니라 W이다.283) Grønbech는 (이) 구절을 tarduš šadra udup로 읽었다. 그러나 마지막 글자는 P가 아니라 I이다.284) 이 까닭에 Aalto는 (이) 구절을 t(a)rduš š(a)dra udï 형태로 읽고 "Dem Tarduš-Šad folgend"라고 번역하였다(1958: 44, 45). 필자도 이 독법과 해석을 받아들였었다(GOT: 252, 288). 오늘날에도 필자는 같은 견해이다.

310) T 43: it(i)p yïγ(ï)p.마지막 글자는 Aalto의 출판물에서 A이다. Thomsen은 이 글자가 P라는 견해이다.285) (이) 구절은 사실 it(i)p

---

다"를 뜻하지만 고대 튀르크어에서 동사 tuy-는 "느끼다, 깨닫다, 알아채다"를 뜻하므로 Giraud의 번역은 받아들여질 수 없다.

281) Radloff는 이 낱말에 대한 주석에서(p. 76) ara badï를 "그가 싸움에 관여하였다"와 같은 전문어로 이해할 경우에만, 글자그대로는 "타르두시의 샤드가 중앙을(사이를) 매었다"를 뜻하는 Tarduš šad ara badï가 이해될 수 있다고 하였다.

282) Orkun(1936)은 "Tarduş şad arada irtibat temin etti", 즉 "타르두시 샤드가 사이에서 연락을 확보하였다"(p. 114), Malov(1951)는 "Тардушский шад принял участие в сражении", 즉 "타르두시 샤드는 전투에 참가하는 것을 받아들였다"(p. 69), Giraud(1961)는 "Tardouch-chad lia l'intervalle(?)", 즉 "타르두시 샤드는 사이를 매었다(?)"(p. 63)로 번역하였다.

283) B^1(b)과 W(o)는 서로 혼동될 수 있다.

284) P(p)과 I(i)는 서로 혼동될 수 있다. 그런데 udï도 문제가 있다. 동사 ud- "따라가다, 뒤쫓다, 추적하다"의 부동사형은 udï가 아니라 udu이기 때문이다. 이 udu는 투뉴쿠크 비문 55행에 두 번 나타난다. 이 낱말은 고대 위구르어에서 udu, 카라한 튀르크어에서 uđu 형태의 후치사로도 사용되었다.

285) A(a)와 P(p)는 서로 비슷하여 혼동될 수 있다.

yïγa일 수도 있다; 그렇지만 이렇다고 하여도 이 문장의 서술어가 없다; 왜냐하면 이것 다음에 바로 문장 (a)zča bod(u)n t(ä)zm(i)š (ä)rti가 오기 때문이다.

311) T 44: (a)nï (ä)rt(ti)m(i)z "우리는 그들을 지났다". Radloff는 둘째 낱말을 irtimiz로 읽고 (이) 문장을 "wir... verfolgten sie"라고 번역하였다(1899: 21). 이 독법은 그 뒤의 출판물들에서 대개 ärtimiz로 정정되기는 하였지만 문장은 "우리는 그들을 뒤쫓았다"라고 이해되었다.[286] 다만 Orkun이 첫 낱말을 고유명사 아느(Anï)로 여겨 문장 (a)nï (e)rt(i)m(i)z를 "우리는 아느에 이르렀다"라고 번역하였다(ETY I: 114). 이 번역은 받아들여질 수 없다. 왜냐하면 본래 아느 강은 아주 먼 곳에 있었기 때문이다. 게다가 동사 er- "이르다. 다다르다"는 45행에 있는 t(ä)m(i)r q(a)p(ï)γqa t(ä)gi irt(i)m(i)z라는 문장에서도 알 수 있듯이 명사의 여격을 지배한다. 필자가 보기에 이 문장의 서술어는 동사 (ä)rt- "지나(가)다"이다. 투뉴쿠크는 서쪽으로 먼저 온 오크 군대를 보냈으며, 그 뒤 자기 군대를 출발시켰고 도중에 그들을 따라잡으며 그들 앞으로 지나갔던 것이다.

312) T 44: y(e)n͡čü (ü)g(ü)z. Thomsen에 의하면 (이것은) Jaxartes (= Syr Darya) 강이다.[287]

---

286) 이 문장을 Malov(1951)는 anï irtimiz "мы ... гнали их", 즉 "우리는 ... 그들을 쫓아냈다"(p. 64, 69), Aalto(1958)는 (a)nï (ä)rt(i)m(i)z "Wir verfolgten sie", 즉 "우리는 그들을 뒤쫓았다"(p. 44, 45), Giraud(1961)는 Anï ertimiz "Nous les rejoignîmes", 즉 "우리는 그들을 따라잡았다"(p. 57, 63)로 읽고 번역하였다.

287) 오늘날의 시르 다르야(Syr Darya) 강을 고대 그리스인은 약사르테스(Jaxartes, Yaxartes) 강이라 불렀는데, 이것은 고대 페르시아어 이름인 야흐샤 아르타(Yakhsha Arta "큰 진주색의")에서 온 것이다. 중국 문헌에는 약살수(藥殺水)로도 진주하(眞珠河)로도 나타난다. 돌궐 비문들의 Yenčü/Yinčü ügüz도 "眞珠河"를 뜻한다.

313) T 44: tinsi oγli (a)yt(ï)γma b(ä)ŋl(i)g (ä)k t(a)γ. 이 구절에 있는 tinsi는 "하늘의/신의 아들"을 뜻하는 합성어 t'ien-tzŭ[天子]이다. Ïrq Bitig에서도 t(e)nsi로 나타난다.[288] 고대 튀르크족이 이 중국어 낱말의 뜻을 "신"으로 여겼음을, 이것에 낱말 oγli "그의 아들"을 덧붙인 데에서 알 수 있다. 세 번째 낱말은 거의 모든 출판물들에서 y(a)t(ï)γma로 읽히고 여기까지의 구절은 고유명사로 생각되었다.[289] 오직 Ramstedt만 이 구절을 tänsi oγli yatïγma taγ 형태로 읽고 "der Berg, an (unter) dem Tinsi's Sohn liegt" 즉 "(그 밑에) Tinsi의 아들이 누워있는 산"이라고 번역하였다(JSFOu 55: 2, 1951, p. 59, 각주 1). 이 구절에 있는 낱말 Y^{1}T^{1}G^{1}MA를 aytïγma 형태로 처음으로 바르게 읽은 사람은 Grønbech였다. 필자도 이 독법을 받아들여 낱말을 (a)yt(ï)γma로 읽고 "called", 즉 "불리는"이라고 번역하였었다(GOT: 252, 289).

네 번째 낱말과 다섯 번째 낱말을 Radloff는 한 낱말로 bäŋligäk라고 읽었지만 이것에 어떤 뜻을 주지 못하였다(1899: 21).[290] 필자는 B^{2}ŊL^{2}G^{2}K^{2}T^{1}G^{1}G^{1}을 bäŋlig äk taγïγ로 읽고 "the sacred Äk-Taγ which is (also) called 'Son of Heaven'"이라고 번역하였었다(GOT: 252, 289).[291] 오늘날 필자는 낱말 b(ä)ŋl(i)g를 "점이 있는, 그 꼭대기에 (흰) 점(즉 눈)이 있는"이라고 이해하는 것이 더 적절하리라고 생각한다.[292] 전체 문장은 필자가 보기에 위에서와 같이 읽히고 "天子

288) 1번 점괘에서 t(e)nsi m(ä)n "나는 天子이다" 형태로 나타난다.

289) Radloff와 Thomsen은 Tinäsi-oγli-yatïγma-bäŋligäk를 산 이름으로 보았는데, Radloff는 Tinäsi oγli yatïγma가 "Tinäsi의 아들(들)이 누워있는(거주하는)"을 뜻한다고 밝혔다. Orkun은 Tinäsi oγlï yatïγma로 읽은 낱말을 "Tinäsi의 아들 Yatïγma"로 번역하여 Yatïγma를 사람 이름으로 보았다. Malov는 이 부분을 "Tinäsi의 아들의 거주지", Aalto는 Tänsi-Oγli-Yatïγma라는 산 이름으로 보았다. Giraud는 "Tinsioglï(= 황제의 아들)가 누워있는"이라고 번역하였다.

290) Radloff와 Malov는 bäŋligäk를 산 이름으로 보았다.

291) 어휘집 부분에서는 bäŋlig "sacred, holy, blessed (?)"(p. 312)로 되어 있다.

292) 낱말 bäŋlig는 bäŋ("점, 반점") + -lig(형용사화 접미사)로 분석된다. 이미 Giraud(1961)가 이렇게 생각하여 낱말을 bäŋlig "tacheté", 즉 "반점이 있는,

라 불리는, (그 꼭대기에 흰) 점이 있는 애크(Äk) 산"으로 이해되어야 한다.

비문에서 tinsi oγli라는 이름으로 나타나는 산맥은 필자가 보기에 "텐샨(天山)"산맥이다. 우리는 이 산맥의 튀르크어 이름이 Äk-taγ임도 이 문장으로부터 알 수 있다. 서돌궐 카간은 비잔틴의 사절인 Zemarkhos를 A.D. 569년에 Äk-taγ에 있는 자기의 대형 천막에서 맞아들였었다.[293]

314) T 44: (ä)rtü "지나며". Radloff에서는 바르게 ärt-ü "passirend"로 있고(1899: 1), Malov에서는 없다.[294] Giraud는 이 낱말을 ertü (r-tim) 형태로 완성하고(?) "je fis arriver (l'armée)", 즉 "나는 (군대를) 이르게 하였다"라고 번역하였다(1961: 57, 63).[295] 이 번역은 받아들여질 수 없다; 왜냐하면 동사 ertür- "이르게 하다"는 명사의 대격이 아니라 여격을 지배하기 때문이다. (이) 줄의 끝에 있는 낱말은 틀림없이 동사 ärt- "지나(가)다"의 어미 -ü로 된 부동사 형태이다. 고대 튀르크어에서 산맥을 지나는 것을 나타내기 위하여 āš-와 함께 동사 ärt-도 사용되었음을 우리는 여기에서 알 수 있다.[296]

315) T 45: irt(i)m(i)z "우리는 이르렀다". 이 서술어를 Radloff는 "wir ... verfolgten sie", 즉 "우리는 그들을 뒤쫓았다, 추격하였다"라고 번역

얼룩얼룩한"으로 읽고 번역하였다(p. 57, 63).

293) 이것에 대한 좀 더 상세한 정보를 위해서는 Aalto(1958)의 pp. 57-59와 Giraud (1961)의 pp. 108-109를 볼 것.

294) Orkun(1936)에서는 (e)rtü로 읽혔지만 번역되지 못하였고(p. 114), Aalto (1958) 에서는 (ä)rtü "entlanggehend", 즉 "따라서 가며"로 되어 있다(p. 44, 45).

295) Giraud는 (ä)rtü 앞의 글자 3개를 $T^1G^1G^1$(즉 t(a)γ(ï)γ "산을"로 읽힐 수 있는 형태)로 자역하였지만(p. 28), 이를 Taγ(즉 대격 어미가 없는 형태)로 전사하였다(p. 57).

296) [altun yïšïγ] toγa (KT E 36-37), kögmän yïšïγ toγa (KT E 35; BQ E 27)의 두 예를 보면, 동사 toγ-도 산맥을 지나는 것을 나타내기 위하여 사용되었음을 알 수 있다. 동사 āš-는 비문들에서 (a)š-로 표기되어 있다.

하였고(1899: 21), 이 번역은 Giraud에 이르기까지 모든 연구자들에 의하여 받아들여졌다. 처음으로 Giraud가 여기에 있는 동사는 er- "이르다, 다다르다, 도달하다"임을 알고 문장을 "Nous arrivâmes à la Porte de Fer"["우리는 철문(Tämir Qapïγ)에 이르렀다"]라고 바르게 번역하였다(1961: 63).

316) T 45: in(ä)l q(a)γ(a)nqa [(a)n͡č(ï)p m(a)n͡čud s(a)qa]. 이 구절에서 첫 두 낱말 다음의 공백은 Aalto의 출판물에서 불확실하게 ŃPMNČWD^1:S^1K^1A라는 글자 배열로 채워져 있다. 이 출판물에서는 첫 두 글자를 (ä)ń(i)p로 읽고 이 낱말을 위구르어 텍스트들에 나타나는 동사 iy- "뒤쫓다, 따라가다"와 관련짓고자 하였다(1958: 59).[297] 필자가 보기에 출판자들[298]이 Ń로 본 첫 글자는 NČ일수도 있다.[299] 이 경우에 이 두 글자는 (a)n͡č(ï)p로 읽힐 수 있고 "그렇게 해서"라고 이해될 수 있다.

317) T 46: (a)n͡ta b(ä)rûki "그(들)로부터 이쪽에 있는". 두 번째 낱말의 첫 글자는 첫 연구자들에 의하여 Y^2로 생각되었으며 이 낱말은 뜻풀이가 되지 못한 채 y(ä)rüki로 읽혔다(Radloff, Malov, Aalto 등).[300]

---

297) p. 59에서는 äńip ~ ińip < iń- > iy- "folgen, verfolgen, unterwerfen"?으로 되어 있다. 즉 Aalto 등은 돌궐어의 음소 ń(= ny)가 위구르어에서 n과 y(일부에서는 ń로 유지됨)로 나뉘는 점을 고려한 것이다.

298) Ramstedt, Granö 및 Aalto를 말한다.

299) Ń(y)와 NČ(v)는 서로 혼동될 수 있다.

300) 이 낱말을 Radloff(1899)와 Malov(1951)는 yärüki, Orkun(1936)은 y(e)rûki로 읽었지만 해석하지 못하였다. Aalto(1958)는 y(ü)rûki "nomadisierend", 즉 "유목하는"으로 읽고 번역하였다. Aalto 등은 아마도 터키의 유목민인 Yörük(또는 Yürük)족을 염두에 둔 것 같다. 낱말 Yörük가 동사 yörü-에서 파생된 것이긴 하지만, yörü-는 고대 튀르크어 동사 yorï- "걷다, 행군하다"에서 발전한 형태이므로 이 독법은 받아들여질 수 없다. Giraud(1961)는 yeröki "son propre territoire", 즉 "그 자신의 영토"로 읽고 번역하였다. Giraud가 이것을 yer("장소, 영토") + ök(강화 불변화사) + -i(3인칭 소유어미)로 분석한 것(p. 110)은 받아들여질 수 없다. 왜냐하면 튀르크 언어들에서 소유어미는 명사 바로 다음에 오고, 그 사이에 강화 불변화사가 낄 수 없기 때문이다.

이 첫 글자는 B^2이고 낱말은 b(ä)rüki이어야 한다는 것을 처음으로 Grønbech가 추측하였다.[301] Tekin(1968)에서도 이 독법이 받아들여졌다.

318) T 46: (a)šo͡q b(a)šl(ï)γ soγd(a)q bod(u)n. Ramstedt는 첫 낱말이 Ašoka라는 이름의 소그드 군주일 수 있다고 주장하였다. Khotan-Saka[302] 문헌에는 사람 이름으로서 낱말 Aśśauka가 발견된다. 토하르(Tokhar)어[303]에도 aśok śtām "Aśoka 나무"라는 나무 이름이 있다. 튀르크어 사람 이름들 중에도 "투구"를 뜻하는 낱말 Ašuq가 있다(Aalto 1958: 59-60). 그렇지만 이들 모두는 46행에 있는 Ašoq를 설명하기에는 충분하지 않은 것 같다.

319) T 46: q͡oop k(ä)lti yü͡k(ü)nti [ö]gti. Radloff에 의하면 두 번째 낱말 다음은 다음과 같다: ol k͡üüntä t(ä)gti(1899: 20-21). Malov는 이 독법을 있는 그대로 받아들이고 ol küntä tägti...로 문장을 시작하였다(1951: 64). Giraud(1961: 57)도 같은 독법을 받아들이고 새 문장을 tägti로 시작하였다! 이들 중 어느 것도 받아들여질 수 없다. 세 번째 낱말 yü͡k(ü)nti는 처음으로 Aalto의 출판물에서 이렇게, 즉 바르게 읽혔다(1958: 45).

세 번째 낱말이 바르게 읽힌 Aalto의 출판물에서는 Radloff가 t(ä)gti로 읽은 마지막 낱말이 s(ö)gti로 읽혔지만 뜻풀이가 되지 못한

---

301) Y^2(J)와 B^2(B)는 서로 혼동될 수 있다.

302) 인도-유럽어족의 이란어파 동부군에 속하는, 사멸된 언어. 이 언어는 11세기 초에 이슬람 세력에 정복되기 전까지 신강성의 서역남도에서 융성했던 불교국 호탄(Khotan)에서 사용되었다. 중앙아시아의 타림분지 부근의 유적 및 돈황에서 출토된 자료가 있다.

303) 신강성에서 사용되었던 인도-유럽어족의 Kentum군에 속하는, 사멸된 언어. 20세기 초의 여러 차례의 발굴 결과 브라흐미(Brāhmī) 문자로 기록된 여러 문헌의 출토에 의하여 확인되었다. Turfan-Karašar 지역의 Tokhar A(또는 동(東)Tokhar어)와 Kuča 지역의 Tokhar B(또는 서(西)Tokhar어)라는 서로 다른 두 방언(또는 언어)이 확인되었다.

채 그대로 남겨졌다. Radloff가 T^2, Aalto가 S^2로 본 글자는 실제로는 Ẅ일 수 있다.304) 이 경우에 우리는 이 낱말을 ögti "그가 칭찬하였다"로 읽을 수 있다.305) 이것은 문맥에도 맞다: ...qop kälti, yükünti, ögti.

320) T 47. (이) 줄의 첫 부분에 있는 tinsi oɣli는 과도한 것이다. 글쓴이가 바로 앞의 줄을 이들 낱말로 끝낸 것을 잊고서 47행의 첫 부분에서 이 두 낱말을 되풀이하였던 것이다.

321) T 48: q͡ïïz q͡ood(u)z. 첫 연구자들이 대개 qïz quduz 형태로 읽고 "딸들과 부인들"이라고 번역한306) 이 반복어는 형용사 qïz "비싼, 귀중한"과 "들소"를 뜻하는 qoduz로 이루어진 수식구라고 주장되었다(Sertkaya, *Turcica* XI, 180-186). 이 견해는 다음의 이유들로 해서 받아들여질 수 없다: 1). "들소, 야크"를 뜻하는 낱말은 모든 곳에서 /t/로 되어 있다; 투뉴쿠크 비문에 있는 낱말은 /d/로 되어 있다307);

304) T^2(T), S^2(S)와 Ẅ(O)는 서로 혼동될 수 있다.

305) 낱말을 ögti로 읽어도 문제는 있다. 왜냐하면 접미사나 어미의 첫머리에 있는 d는 돌궐 비문들에서 /l, n, r/ 뒤에서 t로 실현되기 때문이다. 다시 말하면, 이 낱말이 동사 ög-였다면 그 과거형은 ögdi가 되었을 것이다.

306) 이 구절은 Radloff(1899)에서는 $^{\ddot{\imath}}$KIZL^{1}WD^{1}Z, Orkun(1936), Malov(1951), Aalto(1958) 및 Giraud(1961)에서는 $^{\ddot{\imath}}$KIZ^{w}KWD^{1}Z로 되어 있다. L^1(l)과 ^{w}K(q)는 서로 비슷하여 혼동될 수 있다. Radloff는 이 구절을 qïzïl udaz "붉은 비단(?)"으로 읽고 번역하였다(p. 22, 23). Orkun은 qïz qud(ï)z "소녀 소년"으로 읽고 번역하였으며(ETY I: 116, 117), 어휘집 부분에서는 qudïz "과부"로 뜻풀이를 하였다(ETY IV: 92). Malov는 qïz quduz "부인들과 처녀들"로 읽고 번역하였으며(p. 64, 69), 어휘집 부분에서는 qïz quduz "여자들"로 뜻풀이를 하였다(p. 415, 417). Aalto는 q͡ïïz q͡uud(u)z "소녀들과 부인들"(p. 45). Giraud는 qïz qudïz "처녀들과 부인들"(p. 57, 64), Tekin(1968)은 qïz qoduz "소녀들과 부인들"(p. 252, 289)로 읽고 번역하였다. Orkun 등은 MK에 있는 qoðuz "과부"라는 낱말에 주목한 것이다. 고대 튀르크어의 -d-/-d는 카라한 튀르크어에서 -ð-/-ð로 바뀌었다.

307) "들소, 야크"를 뜻하는 qotuz(또는 qutuz)는 MK 등 훨씬 후대의 문헌에 나타난다. 투뉴쿠크 비문에 있는 낱말이 실제로 "들소, 야크"를 뜻한다면 이 낱말은 후대의 문헌에서 *qoðuz(또는 *quðuz), *qoyuz(또는 *quyuz)로 나타났을 것이다.

2). 반복어 qïz qoduz는 Šine-Usu 비문에서도 패배한 적에게서 탈취된 귀중품들 중에서 언급되고 있다: yïlqïsïn b(a)r(ï)mïn : qïzïn : qod(u)zïn : k(ä)l(ü)rt(ü)m "나는 그들의 말들을, 재물들을, 딸들을 (그리고) 부인들을 (빼앗아) 가져왔다"(Šine-Usu E 3).

322) T 48: (ä)gri t(ä)bi. 이 구절을 Radloff와 Thomsen은 풀지 못하였다.[308] Malov는 이것을 ägritäbi라고 바르게 읽기는 하였지만 번역하지 않은 채 그냥 두었다(1951: 64).[309] 이 구절을 처음으로 바르게 읽고 이해한 사람은 Giraud였다: ägri täbi "des chameaux bossus", 즉 "혹이 있는 낙타"(1961: 57, 64).[310]

---

308) 이 구절은 Radloff(1899)에서 $G^2R^2IT^2S^1I$로 되어 있다(p. 22). 즉 Radloff는 B^2(B)와 S^1(s)을 혼동한 것이다. Radloff는 이 구절을 ägrit aši̇ (ägri taši̇?)로 읽고(p. 23), 이를 "Ägri-Speise (Ägri-Steine?)"라고 번역하였다(p. 22). 어휘집 부분에서는 *ägrit로만 있을 뿐 그 뜻풀이가 없다(p. 88). Thomsen(1924)은 이 구절을 ägritäbi로 읽긴 하였지만 이를 번역하지는 못하였다(p. 169).

한편 Orkun은 이 구절을 (e)grit(e)bi "떠맡게 하여서"라고 읽고 번역하였다(ETY I: 116). Orkun은 이 낱말이 MK에 있는 동사 egirt-(더 정확하게는 ägirt-; Orkun에 의하면 이것은 필사자나 발간자가 egrit-를 잘못 쓴 것임) "떠맡다"와 같은 것이라 하였는데(ETY I: 124), 이는 받아들여질 수 없다. 왜냐하면 MK에서 동사 ägirt-의 뜻은 "떠맡다"가 아니라 "(물레를 돌려 실을) 잣게 하다; (성곽을) 포위하게 하다"이며, 튀르크어에서는 "~하고, ~하여서"를 뜻하는 부동사 어미 -abï/-äbi가 없기 때문이다. 고대 튀르크어에서는 이러한 부동사 어미로 -p/-pan/-pän이 있었다. Orkun은 어휘집 부분에서는 ägrit- "(?) (쓰다, 소비하다?)"로 뜻풀이하였다(ETY IV: 40).

한편 Aalto(1958)는 이 구절을 (ä)g(ä)r it (ä)bi "사냥개 그들의 천막들"로 읽고 번역하였다(p. 45). 즉 Aalto는 이를 (ä)g(ä)r it "사냥개" 및 (ä)bi "그들의 천막들"의 두 낱말로 본 것인데, 이는 받아들여질 수 없다. 왜냐하면 고대 튀르크어에서는 "사냥개"를 뜻하는 ägär it라는 낱말이 확인된 적이 없고, 이 구절이 들어 있는 문장에서 유독 낱말 (ä)b에만 3인칭 소유어미 -i가 붙는다는 것은 생각할 수 없기 때문이다. 게다가 고대 튀르크어에서 "개"를 뜻하는 낱말은 it가 아니라 ït이다.

309) 이는 사실과 다르다. 이 구절을 ägritäbi로 읽은 Malov는 이를 "고가의 말 옷(馬衣)들"로 번역하였으며(p. 69), 어휘집 부분에서도 ägritäbi "고가의 말 옷(馬衣)들"이라고 해 놓았다(p. 363).

310) 이 문장은 on ramena ... des chameaux bossus ... "그들은 ... 혹이 있는 낙

323) T 48: bilg(ä)sin üč(ü)n. 첫 연구자들이 bil(i)g (ä)šin üč(ü)n 형태로 잘못 읽은 이 구절도 처음으로 Giraud가 bilg(ä)sin üč(ü)n으로 바르게 읽고 이해하였다(1961: 57, 64)[311]

324) T 52: q͡ïïz(ï)l q(a)n(ï)m t͡ök(ü)ti q(a)ra t(ä)r(i)m yüg(ü)rti "나는 붉은 피를 쏟으며 검은 땀을 흘리며...". 열심히 일하는 것을 표현하는 그리고 그 뜻이 대체로 이해된 이 숙어를 첫 연구자들은 바르게 읽지 못하였다. Orkun에서는 qïz(ï)l q(a)n(ï)m tük(ä)ti q(a)ra t(ä)r(i)m y(ü)g(ü)rti(ETY I: 116), Malov에서는 qïzïl qanïm tökti(tökäti?), qara tärim yügürti(1951: 64), Aalto에서는 q͡ïïz(ï)l q(a)n(ï)m t͡ökti q(a)ra t(ä)r(i)m yüg(ü)rü(1958: 47), Giraud에서는 qïzïl qanïm tükäti qara tärim yegirti(1961: 57).[312]

타들을 가져왔다"로 되어 있다. Tekin(1968)도 이 구절을 ägri täbi "crooked camels"로 읽고 번역하였다(p. 252, 289).

311) Radloff(1899)에서는 이 구절이 $B^2IL^2G^2$.....로 되어 있다(p. 22). Radloff는 이를 bilg....로 읽고(p. 23) "mit (?) Weisheit"로 번역하였으며(p. 22), 주석 부분에서는 이 낱말이 bilig "지식"인지 bilgä "현명한"인지 알 수 없다고 하였다(p. 81). Thomsen(1924)에서는 이 구절이 "Auf Grund seiner Weisheit"로 바르게 번역되어 있다(p. 169). Orkun에서는 이 구절이 Radloff에서처럼 B^2IL^2 G^2.....로 되어 있는데(ETY I: 117), Orkun이 이를 bilg...로 읽고 "bilgeliği", 즉 "그의 현명함"으로 번역한 것(p. 116)을 보면 그가 이를 bilg [(ä)sin]으로 생각하였음을 알 수 있다. Thomsen의 번역을 볼 때 Thomsen도 이렇게 생각하였음을 알 수 있다. Malov(1951)는 이 구절을 bilig äsin üčün "ради своего сообщества со знанием"(p. 64, 69), Aalto(1958)는 bil(i)g (ä)šin üč(ü)n "des weisen Gefährten wegen", 즉 "현명한 동료를 위하여"(p. 45)로 읽고 번역하였다. Giraud(1961)는 이 구절과 49행의 첫 구절을 bilgäsin alpïn üčin "à cause de sa sagesse, de sa bravourre", 즉 "그의 지혜와 그의 용맹함 때문에"로 읽고 번역하였다(p. 57, 64). Tekin(1968)은 이 구절을 bilgäsīn üčün "By virtue of his being wise", 즉 "그의 현명함 덕분에"로 읽고 번역하였다(p. 252, 289).

312) 이 구절을 Radloff(1899)는 qïzïl altun tökti örüŋ kümüš tökti "그는 붉은 금을 뿌렸다, 그는 옮은 은을 뿌렸다"로 읽고 번역하였다(p. 23), Thomsen(1924)은 "내가 나의 붉은 피를 바치고(글자그대로는 "끝내고") 나의 검은 땀을 흘리는 동안"(p. 169), Orkun(1936)은 "나의 붉은 피를 소모하며, 나의 검

필자는 이 숙어를 다음과 같이 읽고 번역하였었다: qïzïl qanïm töküti qara tärim yögürti "letting my red blood pour and making my black sweat flow..."(GOT: 252, 289). 지금 필자는 낱말 yögürti를 yügürti로 정정한다. (이) 숙어의 첫 부분의 부동사는 tükät-i "소모하며"라고 해석될 수도 있지만 이처럼 정형화된 숙어들에 있는 대구는 이것을 töküt-i "쏟으며, 흘리며"라고 읽고 이해할 필요가 있게 한다: ... töküt-i, ... yügürt-i.313)

325) T 52: (i)š(i)g küč(ü)g b(e)rt(i)m ȫk. 낱말 iš의 모음이 표기되었어야 한다. 그렇지만 투뉴쿠크 비문에서는 어두 모음 /i/가 표기되지 않

은 땀을 흘리며"(ETY I: 117), Malov(1951)는 "나의 붉은 피를 쏟으며 나의 검은 땀을 흘리며"(p. 69), Aalto(1958)는 "나의 붉은 피를 끝내며(= 쏟으며), 나의 검은 땀을 흘리며"(p. 47), Giraud(1961)는 "나의 붉은 피를 소모하며, 나의 검은 땀이 악취를 풍기게 하며"(p. 64)로 번역하였다.

Aalto가 yüg(ü)rü로 읽고 이를 "흘리며"로 번역한 것은 받아들여질 수 없다. 왜냐하면 동사 yügür-는 "달리다"를 뜻하는 자동사이기 때문이다. Giraud는 현대 터키어 자료인 Söz Derleme Dergisi[낱말 수집 학술지], İstanbul 1947의 p. 1531에 있는 yiğ- "냄새나다", yiğir- "악취를 풍기다"를 보고 yegirt-(< yegir-("악취를 풍기다") + -t-(사동접미사))로 읽은 것인데 고대 튀르크어에서 이러한 동사는 발견된 적이 없다. "향기, 냄새"를 뜻하는 낱말로 고대 튀르크어(위구르어)에는 yïd가 있었고 이 낱말은 카라한 튀르크어에서는 yïδ로 바뀌었다. 이 낱말에서 파생된 "악취가 나다"라는 동사가 고대 튀르크어(위구르어)에는 yïdï-, 카라한 튀르크어에서는 yïδï-로 나타난다. 이 동사는 오스만 튀르크어 초기 문헌에는 yiyi-나 yiy-로 나타나는데, 현대 터키어 자료 yiğ-는 yiy-를 다르게 표기한 것에 불과하다. 현대 터키어에서 전설모음 e, i, ö, ü 다음의 ğ의 발음은 y와 같다. 그리하여 전설모음 다음의 y를 ğ로 표기하는 경우가 종종 있다. 그러므로 Giraud의 독법은 받아들여질 수 없다.

313) 동사 tök-는 타동사이고 동사 yügür-는 자동사이다. 더구나 동사 tök-의 사동형으로 동사 töküt-가 아니라 동사 töktür-가 처음으로 카라한 튀르크어에서 확인된다. 그러므로 Tekin의 독법도 그리 설득력이 있는 것은 아니다. Clauson (1972)은 이 구절을 qīzïl qanïm töktī qarā tärim yügürü "with my red blood streaming and my black sweat flowing"으로 읽고 번역한 뒤 töktī에서 k 다음에 t가 오는 것은 옳을 수 없고, tökülǖ ["쏟아지며"]가 의미에 가장 적합하고 yügürǖ에 대구를 이루겠지만, 자신 있게 읽힐 수는 없다고 밝혔다(EDPT: 477).

은 다른 예들이 없지는 않다. 이를테면 öz (i)či(13행). 돌궐어에서 자주 나타나고 모든 연구자들이 išig küčüg ber- "봉사하다"로 이해한 이 숙어는 išig küčüg äbir- "일을 돌리다, 나라의 바퀴를 회전시키다, 돌리다, 다스리다" 형태로 읽히고 이해되어야 한다는 주장이 제기되었다(Tezcan 1975-1976: 180). 필자는 이 견해가 다음의 이유들로 해서 받아들여질 수 없으리라고 생각한다:

1. 오르콘 비문들에서 이 숙어는 튀르크족이 중국에 예속되어 있던 시절에 50년 동안 중국 제국에 "봉사한" 것을 표현하기 위하여 더 많이 사용되었다: (ä)l(i)g yïl iš(i)g küč(ü)g birm(i)š (KT E 8), nä q(a)γ(a)nqa iš(i)g küč(ü)g birür m(ä)n (KT E 9), bun͡ča iš(i)g küč(ü)g birto͡kg(ä)rü s(a)q(ï)nm(a)tï (KT E 10) 등. 튀르크족이 중국에 예속되어 있을 때 중국인들이 튀르크족에게 "나라의 일들을 돌리게 한다는 것"은 생각할 수 없다; 이 기간에 튀르크족은 단지 중국인들에게 "봉사했다".
2. 처음으로 Malov에 의하여 발간된 그리고 Pintung이라는 이름의 한 위구르인 사내종이 자기의 중국인 주인을 고소한 소장에는 같은 뜻의 숙어 iš küč qïl-이 나타난다: män küčüm yetmišinčä iš küč qïlïp tapïnïp yazmïšïm yoq "I have fulfilled my duties to the best of my ability and been faithful enough to make no mistakes (in my duties)"314)(Juten Oda315) 1992: 38, 40).

326) T 53: (a)rquy q(a)rγuγ olγ(u)rtd(u)m o͡q. 두 번째 낱말이 qaraγuγ 형태로 읽힌 것(Malov, Aalto)은 옳지 않다316); 왜냐하면 이 낱말은,

314) 이 책의 터키어 원본에는 영어 번역 다음에 (Ben gücüm yettiğince çalışıp hizmet ettim ve (hiç) hata yapmadım["나는 힘껏 일하고 봉사하였으며 (전혀) 잘못하지 않았다"])이라는 터키어 번역이 있는데 우리는 이것을 뺐다. 이 위구르어 문장을 글자그대로 번역하면 "나는 힘껏 봉사하였고, 잘못한 적이 없다"가 된다. iš küč qïl-과 tapïn-은 "봉사하다"를 뜻한다. 고대 위구르어 문헌에는 이렇게 서로 짝을 이루는 낱말들이 많다.

315) Oda Juten(小田壽典, 1935.10.11.-). 일본의 불승/튀르크학자.

316) (a)rquy q(a)rγuγ를 Radloff(1899)는 arquy qaraγuγ(?)로 읽고 "Arquy-Qar-

처음으로 Orkun이 밝혔듯이(I: 124), MK에서 qarγu 및 qarγuy 형태들로 나타나기 때문이다: qarγu "산꼭대기에서 적이 오는 것을 알리기 위하여 점화되는 망대"(I: 426), qarγuy "같은 말"(Ⅲ: 241).

첫 낱말은 다른 곳에서는 나타나지 않는다. 연구자들은 이 낱말을 처음부터 고유명사로 여기고 싶어 하였다. Malov는 qaraγu를 "보초"를 뜻하는 낱말, 이것을 고유명사로 보았다(1951: 69). Aalto에서는 두 낱말 모두 고유명사로 여겨졌다(1958: 46). 낱말 qarγu가 "망대"인 것을 보면 arquy는 고유명사일 수 없다. 왜냐하면 망대들이 오직 한 곳에만 세워진다는 것은 생각할 수 없기 때문이다. 이것은 십중팔구 qarγu와 동의어이다.

세 번째 낱말은 대개 ulγartdïm으로 읽히고 "내가 확대하였다, 내가 늘렸다"로 이해되었다. 필자도 전형적인 독법을 받아들여 이것을 ulγartdïm으로 읽고 문장을 "I have made the fortifications and watchtowers great", 즉 "나는 요새들과 망대들을 확대하였다"로 번역하였었다(GOT: 289). 처음으로 Clauson이 동사 *ulγart-는 구조적으로 불가능하다고 주장하며 이 낱말을 olγurtdum으로 읽고 "I established", 즉 "나는 세우게 하였다"라고 번역하였다(EDPT: 139). 실제로 동사 *ulγart-는 지금까지 어디에서도 확인되지 않았다.[317] 한

γu를"이라고 번역하고(p. 23), 어휘집 부분에서는 Arquy-qarγu (?) "종족명(?)"으로 뜻풀이를 하였다(p. 87). Thomsen(1924)은 "Arquy-qaraγu를"이라고 번역하였으며, Arquy의 뜻은 밝히지 못한 채 qaraγu를 "친위병(?)"으로 해석하고 싶어 하였다(p. 170). Orkun(1936)은 (a)rquy q(a)rγuγ으로 읽고 "Arquy (?) 및 봉화대들을"이라고 번역하고(ETY I: 118), 어휘집 부분에서는 arquy (?) "요새(要塞) (?)"(ETY IV: 12), qarγu "봉화대"(ETY IV: 86)로 뜻풀이를 하였다. Malov(1951)는 Arquy qaraγuγ로 읽고 "보초병 Arquy를"이라고 번역하고(p. 64, 69), 어휘집 부분에서는 Arquy "땅 이름"으로 뜻풀이를 하였다(p. 360). Aalto(1958)는 (a)rquy q(a)r(a)γuγ "Arquy-Qaraγu(?)를"로 읽고 번역하였다(p. 46, 47). Giraud(1961)는 Arquy qarγuγ로 읽고 "연쇄적으로 망대들을"이라고 번역하였다(p. 57, 64). Tekin(1968)은 arquy qarγuγ "요새들과 망대들을"로 읽고 번역하였다(p. 252, 289).

317) 동사 *ulγart-는 uluγ("큰") + -ar-(동사파생 접미사) + -t-(사동접미사)로 분석된다. 그렇지만 고대 튀르크어(위구르어)에서 형용사 uluγ에서 파생된 동사로는 *ulγar-가 아니라 ulγad-가 확인되며, 이 동사는 현대 튀르크어들에서 ul

편, 동사 olγurt-는 "앉히다"의 뜻으로[318] 위구르어 텍스트들에 나타난다. 이 동사는 여기에서는 은유로 "세우게 하다"의 뜻으로 사용되었음이 분명하다. 더구나, 여기에서 "망대들"이 언급된 것을 보면 이들의 "건립"이 사람에게는 더 논리적이고 당연한 것으로 보인다.

327) T 53: y(a)n(ï)γma y(a)γïγ k(ä)lür[ü]r (ä)rt(i)m. 첫 낱말은 Radloff 에서 $B^1S^1N^1G^1$MA = basïnïγma 형태로 있다. 이 독법은 Orkun과 Malov에 의해서 이어졌다.[319] Sprengling과 Aalto에서는 이 낱말이 뚜렷하게 $Y^1N^1G^1$MA 형태로 있다. 이 글자 배열은 당연히 yanïγma로 읽히고 문장은 "돌아가는 (즉 달아나려 하는) 적들을 내가 (다시) 데려왔다"라고 이해되었다.[320] 필자도 이 문장을 이렇게 읽고 "I used to force withdrawing enemies to come (on us)", 즉 "나는 물러가는 적들을 (우리에게) 오도록 강요하곤 하였다"라고 번역하였었다(GOT: 289).

세 번째와 네 번째 낱말은 Radloff, Orkun, Malov, Giraud 및 Tekin에서 k(ä)lürir (ä)rt(i)m 형태로, Aalto에서는 k(ä)lü bil(i)rt(i)m 형태로 있다. Aalto에 있는 형태는 문법에 어긋난다.[321] 첫 낱말은

γay- 형태로 남아 있다.

318) 동사 olγurt-는 *ol-("앉다") + -γur-(사동접미사) + -t-(사동접미사)로 분석된다.

319) Radloff(1899), Orkun(1936), Malov(1951) 및 Giraud(1961)가 basïnïγma로 읽은 것은 Y^1(j)을 B^1S^1(sb)과 혼동하였기 때문이다. 이 basïnïγma를 Radloff는 "(우리에게?) 그릇된 짓을 하는"(p. 23-24), Orkun은 "패배당할, 정복당할"(ETY I: 118), Malov는 "따르는, 복종하는"(p. 69), Giraud는 "정복된, 패배한"(p. 64)으로 번역하였다. basïnïγma는 bas-("밟다, 습격하다, 누르다, 쳐부수다") + ï(연결모음) + -n-(재귀접미사) + ï(연결모음) + -γma(현재분사 어미)로 분석된다.

320) 이 낱말을 Thomsen(1924)은 "돌아가는"(p. 170), Aalto(1958)는 "위협하는"(p. 46)으로 번역하였다.

321) Aalto에서는 이 부분이 $K^2L^2WB^2IL^2R^2T^2$M k(ä)lu bil(i)rt(i)m(p. 46, 47), 주석 부분에서는 k(ä)lü bil(i)rt(i)m(p. 61)으로 되어 있다. 그러므로 W(o)는 Ẅ(O)의 잘못임이 분명하다. Aalto는 y(a)n(ï)γma : y(a)γïγ : k(ä)lu bil(i)r-t(i)m으로 읽은 문장을 "Den drohenden Feind kommend erkannte ich", 즉 "위협하는 적을 나는 오며 알았다"로 번역하였다(pp. 46-47). Aalto는 bilirtim이 *bilir ärtim에서 발전한 것으로 여긴 듯한데, 고대 튀르크어에서 이러한 형

Sprengling에서 불확실하게 $K^2L^2\ddot{W}R^2IR^2$ 형태로 표기되었다. 마지막 음절의 모음 Ẅ가 이것과 아주 비슷한 글자 I로 생각되었음을 알 수 있다.322)

328) T 54: tüg(ü)nl(ü)g. 대개 tög(ü)nl(ü)g로 읽히고 "낙인이 있는" 즉 "(남의) 낙인이 있는"으로 이해된 이 낱말은 tüg(ü)nl(ü)g로 읽히고 "(그 꼬리가) 매듭지어진"으로 해석되어야 한다고 Erdal이 주장하였다 (1991: 308). 출정할 때에 말들이 더 편하게 달리도록 그 꼬리를 매듭짓는다는 것을 생각하면 이 제언이 적절함을 알 수 있다.

329) T 57: bünt(ä)gi "(그들의)이러한 것, 이와 같은 것". 1963년까지 모든 연구자들이 잘못 이해한 이 낱말은 역행 모음동화 및 모음탈락에 의하여(antäg "그러한" < anï täg와 비교할 것) 더 오래되고 일차적인 *bunï t(ä)g-i라는 구절에서 온 것이라는 식의 설명에 대해서는 T. Tekin, "On Kök Turkic *büntägi*", *CAJ*, VIII, No. 3 (1963), pp. 196-198을 볼 것.323)

태는 있을 수 없다. 현대 터키어의 bilirdim "나는 알고 있었다"는 bilir idim에서 모음 탈락으로 발전한 것이고, bilir idim은 고대 튀르크어의 *bilir ärtim으로 거슬러 올라간다.

322) Ẅ(O)와 I(i)는 서로 혼동될 수 있다.

323) Radloff에서 이 낱말은 $B^2IN^2T^2G^2I$로 되어 있다(1899: 24). 즉 Radloff는 둘째 글자를 Ẅ(O)가 아니라 I(i)라고 보았다. Radloff는 이를 äbin tägi "bei den Häusern ihr Geschlecht"로 읽고 번역하였다(1899: 25). 이 낱말을 Thomsen은 bünt(ü)gi "무능력자"(1924: 170), Orkun은 bünt(ä)gi "방랑자"(ETY I: 118), Malov는 büntügi "게으름뱅이"(1951: 64, 70), Aalto는 bünt(ä)gi "무능력자"(1958: 48, 49), Giraud는 böntägi "무능력자"(1961: 57, 64)로 읽고 번역하였다. 이들 연구자는 마지막 음절의 모음 i가 3인칭 소유어미임을 알았다. Giraud는 böntägi를 bön("바보") + täg("~ 같은") + -i(3인칭 소유어미)로 분석하고 bön täg을 "무능력자"라고 해석하였는데(1961: 119-120, 143), 그는 주로 MK에 있는 낱말 mün "질병, 결점"을 토대로 가상의 낱말 bön을 생각한 것이다.

Alyılmaz(2000)는 이 낱말이 $B^2IN^2T^2G^2I$로 되어 있고 bint(ä)gi "(그들의) 나와 같은 것, 나와 같은 사람"으로 읽히고 번역되어야 한다고 주장하였다. Alyılmaz의 이 주장은 Erdal(2004)에 의해서도 받아들여졌다.

6

돌궐 비문 연구

● a 감탄사
saqïntïm a (T 22)

● āč 배고픈
āč ärti (BQ E 38)

● ač- 열다
[usï]n süŋügün ačdïmïz (T 28)

● āč- 배고프다
āčsar tosïq ömäz sän (BQ N 6)

● āčsïq 배고픔, 배고플 것
āčsïq ömäz sän (KT S 8; BQ N 6, 6)
āčsïq tosïq ömäz sän (KT S 8)

● adaq 발
adaq qamšatdï (KT N 7)
adaq qamšattï (BQ E 30)

● adγïr 종마(種馬)
aq adγïrïγ (KT E 36)
[aq adγï]r[ïγ] (KT E 35)
özlik atin adγïrin (BQ N 11)

● adïnčïγ 놀라운, 굉장한
adïnčïγ barq (KT S 12; BQ N 14)
adïnčïγ bädiz (KT S 12; BQ N 14)

● adrïl- 헤어지다, 갈라지다
[adrïlmasar] (BQ N 13)
adrïltï (T 2)
ad[rïltï] (BQ S 7)

● aγ- 오르다, 올라가다
yïšqa aγdï (BQ E 37)

● aγï 비단
aγï (T 48)
aγïsi yemšaq (BQ N 4)
aγïsi yimšaq (KT S 5)
bir tümän aγï altun kümüš (KT N 12)
ädgü aγï (KT S 7; BQ N 5)
yablaq aγï (KT S 7; BQ N 5)
yemšaq aγïn (KT S 5; BQ N 4)

yemšaq aγïsïŋa (KT S 6; BQ N 5)

● aγïr 무거운; 가치 있는
aγïr tašïγ (BQ S 15)
aγïr törög (BQ E 2)

● aγïš 재산, 재물
aγïšïn barïmïn (KT SW)

● aγït- 패주시키다, 쫓아내다, 몰아내다
süsin ... aγïtïp (KT N 7)
süsin aγïttïm (BQ E 31)

● aγrï- 병들다
aγrïp yoq bolča (BQ S 9)

● aγtur- (기어)오르게 하다
aγturtum (T 25)

● Aγu 땅 이름 (아구)
aγuda (BQ E 34)

● al- 얻다, 정복하다, 획득하다
alγalï (BQ E 32)
alï birmiš (KT E 8; BQ E 8)
alï birtim (BQ N 9, 10, 10)
alï olor (T 32)
alïp (KT S 7; BQ E 38, N 6)
almatin (KT S 9; BQ N 7)
almiš (KT E 2)
[almiš] (BQ E 3)
altïm (BQ E 24, 27, 28, 29, 34, 38)
[altï]m (BQ E 26)
[altïm] (BQ E 39, S 3)
altïmïz (KT E 36, 38, N 6)
ölürmiš almiš (KT E 40)
ölürtümiz altïmïz (KT N 2)

● alp 용감한, 씩씩한; 어려운
alp (KT E 3; BQ E 4; T 10, 13, 14, 29, 38)
[alp] (T 21)
alp är (KT E 40)
alp ärin (BQ S 7)

alp qaγan (KT E 3; BQ E 4)
al[p qaγanïŋa] (BQ E 35)
alp šalčï ⇒ Alp Šalčï
alpin üčün (T 49)
ädgü alp kišig (KT S 6; BQ N 4)

● Alp Šalčï **사람 이름 (알프 샬츠)**
alp šalčï aq atin binip (KT E 40)
alp šalčï aqin binip (KT N 2, 2-3, 3)

● alpaγu **용사, 씩씩한 전사**; ⇒ yïlpaγut
toŋra bir uγuš alpaγu on ärig (KT N 7)

● alq- **끝내다, 완성하다**
alqd[ïmï]z (KT NE)

● alqïn- **소멸되다, 궤멸되다, 사라지다**
alqïntïγ arïltïγ (KT S 9)
alqïntïγ arïl[tïγ] (BQ N 7)
ölti alqïntï yoq boltï (T 3)

● altï **여섯**, 6
[altï biŋ] (T 16)
altï čub soγdaq tapa (KT E 31)
altï čub [soγdaq] tapa (BQ E 24-25)
altï ärig (KT N 5)
altï otuz ⇒ altï otuz
altï sir ⇒ Altï Sir
altï yegirmi ⇒ altï yegirmi
altï yolï (BQ E 28)

● altï otuz **스물여섯**, 26
altï otuz yašïma (BQ E 26)
[altï otuz] yašïŋa (KT E 34-35)
onunč ay altï otuzqa (BQ S 10)

● Altï Sir **종족 이름 (알트 시르)**; ⇒ Sir
[al]tï sir toquz oγuz (BQ E 1)

● altï yegirmi **열여섯**, 16
altï yegirmi yašïŋa (KT E 31)

● altïz- **붙잡게 하다, (사로)잡게 하다**
altïzdï (KT E 38)

● altun　　금, 황금
altun kümüš (KT S 5, N 12; BQ S 11, N 3)
altun yïš ⇒ Altun Yïš
altunïn kümüšin (KT SW)
sarïγ altun ürüŋ kümüš (T 48)
[sarïγ altu]nin ürüŋ kümüšin (BQ N 11)

● Altun Yïš　　땅 이름 (알툰 이시, 金山, 알타이 산맥)
altun yïš üzä (T 20)
altun yïšda (T 31, 32)
altun yïšïγ aša (T 37)
altun yïšïγ [aš]a (BQ E 27)
altun yïšïγ ... ašdïm<ïz> (T 35)
[altun yïšïγ] toγa (KT E 36-37)

● Amγa　　땅 이름 (암가); ⇒ Amγï
amγa qorγan (KT N 8)

● Amγï　　땅 이름 (암그); ⇒ Amγa
amγï qorγan (BQ E 31)

● amtï　　지금
ilim amtï qanï (KT E 9)
[ilim amtï qanï] (BQ E 8)
ol amtï ańïγ yoq (KT S 3)
ol amtï ań[ïγ yoq] (BQ N 2)

● anča　　그렇게, 그렇게 해서 (대명사 ol의 동등격형)
anč[a] (BQ W 4)
[anča] (BQ W 5)
anča biliŋ (KT S 13; BQ E 33)
[anča biliŋ] (BQ N 15)
anča birür (KT S 5; BQ N 4)
[anč]a bodun (KT S 2)
anča bošγurur ärmiš (KT S 7, 7; BQ N 5)
anča bošγ[urur] ärmiš (BQ N 5)
anča erig yertä (KT S 13)
anča etdimiz (KT E 21)
anča etmiš (KT E 11)
anča etmiš ärinč (BQ E 10)

anča ïdmiš (T 9)
anča itdimiz (KT E 21; BQ E 18)
[anča itdimiz] (BQ E 17)
anča itmiš ... (BQ E 18)
<anča> itmiš ... (KT E 22)
anča kärgäk bolmiš (KT E 3-4)
[anča kärgäk bolmiš] (BQ E 4)
anča kärgäk boltï (KT E 30)
anča olorur ärkli (T 8)
anča olorur ärmiš (KT E 3; BQ E 4)
anča ögläšmiš (T 20)
anča ötüntüm (T 12, 14)
anča qazγanïp (KT E 27; BQ E 22, 34)
[anča] ... qazγanïp (KT E 15-16)
anča qazγanmiš ... (KT E 22; BQ E 18)
[anča] qazγan[miš] ärinč (BQ E 33)
anča qazγantï (KT E 31)
anča qazγanu birtim (BQ S 10)
anča qonturtumïz (KT E 21, 21)
anča qontur[tu]mïz (BQ E 18)
anča qontur[tumïz] (BQ E 17)
[anč]a saqïnïŋ (BQ E 33)
anča saqïntïm (KT N 11; T 6)
anča temiš (T 21)
anča temiš ärinč (T 2)
anča ter män (T 37)
anča timiš (KT E 9; BQ E 8)
anča tip (KT E 9; BQ E 9)
anča tutmiš ärinč (KT E 3; BQ E 4)
anča yaγutir ärmiš (KT S 5; BQ N 4)
anča yïdmiš (T 34)
anča taqï erig yertä (KT S 13)

● ančïp **그렇게 해서**
[ančïp] (T 45)

- ancola- 넘기다, 인도하다
  ančoladï (KT E 32)
- anï 그를, 그들을 (대명사 ol의 대격형)
  anï ańïtayin (BQ E 41)
  anï ärttimiz (T 44)
  anï körüp (KT S 13)
  [an]ï ögtürt[üm] (KT W 2)
  anï üčün (KT E 3; BQ E 28)
  [anï] üčün (BQ E 4)
  anï yańïp (KT E 34)
  anï yoɣlatayin (T 31)
- Anï 강 이름 (아느)
  anï b[irlä ?] (T 24)
  anï sub[qa] (T 27)
- anïn 그것으로, 그와 함께 (대명사 ol의 기구격형)
  anïn barmiš (T 24)
- anta 거기에서, 그때; 그로부터 (대명사 ol의 처격-탈격형)
  anta (KT S 7; BQ E 31, N 5; T 49, 51?)
  anta alqïntïɣ arïltïɣ (KT S9)
  anta alqïntïɣ arïl[tïɣ] (BQ N 7)
  anta altïm (BQ E 24, 27, 28, 29, 34, 38)
  [anta altïm] (BQ E 39)
  anta bärüki (T 46)
  anta bermiš (KT E 14)
  anta birmiš (BQ E 12)
  anta buzdum (BQ E 25, 37, 39)
  anta ärür (T 21)
  [anta etmiš] (KT E 13)
  anta ičräki (KT S 2; BQ E 28, N 2)
  anta itmiš (BQ E 12)
  anta kisrä (KT E 4, 5, 34, 39; BQ E 23; T 6)
  anta [kisrä] (BQ E 5)
  [anta] kisrä (KT E 28-29; BQ N 14)
  [anta kisrä] (BQ E 5)
  anta ölti (KT E 33, 33, N 6)

anta öl[ti] (KT N 8)
[anta] ölti (KT E 32-33)
anta ölürmiš (KT E 40)
anta ölürti (T 42)
anta ölürtüm (BQ E 26, 28)
anta ölürtümiz (KT E 38)
anta ötrü (T 12, 16)
anta öyür ärmiš (KT S 5)
anta ö[yür ärmi]š (BQ N 4)
anta qalmiši (KT S 9)
anta qalm[iši] (BQ N 7)
anta sančđïm (BQ E 31, 32)
anta saqïntïm a (T 22)
[anta süŋü]šdüm (BQ E 37)
anta tirilti (BQ E 31)
anta tüš[di] (KT N 4)
anta yana kirip (KT E 38)
anta yanturtumïz (T 45)
anta yoq boltï (KT N 3)
anta yoq qïšđïm (BQ E 25)
anta yoq qïšđïmïz (KT E 32, 34)

● antaγ **그렇게** (< anï täg); ⇒ antäg
antaγ külüg (KT E 4; BQ E 5)
antaγ ödkä (KT E 40)
antaγïŋïn üčün (KT S 8-9; BQ N 6)
sabi antaγ (T 9, 36)

● Antarγu (Antïrγu ?) **땅 이름 (안타르구)**
antarγuda (BQ E 30)

● antäg **그렇게** (< anï täg); ⇒ antaγ
sabi antäg (T 29)

● aŋar **그에게, 그들에게 (대명사 ol의 여격형)**
aŋar (KT S 12; BQ N 14; T 24)
aŋar körü (KT S 11; BQ N 8)

● aŋaru **그를 향하여 (대명사 ol의 향격형)**
aŋaru sülämäsär (T 20)

- ańïγ — **나쁜, 불량한**
  - ańïγ bilig (KT S 5)
  - ańïγ biligin (BQ N 4)
  - ańïγ kiši (KT S 7)
  - ańïγ [k]iši (BQ N 5)
  - ańïγ ol (T 34)
  - ańïγ yoq (KT S 3)
  - ań[ïγ yoq] (BQ N 2)
- ańït- — **두려워하게 하다, 으르다**
  - ańïtayin (BQ E 41)
- apa — **조상, 선조; (칭호에서) 大**
  - apa tarqan ⇒ Apa Tarqan
  - äčüm apam (KT E 1, 13; BQ E 3, 12)
  - äčümüz apamïz (KT E 19)
  - äčü[müz apamïz] (BQ E 16)
  - inänču apa yarγan tarqan ⇒ Inänču Apa Yarγan Tarqan
- Apa Tarqan — **阿史德元珍의 칭호 (아파 타르칸, 大 tarqan, 최고 사령관, 阿波達干)**
  - apa tarq[an] (BQ S 13)
  - apa tarqanγaru (T 34)
- Apar — **종족 이름 (아바르, Avar)**
  - apar purum (KT E 4; BQ E 5)
- aq — **흰, 백색의**
  - alp šalčï aq atin binip (KT E 40)
  - alp šalčï aqin binip (KT N 2, 2-3, 3)
  - [aq adγï]r[ïγ] binip (KT E 35-36)
  - aq adγïrïγ ... urtï (KT E 36)
  - aq tärmäl ⇒ Aq Tärmäl
  - azman aqïγ binip (KT N 5, 6)
  - ögsiz aqin binip (KT N 9)
- Aq Tärmäl — **강 이름 (“흰 Tärmäl”)**
  - aq tärmäl käčä (T 25)
- aqït- — **공격하게 하다, 공격하다**
  - aqïtdïmïz (T 35)
  - aqïttïmïz (KT N 8)

- ar- 속이다
  arïp (KT S 5; BQ N 4)
- ara (그것) 사이에서
  ekin ara (KT E 1, 2; BQ E 4)
  [ekin ara] (BQ E 2)
  türük bodun ara (T 54)
- arïγ 깨끗한, 순수한
  arïγ ubuti (T 37)
- arïl- 줄다, 궤멸되다, 소모되다; ⇒ az
  alqïntïγ arïltïγ (KT S 9)
  alqïntïγ arïl[tïγ] (BQ N 7)
- armaqčï 사기꾼, 협잡꾼
  armaqčïsin üčün (KT E 6)
  [armaqčï]sin üčün (BQ E 6)
- arqïš 카라반, 대상
  arqïš ïdmaz tiyin (BQ E 25)
  arqïš tirkiš ïsar (KT S 8)
  [arqïš] tirkiš ïsar (BQ N 6)
  [ar]qïši kälmädi (BQ E 41)
- arquy 요새 (?)
  arquy qarγuγ (T 53)
- artat- 파괴하다, 무너뜨리다
  artatï udačï [ärt]i (BQ E 19)
  artatï [udačï ärti] (KT E 22)
- artuq 과도한, 과잉의; 과도, 과잉; 많은, 수많은
  art[uq qïrqïz] küč[lüg qaγan] (T 20)
  ay artuqi tört kün (BQ SW)
  bir tümän artuqi yeti biŋ süg (BQ S 1)
  otuz artuqi bir yašïma (BQ E 28-29)
  otuz artuqi bir [yašïma] (BQ S 9)
  [otuz artuqi eki yašï]ma (BQ E 31)
  otuz artuqi säkiz yašïma (BQ S 2)
  [otuz artuq]i [toquz ya]šïma (BQ S 2)
  otuz artuqi tört yašïma (BQ E 38)
  otuz artuqi üč [yašïma] (BQ E 34)

qïrq artuqi yeti yolï (KT E 15)
qïrq artuq[i y]iti yašï[ŋa] (KT NE)
qïr[q artuqi] yiti yolï (BQ E 12-13)
sïŋarča artuq (T 40)
yüz artuq oqun (KT E 33)

• artur- 속다
arturup (KT S 6; BQ N 5)

• asïn- 기어오르다
asïnγalï (T 27)

• asra 아래에(서), 밑에(서)
asra yaγïz yer (KT E 1)
as[ra yaγïz yer] (BQ E 2)
[asra] yer tälinmäsär (BQ E 18)
asra yir tälinmäsär (KT E 22)
üzä täŋri as[ra] yer yarlïqadoq üč[ün] (BQ N 10)

• aš 음식, 식량, 먹을 것
aš <tä>g (T 8)

• aš- 넘다
altun yïšïγ aša (T 37)
altun yïšïγ [aš]a (BQ E 27)
altun yïšïγ ... ašđïm<ïz> (T 35)
[a]šïp (BQ S 1) (?)
ï bar baš ašđïmïz (T 26)
kögmän aša (KT E 17; BQ E 15)
qađïrqan yïšïγ aša (KT E 21)
qađïrqan yïš[ïγ aša] (BQ E 17)

• Ašoq 사람 이름 (아쇼크; 소그드족의 지도자 Ašoka ?)
ašoq bašlïγ soγdaq bodun (T 46)

• aššïz 먹을 것 없는, 배고픈
ičrä aššïz tašra tonsïz (KT E 26; BQ E 21)

• at 말(馬)
aq atin binip (KT E 40)
at üzä bintürä (T 25)
at yetä (T 25)
atïγ (T 27)

bir at oruqi (T 24)
boz at binip (KT E 37)
boz atïγ binip (KT E 33)
boz [atïγ binip] (KT E 32)
ädgü özlik atin (BQ S 12)
ol at (KT E 33, 33, N 4)
[ol at] (KT 32)
özlik atin adγïrin (BQ N 11)
sü ati (KT E 39)
toruγ at binip (KT E 33)
tügünlüg atïγ (T 54)

- āt 이름, 칭호 (⇒ at)
  āt birtim (BQ E 41)
  ātïγ [bi]rtim (KT W 2)
  tabγač ātin (KT E 7)
  türük ātin (KT E 7)
- at 이름, 칭호 (⇒ āt)
  at birtim (BQ N 13)
  ati küsi (KT E 25, 25; BQ E 20, 21, 22, 36)
  [ati küsi] (KT E 26)
  är at (KT E 31)
  qaγan at (KT E 20)
  qaγan atïγ (BQ E 17)
  tabγ[ač atin] (BQ E 7)
  türük atin (BQ E 7)
- Ataman Tarqan 사람 이름 (?)
  ataman tarqan (BQ S 14)
- atï 조카, 형제의 아들
  atïsi (KT S 13, SE; BQ SW)
- atlat- 말에 태우다, 말에 타게 하다
  atlat [tedi]m (T 25)
- atlïγ 말 탄(이), 기병
  atlïγ (T 4)
  bir atlïγ (T 24)
  [tab]γač atlïγ süsi (BQ S 1)

- atlïγ 칭호의, 칭호를 지닌(이)
  kičig atlïγ[ïγ ?] (BQ E 41)
- atsïz 이름 없는, 칭호 없는
  [atsïz ?] (BQ E 41)
- ay 달, 30일
  ay artuqi tört kün (BQ SW)
  bišinč ay yiti otuzqa (BQ S 10)
  onunč ay altï otuzqa (BQ S 10)
  toquzunč ay yeti otuzqa (KT NE)
  yitinč ay yiti otuzqa (KT NE)
- ay- 말하다
  ay (T 32)
  ayayin (T 32)
  aydï (T 31)
  ayγïl (T 5)
  aysar (KT N 10)
- aya- 지키다, 보호하다
  ayaγma (KT SW)
- ayγučï 대변인, 카간의 대변인
  ayγučïsi (T 10, 21, 29)
  ayγučï[si] yämä (T 49-50)
- ayïγma 대변인
  ayïγmasi (T 5)
- ayt- 말하다, 묻다
  aytïγma ⇒ aytïγma
  aytïp (T 24)
- aytïγma ~라 하는, ~라 불리는
  tinsi oγli aytïγma (T 44, 47)
- ayuq 다스려지는 나라, 국가 (?)
  [ay]uqï[ŋ]a (KT W 1)
- az 적은, 소수의; ⇒ arïl-
  az (BQ E 32; T 39)
  az bodunuγ (KT E 29, S 10; BQ E 24, N 7)
  az ärin (KT E 40)
  azča bodun (T 43)

azïγ (BQ E 14)
[azïγ] (KT E 16)

● Az 종족 이름 (아즈, Az)
az bodun (KT N 2, 3)
az bodunuγ (KT E 19)
az [bodunuγ] (BQ E 26)
[az bodunuγ] (BQ E 16)
az eltäbärig (KT N 3)
az qïrqïz bodunuγ (KT E 20; BQ E 17)
az totoquγ (KT E 38)
az yaγïzin binip (KT N 5, 8)
az yir y[oli ?] (T 24)
čölgi az äri (T 23)

● azman 누르스름한 (?)
azman aqïγ binip (KT N 5, 6)

● azqïńa 극소수의, 아주 적은
azqïńa ärin (KT E 34)
azqïńa türk [bodun ?] (T 9)

● azu 또는, 그렇지 않으면
azu (KT S 10)
az[u] (BQ N 7)

● azuq 먹을 것, 식량
azuqi (KT E 39)

● ba- 매다
bayur ärtimiz (T 27)

● baγa 칭호 tarqan을 수식하는 형용사; (칭호에서) 小 (?)
baγa tarqan ⇒ Baγa Tarqan

● Baγa Tarqan 투뉴쿠크의 칭호 중 하나 (莫賀達干)
bilgä tuńuquq buyla baγa tarqan (T 6)
tunyuquq buyla baγa tarqan (BQ S 14)

● balbal 발발, 살해된 적의 석상(石像; < 몽골어 barimal)
balbal qïlu bertim (BQ S 7)
balbal tikdim (KT E 25)
[balbal tikdim] (BQ E 20)
balbal tikä birtim (BQ S 9)

balbal tikmiš (KT E 16)
balbal tik[miš] (BQ E 13)

● balïq 도시
balïqdaqï taγïqmiš (KT E 12)
[ba]l[ïq]d[aqï] taγ[ïqmiš] (BQ E 10)
beš balïq ⇒ Beš Balïq
šantuŋ balïqqa taloy ügüzkä (T 18)
šantuŋ b[alïqqa] taloy [ügüzk]ä (T 19)
toγu balïq ⇒ Toγu Balïq
üč otuz balïq (T 19)

● balïq 진창
balïqqa basïqdï (KT N 8)

● baŋa 나에게 (대명사 bän의 여격형); ⇒ maŋa
baŋa aydï (T 31)

● baŋaru 나를 향하여, 내쪽으로 (대명사 bän의 향격형)
baŋaru anča yïdmiš (T 34)

● bar 있는, 존재하는
bar ärmiš (T 30)
bar ärsär (T 10, 57)
bar ärtäči ärmiš (T 57)
bar γu (KT S 10; BQ N 8)
bar mu nä (T 14)
bar üčün (KT E 29, 29, S 9; BQ E 23, N 7)
ï bar baš (T 26)

● bar- 가다
bardï (KT 39; BQ E 32, 35, 40)
bard[ï] (BQ S 1)
bardïγ (KT E 24, 24, S 9; BQ E 19, 19, 20, N 7)
[bardïγ] (KT E 23)
bardïmïz (T 26, 27, 27)
bard[ïmïz] (T 27)
bardoq yirdä (KT E 24)
bardoq yerdä (BQ E 20)
barïŋ (T 31)
barïp (KT S 7; BQ N 6)

barmiš (T 24, 24)
barmiš bodun (KT E 28; BQ E 22)
barsar (KT S 8; BQ N 6)
barzun (T 31)
ermiš barmiš ädgü eliŋ[ä] (KT E 23)
ermiš bar[miš ädgü] eliŋä (BQ E 19)
erür barur ärkli yaɣï (KT N 1)
[er]ür barur ärkli yaɣï (BQ E 29)
täzip bardï (KT E 34; BQ E 41)
t[äzip bardï] (BQ E 37)
[täzip barmiš] (BQ E 40)
uča bardï (BQ E 20, S 10)
[uča bardï] (KT E 24)
uča bardïɣïz (KT SE)
uča barmiš (KT E 16)
[uča barmiš] (BQ E 13)
yoqadu barïr ärmiš (KT E 10)
[yoqadu barïr ärmiš] (BQ E 9)

● barïɣma 가는 사람(들)
ilgärü [barïɣma] (BQ E 19)
[ilgärü barïɣma] (KT E 23)
qurïɣaru barïɣma (KT E 24)
qu[rï]ɣaru barïɣma (BQ E 19-20)

● barïm 재산, 재물
aɣïšïn barïmïn (KT SW)
äbin barïmin (KT N 1)
yïlqïsin barïmin (BQ E 24)
[yï]lqïsin barïmin (BQ S 3)
yïlq[ïsin barïmin] (BQ E 39)

● barq 집, 건물, 주택; 무덤, 능묘
adïnčïɣ barq (KT S 12; BQ N 14)
barq itgüči (KT N 13)
barqïɣ (BQ SW)
barqin (KT NE)
äbig barqïɣ (BQ E 32)

äbin barqin (BQ E 34, 37)
[ol] taš barqin (BQ N 15)
taš [barq itgüčig] (KT NE)

● Bars 사람 이름 (“표범”; < 이란어)
bars (KT E 20)
[bars] (BQ E 16)

● bas- 밟다; 습격하다; 돕다; 억누르다
basa berti ärinč (T 38)
basa kälti (BQ E 32)
basdï (KT N 8)
basdïm (KT 받침대 4; BQ E 27, 27)
basdïmïz (KT E 35, 37; T 27)
basmasar (KT E 22)
basm[asar] (BQ E 18)

● basïn- 지다, 짓밟히다, 압도되다
nä basïnalïm (T 39)

● basïq- 밀어 넣다, 빠뜨리다
balïqqa basïqdï (KT N 8)

● basït- 습격당하다
basïtma (T 34)

● Basmïl 종족 이름 (바스믈, 拔悉密)
basmïl ïduq qut (BQ E 25)
[bas]mïl qara [...] (BQ E 29)

● baš 머리; 꼭대기, 정상; 우두머리
čuš bašïnta (KT N 6)
[čuš bašïnta] (BQ E 30)
ï bar baš (T 26)
ïduq baš ⇒ Ïduq Baš
sü baši (T 31)
tamaγ ïduq baš ⇒ Tamaγ Ïduq Baš
yüz[iŋä] bašïŋa (KT E 33)

● bašad- 지휘하다, 이끌다
lisün tay säŋün bašad[u] (BQ S 11)
qu säŋün bašadu (BQ S 8)

- bašγu **머리(이마)에 흰 반점이 있는 (말)**
  bašγu boz (KT E 37)
  bašγu boz at (KT E 37)
- bašla- **지휘하다, 비롯하다 (위시하다)**
  bašlayu (KT N 8, 11; BQ E 33)
  bašlayu ulayu (BQ S 13, 14, 14)
- bašlayu **먼저, 우선**
  bašlayu (KT E 16, 25; BQ E 13, 20)
- bašlïγ **오만한, 거만한; 우두머리로 있는 ("머리가 있는")**
  ašoq bašlïγ soγdaq bodun (T 46)
  bašlïγïγ yüküntürmiš (KT E 2; BQ E 13)
  bašlïγïγ [yü]küntürmiš (BQ E 3)
  bašlïγïγ yüküntü[rmiš] (KT E 15)
  [ba]š[lï]γïγ yüküntürtüm (BQ N 10)
  bašlïγïγ yüküntürtümiz (KT E 18; BQ E 16)
- batïm **빠짐, (~이 빠지는) 깊이**
  süŋüg batïmi qarïγ (KT E 35; BQ E 26-27)
- batsïq **(해가) 짐; ⇒ kün batsïq**
- bay **부유한, 넉넉한**
  bay qïltï (BQ E 14)
  [bay qïltï] (KT E 16)
  bay qïltïm (KT E 29, S 10; BQ E 23, N 7)
- Bayïrqu **종족 이름 (바이르쿠, 拔也古, 拔野古, 拔曳古); ⇒ Yir Bayïrqu**
  bayïrqun[ïŋ] (KT E 35)
  bayïrquniŋ (KT E 36)
  yir bayïrqu uluγ irkin (KT E 34)
  yir bayïrqu yeriŋä tägi (BQ N 3)
  yir bayïrqu yiriŋä tägi (KT S 4)
- baz **종속된, 예속된**
  baz qaγan ⇒ Baz Qaγan
  baz qïlmiš (KT E 2, 15; BQ E 13)
  [baz qïlmiš] (BQ E 3)
  baz qïltïm (KT E 30; BQ E 24)
  baz [qïltïm] (BQ N 10)

- **Baz** 카간 이름 (바즈, 比粟; "종속된")
  baz qaγan (KT E 14; BQ E 12)
  baz qaγanïγ (KT E 16; BQ E 13)
- **bädiz** 장식, 그림, 조각(彫刻)
  bädiz urturtum (KT S 12)
  bädiz u[rturtu]m (BQ N 14)
  bädiz yaratïγma (KT N 13)
  bädizig (BQ SW)
  bädizin (KT NE)
- **bädizči** 화공, 조각가
  bädizči (KT S 11; BQ N 14)
  bädizčig (KT S 12, NE; BQ N 14)
- **bädizät-** 꾸미게 하다, 장식하게 하다; 꾸미다, 장식하다
  bädizättim (KT S 11)
  bitidim bädizättim (BQ SW)
- **bäg** 배그, (작은 사회집단이나 나라의) 우두머리 (< 佰 ?)
  bäg (KT E 20)
  [bäg] (BQ E 16)
  bägim tigin (KT SW)
  bäglär (T 36)
  [bä]glär bodun (KT 받침대 2)
  bäglär gü (KT S 11)
  [bäglä]r [g]ü (BQ N 8)
  bägläri boduni (KT E 6; BQ E 1, 6)
  bägläri yämä boduni yämä (KT E 3)
  bägläri yämä boduni [yämä] (BQ E 4)
  [bäglä]rig bodun[uγ yä]mä (BQ N 12-13)
  bäglärim bodunum (KT N 11)
  bäglärin bodunin (T 43)
  bägli bodunlïγ (KT E 6)
  [bägli bodunlïγ] (BQ E 6)
  bu bäglärig[dä] (BQ N 13)
  buyruqi bägläri yämä (KT E 19)
  buy[ruq]i bägläri yämä (BQ E 16)
  matï bäglär (BQ S 14)

on oq bägläri boduni (T 42)
šadapït bäglär (KT S 1; BQ S 13)
šad[apït] bäglär (BQ S 14)
tabγačγï bäglär (KT E 7)
tabγ[ačγï] bäglär (BQ E 7)
tarduš bäglär (BQ S 13)
tarqat buyruq bäglär (KT S 1)
toquz oγuz bäglär boduni (KT S 2)
tölis bäglär (BQ S 13)
türük bäglär (KT E 7, 34; BQ E 7)
türük bäglär bodun (KT S 10; BQ E 2, S 15, N 8)
[türük] bäglär [bodun] (BQ E 33)
türük bäglär türük bodunum (BQ N 13)
[t]ürük bäglärin bodunin (BQ S 15)
türük matï bäglär (BQ S 13)
türük matï bodun bäglär (KT S 11; BQ N 8)
türük oγuz bäglär bodun (KT E 22)
[türük oγuz bäglär bo]dun (BQ E 18)
yegän silig bägiŋ (KT E 33)

●bäglik **배그가 될 만한, 배그가 될**
bäglik urï oγlin (KT E 7; BQ E 7)
bäglik urï oγluŋ (KT E 24)
bäglik urï oγluŋïn (BQ E 20)

●bän **나**; ⇒ män
bän (T 5, 11, 30, 32, 37, 59)
bän bilgä tuńuquq (T 37, 47, 58)
bän ök (T 7, 50, 50)
bän özüm (T 1, 17, 55, 59)
[bän] özüm (T 15)

●bäniŋ **나의 (대명사 bän의 속격형)**; ⇒ mäniŋ
bäniŋ bodunum (T 21)

●bäŋgü **영원한; 영원히** (< **萬古** ?)
bäŋgü (KT S 8; BQ N 6)
bäŋgü taš (KT S 12, 13)
bäŋg[ü] taš (BQ N 15)

b[äŋgü taš] (KT S 11)
bäŋgü tašqa (KT S 11; BQ N 8)

● bäŋlig 점이 있는, 흰 점이 있는 (= 눈(雪)이 있는)
bäŋlig äk taγïγ (T 44)

● Bärčik 종족 이름 (Pers)
bärčik är (KT N 12)

● bärüki 이쪽의, 이쪽에 있는
anta bärüki (T 46)

● ber- 주다; ⇒ bir-
basa berti ärinč (T 38)
bermiš (KT E 14)
bertim (BQ S 7; T 2)
bertim ök (T 52)
bertök üčün (T 6)
ešidü berti (T 15)
il berig[mä tä]ŋri (BQ E 21)
qïlu bertim (BQ S 7)

● beš 다섯, 5; ⇒ biš
beš balïq ⇒ Beš Balïq
beš süŋüšdi (T 49)
beš tümän sü (BQ E 25)

● Beš Balïq 땅 이름 (베시발르크, 北庭; "5 도시")
beš balïq (BQ E 28)
beš balïq tapa (BQ E 28)

● bïč- 베다, 자르다
[b]ïčdï (BQ S 12)

● bïŋ 천, 1000; ⇒ biŋ
[altï bïŋ] (T 16)
eki bïŋ (T 16, 18)

● bičin 원숭이 (12지의 하나)
bičin yïlqa (KT NE)

● bil- 알다
bilig bilmäz kiši (KT S 7)
bi[lig] bilmäz kiši (BQ N 5-6)
biliŋ (KT S 11, 12, 13; BQ E 33, N 8, 15)

[biliŋ] (BQ N 15)
bilir biligim (KT N 10)
bilir siz (KT E 34)
bilmädök üčün (KT E 24)
bilmädökin üčün (BQ E 16)
[bilmädökin] üčün (KT E 18-19)
bilmädökügin üčün (BQ E 20)
bilmäz ärmiš (T 6)
bilmäz ärti (BQ E 18, 18)
bilmäz täg (KT N 10)
bilsär (T 6)

● bilgä　**현명한, 지혜로운; 상담역, 고문**
bilgä (KT E 3; BQ E 4; T 10, 21, 29)
bilgä qaγan (BQ E 4)
bil<g>ä qaγan (KT E 3)
bilgä qaγan ⇒ Bilgä Qaγan
bilgä tuńuquq ⇒ Bilgä Tuńuquq
bilgäsi (T 7)
bilgäsin üčün (T 48)
ädgü bilgä kišig (KT S 6)
ädgü [bil]gä kišig (BQ N 4)
igidmiš <bilgä> qaγanïŋa (BQ E 19)
igidmiš bilgä qaγanïŋïn (KT E 23)
oγuz bilgä tamγačï ⇒ Oγuz Bilgä Tamγačï

● Bilgä Qaγan　**카간 이름/칭호 (빌개 카간, 毗伽可汗, 苾伽可汗, “현명한 카간”)**
bilgä qaγan (BQ W 2)
[bilgä] qaγan b[itigin] (BQ SW)
türük bilgä qaγan (KT W 1, S 1; BQ E 1, S 13, N 1; T 58, 62)
türük bilgä [qaγan] (BQ S 13)
türük bilgä q[aγanqa] (T 50)
türük bilg[ä qaγan] (BQ E 1)

● Bilgä Tamγačï　**사람 이름/칭호 (빌개 탐가츠)**; ⇒ Oγuz Bilgä Tamγačï

- Bilgä Tuńuquq 사람 이름/칭호 (빌개 투뉴쿠크)
  - bän bilgä tuńuquq (T 37, 47, 58)
  - bän özüm bilgä tuńuquq (T 17, 59)
  - [bän] özüm bilgä tuńuquq (T 15)
  - bilgä tuńuquq (T 5, 34, 61)
  - bilgä tuńuquq bän özüm (T 1)
  - bilgä tuńuquq buyla baγa tarqan (T 6)
  - bilgä tuńuququqa baŋa (T 31)
- bilig 지식, 지혜
  - ańïγ bilig (KT S 5)
  - ańïγ biligin (BQ N 4)
  - bilig bilmäz kiši (KT S 7)
  - bi[lig] bilmäz kiši (BQ N 5-6)
  - bilir biligim (KT N 10)
  - täŋri bilig bertök üčün (T 6)
- biligsiz 무식한, 무지한, 어리석은
  - biligsiz (KT E 5; BQ E 6)
  - biligsiz qaγan (KT E 5)
  - biligsiz qaγ[an] (BQ E 6)
- bin- (올라)타다
  - [aq adγï]r[ïγ] binip (KT E 35-36)
  - aq atin binip (KT E 40)
  - aqin binip (KT N 2, 2-3, 3)
  - az yaγïzin binip (KT N 5, 8)
  - azman aqïγ binip (KT N 5, 6)
  - boz at binip (KT E 37)
  - boz atïγ binip (KT E 33)
  - boz [atïγ binip] (KT E 32)
  - ögsiz aqin binip (KT N 9)
  - toruγ at binip (KT E 33)
- bini 나를 (대명사 bän의 대격형)
  - bini oγuzuγ (T 10)
- bintür- 태우다, 타게 하다
  - at üzä bintürä (T 25)

- biŋ 천, 1000; ⇒ bïŋ
  bir tümän artuqi yeti biŋ süg (BQ S 1)
  eki üč biŋ sümüz kältäčimiz (T 14)
  tör[t biŋ] yïlq[ïs]ïn (KT SW)
- bir 하나, 1; 한 번; 같은
  bir (T 23, 33)
  bi[r] (BQ S 8)
  bir at oruqi (T 24)
  bir atlïγ (T 24)
  bir ärig (KT E 36, N 5)
  bir kiši (KT S 6; BQ N 4)
  bir otuz ⇒ bir otuz
  bir qïrq ⇒ bir qïrq
  bir qorγ[anqa] (BQ E 40)
  bir t[ägmädi] (KT E 33)
  bir todsar (KT S 8; BQ N 6)
  bir tümän aγï altun kümüš (KT N 12)
  bir tümän artuqi yeti biŋ süg (BQ S 1)
  bir ülügi (T 4)
  bir yïlqa (KT N 4; BQ E 30)
  otuz artuqi bir yašïma (BQ E 28-29)
  otuz artuqi bir [yašïma] (BQ S 9)
  toŋra bir uγuš alpaγu on ärig (KT N 7)
  toŋra yïlpaγuti bir uγušuγ (BQ E 31)
- bir- 주다; ⇒ ber-
  alï birmiš (KT E 8; BQ E 8)
  alï birtim (BQ N 9, 10, 10)
  birmädi (KT N 9)
  birmiš (KT E 8; BQ E 8, 12)
  birtim (BQ E 41, N 13)
  [bi]rtim (KT W 2)
  birtimiz (KT E 20, 20, 21; BQ E 17, 17)
  [birtimiz] (BQ E 17)
  birtök üčün (KT E 12, W 1; BQ E 11, 32)
  birtökgärü (KT E 10)

birtökkärü (BQ E 9)
birür (KT E 30, S 5, 7, 7; BQ N 4, 5, 5)
birür män (KT E 9; BQ E 9)
il birigmä täŋri (KT E 25)
iti birmiš (KT E 1; BQ E 3)
iti birtim (BQ N 12)
qazγanu birtim (BQ S 10, N 12)
süläyü birmiš (KT E 8, 8; BQ E 8, 8)
tikä birti (BQ S 11)
tikä birtim (BQ S 9)
tuta birmiš (KT E 1; BQ E 3)

● bir otuz **스물하나, 21**
bir otuz yašïŋa (KT E 32)

● bir qïrq **서른하나, 31**
bir qïrq yašayur ärti (KT N 2)

● birdin **남쪽**
tabγač birdin yän täg (T 11)

● birgärü **남쪽을 향하여, 남쪽으로**
birgärü [kün ortosïŋ]a (BQ N 11)
birgärü kün ortosïŋaru (KT S 2; BQ N 2) (kün orto sïŋaru ?)
birgärü tabγač tapa (KT E 28; BQ E 23)
birgärü toquz ärsinkä tägi (KT S 3)
b[i]rg<är>ü t[oquz] ärsinkä tägi (BQ N 2-3)

● birki **연합한, 결합한, 뭉쳐진**
birki bodunuγ (KT E 27; BQ E 22)
birki uγušum bodunum (KT S 1)
birki uγušum [bodunum] (BQ N 1)

● birlä **~와 함께, ~와 더불어**
anï b[irlä ?] (T 24)
bilgä tuńuquq buyla baγa tarqan birlä (T 6-7)
[...] birlä (KT N 1)
ädiz birlä (KT N 5)
ečim qaγan birlä (KT E 17; BQ E 15)
eki šad birlä (KT E 27)
[eki šad] birlä (BQ E 22)

inim kül tigin birlä (KT E 26, 27)
inim [kü]l tigin [bir]lä (BQ E 21)
inim kül t[igin birlä] (BQ E 22)
izgil bodun birlä (KT N 3)
oγuz birlä (KT N 6, 7)
qaγanin birlä (KT E 35; BQ E 27)
qïrqïz birlä (BQ E 26)
qošu totoq birlä (KT N 1)
säkiz tümän [sü] bi[r]lä (BQ E 26)
tabγač bodun birlä (KT S 4)
[tabγač bodu]n birlä (BQ N 3)
toquz tatar birlä (BQ E 34)

● biryä 남쪽에서
biryä čoγay yïš tögültün yazï (KT S 6-7; BQ N 5)
biryä qarluq bodun tapa (BQ E 40)
biryä šadapït bäglär (KT S 1)
biryä tabγač bodun (KT E 14; BQ E 12)
biryä tabγačda (T 14)
[bi]ryä tabγačda (BQ E 36)
biryä tabγačïγ (T 7)

● biryäki 남쪽에 있는
biryäki bodun (T 17)

● biš 다섯, 5; ⇒ beš
biš otuz ⇒ biš otuz
biš t[ümän sü] (KT E 31)
biš yolï (KT N 4)
biš yüz ärän (BQ S 11)

● biš otuz 스물다섯, 25
biš otuz sülädimiz (KT E 18)
biš otuz sü[lädimi]z (BQ E 15)

● bišinč 다섯째(로)
bišinč (KT N 7)
bišinč ay yiti otuzqa (BQ S 10)

● bišük 친척
uγuši boduni bišükiŋä tägi (KT S 6)

uγuši bodun[i biš]ükiŋä tägi (BQ N 4)

- biti- 쓰다, 적다, 표기하다
  bitidim (KT SE, SE, SW; BQ SW)
  bitidim bädizättim (BQ SW)
  [bitidimiz] (KT SW)
- bitig 글; 비문, 비명
  [bilgä] qaγan b[itigin] (BQ SW)
  bitig bitigmä (KT S 13, SE)
  bitig taš itgüči (KT N 13)
  bitig taš[in] (KT NE)
- bitigmä 쓰는 사람, 적는 사람, 표기하는 사람
  bitig bitigmä (KT S 13, SE)
- bitit- 쓰게 하다, 적게 하다, 표기하게 하다
  bäŋgü taš toqïtdïm bititdim (KT S 13)
  bititdim (T 58)
  [...] toqïtdïm bititdim (BQ N 15)
- biz 우리, 우리들
  biz (KT E 20; BQ E 17, 32; T 8, 16)
  biz yämä (T 44)
- biz 우리는 ~이다
  qaltačï biz (T 13)
  qorqur biz (T 39)
  täzär biz (T 38)
  tutmiš täg biz (T 13)
- bizintä 우리한테(서) (대명사 biz의 처격-탈격형)
  bizintä ... artuq ärti (T 40)
- biziŋ 우리의 (대명사 biz의 속격형)
  biziŋ sü ati (KT E 39)
- biziŋä 우리에게 (대명사 biz의 여격-처격형)
  biziŋä (KT E 19, 40; BQ E 16)
- bizni 우리를 (대명사 biz의 대격형)
  bizni (T 20, 29, 30)
- bod 부족, 종족
  bod qalmadï (T 4)
  bod yämä bodun yämä kiši yämä (T 60)

• bodun 부족들, 백성
[anč]a bodun (KT S 2)
anta ičräki bodun (KT S 2; BQ N 2)
az bodun (KT N 2, 3)
az bodunuγ (KT E 19)
az [bodunuγ] (BQ E 26)
[az bodunuγ] (BQ E 16)
az bodunuγ (KT E 29, S 10; BQ E 24, N 7)
az qïrqïz bodunuγ (KT E 20; BQ E 17)
azča bodun (T 43)
barmiš bodun (KT E 28; BQ E 22)
[bä]glär bodun (KT 받침대 2)
bägläri boduni (KT E 6; BQ E 1, 6)
bägläri yämä boduni yämä (KT E 3)
bägläri yämä boduni [yämä] (BQ E 4)
[bäglä]rig bodun[uγ yä]mä (BQ N 12-13)
bäglärim bodunum (KT N 11)
bäglärin bodunin (T 43)
bägli bodunlïγ (KT E 6)
[bägli bodunlïγ] (BQ E 6)
bäniŋ bodunum (T 21)
birki bodunuγ (KT E 27; BQ E 22)
birki uγušum bodunum (KT S 1)
birki uγušum [bodunum] (BQ N 1)
biryäki bodun (T 17)
bodun (KT E 11; BQ E 10, 37; T 56)
[b]odun (KT 받침대 1)
bod[un] (BQ S 4)
bodun boγuzi (T 8)
bodun ilig (KT N 3)
bod yämä bodun yämä kiši yämä (T 60)
boduni (KT E 20; BQ E 17)
bodunin sayu (T 42)
bodunuγ (KT E 21, 28; BQ E 12, 23, 25, 35, 39)
b[odu]nuγ (BQ E 17)

bodunumïn (BQ N 11)
bunča bodun (KT E 4; BQ E 5, S 12)
[bunča bodun] (BQ N 2)
buqaraq uluš bodunta (KT N 12)
čïγań bodunuγ (KT E 29, S 10; BQ E 23, N 7)
čik bodun (BQ E 26)
ädiz bodun (KT N 6)
eki eltäbärlig bod[un] (BQ E 38)
elsirämiš qaγansïramiš bodunuγ (KT E 13)
el[sirämiš qaγansïramiš bodunuγ] (BQ E 11)
ïčγïnmiš bodunuγ (KT E 13)
[ïčγïnmiš] bodunuγ (BQ E 11-12)
ïraq bodunuγ (KT S 5)
ïraq [bodu]nuγ (BQ N 4)
il yämä bodun yämä (T 55)
il yämä ... bodun yämä ... (T 56)
illig bodun (KT E 9; BQ E 8)
izgil [bodu]n (KT N 4)
izgil bodun birlä (KT N 3)
käntü bodunum (KT N 4)
küŋädmiš quladmiš bodunuγ (KT E 13)
[küŋädmiš quladmiš bodu]nuγ (BQ E 11)
mäniŋ bodunum (BQ E 29)
o[γu]z bodun (BQ E 34)
oγuz bo[dun] (BQ E 33)
oγuz bodun tapa (KT E 28)
[o]γuz bodun tapa (BQ E 23)
oγuz bodunuγ (T 62)
ol bodunuγ (KT E 38)
on oq bägläri boduni (T 42)
on oq bodun (KT E 19; BQ E 16)
on oq boduni (T 30)
öltäči bodunuγ (KT E 29; BQ E 23)
ö[tükän] yïš bodun (BQ E 19)
ötükän y[ïš bodun] (KT E 23)

qaɣanlïɣ bodun (KT E 9; BQ E 9)
qaɣanlïɣ bodunqa (T 56)
qara bodun (BQ E 41)
qara türgiš bodun (KT E 38, 39)
qara türgiš bodunuɣ (KT E 40)
qarluq bodun (KT N 1; BQ E 29, 29)
qarluq bodun tapa (BQ E 40)
qarluq bodunuɣ (BQ E 29)
qazɣanmiš bodun (BQ E 22)
qaz[ɣanmiš bodun] (KT E 26)
qïrqïz boduni (T 28)
qïrqïz bodunuɣ (KT E 35; BQ E 27)
qïtań tatabï bodun bašlayu (KT N 11)
qïtań tatabï bodun tapa (KT E 28; BQ E 23)
qurïyaqï yïryaqï öŋräki bodun (T 17)
soɣdaq bodun (KT E 39; T 46)
tabɣač bodun (KT E 6, 14, S 5; BQ E 6, 12, N 4)
tabɣač bodun birlä (KT S 4)
[tabɣač bodu]n birlä (BQ N 3)
tabɣač bodunqa (KT E 7; BQ E 7)
taŋut bodunuɣ (BQ E 24)
tarduš bodun üzä (KT E 17; BQ E 15)
tatabï bodun (BQ S 7)
t[atab]ï bodun (BQ E 39)
toquz oɣuz bägläri boduni (KT S 2)
toquz oɣuz bodun (KT E 14, N 4; BQ E 12, 35)
toquz oɣuz bodun üzä (T 9)
tölis tarduš bodunuɣ (BQ E 12)
tölis tarduš [bodunuɣ] (KT E 13)
tört buluŋdaqï bodunuɣ (KT E 2; BQ E 3, 24, N 9)
tör[t] b[uluŋdaqï bo]dunuɣ (BQ N 9)
[tört buluŋdaqï] bodunuɣ (KT E 29-30)
tör[t buluŋdaqï bodunuɣ] (BQ N 10)
türgiš bodunuɣ (KT E 37)
[türgiš bodunuɣ] (BQ E 27)

türk bodun (T 1, 2, 3, 18)
türk [bodun ?] (T 9)
[türk boduni yämä] (T 22)
türk bodunuγ (T 17)
türk sir bodun (T 3, 11)
türük băglär bodun (KT S 10; BQ E 2, S 15, N 8)
[türük] băglär [bodun] (BQ E 33)
[t]ürük bäglärin bodunin (BQ S 15)
türük bodun (KT E 6, 10, 11, 22, 25, S 6, 6, 7, 8, 8, N 6-7; BQ E 7, 10, 19, 19, 20, 21, 30, 33, 33, N 5, 5, 5, 6, 6; T 46)
tü[r]ük bodun (BQ E 38)
türük [bodun] (KT S 10; BQ N 13)
türük bodun ara (T 54)
türük bodun üčün (KT E 27; BQ E 22)
türük bodunïγ (KT E 25; BQ N 8)
türük bodunïŋ (KT E 1)
türük [b]odunïŋ (BQ E 3)
türük bodunuγ (KT E 16, 21; BQ E 9, 14, 18, 36)
türük bodunum (BQ N 13)
türük matï bodun bäglär (KT S 11; BQ N 8)
türük oγuz bägläri bodun (KT E 22)
[türük oγuz bägläri bo]dun (BQ E 18)
türük qara qamaγ bodun (KT E 8-9; BQ E 8)
türük sir bodun (T 60, 61)
türük sir bodunuγ (T 62)
türüküm bodunum (BQ E 16)
türükümä bodunuma (BQ S 10, N 12)
türükümiz [bodunumïz] (KT E 18)
uγuši boduni bišükiŋä tägi (KT S 6)
uγuši bodun[i biš]ükiŋä tägi (BQ N 4)
uγušum bodun (BQ E 25)
yabïz yablaq bodunta üzä (KT E 26)
yabïz yablaq bodunta [üzä] (BQ E 21)
yalaŋ bodunuγ (KT E 29; BQ E 23)
yïlsïγ bodunqa (KT E 26)

[y]ïlsïγ bodunta üzä (BQ E 21)
yoq čïγań bodunuγ (KT S 10; BQ N 7)

● boγuz 목구멍
bodun boγuzi (T 8)

● boγuzlan- 목 잘리다, 참수되다
boγuzlantï (T 26)

● bol- ~이 되다; 있다
[bolča] (KT SW)
bolčun tiyin (KT E 11; BQ E 10)
bolmazun tiyin (KT E 19)
bolmiš (KT E 9, 12, 13, 39; BQ E 9, 11, 11)
bolmiš (KT S 1; BQ N 1)
bolmiš ärinč (KT E 5, 5; BQ E 5)
[bolmiš äri]nč (BQ E 5)
bolmiš ärti (BQ E 18)
bolmiš [ärti] (KT E 21)
[bolmiš ärti] (KT E 21)
bolsar (BQ W 3; T 13, 14)
boltačï (KT N 11)
boltačï ärti (KT N 9; BQ E 31)
bolt[ač]ï ärti (KT N 7)
boltačï sän (BQ N 14)
boltï (KT E 7, 7, 20, 24, 24, 34, N 1, 2, 4, 10, NE; BQ E 17, 26, 29, 30, 31, 32, 36, 37; T 4, 20, 56, 56)
[b]oltï (T 18)
boltum (T 56, 56)
boltoqïnta (KT N 3, 3)
bolup (KT E 10, 13; BQ E 9, 11)
boluyïn (T 7)
kärgäk bolmiš (KT E 4)
[kärgäk bolmiš] (BQ E 4)
kärgäk boltï (KT E 30, N 10)
yoq bolča (BQ S 9)
yoq bolmazun tiyin (KT E 11)
yoq bolmazun tiyin (KT E 25; BQ E 10, 20, 21)

yoq bo[lmazun] tiyin (BQ E 22)
yoq bo[lmazun tiyin] (KT E 25)
[yoq bolmazun] tiyin (KT E 26-27)
yoq bolmiš (BQ E 40)
yoq bolmiš ärti (T 31)
yoq boltačï ärti (BQ E 33)
yoq [bolta]čï är[ti] (BQ E 28)
yoq boltï (KT N 3; BQ E 36; T 3)

● Bolču 땅 이름 (볼추)
bolčuda (KT E 37; BQ E 28)
bo[lču]da (KT N 6)
bolčuqa (T 35)

● bor 눈보라, 강풍, 폭풍 (토하르어 동부 방언의 por "불"의 차용어일 수 있음)
otča borča kälti (KT E 37; BQ E 27)

● bošγur- 가르치다, 일깨우다; 만들다, 조직하다
bošγurur ärmiš (KT S 7, 7; BQ N 5)
bošγ[urur] ärmiš (BQ N 5)
yaratmiš bošγurmiš (KT E 13)
yaratmiš bošγ[ur]miš (BQ E 12)

● boz 잿빛, 회색
bašγu boz (KT E 37)
bašγu boz at binip (KT E 37)
boz atïγ binip (KT E 33)
boz [atïγ binip] (KT E 32)

● bödkä 이때에, 이 시기에 (< bu ödkä); ⇒ bu
bödkä körügmä bäglär (KT S 11)
bödkä körügmä [bäglä]r (BQ N 8)
bödkä olortum (BQ N 1)
bödkä özüm olorup (BQ E 2)

● Bögü 카간 이름/칭호 (뵈귀)
bög<ü> qaγan (T 34)
türük bögü qaγanqa (T 50)

● bölön 장관, 고관, 대신 (< 티베트어 blon)
bölön kälti (KT N 12)

● böri　**이리, 늑대**
böri täg (KT E 12; BQ E 11)

● bu　**이 (지시대명사; bo로 읽는 것이 더 정확할지도 모름)**
bu [...] (KT SW; BQ S 14, N 13)
bu bäglärig[dä] (BQ N 13)
bu bitig (KT S 13)
bu ödkä (KT S 1); ⇒ bödkä
bu qaγanïŋda (BQ N 13)
bu sabïmda (KT S 10)
[bu] sabïmda (BQ N 7-8)
bu sabïmin (KT S 2)
bu süg (T 32)
bu tamqa (KT SE)
bu tašqa (KT SE)
bu türük bodun ara (T 54)
bu yerdä (BQ E 35, 36)
[bu] yerd[ä] (BQ N 3)
[bu yeriŋdä su]buŋd[a] (BQ N 13)
bu yirdä (KT S 4)
bu yolun (T 23)
yorïdoqi bu (T 61)

● bučägü　**이 셋이 함께** (< bu üčägü); ⇒ üčägü
tabγač oγuz qïtań bučägü (T 12)

● bul-　**찾아내다, 발견하다**
čölgi az äri bultum (T 23)
är at bultï (KT E 31)
qanin bulmayin (T 2)

● bulγanč　**혼란한, 무질서한**
bulγanč [ol] (T 22)

● bulγaq　**혼란, 무질서**
bulγaqin üčün (KT N 4; BQ E 29)

● buluŋ　**구석, 모서리, 쪽**
tört buluŋ (KT E 2; BQ E 3)
tört buluŋdaqï [...] (BQ E 2)
tört buluŋdaqï bodunuγ (KT E 2; BQ E 3, 24, N 9)

tör[t] b[uluŋdaqï bo]dunuγ (BQ N 9)
[tört buluŋdaqï] bodunuγ (KT E 29-30)
tör[t buluŋdaqï bodunuγ] (BQ N 10)

- **Bumïn** 사람 이름 (부믄, 土門)
  bumïn qaγan (KT E 1; BQ E 3)
- **bunča** 이만큼, 이 정도 (대명사 bu의 동등격형)
  bunča [...] (BQ S 15)
  bunč[a ...] (KT E 14)
  [bunča ...] (BQ E 12)
  bunča aγïr törög (BQ E 2)
  bunča barqïγ bädizig uzuγ (BQ SW)
  bunča bašlayu (BQ E 33)
  bunča bädizčig (KT NE)
  bunča bitig (KT SE)
  bunča bodun (KT E 4; BQ E 5, S 12)
  [bunča bodun] (BQ N 2)
  bunča išig küčüg birtökgärü (KT E 10)
  bunča išig küčüg birtökkärü (BQ E 9)
  bunča matï bäglär (BQ S 14)
  bunča qazγanïp (BQ S 10)
  bunča törög qazγanïp (KT E 30)
  bunča yämä tirigi (KT N 9)
  bunča yirkä tägi (KT S 4)
  bu[nča yirkä tägi] (BQ N 3)
- **bunï** 이를, 이것을 (대명사 bu의 대격형)
  bunï (KT S 10, 12; BQ N 8, 15)
  bu[nï] (BQ N 15)
- **bunta** 이것에서, 여기에서 (대명사 bu의 처격-탈격형)
  bunta biz birtimiz (KT E 20; BQ E 17)
  bunta urtum (KT S 10, 11; BQ N 8)
  bunt[a urtu]m (BQ N 8)
- **buntut-** 빗나가게 하다, 미치게 하다, 달아나게 하다 (?)
  usïn buntutu (T 19)
- **buŋ** 걱정, 괴로움; 결핍, 필요
  buŋ yoq (KT S 3)

[buŋ] yoq (BQ N 2)
buŋi (T 57)
buŋuγ yoq (KT S 8)
bu[ŋuγ yo]q (BQ N 6)

● buŋad- **지루하다, 짜증나다**
buŋadïp (T 26)

● buŋsïz **괴로움 없이, 걱정 없이; 자유로이, 대담하게; 부족함 없이, 잔뜩, 아주 많이**
buŋsïz anča birür (KT S 5; BQ N 4)
buŋsïz boltačï sän (BQ N 14)
buŋsïz [er]ür barur ärkli (BQ E 29)
buŋsïz kälürti (T 48)
buŋsïz qïltïm (BQ N 12)

● būqa **황소; ⇒ buqa**
sämiz būqa toruq buqa (T 6)
toruq būqalï sämiz būqalï (T 5)

● buqa **황소; ⇒ būqa**
sämiz būqa toruq buqa (T 6)

● Buqaraq **땅 이름 (부하라, Bukhara)**
buqaraq uluš bodunta (KT N 12)

● Buquγ **사람 이름 (?)**
buquγ totoq (BQ S 10)

● buyla **칭호의 하나 (부일라)**
bilgä tuńuquq buyla baγa tarqan (T 6)
tunyuquq buyla baγa tarqan (BQ S 14)

● buyruq **지휘관, 지휘자**
buyruq (BQ S 14, 14)
buyruqi bägläri yämä (KT E 19)
buy[ruq]i bägläri yämä (BQ E 16)
buyruqi yämä (KT E 3, 5; BQ E 6)
buyruqi <yämä> (BQ E 4)
ič buyruq (BQ S 14)
tarqat buyruq bäglär (KT S 1)
türgiš qaγan buyruqi (KT E 38)

• buz- (쳐)부수다, 참패시키다, 이기다

buzdum (BQ E 24, 25, 34, 37, 39)

bu[z]dum (BQ E 34)

buzdumïz (KT E 31, 34)

• Bükli 땅 이름 (뷔클리, 高句麗를 가리키는 듯한데, 이를 Bökküli나 Bökköli로 읽는 것이 더 옳을지도 모름)

bükli čöllüg el (KT E 4)

bükli čöllüg il (BQ E 5)

bükli qaγanqa tägi (KT E 8)

bükli [qa]γanqa tägi (BQ E 8)

• büntägi (그들의) 이러한, 이와 같은 (이) (< bunï täg-i; bintägi "(그들의) 나와 같은 (이)"일 수 있음)

büntägi bar ärsär (T 57)

• čabïš 총사령관.

čabïši (T 7)

• Čača 사람 이름 (차차; < Šača < 沙吒忠義)

čača säŋün (BQ E 26)

čača säŋünkä (KT E 32)

• Čaŋ 사람 이름 (창; 張去逸)

čaŋ säŋün (KT N 13)

• čïγań 가난한, 빈곤한, 궁핍한

čïγań bodunuγ (KT E 29, S 10; BQ E 23, N 7)

čïγańïγ (KT E 16; BQ E 14)

yoq čïγań bodunuγ (KT S 10; BQ N 7)

• čïntan 백단(白檀; < 산스크리트어 ǰandana)

čïntan ïγač (BQ S 11)

• čïqan 이종사촌

tabγač qaγan čïqani (KT N 13)

• Čik 종족 이름 (치크)

čik bodun (BQ E 26)

čik tapa (BQ E 26)

• Čoγay 땅 이름 (초가이, 總材; 오늘날의 陰山)

čoγay quzin qara qumuγ (T 7)

biryä čoγay yïš tögültün yazï (KT S 6-7; BQ N 5)

- čor	칭호의 하나 (초르)
  kül čor ⇒ Kül Čor
  tadïq čor ⇒ Tadïq Čor
  tarduš inanču čor ⇒ Tarduš Inanču Čor
- čoraq	불모지, 사막 (< 이란어)
  čoraqqa tägip (BQ SE)
- čöl	초원
  čölgi az äri (T 23)
- čöllüg	초원의
  bükli čöllüg el (KT E 4)
  bükli čöllüg il (BQ E 5)
- čub	지역, 지방 (< 州)
  altï čub soγdaq tapa (KT E 31)
  altï čub [soγdaq] tapa (BQ E 24-25)
- Čuš	강 이름 (추시)
  čuš bašïnta (KT N 6)
  [čuš bašïnta] (BQ E 30)
- äb	집, 유르트, 천막; 진영, 본영
  äbdä (BQ E 32)
  äbgärü (T 30)
  äbig barqïγ (BQ E 32)
  äbig bašlayu (KT N 8)
  äbin barïmin (KT N 1)
  äbin barqin (BQ E 34, 37)
  äbiŋä (BQ N 14)
- äbir-	돌리다, 되돌리다; 우회하다, 돌다
  [...] äbirü (BQ E 25)
  kögmän yïšïγ äbirü (T 28)
  tuγ äbirü (T 26)
- äčü	조상, 선조
  äčüm apam (KT E 1, 13; BQ E 3, 12)
  äčümüz apamïz (KT E 19)
  äčü[müz apamïz] (BQ E 16)
- ädgü	좋은; 이익, 이득
  ädgü aγï (KT S 7; BQ N 5)

ädgü alp kišig (KT S 6; BQ N 4)
ädgü bilgä kišig (KT S 6)
ädgü [bil]gä kišig (BQ N 4)
ädgü körtäči sän (BQ N 14)
ädgü özlik atin (BQ S 12)
ädgü sabi ötügi (BQ E 39)
ädgüg (KT E 24; BQ E 20)
ermiš barmiš ädgü eliŋ[ä] (KT E 23)
ermiš bar[miš ädgü] eliŋä (BQ E 19)

● ädgüti **잘**
ädgüti ešid (KT S 2)
ädgüti urγïl (T 34)

● Ädiz **종족 이름 (애디즈, 阿跌)**
ädiz birlä (KT N 5)
ädiz bodun (KT N 6)
eki ädiz (BQ E 1; kidiz '펠트, 모전'으로 읽는 것이 더 옳을 것임)

● ägir- **에워싸다, 둘러싸다, 포위하다**
ägirä toqïđï (KT N 6)
ägirä toqïđïm (BQ E 31)
ägirip ölürtümiz (KT N 7)

● ägri **굽은, 구부러진**
ägri täbi (T 48)

● Äk **산 이름 (애크)**
bäŋlig äk taγïγ ärtü (T 44)

● äkä **누나, 언니**
äkälärim (KT N 9)

● älig **쉰, 50**
älig yašïma (BQ S 7)
älig yïl (KT E 8)
[älig yïl] (BQ E 7)
äligčä är (T 42)

● älig **손**
äligin tutđï (KT E 32, 38)

● ämgäk **괴로움, 고통**
ämgäk körti (KT E 19; BQ E 16)

- ämgät- **괴롭히다, 고통을 주다**
  ämgätmäŋ tolγatmaŋ (BQ N 13)
- äŋ **가장, 제일, 맨**
  äŋ ilk (KT N 4)
  äŋ ilki (KT E 32; BQ E 30)
- är **사내, 남자; 군사**
  alp är (KT E 40)
  alp ärin (BQ S 7)
  altï ärig (KT N 5)
  az ärin (KT E 40)
  azqïńa ärin (KT E 34)
  bärčik är (KT N 12)
  bir ärig (KT E 36, N 5)
  čölgi az äri (T 23)
  äligčä är (T 42)
  är at (KT E 31)
  ärin (KT N 1)
  eki ärig (KT E 36, N 2, 8)
  on ärig (KT N 7)
  öŋräki är (T 25)
  toquz ärig (KT N 6)
  yeti yegirmi ärin (BQ E 10)
  yeti yüz är (KT E 13, 13; BQ E 11, 11)
  yetmiš är (KT E 12; BQ E 11)
  yiti yeg[ir]mi ärin (KT E 11)
  yitinč ärig (KT N 5)
  yolaγčï [äri]g (BQ SE)
  yüzčä ärin (BQ E 37)
- är- **~이다, 있다; ⇒ ir-**
  artatï udačï [ärt]i (BQ E 19)
  artatï [udačï ärti] (KT E 22)
  bar ärmiš (T 30)
  bar ärsär (T 10, 57)
  bar ärtäči ärmiš (T 57)
  bayur ärtimiz (T 27)

bilmäz ärmiš (T 6)
bilmäz ärti (BQ E 18, 18)
bolmiš ärti (BQ E 18)
bolmiš [ärti] (KT E 21)
[bolmiš ärti] (KT E 21)
boltačï ärti (KT N 9; BQ E 31)
bolt[ač]ï ärti (KT N 7)
bošγurur ärmiš (KT S 7, 7; BQ N 5)
bošγ[urur] ärmiš (BQ N 5)
ärmiš (KT E 2, 3, 3, 3, 4, 12, 12, 14, 14, 14, S 4, 5; BQ E 3, 4, 4, 11, 11, 12, 12, N 3, 4; T 10, 10, 13, 13, 14, 16, 21, 23, 24, 29, 29)
[är]miš (T 23, 24)
är[miš] (BQ E 5)
[ärmiš] (BQ E 4, 12; T 21)
ärmiš ärinč (KT E 3, 3, 5; BQ E 4, 4, 6, 6)
<ärmiš> ärinč (KT E 5)
ärsär (KT S 7, 7, 11, 13; BQ S 8, N 5, 5; T 20, 21, 29)
[ärsä]r (BQ N 8)
ärti (KT E 20, 22, N 4; BQ E 16, 17, 25, 29, 32, 38; T 4, 4, 5, 8, 8, 19, 19, 40, 51)
[ärti] (KT E 18; BQ E 18)
ärtim (KT E 9, 9, 17; BQ E 9; T 5, 7, 50, 50)
[ärtim] (BQ E 8)
ärtimiz (BQ E 32, 32; T 8, 16, 18)
ärür (T 21)
igidür ärtigiz (KT SE)
kälir ärsär (T 32)
kälmäz ärsär (T 32)
kälmäz ärti (T 22, 22)
kälür[ü]r ärtim (T 53)
körür ärti (T 1)
olorur ärmiš (KT E 3; BQ E 4)
olorur ärtimiz (T 7, 8)
öltäči ärti (BQ E 33)

öltäči ärtigiz (KT N 10)
öyür ärmiš (KT S 5)
ö[yür ärmi]š (BQ N 4)
qïdmaz ärmiš (KT S 6)
qïd[maz] ärmiš (BQ N 4-5)
taš[ïq]miš ärti (BQ E 32)
tägmiš ärti (KT E 40)
täzmiš ärti (T 43)
tir ärmiš (KT E 9, 9, 10; BQ E 9)
[tir ärmiš] (BQ E 8, 9)
yaγutir ärmiš (KT S 5; BQ N 4)
yašayur ärti (KT N 2, 2)
yatu qaltačï ärtigiz (KT N 9)
yatu qalur ärti (T 19)
yoq bolmiš ärti (T 31)
yoq boltačï ärti (BQ E 33)
yoq [bolta]čï är[ti] (BQ E 28)
yoq ärmiš (KT S 4; T 18, 47)
[yoq är]miš (BQ N 3)
yoq ärsär (KT N 10)
yoq ärtäči ärti (T 55, 60)
yōq ärti (KT E 39)
[y]oq ärti (BQ E 34)
yoq ärti ärsär (T 59)
yoq ärtim ärsär (T 59)
yoqadu barïr ärmiš (KT E 10)
[yoqadu barïr ärmiš] (BQ E 9)
yorïtmaz ärmiš (KT S 6)
yo[rïtmaz] ärmiš (BQ N 4)
yorïyur ärmiš (T 10)
yorïyur ärtig (KT S 9; BQ N 7)

● ärän **사내들, 남자들**
biš yüz ärän (BQ S 11)
toquz ärän (KT N 9)

- ärinč　틀림없이, 분명히, 정말로
  basa berti ärinč (T 38)
  bolmiš ärinč (KT E 5, 5; BQ E 5)
  [bolmiš äri]nč (BQ E 5)
  ärmiš ärinč (KT E 3, 3, 5; BQ E 4, 4, 6, 6)
  <ärmiš> ärinč (KT E 5)
  etmiš ärinč (BQ E 10)
  kötürmiš ärinč (KT E 11)
  kötürti ärinč (BQ E 10)
  ol ärinč (KT E 24; BQ E 20)
  olormiš ärinč (KT E 5, 5; BQ E 6)
  [olo]rmiš ärinč (BQ E 6)
  olortdï ärinč (KT E 26)
  qazγan[miš] ärinč (BQ E 33)
  qïlïnmadoq ärinč (KT E 5, 5; BQ E 6, 6)
  taplamadï ärinč (BQ E 35)
  temiš ärinč (T 2, 3)
  tutmiš ärinč (BQ E 4)
- ärk　힘
  özüm tigin ärk[?...] (BQ E 14)
- ärkli　~인; ~일 때에
  anča olorur ärkli (T 8)
  erür barur ärkli yaγï (KT N 1)
  [er]ür barur ärkli yaγï (BQ E 29)
  yinčgä ärklig (T 13)
  yuyqa ärkli (T 13)
- ärklig　힘센, 힘 있는, 강력한
  ärklig [...] (BQ N 12)
- Ärsin　땅 이름 (애르신); ⇒ Toquz Ärsin
- ärt-　지나(가)다
  ärttimiz (T 44)
  ärtü (T 44)
- ärtin-　포기하다, 단념하다, 참회하다 (?)
  ärtin ökün (BQ E 19)
  [ärtin] ökün (KT E 22-23)

● ärtiŋü 매우, 아주, 무척
ärtiŋü (BQ S 14, 15, 15)
ärtiŋü uluγ törön (BQ N 9, 10, 10)

● Ärtiš 강 이름 (이르티시, Irtysh)
ärtiš ügüzüg käčä (KT E 37; BQ E 27; T 37-38)
ärtiš ügüzüg ... käčdimiz (T 35)

● ärtür- 행하게 하다
yoγ ärtürtüm (BQ S 10)
yoγ ärtürtümiz (KT NE)

● Äšim 사람 이름 (애심)
toŋra äšimig (T 9)

● ät- 음매하고 울다; 천둥치다
ätärčä (BQ W 4)
ätsär (BQ W 5)

● Äzgänti Qadïz 땅 이름 (애즈갠티 카드즈); ⇒ Äzgänti Qadiz
äzgänti qadïzda (BQ E 31)

● Äzgänti Qadiz 땅 이름 (애즈갠티 카디즈); ⇒ Äzgänti Qadïz
äzgänti qadizdä (KT N 7)

● eči 삼촌, 숙부; 형, 오빠
ečim qaγan (KT E 16, 16, 17; BQ E 14, 14, 20, N 9)
[ečim qaγan] (KT E 24)
ečim qaγan birlä (KT E 17; BQ E 15)
ečim qaγan ili (KT N 3)
ečim qaγan ilin törösin (KT E 31)
[ečim qa]γan quti (BQ E 35)
[eč]isin (KT E 18)
ečisin täg (KT E 5)
[ečisin täg] (BQ E 5)
inili ečili (KT E 6)
inili [ečili] (BQ E 6)
qaŋïmïz ečimiz (KT E 26; BQ E 21-22)

● edi 전혀, 전연, 결코, 완전히; ⇒ idi
edi yoq qïšalïm (T 21)

● eki 둘, 2; ⇒ ekin
eki bïŋ (T 16, 18)

eki ädiz ⇒ Ädiz, Eki Ädiz
eki ärig (KT E 36, N 2, 8)
eki eltäbärlig bod[un] (BQ E 38)
eki kiši (T 10)
eki otuz ⇒ eki otuz
[eki] süm[üz] (T 18)
eki šad (BQ E 21)
eki šad birlä (KT E 27)
[eki šad] birlä (BQ E 22)
eki šad ulayu (KT N 11)
eki uči (T 40)
eki uluγ süŋüš (BQ E 34)
eki üč biŋ sümüz kältäčimiz (T 14)
eki üč kišiligü (BQ E 41)
eki ülügi (T 4)
eki yegirmi ⇒ eki yegirmi
ekisin (KT E 38)
[otuz artuqi eki yašï]ma (BQ E 31)

● Eki Ädiz **종족 이름 (에키 애디즈; kidiz '펠트, 모전'으로 읽어야 함); ⇒** Ädiz
eki ädiz (BQ E 1)

● eki otuz **스물둘,** 22
eki otuz yašïma (BQ E 25)

● eki yegirmi **열둘,** 12
eki yegirm[i sülädim] (BQ E 23)
eki yegir[mi sülädim] (KT E 28)

● ekin **둘,** 2; ⇒ eki
ekin ara (KT E 1, 2; BQ E 4)
[ekin ara] (BQ E 2)

● ekinti **둘째, 두 번째로**
ekin (ekinti 대신에) sü (BQ E 32)
ekinti (KT E 33, N 5; BQ E 30)
ekinti kün (BQ S 1; T 39)

● el **백성, 나라, 국가;** ⇒ il
bükli čöllüg el (KT E 4)

elimiz törömüz (KT E 22)
elin (BQ E 34)
eliŋä (BQ E 19)
eliŋ[ä] (KT E 23)
eliŋin töröŋin (KT E 22)
y[aγ]uq el (KT S 13)

● ellig **나라를 지닌, 나라가 있는; ⇒ illig**
ïγar elligdä (KT E 29; BQ E 24)

● elsirä- **나라가 없게 되다**
elsirämiš qaγansïramiš bodunuγ (KT E 13)
el[sirämiš qaγansïramiš bodunuγ] (BQ E 11)

● elsirät- **나라가 없게 하다; ⇒ ilsirät-**
elsirätmiš (KT E 15)

● elt- **휩쓸어 가다, 가져가다; 보내다⇒ ilt-**
bu süg elt (T 32)
sü eltdim (T 18)
sü eltdimiz (T 53)
sürä eltdi (KT E 23)
yańa eltdi (KT E 23)

● eltäbär **칭호의 하나 (엘태배르, 俟利發, 頡利發; "백성을 정리하는"); ⇒ iltäbär**
az eltäbärig (KT N 3)
tuyγun eltäbär (KT NE)
uyγur eltäbär (BQ E 37)

● eltäbärlig **엘태배르로 다스려지는, 엘태배르가 있는**
eki eltäbärlig bod[un] (BQ E 38)

● er- **이르다, 도달하다, 다다르다; ⇒ ir-**
ermiš barmiš ädgü eliŋ[ä] (KT E 23)
ermiš bar[miš ädgü] eliŋä (BQ E 19)
erür barur ärkli yaγï (KT N 1)
[er]ür barur ärkli yaγï (BQ E 29)

● erig **도달되는, 도달될 수 있는**
erig yertä (KT S 13, 13)

● ertür- **이르게 하다, 도달하게 하다, 다다르게 하다; ⇒ irtür-**
ertü[r]tüm (BQ N 10)

● ešgiti 비단; ⇒ išgiti
ešg[iti] qotay (BQ N 3-4)
qïrγaγlïγ qotayin kinlig ešgitisin (BQ N 11)

● ešid- 듣다; ⇒ ešit-
ädgüti ešid (KT S 2)
ešid (BQ E 18)
ešidiŋ (KT E 22, S 10; BQ N 8)
ešidip (KT E 12; T 12, 17, 22, 23, 30, 33, 35, 36, 42)
[ešidip] (BQ E 10)
ešidü berti (T 15)
qulqaqïn ešidmädök bodunumïn (BQ N 11)
tükäti ešid (BQ N 1)
tükäti ešidgil (KT S 1)

● ešilik 귀부인이 될, 귀부인이 될 만한
ešilik qïz oγlin (KT E 7; BQ E 7)
ešilik qïz oγluŋ (KT E 24)
ešilik [qïz oγluŋïn] (BQ E 20)

● ešit- 듣다; ⇒ ešid-
ešittim (T 24)

● et- 조직하다, 편성하다; 하다 ; ⇒ it-
etdimiz (KT E 21)
etmiš (KT E 11)
[etmiš] (KT E 13)
etmiš ärinč (BQ E 10)

● γu 의문사; ⇒ gü
bar γu (KT S 10; BQ N 8)

● gü 의문사; ⇒ γu
bäglär gü (KT S 11)
[bäglä]r [g]ü (BQ N 8)

● ï 숲; 나무
ï bar baš (T 26)
ïda tašda (T 4)
ïqa (T 27)
yoγan ïγ (BQ S 15)

- ï- 보내다, 파견하다
  ïsar (KT S 8; BQ N 6)
- ïčγïn- 잃다, 잃어버리다, 상실하다
  ïčγïnmiš bodunuγ (KT E 13)
  [ïčγïnmiš] bodunuγ (BQ E 11-12)
  ïčγïnu ïdmiš (KT E 6)
  ïčγïnu [ï]dmiš (BQ E 7)
- ïd- 보내다, 파견하다; ⇒ ït-, yïd-
  ïčγïnu ïdmiš (KT E 6)
  ïčγïnu [ï]dmiš (BQ E 7)
  ïdïp (BQ E 35; T 26)
  ïdmayin tiyin (BQ E 33)
  ïdmaz tiyin (BQ E 25)
  ïdmiš (T 9, 9, 9, 34)
  yitürü ïdmiš (KT E 7; BQ E 7)
- ïduq 신성한, 성스러운
  ïd[uq ...] (BQ E 36)
  ïduq baš ⇒ Ïduq Baš
  ïduq ötükän y[ïš bodun] (KT E 23)
  [ï]duq ö[tükän] yïš bodun (BQ E 19)
  ïduq qut ⇒ Ïduq Qut
  ïduq yer sub (BQ E 35; T 38)
  tamaγ ïduq baš ⇒ Tamaγ Ïduq Baš
  türük ïduq yiri subi (KT E 10-11)
  <türük> ïduq yiri subi (BQ E 10)
- Ïduq Baš 땅 이름 ("성스러운 꼭대기")
  ïduq bašda (BQ E 25)
- Ïduq Qut 칭호
  basmïl ïduq qut (BQ E 25)
- ïγač 나무
  čïntan ïγač (BQ S 11)
  ïγač tutunu (T 25)
- ïγar 강력한, 힘센, 소중한 (< 소그드어 iγ'r)
  ïγar elligdä (KT E 29; BQ E 24)
  ïγar oγlanïŋïzda tayγunuŋïzda (KT SE)

[ï]ɣar qaɣanlïɣda (BQ E 24)

[ïɣar qaɣanlïɣda] (KT E 29)

● ïraq 먼, 멀리 있는

ïraq bodunuɣ (KT S 5)

ïraq [bodu]nuɣ (BQ N 4)

ïraq ärsär (KT S 7; BQ N 5)

ïraqda (T 5)

● ïšbara 칭호의 하나 (으시바라; < 산스크리트어 īśvara)

ïšbara yamtar (KT E 33)

● ït 개 (12지의 하나)

[ï]t yïl (BQ S 10)

● ït- 보내다, 파견하다; ⇒ ïd-, yïd-

ïttï (KT E 7, S 12; BQ E 7, N 14)

ïttïm (BQ E 40; T 33)

ïttïm oq (T 52)

ïttïmïz (T 42)

irtürü ïttïmïz (KT E 40)

● ič 안, 속; 근왕의, 친위의

ič buyruq (BQ S 14)

ičin tašin (KT S 12; BQ N 14)

öz iči (T 13)

● ičgär- 복종시키다, 예속시키다

ičgärtim (BQ E 25)

[ič]gärtim (BQ E 26)

● ičik- 복종하다, 예속하다

ičikdi (KT E 38; BQ E 37; T 2)

ičikdi yükünti (T 28)

ičikdiŋ (T 3)

ičikdök üčün (T 3)

ičikmiš (KT E 10; BQ E 9)

● ičikigmä 복종하는 사람(들), 예속하는 사람(들)

ičikigmä (BQ E 37)

● ičrä 안에서, 속에서; 은밀한

ičrä aššïz tašra tonsïz (KT E 26; BQ E 21)

ičrä sab (T 34)

- **ičräki** 안에 있는, 속에 있는; 근왕의, 궁궐에 소속된
  - anta ičräki (KT S 2; BQ E 28, N 2)
  - ičräki bädizčig (KT S 12; BQ N 14)
- **idi** 전혀, 전연, 결코, 완전히; ⇒ edi
  - idi oqsïz kök türük (KT E 3; BQ E 4)
  - idi yoq ärmiš (KT S 4; T 47)
  - i[di yoq är]miš (BQ N 3)
  - idi yoq ärtäči ärti (T 60)
  - idi yoq qïšalïm (T 11)
  - idi yorïmazun (T 11)
- **idisiz** 주인 없이, 임자 없이
  - idisiz bolmazun (KT E 19)
  - idisiz qalmazun (KT E 20)
  - idisiz q[al]mazun (BQ E 17)
  - [idi]siz qalmazun (BQ E 16)
- **igid** 거짓, 허위
  - igid bar γu (KT S 10; BQ N 8)
- **igid-** 먹이다, 배부르게 하다, 돌보다; ⇒ igit-
  - igidäyin (KT E 28; BQ E 23, 35)
  - igidiŋ (BQ N 13)
  - igidmiš al[p qaγanïŋa] (BQ E 35)
  - igidmiš <bilgä> qaγanïŋa (BQ E 19)
  - igidmiš bilgä qaγanïŋïn (KT E 23)
  - igidmiš qaγanïŋïn (KT S 9)
  - igidmiš q[aγanïŋïn] (BQ N 6)
  - igidü olorur (T 62)
  - igidür ärtigiz (KT SE)
- **igit-** 먹이다, 배부르게 하다, 돌보다; ⇒ igid-
  - igitti (KT E 16; BQ E 14)
  - igittim (KT E 29; BQ E 23, 38)
- **ikägü** 두 부분, 둘
  - ikägü boltoqïnta (KT N 3)
- **il** 백성, 나라, 국가; ⇒ el
  - bükli čöllüg il (BQ E 5)
  - ečim qaγan ili (KT N 3)

il berig[mä tä]ŋri (BQ E 21)
il birigmä täŋri (KT E 25)
il boltï (T 56)
il tuta (KT S 8)
[il tuta] (BQ N 6)
il tutdum (BQ S 9)
il tutsïq yir (KT S 4)
il [tutsïq yir] (BQ N 3)
il tutsïqïŋïn (KT S 10)
[i]l tutsïqïŋïn (BQ N 8)
il yämä bodun yämä (T 55)
il yämä ... bodun yämä ... (T 56)
ilig anča tutmiš ärinč (KT E 3; BQ E 4)
ilig qazγanur män (KT E 9)
[ilig qazγanur män] (BQ E 8)
[ilig] törög qazγanïp (KT E 15-16)
[ilig törög qazγanïp] (BQ E 13)
[ilig t]örög yegdi qazγantïm (BQ E 36)
ilig tutup (KT E 3; BQ E 4)
ilim (KT E 9)
[ilim] (BQ E 8)
ilimiz [törömüz] (BQ E 18)
ilin (KT E 6, 36, 38, N 6; BQ E 7, 27, 28)
ilin törösin (KT E 8, 31; BQ E 3, 8)
ilin tör[ös]in (KT E 1)
iliŋin törögin (BQ E 19)
iltä (KT S 3)
[il]tä (BQ N 2)
tabγač iliŋä (T 1)
türük bilgä qaγan iliŋä (T 58)

• **Ilbilgä** **빌개 카간과 퀼 티긴의 어머니의 칭호 (일빌개)**
ögüm ilbilgä qatunuγ (KT E 11; BQ E 10)

• **ilgärü** **앞으로, 앞을 향하여; 동쪽으로, 동쪽을 향하여**
ilg[är]ü (BQ E 37)
ilgärü [barïγma] (BQ E 19)

[ilgärü barïγma] (KT E 23)
ilgärü kün tuγsïqda bükli qaγanqa tägi (KT E 8)
ilgärü kün tu[γsïqïŋa] (BQ N 11)
[ilgärü kün] tuγsïqïŋa (BQ N 1-2)
ilgärü kün tuγsïqqa (KT S 2)
ilgärü kün tuγsïqqa bükli [qa]γanqa tägi (BQ E 8)
ilgärü qadïrqan yïšïγ aša (KT E 21)
[ilgärü] qadïrqan yïš[ïγ aša] (BQ E 17)
ilgärü qadïrqan yïšqa tägi (KT E 2)
[ilgärü qadïrqan yïšqa tägi] (BQ E 3)
ilgärü qïtań tatabï bodun tapa (KT E 28; BQ E 23)
ilgärü qurïγaru (KT E 12; BQ E 11)
ilgärü šantuŋ yazïqa tägi (KT S 3)
ilg[ärü ša]ntuŋ [yazïqa tägi] (BQ N 2)
ilgärü yašïl ügüz šantuŋ yazïqa tägi (KT E 17; BQ E 15)

- ilig — **통치자, 군주**
  bodun ilig (KT N 3)
- ilk — **처음, 먼저**
  äŋ ilk (KT N 4)
  äŋ ilki (KT E 32; BQ E 30)
  [ilk qïrqïzq]a sü[läsä]r (T 23)
- ilki — **처음의, 먼저의, 첫째의**
  ilki kün (BQ S 1)
  ilki sü (BQ E 32)
- illä- — **나라를 세우다**
  illädök ilin (KT E 6; BQ E 7)
- illig — **나라를 지닌, 나라가 있는**; ⇒ ellig
  illig bodun (KT E 9; BQ E 8)
  illigig (KT E 15, 18; BQ E 13)
  [illigig] (BQ E 15)
- ilsirät- — **나라가 없게 하다**; ⇒ elsirät-
  ilsirätdimiz (KT E 18)
  [ilsirätdimiz] (BQ E 15)
  ilsirätmiš (BQ E 13)

● ilt- 휩쓸어 가다, 가져가다; ⇒ elt-
sürä i[ltdi] (BQ E 19)
yańa iltdi (BQ E 19)

● iltäbär 칭호의 하나 (엘태배르, 俟利發, 頡利發; "백성을 정리하는"); ⇒ eltäbär
[qarluq] iltäbär (BQ E 40)

● Ilteriš 빌개 카간과 퀼 티긴의 아버지인 쿠틀루그의 칭호 (일테리시; "백성 모으기")
ilteriš qaγan (T 7, 48, 54, 59, 61)
ilteriš qaγanqa (T 50)
qaŋïm ilteriš qaγanïγ (KT E 11; BQ E 10)

● in- 내리다, 내려가다, 내려오다
intimiz (T 26)
taγdaqï inmiš (KT E 12)
[taγdaqï] inmiš (BQ E 10-11)

● inanču 칭호의 하나 (이난추); ⇒ inänču, Tarduš Inanču Čor

● inäl 태자 (이낼, 移涅; 카프간 카간의 아들의 칭호)
inäl qaγan (T 31)
inäl qaγanqa (T 45)

● inänču 칭호의 하나 (이낸추); ⇒ inanču, Inänču Apa Yarγan Tarqan

● Inänču Apa Yarγan Tarqan 이낸추 아파 야르간 타르칸 (퀼 티긴에게 주어진 칭호)
inänču apa yarγan tarqan (KT W 2)

● Ingäk 호수 이름 (인개크; "암소")
ingäk köläkin toγlada (T 15)

● ini 남동생
inili ečili (KT E 6)
inili [ečili] (BQ E 6)
iniligü (BQ E 33)
inim kül tigin (KT E 30, 30, 31, W 1, N 10)
inim kül tigin birlä (KT E 26, 27)
inim [kü]l tigin [bir]lä (BQ E 21)
inim kül t[igin birlä] (BQ E 22)
inim kül tiginig (KT W 1)
inisi (KT E 4, 5; BQ E 18, 40)

[inisi] (BQ E 5, 5)

- iniygün **남동생들**
  iniygünüm oγlanïm (KT S 1, N 11; BQ N 1)
- ir- **~이다, 있다; ⇒ är-**
  irsär (KT S 13)
- ir- **이르다, 도달하다, 다다르다; ⇒** er-
  irtimiz (T 45)
- irkin **칭호의 하나 (이르킨, 俟斤; 俟은 佚의 잘못임이 분명함)**
  säbig kül irkin ⇒ Säbig Kül Irkin
  uluγ irkin ⇒ uluγ irkin
- irtür- **이르게 하다, 도달하게 하다, 다다르게 하다; ⇒** ertür-
  irtürü ïttïmïz (KT E 40)
- iš **일, 봉사**
  išig küčüg bertim ök (T 52)
  išig küčüg birmiš (KT E 8; BQ E 8)
  išig küčüg birtök üčün (KT W 1)
  išig küčüg birtökgärü (KT E 10)
  išig küčüg birtökkärü (BQ E 9)
  išig küčüg birür (KT E 30)
  išig küčüg birür män (KT E 9; BQ E 9)
- išgiti **비단; ⇒** ešgiti
  išgiti qotay (KT S 5)
- Išiyi **사람 이름 (이시이; < 起居舍人의 舍人 ?)**
  išiyi likäŋ (KT N 12)
- Ištämi **사람 이름 (이시태미, 室點密)**
  ištämi qaγan (KT E 1; BQ E 3)
- it- **조직하다, 편성하다; 하다 ; ⇒** et-
  itdi (KT E 16; BQ E 14)
  itdim (KT S 3)
  [itdim] (BQ N 2)
  itdim yar[at]dïm (BQ N 9)
  itdimiz (KT E 21; BQ E 18)
  [itdimiz] (BQ E 17)
  itäyin (KT E 39)
  iti (BQ E 4)

<iti> (KT E 3)
iti birmiš (KT E 1; BQ E 3)
iti birtim (BQ N 12)
itip yar[atïp] (KT E 19)
i[tip] yaratïp (BQ E 17)
<itip> yarat[ïp] (KT E 20)
[itip yaratïp] (BQ E 16, S 15)
itip yïγïp (T 43)
itmiš (KT E 3; BQ E 12)
itmiš (KT E 22; BQ E 18)
[itmiš] (BQ E 4)
nänčä itm[iš nänčä yaratmiš] (BQ N 9)
ti maγ itdi ögd[i] (BQ S 15)
ti maγ i[tdi] (BQ S 15)

● itgüči **만드는, 하는, 건설하는 (사람)**
barq itgüči (KT N 13)
bitig taš itgüči (KT N 13)
taš [barq itgüčig] (KT NE)

● itin- **스스로를 조직하다, 편성하다**
itinü yaratïnu umadoq (BQ E 9)
itinü yaratunu umadoq (KT E 10)

● Izgil **종족 이름 (이즈길, 思結)**
izgil [bodu]n (KT N 4)
izgil bodun birlä (KT N 3)

● qabïš- **연합하다, 만나다**
qabïšalïm (T 20)
qabïšïp (T 21)
qabïšsar (T 12)

● qačan **언제**
qačan näŋ ärsär (T 20, 21, 29)

● Qadïrqan Yïš **땅 이름 (카드르칸 이시, 興安嶺)**
ilgärü qadïrqan yïšïγ aša (KT E 21)
[ilgärü] qadïrqan yïš[ïγ aša] (BQ E 17)
ilgärü qadïrqan yïšqa tägi (KT E 2)
[ilgärü qadïrqan yïšqa tägi] (BQ E 3)

qadïrqan yïš (BQ E 39)

- Qadïz 땅 이름 (카드즈); ⇒ Äzgänti Qadïz, Qadiz
- Qadiz 땅 이름 (카디즈); ⇒ Äzgänti Qadiz, Qadïz
- qaγan 카간(可汗), 군주, 황제

alp qaγan (KT E 3; BQ E 4)
al[p qaγanïŋa] (BQ E 35)
art[uq qïrqïz] küč[lüg qaγan] (T 20)
baz qaγan (KT E 14; BQ E 12)
baz qaγanïγ (KT E 16; BQ E 13)
bilgä qaγan (BQ E 4)
bil<g>ä qaγan (KT E 3)
bilgä qaγan (BQ W 2)
[bilgä] qaγan (BQ SW)
<bilgä> qaγanïŋa (BQ E 19)
bilgä qaγanïŋïn (KT E 23)
biligsiz qaγan (KT E 5)
biligsiz qaγ[an] (BQ E 6)
bög<ü> qaγan (T 34)
bumïn qaγan (KT E 1; BQ E 3)
bükli qaγanqa tägi (KT E 8)
bükli [qa]γanqa tägi (BQ E 8)
ečim qaγan (KT E 16, 16, 17; BQ E 14, 14, 20, N 9)
[ečim qaγan] (KT E 24)
ečim qaγan birlä (KT E 17; BQ E 15)
ečim qaγan ili (KT N 3)
ečim qaγan ilin törösin (KT E 31)
[ečim qa]γan quti (BQ E 35)
ilteriš qaγan (T 7, 48, 54, 59, 61)
ilteriš qaγanqa (T 50)
inäl qaγan (T 31)
inäl qaγanqa (T 45)
ištämi qaγan (KT E 1; BQ E 3)
külüg qaγan (KT E 4; BQ E 5)
nä qaγanqa (KT E 9; BQ E 9)
ol üč qaγan (T 20)

qaŋïm q[aɣan] (BQ W 6)
qaŋïm [qaɣan] (BQ E 13)
qaŋ[ïm qa]ɣan (BQ S 10)
[qaŋï]m q[aɣan] (BQ E 12)
[qaŋïm] qaɣan (BQ E 13-14, N 8-9)
[qaŋïm qaɣan] (KT E 15)
qaŋïm qaɣan süsi (KT E 12; BQ E 11)
qaŋïm qaɣan [üčün] (BQ S 15)
qaŋïm qaɣanïɣ (KT E 25; BQ E 20)
qaŋïm qaɣanqa (KT E 16; BQ S 14)
qaŋïm [qaɣanqa] (BQ E 13)
qapɣan qaɣan (T 51, 51, 60, 61)
qïrqïz qaɣanïɣ (KT E 25; BQ E 20)
qïrqïz qaɣanin (KT E 36)
qïrqïz qaɣanta (KT N 13)
tabɣač qaɣan (T 19)
tabɣač qaɣan čïqani (KT N 13)
tabɣač qaɣanïŋ (KT S 12)
tabɣač qaɣanqa (KT E 7, 8, 9; BQ E 8, 9, 39)
[tabɣač qaɣanqa] (BQ E 7)
tabɣač qaɣanta (KT N 12)
tabɣač q[aɣa]nta (BQ N 14)
[tabɣa]č qaɣanta (KT S 11)
töpöt qaɣanta (KT N 12)
türgiš qaɣan (KT E 18; T 21)
türgiš [qa]ɣan (BQ E 16)
türgiš qaɣan buyruqi (KT E 38)
tür[giš qaɣan] qïzïn (BQ N 9-10)
türgiš qaɣan süsi (KT E 37; BQ E 27)
türgiš qaɣani (T 30)
[t]ürgiš qaɣanqa (BQ N 9)
türgiš qaɣanta (KT N 13; T 29)
türk qaɣan (T 18)
tü[rk qaɣanïɣ] (T 17)
türük bilgä qaɣan (KT W 1, S 1; BQ E 1, S 13, N 1; T 62)

türük bilgä [qaγan] (BQ S 13)
türük bilg[ä qaγan] (BQ E 1)
türük bilgä qaγan iliŋä (T 58)
türük bilgä q[aγanqa] (T 50)
türük bögü qaγanqa (T 50)
türük qaγan (KT S 3)
[t]ürük [qaγa]n (BQ N 2)
yablaq qaγan (KT E 5; BQ E 6)

● qaγanla- **카간으로 만들다, 카간으로 삼다**
qaγanladoq qaγanïn (KT E 7)
qaγanladoq qaγanin (BQ E 7)

● qaγanlïγ **카간을 지닌, 카간이 있는**
[ï]γar qaγanlïγda (BQ E 24)
[ïγar qaγanlïγda] (KT E 29)
qaγanlïγ bodun (KT E 9; BQ E 9)
qaγanlïγ bodunqa (T 56)
qaγanlïγïγ (KT E 15, 18; BQ E 13)
[qaγanlïγïγ] (BQ E 15)

● qaγansïra- **카간이 없게 되다**
elsirämiš qaγansïramiš bodunuγ (KT E 13)
el[sirämiš qaγansïramiš bodunuγ] (BQ E 11)

● qaγansïrat- **카간이 없게 하다**
qaγansïratdïmïz (KT E 18)
[qaγansïratdïmïz] (BQ E 15)
qaγansïratmiš (KT E 15; BQ E 13)

● qal- **남다; 속수무책이 되다**
qalmadï (T 4)
qalmazun tiyin (KT E 20)
qalmazun [tiyi]n (BQ E 16)
q[al]mazun tiyin (BQ E 17)
qaltačï biz (T 13)
[qaltï] (KT E 30)
qaltïm (BQ E 14)
yatu qaltačï ärtigiz (KT N 9)
yatu qalur ärti (T 19)

- qalïn　두꺼운
  yuyqa qalïn bolsar (T 13)
- qalïŋ　세금, 공물, 조공
  qalïŋ[...] äbirü kälürtüm (BQ E 25)
- qalïsïz　남김없이, 모두
  qalïsïz qop kälürti (KT N 1)
  qalïsïz tašïqdï (T 33)
  qalïsïz tašïqmiš (T 30)
- qalït-　남기다, 남게 하다
  uɣur qalïtdïm (T 25)
- qalmiš　(살아)남은 이(들)
  anta qalmiši (KT S 9)
  anta qalm[iši] (BQ N 7)
  ïda tašda qalmiši (T 4)
- qamaɣ　모든, 전체의; 모두, 전체
  qamaɣi (KT E 18; BQ E 11)
  [qa]maɣi (KT E 12)
  [qamaɣi] (BQ E 15)
  türük qara qamaɣ bodun (KT E 8-9; BQ E 8)
- qamšaɣ　흔들리는, 혼란 상태에 있는
  qamšaɣ boltoqïnta (KT N 3)
- qamšat-　흔들리다, 비틀거리다
  adaq qamšatdï (KT N 7)
  adaq qamšattï (BQ E 30)
- qan　피, 혈액
  qanïŋ (KT E 24)
  [qa]nïŋ (BQ E 20)
  qïzïl qanïm töküti (T 52)
- qan　칸(汗), 군주
  qan bertim (T 2)
  qanïŋin qodup (T 3)
  qani süsi (T 28)
  qanin bulmayin (T 2)
  qanin ölürtümiz (T 28)
  qanin qodup (T 2)

qanta yan (T 33)

●qanï 어디에(서)

ilim amtï qanï (KT E 9)

[ilim amtï qanï] (BQ E 8)

qaγanïm qanï (KT E 9; BQ E 9)

●qanlan- 자기 칸이 있게 되다

qanlantï (T 2)

●qantan 어디로부터, 어디에서

qantan kälip (KT E 23; BQ E 19)

qantan [kälip] (BQ E 19)

qantan kälipän (KT E 23)

●qaŋ 아버지

qaŋïm ilteriš qaγanïγ (KT E 11; BQ E 10)

qaŋïm qaγan (KT E 11, 14, 30; BQ E 10)

qaŋïm q[aγan] (BQ W 6)

qaŋïm [qaγan] (BQ E 13)

qaŋ[ïm qa]γan (BQ S 10)

[qaŋï]m q[aγan] (BQ E 12)

[qaŋïm] qaγan (BQ E 13-14, N 8-9)

[qaŋïm qaγan] (KT E 15)

qaŋïm qaγan süsi (KT E 12; BQ E 11)

qaŋïm qaγan [üčün] (BQ S 15)

qaŋïm qaγanïγ (KT E 25; BQ E 20)

qaŋïm qaγanqa (KT E 16; BQ S 14)

qaŋïm [qaγanqa] (BQ E 13)

qaŋïm türük bilgä qaγan (BQ S 13)

qaŋïm türük bilg[ä qaγan] (BQ E 1)

qaŋïmïz ečimiz (KT E 26; BQ E 21-22)

qaŋi (BQ S 11) (?)

qaŋin (BQ E 18)

qaŋin täg (KT E 5; BQ E 6)

●Qapγan 카프간 (뵈귀 카간의 칭호)

qapγan qaγan (T 51, 51)

qapγan qaγan türük sir bodun (T 60, 61)

●qapïγ 문; ⇒ Tämir Qapïγ

- qar 눈(雪)
  - qarïγ sökdüm (T 25)
  - qarïγ söküpän (KT E 35; BQ E 27)
- qara 검은; 보통의, 평범한
  - [bas]mïl qara [...] (BQ E 29)
  - qara bodun (BQ E 41)
  - qara kišin (BQ S 12)
  - qara k[išin] (BQ N 11)
  - qara köl ⇒ Qara Köl
  - qara qum ⇒ Qara Qum
  - qara tärim yügürti (T 52)
  - qara türgiš bodun (KT E 38, 39)
  - qara türgiš bodunuγ (KT E 40)
  - türük qara qamaγ bodun (KT E 8-9; BQ E 8)
- Qara Köl 호수 이름 (카라 쾰; "黑湖")
  - qara költä (KT N2)
- Qara Qum 땅 이름(카라쿰, 黑沙城;"黑沙")
  - čoγay quzin qara qumuγ (T 7)
- Qaraγan 땅 이름 (카라간)
  - qaraγan qïsïlta (BQ E 37)
- qarγu 망루, 망대
  - arquy qarγuγ (T 53)
  - yälmä qarγu (T 34)
- qarï 늙은, 연로한, 나이 많은
  - qarï boltum uluγ boltum (T 56)
- Qarluq 종족 이름 (카를루크, 葛邏祿)
  - qarluq bodun (KT N 1; BQ E 29, 29)
  - qarluq bodun tapa (BQ E 40)
  - qarluq bodunuγ (BQ E 29)
  - [qarluq] iltäbär (BQ E 40)
  - qarluquγ (KT N 2)
- qaš (겉)눈썹
  - közi qaši (KT N 11)
- qatïγdï 단단히, 잘; ⇒ qatïγdi
  - qatïγdï tiŋla (KT S 2)

● qatïγdi　단단히, 잘; ⇒ qatïγdï
qatïγdi saqïntïm (KT N 11)

● qatun　카툰, 카간의 아내 (賀敦; < 소그드어 xwat'yn)
ögüm ilbilgä qatunuγ (KT E 11; BQ E 10)
ögüm qatun ulayu (KT N 9)
ögüm qatunuγ (KT E 25; BQ E 21)
qatun (T 31)
umay täg ögüm qatun (KT E 31)

● qazγan-　얻다, 획득하다, 정복하다
qazγanïp (KT E 16, 27, 30; BQ E 22, 34, S 10, N 13)
[qazγanïp] (BQ E 13)
qazγanmasar (T 54, 55, 59, 59)
qazγanm[asar] (BQ E 33)
qazγanmiš (KT E 22; BQ E 18, 22)
qaz[γanmiš] (KT E 26)
qazγan[miš] ärinč (BQ E 33)
qazγantï (KT E 31)
qazγantïm (KT E 27; BQ E 22, 36)
qazγantoq üčün (BQ E 33; T 61)
qazγantoqin üčün (T 55)
qazγantoqum üčün (T 55)
qazγanu birtim (BQ S 10, N 12)
qazγanur män (KT E 9)
[qazγanur män] (BQ E 8)

● käč-　(사막, 강 따위를) 지나다
aq tärmäl käčä (T 25)
ärtiš ügüzüg käčä (KT E 37; BQ E 27; T 37-38)
ärtiš ügüzüg ... käčdimiz (T 35)
käčdim (BQ SE)
käm käčä (BQ E 26)
toγla ügüzüg ... käčip (BQ E 30)
yenčü üg[üz] käčä (KT S 3-4)
yenčü ügüzüg käčä (T 44)
yinčü ügüz käčä (BQ N 3)
yinčü ügüzüg käčä (KT E 39)

● Käčän 땅 이름 (캐챈, Käčin ?; 姑藏 ?)
käčänkä tägi (BQ SE)

● käčigsiz 여울이 없는
käčigsizin käčdimiz (T 35)

● kädimlig (옷을) 입은, 복장을 한
kädimlig toruγ at binip (KT E 33)

● käl- 오다
basa kälti (BQ E 32)
käligmä bäglärin bodunin (T 43)
kälip (KT E 23; BQ E 19)
[kälip] (BQ E 19)
kälipän (KT E 4, 23; BQ E 5)
kälir ärsär (T 32)
kälmädi (BQ E 41; T 12, 12)
kälmäz ärsär (T 32)
kälmäz ärti (T 22, 22)
kälmäz tiyin (BQ E 39)
kälsär (KT N 11, 11)
kälti (KT E 37, N 12, 12, 12, 12, 13, 13, 13; BQ E 25, 27, 28, 32, 32, 34, 35, 39, 41, S 8, 11; T 8, 15, 16, 17, 29, 33, 40, 43, 46)
[kälti] (KT E 31; BQ E 29)
kältimiz (T 28, 37, 38)
kältim[iz] (BQ E 17)
[kältimiz] (KT E 20)
körü kälür (T 32)
oza [kä]lmiš süsin (KT N 7)
oza yańa käligmä süsin (BQ E 31)
yana kälti (KT E 28)
[yana] kälti (BQ E 22-23)

● käliŋün 며느리들 (< *kälin-gün)
käliŋünüm qunčuylarïm (KT N 9)

● kälmiš 온 사람(들)
kälmiši (T 38)

- kältäči 올 사람(들)
  sümüz kältäčimiz (T 14)
- kälür- 가져오다, 데려오다
  kälürti (KT N 1, 12; BQ S 11; T 36, 48)
  [käl]ürti (BQ S 15)
  kälü<r>ti (KT NE)
  kälürtüm (KT S 11; BQ E 25)
  k[älürtüm] (BQ N 14)
  <kälürtüm> (T 17)
  kälürüp (BQ S 11, 11, 12)
  kälür[ü]r ärtim (T 53)
  yana käl<ür>ti (T 33-34)
- käm 누구
  käm (KT E 22; BQ E 19)
  kämkä (KT E 9)
  [kämkä] (BQ E 8)
- Käm 강 이름 (예니세이, 劍水)
  käm käčä (BQ E 26)
- käntü 자기, 자신; 친(親) ...
  käntü bodunum (KT N 4)
  käntü yaŋïltïγ (KT E 23; BQ E 19)
- Käŋäräs 땅 이름 (캥애래스)
  käŋäräs tapa (KT E 39)
- Käŋü Tarban 땅 이름 (캥위 타르반); ⇒ Käŋü Tarman
  käŋü tarbanqa tägi (BQ E 18)
- Käŋü Tarman 땅 이름 (캥위 타르만); ⇒ Käŋü Tarban
  käŋü tarmanqa tägi (KT E 21)
- käräkülüg 천막의, 천막을 지닌, 유목의
  ... käräkülüg bägläri boduni (BQ E 1)
- kärgäk 필요한, 없는, 존재하지 않는
  kärgäk bolmiš (KT E 4)
  [kärgäk bolmiš] (BQ E 4)
  kärgäk boltï (KT E 30, N 10)
- kärgäksiz 아주 많이, 풍부히, 잔뜩, 부족함 없이
  kärgäksiz kälürti (KT N 12; BQ S 11)

- keyik　**야수, 사냥감**
  keyik yiyü tabïšγan yeyü (T 8)
- qïd-　**죽이다**
  qïdmaz ärmiš (KT S 6)
  qïd[maz] ärmiš (BQ N 4-5)
- qïl-　**하다, 만들다, 행하다; ⇒ qïš-**
  balbal qïlu bertim (BQ S 7)
  bay qïltï (BQ E 14)
  [bay qïltï] (KT E 16)
  bay qïltïm (KT E 29, S 10; BQ E 23, N 7)
  baz qïlmiš (KT E 2, 15; BQ E 13)
  [baz qïlmiš] (BQ E 3)
  baz qïltïm (KT E 30; BQ E 24)
  baz [qïltïm] (BQ N 10)
  buŋsïz qïltïm (BQ N 12)
  küŋ qïltï (BQ E 7)
  [küŋ] qïltïγ (BQ E 20)
  ot sub qïlmadïm (KT E 27; BQ E 22)
  qïlmadïm (BQ E 36)
  qïltïm (BQ N 9)
  qul qïltï (BQ E 7)
  qul qïltïγ (BQ E 20)
  tonluγ qïltïm (BQ E 23)
  üküš qïltï (BQ E 14)
  [üküš qïltï] (KT E 16)
  üküš qïltïm (KT E 29, S 10; BQ E 24, N 7)
  yaγïsïz qïltïm (KT E 30)
  yaγïsïz qï[ltï]m (BQ E 24)
  yeg qïltïm (BQ E 24)
  [yig qïltïm] (KT E 29)
  yoq qïltïm (BQ S 4)
- qïlïčla-　**칼로 쳐서 상처를 입히거나 죽이다**
  qïlïčladï (KT N 5)
- qïlïn-　**창조되다, 생기다, 태어나다**
  q[ïlïnγal]ï (T 18)

qïlïnmadoq ärinč (KT E 5, 5; BQ E 6, 6)
qïlïnmiš (KT E 1)
[qïlïnmiš] (BQ E 2)
qïlïntïm (T 1)
qïlïntoqda (KT E 1)
[qïlïntoqda] (BQ E 2)

● qïrγaγlïγ **가장자리를 꾸민, 가장자리를 감친**
qïrγaγlïγ qotayin (BQ N 11)

● qïrq **마흔, 40**
bir qïrq ⇒ bir qïrq
qïrq artuqi yeti yolï (KT E 15)
qïrq artuq[i y]iti yašï[ŋa] (KT NE)
qïr[q artuqi] yiti yolï (BQ E 12-13)

● Qïrqïz **종족 이름 (크르그즈, Kirghiz, 堅昆, 結骨, 契骨, 黠戛斯)**
art[uq qïrqïz] küč[lüg qaγan] (T 20)
az qïrqïz bodunuγ (KT E 20; BQ E 17)
qïrqïz birlä (BQ E 26)
qïrqïz boduni (T 28)
qïrqïz bodunuγ (KT E 35; BQ E 27)
qïrqïz qaγanïγ (KT E 25; BQ E 20)
qïrqïz qaγanin (KT E 36)
qïrqïz qaγanta (KT N 13)
qïrqïz qurïqan (KT E 14)
qï[rqïz qurïqan] (BQ E 12)
qïrqïz tapa (KT E 35; BQ E 26)
qïrqïz üč qurïqan (KT E 4; BQ E 5)
qïrqïz yiriŋä tägi (BQ E 15)
qï[rqïz yiriŋä tägi] (KT E 17)
qïrqïzda (T 29)
qïrqïzïγ (T 27)
[qïrqïzq]a (T 23)

● qïsïl **고개, 좁은 골짜기**
qaraγan qïsïlta (BQ E 37)

● qïš- **함께 하다, 만들다, 행하다; ⇒ qïl-**
qaγan mu qïšayin (T 5)

qaγan qïšďïm (T 6)
yoq qïšalïm (T 11, 21)
yōq qïšďïm (BQ E 25)
yoq qïšďïmïz (KT E 32, 34)

- qïšïn　**겨울에**
  qïšïn qïtań tapa sülädim (BQ S 2)
- qïšla-　**겨울을 나다, 겨울을 보내다, 월동하다**
  qïšladoqda (BQ E 31)
  qïšlap (KT N 8)
- Qïtań　**종족 이름 (거란, 글안, 契丹)**
  ilgärü qïtań tatabï bodun tapa (KT E 28; BQ E 23)
  otuz tatar qïtań tatabï (KT E 4, 14; BQ E 5)
  [otuz tatar qïtań tatabï] (BQ E 12)
  öŋrä qïtańda (T 14)
  öŋrä qïtańïγ (T 7, 10)
  qïtań öŋdün yän täg (T 11)
  qïtań tapa (BQ S 2)
  qïtań tatabï bodun bašlayu (KT N 11)
  qïtańda (BQ S 7)
  qïtańγaru (T 9)
  tabγač oγuz qïtań bučägü (T 12)
- qïyïn　**형벌, 벌**
  qïyïnïγ (T 32)
- qïz　**여자의, 여성의; 딸; 계집아이**
  ešilik qïz oγlin (KT E 7; BQ E 7)
  ešilik qïz oγluŋ (KT E 24)
  ešilik [qïz oγluŋïn] (BQ E 20)
  qïz qoduz (T 48)
  qïzïm[ïn] (BQ N 9)
  tür[giš qaγan] qïzïn (BQ N 9-10)
- qïz-　**화내다, 성내다**
  örtčä qïzïp (T 40)
- qïzïl　**붉은, 빨간, 적색의**
  qïzïl qanïm töküti (T 52)

- kičig 조금, 아주 조금, 전혀; 작은
  kičig atlïγ[ïγ ?] (BQ E 41)
  kičig tägmädim (KT S 3; BQ N 3)
  kičig [täg]mädim (KT S 3)
  [kičig tägmädim] (BQ N 2)
- kidiz 펠트, 모전 (eki ädiz를 이렇게 읽는 것이 옳음)
  kidiz käräkülüg (BQ E 1)
- kigür- 들이다, 넣다
  yablaq kigürtüg (KT E 23; BQ E 19)
- kikšür- 선동하다, 자극하다, 부추기다
  kikšürtökin üčün (KT E 6)
  [kikšürtökin üčün] (BQ E 6)
- kinlig (사향) 향기가 나는
  kinlig ešgitisin (BQ N 11)
- kir- 들어가다, 뛰어들다, 돌진하다; 종속하다, 도피하다
  kirip (KT E 38)
  kirtäči sän (BQ N 14)
  kirti (BQ E 38)
- kirü 뒤로, 뒤를 향하여; 서쪽으로, 서쪽을 향하여
  kirü tämir qapïγqa tägi (KT E 2)
  [kirü] tämir qapïγqa tägi (BQ E 3-4)
- kisrä 뒤로, 뒤를 향하여; 서쪽으로, 서쪽을 향하여; 다음에
  anta kisrä (KT E 4, 5, 34, 39; BQ E 23; T 6)
  anta [kisrä] (BQ E 5)
  [anta] kisrä (KT E 28-29; BQ N 14)
  [anta kisrä] (BQ E 5)
  kisrä tarduš bäglär (BQ S 13)
  qontoqda kisrä (KT S 5)
  qontoq[da] kisrä (BQ N 4)
- kiš 담비
  qara kišin (BQ S 12)
  qara k[išin] (BQ N 11)
- kiši 사람, 인간
  ańïγ kiši (KT S 7)
  ańïγ [k]iši (BQ N 5)

bilig bilmäz kiši (KT S 7)
bi[lig] bilmäz kiši (BQ N 5-6)
bir kiši (KT S 6; BQ N 4)
bod yämä bodun yämä kiši yämä (T 60)
ädgü alp kišig (KT S 6; BQ N 4)
ädgü bilgä kišig (KT S 6)
ädgü [bil]gä kišig (BQ N 4)
eki üč kišiligü (BQ E 41)
kiši oɣlïnta üzä (KT E 1; BQ E 3)
kiši oɣli (KT E 1, N 10)
[kiši oɣli] (BQ E 2)
nä kiši (BQ E 28)
ol eki kiši (T 10)
ödsig ötülüg ki[ši] (BQ E 34)
üč küräg kiši (T 33)
üküš kiši (KT S 7; BQ N 6)
yablaq kiši (KT E 39)
yeti yüz kišig (T 4)

● qod- **놓다, 버리다**; ⇒ qot-
qanïŋin qodup (T 3)
qanin qodup (T 2)

● qoduz **여자, 남편이 없는 여자**
qïz qoduz (T 48)

● qon- **자리 잡다, 앉다, 머물다**
qo[n...] (BQ E 39)
qonayin tisär (KT S 7)
[qo]nayin [tisär] (BQ N 5)
qonmiš teyin (T 17)
qontï (BQ E 40)
qontoqda kisrä (KT S 5)
qontoq[da] kisrä (BQ N 4)

● qontur- **자리 잡게 하다, 앉게 하다, 머물게 하다**
qonturmiš (KT E 2; BQ E 4)
[qonturtum] (BQ N 11)
qonturtumïz (KT E 21, 21)

qontur[tu]mïz (BQ E 18)
qontur[tumïz] (BQ E 17)
qo[nturtumïz] (KT E38)

● qoń — **양 (12지의 하나)**
qoń täg (KT E 12; BQ E 11)
qoń yïlqa (KT NE)

● qop — **모두, 완전히**
qop almiš (KT E 2)
[qop almiš] (BQ E 3)
qop alqd[ïmï]z (KT NE)
qop anta alqïntïγ arïltïγ (KT S 9)
qop anta alqïntïγ arïl[tïγ] (BQ N 7)
qop baz qïlmiš (KT E 2)
[qop baz qïlmiš] (BQ E 3)
qop baz qïltïm (KT E 30; BQ E 24)
qop bilir siz (KT E 34)
qop ičikdi (KT E 38)
qop itdim (KT S 3)
[qop itdim] (BQ N 2)
qop kälti (T 42-43, 46)
qop kälürti (KT N 1)
qop k[älürtüm] (BQ N 14)
qop maŋa körti (KT E 30; BQ E 24)
qop maŋa körür (BQ N 2)
qo[p] m[aŋ]a kör[ür] (KT S 2)
qop ölgäli törimiš (KT N 10)
qop öltäči ärtigiz (KT N 10)
qop ölürmiš (KT N 1)
qop ö[lü]rtüm (BQ E 28)
qop [ölür]tüm (BQ S 1)
qop qottï (BQ S 12)
qop qubratdïm (KT S 10)
qop qubrattïm (BQ N 7)
qop toru ölü yorïyur ärtig (KT S 9; BQ N 7)
qop yaγï ärmiš (KT E 2, 14; BQ E 3)

[qop yaγï ärmiš] (BQ E 12)
qop yolluγ tigin bitidim (KT SE)

- qopïn 모두, 모두 함께, 모두 같이
bäglär qopïn ... tedi (T 36-37)
oγuz qopïn kälti (T 16)
- qoqïlïq (qoqlïq ?) 향수, 향료 (?)
qoqïlïq ö[...] altun kümüš (BQ S 11)
- qorγan (qorïγan ?) 성, 요새
amγa qorγan qïšlap (KT N 8)
amγï qorγan qïšladoqda (BQ E 31)
bir qorγ[anqa] (BQ E 40)
- qorïγu 수비자, 성의 수비자 (?)
qorïγu ... täzip bardï (BQ E 41)
- qorq- 무서워하다, 두려워하다
näkä qorqur biz (T 39)
qorqmadïmïz (T 41)
- Qošu 사람 이름 (코슈)
qošu totoq birlä (KT N 1)
- Qošulγaq (Qušlaγaq ?) 땅 이름 (코슐가크)
qošulγaqda (KT N 5)
- qot- 놓다, 버리다; ⇒ qod-
qop qottï (BQ S 12)
- qotay 비단의 일종 (< 縞帶)
ešg[iti] qotay (BQ N 3-4)
išgiti qotay (KT S 5)
qïrγaγlïγ qotayin kinlig ešgitisin (BQ N 11)
- köbürgä 북(鼓)
köbürgäsi (BQ W 4)
- Kögmän 땅 이름 (쾨그맨; Sayan 산맥 ?)
kögmän aša (KT E 17; BQ E 15)
kögmän yïšïγ äbirü (T 28)
kögmän yïšïγ toγa (KT E 35; BQ E 27)
kögmän yir sub (KT E 20; BQ E 17)
kögmän yoli (T 23)

- **kök** 푸른 (blue)
  - kök öŋ ⇒ Kök Öŋ
  - kök täŋri (KT E 1; BQ E 2)
  - kök täyäŋin (BQ S 12, N 12)
  - kök türük ⇒ Kök Türük
- **Kök Öŋ** 강 이름 (쾨크 욍; "푸른 Öŋ")
  - kök öŋüg yoγuru (T 15)
  - [kök] öŋüg yoγuru (BQ SE)
- **Kök Türük** 종족 이름 (쾨크 튀르크, 東突厥, Köktürk, "푸른 Türk")
  - idi oqsïz kök türük (KT E 3; BQ E 4)
- **köl** 호수
  - qara költä (KT N 2)
  - türgi yarγun költä (KT E 34)
- **köläk** 못, 작은 호수, 늪
  - ingäk köläkin toγlada (T 15)
- **köŋül** 마음
  - köŋlüŋčä (T 15, 32)
  - köŋültä (KT N 11)
  - köŋültäki (KT S 12)
  - [köŋültäki] (BQ N 14)
- **kör-** 보다; 복종하다, 예속하다
  - anï körüp (KT S 13)
  - aŋar körü (KT S 11; BQ N 8)
  - bunï körü (KT S 12; BQ N 15)
  - bu[nï körüp] (BQ N 15)
  - ämgäk körti (KT E 19; BQ E 16)
  - körmäz täg (KT N 10)
  - körtäči sän (BQ N 14)
  - körü kälür (T 32)
  - körügmä bäglär (KT S 11)
  - körügmä [bäglä]r (BQ N 8)
  - körür ärti (T 1)
  - körür közüm (KT N 10)
  - közün körmädök (BQ N 11)
  - maŋa körti (KT E 30; BQ E 24)

maŋa körür (BQ N 2)
m[aŋ]a kör[ür] (KT S 2)
tabγač qaγanqa körmiš (KT E 7-8)
[tabγač qaγanqa körmiš] (BQ E 7)
tabγač qaγanqa körti (BQ E 39)
tabγačqa körür ärti (T 1)
yälü kör! (T 26)
yüggärü körti (BQ E 2)

● kötür- **올리다, 높이다**
kötürmiš täŋri (KT E 25)
kötürügmä täŋri (BQ E 21)
yüggärü kötürmiš ärinč (KT E 11)
yüggärü kötürti ärinč (BQ E 10)

● köz **눈(目)**
körür közüm (KT N 10)
közdä (KT N 11)
közi qaši (KT N 11)
[k]özüm (KT 받침대 5)
közün körmädök (BQ N 11)
toŋïtmiš közi (BQ E 2)

● Qu **사람 이름 (쿠)**
qu säŋün bašadu (BQ S 8)
quγ säŋünüg (BQ S 9)
qunï säŋünüg (T 9)

● qubran- **모이다**
qubranïp (T 4)

● qubrat- **모으다**
qubratdïm (KT S 10)
qubrattïm (BQ N 7)
tirmiš qubratmiš (BQ E 11)
ti[r]miš qubrat[miš] (KT E 12)

● qudï **아래로, (흐름을) 따라**
ol sub qudï (T 27)
säläŋä qudï (BQ E 37)

● qul 종, 사내종
küŋ qul boltï (KT E 20; BQ E 17)
qul boltï (KT E 7, 24; BQ E 36)
qul qïltï (BQ E 7)
qul qïltïγ (BQ E 20)
qul qulluγ bolmiš [ärti] (KT E 21)
qul qulluγ küŋ küŋlüg bolmiš ärti (BQ E 18)

● qulad- 사내종이 되다
küŋädmiš quladmiš bodunuγ (KT E 13)
[küŋädmiš quladmiš bodu]nuγ (BQ E 11)

● qulluγ 사내종이 있는, 사내종을 지닌
qul qulluγ bolmiš [ärti] (KT E 21)
qul qulluγ küŋ küŋlüg bolmiš ärti (BQ E 18)

● qulqaq 귀
qulqaqïn ešidmädök bodunumïn (BQ N 11)
sačin qulqaqin [b]ïčdï (BQ S 12)

● qum 모래; ⇒ Qara Qum

● qunčuy 공주 (< 公主)
käliŋünüm qunčuylarïm (KT N 9)
siŋlim qunčuyuγ (KT E 20)
siŋlim qu[nču]yuγ (BQ E 17)

● qurïdïn 뒤에서; 서쪽, 서쪽에서, 서쪽으로부터 (종족 이름일 가능성이 있음)
qurïdïn [s]oγud örti (KT W 1)
qurïya qurïdïnta (T 14)

● qurïγaru 뒤로, 뒤를 향하여; 서쪽으로, 서쪽을 향하여
ilgärü qurïγaru (KT E 12; BQ E 11)
qurïγaru barïγma (KT E 24)
qu[rï]γaru barïγma (BQ E 19-20)
qurïγaru käŋü tarbanqa tägi (BQ E 17-18)
qurïγaru käŋü tarmanqa tägi (KT E 21)
qurïγaru kün batsïqïŋa (KT S 2; BQ N 2)
qurïγaru [kün batsïqïŋa] (BQ N 11)
qurïγaru tämir qapïγqa tägi (KT E 8, 17; BQ E 15)
qurïγaru tämir qapïγqa <tägi> (BQ E 8)
qurïγaru yenčü üg[üz] käčä tämir qapïγqa tägi (KT S 3-4)

qurïγaru yinčü ügüz käčä tämir qapïγqa tägi (BQ N 3)

● Qurïqan **종족 이름 (쿠르칸, 骨利幹); ⇒ Üč Qurïqan**
qïrqïz qurïqan (KT E 14)
qï[rqïz qurïqan] (BQ E 12)
qïrqïz üč qurïqan (KT E 4; BQ E5)

● qurïya **뒤에서; 서쪽에서**
qurïya kün batsïqdaqï (KT N 12)
qurïya qurïdïnta (T 14)

● qurïyaqï **서쪽에 있는**
qurïyaqï yïryaqï öŋräki bodun (T 17)

● qut **운, 재수, 하느님의 은총**
[ečim qa]γan quti (BQ E 35)
ïduq qut ⇒ Ïduq Qut
ögüm qatun qutïŋa (KT E 31)
qutum bar üčün (KT S 9; BQ N 7)
qutum bar üčün ülügüm bar üčün (KT E 29)
qutum ülügüm bar üčün (BQ E 23)

● quz **(산의) 북쪽 기슭**
čoγay quzin qara qumuγ (T 7)

● kü **명성, 명망, 저명; 소식**
ati küsi (KT E 25, 25; BQ E 20, 21, 22, 36)
[ati küsi] (KT E 26)
kü ešidip (KT E 12)
[kü ešidip] (BQ E 10)

● küč **힘**
išig küčüg bertim ök (T 52)
išig küčüg birmiš (KT E 8; BQ E 8)
išig küčüg birtök üčün (KT W 1)
išig küčüg birtökgärü (KT E 10)
išig küčüg birtökkärü (BQ E 9)
išig küčüg birür (KT E 30)
išig küčüg birür män (KT E 9; BQ E 9)
küč birtök üčün (KT E 12; BQ E 11, 32)

● küčlüg **힘있는, 강력한**
art[uq qïrqïz] küč[lüg qaγan] (T 20)

● Kül 사람 이름 (퀼); ⇒ Kül Čor, Kül Tegin, Kül Tigin, Säbig Kül Irkin

● Kül Čor 사람 이름 (퀼 초르)
kül čor bašlayu ulayu (BQ S 13)

● Kül Irkin 사람 이름 (퀼 이르킨); ⇒ Säbig Kül Irkin

● Kül Tegin 사람 이름 (퀼 티긴, 闕特勒; "Kül 왕자"; 勒은 勤의 오기일 것임);
⇒ Kül Tigin
kül tegin (KTN8)

● Kül Tigin 사람 이름 (퀼 티긴, 闕特勒; "Kül 왕자"; 勒은 勤의 오기일 것임);
⇒ Kül Tegin
inim kül tigin (KT E 30, 31, W 1, N 10)
inim kül tigin birlä (KT E 26, 27)
inim [kü]l tigin [bir]lä (BQ E 21)
inim kül t[igin birlä] (BQ E 22)
inim kül tigin özi (KT E 30)
inim kül tiginig (KT W 1)
kül tigin (KT E 32, 34, 35, 37, N 1, 2, 3, 5, 5, 6, 7, 7, 8, 10, NE, 받침대 3)
[kül] tigin (KT N 2)
kül tigin ö[zi] (KT NE)
kül tigin atïsi (KT SE)
kül tiginig (KT E 40)
kül tiginiŋ (KT SW)

● külüg 유명한, 이름난
külüg qaγan (KT E 4; BQ E 5)

● kümüš 은(銀)
altun kümüš (KT S 5, N 12; BQ S 11, N 3)
altunïn kümüšin (KT SW)
sarïγ altun ürüŋ kümüš (T 48)
[sarïγ altu]nin ürüŋ kümüšin (BQ N 11)

● kün 날(日); 해, 태양; 낮(에)
ay artuqi tört kün (BQ SW)
ekinti kün (BQ S 1; T 39)

ilki kün (BQ S 1)
kün batsïq ⇒ kün batsïq
kün orto ⇒ kün orto
kün tuγsïq ⇒ kün tuγsïq
kün yämä tün yämä (T 27)
tün yämä ... <kün yämä> ... (T 22)
tünli künli (BQ SE)
yigirmi kün (KT SE)

• kün batsïq **서쪽 ("日沒")**
qurïγaru kün batsïqïŋa (KT S 2; BQ N 2)
qurïγaru [kün batsïqïŋa] (BQ N 11)
qurïya kün batsïqdaqï (KT N 12)

• kün orto **남쪽 ("日中, 晝中")**
birgärü [kün ortosïŋ]a (BQ N 11)
birgärü kün ortosïŋaru (KT S 2; BQ N 2) (kün orto sïŋaru ?)

• kün tuγsïq **동쪽 ("日出")**
ilgärü kün tuγsïqda bükli qaγanqa tägi (KT E 8)
ilgärü kün tu[γsïqïŋa] (BQ N 11)
[ilgärü kün] tuγsïqïŋa (BQ N 1-2)
ilgärü kün tuγsïqqa (KT S 2)
ilgärü kün tuγsïqqa bükli [qa]γanqa tägi (BQ E 8)
öŋrä kün tuγsïqda bükli čöllüg el (KT E 4)
öŋrä kün tuγsïqda bükli čöllüg il (BQ E 5)

• küni **질투, 시새움, 투기 ("그(들)의 날"일 수 있음)**
ödiŋ[ä] küni tägdök üčün (BQ E 29-30)

• küntüz **낮(에)**
küntüz olormadïm (BQ E 22)
küntüz olormad<ïm> (KT E 27)
küntüz olormatï (T 52)
küntüz olorsïqïm kälmädi (T 12)
[tün udïma- küntüz olorma- (KT E 27; BQ E 22; T 51-52)]

• küŋ **계집종**
küŋ boltačï ärti (KT N 9)
küŋ boltï (KT E 7, 24)
[küŋ küŋlüg bolmiš ärti] (KT E 21)

küŋ qïltï (BQ E 7)
[küŋ] qïltïγ (BQ E 20)
küŋ qul boltï (KT E 20; BQ E 17)
qul qulluγ küŋ küŋlüg bolmiš ärti (BQ E 18)

● küŋäd- **계집종이 되다**
küŋädmiš quladmiš bodunuγ (KT E 13)
[küŋädmiš quladmiš bodu]nuγ (BQ E 11)

● küŋlüg **계집종이 있는, 계집종을 지닌**
[küŋ küŋlüg bolmiš ärti] (KT E 21)
qul qulluγ küŋ küŋlüg bolmiš ärti (BQ E 18)

● küräg **탈주자**
küräg kälti (T 8, 29)
küräg sabi (T 9)
üč küräg kiši kälti (T 33)

● kürägü **순종하지 않음**
kürägüŋin üčün (KT E 23; BQ E 19)

● kürlüg **속이는, 현혹시키는**
täbligin kürlüg<in> üčün (KT E 6)
täbl[igin] kürlügin [üčün] (BQ E 6)

● küzäd- **지키다, 보호하다, 돌보다**
küzädü olort[um] (KT W 1)

● laγzin **돼지 (12지의 하나)**
laγzin yïl (BQ S 10)

● Likäŋ **사람 이름 (리캥; < 呂向)**
išiyi likäŋ (KT N 12)

● Lisün **사람 이름 (리쉰; < 李佺)**
lisün tay säŋün bašad[u] (BQ S 11)

● maγ **칭찬, 찬양 (< 몽골어)**
ti maγ itdi ögd[i] (BQ S 15)
ti maγ i[tdi] (BQ S 15)

● Mančud **종족 이름 (만추드)**
[mančud saqa] täzik toqar (T 45)

● maŋa **나에게 (대명사 män의 여격형); ⇒ baŋa**
maŋa körti (KT E 30; BQ E 24)
maŋa körür (BQ N 2)

m[aŋ]a kör[ür] (KT S 2)
maŋa qul boltï (BQ E 36)

● Maqarač　사람 이름 또는 칭호 (마카라치; < 산스크리트어 mahārāǰa)
maqarač tamγačï (KT N 13)

● matï　충성스러운, 충실한 (< 몽골어)
bunča matï bäglär (BQ S 14)
türük matï bäglär (BQ S 13)
türük matï bodun bäglär (KT S 11; BQ N 8)

● män　나; ⇒ bän
män (KT S 11; BQ E 33, 33, 34, S 3, 9, N 9, SW)
män özüm (BQ E 36)
män [özüm] (KT E 27)
[män özüm] (BQ E 22)

● män　나는 ~이다
birür män (KT E 9; BQ E 9)
qazγanur män (KT E 9)
[qazγanur män] (BQ E 8)
saqïnur män (BQ W 6)
ter män (T 37)
tir män (T 10, 10, 11, 12)

● mäniŋ　나의 (대명사 män의 속격형); ⇒ bäniŋ
mäniŋ bodunum (BQ E 29)
mäniŋ sabïmïn (KT S 11)
[mäniŋ] sabïmïn (BQ N 14)

● mu　의문사
bar mu nä (T 14)
qaγan mu qïšayin (T 5)

● nä　무엇; 왜
bar mu nä (T 14)
nä ayayin (T 32)
nä basïnalïm (T 39)
nä buŋi (T 57)
nä kiši (BQ E 28)
nä qaγanqa (KT E 9; BQ E 9)

● Näk 사람 이름 (내크)
näk säŋün (KT N 12)

● näkä 왜, 어째서 (대명사 nä의 여격형)
näkä qorqur biz (T 39)
näkä täzär biz (T 38)

● nänčä 얼마나 (많이), 꽤 많이, 그만큼, 아주 많이 (대명사 nä의 동등격형)
nänčä itm[iš nänčä yaratmiš] (BQ N 9)

● näŋ 전혀, 전연; 무슨 (~라도)
näŋ buŋuγ yoq (KT S 8)
näŋ bu[ŋuγ yo]q (BQ N 6)
näŋ näŋ sabïm ärsär (KT S 11)
näŋ näŋ sabïm [ärsä]r (BQ N 8)
näŋ yerdäki (T 56)
näŋ yïlsïγ bodunqa (KT E 26)
[näŋ y]ïlsïγ bodunta üzä (BQ E 21)
qačan näŋ ärsär (T 20, 21, 29)

● očoq 화덕
očoq täg (T 8)

● oγïl 아들; 자식
bäglik urï oγlin (KT E 7; BQ E 7)
bäglik urï oγluŋ (KT E 24)
bäglik urï oγluŋïn (BQ E 20)
ešilik qïz oγlin (KT E 7; BQ E 7)
ešilik qïz oγluŋ (KT E 24)
ešilik [qïz oγluŋïn] (BQ E 20)
kiši oγlïnta üzä (KT E 1; BQ E 3)
kiši oγli (KT E 1, N 10)
[kiši oγli] (BQ E 2)
oγli (KT E 5; BQ E 6, 18)
oγlin yutuzin (BQ S 3)
[o]γlin yutuzin (BQ E 38)
oγlin yu[tuz]in (BQ E 24)
oγluma (BQ N 10)
on oq oγlïŋa tatïŋa tägi (BQ N 15)
[on oq oγlïŋ]a tatïŋa tägi (KT S 12)

on oq oγlum (KT N 13)
tensi oγli ⇒ Tensi Oγli
tinsi oγli ⇒ Tinsi Oγli
uluγ oγlum (BQ S 9)

● oγlan 아들들
iniygünüm oγlanïm (KT S 1, N 11; BQ N 1)
oγlanïŋïzda tayγunuŋïzda (KT SE)

● oγlït 아들들
oγlïti (KT E 5)
oγlït[i] (BQ E 5)

● Oγul 사람 이름 (오굴)
oγul tarqan (KT N 12)

● Oγuz 종족 이름 (오구즈, Oghuz)
bini oγuzuγ (T 10)
oγuz (BQ E 32, 38)
oγuz bilgä tamγačï ⇒ Oγuz Bilgä Tamγačï
oγuz birlä (KT N 6, 7)
o[γu]z bodun (BQ E 34)
oγuz bo[dun] (BQ E 33)
oγuz bodun tapa (KT E 28)
[o]γuz bodun tapa (BQ E 23)
oγuz bodunuγ (T 62)
oγuz kälti (T 15)
oγuz qopïn kälti (T 16)
oγuz tapa (BQ E 32)
oγuz yaγï (KT N 8)
oγuzduntan (T 8)
oγuzγaru (KT N 8)
oγuzi yämä (T 22)
oγuzqa (T 49)
tabγač oγuz qïtań bučägü (T 12)
toquz oγuz ⇒ Toquz Oγuz
türük oγuz bägläri bodun (KT E 22)
[türük oγuz bägläri bo]dun (BQ E 18)
üč oγuz ⇒ Üč Oγuz

yïrya oγuzda (T 14)
yïrya oγuzuγ (T 7)

● Oγuz Bilgä Tamγačï 사람 이름 (오구즈 빌개 탐가츠; "옥새 담당관 Oγuz Bilgä")
oγuz bilgä tamγačï (KTN13)

● ol 그(들)
ol (KT S 3; BQ N 2; T 20)
ol at (KT E 33, 33, N 4)
[ol at] (KT 32)
ol bilmädökügin üčün (BQ E 20)
ol bodunuγ (KT E 38)
ol ärinč (KT E 24; BQ E 20)
ol eki kiši (T 10)
ol oq tün (T 42)
ol ödkä (KT E 21; BQ E 18)
ol sabïγ (KT S 7; BQ N 6; T 12, 30, 33, 33, 35, 36, 42)
ol sabïn (T 22)
ol sub qudï (T 27)
ol sü (KT N 8)
ol süg (KT E 32, 34; BQ E 25)
ol süŋüšdä (KT N 2)
ol taš [...] (KT S 13)
[ol] taš barqin (BQ N 15)
ol tägdökdä (KT E 36)
ol täŋri (BQ E 21)
[ol täŋri] (KT E 25)
ol törödä üzä (KT E 16)
ol [t]örödä üzä (BQ E 14)
ol üč qaγan (T 20)
ol yergärü (KT S 8)
ol yer[gär]ü (BQ N 6)
ol yerkä (T 47)
ol yïlqa (KT E 36; BQ E 27)
ol yïlqïγ (BQ E 38)
ol yolun (T 24)

● ol 그(들)은 ~이다
ańïγ ol (T 34)
bulγanč [ol] (T 22)
tarqïnč ol (T 22)
üz ol (T 34)

● olγurt- 세우게 하다, 건립하게 하다
olγurtdum oq (T 53)

● olor- 앉다; 머무르다, 살다; 왕좌에 앉다, 다스리다
alï olor! (T 32)
igidü olorur (T 62)
küzädü olort[um] (KT W 1)
olorγalï (T 18)
olormaďïm (KT E 26; BQ E 21, 22)
olormad<ïm> (KT E 27)
olormatï (T 52)
olormiš (KT E 1; BQ E 3)
olormiš ärinč (KT E 5, 5; BQ E 6)
[olo]rmiš ärinč (BQ E 6)
olorsar (KT S 3, 8; BQ N 2, 6)
olortačï sän (KT S 8)
[olortač]ï sän (BQ N 6)
olortï (KT E 16; BQ E 14; T 9)
olortoqda (KT E 17)
olortoqïnta (BQ S 13, N 9)
olortoqqa (BQ E 14)
olortoquma (BQ E 2, N 9)
olortum (KT E 26, S 1; BQ N 1)
[olortum] (BQ E 21)
olortumïz (T 32)
oloruŋ (T 31, 34)
olorup (KT S 4, 8, SE; BQ E 2)
o[lo]rup (BQ N 6)
[olo]rup (BQ SW, N 3)
olorupan (KT E 1, 16; BQ E 3, 14)
olorur ärkli (T 8)

olorur ärmiš (KT E 3; BQ E 4)
olorur ärtimiz (T 7, 8)
qaγan olortoqum üčün (BQ E 36)
[qaγan olortoquma] (KT E 27; BQ E 22)
qaγan olortum (KT S 9; BQ E 2, S 9)
q[aγan olortu]m (BQ N 7)
qaγan olorup (KT S 9; BQ N 7)
šad olortum (BQ E 15, S 9)
[tün uđïma- küntüz olorma- (KT E 27; BQ E 22; T 51-52)]

● olorsïqïm **앉아야 할 것임**
<kün yämä> olorsïqïm kälmäz ärti (T 22)
küntüz olorsïqïm kälmädi (T 12)

● olort- **앉게 하다; 즉위시키다**
qaγan olortđï (BQ E 21)
qaγan olortđï ärinč (KT E 26)
qapγan qaγan olortdum (T 51)

● on **열, 10**
on ärig (KT N 7)
on oq ⇒ On Oq
on tümän sü (T 36)
on tünkä (T 26)

● On Oq **종족 이름 (온 오크, 西突厥, 十姓)**
on oq bägläri boduni (T 42)
on oq bodun (KT E 19; BQ E 16)
on oq boduni (T 30)
on oq oγlïŋa tatïŋa tägi (BQ N 15)
[on oq oγlïŋ]a tatïŋa tägi (KT S 12)
on oq oγlum (KT N 13)
on oq qaγani (T 19)
on oq süsi (T 33)
on oq süsin (T 43)

● onunč **열째**
onunč ay altï otuzqa (BQ S 10)

● Oŋ **사람 이름 (옹; < 王)**
oŋ totoq yurčin (KT E 32)

tabγač oŋ totoq (KT E 31)
tab[γač o]ŋ totoq (BQ E 25)

● opla- 돌진하다, 몸을 던지다
oplayu tägdi (KT E 32, 36, N 2, 3, 5)
o[playu tägd]i (KT N 4)
oplayu tägip (KT N 5)

● oq 화살
oqun (KT E 36)
yüz artuq oqun (KT E 33)

● oq 부족; 부족 조직; ⇒ On Oq

● oq 강세첨사; ⇒ ök
ïttïm oq (T 52)
ol oq tün (T 42)
olγurtdum oq (T 53)

● oqï- 부르다, 초대하다
oqïγalï kälti (BQ E 28)

● oqsïz 부족 조직이 없는
idi oqsïz kök türük (KT E 3; BQ E 4)

● ordu 카간의 본영 (ordo로 읽는 것이 더 정확할 수 있음)
orduγ (KTN 8, 9)

● orto 가운데; ⇒ kün orto, tün orto

● oruq 길
bir at oruqi (T 24)

● ot 불
ot sub qïlmadïm (KT E 27; BQ E 22)
otča borča kälti (KT E 37; BQ E 27)

● otuz 서른, 30
altï otuz ⇒ altï otuz
bir otuz ⇒ bir otuz
biš otuz ⇒ biš otuz
eki otuz ⇒ eki otuz
otuz artuqi bir yašïma (BQ E 28-29)
otuz artuqi bir [yašïma] (BQ S 9)
[otuz artuqi eki yašï]ma (BQ E 31)
otuz artuqi säkiz yašïma (BQ S 2)

[otuz artuq]i [toquz ya]šïma (BQ S 2)
otuz artuqi tört yašïma (BQ E 38)
otuz artuqi üč [yašïma] (BQ E 34)
otuz tatar ⇒ Otuz Tatar
otuz yašayur ärti (KT N 2)
otuz yašïma (BQ E 28)
üč otuz ⇒ üč otuz
yeti otuz ⇒ yeti otuz
yiti otuz ⇒ yiti otuz

● Otuz Tatar　종족 이름 (오투즈 타타르; "30 Tatar"); ⇒ Tatar, Toquz Tatar
otuz [tatar ...] (KT S 1)
otuz tatar qïtań tatabï (KT E 4, 14; BQ E 5)
[otuz tatar qïtań tatabï] (BQ E 12)

● oz-　추월하다, 뒤처지게 하다; 벗어나다
oza [kä]lmiš süsin (KT N 7)
oza yańa käligmä süsin (BQ E 31)
ozdï (BQ E 28)

● ö-　생각하다, 숙고하다, 헤아리다
ömäz sän (KT S 8, 8; BQ N 6, 6)
öyür ärmiš (KT S 5)
ö[yür ärmi]š (BQ N 4)

● öd　때, 시간
antaɣ ödkä (KT E 40)
bu ödkä (KT S 1; ⇒ bödkä)
ol ödkä (KT E 21; BQ E 18)
öd täŋri (KT N 10)

● öd　쓸개, 담낭 (?) ("때, 시간"일 수 있음)
ödiŋ[ä] küni tägdök üčün (BQ E 29-30)

● ödsig　?
ödsig ötülüg ki[ši] (BQ E 34)

● ödüš　하루, 24 시간
yiti ödüškä (BQ SE)

● ög　어머니
öglärim (KT N 9)

ögüm ilbilgä qatunuγ (KT E 11; BQ E 10)
ögüm qatun (KT N 9)
ögüm qatunuγ (KT E 25; BQ E 21)
umay täg ögüm qatun (KT E 31)

● ög- **칭찬하다, 찬양하다**
[ö]gti (?) (T 46)
ti maγ itdi ögd[i] (BQ S 15)

● ögir- **기뻐하다**
[ö]girip säbinip (BQ E 2)
ög[irip säbinti] (BQ E 41)

● ögläš- **서로 의논하다, 함께 결정하다**
ögläšip (T 20)
ögläšmiš (T 20)

● ögsiz **고아의, 어미 없는 (말의 이름?)**
ögsiz aqin binip (KT N 9)

● ögtür- **칭찬하게 하다, 찬양하게 하다**
ögtürt[üm] (KT W 2)

● ök **강세첨사; ⇒ oq**
bän ök (T 7, 50, 50)
bertim ök (T 52)
öltik ök (T 16)
ölürtäčik ök (T 21, 30)
özüm ök (T 6)
üküš ök (T 7)

● ökün- **후회하다, 참회하다, 슬퍼하다**
ärtin ökün (BQ E 19)
[ärtin] ökün (KT E 22-23)
ökünüp (KT E 40; BQ E 38)

● öl- **죽이다**
öl! (T 3)
ölgäli törimiš (KT N 10)
ölsikig (KT S 7; BQ N 5)
ölsikiŋ (KT S 6; BQ N 5)
ölsikiŋin yämä (KT S 10)
ölsikiŋin [yämä] (BQ N 8)

öltäči (BQ E 31)
öltäči bodunuγ (KT E 29; BQ E 23)
öltäči ärti (BQ E 33)
öltäči ärtigiz (KT N 10)
öltäči sän (KT S 8; BQ N 6)
öltäčičä saqïnïγma (BQ E 2)
ölti (KT E 19, 19, 20, 33, 33, 33, N 4, 6; BQ E 16, 16, 17, 37)
öl[ti] (KT N 8)
ölti alqïntï yoq boltï (T 3)
öltik ök (T 16)
öltüg (KT S 6, 7; BQ N 5, 6)
ölü yitü (KT E 27, 28; BQ E 22, 22)
toru ölü (KT S 9; BQ N 7)

● öltäči **죽을 사람(들)**
üküš öltäči (BQ E 31)

● ölüg **죽은 (사람), 사망한 (사람)**
ölügi (KT N 9)

● ölügmä **죽는 사람(들)**
ölügmä (BQ E 37)

● ölür- **죽이다**
[ölür...] (KT 받침대 6)
ölüräyin uruγsïratayin (KT E 10)
ölür[äyin uruγsïra]tayin (BQ E 9)
ölürmiš (KT N 1)
ölürmiš almiš (KT E 40)
ölürtäči (T 10, 10)
ölürtäčik (T 11)
ölürtäčik ök (T 21, 30)
ölürti (T 7, 42)
ö[lü]rti (BQ S 9)
ölürtüm (BQ E 26, 27, 28, 29, S 1, 3)
ö[lü]rtüm (BQ E 28)
[ölür]tüm (BQ S 1, 8)
ö[lürtüm] (BQ E 29)
ölürtümiz (KT E 36, 38, N 7; T 28)

ölürtümiz altïmïz (KT N 2)
ölürüp (BQ S 7)

● Öŋ 강 이름; ⇒ Kök Öŋ

● öŋdün 앞쪽; 동쪽
öŋdün qaγanγaru (T 29)
qïtań öŋdün yän täg (T 11)

● öŋrä 앞쪽에서; 동쪽에서
öŋrä kün tuγsïqda bükli čöllüg el (KT E 4)
öŋrä kün tuγsïqda bükli čöllüg il (BQ E 5)
öŋrä qïtańda (T 14)
öŋrä qïtańïγ (T 7, 10)
öŋrä tölis bäglär (BQ S 13)
öŋrä türk qaγanγaru (T 20)

● öŋräki 앞쪽에 있는; 동쪽에 있는
öŋräki är (T 25)
qurïyaqï yïryaqï öŋräki bodun (T 17)

● ör- 봉기하다, 반란을 일으키다 (?)
qurïdïn [s]oγud örti (KT W 1)

● Örpän 땅 이름 (외르팬)
örpäntä (BQ E 26)

● ört 불, 불꽃
örtčä qïzïp (T 40)

● ötrü ~ 뒤에, 다음에
anta ötrü (T 12, 16)

● ötüg 요청
ädgü sabi ötügi (BQ E 39)

● Ötükän 땅 이름 (외튀캔, 鬱督軍, 於都斤, 烏德鞬; Khangai 산맥의 동쪽 기슭)
ötükän yer (BQ N6)
ötükän yerig (T 17)
ötükän yerkä (T 17)
ötükän yïš (KT S 3, 4, 8)
ötükän [yï]š (BQ N 2)
[ö]tük[än] yïš (BQ N 3)
ö[tükän y]ïš (BQ N 6)

ötükän y[ïš bodun] (KT E 23)
ö[tükän] yïš bodun (BQ E 19)
ötükän yïšda yig (KT S 4)
[öt]ükän y[ïš]da yig (BQ N 3)
ötükän yïšγaru (T 15)
ötükän yir (KT S 8)

● ötülüg ?
ödsig ötülüg ki[ši] (BQ E 34)

● ötün- **요청하다, 청원하다**
ötüntök ötünčümin (T 15)
ötüntüm (T 12, 12, 14, 25)
ötünüp (T 18)

● ötünč **요청, 청원**
ötüntök ötünčümin (T 15)

● öz **자기, 자신; (나무의) 고갱이 (?)**
öz iči (T 13)
öz yar[...] (BQ S 11)
özi ⇒ özi
özüm ⇒ özüm

● özi **그 자신, 그들 자신**
inim kül tigin özi (KT E 30)
kül tigin ö[zi] (KT NE)
özi (KT E 3, 20, 38; BQ E 17)
[özi] (BQ E 4)

● özlik **개인의, 사유의**
ädgü özlik atin (BQ S 12)
özlik atin adγïrin (BQ N 11)

● özüm **나 자신**
bän özüm (T 1, 17, 55, 59)
[bän] özüm (T 15)
män özüm (BQ E 36)
män [özüm] (KT E 27)
[män özüm] (BQ E 22)
özüm (KT E 17, N 10, 10; BQ E 2, 14, 14, W 7; T 55, 56)
[ö]züm (KT S 9; BQ N 9)

[özü]m (BQ N 7)
özüm ök (T 6)
özümä (BQ S 15)
özümin (BQ E 21)
[özümin] (KT E 25)

● Purum 동로마, 비잔틴
apar purum (KT E 4; BQ E 5)

● sab 말; 소식, 전갈
bu sabïmda (KT S 10)
[bu] sabïmda (BQ N 7-8)
bu sabïmin (KT S 2)
ädgü sabi ötügi (BQ E 39)
ičrä sab (T 34)
küräg sabi (T 9)
mäniŋ sabïmïn (KT S 11)
[mäniŋ] sabïmïn (BQ N 14)
ol sabïγ (KT S 7; BQ N 6; T 12, 30, 33, 33, 35, 36, 42)
ol sabïn (T 22)
sab (T 9)
sabïγ (T 33)
sabïm (KT S 11; BQ E 1, S 13, N 8)
sabïmïn (KT S 1, 12; BQ N 1)
[sa]bïmïn (BQ N 14)
sabi (T 29, 33, 36)
sabi süčig (KT S 5; BQ N 4)
sabin (KT S 9; BQ N 7)
süčig sabïn (KT S 5)
süčig [sa]bïn (BQ N 4)
süčig sabïŋa (KT S 6; BQ N 5)
tïlïγ sabïγ (T 32)

● sač 머리털
sačin qulqaqin [b]ïčdï (BQ S 12)

● sanč- 찌르다
sančdï (KT E 36, N 2, 5, 5, 8, 9)
sančdïm (BQ E 26, 30, 31, 32, 37)

sančđïmïz (KT N 6)
süŋüšdümiz sančđïmïz (T 28)
tägdi sančđï (KT N 6)

● sansïz 무수한, 무수히
sansïz kälürüp (BQ S 12)

● saŋa 너에게 (대명사 sän의 여격형)
bän saŋa nä ayayin (T 32)

● Saqa 종족 이름 (사카)
[mančud saqa] täzik toqar (T 45)

● saqïn- 생각하다; 애도하다
saqïnïγma (BQ E 2)
saqïnïŋ (BQ E 33)
saqïnmatï (KT E 10; BQ E 9)
saqïntïm (KT N 10, 10, 11, 11, 11, 11; T 5, 6, 24)
saq[ïntïm] (BQ E 35)
saqïntïm a (T 22)
saqïnur män (BQ W 6)

● sarïγ 누런, 황색의
sarïγ altun ürüŋ kümüš (T 48)
[sarïγ altu]nin ürüŋ kümüšin (BQ N 11)

● sayu 매(每) ..., ... 마다, 각(各) ...
bodunin sayu (T 42)
yir sayu (KT S 9, 9; BQ E 22, N 7)
yir [say]u (BQ N 7)
[yir sayu] (KT E 27)

● Säbig Kül Irkin 사람 이름 (새비그 퀼 이르킨)
säbig kül irkin (BQ S 14)

● säbin- 기뻐하다
[ö]girip säbinip (BQ E 2)
ög[irip säbinti] (BQ E 41)

● säkiz 여덟, 8
otuz artuqi säkiz yašïma (BQ S 2)
säkiz tümän [sü] bi[r]lä (BQ E 26)
säkiz yašda (BQ E 14)
säkiz yegirmi ⇒ säkiz yegirmi

- säkiz yegirmi **열여덟**, 18
  säkiz yegirmi yašïma (BQ E 24)
- Säläŋä **강 이름 (셀렝가**, Selenga, **娑陵水**)
  säläŋä quđï (BQ E 37)
- sämiz **살찐, 비만한**
  sämiz būqa toruq buqa (T 6)
  toruq būqalï sämiz būqalï (T 5)
- sän **너는 ~이다**
  boltačï sän (BQ N 14)
  kirtäči sän (BQ N 14)
  körtäči sän (BQ N 14)
  olortačï sän (KT S 8)
  [olortač]ï sän (BQ N 6)
  öltäči sän (KT S 8; BQ N 6)
  ömäz sän (KT S 8, 8; BQ N 6, 6)
  toqurqaq sän (KT S 8; BQ N 6)
- säŋün **장군** (< **將軍**)
  čača säŋün (BQ E 26)
  čača säŋünkä (KT E 32)
  čaŋ säŋün (KT N 13)
  näk säŋün (KT N 12)
  qu säŋün (BQ S 8)
  quγ säŋünüg (BQ S 9)
  qunï säŋünüg (T 9)
  tay säŋün ⇒ tay säŋün
  udar säŋün (KT N 12)
- sï- **깨뜨리다, 부수다**
  sïđï (T 19)
  sïmadï (KT S 11; BQ N 14)
  sïyu urtï (KT E 36)
- sïγït **슬퍼 울부짖는 소리, 비탄하여 외치는 소리**
  sïγït kälsär (KT N 11)
  [sï]γïtïmïn basđïm (KT 받침대 4)
- sïγïtčï **애도자, 문상객**
  yoγčï sïγïtčï (KT E 4, N 11; BQ E 5)

- sïγta- **애도하다, 울다**
  sïγtamiš yoγlamiš (KT E 4; BQ E 5)
- sïγun **사슴**
  sïγun ätsär (BQ W 5)
- sïŋar **반, 절반**
  sïŋarča artuq (T 40)
  sïŋar süsi (BQ E 32, 32)
- sïŋaru **"~을 향하여"**; ⇒ kün orto, tün orto
- Silig **사람 이름 (실리그)**; ⇒ Yegän Silig Bäg
- sini **너를 (대명사 sän의 대격형)**
  sini tabγačïγ (T 10)
- siŋil **여동생**
  siŋlim qunčuyuγ (KT E 20)
  siŋlim qu[nču]yuγ (BQ E 17)
- Sir **종족 이름 (시르)**; ⇒ Altï Sir
  [al]tï sir toquz oγuz (BQ E 1)
  türk sir bodun (T 3, 11)
  türük sir bodun (T 60, 61)
  türük sir bodunuγ (T 62)
- siz **너희는 ~이다**
  bilir siz (KT E 34)
  yaŋïltačï siz (KT S 11)
  y[aŋï]ltačï siz (BQ N 8)
- Soγdaq **종족 이름 (소그드)**; ⇒ Soγud
  altï čub soγdaq tapa (KT E 31)
  altï čub [soγdaq] tapa (BQ E 24-25)
  soγdaq bodun (KT E 39; T 46)
- Soγud **종족 이름 (소그드)**; ⇒ Soγdaq
  qurïdïn [s]oγud örti (KT W 1)
  soγud bärčik är (KT N 12)
- Soŋa **땅 이름 (송아)**
  soŋa yïšda (KT E 35; BQ E 27)
- sök- **헤치다, 돌파하다**
  qarïγ sökdüm (T 25)
  qarïγ söküpän (KT E 35; BQ E 27)

[s]öktüm (BQ S 8)

● sökür- **무릎 꿇게 하다, 복종시키다**
tizligig sökürmiš (KT E 2, 15; BQ E 13)
tizlig[ig sökürmiš] (BQ E 3)
tizligig sökürtüm (BQ N 10)
tizligig sökürtümiz (KT E 18)
[tizligig] sökürtümiz (BQ E 15-16)

● sözläš- **합의하다, 협의하다**
sözläšdimiz (KT E 26; BQ E 21)

● sub **물; 강**
anï sub[qa] (T 27)
[bu yeriŋdä su]buŋd[a] (BQ N 13)
ïduq yer sub (BQ E 35; T 38)
kögmän yir sub (KT E 20; BQ E 17)
ol sub qudï (T 27)
ot sub qïlmadïm (KT E 27; BQ E 22)
subča yügürti (KT E 24)
... tutmiš yir sub (KT E 19)
[... tutmiš yi]r su<b> (BQ E 16)
türük ïduq yiri subi (KT E 10-11)
<türük> ïduq yiri subi (BQ E 10)
yerin subin (BQ E 35)
yeriŋärü subïŋaru (BQ E 40)

● subsïz **물없는, 물없이**
subsïz käčdim (BQ SE)

● suq **시기, 질투; 노여움, 격노, 분노, 화**
suqun (BQ E 38)

● sü **군대**
beš tümän sü (BQ E 25)
bir tümän artuqi yeti biŋ süg (BQ S 1)
biš t[ümän sü] (KT E 31)
bu süg elt (T 32)
[eki] süm[üz] (T 18)
eki üč biŋ sümüz kältäčimiz (T 14)
ekin (ekinti 대신에) sü (BQ E 32)

ilki sü (BQ E 32)
ol sü (KT N 8)
ol süg (KT E 32, 34; BQ E 25)
on oq süsi (T 33)
on oq süsin (T 43)
on tümän sü (T 36)
qani süsi (T 28)
qaŋïm qaγan süsi (KT E 12; BQ E 11)
säkiz tümän [sü] bi[r]lä (BQ E 26)
sïŋar süsi (BQ E 32, 32)
sü ati (KT E 39)
sü barïŋ (T 31)
sü baši (T 31)
sü eltdim (T 18)
sü eltdimiz (T 53)
sü süläpän (KT E 2; BQ E 3)
sü tašïqdï (T 33)
sü tašïqdïmïz (KT N 8)
sü [tä]gišintä (KT N 5)
sü yorïlïm (T 29, 35)
sü yorïp (BQ SE)
sü yorïtdïm (T 25, 35)
süsi (BQ E 30, 39)
[süsi] (T 16)
süsin ... aγïtïp (KT N 7)
süsin aγïttïm (BQ E 31)
süsin bu[z]dum (BQ E 34)
süsin ... ölürtüm (BQ E 26)
[s]üsin ... ö[lü]rtüm (BQ E 28)
süsin sančdïm (BQ E 26, 30, 37)
süsin ... sančdïm (BQ E 31)
süsin sančdïmïz (KT N 6)
[tab]γač atlïγ süsi (BQ S 1)
tabγač süsi (T 30)
tört tümän sü (BQ S 8)

türgiš qaγan süsi (KT E 37; BQ E 27)
uluγ sü (KT E 28)
üč oγuz süsi (BQ E 32)
üč tümän süg (BQ S 8)
yadaγ süsin (BQ S 1)

● süčig 단, 달콤한
sabi süčig (KT S 5; BQ N 4)
süčig sabïn (KT S 5)
süčig [sa]bïn (BQ N 4)
süčig sabïŋa (KT S 6; BQ N 5)

● sülä- **출정하다, 군대를 보내다**
sülä! (BQ E 40)
sülädim (KT S 3, 3, 4, 4; BQ E 24, 25, 25, 26, 26, 26, 28, 32, 38, 39, 41, S 2, 2, N 3, 3)
sül[ädim] (BQ E 33, N 3)
sü[lädim] (BQ S 2)
[sülädim] (KT E 28; BQ E 23, N 2)
sülädimiz (KT E 17, 17, 18, 31, 35, 39; BQ E 15, 15; T 44)
sü[lädimi]z (BQ E 15)
sü[lädimiz] (BQ E 15)
[sülädimiz] (KT E 17)
sülälim (T 20, 21)
sülämäsär (T 20)
sülämiš (KT E 15; BQ E 13)
süläp (KT E 12; BQ E 11)
süläpän (KT E 2; BQ E 3)
sü[läsä]r (T 23)
süläyü birmiš (KT E 8, 8; BQ E 8, 8)
[sü sülä- (KT E 2; BQ E 3)
-γaru/-gärü sülä- (KT E 12; BQ E 11; T 20, 20)
-qa/-kä sülä- (T 23)
-qa/-kä tägi sülä- (KT E 8, 8, 17, 17, 17, 39, S 3, 3, 4, 4; BQ E 8, 8, 15, 15, 15, N 2, 2-3, 3, 3)
... tapa sülä- (KT E 28, 31, 35; BQ E 23, 24, 24-25, 25-26, 26, 26, 28, 32, 40, S 2, 2)]

- süläṭ- 출정시키다, 군대를 보내게 하다
  sülätdim (T 43)
- süŋök 뼈
  süŋöküg (BQ E 20)
  süŋöküŋ (KT E 24)
- süŋüg 창(槍)
  süŋüg batïmi qarïγ (KT E 35; BQ E 26-27)
  süŋügün (T 28)
- süŋüglüg 창기병(槍騎兵), 창을 가진(이)
  süŋüglüg (KT E 23; BQ E 19)
- süŋüš 싸움, 전투
  eki uluγ süŋüš (BQ E 34)
  ol süŋüšdä (KT N 2)
  uluγ süŋüš (KT E 40)
  yegirmi süŋüš (KT E 15; BQ E 13)
- süŋüš- 싸우다
  altï yolï süŋüšdüm (BQ E 28)
  beš süŋüšdi (T 49)
  biš yolï süŋüšdümiz (KT N 4)
  süŋüšdüm (BQ E 23, 25, 26, 26, 27, 29, 30, 30, 31, 34)
  [sü]ŋüšdüm (BQ E 30)
  [süŋü]šdüm (BQ E 37)
  süŋ[üšdüm] (BQ S 6)
  [süŋüšdüm] (KT E 28)
  süŋüšdümiz (KT E 32, 35, 37, N 1, 2, 3, 4, 5, 6, 6, 7; T 16, 40, 41)
  [s]üŋüš[dümiz] (BQ E 17)
  [süŋüšdümiz] (KT E 20, 31)
  süŋüšdümiz sančdïmïz (T 28)
  süŋüšgäli (BQ E 32)
  süŋüšmiš (KT E 15, 40, N 1)
  sü[ŋüš]miš (BQ E 13)
  tört yolï süŋüšdüm (BQ E 30)
  üč yegirmi süŋüšdümiz (KT E 18)
  [üč yegir]mi [süŋüšdümiz] (BQ E 15)

yeti süŋüšdi (T 49)
yeti yegirmi süŋüšdi (T 49)
[... birlä süŋüš- (KT E 35, N 1, 3, 5, 6, 7; BQ E 26, 27)
-qa/-kä süŋüš- (KT E 32; T 49, 49, 49)
süŋüš süŋüš- (KT E 15, 40; BQ E 13, 34)]

● sür- **몰다, 몰아내다**
sürä eltdi (KT E 23)
sürä i[ltdi] (BQ E 19)

● šad **칭호의 하나 (샤드, 殺, 設)**
eki šad (BQ E 21)
eki šad birlä (KT E 27)
[eki šad] birlä (BQ E 22)
eki šad ulayu (KT N 11)
šad (KT E 17; BQ E 15, S 9; T 5)
tarduš šad (T 31)
tarduš šadra (T 41)
yabγuγ šadïγ (KT E 14; BQ E 12)
yabγusin šadin (T 41)
yabγu[si]n šadin (BQ E 28)

● šadapït **칭호의 하나 (샤다프트)**
šadapït bäglär (KT S 1; BQ S 13)
šad[apït] bäglär (BQ S 14)

● Šalčï **사람 이름 (샬츠)**; ⇒ Alp Šalčï

● Šantuŋ **땅 이름 (산동; < 山東)**
ilgärü šantuŋ yazïqa tägi (KT S 3)
ilg[ärü ša]ntuŋ [yazïqa tägi] (BQ N 2)
ilgärü yašïl ügüz šantuŋ yazïqa tägi (KT E 17; BQ E 15)
šantuŋ balïqqa taloy ügüzkä (T 18)
šantuŋ b[alïqqa] taloy [ügüzk]ä (T 19)

● Tabar **땅 이름 (타타르)**
tabarda (KT E 38)

● Tabγač **중국, 중국인 (< 拓跋)**
tabγač [...] (BQ E 35)
tabγ[ač atin] (BQ E 7)
tabγač atin (KT E 7)

[tab]γač atlïγ süsi (BQ S 1)
tabγač birdin yän täg (T 11)
tabγač bodun (KT E 6, 14, S 5; BQ E 6, 12, N 4)
tabγač bodun birlä (KT S 4)
[tabγač bodu]n birlä (BQ N 3)
tabγač bodunqa (KT E 7; BQ E 7)
tabγač iliŋä (T 1)
tabγač oγuz qïtań bučägü (T 12)
tabγač oŋ totoq (KT E 31)
tab[γač o]ŋ totoq (BQ E 25)
tabγač qaγan (T 19)
tabγač qaγan čïqani (KT N 13)
tabγač qaγanïŋ (KT S 12)
tabγač qaγanqa (KT E 7, 8, 9; BQ E 8, 9, 39)
[tabγač qaγanqa] (BQ E 7)
tabγač qaγanta (KT N 12)
tabγač q[aγa]nta (BQ N 14)
[tabγa]č qaγanta (KT S 11)
tabγač süsi (T 30)
tabγač tapa (KT E 28; BQ E 23, 25-26)
tabγač töpöt (KT E 4; BQ E 5)
tabγačda (BQ E 36; T 2, 14)
tabγačγaru (BQ E 35; T 9)
tabγačïγ (T 7, 10)
tabγačqa (BQ E 38; T 1, 2, 49)

• Tabγačγï 중국에 있는, 중국에 속하는
tabγačγï bäglär (KT E 7)
tabγ[ačγï] bäglär (BQ E 7)

• tabïšγan 토끼
keyik yiyü tabïšγan yeyü (T 8)

• Tadïq Čor 사람 이름 (타드크 초르)
tadïqïŋ čorïŋ (KT E 32)

• taγ 산
bäŋlig äk taγïγ ärtü (T 44)
taγča yatdï (KT E 24; BQ E 20)

taɣda (BQ W 5)
taɣdaqï inmiš (KT E 12)
[taɣdaqï] inmiš (BQ E 10-11)
taɣqa (T 47)
töŋkär taɣda (BQ S 8)
[tö]ŋkär taɣqa (BQ S 7)

- taɣïq-　산에 오르다
  balïqdaqï taɣïqmiš (KT E 12)
  [ba]l[ïq]d[aqï] taɣ[ïqmiš] (BQ E 10)
- taloy　바다 (< 大流 ?)
  šantuŋ balïqqa taloy ügüzkä (T 18)
  šantuŋ b[alïqqa] taloy [ügüzk]ä (T 19)
  taloyqa (KT S 3)
  [taloyqa] (BQ N 2)
- tām　벽
  bu tašqa bu tāmqa (KT SE)
- Tamaɣ Ïduq Baš　땅 이름 (타마그 으두크 바시; "타마그 성스러운 꼭대기")
  tamaɣ ïduq bašda (KT N 1; BQ E 29)
- tamɣačï　옥새관, 옥새 담당관
  maqarač tamɣačï ⇒ Maqarač
  oɣuz bilgä tamɣačï ⇒ Oɣuz Bilgä Tamɣačï
- taŋ　새벽, 동틀녘, 여명
  taŋ üntürü (T 35)
- Taŋut　종족 이름 (탕구트, Tangut, 唐古特, 唐兀剔, 堂項)
  taŋut bodunuɣ (BQ E 24)
  taŋut tapa (BQ E 24)
- tapa　~을 향해, ~ 쪽으로
  altï čub soɣdaq tapa (KT E 31)
  altï čub [soɣdaq] tapa (BQ E 24-25)
  beš balïq tapa (BQ E 28)
  čik tapa (BQ E 26)
  käŋäräs tapa (KT E 39)
  oɣuz bodun tapa (KT E 28)
  [o]ɣuz bodun tapa (BQ E 23)
  oɣuz tapa (BQ E 32)

qarluq bodun tapa (BQ E 40)
qïrqïz tapa (KT E 35; BQ E 26)
qïtań tapa (BQ S 2)
qïtań tatabï bodun tapa (KT E 28; BQ E 23)
tabγač tapa (KT E 28; BQ E 23, 25-26)
taŋut tapa (BQ E 24)
tatabï tapa (BQ S 2)
türgiš tapa (BQ E 27)
türgiš [tapa] (KT E 36)

- tapla- **좋아하다, 인정하다**
  taplamadï ärinč (BQ E 35)
- taqï **더, 더욱**
  anča taqï (KT S 13)
- Tarban **땅 이름 (타르반); ⇒ Tarman, Käŋü Tarban**
  käŋü tarbanqa tägi (BQ E 18)
- Tarduš **종족 이름 (타르두시; 돌궐 제국의 서쪽 부족들)**
  tarduš bäglär (BQ S 13)
  tarduš bodun üzä (KT E 17; BQ E 15)
  tarduš inanču čor ⇒ Tarduš Inanču Čor
  tarduš šad (T 31)
  tarduš šadra (T 41)
  tölis tarduš bodunuγ (BQ E 12)
  tölis tarduš [bodunuγ] (KT E 13)
- Tarduš Inanču Čor **사람 이름 / 칭호 (타르두시 이난추 초르)**
  tarduš inanču čor (KT N 13)
- Tarman **땅 이름 (타르만); ⇒ Tarban, Käŋü Tarman**
  käŋü tarmanqa tägi (KT E 21)
- tarqan **높은 칭호의 하나 (타르칸, 達干)**
  apa tarqan ⇒ Apa Tarqan
  ataman tarqan ⇒ Ataman Tarqan
  baγa tarqan ⇒ Baγa Tarqan
  inänču apa yarγan tarqan ⇒ Inänču Apa Yarγan Tarqan
  oγul tarqan ⇒ Oγul Tarqan
- tarqat **타르칸 칭호의 복수형**
  tarqat buyruq bäglär (KT S 1)

● tarqïnč 불안한, 불만인
tarqïnč ol (T 22)

● taš 돌; 돌투성이 땅
aγïr tašïγ (BQ S 15)
bäŋgü taš (KT S 12, 13)
bäŋg[ü] taš (BQ N 15)
b[äŋgü taš] (KT S 11)
bäŋgü tašqa (KT S 11; BQ N 8)
bitig taš itgüči (KT N 13)
bitig taš[in] (KT NE)
bu tašqa bu tamqa (KT SE)
ïda tašda (T 4)
ol taš [...] (KT S 13)
[ol] taš barqin (BQ N 15)
[...] taš (KT SW)
[taš] (BQ N 14)
taš [barq itgüčig] (KT NE)
tašïγ (BQ N 13)
tašin (BQ W 7)

● taš 밖
ičin tašin (KT S 12; BQ N 14)

● tašïq- 나가다, 출정하다; 반란을 일으키다
tašïqdïmïz (KT N 8)
tašïqdï (T 33, 33)
tašïqmiš (KT E 11; T 30, 30)
taš[ïq]m[iš] (BQ E 10)
taš[ïq]miš ärti (BQ E 32)
[sü tašïq- (KT N 8; T 33)]

● tašra 밖으로, 밖에서
ičrä aššïz tašra tonsïz (KT E 26; BQ E 21)
tašra yorïyur tiyin (KT E 11-12)
[tašra] yo[rï]yur [tiyin] (BQ E 10)

● Tat 종족 이름 (이란 사람)
on oq oγlïŋa tatïŋa tägi (BQ N 15)
[on oq oγlïŋ]a tatïŋa tägi (KT S 12)

- **Tatabï** 종족 이름 (타타브, 奚?)
  otuz tatar qïtań tatabï (KT E 4, 14; BQ E 5)
  [otuz tatar qïtań tatabï] (BQ E 12)
  qïtań tatabï bodun bašlayu (KT N 11)
  qïtań tatabï bodun tapa (KT E 28; BQ E 23)
  tatabï [...] (BQ S 8)
  tatabï bodun (BQ S 7)
  t[atab]ï bodun (BQ E 39)
  tatabï tapa (BQ S 2)
- **Tatar** 종족 이름 (타타르); ⇒ Otuz Tatar, Toquz Tatar
  otuz [tatar ...] (KT S 1)
  otuz tatar qïtań tatabï (KT E 4, 14; BQ E 5)
  [otuz tatar qïtań tatabï] (BQ E 12)
  toquz tatar birlä (BQ E 34)
- **tay säŋün** 대장군 (< 大將軍)
  lisün tay säŋün bašad[u] (BQ S 11)
- **tayγun** 망아지들;(비유적으로) 아들들 (tay '망아지'의 복수형)
  oγlanïŋïzda tayγunuŋïzda (KT SE)
- **täbi** 낙타
  ägri täbi (T 48)
- **täblig** 속이는, 현혹시키는
  täbligin kürlüg<in> üčün (KT E 6)
  täbl[igin] kürlügin [üčün] (BQ E 6)
- **täg** ~처럼, ~같이, ~같은
  aš <tä>g (T 8)
  bilmäz täg (KT N 10)
  böri täg (KT E 12; BQ E 11)
  ečisin täg (KT E 5)
  [ečisin täg] (BQ E 5)
  körmäz täg (KT N 10)
  očoq täg (T 8)
  qaŋin täg (KT E 5; BQ E 6)
  qoń täg (KT E 12; BQ E 11)
  täŋri täg (KT S 1; BQ E 1, S 13, N 1)
  tutmiš täg (T 13)

umay täg ögüm qatun (KT E 31)

● täg- 닿다, 이르다, 다다르다; 공격하다
täg! (T 11, 11)
tägdi (KT E 32, 33, 33, 36, 37, N 2, 3, 5, 8)
[tägd]i (KT N 4)
[tägdi] (KT E 32)
tägdi sančdï (KT N 6)
tägdimiz (T 35)
tägdimiz yulïdïmïz (T 39)
tägdök üčün (BQ E 30)
tägdökin (KT E 34)
tägälim (T 39)
tägäyin (T 11)
tägip (KT N 5; BQ S 8, SE)
t[ägmädi] (KT E 33)
tägmädim (KT S 3; BQ N 3)
[täg]mädim (KT S 3)
[tägmädim] (BQ N 2)
tägmiš (KT E 40)
tägmiš ärti (KT E 40)
[oplayu täg- (KT E 32, 36, N 2, 3, 4, 5, 5)]

● tägdök 전투, 싸움
ol tägdökdä (KT E 36)

● tägi ~까지
bunča yirkä tägi (KT S 4)
bu[nča yirkä tägi] (BQ N 3)
bükli qaγanqa tägi (KT E 8)
bükli [qa]γanqa tägi (BQ E 8)
käčänkä tägi (BQ SE)
käŋü tarbanqa tägi (BQ E 18)
käŋü tarmanqa tägi (KT E 21)
on oq oγlïŋa tatïŋa tägi (BQ N 15)
[on oq oγlïŋ]a tatïŋa tägi (KT S 12)
qadïrqan yïšqa tägi (KT E 2)
[qadïrqan yïšqa tägi] (BQ E 3)

qïrqïz yiriŋä tägi (BQ E 15)
qï[rqïz yiriŋä tägi] (KT E 17)
šantuŋ yazïqa tägi (KT S 3)
[ša]ntuŋ [yazïqa tägi] (BQ N 2)
tämir qapïγqa tägi (KT E 2, 8, 17, 39, S 4; BQ E 4, 15, N 3; T 45)
tämir qapïγqa <tägi> (BQ E 8)
toquz ärsinkä tägi (KT S 3)
t[oquz] ärsinkä tägi (BQ N 2-3)
[tün ortosïŋa tägi] (BQ N 11)
uγuši boduni bišükiŋä tägi (KT S 6)
uγuši bodun[i biš]ükiŋä tägi (BQ N 4)
yašïl ügüz šantuŋ yazïqa tägi (KT E 17; BQ E 15)
yir bayïrqu yeriŋä tägi (BQ N 3)
yir bayïrqu yiriŋä tägi (KT S 4)

● tägiš　**접촉, 전투**
sü [tä]gišintä (KT N 5)

● tägmiš　**다다름, 이름, 닿음, 도달함**
šantuŋ balïqqa taloy ügüzkä tägmiš (T 18)
taγqa tägmiš (T 47)

● tägrä　**주위에서, 주변에서; 주위, 주변, 둘레**
tägrä očoq täg ärti (T 8)

● tägür-　**이르게 하다, 도달하게 하다**
tägürtök üčün (T 47)
tägürtüm (T 19)

● tälin-　**구멍이 나다, 구멍이 뚫리다**
yer tälinmäsär (BQ E 18)
yir tälinmäsär (KT E 22)

● tämir　**쇠; ⇒ Tämir Qapïγ**

● Tämir Qapïγ　**땅 이름 (태미르 카프그; "鐵門")**
tämir qapïγqa tägi (KT E 2, 8, 17, 39, S 4; BQ E 4, 15, N 3; T 45)
tämir qapïγqa <tägi> (BQ E 8)

● täŋri　**하늘, 창공; 하느님, 신**
il berig[mä tä]ŋri (BQ E 21)

il birigmä täŋri (KT E 25)
kötürmiš täŋri (KT E 25)
kötürügmä täŋri (BQ E 21)
ol täŋri (BQ E 21)
[ol täŋri] (KT E 25)
öd täŋri (KT N 10)
täŋri anča temiš ärinč (T 2)
täŋri bilig bertök üčün (T 6)
täŋri küč birtök üčün (KT E 12; BQ E 11)
[täŋri] küč birtök üčün (BQ E 32)
täŋri öl temiš ärinč (T 3)
täŋri täg (KT S 1; BQ E 1, S 13, N 1)
täŋri töpösintä (KT E 11; BQ E 10)
täŋri umay (T 38)
täŋri yaratmiš (BQ E 1)
täŋri yar[at]miš (BQ S 13)
täŋri yarlïqadï (T 16)
täŋri yarlïqadoq üčün (KT E 15; BQ E 13, 14, 23, 33; T 40)
[täŋri] yarlïqadoq üčün (BQ E 34)
[tä]ŋr[i] yarlïqad[oq ü]č[ün] (BQ N 9)
täŋri yarlïqadoqin üčün (KT S 9)
täŋri yarlïq[adoqin üčün] (BQ N 7)
täŋri yarlïqazu (KT E 29; T 53)
täŋri yer bulɣaqin üčün (BQ E 29)
täŋri yir bulɣaqin üčün (KT N 4)
täŋr[idä] (KT SE)
täŋridä bolmiš (KT S 1; BQ N 1)
[tü]rük t[äŋ]ri[...] (BQ E 1)
üzä kök täŋri (KT E 1; BQ E 2)
üzä täŋri (BQ E 35, N 12)
üzä t[äŋri] (BQ W 3)
üzä täŋri as[ra] yer yarlïqadoq üč[ün] (BQ N 10)
üzä täŋri basmasar (KT E 22)
üzä täŋri basm[asar] (BQ E 18)
üzä türük täŋrisi (KT E 10)

[üzä] türük täŋrisi (BQ E 9-10)
yüggärü täŋ[ri bolča] (KT SW)

- tär 땀
  qara tärim yügürti (T 52)
- Tärmäl ⇒ Aq Tärmäl
- täyäŋ 다람쥐
  kök täyäŋin (BQ S 12, N 12)
- täz- 달아나다
  näkä täzär biz (T 38)
  täzip (BQ E 38)
  täzip bardï (KT E 34; BQ E 41)
  t[äzip bardï] (BQ E 37)
  [täzip barmiš] (BQ E 40)
  täzmiš ärti (T 43)
- Täzik 종족 이름 (Arab, 大食)
  [mančud saqa] täzik toqar (T 45)
- te- 말하다, 이야기하다; ⇒ ti-
  tedäči (T 35)
  tedi (T 15, 31, 31, 31, 31, 37)
  tedim (T 5, 23, 23, 24)
  [tedi]m (T 25)
  temiš (T 20, 20, 21, 21, 21, 22, 26, 29, 30, 33, 34, 34)
  [temiš] (T 22)
  temiš ärinč (T 2, 3)
  ter män (T 37)
  teyin ⇒ teyin
- tegin 왕자; ⇒ tigin
  kül tegin ⇒ Kül Tegin
- Tensi Oγli 땅 이름 (텐시 오글리; "Tensi의 자식/아들"; Tensi < 天子); ⇒ Tinsi Oγli
  tensi oγli (T 46)
- teril- 모이다; ⇒ tiril-
  terilmiš (T 28)
  terilti (T 36)

● teyin **~라고, ~하고;** ⇒ tiyin, tip
az teyin (T 39)
barmiš teyin (T 24)
bilmäz ärmiš teyin (T 6)
qonmiš teyin (T 17)
sämiz būqa toruq buqa teyin (T 6)
tumiš teyin (T 23)
üküš teyin (T 39, 40)

● tïl **(적에 대한) 정보; 정보원**
tïlïγ (T 36)
tïlïγ sabïγ (T 32)

● ti **지속적으로, 오랫동안**
ti maγ itdi ögd[i] (BQ S 15)
ti maγ i[tdi] (BQ S 15)

● ti- **말하다, 이야기하다;** ⇒ te-
tidi (T 5, 30, 30, 32, 32, 32, 38)
tidim (T 39)
timiš (KT E 9; BQ E 8)
tip (KT E 9; BQ E 9, 32, 40, 41); ⇒ tip
tir (T 9, 33, 36)
tir ärmiš (KT E 9, 9, 10; BQ E 9)
[tir ärmiš] (BQ E 8, 9)
tir män (T 10, 10, 11, 12)
tisär (KT S 7)
[tisär] (BQ N 5)
tiyin ⇒ tiyin

● tid- **저지하다, 제지하다** (< tïd-)
tida (KT N 11)

● tigin **왕자;** ⇒ tegin
bägim tigin (KT SW)
kül tigin ⇒ Kül Tigin
özüm tigin ärk[?...] (BQ E 14)
[t]igin (BQ E 21)
toŋa tigin ⇒ Toŋa Tigin
yolluγ tigin ⇒ Yolluγ Tigin

• tik- 세우다
balbal tikdim (KT E 25)
[balbal tikdim] (BQ E 20)
balbal tikä birtim (BQ S 9)
balbal tikmiš (KT E 16)
balbal tik[miš] (BQ E 13)
b[äŋgü taš tikdim] (KT S 11)
tikä birti (BQ S 11)

• tilä- 원하다
yerči tilädim (T 23)

• Tinsi Oγli 땅 이름 (틴시 오글리; "Tinsi의 자식/아들"; Tinsi < 天子); ⇒ Tensi Oγli
tinsi oγli aytïγma (T 44, 47)

• tiŋla- 듣다, 경청하다 (< tïŋla-)
qatïγdï tiŋla! (KT S 2)

• tip ~라고, ~하고; ⇒ teyin, tiyin
ańïtayin tip (BQ E 41)
birür tip (KT S 7; BQ N 5)
yablaq boltačï tip (KT N 11)

• tir- 모으다
tirmiš qubratmiš (BQ E 11)
ti[r]miš qubrat[miš] (KT E 12)

• tir- 살다 ("모으다"로 이해해야 할 것임)
tirip (BQ N 8)
[ti]rip (KT S 10)

• tirgür- 되살리다, 소생시키다
öltäči bodunuγ tirgürü (KT E 29)
öltäči bodunuγ t[irgü]rü (BQ E 23)

• tirig 살아 있는 (이); 목숨, 생명
bunča yämä tirigi (KT N 9)
tirigdäkičä (KT SE)

• tiril- 모이다; ⇒ teril-
tirilälim (T 33)
tirilip (KT E 12; BQ E 11, 34, 36, 39)
tir[ilip] (BQ E 29)

- tiril- **되살다, 소생하다**
  üküš öltäči anta tirilti (BQ E 31)
- tirkiš **대상, 카라반**
  arqïš tirkiš ïsar (KT S 8)
  [arqïš] tirkiš ïsar (BQ N 6)
- tiyin **~라고, ~하고; ⇒ teyin, tip**
  bolčun tiyin (KT E 11; BQ E 10)
  bolmazun tiyin (KT E 19)
  ïdmayin tiyin (BQ E 33)
  ïdmaz tiyin (BQ E 25)
  igidäyin tiyin (KT E 28; BQ E 23, 35)
  itäyin tiyin (KT E 39)
  kälmäz tiyin (BQ E 39)
  oloruŋ tiyin (T 34)
  qalmazun tiyin (KT E 20)
  qalmazun [tiyi]n (BQ E 16)
  q[al]mazun tiyin (BQ E 17)
  tašra yorïyur tiyin (KT E 11-12)
  [tašra] yo[rï]yur [tiyin] (BQ E 10)
  yōq bolmazun tiyin (KT E 11)
  yoq bolmazun tiyin (KT E 25; BQ E 10, 20, 21)
  yoq bo[lmazun] tiyin (BQ E 22)
  yoq bo[lmazun tiyin] (KT E 25)
  [yoq bolmazun] tiyin (KT E 26-27)
- tizlig **강력한, 굳센 ("무릎이 있는")**
  tizligig sökürmiš (KT E 2, 15; BQ E 13)
  tizlig[ig sökürmiš] (BQ E 3)
  tizligig sökürtüm (BQ N 10)
  tizligig sökürtümiz (KT E 18)
  [tizligig] sökürtümiz (BQ E 15-16)
- tod- **배부르다, 포만하다**
  bir todsar (KT S 8; BQ N 6)
- toγ- **넘다**
  [altun yïšïγ] toγa (KT E 36-37)
  kögmän yïšïγ toγa (KT E 35; BQ E 27)

- Toγla 강 이름 (토글라, Tola, 獨樂河)
  ingäk köläkin toγlada (T 15)
  toγla ügüzüg yüzüti käčip (BQ E 30)
- Toγu Balïq 땅 이름 (토구 발르크; "Toγu 도시")
  toγu balïqda (KT N 4; BQ E 30)
- tolγat- 괴롭히다, 고통을 주다
  ämgätmäŋ tolγatmaŋ (BQ N 13)
- tonluγ 옷이 있는, 옷을 입은
  tonluγ qïltïm (BQ E 23)
  tonluγ ... qïltïm (KT E 29)
- tonsïz 옷이 없는, 옷을 못 입은, 헐벗은
  ičrä aššïz tašra tonsïz (KT E 26; BQ E 21)
- Toŋa Tigin 사람 이름 (통아 티긴, 同俄特勤; "Toŋa 왕자"; 勒은 勤의 오기일 것임)
  toŋa tigin yoγïnta (KT N 7)
  toŋa tigin yoγ[ïnta] (BQ E 31)
- toŋït- 내려다 보다, 아래로 향하다
  toŋïtmiš közi (BQ E 2)
- Toŋra 종족 이름 (통라, 同羅)
  toŋra äšim ⇒ Toŋra Äšim
  toŋra bir uγuš alpaγu on ärig (KT N 7)
  toŋra yïlpaγuti bir uγušuγ (BQ E 31)
- Toŋra Äšim 사람 이름 (통라 애심)
  toŋra äšimig (T 9)
- topul- 뚫다
  topulγalï učuz ärmiš (T 13)
- topulγuluq 뚫기
  topulγuluq alp ärmiš (T 13)
- toq 배부른
  bodun boγuzi toq ärti (T 8)
- Toqar 종족 이름 (토하르, Tokhar)
  [mančud saqa] täzik toqar (T 45)
- toqï- 치다, 때리다
  ägirä toqïdï (KT N 6)
  ägirä toqïdïm (BQ E 31)

tägip toqïdïm (BQ S 8)

- toqït- (비문을) 쓰게 하다, 파게 하다, 새기게 하다
  bäŋgü taš toqïtdïm (KT S 12-13)
  bäŋgü taš toqïtdïm bititdim (KT S 13)
  bäŋg[ü] taš toqïtdïm (BQ N 15)
  ol taš [... toqït]dïm (KT S 13)
  taš toqïtdïm (KT S 12)
  [taš toqïtdïm] (BQ N 14)
  [...] toqïtdïm bititdim (BQ N 15)
- toqurqaq 자신을 배부르다고 여기는
  toqurqaq sän (KT S 8; BQ N 6)
- toquz 아홉, 9
  [otuz artuq]ï [toquz ya]šïma (BQ S 2)
  toquz ärän (KT N 9)
  toquz ärig (KT N 6)
  toquz ärsin ⇒ Toquz Ärsin
  toquz oγuz ⇒ Toquz Oγuz
  toquz tatar ⇒ Toquz Tatar
  toquz yegirmi ⇒ toquz yegirmi
- Toquz Ärsin 땅 이름 (토쿠즈 애르신; "9 Ärsin")
  birgärü toquz ärsinkä tägi (KT S 3)
  b[i]rg<är>ü t[oquz] ärsinkä tägi (BQ N 2-3)
- Toquz Oγuz 종족 이름 (토쿠즈 오구즈, 九姓; "9 Oγuz"); ⇒ Oγuz
  [al]tï sir toquz oγuz (BQ E 1)
  to[quz oγu]z (BQ E 29)
  toquz oγuz bäglär̈i boduni (KT S 2)
  toquz oγuz bodun (KT E 14, N 4; BQ E 12, 35)
  toquz oγuz bodun üzä (T 9)
- Toquz Tatar 종족 이름 (토쿠즈 타타르; "9 Tatar"); ⇒ Otuz Tatar, Tatar
  toquz tatar birlä (BQ E 34)
- toquz yegirmi 열아홉, 19
  toquz yegirmi yïl (BQ S 9)
  toqu[z yegir]mi yïl (BQ S 9)

- toquzunč 아홉째
  toquzunč ay yeti otuzqa (KT NE)
- tor- 야위다, 쇠약해지다
  toru ölü (KT S 9; BQ N 7)
- torug 밤색의
  toruγ at binip (KT E 33)
- toruq 야윈, 쇠약한
  sämiz būqa toruq buqa (T 6)
  sü ati toruq ... ärti (KT E 39)
  toruq būqalï sämiz būqalï (T 5)
- tosïq 배부름, 배부를 것
  āčsar tosïq ömäz sän (BQ N 6)
  āčsïq tosïq ömäz sän (KT S 8)
- totoq 도독 (< 都督)
  az totoquγ (KT E 38)
  buquγ totoq (BQ S 10)
  oŋ totoq yurčin (KT E 32)
  qošu totoq birlä (KT N 1)
  tabγač oŋ totoq (KT E 31)
  tab[γač o]ŋ totoq (BQ E 25)
- Tögültün 땅 이름 (퇴귈튄)
  biryä čoγay yïš tögültün yazï (KT S 6-7; BQ N 5)
- töküt- 흘리다
  qïzïl qanïm töküti (T 52)
- Tölis 종족 이름 (퇼리스; 돌궐 제국의 동쪽 부족들)
  öŋrä tölis bäglär (BQ S 13)
  tölis tarduš bodunuγ (BQ E 12)
  tölis tarduš [bodunuγ] (KT E 13)
- Töŋkär 땅 이름 (툉캐르)
  töŋkär taγda (BQ S 8)
  [tö]ŋkär taγqa (BQ S 7)
- töpö 꼭대기, 정상
  täŋri töpösintä (KT E 11; BQ E 10)
- Töpöt 땅 이름 (Tibet, 吐蕃)
  tabγač töpöt (KT E 4; BQ E 5)

töpöt qaɣanta (KT N 12)
töpötkä (KT S 3; BQ N 3)

● törö 구두의 법/관습/관례; 의식, 예식
aɣïr törög (BQ E 2)
ärtiŋü uluɣ törön (BQ N 9, 10, 10)
elimiz törömüz (KT E 22)
eliŋin töröŋin (KT E 22)
[ilig] törög (KT E 15-16)
[ilig t]örög (BQ E 36)
[ilig törög] (BQ E 13)
ilimiz [törömüz] (BQ E 18)
ilin törösin (KT E 8, 31; BQ E 3, 8)
ilin tör[ös]in (KT E 1)
iliŋin törögin (BQ E 19)
ol törödä üzä (KT E 16)
ol [t]örödä üzä (BQ E 14)
törög (KT E 3, 30)
törö[g] (BQ E 4)
törösinčä (KT E 13; BQ E 12)
türük törösin (BQ E 11)
türük törösün (KT E 13)

● tört 넷, 4
ay artuqi tört kün (BQ SW)
otuz artuqi tört yašïma (BQ E 38)
tör[t biŋ] yïlq[ïs]ïn (KT SW)
tört buluŋ (KT E 2; BQ E 3)
tört buluŋdaqï [...] (BQ E 2)
tört buluŋdaqï bodunuɣ (KT E 2; BQ E 3, 24, N 9)
tör[t] b[uluŋdaqï bo]dunuɣ (BQ N 9)
[tört buluŋdaqï] bodunuɣ (KT E 29-30)
tör[t buluŋdaqï bodunuɣ] (BQ N 10)
tört tümän sü (BQ S8)
tört yegirmi ⇒ tört yegirmi
tört yolï (BQ E 30)

- **tört yegirmi** 열넷, 14
  tört yegirmi yašïmqa (BQ E 15)
- **törtünč** 네번째(로)
  törtünč (KT N 6; BQ E 31)
- **törü-** 창조되다, 태어나다 (törö-로 읽는 것이 더 옳을지도 모름)
  ölgäli törümiš (KT N 10)
- **tu-** 막히다
  tumiš teyin (T 23)
- **tudun** 높은 칭호의 하나 (吐屯; todun으로 읽는 것이 더 옳을지도 모름)
  tudun yamtarïγ (BQ E 40)
- **tuγ** 장애물, 방해물
  tuγ äbirü (T 26)
- **tuγsïq** (해가) 뜸; ⇒ kün tuγsïq
- **Tunyuquq** 높은 칭호의 하나 (투뉴쿠크, 暾欲谷); ⇒ Tuńuquq
  tunyuquq buyla baγa tarqan ulayu (BQ S 14)
- **Tuńuquq** 높은 칭호의 하나 (투뉴쿠크, 暾欲谷); ⇒ Bilgä Tuńuquq, Tunyuquq
- **turγaq** 거처, 거소
  [tur]γaqïŋa (BQ E 40) (?)
- **tut-** 잡다, 붙잡다; 지키다, 보존하다
  il tuta (KT S 8)
  [il tuta] (BQ N 6)
  il tutdum (BQ S 9)
  il tutsïq yir (KT S 4)
  il [tutsïq yir] (BQ N 3)
  il tutsïqïŋïn (KT S 10)
  [i]l tutsïqïŋïn (BQ N 8)
  ilig anča tutmiš ärinč (KT E 3; BQ E 4)
  ilig tutup (KT E 3; BQ E 4)
  ilin ... tuta birmiš (KT E 1; BQ E 3)
  tutdï (KT E 32, 38, N 3)
  tutdumïz (T 41, 42)
  tutmiš täg biz (T 13)
  ... tutmiš yir sub (KT E 19)
  [... tutmiš yi]r su<b> (BQ E 16)

tutup (KT E 11; BQ E 10)
tutupan (KT E 7)
[tutupan] (BQ E 7)

● tutun- 매달리다
ïγač tutunu (T 25)

● tutuz- 잡게 하다, 붙잡게 하다
tutuzt[ï] (KT E 38)

● tuy- 느끼다
tuymadï (T 38)

● Tuyγun 사람 이름 (투이군)
tuyγun eltäbär (KT NE)

● Tuyγut 사람 이름 (투이구트)
tuyγut (KT SW)

● tügünlüg 매듭이 있는, (그 꼬리가) 매듭지어진
tügünlüg atïγ (T 54)

● tükäti 완전히
tükäti ešid! (BQ N 1)
tükäti ešidgil! (KT S 1)

● tümän 만, 10,000
beš tümän sü (BQ E 25)
bir tümän aγï altun kümüš (KT N 12)
bir tümän artuqi yeti biŋ süg (BQ S 1)
biš t[ümän sü] (KT E 31)
on tümän sü (T 36)
säkiz tümän [sü] bi[r]lä (BQ E 26)
tört tümän sü (BQ S 8)
[... t]ümän (BQ N 12)
üč tümän süg (BQ S 8)

● tün 밤; 밤에
kün yämä tün yämä (T 27)
ol oq tün (T 42)
on tünkä (T 26)
tün (T 12, 35)
tün orto ⇒ tün orto
tün udïmadïm küntüz olormadïm (BQ E 22)

tün udïmadïm küntüz olormad<ïm> (KT E 27)

tün udïmatï küntüz olormatï (T 51-52)

tün yämä ... <kün yämä> ... (T 22)

tünli künli (BQ SE)

- tün orto **북쪽 ("夜中")**

[yïrγaru tün ortosïŋa tägi] (BQ N 11)

yïrγaru tün ortosïŋaru (KT S 2; BQ N 2) (tün orto sïŋaru ?)

- Türgi Yarγun **땅 이름 (튀르기 야르군)**

türgi yarγun költä (KT E 34)

- Türgiš **종족 이름 (튀르기시, 突騎施; 西突厥의 지배 세력)**

qara türgiš bodun (KT E 38, 39)

qara türgiš bodunuγ (KT E 40)

türgiš bodunuγ (KT E 37)

[türgiš bodunuγ] (BQ E 27)

türgiš qaγan (KT E 18; T 21)

türgiš [qa]γan (BQ E 16)

türgiš qaγan buyruqi (KT E 38)

tür[giš qaγan] qïzïn (BQ N 9-10)

türgiš qaγan süsi (KT E 37; BQ E 27)

türgiš qaγani (T 30)

[t]ürgiš qaγanqa (BQ N 9)

türgiš qaγanta (KT N 13; T 29)

türgiš tapa (BQ E 27)

türgiš [tapa] (KT E 36)

- Türk **종족 이름 (튀르크, 突厥)**; ⇒ Türük

öŋrä türk qaγanγaru (T 20)

türk bodun (T 1, 2, 3, 18)

türk [bodun ?] (T 9)

[türk boduni yämä] (T 22)

türk bodunuγ (T 17)

türk qaγan (T 18)

tü[rk qaγanïγ] (T 17)

türk sir bodun (T 3, 11)

- Türük **종족 이름 (튀르크, 突厥)**; ⇒ Türk

kök türük ⇒ Kök Türük

türük atin (BQ E 7)
türük atin (KT E 7)
türük bäglär (KT E 7, 34; BQ E 7)
türük bäglär bodun (KT S 10; BQ E 2, S 15, N 8)
[türük] bäglär [bodun] (BQ E 33)
türük bäglär türük bodunum (BQ N 13)
[t]ürük bäglärin bodunin (BQ S 15)
türük bilgä qaγan (KT W 1, S 1; BQ E 1, S 13, N 1; T 62)
türük bilgä [qaγan] (BQ S 13)
türük bilg[ä qaγan] (BQ E 1)
türük bilgä qaγan iliŋä (T 58)
türük bilgä q[aγanqa] (T 50)
türük bodun (KT E 6, 10, 11, 22, 25, S 6, 6, 7, 8, 8, N 6-7; BQ E 7, 10, 19, 19, 20, 21, 30, 33, 33, N 5, 5, 5, 6, 6; T 46)
tü[r]ük bodun (BQ E 38)
türük [bodun] (KT S 10; BQ N 13)
türük bodun ara (T 54)
türük bodun üčün (KT E 27; BQ E 22)
türük bodunïγ (KT E 25; BQ N 8)
türük bodunïŋ (KT E 1)
türük [b]odunïŋ (BQ E 3)
türük bodunuγ (KT E 16, 21; BQ E 9, 14, 18, 36)
türük bodunum (BQ N 13)
türük bögü qaγanqa (T 50)
türük ïduq yiri subi (KT E 10-11)
<türük> ïduq yiri subi (BQ E 10)
türük matï bäglär (BQ S 13)
türük matï bodun bäglär (KT S 11; BQ N 8)
türük oγuz bägläri bodun (KT E 22)
[türük oγuz bägläri bo]dun (BQ E 18)
türük qaγan (KT S 3)
[t]ürük [qaγa]n (BQ N 2)
türük qara qamaγ bodun (KT E 8-9; BQ E 8)
türük sir bodun (T 60, 61)
türük sir bodunuγ (T 62)

[tü]rük t[äŋ]ri[...] (BQ E1)
türük törösin (BQ E 11)
türük törösün (KT E 13)
türüküm bodunum (BQ E 16)
türükümä bodunuma (BQ S 10, N 12)
türükümiz [bodunumïz] (KT E 18)
üzä türük täŋrisi (KT E 10)
[üzä] türük täŋrisi (BQ E 9-10)

● tüš- **떨어지다, 넘어지다; 내려가다, 내리다**
anta tüš[di] (KT N 4)
äbgärü tüšäyin (T 30)
ügüzkä tüšdi (T 16)

● tüšür- **내리게 하다**
tüšürtümiz (T 27)

● tüz **순종하는, 사이좋은, 조화된**
tüz ärmiš (KT E 3)
[tüz ärmiš] (BQ E 4)

● tüzsiz **순종하지 않는, 조화되지 않은, 다투는**
tüzsiz üčün (KT E 6; BQ E 6)

● tüzül- **화해하다, 우호적인 합의를 보다**
tüzültüm (KT S 5)
tüzül[tüm] (BQ N 3)

● u **잠, 수면**
uda basdïm (BQ E 27, 27)
uda basdïmïz (KT E 35, 37)
uqa basdïmïz (T 27)
usïn buntutu (T 19)
[usï]n (?) süŋügün ačdïmïz (T 28)

● u- **할 수 있다, 가능하다**
artatï udačï [ärt]i (BQ E 19)
artatï [udačï ärti] (KT E 22)
itinü yaratïnu umadoq (BQ E 9)
itinü yaratunu umadoq (KT E 10)
usar (T 11)

● ubut　**부끄러움, 수치**
arïγ ubuti (T 37)

● uč　**끝, 첨단; (군대의) 익(翼)**
eki uči (T 40)

● uč-　**날다; 죽다, 사망하다, 서거하다, 승하하다**
uča barđï (BQ E 20, S 10)
[uča barđï] (KT E 24)
uča barđïγïz (KT SE)
uča barmiš (KT E 16)
[uča barmiš] (BQ E 13)
učđï (KT NE)
u[čđï] (BQ W 2)
učdoqda (KT E 30; BQ E 14)

● učuz　**쉬운**
topulγalï učuz ärmiš (T 13)
üzgäli učuz (T 13)

● ud-　**따라가다, 추적하다, 몰다**
uđï yańđïmïz (T 41)

● Udar　**사람 이름 (우다르)**
udar säŋün (KT N 12)

● udï-　**자다**
tün uđïmađïm küntüz olormađïm (BQ E 22)
tün uđïmađïm küntüz olormad<ïm> (KT E 27)
tün uđïmatï küntüz olormatï (T 51-52)

● udïsïq　**자야 할 것임**
tün uđïsïqïm kälmädi (T 12)
tün yämä uđïsïqïm kälmäz ärti (T 22)

● udlïq　**넓적다리, 엉덩이**
udlïqin (KT E 36)

● udšur-　**무리를 지어 뒤쫓다**
udšuru sančđï (KT E 36, N 2)

● udu　**그리고 ("뒤쫓으며, 추적하며")**
udu bän özüm qazγanmasar (T 55)
udu özüm qazγantoqum üčün (T 55)

● uduz- **이끌다, 파견하다**
uduz! (T 15)
uduztum (T 15)
uduzuγma (T 5)

● uγur **때, 시간**
uγur qalïtdïm (T 25)

● uγuš **부족, 종족, 무리**
birki uγušum bodunum (KT S 1)
birki uγušum [bodunum] (BQ N 1)
toŋra bir uγuš alpaγu on ärig (KT N 7)
toŋra yïlpaγuti bir uγušuγ (BQ E 31)
uγuši boduni bišükiŋä tägi (KT S 6)
uγuši bodun[i biš]ükiŋä tägi (BQ N 4)
uγušum bodun (BQ E 25)

● ulayu **먼저, 제일 먼저; 그리고 ("이으며, 연결하며")**
bašlayu ulayu (BQ S 13, 14, 14)
eki šad ulayu (KT N 11)
ögüm qatun ulayu (KT N 9)
tunyuquq buyla baγa tarqan ulayu (BQ S 14)
ulayu (KT S 1; BQ N 1)

● ulγart- **높이다, 승진시키다**
[ulγartdïm] (BQ E 41)

● uluγ **큰; 늙은, 연장의; 지휘자**
ärtiŋü uluγ törön (BQ N 9, 10, 10)
eki uluγ süŋüš (BQ E 34)
qarï boltum uluγ boltum (T 56)
uluγ irkin ⇒ uluγ irkin
uluγ oγlum (BQ S 9)
uluγ sü (KT E 28)
uluγ süŋüš (KT E 40)
uluγi (T 5)

● uluγ irkin **높은 칭호의 하나 (울루그 이르킨; "큰 irkin")**
uluγ irkin (KT E 34)
yir bayïrqu uluγ irkin (KT E 34)

● uluš 도시
buqaraq uluš bodunta (KT N 12)

● Umay 여신의 이름 (우마이; 아이들을 보호하는 여신)
täŋri umay (T 38)
umay täg ögüm qatun (KT E 31)

● una- 옳게 여기다, 인가하다
unamaŋ (T 35)

● unč 가능한, 될 수 있는
ol yolun yorïsar unč (T 24)

● ur- 치다, 때리다; 새기다, 파다; 놓다, 두다, 설치하다
aq adγïrïγ ... urtï (KT E 36)
bunta urtum (KT S 10, 11; BQ N 8)
bunt[a urtu]m (BQ N 8)
ädgüti urγïl (T 34)
sïyu urtï (KT E 36)
urtï (KT E 33)
urtum (KT S 11; BQ N 8)

● urï 사내의, 남자의
bäglik urï oγlin (KT E 7; BQ E 7)
bäglik urï oγluŋ (KT E 24)
bäglik urï oγluŋïn (BQ E 20)

● urtur- 새기게 하다, 파게 하다
urturtum (KT S 12)
u[rturtu]m (BQ N 14)
u[rturtum] (KT S 12)
[urturtum] (BQ N 14)

● uruγsïrat- 근절하다, 멸종시키다
ölüräyin uruγsïratayin (KT E 10)
ölür[äyin uruγsïra]tayin (BQ E 9)

● Uyγur 종족 이름 (위구르, Uighur, 廻紇, 回紇, 回鶻)
uyγur eltäbär (BQ E 37)

● uz 장식, 무늬
bunča barqïγ bädizig uzuγ (BQ SW)

● uzun 먼; 긴
uzun yälmäg yämä (T 52)

● üč　셋, 3
eki üč biŋ sümüz kältäčimiz (T 14)
eki üč kišiligü (BQ E 41)
ol üč qaγan (T 20)
otuz artuqi üč [yašïma] (BQ E 34)
üč küräg kiši (T 33)
üč oγuz ⇒ Üč Oγuz
üč otuz ⇒ üč otuz
üč qurïqan ⇒ Üč Qurïqan
üč tümän süg (BQ S 8)
üč yegirmi ⇒ üč yegirmi

● Üč Oγuz　종족 이름 (위치 오구즈; "3 Oγuz"); ⇒ Oγuz
üč oγuz süsi (BQ E 32)

● üč otuz　스물셋, 23
üč otuz balïq (T 19)

● Üč Qurïqan　종족 이름 (위치 쿠르칸; "3 骨利幹"); ⇒ Qurïqan
qïrqïz üč qurïqan (KT E 4; BQ E5)

● üč yegirmi　열셋, 13
üč yegirmi süŋüšdümiz (KT E 18)
[üč yegir]mi [süŋüšdümiz] (BQ E 15)

● üčägü　셋이 함께; ⇒ bučägü
üčägün qabïšïp sülälim (T 21)

● üčün　~때문에, ~이므로, ~을 위하여
alpin üčün (T 49)
anï üčün (KT E 3; BQ E 28)
[anï] üčün (BQ E 4)
antaγïŋïn üčün (KT S 8-9; BQ N 6)
armaqčïsin üčün (KT E 6)
[armaqčï]sin üčün (BQ E 6)
bar üčün (KT E 29, 29, S 9; BQ E 23, N 7)
bertök üčün (T 6)
bilgäsin üčün (T 48)
bilmädök üčün (KT E 24)
bilmädökin üčün (BQ E 16)
[bilmädökin] üčün (KT E 18-19)

bilmädökügin üčün (BQ E 20)
birtök üčün (KT E 12, W 1; BQ E 11, 32)
bulγaqin üčün (KT N 4; BQ E 29)
ičikdök üčün (T 3)
kikšürtökin üčün (KT E 6)
[kikšürtökin üčün] (BQ E 6)
kürägüŋin üčün (KT E 23; BQ E 19)
qaγan olortoqum üčün (BQ E 36)
qaŋïm qaγan [üčün] (BQ S 15)
qazγantoq üčün (BQ E 33; T 61)
qazγantoqin üčün (T 55)
qazγantoqum üčün (T 55)
täbligin kürlüg<in> üčün (KT E 6)
täbl[igin] kürlügin [üčün] (BQ E 6)
tägdök üčün (BQ E 30)
tägürtök üčün (T 47)
türük bodun üčün (KT E 27; BQ E 22)
tüzsiz üčün (KT E 6; BQ E 6)
yablaqïŋïn üčün (BQ E 20)
[yablaqïŋïn üčün] (KT E 24)
yaŋïltoqin yazïntoqin üčün (BQ E 16)
yaŋïluqin üčün (KT E 19)
yarlïqadoq üčün (KT E 15; BQ E 13, 14, 23, 33, 34; T 40)
yarlïqadoq üč[ün] (BQ N 10)
yarlïqad[oq ü]č[ün] (BQ N 9)
yarlïqadoqin üčün (KT S 9)
yarlïq[adoqin üčün] (BQ N 7)
yoŋašurtoqin üčün (KT E 6; BQ E 7)

● üčünč **세번째(로)**
üčünč (KT E 33, N 6)
[ü]čünč (BQ E 30)

● ügüz **강**
ärtiš ügüzüg käčä (KT E 37; BQ E 27; T 37-38)
ärtiš ügüzüg ... käčdimiz (T 35)
ilgärü yašïl ügüz šantuŋ yazïqa tägi (KT E 17; BQ E 15)

šantuŋ balïqqa taloy ügüzkä (T 18)
šantuŋ b[alïqqa] taloy [ügüzk]ä (T 19)
toγla ügüzüg yüzüti käčip (BQ E 30)
ügüzčä yügürti (BQ E 20)
yenčü üg[üz] käčä (KT S 3-4)
yenčü ügüzüg käčä (T 44)
yinčü ügüz käčä (BQ N 3)
yinčü ügüzüg käčä (KT E 39)

● üküš　**많은**
üküš kiši (KT S 7; BQ N 6)
üküš ök (T 7)
üküš öltäči (BQ E 31)
üküš qïltï (BQ E 14)
[üküš qïltï] (KT E 16)
üküš qïltïm (KT E 29, S 10; BQ E 24, N 7)
üküš teyin (T 39, 40)
üküš türük bodun (KT S 6; BQ N 5)

● ülüg　**부분, 일부; 운, 행운; 운명, 숙명**
bir ülügi (T 4)
eki ülügi (T 4)
qutum bar üčün ülügüm bar üčün (KT E 29)
qutum ülügüm bar üčün (BQ E 23)

● üntür-　**(동)트다, (날이) 새다**
taŋ üntürü (T 35)

● ürüŋ　**흰, 백색의**
sarïγ altun ürüŋ kümüš (T 48)
[sarïγ altu]nin ürüŋ kümüšin (BQ N 11)

● üz　**성마른, 고집 센, 제멋대로인**
üz ol (T 34)

● üz-　**자르다, 부러뜨리다, 꺾다**
üzgäli učuz (T 13)

● üzä　**위에, 위에서; ~ 위에, ~ 위에서; ~에 따라서**
altun yïš üzä (T 20)
at üzä bintürä (T 25)
kiši oγlïnta üzä (KT E 1; BQ E 3)

ol törödä üzä (KT E 16)
ol [t]örödä üzä (BQ E 14)
tarduš bodun üzä (KT E 17; BQ E 15)
toquz oγuz bodun üzä (T 9)
[...] üzä (BQ E 2, W 1)
üzä türük täŋrisi (KT E 10)
[üzä] türük täŋrisi (BQ E 9-10)
üzä kök täŋri (KT E 1; BQ E 2)
üzä täŋri (BQ E 35, N 12)
üzä t[äŋri] (BQ W 3)
üzä täŋri as[ra] yer yarlïqadoq üč[ün] (BQ N 10)
üzä täŋri basmasar (KT E 22)
üzä täŋri basm[asar] (BQ E 18)
yabïz yablaq bodunta üzä (KT E 26)
yabïz yablaq bodunta [üzä] (BQ E 21)
[y]ïlsïγ bodunta üzä (BQ E 21)

- üzgülük **자르기, 부러뜨리기, 꺾기**
  üzgülük alp ärmiš (T 14)
- yabγu **높은 칭호 (葉護)**
  yabγuγ šadïγ (KT E 14; BQ E 12)
  yabγusin šadin (T 41)
  yabγu[si]n šadin (BQ E 28)
- yabïz **나쁜, 불량한; ⇒ yabrït-**
  yabïz boltï (BQ E 32)
  yabïz ärtimiz (BQ E 32)
  yabïz yablaq bodunta üzä (KT E 26)
  yabïz yablaq bodunta [üzä] (BQ E 21)
- yablaq **나쁜, 불량한; 나쁨, 불화**
  yabïz yablaq bodunta üzä (KT E 26)
  yabïz yablaq bodunta [üzä] (BQ E 21)
  yablaq aγï (KT S 7; BQ N 5)
  yablaq boltačï ärti (BQ E 30-31)
  yablaq bolt[ač]ï ärti (KT N 7)
  yablaq boltačï tip (KT N 11)
  yablaq ärmiš ärinč (KT E 5; BQ E 6)

yablaq kigürtüg (KT E 23; BQ E 19)
yablaq kiši (KT E 39)
yablaq qaɣan (KT E 5; BQ E 6)
yablaqïŋïn üčün (BQ E 20)
[yablaqïŋïn üčün] (KT E 24)

● yabrït- **참패시키다, 패주시키다;** ⇒ yabïz
yabrïtdïm (BQ E 31)

● yadaɣ **걸어서; 보병**
yadaɣ ärti (T 4)
yadaɣ süsin (BQ S 1)
yadaɣ yabïz boltï (BQ E 32)
yadaɣïn (KT E 32; T 25)
yadaɣïn yalaŋïn (KT E 28)
[yadaɣïn yalaŋïn] (BQ E 22)

● yaɣï **적, 적군**
oɣuz yaɣï (KT N 8)
yaɣ[ï ...] (BQ E 32)
yaɣï bolmiš (KT E 9, 39; BQ E 9)
yaɣï boltï (KT E 34, N 1, 2, 4; BQ E 26, 29, 30)
yaɣï bolup (KT E 10; BQ E 9)
yaɣï ärmiš (KT E 2, 14, 14, 14; BQ E 3, 12, 12)
[yaɣï ärmiš] (BQ E 12)
yaɣïɣ (KT E 15; BQ E 13; T 53, 54)
yaɣïmïz (T 8)
[yaɣïmïz] boltï (T 20)
yaɣïmïz ärti (T 19, 19)
yaɣïsi (KT E 12; BQ E 11)

● yaɣïčï **전사, 지휘관**
yaɣ[ïčïsi] yämä (T 50)

● yaɣïsïz **우호적인, 해롭지 않은 ("적(군)이 없는")**
yaɣïsïz qïltïm (KT E 30)
yaɣïsïz qï[ltï]m (BQ E 24)

● yaɣïz **갈색의, 적갈색의, 거무스름한**
asra yaɣïz yer (KT E 1)
as[ra yaɣïz yer] (BQ E 2)

az yaγïzin binip (KT N 5, 8)

● yaγru 가까이
yaγru barïp (KT S 7; BQ N 6)
yaγru qontoqda kisrä (KT S 5)
[yaγr]u qontoq[da] kisrä (BQ N 4)

● yaγuq 가까운
yaγuq ärsär (KT S 7; BQ N 5)
y[aγ]uq el ärsär (KT S 13)

● yaγut- 가까이 오게 하다
yaγutir ärmiš (KT S 5; BQ N 4)

● yalabač 사신, 사절; 사자
yalabači (BQ E 39)

● yalaŋ 벌거벗은, 헐벗은, 벌거숭이의
yadaγïn yalaŋïn (KT E 28)
[yadaγïn yalaŋïn] (BQ E 22)
yalaŋ bodunuγ (KT E 29; BQ E 23)

● yalma 카프탄(kaftan)
yarïqïnta yalmasïnta (KT E 33)

● Yamtar 사람 이름 (얌타르)
ïšbara yamtar (KT E 33)
tudun yamtarïγ (BQ E 40)

● yan 옆, 측면; ~ 쪽으로, ~을 향하여; ⇒ yän
qanta yan (T 33)
yantaqï tuγ (T 26)
yïrdïnta yan (T 11)

● yan- 돌아가다, 돌아오다
yana kälti (KT E 28)
[yana] kälti (BQ E 22-23)
yana käl<ür>ti (T 33-34)
yanalïm (T 37)
yanïγma yaγïγ (T 53)
yantïmïz (T 28, 29)

● yana 다시, 또, 재차 ("돌아가며, 돌아오며")
yana birtimiz (KT E 21)
[yana birtimiz] (BQ E 17)

yana ičikdi (T 2)
yana ičikmiš (KT E 10; BQ E 9)
yana kirip (KT E 38)
yana yorïp (KT E 40)

● yantur- (되)돌리다
yanturtumïz (T 45)
yanturu (KT N 11)

● yaŋïl- 잘못하다, 잘못 처신하다; 헤매다, 길을 잃다
käntü yaŋïltïγ (KT E 23; BQ E 19)
yaŋïlïp (KT S 10; BQ N 8)
yaŋïlsar (KT S 6)
yaŋïls[ar] (BQ N 4)
yaŋïltačï siz (KT S 11)
y[aŋï]ltačï siz (BQ N 8)
yaŋïltï (KT E 20)
[ya]ŋïltï (BQ E 35)
yaŋïltoqin yazïntoqin üčün (BQ E 16)
yer yaŋïlïp (T 26)

● yaŋïluq 잘못한, 잘못 처신한 (yaŋïltoq 대신에 ?)
yaŋïluqin üčün (KT E 19)

● yań- 흩뜨리다, 흩어지게 하다, 패주시키다, 참패시키다
oza yańa käligmä süsin (BQ E 31)
yańa eltdi (KT E 23)
yańa iltdi (BQ E 19)
yańdïm (BQ E 33)
yańdïmïz (T 16, 41)
yańïp (KT E 34)

● yańdoq 패주한 이(들), 참패한 이(들)
yańdoq yolta yämä öltik ök (T 16)

● yara- 쓸모 있다, 알맞다
yaramačï (T 23)

● yaraqlïγ 무기를 지닌, 무장한
yaraqlïγ äligin tutdï (KT E 32)
yaraqlïγ qantan kälip (KT E 23; BQ E 19)

● yaraqlïγdï 무기를 지닌 상태로, 무장한 상태로
yaraqlïγdï qaγanqa ančoladï (KT E 32)

● yarat- 만들다, 창조하다; 조직하다, 편성하다
itdim yar[at]dïm (BQ N 9)
itip yar[atïp] (KT E 19)
i[tip] yaratïp (BQ E 17)
<itip> yarat[ïp] (KT E 20)
[itip yaratïp] (BQ E 16, S 15)
nänčä itm[iš nänčä yaratmiš] (BQ N 9)
täŋri yaratmiš (BQ E 1)
täŋri yar[at]miš (BQ S 13)
y[aratdïm] (BQ SW)
yaratmiš bošγurmiš (KT E 13)
yaratmiš bošγ[ur]miš (BQ E 12)

● yaratïγma 만드는, 창조하는 (사람)
bädiz yaratïγma (KT N 13)

● yaratïn- 스스로를 조직하다, 편성하다; ⇒ yaratun-
itinü yaratïnu umadoq (BQ E 9)

● yaratït- 만들게 하다, 건설하게 하다; ⇒ yaratur-
barq yar[atït]dïm (BQ N 14)

● yaratun- 스스로를 조직하다, 편성하다; ⇒ yaratïn-
itinü yaratunu umadoq (KT E 10)

● yaratur- 만들게 하다, 건설하게 하다; ⇒ yaratït-
barq yaraturtum (KT S 12)

● yarγan 높은 칭호의 하나 (야르군); ⇒ Inänču Apa Yarγan Tarqan

● yarγun 사슴의 일종; ⇒ Türgi Yarγun

● yarïq 갑옷
yarïqïnta yalmasïnta (KT E 33)

● yarïqlïγ 갑옷을 입은
yarïqlïγ yaγïγ (T 54)

● Yarïš 땅 이름 (오늘날의 Čarïš)
yarïš yazïda (T 33, 36)

● yarlïqa- (신이) 명령하다; 은혜를 베풀다, 호의를 베풀다 (< *yarlïγ- qa-)
täŋri yarlïqadï (T 16)
täŋri yarlïqadoq üčün (KT E 15; BQ E 13, 14, 23, 33; T 40)

[täŋri] yarlïqadoq üčün (BQ E 34)
[tä]ŋr[i] yarlïqad[oq ü]č[ün] (BQ N 9)
täŋri yarlïqadoqin üčün (KT S 9)
täŋri yarlïq[adoqin üčün] (BQ N 7)
täŋri yarlïqazu (KT E 29; T 53)
üzä täŋri as[ra] yer yarlïqadoq üč[ün] (BQ N 10)

● yaš 눈물
közdä yaš kälsär (KT N 11)

● yaš 나이, 연령, ~ 살
altï otuz yašïma (BQ E 26)
[altï otuz] yašïŋa (KT E 34-35)
altï yegirmi yašïŋa (KT E 31)
bir otuz yašïŋa (KT E 32)
älig yašïma (BQ S 7)
eki otuz yašïma (BQ E 25)
otuz artuqi bir yašïma (BQ E 28-29)
otuz artuqi bir [yašïma] (BQ S 9)
[otuz artuqi eki yašï]ma (BQ E 31)
otuz artuqi säkiz yašïma (BQ S 2)
[otuz artuq]i [toquz ya]šïma (BQ S 2)
otuz artuqi tört yašïma (BQ E 38)
otuz artuqi üč [yašïma] (BQ E 34)
otuz yašïma (BQ E 28)
qïrq artuq[i y]iti yašï[ŋa] (KT NE)
säkiz yašda (BQ E 14)
säkiz yegirmi yašïma (BQ E 24)
tört yegirmi yašïmqa (BQ E 15)
yegirmi yašïma (BQ E 25)
yeti o[tuz yašï]ma (BQ E 26)
yeti otuz yašqa (T 51)
yeti yegirmi yašïma (BQ E 24)
yiti otuz yašïŋa (KT N 1)
yit[i yašda] (KT E 30)

● yaša- 살다
bir qïrq yašayur ärti (KT N 2)

otuz yašayur ärti (KT N 2)

- yašïl 녹색의; ⇒ Yašïl Ügüz
- Yašïl Ügüz 강 이름 (黃河; "綠河")

ilgärü yašïl ügüz šantuŋ yazïqa tägi (KT E 17; BQ E 15)

- yat- 눕다

taγča yatdï (KT E 24; BQ E 20)
yatu qaltačï ärtigiz (KT N 9)
yatu qalur ärti (T 19)

- yay 여름

yay bolsar (BQ W 3)

- yayïn 여름에

yayïn sülädim (BQ E 39)

- yaz 봄

yazïŋa oγuz tapa sülädim (BQ E 31-32)
yazïŋa oγuzγaru sü tašïqdïmïz (KT N 8)

- yazï 평원

biryä čoγay yïš tögültün yazï (KT S 6-7; BQ N 5)
ilgärü šantuŋ yazïqa tägi (KT S 3)
ilg[ärü ša]ntuŋ [yazïqa tägi] (BQ N 2)
ilgärü yašïl ügüz šantuŋ yazïqa tägi (KT E 17; BQ E 15)
yarïš yazïda (T 33, 36)

- yazïn 봄에

yazïn tatabï tapa sü[lädim] (BQ S 2)

- yazïn- 잘못하다, 잘못을 저지르다

yaŋïltoqin yazïntoqin üčün (BQ E 16)
yazïntï (BQ E 17)

- yazuqla- 잘못하다, 죄를 짓다 (?)

yazuql[a...] (BQ E 36)

- yäl- (말을) 전속력으로 몰다

yälü bardïmïz (T 27)
yälü kör! (T 26)

- yälmä 전위대, 척후대, 기마 정찰대; 원정

uzun yälmäg yämä (T 52)
yälmä qarγu (T 34)

● yältür- **공격하게 하다, 전속력으로 달리게 하다**
yältürmädim (T 54)

● yämä **~도, 또한**
ayγučï[si] yämä (T 49-50)
bägläri yämä boduni yämä (KT E 3)
bägläri yämä boduni [yämä] (BQ E 4)
[bäglä]rig bodun[uγ yä]mä (BQ N 12-13)
biz yämä (T 44)
bod yämä bodun yämä kiši yämä (T 60)
bunča yämä tirigi (KT N 9)
buyruqi bägläri yämä (KT E 19)
buy[ruq]i bägläri yämä (BQ E 16)
buyruqi yämä (KT E 3, 5; BQ E 6)
buyruqi <yämä> (BQ E 4)
il yämä bodun yämä (T 55)
il yämä ... bodun yämä ... (T 56)
kün yämä tün yämä (T 27)
oγuzi yämä (T 22)
ölsikiŋin yämä (KT S 10)
ölsikiŋin [yämä] (BQ N 8)
tün yämä ... <kün yämä> ... (T 22)
[türk boduni yämä] (T 22)
uzun yälmäg yämä (T 52)
yaγ[ïčïsi] yämä (T 50)
yolta yämä (T 16)

● yän **~ 쪽으로, ~을 향하여; ⇒ yan**
birdin yän (T 11)
öŋdün yän (T 11)

● ye- **먹다; ⇒ yi-**
keyik yiyü tabïšγan yeyü (T 8)

● yeg **더 좋은, 더 좋게, 더 잘; ⇒ yig**
arïγ ubuti yeg (T 37)
[yeg är]miš (T 23)
yeg qïltïm (BQ E 24)

- Yegän Silig Bäg 사람 이름 (예갠 실리그 배그)
  yegän silig bägiŋ (KT E 33)
- yegdi 더 좋게, 더 잘
  yegdi igidür ärtigiz (KT SE)
  yegdi qazγantïm (BQ E 36)
- yegin 더 좋게, 더 잘
  yegin anča qazγanu birtim (BQ S 10)
- yegirmi 스물, 20; ⇒ yigirmi
  altï yegirmi ⇒ altï yegirmi
  eki yegirmi ⇒ eki yegirmi
  säkiz yegirmi ⇒ säkiz yegirmi
  toquz yegirmi ⇒ toquz yegirmi
  tört yegirmi ⇒ tört yegirmi
  üč yegirmi ⇒ üč yegirmi
  yegirmi süŋüš (KT E 15; BQ E 13)
  yegirmi yašïma (BQ E 25)
  yeti yegirmi ⇒ yeti yegirmi
  yiti yegirmi ⇒ yiti yegirmi
- yemšaq 부드러운; ⇒ yimšaq
  aγïsi yemšaq (BQ N 4)
  yemšaq aγïn (KT S 5; BQ N 4)
  yemšaq aγïsïŋa (KT S 6; BQ N 5)
- yenčü 진주 (< 眞珠); ⇒ yinčü, Yenčü Ügüz, Yinčü Ügüz
- Yenčü Ügüz 강 이름 (옌취 위귀즈, Syr Darya, Jaxartes, Ya- xartes, 眞珠河, 藥殺水); ⇒ Yinčü Ügüz
  yenčü üg[üz] käčä (KT S 3-4)
  yenčü ügüzüg käčä (T 44)
- yer 땅, 토지; 나라, 국가; ⇒ yir
  asra yaγïz yer (KT E 1)
  as[ra yaγïz yer] (BQ E 2)
  [asra] yer tälinmäsär (BQ E 18)
  bardoq yerdä (BQ E 20)
  bu yerdä (BQ E 35, 36)
  [bu] yerd[ä] (BQ N 3)
  [bu yeriŋdä su]buŋd[a] (BQ N 13)

erig yertä (KT S 13, 13)
ïduq yer sub (BQ E 35; T 38)
näŋ yerdäki (T 56)
ol yergärü (KT S 8)
ol yer[gär]ü (BQ N 6)
ol yerkä (T 47)
ötükän yer (BQ N6)
ötükän yerig (T 17)
ötükän yerkä (T 17)
täŋri yer bulɣaqin üčün (BQ E 29)
türk sir bodun yerintä (T 3)
türük sir bodun yerintä (T 60)
üzä täŋri as[ra] yer yarlïqadoq üč[ün] (BQ N 10)
yer yaŋïlïp (T 26)
yerin subin (BQ E 35)
yerintä (T 11)
yeriŋärü subïŋaru (BQ E 40)
[...] yertä (BQ N15)
yir bayïrqu yeriŋä tägi (BQ N 3)

● yerči 안내자
yerči tilädim (T 23)
yerči yer yaŋïlïp (T 26)

● yet- (끄는 밧줄로) 끌고 가다
at yetä (T 25)

● yeti 일곱, 7; ⇒ yiti
bir tümän artuqi yeti biŋ süg (BQ S 1)
qïrq artuqi yeti yolï (KT E 15)
yeti otuz ⇒ yeti otuz
yeti süŋüšdi (T 49)
yeti yegirmi ⇒ yeti yegirmi
yeti yüz boltï (T 4)
yeti yüz är (KT E 13, 13; BQ E 11, 11)
yeti yüz kišig (T 4)

● yeti otuz 스물일곱, 27; ⇒ yiti otuz
toquzunč ay yeti otuzqa (KT NE)

yeti o[tuz yašï]ma (BQ E 26)
yeti otuz yašqa (T 51)

● yeti yegirmi　열일곱, 17; ⇒ yiti yegirmi
yeti yegirmi ärin (BQ E 10)
yeti yegirmi süŋüšdi (T 49)
yeti yegirmi yašïma (BQ E 24)

● yetmiš　일흔, 70
yetmiš är (KT E 12; BQ E 11)

● yïd-　보내다, 파견하다; ⇒ ïd-, ït-
baŋaru anča yïdmiš (T 34)

● yïγ-　쌓다, 모으다
itip yïγïp (T 43)

● yïl　해(年)
bičin yïlqa (KT NE)
bir yïlqa (KT N 4; BQ E 30)
älig yïl (KT E 8)
[älig yïl] (BQ E 7)
[ï]t yïl (BQ S 10)
laγzin yïl (BQ S 10)
ol yïlqa (KT E 36; BQ E 27)
qoń yïlqa (KT NE)
toquz yegirmi yïl (BQ S 9)
toqu[z yegir]mi yïl (BQ S 9)

● yïlpaγut　용사, 씩씩한 전사; ⇒ alpaγu
toŋra yïlpaγuti bir uγušuγ (BQ E 31)

● yïlqï　말떼, 말들
ol yïlqïγ (BQ E 38)
tör[t biŋ] yïlq[ïs]ïn (KT SW)
yïlqïsin barïmin (BQ E 24)
[yï]lqïsin barïmin (BQ S 3)
yïlq[ïsin barïmin] (BQ E 39)

● yïlsïγ　부유한, 넉넉한
yïlsïγ bodunqa (KT E 26)
[y]ïlsïγ bodunta üzä (BQ E 21)

● yïpar 사향, 향
yoɣ yïparïɣ (BQ S 11)

● yïrdïn 북쪽
yïrdïnta yan (T 11)

● yïrɣaru 북쪽으로, 북쪽을 향하여
yïrɣaru oɣuz bodun tapa (KT E 28)
yïrɣaru [o]ɣuz bodun tapa (BQ E 23)
[yïrɣaru tün ortosïŋa tägi] (BQ N 11)
yïrɣaru tün ortosïŋaru (KT S 2; BQ N 2) (tün orto sïŋaru ?)
yïrɣaru yir bayïrqu yeriŋä tägi (BQ N 3)
yïrɣaru yir bayïrqu yiriŋä tägi (KT S 4)

● yïrya 북쪽에서
yïrya baz qaɣan toquz oɣuz bodun (KT E 14; BQ E 12)
yïrya oɣuzda (T 14)
yïrya oɣuzuɣ (T 7)
yïrya tarqat buyruq bäglär ... (KT S 1)

● yïryaqï 북쪽에 있는
qurïyaqï yïryaqï öŋräki bodun (T 17)

● yïš 숲, 숲으로 덮인 산
altun yïš üzä (T 20)
altun yïšda (T 31, 32)
altun yïšïɣ aša (T 37)
altun yïšïɣ [aš]a (BQ E 27)
altun yïšïɣ ... ašdïm<ïz> (T 35)
[altun yïšïɣ] toɣa (KT E 36-37)
biryä čoɣay yïš tögültün yazï (KT S 6-7; BQ N 5)
ilgärü qadïrqan yïšïɣ aša (KT E 21)
[ilgärü] qadïrqan yïš[ïɣ aša] (BQ E 17)
ilgärü qadïrqan yïšqa tägi (KT E 2)
[ilgärü qadïrqan yïšqa tägi] (BQ E 3)
kögmän yïšïɣ äbirü (T 28)
kögmän yïšïɣ toɣa (KT E 35; BQ E 27)
ötükän yïš (KT S 3, 4, 8)
ötükän [yï]š (BQ N 2)
[ö]tük[än] yïš (BQ N 3)

ö[tükän y]ïš (BQ N 6)
ö[tükän] yïš bodun (BQ E 19)
ötükän y[ïš bodun] (KT E 23)
ötükän yïšda yig (KT S 4)
[öt]ükän y[ïš]da yig (BQ N 3)
ötükän yïšγaru (T 15)
qaďïrqan yïš (BQ E 39)
soŋa yïšda (KT E 35; BQ E 27)
yïšqa aγdï (BQ E 37)

• yi- **먹다**; ⇒ ye-
keyik yiyü tabïšγan yeyü (T 8)

• yičä **다시, 재차**
yičä itdi yičä igitti (BQ E 14)
yičä itdi <yičä> igitti (KT E 16)

• yig **더 좋은, 더 좋게, 더 잘**; ⇒ yeg
ötükän yïšda yig (KT S 4)
[öt]ükän y[ïš]da yig (BQ N 3)
[yig qïltïm] (KT E 29)

• yigirmi **스물**, 20; ⇒ yegirmi
yigirmi kün (KT SE)

• yimšaq **부드러운**; ⇒ yemšaq
aγïsi yimšaq (KT S 5)

• yinčgä **가는, 가느다란**
yinčgä ärklig (T 13)
yinčgä yoγan bolsar (T 13-14)

• yinčü **진주** (< **眞珠**); ⇒ yenčü, Yenčü Ügüz, Yinčü Ügüz

• Yinčü Ügüz **강 이름** (**옌취 위귀즈**, Syr Darya, Jaxartes, Ya- xartes, **眞珠河, 藥殺水**); ⇒ Yenčü Ügüz
yinčü ügüz käčä (BQ N 3)
yinčü ügüzüg käčä (KT E 39)

• yir **땅, 토지; 나라, 국가**; ⇒ yer
asra yir tälinmäsär (KT E 22)
az yir y[oli ?] (T 24)
bardoq yirdä (KT E 24)
bu yirdä (KT S 4)

bunča yirkä tägi (KT S 4)
bu[nča yirkä tägi] (BQ N 3)
il tutsïq yir (KT S 4)
il [tutsïq yir] (BQ N 3)
kögmän yir sub (KT E 20; BQ E 17)
ötükän yir (KT S 8)
qïrqïz yiriŋä tägi (BQ E 15)
qï[rqïz yiriŋä tägi] (KT E 17)
täŋri yir bulɣaqin üčün (KT N 4)
... tutmiš yir sub (KT E 19)
[... tutmiš yi]r su<b> (BQ E 16)
türük ïduq yiri subi (KT E 10-11)
<türük> ïduq yiri subi (BQ E 10)
yir bayïrqu yiriŋä tägi (KT S 4)
yir sayu (KT S 9, 9; BQ E 22, N 7)
yir [say]u (BQ N 7)
[yir sayu] (KT E 27)

● Yir Bayïrqu **종족 이름 (이르 바이르쿠)**; ⇒ Bayïrqu
yir bayïrqu uluɣ irkin (KT E 34)
yir bayïrqu yeriŋä tägi (BQ N 3)
yir bayïrqu yiriŋä tägi (KT S 4)

● yit- **사라지다, 없어지다**
ölü yitü (KT E 27, 28; BQ E 22, 22)

● yiti **일곱**, 7; ⇒ yeti
qïrq artuq[i y]iti yašï[ŋa] (KT NE)
qïr[q artuqi] yiti yolï (BQ E 12-13)
yiti otuz ⇒ yiti otuz
yiti ödüškä (BQ SE)
yit[i yašda] (KT E 30)
yiti yegirmi ⇒ yiti yegirmi

● yiti otuz **스물일곱**, 27; ⇒ yeti otuz
bišinč ay yiti otuzqa (BQ S 10)
yiti otuz yašïŋa (KT N 1)
yitinč ay yiti otuzqa (KT NE)

- yiti yegirmi　열일곱, 17; ⇒ yeti yegirmi
  yiti yeg[ir]mi ärin (KT E 11)
  yiti yegirmikä (KT NE)
- yitinč　일곱째
  yitinč ay yiti otuzqa (KT NE)
  yitinč ärig (KT N 5)
- yitür-　잃다, 잃어버리다
  yitürü ïdmiš (KT E 7; BQ E 7)
- yoγ　장례식
  toŋa tigin yoγïnta (KT N 7)
  toŋa tigin yoγ[ïnta] (BQ E 31)
  yoγ ärtürtüm (BQ S 10)
  yoγ ärtürtümiz (KT NE)
  yoγ yïparïγ (BQ S 11)
- yoγan　굵은
  yinčgä yoγan bolsar (T 13-14)
  yoγan ïγ (BQ S 15)
- yoγčï　문상객, 조문객
  yoγčï sïγïtčï (KT E 4, N 11; BQ E 5)
- yoγla-　애도하다, 문상하다
  sïγtamiš yoγlamiš (KT E 4; BQ E 5)
- yoγlat-　장례를 치르게 하다
  anï yoγlatayin (T 31)
- yoγur-　(위험한 곳을) 지나다
  kök öŋüg yoγuru (T 15)
  [kök] öŋüg yoγuru (BQ SE)
- yol　길
  az yir y[oli ?] (T 24)
  bu yolun yorïsar (T 23)
  kögmän yoli (T 23)
  ol yolun yorïsar (T 24)
  yolta yämä (T 16)
  yurtda yolta (KT N 9)
- yolaγčï　전위대 (?)
  yolaγčï [äri]g (BQ SE)

- yolï 번, 회
  altï yolï (BQ E 28)
  biš yolï (KT N 4)
  qïrq artuqi yeti yolï (KT E 15)
  qïr[q artuqi] yiti yolï (BQ E 12-13)
  tört yolï (BQ E 30)
  [... y]olï (BQ S 2)
- Yolluγ Tigin 사람 이름 (욜루그 티긴; "행복한 왕자")
  atïsi yolluγ t[igin] (KT S 13)
  kül tigin atïsi yolluγ tigin (KT SE)
  [... qa]γan atïsi yolluγ tigin (BQ SW)
  yolluγ tigin (KT SE, SW; BQ SW)
- yolsïz 길이 없는
  yolsïzïn ašďïm<ïz> (T 35)
- yoŋašur- 서로 중상하게 하다
  yoŋašurtoqin üčün (KT E 6; BQ E 7)
- yōq 없는; ⇒ yoq
  yōq bolmazun tiyin (KT E 11)
  yōq ärti (KT E 39)
  yōq qïšďïm (BQ E 25)
- yoq 없는; ⇒ yōq
  ańïγ yoq (KT S 3)
  ań[ïγ yoq] (BQ N 2)
  buŋ yoq (KT S 3)
  [buŋ] yoq (BQ N 2)
  buŋuγ yoq (KT S 8)
  bu[ŋuγ yo]q (BQ N 6)
  ölti alqïntï yoq boltï (T 3)
  yoq bolča (BQ S 9)
  yoq bolmazun tiyin (KT E 25; BQ E 10, 20, 21)
  yoq bo[lmazun] tiyin (BQ E 22)
  yoq bo[lmazun tiyin] (KT E 25)
  [yoq bolmazun] tiyin (KT E 26-27)
  yoq bolmiš (BQ E 40)
  yoq bolmiš ärti (T 31)

yoq boltačï ärti (BQ E 33)
yoq [bolta]čï är[ti] (BQ E 28)
yoq boltï (KT N 3; BQ E 36; T 3)
yoq čïγań bodunuγ (KT S 10; BQ N 7)
yoq ärmiš (KT S 4; T 18, 47)
[yoq är]miš (BQ N 3)
yoq ärsär (KT N 10)
yoq ärtäči ärti (T 55, 60)
yoq ärti (KT E 39)
[y]oq ärti (BQ E 34)
yoq ärti ärsär (T 59)
yoq ärtim ärsär (T 59)
yoq qïltïm (BQ S 4)
yoq qïšalïm (T 11, 21)
yoq qïšdïmïz (KT E 32, 34)

● yoqad- **없어지다, 소멸되다**
yoqadu barïr ärmiš (KT E 10)
[yoqadu barïr ärmiš] (BQ E 9)

● yoqqaru **위로, 위를 향하여** (< *yoqγaru)
yoqqaru ... aγturtum (T 25)

● yorï- **걷다, 진군하다, 행군하다; 발전하다**
sü yorïlïm (T 29, 35)
sü yorïp (BQ SE)
tašra yorïyur tiyin (KT E 11-12)
[tašra] yo[rï]yur [tiyin] (BQ E 10)
yorï[dïm] (BQ E 27)
yorïdïmïz (KT E 37)
yorïdoqi bu (T 61)
yorïmasar (T 29)
yorïmazun (T 11)
yorïp (KT E 35, 40)
yor[ïp] (BQ S 5)
yo[rïp] (BQ E 27)
yorïpan (BQ E 37)
yorïsar (T 23, 24)

yorïyur ärmiš (T 10)
yorïyur ärtig (KT S 9; BQ N 7)
• yorït- 걷게 하다, 진군하게 하다, 행군하게 하다; 발전하게 하다
sü yorïtdïm (T 25, 35)
yorïtdïm (KT S 4)
[y]orïtd[ïm] (BQ N 3)
yorïtmaz ärmiš (KT S 6)
yo[rïtmaz] ärmiš (BQ N 4)
• yubul- 구르다
yubulu intimiz (T 26)
• yuγur- 개다, 반죽하다
yuγurča ïdïp (T 26)
• yul- 약탈하다; ⇒ yulï-
yulγalï bardï (BQ E 32)
• yulï- 약탈하다; ⇒ yul-
tägdimiz yulïdïmïz (T 39)
• yurč (손아래) 처남
oŋ totoq yurčin (KT E 32)
• yurt 야영지, 본영
yurtda (T 19)
yurtda yolta (KT N 9)
• yut 기아, 기근
yut boltï (BQ E 31)
• yutuz 아내, 부인, 여자
oγlin yutuzin (BQ S 3)
[o]γlin yutuzin (BQ E 38)
oγlin yu[tuz]in (BQ E 24)
[... yu]tuzin (BQ S 4)
• yuyqa 얇은
yuyqa ärkli (T 13)
yuyqa qalïn bolsar (T 13)
• yüggärü 위로, 위를 향하여
yüggärü körti (BQ E 2)
yüggärü kötürmiš ärinč (KT E 11)
yüggärü kötürti ärinč (BQ E 10)

yüggärü täŋ[ri bolča] (KT SW)

● yügür- 달리다; 흐르다

subča yügürti (KT E 24)

ügüzčä yügürti (BQ E 20)

● yügürt- 달리게 하다; 흐르게 하다, 흘리다

qara tärim yügürti (T 52)

yügürtmädim (T 54)

● yükün- 머리를 숙이다, 굴복하다, 복종하다

ičikdi yükünti (T 28)

yükünti (T 43, 46)

● yüküntür- 머리를 숙이게 하다, 굴복시키다, 복종시키다

bašlïγïγ yüküntürmiš (KT E 2; BQ E 13)

bašlïγïγ [yü]küntürmiš (BQ E 3)

bašlïγïγ yüküntü[rmiš] (KT E 15)

[ba]š[lï]γïγ yüküntürtüm (BQ N 10)

bašlïγïγ yüküntürtümiz (KT E 18; BQ E 16)

● yüz 백, 100

biš yüz ärän (BQ S 11)

yeti yüz boltï (T 4)

yeti yüz är (KT E 13, 13; BQ E 11, 11)

yeti yüz kišig (T 4)

yüz artuq oqun (KT E 33)

yüzčä ärin (BQ E 37)

● yüz 얼굴

yüz[iŋä] bašïŋa (KT E 33)

● yüzüt- 헤엄치게 하다

toγla ügüzüg yüzüti käčip (BQ E 30)

참고문헌

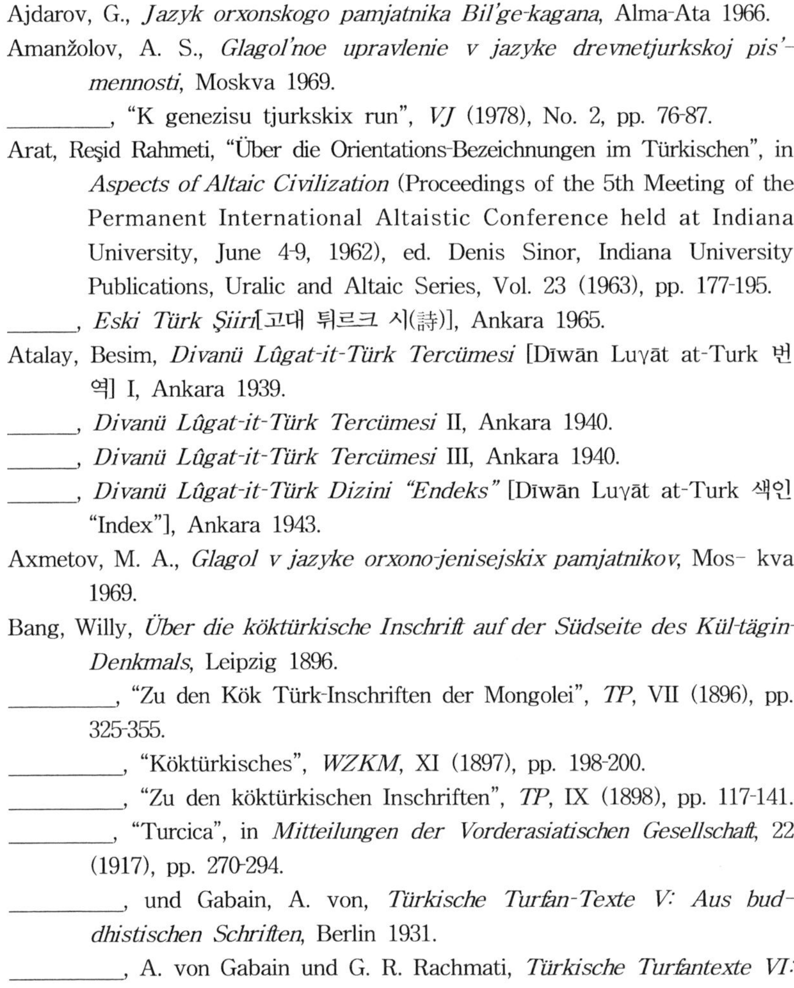

Ajdarov, G., *Jazyk orxonskogo pamjatnika Bil'ge-kagana*, Alma-Ata 1966.

Amanžolov, A. S., *Glagol'noe upravlenie v jazyke drevnetjurkskoj pis'-mennosti*, Moskva 1969.

_________, "K genezisu tjurkskix run", *VJ* (1978), No. 2, pp. 76-87.

Arat, Reşid Rahmeti, "Über die Orientations-Bezeichnungen im Türkischen", in *Aspects of Altaic Civilization* (Proceedings of the 5th Meeting of the Permanent International Altaistic Conference held at Indiana University, June 4-9, 1962), ed. Denis Sinor, Indiana University Publications, Uralic and Altaic Series, Vol. 23 (1963), pp. 177-195.

______, *Eski Türk Şiiri*[고대 튀르크 시(詩)], Ankara 1965.

Atalay, Besim, *Divanü Lûgat-it-Türk Tercümesi* [Dīwān Luɣāt at-Turk 번역] I, Ankara 1939.

______, *Divanü Lûgat-it-Türk Tercümesi* II, Ankara 1940.

______, *Divanü Lûgat-it-Türk Tercümesi* III, Ankara 1940.

______, *Divanü Lûgat-it-Türk Dizini "Endeks"* [Dīwān Luɣāt at-Turk 색인 "Index"], Ankara 1943.

Axmetov, M. A., *Glagol v jazyke orxono-jenisejskix pamjatnikov*, Mos- kva 1969.

Bang, Willy, *Über die köktürkische Inschrift auf der Südseite des Kül-tägin-Denkmals*, Leipzig 1896.

_________, "Zu den Kök Türk-Inschriften der Mongolei", *TP*, VII (1896), pp. 325-355.

_________, "Köktürkisches", *WZKM*, XI (1897), pp. 198-200.

_________, "Zu den köktürkischen Inschriften", *TP*, IX (1898), pp. 117-141.

_________, "Turcica", in *Mitteilungen der Vorderasiatischen Gesellschaft*, 22 (1917), pp. 270-294.

_________, und Gabain, A. von, *Türkische Turfan-Texte V: Aus buddhistischen Schriften*, Berlin 1931.

_________, A. von Gabain und G. R. Rachmati, *Türkische Turfantexte VI:*

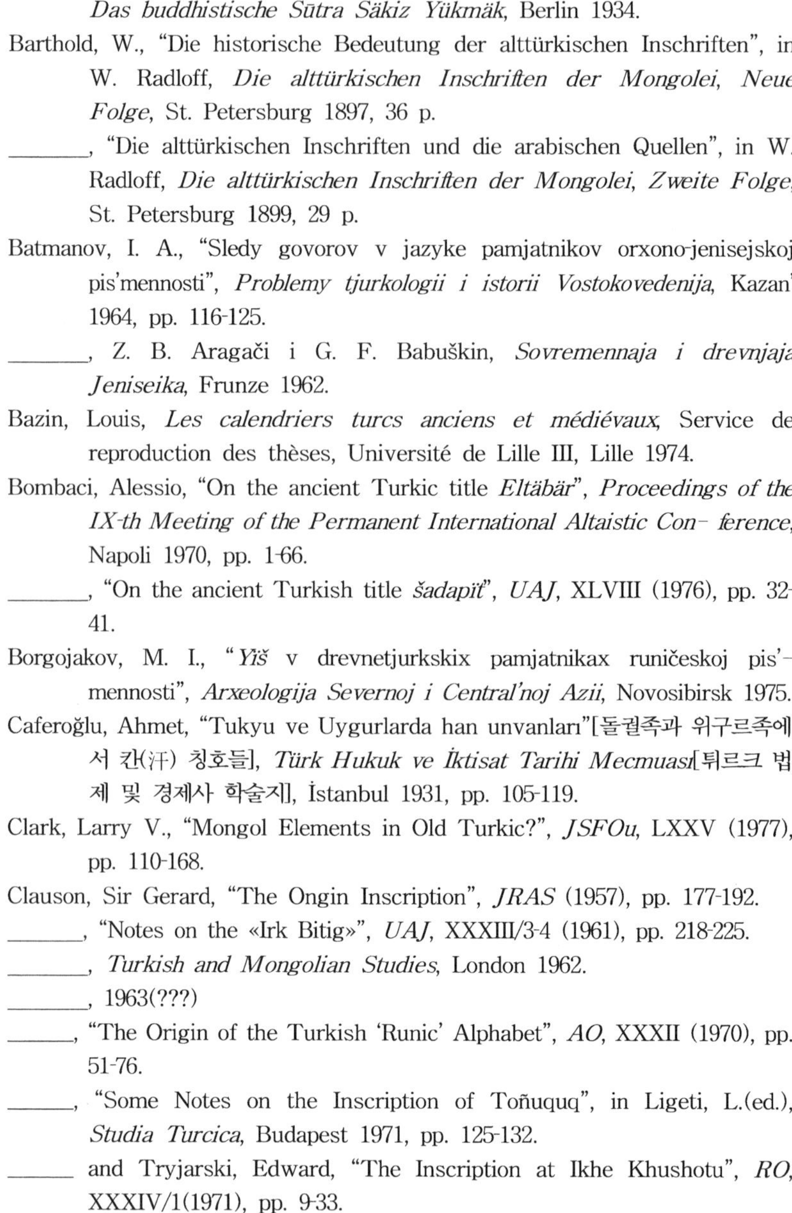

Das buddhistische Sūtra Säkiz Yükmäk, Berlin 1934.

Barthold, W., "Die historische Bedeutung der alttürkischen Inschriften", in W. Radloff, *Die alttürkischen Inschriften der Mongolei, Neue Folge*, St. Petersburg 1897, 36 p.

_______, "Die alttürkischen Inschriften und die arabischen Quellen", in W. Radloff, *Die alttürkischen Inschriften der Mongolei, Zweite Folge*, St. Petersburg 1899, 29 p.

Batmanov, I. A., "Sledy govorov v jazyke pamjatnikov orxono-jenisejskoj pis'mennosti", *Problemy tjurkologii i istorii Vostokovedenija*, Kazan' 1964, pp. 116-125.

_______, Z. B. Aragači i G. F. Babuškin, *Sovremennaja i drevnjaja Jeniseika*, Frunze 1962.

Bazin, Louis, *Les calendriers turcs anciens et médiévaux*, Service de reproduction des thèses, Université de Lille III, Lille 1974.

Bombaci, Alessio, "On the ancient Turkic title *Eltäbär*", *Proceedings of the IX-th Meeting of the Permanent International Altaistic Con- ference*, Napoli 1970, pp. 1-66.

_______, "On the ancient Turkish title *šadapït*", *UAJ*, XLVIII (1976), pp. 32-41.

Borgojakov, M. I., "*Yïš* v drevnetjurkskix pamjatnikax runičeskoj pis'-mennosti", *Arxeologija Severnoj i Central'noj Azii*, Novosibirsk 1975.

Caferoğlu, Ahmet, "Tukyu ve Uygurlarda han unvanları"[돌궐족과 위구르족에서 칸(汗) 칭호들], *Türk Hukuk ve İktisat Tarihi Mecmuası*[튀르크 법제 및 경제사 학술지], İstanbul 1931, pp. 105-119.

Clark, Larry V., "Mongol Elements in Old Turkic?", *JSFOu*, LXXV (1977), pp. 110-168.

Clauson, Sir Gerard, "The Ongin Inscription", *JRAS* (1957), pp. 177-192.

_______, "Notes on the «Irk Bitig»", *UAJ*, XXXIII/3-4 (1961), pp. 218-225.

_______, *Turkish and Mongolian Studies*, London 1962.

_______, 1963(???)

______, "The Origin of the Turkish 'Runic' Alphabet", *AO*, XXXII (1970), pp. 51-76.

______, "Some Notes on the Inscription of Toñuquq", in Ligeti, L.(ed.), *Studia Turcica*, Budapest 1971, pp. 125-132.

______ and Tryjarski, Edward, "The Inscription at Ikhe Khushotu", *RO*, XXXIV/1(1971), pp. 9-33.

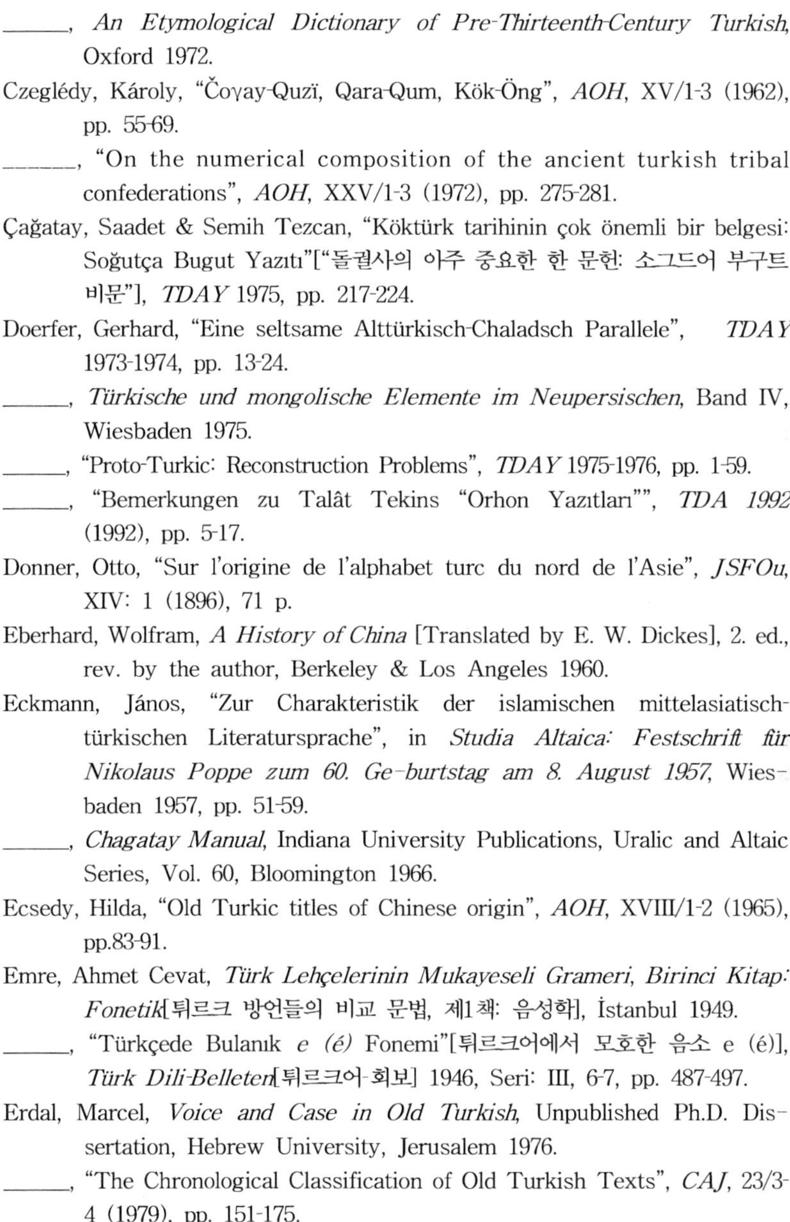

______, *An Etymological Dictionary of Pre-Thirteenth-Century Turkish*, Oxford 1972.

Czeglédy, Károly, "Čoγay-Quzï, Qara-Qum, Kök-Öng", *AOH*, XV/1-3 (1962), pp. 55-69.

______, "On the numerical composition of the ancient turkish tribal confederations", *AOH*, XXV/1-3 (1972), pp. 275-281.

Çağatay, Saadet & Semih Tezcan, "Köktürk tarihinin çok önemli bir belgesi: Soğutça Bugut Yazıtı"["돌궐사의 아주 중요한 한 문헌: 소그드어 부구트 비문"], *TDAY* 1975, pp. 217-224.

Doerfer, Gerhard, "Eine seltsame Alttürkisch-Chaladsch Parallele", *TDAY* 1973-1974, pp. 13-24.

______, *Türkische und mongolische Elemente im Neupersischen*, Band IV, Wiesbaden 1975.

______, "Proto-Turkic: Reconstruction Problems", *TDAY* 1975-1976, pp. 1-59.

______, "Bemerkungen zu Talât Tekins "Orhon Yazıtları"", *TDA 1992* (1992), pp. 5-17.

Donner, Otto, "Sur l'origine de l'alphabet turc du nord de l'Asie", *JSFOu*, XIV: 1 (1896), 71 p.

Eberhard, Wolfram, *A History of China* [Translated by E. W. Dickes], 2. ed., rev. by the author, Berkeley & Los Angeles 1960.

Eckmann, János, "Zur Charakteristik der islamischen mittelasiatisch-türkischen Literatursprache", in *Studia Altaica: Festschrift für Nikolaus Poppe zum 60. Ge-burtstag am 8. August 1957*, Wies-baden 1957, pp. 51-59.

______, *Chagatay Manual*, Indiana University Publications, Uralic and Altaic Series, Vol. 60, Bloomington 1966.

Ecsedy, Hilda, "Old Turkic titles of Chinese origin", *AOH*, XVIII/1-2 (1965), pp.83-91.

Emre, Ahmet Cevat, *Türk Lehçelerinin Mukayeseli Grameri, Birinci Kitap: Fonetik*[튀르크 방언들의 비교 문법, 제1책: 음성학], İstanbul 1949.

______, "Türkçede Bulanık *e (é)* Fonemi"[튀르크어에서 모호한 음소 e (é)], *Türk Dili-Belleten*[튀르크어-회보] 1946, Seri: III, 6-7, pp. 487-497.

Erdal, Marcel, *Voice and Case in Old Turkish*, Unpublished Ph.D. Dis-sertation, Hebrew University, Jerusalem 1976.

______, "The Chronological Classification of Old Turkish Texts", *CAJ*, 23/3-4 (1979), pp. 151-175.

______, "Die Morphemfuge im Alttürkischen", *WZKM*, 71 (1979), pp. 83-114.

______, *Old Turkic Word Formation: A Functional Approach to the Lexicon*, I-II, Turcologica 7, Wiesbaden 1991.

Ergin, Muharrem, *Orhun Abideleri*[오르훈 기념비들], İstanbul 1970.

Foy, Karl, "Türkische Vocalstudien, besonders das Köktürkische und das Osmanische betreffend", *Mitteilungen des Seminars für Orientalische Sprachen*, Abt. II *West-Asiatische Studien*, III (1900), pp. 180-217.

Gabain, Annemarie von, "Briefe der uigurischen Hüen-tsang-Biographie", *SBAW* 29 (1938), pp. 371-415.

______, *Alttürkische Grammatik*, Leipzig 1941; 2. Auflage: Leipzig 1950; 3. Auflage: Wiesbaden 1974.

______, "Über Ortsbezeichnungen im Alttürkischen", *SO*, XIV: 5 (1950), 14 p.

______, "Zur Geschichte der türkischen Vokalharmonie", *UAJ*, XXIV/1-2 (1952), pp. 105-111.

______, *Türkische Turfan-Texte VIII*, Berlin 1954.

______, "Alttürkische Datierungsformen", *UAJ*, XXVII/3-4 (1955), pp. 191-203.

______, "Das Alttürkische", in *PTF* I, J. Deny et al. (eds.), Wiesbaden 1959, pp. 21-45.

Giles, Herbert A., *A Chinese-English Dictionary*, Shanghai-London 1912.

Giraud, René, *L'empire des Turcs Célestes*, Paris 1960.

______, *L'inscription de Baïn Tsokto*, Paris 1961.

Grønbech, Kaare, *Der türkische Sprachbau*, Kopenhagen 1936.

______, *Komanisches Wörterbuch: türkischer Wortindex zu Codex Cumanicus*, Kopenhagen 1942.

Grønbech, Vilhelm, *Forstudier til tyrkisk lydhistorie*[Preliminary Studies in Turkic Historical Phonology], Kopenhagen 1902.

Haenisch, Erich, *Wörterbuch zu Manghol un niuca Tobca'an (Yüan- ch'ao pi-shi): Geheime Geschichte der Mongolen*, Leipzig 1939.

Hamilton, James, "Toquz-Oguz et On-Uygur", *JA*, 250 (1962), pp. 23-63.

______, "*Opla-/yopla-, uf-/yuf-* et autres formes semblables en turc ancien", *AOH*, XXVIII/1 (1974), pp. 111-117.

______, "Le nom de lieu *K.Č.N.* dans les inscriptions turques runi- formes", *TP*, LX (1974), pp. 294-303.

______, & Bazin, Louis, "Un manuscrit chinois et turc runiforme de Touen-Houang", *Turcica*, IV (1972), pp. 25-42.

______, *Manuscrits ouïgours du IXe-Xe siècle de Touen-Houang*, I-II, Paris 1986.

Hirth, Friedrich, "Nachworte zur Inschrift des Tonjukuk", in Wilhelm Radloff, *Die alttürkischen Inschriften der Mongolei, Zweite Folge*, St. Petersburg 1899.

Hovdhaugen, Even, "Turkish words in Khotanese texts", *NTS*, 24 (1971), pp. 163-209.

______, "The relationship between the two Orkhon inscriptions", *AO*, XXXVI (1974), pp. 55-82.

İnan, Abdülkadir, *Tarihte ve bugün Şamanizm*[역사상 그리고 현재 샤머니즘], Ankara 1954.

Inscriptions de l'Orkhon, recueillies par l'expédition finnoise 1890 et publiées par la Société Finno-ougrienne, Helsingfors 1892.

Isxakov, F. G., "Dolgie glasnyje v tjurkskix jazykax", *Issledovanija po sravnitel'noj grammatike tjurkskix jazykov, čast' I: Fonetika*, Moskva 1955, pp.160-174.

______, "Garmonija glasnyx v tjurkskix jazykax", *Issledovanija po srav- nitel'noj grammatike tjurkskix jazykov, čast' I: Fonetika*, Mos- kva 1955, pp. 122-159.

Jisl, Lumir, "Kül-tegin anıtında 1958'de yapılan arkeoloji araştırmalarının sonuçları" [퀼 테긴 기념비에서 1958년에 행해진 고고학 연구 성과들], Türk Tarih Kurumu [터키역사학회], *Belleten*[회보], XXVII (1963), pp. 387-402.

Kara, Georg & Peter Zieme, "Die uigurische Übersetzung des apok- ryphen Sūtras„ Fo ding xin da tuo luo ni“", *AoF*, 13/2 (1986), pp. 318-376.

Karamanlıoğlu, Ali Fehmi, "*Silik* sözü üzerine"[낱말 silik에 관하여], *Reşid Rahmeti Arat İçin*[레시드 라흐메티 아라트를 위하여(레시드 라흐메티 아라트 추모 논문집)], Ankara 1966, pp. 320-322.

Kljaštornyj, Sergej G. & Vladimir A. Livšič, "Sogdijskaja nadpis' iz Buguta", *Strany i Narody Vostoka*, Moskva 1971, pp. 121-146.

______, "The Sogdian inscription of Bugut revised", *AOH*, XXVI/1 (1972), pp. 69-102.

Kljaštornyj, Sergej G., *Drevnetjurkskie runičeskie pamjatniki kak istočnik po istorii Srednej Azii*, Moskva 1984.

______, "The Tes Inscription of the Uighur Bögü Qaghan", *AOH*, XXXIX/1 (1985), pp. 137-156.

Kobešavidze, I. N., "K xarakteristike grafiki i fonemnogo sostava jazyka orxono-jenisejskix nadpisej", *ST* 1972, No. 2, pp. 40-46.

Kondrat'ev, V. G., *Očerk grammatiki drevnetjurkskogo jazyka*, Leningrad 1970.

Kononov, A. N., *Grammatika jazyka tjurkskix runičeskix pamjatnikov VII-IX vv.*, Leningrad 1980.

Korkmaz, Zeynep, "Zur Ableitung der türkischen Postposition *učun* ~ *üčün* ~ *ičin* usw.", *UAJ*, XXXIII/1-2 (1961), pp. 98-100.

Kormušin, I. V., "K osnovnym ponjatijam tjurkskoj runičeskoj paleo- grafii", *ST* 1975, No. 2, pp. 25-47.

Kotwicz, W. & A. N. Samoïlovitch, "Le monument turc d'Ikhe-khuchotu en Mongolie centrale", *RO*, IV (1926), pp. 60-107. (1928년 발간)

Koz'min, N. N., "Klassovoje lica 'atïsï' Yollïg-Tegina, avtora orxonskix pamjatnikov", *Sbornik Statej*, Leningrad 1934.

Kulyjev, A. A., "O pričastii na *-gli/-kli* v jazyke orxono-jenisejskix pamjatnikov drevnetjurkskoj pis'mennosti", *Učenie Zapiski MV SSO AzSSR, Serija jazyka i literatury*, No. 6 (1976), pp. 43-46.

Kurat, A. N., "Gök Türk Kağanlığı"["돌궐 카간국"], *Dil ve Tarih-Coğ- rafya Fakültesi Dergisi*[언어 및 역사-지리대학(= 앙카라대학교 문과대학) 학술지], X/1-2 (1952), pp. 57-77.

Le Coq, Albert von, *Türkische Manichaica aus Chotscho*. III, Berlin 1922.

Lessing, F. D. (ed.), *Mongolian-English Dictionary*, Berkely & Los Angeles 1960.

Ligeti, L., "Les voyelles longues en turc", *JA* (April-June 1938), pp. 177-204.

Liu, Mau-Tsai, *Die chinesischen Nachrichten zur Geschichte der Ost-Türken (T'u-küe)* I-II, Wiesbaden 1958.

Livšič, Vladimir A., "O proisxoždenii drevnetjurkskoj runičeskoj pis'-mennosti", *ST* 1978, No. 4, pp. 87-98.

Malov, Sergej Je., *Pamjatniki drevnetjurkskoj pis'mennosti*, Moskva & Leningrad 1951.

______, *Jenisejskaja pis'mennost' tjurkov*, Moskva 1952.

______, *Jazyk želtyx ujgurov*, Alma-Ata 1957.

______, *Pamjatniki drevnetjurkskoj pis'mennosti mongolii i kirgizii*, Moskva & Leningrad 1959.

Matuz, József, "Trois fragments inconnus de l'Orkhon", *Turcica*, IV (1972), pp. 15-24.

Melioranskij, P. M., *Pamjatnik v čest' Kjul'-Tegina*, Sanktpeterburg 1899. (= *Zapiski Vostočnago Otdělenija Imperatorskago Russkago Arxeologičeskago Obščestva*, XII, 2-3)

Menges, Karl H., *The Turkic Languages and Peoples, An Introduction to Turkic Studies*, Ural-Altaische Bibliothek XV, Wiesbaden 1968.

Meyer, I. R., "Bemerkungen über Vokal- und Schriftsystem des Runentürkischen", *AO*, 29 (1965), pp. 183-202.

_____, "Kāšγarī und einige Probleme der Vokallänge im Türkischen", *TDAY* 1974, pp.??.

Moravcsik, Gy., *Byzantino-Turcica. Die byzantinischen Quellen der Geschichte der Türkvölker*, I-II, Budapest 1942-1943.

Mori, Masao, "*Eltäbär/Eltäbir* and *Irkin*", *Acta Asiatica*, 9 (1965), pp. 31-56.

Müller, Friedrich Wilhelm Karl, *Uigurica* II, Berlin 1910.

Nadeljajev, V. M., "Čtenije orxono-jenisejskogo znaka y i etimologija imeni Tonjukuka", *Tjurkologičeskije Issledovanija*, Moskva 1963, pp.197-213.

Nasilov, D. M., "K voprosu o modal'nyx slovax *ärinč*, *ärki* i *ärkän* v drevnetjurkskix jazykax", *Trudy samarkandskogo gosudarstvennago universiteta im. A. Navoi*, No. 102 (1960), pp. 127-132.

_____, "O nekotoryx složnyx glagol'nyx formax v drevnetjurkskix jazy- kax", *Trudy samarkandskogo gosudarstvennago universiteta im. A. Navoi*, No. 102 (1960), pp. 133-143.

_____, "O lingvističeskom izučenii pamjatnikov tjurkskoj pis'mennosti", *TS* 1972 (1973), pp. 62-68.

Nasilov, V. M., *Jazyk orxono-jenisejskix pamjatnikov*, Moskva 1960.

_____, *Drevne-ujgurskij jazyk*, Moskva 1963.

Nauta, Ane H., "A Grammar of Orkhon Turkic, by Talât Tekin. Indiana University Publications, Uralic and Alţaic Series, Volume 69. 419 S., Mouton & Co, The Hague 1968", *CAJ*, XIII/4 (1969), pp. 308-311.

Németh, J., "Zur Kenntnis des geschlossenen *e* im Türkischen", *KCsA* I, Supplement (1939), pp. 515-531.

_____, "Zur Erklärung der Orchon-inschriften", *Festschrift Friedrich Giese* (= *Die Welt des Islams*, Sonderband, 1941), pp. 35-45.

Oda, Juten, "A Recent Study on the Uighur Document of Pintung's Petition", *TDA 1992* (1992), pp. 35-46.

Orkun, Hüseyin Namık, *Eski Türk Yazıtları*[고대 튀르크 비문들], I-IV,

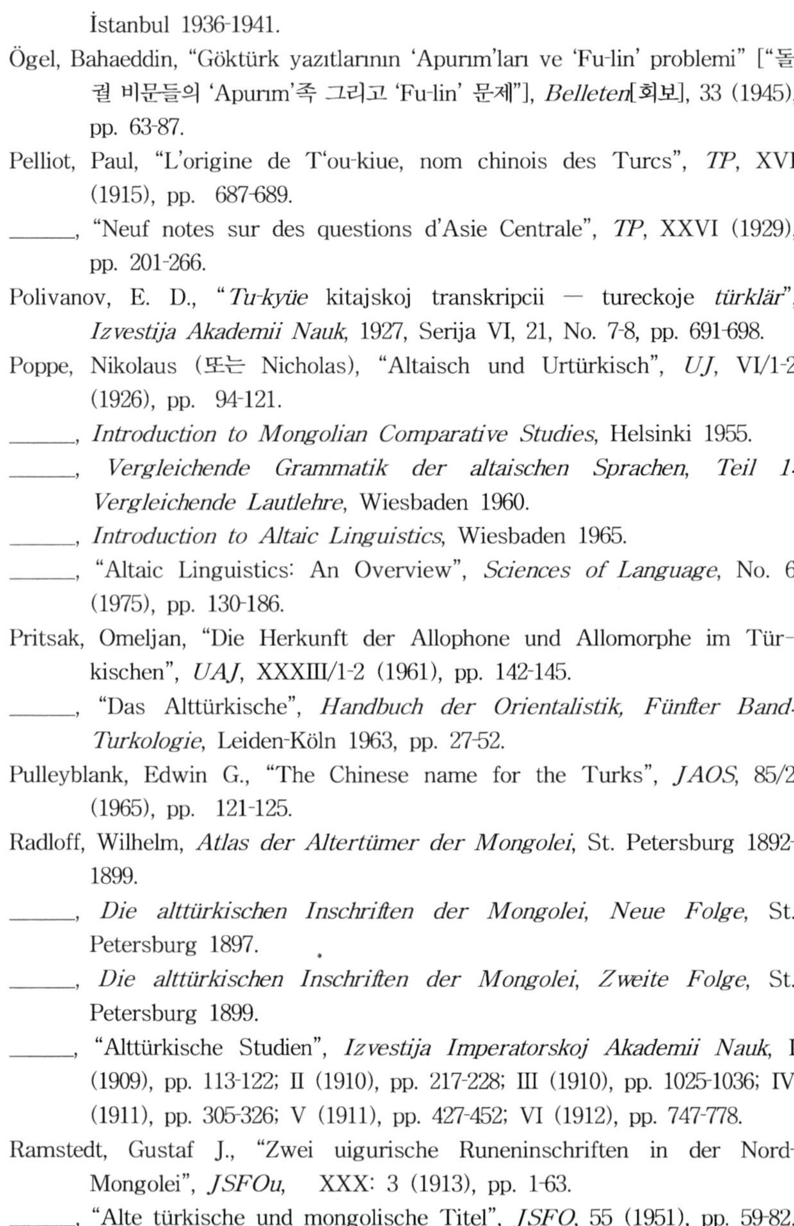

İstanbul 1936-1941.

Ögel, Bahaeddin, “Göktürk yazıtlarının ‘Apurım’ları ve ‘Fu-lin’ problemi” [“돌궐 비문들의 ‘Apurım’족 그리고 ‘Fu-lin’ 문제”], *Belleten*[회보], 33 (1945), pp. 63-87.

Pelliot, Paul, “L’origine de T‘ou-kiue, nom chinois des Turcs”, *TP*, XVI (1915), pp. 687-689.

______, “Neuf notes sur des questions d’Asie Centrale”, *TP*, XXVI (1929), pp. 201-266.

Polivanov, E. D., “*Tu-kyüe* kitajskoj transkripcii — tureckoje *türklär*”, *Izvestija Akademii Nauk*, 1927, Serija VI, 21, No. 7-8, pp. 691-698.

Poppe, Nikolaus (또는 Nicholas), “Altaisch und Urtürkisch”, *UJ*, VI/1-2 (1926), pp. 94-121.

______, *Introduction to Mongolian Comparative Studies*, Helsinki 1955.

______, *Vergleichende Grammatik der altaischen Sprachen, Teil 1: Vergleichende Lautlehre*, Wiesbaden 1960.

______, *Introduction to Altaic Linguistics*, Wiesbaden 1965.

______, “Altaic Linguistics: An Overview”, *Sciences of Language*, No. 6 (1975), pp. 130-186.

Pritsak, Omeljan, “Die Herkunft der Allophone und Allomorphe im Türkischen”, *UAJ*, XXXIII/1-2 (1961), pp. 142-145.

______, “Das Alttürkische”, *Handbuch der Orientalistik, Fünfter Band: Turkologie*, Leiden-Köln 1963, pp. 27-52.

Pulleyblank, Edwin G., “The Chinese name for the Turks”, *JAOS*, 85/2 (1965), pp. 121-125.

Radloff, Wilhelm, *Atlas der Altertümer der Mongolei*, St. Petersburg 1892-1899.

______, *Die alttürkischen Inschriften der Mongolei, Neue Folge*, St. Petersburg 1897.

______, *Die alttürkischen Inschriften der Mongolei, Zweite Folge*, St. Petersburg 1899.

______, “Alttürkische Studien”, *Izvestija Imperatorskoj Akademii Nauk*, I (1909), pp. 113-122; II (1910), pp. 217-228; III (1910), pp. 1025-1036; IV (1911), pp. 305-326; V (1911), pp. 427-452; VI (1912), pp. 747-778.

Ramstedt, Gustaf J., “Zwei uigurische Runeninschriften in der Nord-Mongolei”, *JSFOu*, XXX: 3 (1913), pp. 1-63.

______, “Alte türkische und mongolische Titel”, *JSFO*, 55 (1951), pp. 59-82.

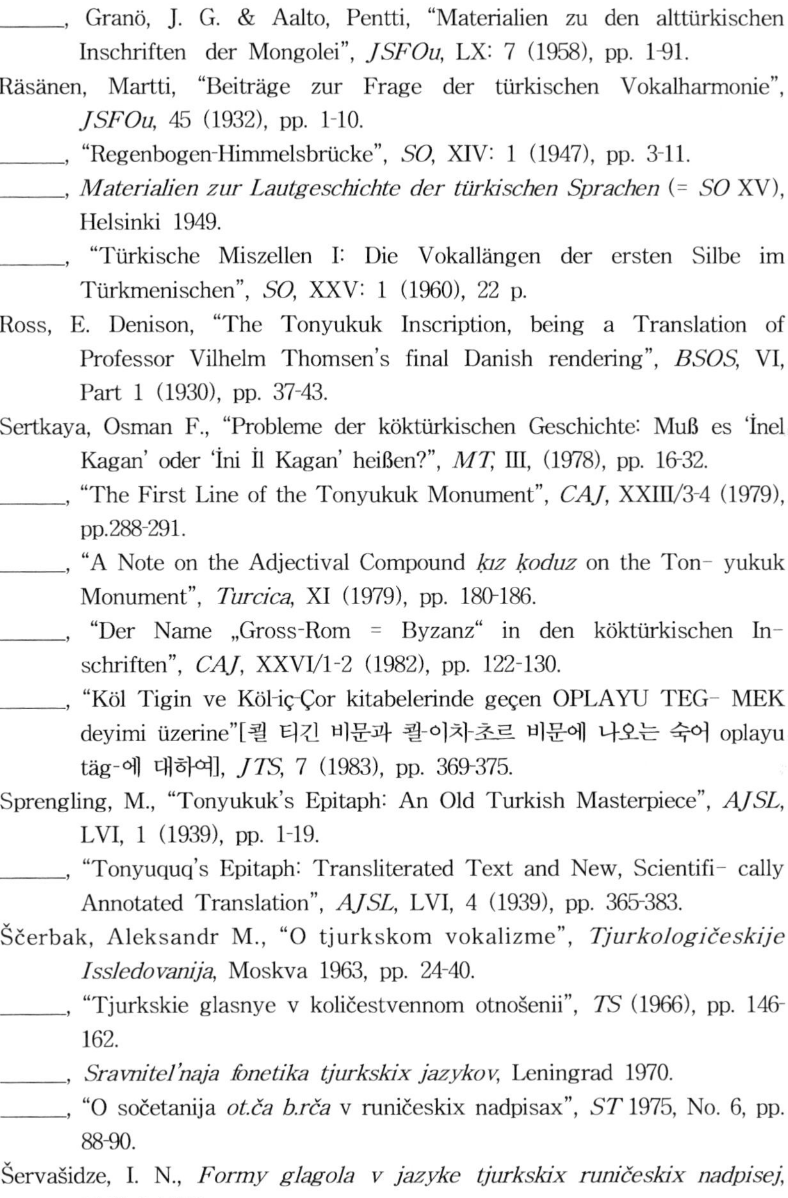

______, Granö, J. G. & Aalto, Pentti, "Materialien zu den alttürkischen Inschriften der Mongolei", *JSFOu*, LX: 7 (1958), pp. 1-91.

Räsänen, Martti, "Beiträge zur Frage der türkischen Vokalharmonie", *JSFOu*, 45 (1932), pp. 1-10.

______, "Regenbogen-Himmelsbrücke", *SO*, XIV: 1 (1947), pp. 3-11.

______, *Materialien zur Lautgeschichte der türkischen Sprachen* (= *SO* XV), Helsinki 1949.

______, "Türkische Miszellen I: Die Vokallängen der ersten Silbe im Türkmenischen", *SO*, XXV: 1 (1960), 22 p.

Ross, E. Denison, "The Tonyukuk Inscription, being a Translation of Professor Vilhelm Thomsen's final Danish rendering", *BSOS*, VI, Part 1 (1930), pp. 37-43.

Sertkaya, Osman F., "Probleme der köktürkischen Geschichte: Muß es 'İnel Kagan' oder 'İni İl Kagan' heißen?", *MT*, III, (1978), pp. 16-32.

______, "The First Line of the Tonyukuk Monument", *CAJ*, XXIII/3-4 (1979), pp.288-291.

______, "A Note on the Adjectival Compound *ḳız ḳoduz* on the Ton- yukuk Monument", *Turcica*, XI (1979), pp. 180-186.

______, "Der Name „Gross-Rom = Byzanz" in den köktürkischen In- schriften", *CAJ*, XXVI/1-2 (1982), pp. 122-130.

______, "Köl Tigin ve Köl-iç-Çor kitabelerinde geçen OPLAYU TEG- MEK deyimi üzerine"[퀼 티긴 비문과 퀼-이차-초르 비문에 나오는 숙어 oplayu täg-에 대하여], *JTS*, 7 (1983), pp. 369-375.

Sprengling, M., "Tonyukuk's Epitaph: An Old Turkish Masterpiece", *AJSL*, LVI, 1 (1939), pp. 1-19.

______, "Tonyuquq's Epitaph: Transliterated Text and New, Scientifi- cally Annotated Translation", *AJSL*, LVI, 4 (1939), pp. 365-383.

Ščerbak, Aleksandr M., "O tjurkskom vokalizme", *Tjurkologičeskije Issledovanija*, Moskva 1963, pp. 24-40.

______, "Tjurkskie glasnye v količestvennom otnošenii", *TS* (1966), pp. 146-162.

______, *Sravnitel'naja fonetika tjurkskix jazykov*, Leningrad 1970.

______, "O sočetanija *ot.ča b.rča* v runičeskix nadpisax", *ST* 1975, No. 6, pp. 88-90.

Šervašidze, I. N., *Formy glagola v jazyke tjurkskix runičeskix nadpisej*, Tbilisi 1986.

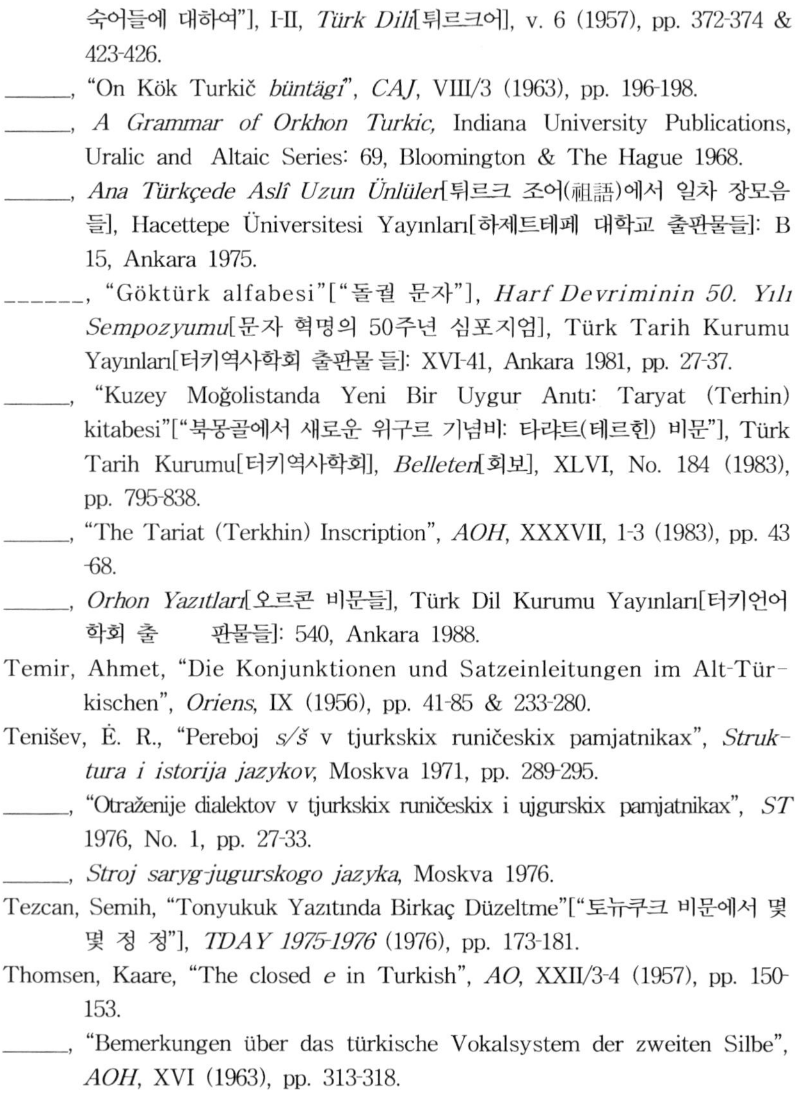

Tekin, Talât, "Köktürk yazıtlarındaki deyimler üzerine"["돌궐 비문들에 있는 숙어들에 대하여"], I-II, *Türk Dili*[튀르크어], v. 6 (1957), pp. 372-374 & 423-426.

______, "On Kök Turkič *büntägi*", *CAJ*, VIII/3 (1963), pp. 196-198.

______, *A Grammar of Orkhon Turkic,* Indiana University Publications, Uralic and Altaic Series: 69, Bloomington & The Hague 1968.

______, *Ana Türkçede Aslî Uzun Ünlüler*[튀르크 조어(祖語)에서 일차 장모음들], Hacettepe Üniversitesi Yayınları[하제트테페 대학교 출판물들]: B 15, Ankara 1975.

______, "Göktürk alfabesi"["돌궐 문자"], *Harf Devriminin 50. Yılı Sempozyumu*[문자 혁명의 50주년 심포지엄], Türk Tarih Kurumu Yayınları[터키역사학회 출판물 들]: XVI-41, Ankara 1981, pp. 27-37.

______, "Kuzey Moğolistanda Yeni Bir Uygur Anıtı: Taryat (Terhin) kitabesi"["북몽골에서 새로운 위구르 기념비: 타랴트(테르힌) 비문"], Türk Tarih Kurumu[터키역사학회], *Belleten*[회보], XLVI, No. 184 (1983), pp. 795-838.

______, "The Tariat (Terkhin) Inscription", *AOH*, XXXVII, 1-3 (1983), pp. 43-68.

______, *Orhon Yazıtları*[오르콘 비문들], Türk Dil Kurumu Yayınları[터키언어학회 출 판물들]: 540, Ankara 1988.

Temir, Ahmet, "Die Konjunktionen und Satzeinleitungen im Alt-Türkischen", *Oriens*, IX (1956), pp. 41-85 & 233-280.

Tenišev, Ė. R., "Pereboj *s/š* v tjurkskix runičeskix pamjatnikax", *Struktura i istorija jazykov*, Moskva 1971, pp. 289-295.

______, "Otraženije dialektov v tjurkskix runičeskix i ujgurskix pamjatnikax", *ST* 1976, No. 1, pp. 27-33.

______, *Stroj saryg-jugurskogo jazyka*, Moskva 1976.

Tezcan, Semih, "Tonyukuk Yazıtında Birkaç Düzeltme"["토뉴쿠크 비문에서 몇몇 정 정"], *TDAY 1975-1976* (1976), pp. 173-181.

Thomsen, Kaare, "The closed *e* in Turkish", *AO*, XXII/3-4 (1957), pp. 150-153.

______, "Bemerkungen über das türkische Vokalsystem der zweiten Silbe", *AOH*, XVI (1963), pp. 313-318.

Thomsen, Vilhelm, "Déchiffrement des inscriptions de l'Orkhon et de l'Iénisséi, notice préliminaire", *Bulletin de l'Académie Royale des Sciences et des Lettres de Danemark* (1893), pp. 285-299.

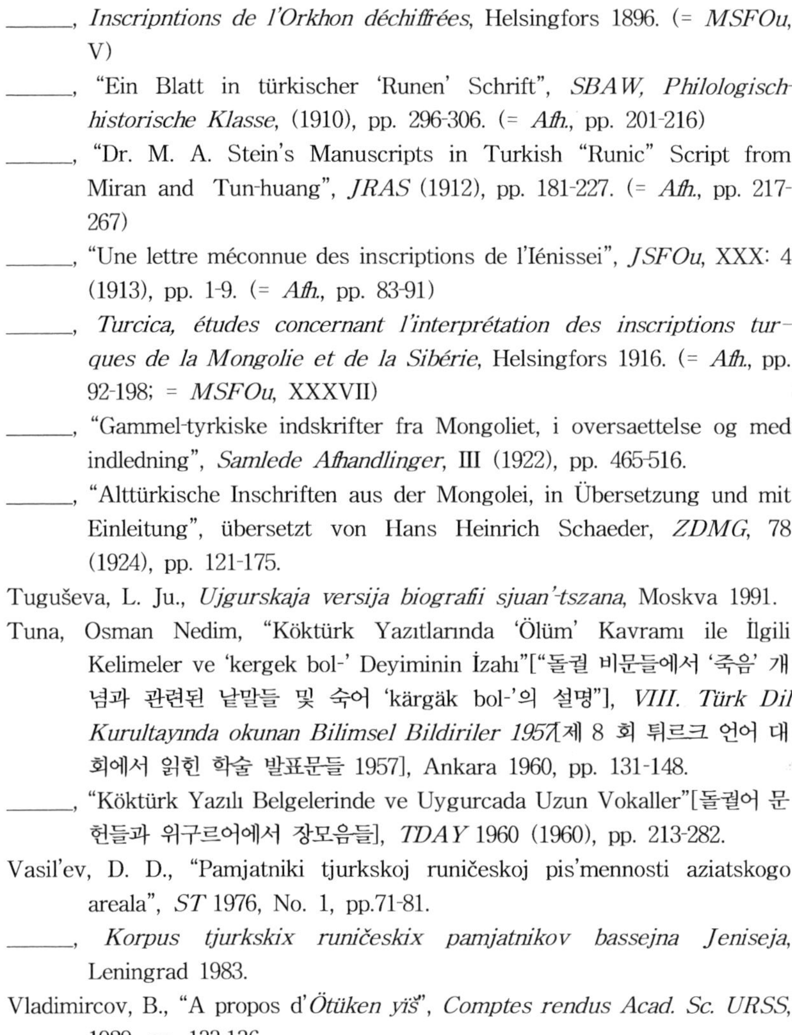

______, *Inscripntions de l'Orkhon déchiffrées*, Helsingfors 1896. (= *MSFOu*, V)

______, "Ein Blatt in türkischer 'Runen' Schrift", *SBAW, Philologisch-historische Klasse*, (1910), pp. 296-306. (= *Afh.*, pp. 201-216)

______, "Dr. M. A. Stein's Manuscripts in Turkish "Runic" Script from Miran and Tun-huang", *JRAS* (1912), pp. 181-227. (= *Afh.*, pp. 217-267)

______, "Une lettre méconnue des inscriptions de l'Iénissei", *JSFOu*, XXX: 4 (1913), pp. 1-9. (= *Afh.*, pp. 83-91)

______, *Turcica, études concernant l'interprétation des inscriptions turques de la Mongolie et de la Sibérie*, Helsingfors 1916. (= *Afh.*, pp. 92-198; = *MSFOu*, XXXVII)

______, "Gammel-tyrkiske indskrifter fra Mongoliet, i oversaettelse og med indledning", *Samlede Afhandlinger*, III (1922), pp. 465-516.

______, "Alttürkische Inschriften aus der Mongolei, in Übersetzung und mit Einleitung", übersetzt von Hans Heinrich Schaeder, *ZDMG*, 78 (1924), pp. 121-175.

Tuguševa, L. Ju., *Ujgurskaja versija biografii sjuan'-tszana*, Moskva 1991.

Tuna, Osman Nedim, "Köktürk Yazıtlarında 'Ölüm' Kavramı ile İlgili Kelimeler ve 'kergek bol-' Deyiminin İzahı"["돌궐 비문들에서 '죽음' 개념과 관련된 낱말들 및 숙어 'kärgäk bol-'의 설명"], *VIII. Türk Dil Kurultayında okunan Bilimsel Bildiriler 1957*[제 8 회 튀르크 언어 대회에서 읽힌 학술 발표문들 1957], Ankara 1960, pp. 131-148.

______, "Köktürk Yazılı Belgelerinde ve Uygurcada Uzun Vokaller"[돌궐어 문헌들과 위구르어에서 장모음들], *TDAY* 1960 (1960), pp. 213-282.

Vasil'ev, D. D., "Pamjatniki tjurkskoj runičeskoj pis'mennosti aziatskogo areala", *ST* 1976, No. 1, pp.71-81.

______, *Korpus tjurkskix runičeskix pamjatnikov bassejna Jeniseja*, Leningrad 1983.

Vladimircov, B., "A propos d'*Ötüken yiš*", *Comptes rendus Acad. Sc. URSS*, 1929, pp. 133-136.

※ 돌궐 비문과 관련하여 다음의 자료들도 발간되었다.

Açıkgöz, Halil, "Bilge Kağan Yazıtı'nın Doğu Yüzünün ilk satırında *(i)ki (e)d(i)z k(e)r(e)kül(ü)g* mü yoksa *kid(i)z k(e)r(e)kül(ü)g* "keçe çadırlı" mı okunmalı"["빌개 카간 비문의 동쪽 면 1행에서 (i)ki (ä)d(i)z k(ä)r(ä)kül(ü)g로 아니면 kid(i)z k(ä)r(ä)kül(ü)g "펠트 천막의"로 읽혀야 하는가"], *TDAY* 1994 (1996), pp. 1-10.

Adamović, Milan, "Otča borča", *CAJ*, 40/2 (1996), pp. 168-172.

Alyılmaz, Cengiz, "Bilge Tonyukuk Yazıtları Üzerine Birkaç Düzeltme"[빌개 톤유쿠크 비문들에 관한 몇몇 정정], *TDA* 10 (2000), pp. 103- 112.

Erdal, Marcel, *A Grammar of Old Turkic*, Boston & Leiden 2004.

Hegaard, Steven E., "Some Expressions Pertaining to Death in the Kök-Turkic Inscriptions", UAJ 48 (1976), pp. 89-115.

Hesche, Wolfram, "Die Postposition *siŋaru* ‚nach' in den Orchon-Inschriften", *TDA* 11 (2001), pp. 33-74.

Kormušin, I. V., *Tjurkskije jenisejskije epitafii. Texty i issledovanija*, Moskva 1997.

Kyzlasov, I. L., *Pamjatniki runičeskoj pis'mennosti Gornogo Altaja (Učebnoje posobije). Čast' pervaja: Pamjatniki jenisejskogo pis'ma*, Gorno-Altajsk 2002.

Li, Yong-sŏng, "Zu QWRDNTA in der Tuńuquq-Inschrift", *CAJ*, 47/2 (2003), pp. 229-241.

Rybatzki, Volker, *Die Toñuquq-Inschrift*, Szeged 1997.

Scharlipp.W.-E., *Introduction to the Old Turkish Runic Inscriptions*, Nicosia 1994.

Tekin Talat, "On the Adverb *ti* in Orkhon Turkic", 『알타이학보』 제 6 호 (1996), pp. 101-105.

______, *Orhon Türkçesi Grameri*[돌궐어 문법], Ankara 2000.

찾아보기

B

C

D

E

F

G

H

O

P

Q

R

S

ㅇ

ㅈ

ㅊ

ㅋ

ㅍ

ㅎ

자료 1

돌궐어 전사 및 본문

퀼 티긴(Kül Tigin) 비문(서쪽 면)

▥ 퀼 티긴(Kül Tigin) 비문 ▥

(S 1)

t(ä)ŋri t(ä)g : t(ä)ŋridä : bolm(i)š : türü͡k : bilgä : q(a)γ(a)n : bu ödkä : ol(o)rt(u)m : s(a)b(ï)m(ï)n : tük(ä)ti : (e)šidg(i)l : ul(a)yu : in(i)ygün(ü)m : oγl(a)n(ï)m : birki : uγ(u)š(u)m : bod(u)n(u)m : biryä : š(a)d(a)pït b(ä)gl(ä)r : yïrya : t(a)rq(a)t : buyru͡q : b(ä)gl(ä)r : ot(u)z [t(a)t(a)r ....]

(S 2)

to͡quz oγ(u)z : b(ä)gl(ä)ri : bod(u)ni : bu s(a)b(ï)m(i)n : (ä)dgüti : (e)šid : q(a)t(ï)γdï : tiŋla : ilg(ä)rü : kün : tuγs(ï)q(q)a : birg(ä)rü : kün : ortosïŋ(a)ru : q͡uurïγ(a)ru : kün : b(a)tsï͡qïŋa : yïrγ(a)ru : tün : ortosïŋ(a)ru : (a)n͡ta : ičr(ä)ki : bod(u)n : q͡oo[p] : m[(a)ŋ]a : kör[ür (a)n͡č]a bod(u)n :

(S 3)

q͡oop : itd(i)m : ol (a)mtï : (a)ń(ï)γ yo͡q : türü͡k : q(a)γ(a)n : ötü͡k(ä)n : yïš : ol(o)rs(a)r : iltä : buŋ yo͡q : ilg(ä)rü : š(a)n͡tuŋ : y(a)zïqa t(ä)gi : sül(ä)d(i)m : t(a)loyqa : kič(i)g : t(ä)gm(ä)d(i)m : birg(ä)rü : to͡quz : (ä)rs(i)nkä : t(ä)gi : sül(ä)d(i)m : töpötkä : kič(i)g [t(ä)g]m(ä)d(i)m : q͡uurïγ(a)ru : y(e)n͡čü üg[(ü)z]

(S 4)

k(ä)čä : t(ä)m(i)r q(a)p(ï)γqa : t(ä)gi : sül(ä)d(i)m : yïrγ(a)ru : y(i)r b(a)y(ï)rq͡uu : yiriŋä : t(ä)gi : sül(ä)d(i)m : bun͡ča : yirkä : t(ä)gi : yor(ï)td(ï)m : ötü͡k(ä)n : yïšda : yig : idi yo͡q : (ä)rm(i)š : il tuts(ï)q : yir : ötü͡k(ä)n : yïš (ä)rm(i)š : bu yirdä : ol(o)r(u)p : t(a)bγ(a)č : bod(u)n : birlä :

(S 5)

tüz(ü)lt(ü)m : (a)ltun : küm(ü)š : išg(i)ti : q͡oot(a)y : buŋs(ï)z : (a)n͡ča birür : t(a)bγ(a)č : bod(u)n : s(a)bi : süčig : (a)γïsi : yim-š(a)q : (ä)rm(i)š : süčig : s(a)b(ï)n : y(e)mš(a)q : (a)γïn : (a)r(ï)p : ïr(a)q bod(u)n(u)γ : (a)n͡ča y(a)γutir : (ä)rm(i)š : y(a)γru : q͡oon͡to͡q-da : kisrä : (a)ń(ï)γ bil(i)g : (a)n͡ta öyür (ä)rm(i)š :

(S 6)

(ä)dgü : bilgä : kišig : (ä)dgü : (a)lp kišig : yor(ï)tm(a)z : (ä)r-m(i)š : bir kiši : y(a)ŋ(ï)ls(a)r : uγ(u)ši : bod(u)ni : biš͡ûkiŋä : t(ä)gi : q͡ïïdm(a)z : (ä)rm(i)š : süčig : s(a)bïŋa : y(e)mš(a)q : (a)γïsïŋa : (a)rtur(u)p : ûküš : tür͡ûk : bod(u)n : ölt(ü)g : tür͡ûk : bod(u)n : öls(i)k(i)ŋ : biryä : čoγ(a)y : yïš : tög(ü)lt(ü)n :

(S 7)

y(a)zï : q͡oon(a)yin tis(ä)r : tür͡ûk : bod(u)n : öls(i)k(i)g (a)n͡ta : (a)ń(ï)γ kiši : (a)n͡ča : bošγurur : (ä)rm(i)š : ïr(a)q (ä)rs(ä)r : y(a)b-l(a)q : (a)γï birür : y(a)γu͡q : (ä)rs(ä)r : (ä)dgü : (a)γï birür : tip (a)n͡ča : bošγurur : (ä)rm(i)š : bil(i)g : bilm(ä)z : kiši : ol s(a)b(ï)γ : (a)l(ï)p : y(a)γru : b(a)r(ï)p : ük(ü)š kiši : ölt(ü)g :

(S 8)

ol y(e)rg(ä)rü : b(a)rs(a)r : tür͡ûk : bod(u)n : ölt(ä)či s(ä)n : ötük(ä)n : yir : ol(o)r(u)p : (a)rq(ï)š : tirk(i)š : ïs(a)r : n(ä)ŋ buŋ(u)γ yo͡q : öt͡ûk(ä)n : yïš : ol(o)rs(a)r : b(ä)ŋgü : il tuta : ol(o)rt(a)čï s(ä)n : tür͡ûk : bod(u)n : to͡q(u)rq(a)q s(ä)n : ăčs(ï)q : tos(ï)q öm(ä)z s(ä)n : bir tods(a)r : ăčs(ï)q : öm(ä)z s(ä)n : (a)n͡t(a)γ(ï)ŋ(ï)n :

(S 9)

üčün : ig(i)dm(i)š : q(a)γ(a)n(ï)ŋ(ï)n : s(a)bin : (a)lm(a)tin : yir s(a)yu : b(a)rd(ï)γ : q͡oop (a)n͡ta : (a)lq(ï)n͡t(ï)γ : (a)r(ï)lt(ï)γ : (a)n͡ta q(a)lm(i)ši : yir : s(a)yu q͡oop : toru : ölü : yor(ï)yur (ä)rt(i)g : t(ä)ŋri : y(a)rl(ï)q(a)do͡qin : üčün : [ö]z(ü)m : q͡uut(u)m : b(a)r üčün : q(a)γ(a)n : ol(o)rt(u)m : q(a)γ(a)n : ol(o)r(u)p :

(S 10)

yo͡q : čïγ(a)ń : bod(u)n(u)γ : q͡oop q͡uubr(a)td(ï)m : čïγ(a)ń : bod(u)n(u)γ : b(a)y qil͡t(ï)m : (a)z bod(u)n(u)γ : ü͡küš : qil͡t(ï)m : (a)zu bu s(a)b(ï)mda : ig(i)d b(a)r γu : türü͡k : b(ä)gl(ä)r : bod(u)n : bunï : (e)šid(i)ŋ : türü͡k : [bod(u)n ti]r(i)p : il tuts(ï)q(ï)ŋ(ï)n : bun͡ta : urt(u)m : y(a)ŋ(ï)l(ï)p : öls(i)k(i)ŋ(i)n : y(ä)mä :

(S 11)

bun͡ta : urt(u)m : n(ä)ŋ n(ä)ŋ : s(a)b(ï)m : (ä)rs(ä)r : b(ä)ŋgü : t(a)šqa : urt(u)m : (a)ŋ(a)r körü bil(i)ŋ : türü͡k : m(a)tï : bod(u)n : b(ä)gl(ä)r : bödkä : kör(ü)gmä : b(ä)gl(ä)r gü : y(a)ŋ(ï)l͡t(a)čï siz : m(ä)n b[(ä)ŋgü : t(a)š tikd(i)m : t(a)bγ](a)č : q(a)γ(a)n͡ta : b(ä)d(i)zči : k(ä)lürt(ü)m : b(ä)d(i)z(ä)t(ti)m : m(ä)n(i)ŋ : s(a)b(ï)m(ï)n : sïm(a)dï :

(S 12)

t(a)bγ(a)č : q(a)γ(a)n(ï)ŋ : ičr(ä)ki : b(ä)d(i)zčig : ït(t)ï : (a)ŋ(a)r : (a)d(ï)n͡čïγ : b(a)rq : y(a)r(a)turt(u)m : ičin : t(a)šin : (a)d(ï)n͡čïγ : b(ä)d(i)z : urturt(u)m : t(a)š toqïtd(ï)m : köŋ(ü)lt(ä)ki : s(a)b(ï)m(ï)n : u[rturt(u)m .... on o͡q oγlïŋ]a : t(a)tïŋa : t(ä)gi : bunï : körü : bil(i)ŋ : b(ä)ŋgü t(a)š :

(S 13)

to͡qïtd(ï)m : y[(a)γ]u͡q (e)l : (ä)rs(ä)r : (a)n͡č(a) t(a)qï : (e)rig y(e)rtä : irs(ä)r (a)n͡ča : (e)r(i)g y(e)rtä : b(ä)ŋgü t(a)š : to͡qïtd(ï)m : biti(t)d(i)m : (a)nï kör(ü)p : (a)n͡ča bil(i)ŋ : ol t(a)š [...................... to͡qït]d(ï)m : bu bit(i)g : bit(i)gmä : (a)tïsi : yol(lu)γ t[ig(i)n]

(E 1)

üzä kök : t(ä)ŋri : (a)sra : y(a)γ(ï)z : y(e)r : qïl(ï)n͡to͡qda : (e)kin (a)ra : kiši : oγli : qïl(ï)nm(i)š : kiši : oγlïn͡ta : üzä : (ä)čüm (a)pam : bum(ï)n q(a)γ(a)n : išt(ä)mi q(a)γ(a)n : ol(o)rm(i)š : ol(o)r(u)p(a)n : türü͡k : bod(u)n(ï)ŋ : ilin : tör[ös]in : tuta : birm(i)š : iti : birm(i)š :

(E 2)

tört : bul(u)ŋ : qop : y(a)γï : (ä)rm(i)š : sü sül(ä)p(ä)n : tört : bul(u)ŋd(a)qï : bod(u)n(u)γ : qop (a)lm(i)š : qop b(a)z : qïlm(i)š : b(a)šl(ï)γ(ï)γ : yü͡k(ü)n͡t(ü)rm(i)š : tizl(i)g(i)g : sökürm(i)š : ilg(ä)rü : q(a)d(ï)rq(a)n : yïšqa t(ä)gi : kirü : t(ä)m(i)r q(a)p(ï)γqa t(ä)gi : q͡oon͡t(u)rm(i)š : (e)kin (a)ra :

(E 3)

idi oqs(ï)z : k͡öök : türü͡k <: iti> : (a)n͡ča : ol(o)rur (ä)rm(i)š : bil<g>ä : q(a)γ(a)n (ä)rm(i)š : (a)lp q(a)γ(a)n (ä)rm(i)š : buyru͡qi y(ä)mä : bilgä : (ä)rm(i)š (ä)r(i)n͡č : (a)lp (ä)rm(i)š (ä)r(i)n͡č : b(ä)gl(ä)ri y(ä)mä : bod(u)ni y(ä)mä : tüz (ä)rm(i)š : (a)nï üčün : il(i)g : (a)n͡ča tutm(i)š : (ä)r(i)n͡č : il(i)g tut(u)p : törög : itm(i)š : özi (a)n͡ča :

(E 4)

k(ä)rg(ä)k : bolm(i)š : yoγčï : sïγ(ï)tčï : öŋrä : k͡üün : tuγs(ï)qda : bükli : čöl(lü)g (e)l : t(a)bγ(a)č : töpöt : (a)p(a)r : pur(u)m : q͡ïïr-q(ï)z : üč q͡uurïq(a)n : ot(u)z t(a)t(a)r : q͡ïït(a)ń : t(a)t(a)bï : bun͡ča : bod(u)n : k(ä)l(i)p(ä)n : sïγtam(i)š : yoγlam(i)š : (a)n͡t(a)γ : kül(ü)g : q(a)γ(a)n (ä)rm(i)š : (a)n͡ta kisrä : in(i)si q(a)γ(a)n :

(E 5)

bolm(i)š (ä)r(i)n͡č : oγlïti : q(a)γ(a)n bolm(i)š (ä)r(i)n͡č : (a)n͡ta kisrä : inisi : (e)čisin t(ä)g : qïl(ï)nm(a)d͡oq (ä)r(i)n͡č : oγli : q(a)ŋin t(ä)g : qïl(ï)nm(a)d͡oq (ä)r(i)n͡č : bil(i)gsiz : q(a)γ(a)n : ol(o)rm(i)š (ä)r(i)n͡č : y(a)bl(a)q : q(a)γ(a)n : ol(o)rm(i)š (ä)r(i)n͡č : buyru͡qi : y(ä)mä : bil(i)gs(i)z <(ä)rm(i)š> (ä)r(i)n͡č : y(a)bl(a)q (ä)rm(i)š (ä)r(i)n͡č :

(E 6)

b(ä)gl(ä)ri : bod(u)ni : tüzs(i)z üč(ü)n : t(a)bγ(a)č : bod(u)n : t(ä)bl(i)gin : kürl(ü)g<in> üčün : (a)rm(a)qčïsin : üčün : in(i)li : (e)čili : kikšürt͡ökin : üčün : b(ä)gli : bod(u)nlïγ : yoŋ(a)šurt͡oqin : üčün : türü͡k : bod(u)n : ill(ä)d͡ök : ilin : ïčγ(ï)nu : ïdm(i)š :

(E 7)

q(a)γ(a)nl(a)d͡oq : q(a)γ(a)nïn : yit(ü)rü : ïdm(i)š : t(a)bγ(a)č : bod(u)nqa : b(ä)gl(i)k : urï oγlin : qul bo͡ltï : (e)šil(i)k : q͡ïïz oγl(i)n : küŋ bo͡ltï : türü͡k : b(ä)gl(ä)r : türü͡k : ātin : ït(t)ï : t(a)bγ(a)čγï : b(ä)gl(ä)r : t(a)bγ(a)č : ātin : tut(u)p(a)n : t(a)bγ(a)č : q(a)γ(a)nqa :

(E 8)

körm(i)š : (ä)l(i)g yïl : iš(i)g küč(ü)g : birm(i)š : ilg(ä)rü : k͡üün : tuγs(ï)qda : bükli : q(a)γ(a)nqa : t(ä)gi : sül(ä)yü : birm(i)š : q͡uur(ï)-γ(a)ru : t(ä)m(i)r q(a)p(ï)γqa : t(ä)gi : sül(ä)yü : birm(i)š : t(a)b-γ(a)č : q(a)γ(a)nqa : ilin : törösin : (a)lï birm(i)š : türü͡k : q(a)ra q(a)m(a)γ :

(E 9)

bod(u)n : (a)n͡ča tim(i)š : ill(i)g : bod(u)n (ä)rt(i)m : il(i)m : (a)mtï q(a)nï : k(ä)mkä : il(i)g : q(a)zγ(a)nur m(ä)n : tir (ä)rm(i)š : q(a)-γ(a)nl(ï)γ : bod(u)n : (ä)rt(i)m : q(a)γ(a)n(ï)m q(a)nï : nä q(a)γ(a)n-qa : iš(i)g küč(ü)g : birür m(ä)n : tir (ä)rm(i)š : (a)n͡ča tip : t(a)b-γ(a)č : q(a)γ(a)nqa : y(a)γï bolm(i)š :

(E 10)

y(a)γï bol(u)p : it(i)nü : y(a)r(a)tunu : um(a)do͡q : y(a)na : ič(i)km(i)š : bun͡ča : iš(i)g küč(ü)g : birto͡kg(ä)rü : s(a)q(ï)nm(a)tï : türü͡k : bod(u)n : ölür(ä)yin : ur(u)γs(ï)r(a)t(a)yin : tir (ä)rm(i)š : yoq(a)du : b(a)rïr : (ä)rm(i)š : üzä : türü͡k : t(ä)ŋrisi : türü͡k ïdu͡q yiri :

(E 11)

subi : (a)n͡ča (e)tm(i)š : türü͡k : bod(u)n : yoo͡q : bolm(a)zun : tiy(i)n : bod(u)n : bolčun tiy(i)n : q(a)ŋ(ï)m : ilt(e)r(i)š q(a)γ(a)n(ï)γ : ög(ü)m : ilbilgä q(a)tun(u)γ : t(ä)ŋri : töp(ö)sin͡tä : tut(u)p : yüg(gä)rü : kötürm(i)š (ä)r(i)n͡č : q(a)ŋ(ï)m q(a)γ(a)n : yiti y(e)g[(i)r]mi (ä)r(i)n : t(a)š(ï)qm(i)š : t(a)šra :

(E 12)

yor(ï)yur : tiy(i)n : kü (e)š(i)d(i)p : b(a)l͡ïqd(a)qï : t(a)γ͡ïqm(i)š : t(a)γd(a)qï : inm(i)š : tir(i)l(i)p : y(e)tm(i)š (ä)r bolm(i)š : t(ä)ŋri : k͡üüč : birto͡k üč(ü)n : q(a)ŋ(ï)m q(a)γ(a)n : süsi : böri t(ä)g : (ä)rm(i)š : y(a)γïsi : q͡ooń t(ä)g (ä)rm(i)š : ilg(ä)rü : q͡uur(ï)γ(a)ru : sül(ä)p : ti[r]m(i)š : qubr(a)t[m(i)š : q(a)]m(a)γi :

(E 13)

y(e)ti yüz (ä)r : bolm(i)š : y(e)ti yüz (ä)r : bol(u)p : (e)ls(i)r(ä)m(i)š : q(a)γ(a)ns(ï)r(a)m(i)š : bod(u)n(u)γ : küŋ(ä)dm(i)š : q͡uul(a)dm(i)š : bod(u)n(u)γ : türü͡k : törösün : ïčγ(ï)nm(i)š : bod(u)n(u)γ : (ä)čüm (a)pam : törösin͡čä : y(a)r(a)tm(i)š : bošγurm(i)š : tölis : t(a)rduš : [bod(u)n(u)γ : (a)n͡ta (e)tm(i)š]

(E 14)

y(a)bγuγ : š(a)d(ï)γ : (a)n͡ta : b(e)rm(i)š : b(i)ryä : t(a)bγ(a)č : bod(u)n : y(a)γï (ä)rm(i)š : yïrya : b(a)z q(a)γ(a)n : to͡quz oγ(u)z :

bodun : y(a)γï (ä)rm(i)š : q͡ïïrq(ï)z : q͡uurïq(a)n : ot(u)z t(a)t(a)r : q͡ïï-t(a)ń : t(a)t(a)bï : q͡oop : y(a)γï (ä)rm(i)š : q(a)ŋ(ï)m q(a)γ(a)n : bun͡č[a ....]

(E 15)

q͡ïïrq : (a)rtu͡qi : y(e)ti : yolï : sül(ä)m(i)š : y(e)g(i)rmi : süŋ(ü)š : süŋ(ü)šm(i)š : t(ä)ŋri : y(a)rl(ï)q(a)d͡oq : üčün : ill(i)g(i)g : (e)ls(i)r(ä)t-m(i)š : q(a)γ(a)nl(ï)γ(ï)γ : q(a)γ(a)ns(ï)r(a)tm(i)š : y(a)γïγ : b(a)z qïlm(i)š : tizl(i)g(i)g : sökürm(i)š : b(a)šl(ï)γ(ï)γ : yük(ü)n͡tü[rm(i)š : q(a)ŋ(ï)m q(a)γ(a)n : (a)n͡ča il(i)g]

(E 16)

törög : q(a)zγ(a)n(ï)p : uča : b(a)rm(i)š : q(a)ŋ(ï)m : q(a)γ(a)nqa : b(a)šl(a)yu : b(a)z q(a)γ(a)n(ï)γ : b(a)lb(a)l : tikm(i)š : ol törödä : üzä : (e)čim q(a)γ(a)n : ol(o)rtï : (e)čim q(a)γ(a)n : ol(o)r(u)p(a)n : türu͡k : bod(u)n(u)γ : yičä : itdi : <yičä :> ig(i)t(t)i : čïγ(a)ń(ï)γ [b(a)y qïltï : (a)z(ï)γ ük(ü)š qïltï]

(E 17)

(e)čim q(a)γ(a)n : ol(o)rt͡oqda : öz(ü)m : t(a)rduš : bod(u)n : üzä : š(a)d (ä)rt(i)m : (e)č(i)m q(a)γ(a)n : birlä : ilg(ä)rü : y(a)š(ï)l : üg(ü)z : š(a)n͡tuŋ : y(a)zïqa t(ä)gi : sül(ä)d(i)m(i)z : q͡uur(ï)γ(a)ru : t(ä)m(i)r q(a)p(ï)γqa : t(ä)gi : sül(ä)d(i)m(i)z : kögm(ä)n : (a)ša : q͡ï[ïrq(ï)z : yir(i)ŋä : t(ä)gi : sül(ä)d(i)m(i)z]

(E 18)

q(a)m(a)γi : biš ot(u)z : sül(ä)d(i)m(i)z : üč y(e)g(i)rmi : süŋ(ü)š-d(ü)m(i)z : ill(i)g(i)g : ils(i)r(ä)td(i)m(i)z : q(a)γ(a)nl(ï)γ(ï)γ : q(a)-γ(a)ns(ï)r(a)td(ï)m(ï)z : tizl(i)g(i)g : sök(ü)rt(ü)m(i)z : b(a)šl(ï)γ(ï)γ : yu͡künt(ü)rt(ü)m(i)z : türg(i)š : q(a)γ(a)n : türu͡k(ü)m(i)z [bod(u)-n(u)m(ï)z : (ä)rti : bilm(ä)d͡okin]

(E 19)

üčün : biz(i)ŋä : y(a)ŋ(ï)lu͡qin : üčün : q(a)γ(a)ni : ölti : buyru͡qi : b(ä)gl(ä)ri : y(ä)mä : ölti : on o͡q : bod(u)n : (ä)mg(ä)k : körti : (ä)čüm(ü)z : (a)pam(ï)z : tutm(i)š : yir sub : id(i)s(i)z : bolm(a)zun : tiy(i)n : (a)z bod(u)n(u)γ : it(i)p : y(a)r[(a)t(ï)p ....]

(E 20)

b(a)rs b(ä)g : (ä)rti : q(a)γ(a)n (a)t : bun͡ta : biz : birt(i)m(i)z : siŋl(i)m : q͡uun͡č(u)yuγ : birt(i)m(i)z : özi y(a)ŋ(ï)l͡tï : q(a)γ(a)ni : ölti : bod(u)ni : küŋ q͡uul : bol͡tï : kögm(ä)n : yir sub : id(i)s(i)z : q(a)lm(a)zun tiy(i)n : (a)z qïrq(ï)z : bod(u)n(u)γ : <it(i)p :> y(a)-r(a)t[(ï)p k(ä)lt(i)m(i)z süŋ(ü)šd(ü)m(i)z ....]

(E 21)

y(a)na : birt(i)m(i)z : (i)lg(ä)rü : q(a)d(ï)rq(a)n : yïš(ï)γ : (a)ša : bod(u)n(u)γ : (a)n͡ča q͡oon͡turt(u)m(ï)z : (a)n͡ča itd(i)m(i)z : q͡uur(ï)-γ(a)ru : k(ä)ŋü t(a)rm(a)nqa : t(ä)gi : türü͡k : bod(u)n(u)γ : (a)n͡ča q͡oon͡t(u)rt(u)m(ï)z : (a)n͡ča (e)td(i)m(i)z : ol ödkä : q͡uul : q͡uull(u)γ : bolm(i)š : [(ä)rti küŋ : küŋl(ü)g : bolm(i)š : (ä)rti]

(E 22)

(a)n͡ča q(a)zγ(a)nm(i)š : <(a)n͡ča> itm(i)š : (e)l(i)m(i)z : töröm(ü)z : (ä)rti : türü͡k : oγ(u)z : b(ä)gl(ä)ri : bod(u)n : (e)š(i)d(i)ŋ : üzä t(ä)ŋri : b(a)sm(a)s(a)r : (a)sra yir : t(ä)l(i)nm(ä)s(ä)r : türü͡k : bod(u)n : (e)l(i)ŋ(i)n : töröŋ(i)n : k(ä)m (a)rt(a)tï [ud(a)čï (ä)rti : türü͡k : bod(u)n : (ä)rtin]

(E 23)

ökün : kür(ä)güŋ(i)n : üčün : ig(i)dm(i)š : bilgä : q(a)γ(a)n(ï)ŋ(ï)n : (e)rm(i)š b(a)rm(i)š : (ä)dgü (e)l(i)ŋ[ä] : k(ä)n͡tü : y(a)ŋ(ï)l͡t(ï)γ :

y(a)bl(a)q : kigürt(ü)g : y(a)r(a)ql(ï)γ : q(a)n͡t(a)n : k(ä)l(i)p : y(a)ńa (e)ltdi : süŋ(ü)gl(ü)g : q(a)n͡t(a)n : k(ä)l(i)p(ä)n : sürä (e)ltdi : ïdu͡q ötü͡k(ä)n : y[ïš bod(u)n b(a)rd(ï)γ : ilg(ä)rü : b(a)r(ï)γma]

(E 24)

b(a)rd(ï)γ : q͡uurïγ(a)ru : b(a)r(ï)γma : b(a)rd(ï)γ : b(a)rdo͡q : yirdä : (ä)dgüg : ol (ä)r(i)n͡č : q(a)n(ï)ŋ : subča : yüg(ü)rti : süŋö͡küŋ : t(a)γča : y(a)tdï : b(ä)gl(i)k : urï oγl(u)ŋ : q͡uul bol͡tï : (e)š(i)l(i)k q͡ïïz oγl(u)ŋ : küŋ bol͡tï : bilm(ä)dö͡k üč(ü)n [y(a)bl(a)q(ï)ŋ(ï)n : üč(ü)n : (e)č(i)m q(a)γ(a)n : uča : b(a)rdï]

(E 25)

b(a)šl(a)yu : q͡ïïrq(ï)z q(a)γ(a)n(ï)γ : b(a)lb(a)l : tikd(i)m : türü͡k : bod(u)n(ï)γ : (a)ti küsi : yo͡q bolm(a)zun : tiy(i)n : q(a)ŋ(ï)m q(a)γ(a)n(ï)γ : ög(ü)m q(a)tun(u)γ : köt(ü)rm(i)š : t(ä)ŋri : il bir(i)gmä : t(ä)ŋri : türü͡k : bod(u)n : (a)ti küsi : yo͡q bo[lm(a)zun tiy(i)n : öz(ü)m(i)n : ol t(ä)ŋri]

(E 26)

q(a)γ(a)n : ol(o)rtdï (ä)r(i)n͡č : n(ä)ŋ yïls(ï)γ : bod(u)nqa : ol(o)rm(a)d(ï)m : ičrä : (a)šs(ï)z : t(a)šra : tons(ï)z : y(a)b(ï)z y(a)bl(a)q : bod(u)n͡ta : üzä : ol(o)rt(u)m : in(i)m : k͡üül : tig(i)n : birlä : sözl(ä)šd(i)m(i)z : q(a)ŋ(ï)m(ï)z : (e)čim(i)z : q(a)z[γ(a)nm(i)š : bod(u)n : (a)ti küsi : yo͡q bolm(a)zun]

(E 27)

tiy(i)n : türü͡k : bod(u)n : üčün : tün : ud(ï)m(a)d(ï)m : künt(ü)z : ol(o)rm(a)d<(ï)m> : in(i)m : kül tig(i)n : birlä : (e)ki š(a)d : birlä : ölü yitü : q(a)zγ(a)n͡t(ï)m : (a)n͡ča q(a)zγ(a)n(ï)p : birki : bod(u)n(u)γ : ot sub : qïlm(a)d(ï)m : m(ä)n [öz(ü)m : q(a)γ(a)n : ol(o)rto͡q(u)ma : yir s(a)yu]

(E 28)

b(a)rm(i)š : bod(u)n : ölü yitü : y(a)d(a)γ(ï)n : y(a)l(a)ŋ(ï)n : y(a)na k(ä)lti : bod(u)n(u)γ : ig(i)d(ä)yin : tiy(i)n : yïrγ(a)ru : oγ(u)z bod(u)n : t(a)pa : ilg(ä)rü : q͡ïït(a)ń : t(a)t(a)bï : bod(u)n : t(a)pa : birg(ä)rü : t(a)bγ(a)č t(a)pa : ul(u)γ sü : (e)ki y(e)g(i)r[mi : sül(ä)-d(i)m .... süŋ(ü)šd(ü)m : (a)n͡ta]

(E 29)

kisrä : t(ä)ŋri : y(a)rl(ï)q(a)zu : q͡uut(u)m : b(a)r üč(ü)n : ülü-g(ü)m : b(a)r üčün : ölt(ä)či : bod(u)n(u)γ : tirg(ü)rü : ig(i)t(ti)m : y(a)l(a)ŋ bod(u)n(u)γ : tonl(u)γ : čïγ(a)ń bod(u)n(u)γ : b(a)y qïl͡t(ï)m : (a)z bod(u)n(u)γ : ük(ü)š qïlt(ï)m : ïγ(a)r (e)ll(i)gdä : [ïγ(a)r : q(a)-γ(a)nl(ï)γda : yig qïlt(ï)m : tört : bul(u)ŋd(a)qï]

(E 30)

bod(u)n(u)γ : q͡oop : b(a)z : qïl͡t(ï)m : y(a)γ(ï)sïz : qïl͡t(ï)m : q͡oop m(a)ŋa : körti : iš(i)g küč(ü)g : birür : bun͡ča : törög : q(a)zγ(a)n(ï)p : in(i)m : kül tig(i)n : özi (a)n͡ča : k(ä)rg(ä)k bol͡tï : q(a)ŋ(ï)m q(a)γ(a)n : učdo͡qda : in(i)m : kül tig(i)n : yit[i : y(a)šda : q(a)ltï :....................]

(E 31)

um(a)y t(ä)g : ög(ü)m : q(a)tun : q͡uut(ï)ŋa : in(i)m : kül tig(i)n : (ä)r (a)t bul͡tï : (a)ltï y(e)g(i)rmi : y(a)šïŋa : (e)čim q(a)γ(a)n : ilin : törösin : (a)n͡ča q(a)zγ(a)n͡tï : (a)ltï čub : soγd(a)q t(a)pa : sül(ä)-d(i)m(i)z : buzd(u)m(ï)z : t(a)bγ(a)č : oŋ toto͡q : biš t[üm(ä)n : sü k(ä)lti : süŋüšd(ü)m(i)z]

(E 32)

kül tig(i)n : y(a)d(a)γ(ï)n : opl(a)yu t(ä)gdi : oŋ toto͡q : yurčin : y(a)r(a)ql(ï)γ : (ä)l(i)g(i)n tutd͡ï : y(a)r(a)ql(ï)γd͡ï : q(a)γ(a)nqa : (a)n͡čol(a)dï : ol süg : (a)n͡ta yo͡q qïšd(ï)m(ï)z : bir ot(u)z : y(a)šïŋa : č(a)ča s(ä)ŋünkä : süŋ(ü)šd(ü)m(i)z : (ä)ŋ (i)lki : t(a)d(ï)q(ï)ŋ čor(ï)ŋ : boz [(a)t(ï)γ : bin(i)p : t(ä)gdi : ol (a)t (a)n͡ta]

(E 33)

ölti : (e)kinti : ïšb(a)ra y(a)mt(a)r : boz (a)t(ï)γ : bin(i)p : t(ä)gdi : ol (a)t (a)n͡ta : ölti : üč(ü)n͡č : y(e)g(ä)n sil(i)g b(ä)g(i)ŋ : k(ä)d(i)ml(i)g : tor(u)γ (a)t : bin(i)p : t(ä)gdi : ol (a)t (a)n͡ta : ölti : y(a)r(ï)qïn͡ta : y(a)lm(a)sïn͡ta : yüz (a)rtu͡q : o͡qun urtï : yüz[(i)ŋä] : b(a)šïŋa : bir t[(ä)gm(ä)di : ....]

(E 34)

t(ä)gdö͡kin : türü͡k b(ä)gl(ä)r : q͡oop bilir siz : ol süg : (a)n͡ta yo͡q qïšd(ï)m(ï)z : (a)n͡ta kisrä : y(i)r b(a)y(ï)rq͡u[u] : ul(u)γ irk(i)n : y(a)-γï bol͡tï : (a)nï y(a)ń(ï)p : türgi y(a)rγun : költä : buzd(u)m(ï)z : ul(u)γ irk(i)n : (a)zq͡ïńa : (ä)r(i)n : t(ä)z(i)p : b(a)rdï : kül tig(i)n [(a)ltï : ot(u)z]

(E 35)

y(a)šïŋa : q͡ïïrq(ï)z t(a)pa : sül(ä)d(i)m(i)z : süŋüg : b(a)t(ï)mi : q(a)r(ï)γ : sök(ü)p(ä)n : kögm(ä)n : yïš(ï)γ : toγa : yorïp : q͡ïïrq(ï)z : bod(u)n(u)γ : uda : b(a)sd(ï)m(ï)z : q(a)γ(a)nin : birlä : soŋa yïšda : süŋ(ü)šd(ü)m(i)z : kül tig(i)n : b(a)y(ï)rq͡uun[(ï)ŋ : (a)q (a)dγ(ï)]-r[(ï)γ]

(E 36)

bin(i)p : opl(a)yu : t(ä)gdi : bir : (ä)r(i)g : o͡qun urtï : (e)ki (ä)r(i)g : udš(u)ru : s(a)n͡čdï : ol t(ä)gdö͡kdä : b(a)y(ï)rq͡uun(i)ŋ : (a)q (a)dγ(ï)r(ï)γ : udl(ï)qin : sïyu : urtï : q͡ïïrq(ï)z : q(a)γ(a)nin : öl(ü)rt(ü)m(i)z : ilin : (a)lt(ï)m(ï)z : ol yïlqa : türg(i)š [: t(a)pa : (a)ltun : yïš(ï)γ]

(E 37)

toγa : (ä)rt(i)š üg(ü)z(ü)g : k(ä)čä : yorïd(ï)m(ï)z : türg(i)š : bod(u)n(u)γ : uda : b(a)sd(ï)m(ï)z : türg(i)š : q(a)γ(a)n : süsi : bolčuda : otča : borča : k(ä)lti : süŋ(ü)šd(ü)m(i)z : kül tig(i)n : b(a)šγu boz (a)t : bin(i)p t(ä)gdi : b(a)šγu boz : k[............................]

(E 38)

tut(u)zt[ï :] (e)kisin : özi : (a)l͡t(ï)zdï : (a)n͡ta y(a)na : kir(i)p : türg(i)š : q(a)γ(a)n : buyru͡qi : (a)z toto͡quγ : (ä)l(i)g(i)n : tutdï : q(a)γ(a)nin (a)n͡ta : öl(ü)rt(ü)m(i)z : ilin : (a)lt(ï)m(ï)z : q(a)ra türg(i)š : bod(u)n : q͡oop ič(i)kdi : ol bod(u)n(u)γ : t(a)b(a)rda : qo[n͡t(u)rt(u)m(ï)z ....]

(E 39)

soγd(a)q : bod(u)n : it(ä)yin tiy(i)n : yin͡čü : üg(ü)z(ü)g : k(ä)čä : t(ä)m(i)r q(a)p(ï)γqa : t(ä)gi : sül(ä)d(i)m(i)z : (a)n͡ta kisrä : q(a)ra türg(i)š : bod(u)n : y(a)γï bolm(i)š : k(ä)ŋ(ä)r(ä)s t(a)pa : b(a)rdï : biz(i)ŋ sü : (a)ti : toru͡q : (a)zuqi : yoo͡q (ä)rti : y(a)bl(a)q kiši : (ä)r[........................]

(E 40)

(a)lp (ä)r : biz(i)ŋä : t(ä)gm(i)š (ä)rti : (a)n͡t(a)γ ödkä : ök(ü)n(ü)p : kül tig(i)n(i)g : (a)z (ä)r(i)n : irtürü : ït(tï)m(ï)z : ul(u)γ süŋ(ü)š : süŋ(ü)šm(i)š : (a)lp š(a)lčï : (a)q (a)tin : bin(i)p : t(ä)gm(i)š : q(a)ra türg(i)š : bod(u)n(u)γ : (a)n͡ta öl(ü)rm(i)š : (a)lm(i)š : y(a)na : yor(ï)p : [.........................]

(N 1)

[.......] birlä : q͡oošu toto͡q : birlä : süŋ(ü)šm(i)š : (ä)rin q͡oop : ölürm(i)š : (ä)bin b(a)r(ï)min : q(a)lïs(ï)z : q͡oop : k(ä)lürti : kül tig(i)n : yiti ot(u)z : y(a)šïŋa : q(a)rlu͡q : bod(u)n : (e)rür b(a)rur : (ä)rkli : y(a)γï bo͡ltï : t(a)m(a)γ ïdu͡q : b(a)šda : süŋ(ü)šd(ü)m(i)z :

(N 2)

[kül] tig(i)n : ol süŋ(ü)šdä : ot(u)z y(a)š(a)yur (ä)rti : (a)lp š(a)lčï : (a)qin : bin(i)p : opl(a)yu : t(ä)gdi : (e)ki (ä)r(i)g : udš(u)ru : s(a)n͡č-dï : q(a)rlu͡quγ : öl(ü)rt(ü)m(i)z : (a)lt(ï)m(ï)z : (a)z bod(u)n : y(a)γï bo͡ltï : q(a)ra költä : süŋ(ü)šd(ü)m(i)z : kül tig(i)n : bir qïrq : y(a)-š(a)yur (ä)rti : (a)lp š(a)lčï : (a)qin:

(N 3)

bin(i)p : opl(a)yu t(ä)gdi : (a)z (e)lt(ä)b(ä)r(i)g : tutdï : (a)z bod(u)n : (a)n͡ta yo͡q bo͡ltï : (e)čim q(a)γ(a)n : ili : q(a)mš(a)γ : bol-to͡qïn͡ta : bod(u)n : il(i)g ik(ä)gü : bolto͡qïn͡ta : izg(i)l : bod(u)n : birlä : süŋ(ü)šd(ü)m(i)z : kül tig(i)n : (a)lp š(a)lčï : (a)qin : bin(i)p :

(N 4)

o[pl(a)yu : t(ä)gd]i : ol (a)t (a)n͡ta : tüš[di :] izg(i)l : [bod(u)]n : ölti : to͡quz oγ(u)z : bod(u)n : k(ä)ntü : bod(u)n(u)m : (ä)rti : t(ä)ŋri : yir : bulγ(a)qin : üčün : y(a)γï bo͡ltï : bir yïlqa : biš yolï : süŋ(ü)š-d(ü)m(i)z : (ä)ŋ ilk : toγu b(a)l͡ïqda : süŋ(ü)šd(ü)m(i)z :

(N 5)

kül tig(i)n : (a)zm(a)n (a)q(ï)γ : bin(i)p : opl(a)yu t(ä)gdi : (a)ltï (ä)r(i)g : s(a)n͡čdï : sü : [t(ä)]gišin͡tä : yit(i)n͡č (ä)r(i)g : q͡ïl(ï)čl(a)dï : (e)k(i)nti : qoš(u)lγ(a)qda : (ä)d(i)z birlä : süŋ(ü)šd(ü)m(i)z : kül tig(i)n : (a)z y(a)γ(ï)zin : bin(i)p : opl(a)yu : t(ä)g(i)p : bir (ä)r(i)g : s(a)n͡čdï :

(N 6)

to͡quz (ä)r(i)g (ä)g(i)rä : to͡qïdï : (ä)d(i)z : bod(u)n : (a)n͡ta ölti : üč(ü)n͡č : bo[lču]da : oγ(u)z birlä : süŋ(ü)šd(ü)m(i)z : kül tig(i)n :

(a)zm(a)n (a)q(ï)γ : bin(i)p : t(ä)gdi : s(a)n͡čdï : süsin : s(a)n͡čd(ï)m(ï)z : ilin (a)lt(ï)m(ï)z : tört(ü)n͡č : čuš : b(a)šïn͡ta : süŋ(ü)šd(ü)m(i)z : türü͡k :

(N 7)

bod(u)n : (a)d(a)q q(a)mš(a)tdï : y(a)bl(a)q bol͡t[(a)č]ï (ä)rti : oza [k(ä)]lm(i)š : süsin : kül tig(i)n : (a)γ(ï)t(ï)p : toŋra : bir uγ(u)š : (a)lp(a)γu : on (ä)r(i)g : toŋa tig(i)n : yoγïn͡ta : (ä)g(i)r(i)p öl(ü)rt(ü)m(i)z : biš(i)n͡č : (ä)zg(ä)nti : q(a)d(i)zdä : oγ(u)z : birlä : süŋ(ü)šd(ü)m(i)z : kül tig(i)n :

(N 8)

(a)z y(a)γ(ï)zin : bin(i)p : t(ä)gdi : (e)ki (ä)r(i)g : s(a)n͡čdï : b(a)lïq͡q(q)a : b(a)s(ï)qdï : ol sü : (a)n͡ta öl[ti] : (a)mγa qorγ(a)n : q͡ïšl(a)p : y(a)zïŋa : oγ(u)zγ(a)ru : sü t(a)š(ï)qd(ï)m(ï)z : kül t(e)g(i)n : (ä)b(i)g b(a)šl(a)yu : (a)qït(tï)m(ï)z : oγ(u)z y(a)γï : orduγ : b(a)sdï : kül tig(i)n :

(N 9)

ögs(i)z (a)qin : bin(i)p : to͡quz (ä)r(ä)n : s(a)n͡čdï : orduγ : birm(ä)di : ög(ü)m q(a)tun : ul(a)yu : ögl(ä)r(i)m : (ä)k(ä)l(ä)r(i)m : k(ä)l(i)ŋün(ü)m : q͡uun͡č(u)yl(a)r(ï)m : bun͡ča y(ä)mä : tir(i)gi : küŋ bol͡t(a)čï (ä)rti : öl(ü)gi : yurtda : yolta : y(a)tu q(a)l͡t(a)čï : (ä)rt(i)g(i)z :

(N 10)

kül tig(i)n : yo͡q (ä)rs(ä)r : q͡oop : ölt(ä)či : (ä)rt(i)g(i)z : in(i)m kül tig(i)n : k(ä)rg(ä)k : bol͡tï : öz(ü)m : s(a)q(ï)n͡t(ï)m : körür : köz(ü)m : körm(ä)z t(ä)g : bil(i)r : bil(i)g(i)m : bilm(ä)z t(ä)g : bol͡tï : öz(ü)m s(a)q(ï)n͡t(ï)m : öd t(ä)ŋri : (a)ys(a)r : kiši oγli : q͡oop : ölg(ä)li : törüm(i)š :

(N 11)

(a)n͡ča : s(a)q(ï)n͡t(ï)m : közdä : y(a)š k(ä)ls(ä)r : tida : köŋ(ü)ltä : sïγ(ï)t : k(ä)ls(ä)r : y(a)n͡t(u)ru : s(a)q(ï)n͡t(ï)m : q(a)t(ï)γdi : s(a)q(ï)n͡t(ï)m : (e)ki š(a)d : ul(a)yu : in(i)ygün(ü)m : oγl(a)n(ï)m : b(ä)gl(ä)r(i)m : bod(u)n(u)m : közi q(a)ši : y(a)bl(a)q : bol͡t(a)čï tip : s(a)q(ï)n͡t(ï)m : yoγčï : sïγ(ï)tčï : q͡ïït(a)ń : t(a)t(a)bï : bod(u)n : b(a)šl(a)yu :

(N 12)

ud(a)r s(ä)ŋün : k(ä)lti : t(a)bγ(a)č : q(a)γ(a)n͡ta : iš(i)yi : lik(ä)ŋ : k(ä)lti : bir tüm(ä)n (a)γï : (a)ltun küm(ü)š : k(ä)rg(ä)ks(i)z : k(ä)lürti : töpöt : q(a)γ(a)n͡ta : böl(ö)n : k(ä)lti : qur(ï)ya : kün : b(a)ts(ï)qd(a)qï : soγ(u)d : b(ä)rč(i)k(ä)r : buq(a)r(a)q ul(u)š : bod(u)n͡ta : n(ä)k s(ä)ŋün : oγ(u)l t(a)rq(a)n : k(ä)lti :

(N 13)

on o͡q : oγl(u)m : türg(i)š : q(a)γ(a)n͡ta : m(a)q(a)r(a)č : t(a)mγ(a)čï : oγ(u)z : bilgä : t(a)mγ(a)čï : k(ä)lti : q͡ïïrq(ï)z : q(a)γ(a)n͡ta : t(a)rduš : in(a)n͡ču čor : k(ä)lti : b(a)rq : itgüči : b(ä)d(i)z : y(a)r(a)t(ï)γma : bit(i)g t(a)š : itgüči : t(a)bγ(a)č : q(a)γ(a)n : čïq(a)ni : č(a)ŋ s(ä)ŋün : k(ä)lti :

(NE)

kül tig(i)n : q͡ooń : yïlqa : yiti : y(e)g(i)rm(i)kä : učdï : toq(u)z(u)n͡č (a)y : y(e)ti ot(u)zqa : yoγ : (ä)rtürt(ü)m(i)z : b(a)rqin : b(ä)d(i)zin : bit(i)g t(a)š[in] bičin : yïlqa : yit(i)n͡č (a)y : yiti ot(u)zqa : q͡oop (a)lqd[(ï)m(ï)]z : kül tig(i)n : ö[zi] q͡ïïrq : (a)rtu͡q[i y]iti : y(a)šï[ŋa] : boltï : t(a)š [b(a)rq : itgüčig] bun͡ča : b(ä)d(i)zčig : tuyγ(u)n : (e)lt(ä)b(ä)r : k(ä)lü<r>ti :

(SE)

bun͡ča : bit(i)g : bit(i)gmä : kül tig(i)n : (a)tïsi : yol(lu)γ tig(i)n : bitid(i)m : yig(i)rmi : kün : ol(o)r(u)p : bu t(a)šqa : bu tāmqa : q͡oop : yol(lu)γ tig(i)n : bitid(i)m : ïγ(a)r : oγl(a)n(ï)ŋ(ï)zda : t(a)yγu-n(u)ŋ(ï)zda : y(e)gdi : ig(i)dür : (ä)rt(i)g(i)z : uča b(a)rd(ï)γ(ï)z : t(ä)ŋr[idä] tir(i)gd(ä)kičä : [.........]

(SW)

kül tig(i)n(i)ŋ : (a)ltunïn : küm(ü)šin : (a)γïšïn : b(a)r(ï)mïn tör[t b(i)ŋ] y(ï)lq[ïs]ïn : (a)y(a)γma : tuyγ(u)t : bu [...........] b(ä)g(i)m : tig(i)n : yüg(gä)rü : t(ä)ŋ[ri bolča ....] t(a)š : bit(i)d(i)m : yoll(u)γ : tig(i)n [b(i)t(i)d(i)m(i)z]

(W 1)

q͡uur(ï)d(ï)n [s]oγ(u)d örti : in(i)m k͡üül tig(i)n [...............] iš(i)g k͡ü-üč(ü)g : birt͡ök : üč(ü)n : türü͡k : bilgä : q(a)γ(a)n : [(a)y]u͡qï[ŋ]a : in(i)m k͡üül tig(i)n(i)g : k͡üüz(ä)dü : ol(o)rt[(u)m]

(W 2)

in(ä)n͡ču : (a)pa : y(a)rγ(a)n t(a)rq(a)n : āt(ï)γ : [bi]rt(i)m : [(a)n]ï ögtürt[(ü)m]

퀼 티긴 비문의 받침대인 대리석 거북상 위에 있는 비문

1. [b]od(u)n : [...............]
2. [b(ä)]gl(ä)r : bod(u)n : q[............]
3. [.]yi : kül tig(i)n : B^2[.................]
4. [sï]γ(ï)t(ï)m(ï)n : b(a)sd(ï)m
5. [k]öz(ü)m [.............]g : [...........]
6. [ölür............................]
7. B^2[.............................]

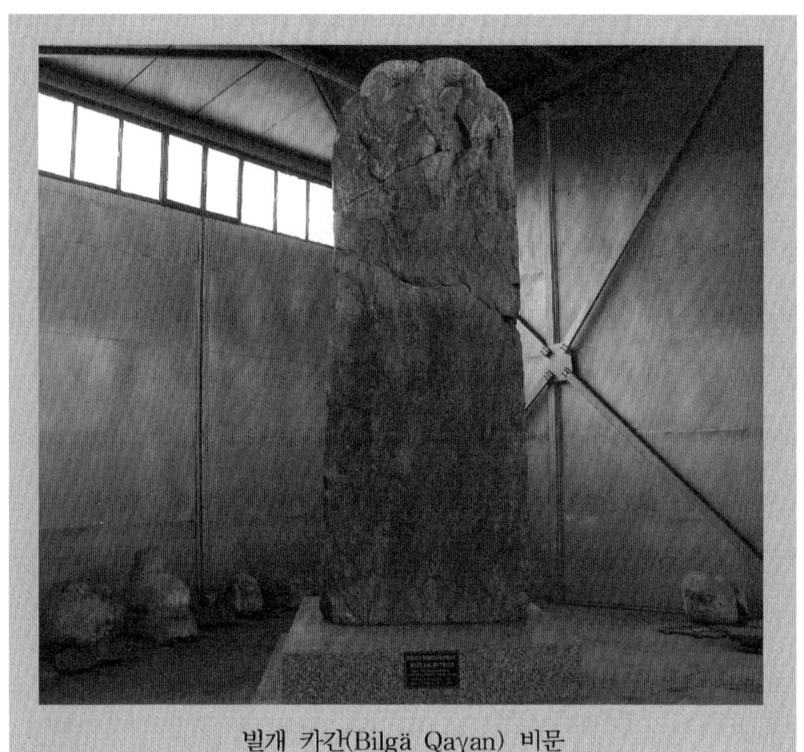

빌개 카간(Bilgä Qaγan) 비문

▦ 빌개 카간(Bilgä Qaγan) 비문 ▦

(N 1)

t(ä)ŋri t(ä)g : t(ä)ŋridä : bolm(i)š : türü͡k : bilgä q(a)γ(a)n : bödkä : ol(o)rt(u)m : s(a)b(ï)m(ï)n : tük(ä)ti : (e)š(i)d : ul(a)yu : in(i)ygün(ü)m : oγl(a)n(ï)m : birki : uγ(u)š(u)m : [bod(u)n(u)m .... ilg(ä)rü : kün]

(N 2)

tuγs(ï)qïŋa : birg(ä)rü : kün : ortosïŋ(a)ru : q͡uurïγ(a)ru : kün : b(a)ts͡ïqïŋa : yïrγ(a)ru : tün : ortosïŋ(a)ru : (a)n͡ta : (i)čr(ä)ki : bod(u)n : q͡oop : m(a)ŋa : körür : [bun͡ča bod(u)n q͡oop itd(i)m] ol (a)mtï : (a)ń[(ï)γ yo͡q : t]ürü͡k : [q(a)γ(a)]n : ötü͡k(ä)n : [yï]š : ol(o)rs(a)r, [: il]tä [: buŋ] yo͡q : ilg[(ä)rü š(a)]n͡tuŋ : [y(a)zïqa t(ä)gi sül(ä)d(i)m t(a)loyqa kič(i)g t(ä)gm(ä)d(i)m] b[i]rg<(ä)r>ü : t[oq(u)z]

(N 3)

(ä)rs(i)nkä : t(ä)gi : sül(ä)d(i)m : töpötkä : kič(i)g : t(ä)gm(ä)d(i)m : q͡uur(ï)γ(a)ru : yin͡čü üg(ü)z : k(ä)čä : t(ä)m(i)r q(a)p(ï)γqa : t(ä)gi : sül(ä)d(i)m : yïrγ(a)ru : yir b(a)y(ï)rq͡uu : y(e)r(i)ŋä : t(ä)gi : sül[(ä)d(i)m] bu[n͡ča yirkä t(ä)gi y]or(ï)td[(ï)m öt]ü͡k(ä)n : y[ïš]da : yig : i[di yo͡q (ä)r]m(i)š : il [tuts(ï)q yir ö]tü͡k[(ä)n :] y(ï)š (ä)rm(i)š [bu] y(e)rd[ä ol(o)]r(u)p [t(a)bγ(a)č bod(u)]n : birlä : tüz(ü)l[t(ü)m] (a)ltun : küm(ü)š : (e)šg[(i)ti]

(N 4)

q͡oot(a)y : buŋs(ï)z : (a)n͡ča birür : t(a)bγ(a)č : bod(u)n : s(a)bi süč(i)g : (a)γïsi : y(e)mš(a)q : (ä)rm(i)š : süč(i)g : [s(a)]b(ï)n : y(e)mš(a)q : (a)γïn : (a)r(ï)p : ïr(a)q [bod(u)]n(u)γ : (a)n͡ča y(a)γutir :

(ä)rm(i)š [y(a)γr]u : q͡oon͡to͡q[da] : kisrä : (a)ń(ï)γ bil(i)g(i)n : (a)n͡ta ö[yür (ä)rm(i)]š : (ä)dgü [bil]gä : kišig : (ä)dgü : (a)lp : kišig : yo[r(ï)tm(a)z] : (ä)rm(i)š : bir kiši : y(a)ŋ(ï)ls[(a)r] uγ(u)ši bod(u)n[i biš]ü͡kiŋä : t(ä)gi : q͡ïïd[m(a)z]

(N 5)

(ä)rm(i)š : süč(i)g : s(a)bïŋa : y(e)mš(a)q : (a)γïsïŋa : (a)rtur(u)p : ük(ü)š : türü͡k : bod(u)n : ölt(ü)g : türü͡k : bod(u)n : öls(i)k(i)ŋ : biryä : čoγ(a)y : yïš : tög(ü)ltün : y(a)zï [q͡oo]n(a)yin : [tis(ä)r] : türü͡k : bod(u)n : öls(i)k(i)g (a)n͡ta : (a)ń(ï)γ [k]iši : (a)n͡ča boš-γ[(u)rur] (ä)rm(i)š : ïr(a)q (ä)rs(ä)r : y(a)bl(a)q (a)γï : birür : y(a)γu͡q (ä)rs(ä)r : (ä)dgü : (a)γï birür tip (a)n͡ča : bošγ(u)rur : (ä)rm(i)š : bi[l(i)g]

(N 6)

bilm(ä)z : kiši : ol s(a)b(ï)γ (a)l(ï)p : y(a)γru : b(a)r(ï)p : ük(ü)š kiši : ölt(ü)g : ol y(e)r[g(ä)r]ü : b(a)rs(a)r : türü͡k : bod(u)n : ölt(ä)či s(ä)n : ötü͡k(ä)n : y(e)r : o[l(o)]r(u)p [(a)rq(ï)š] : tirk(i)š : ïs(a)r : n(ä)ŋ bu[ŋ(u)γ yo]q : ö[tü͡k(ä)n y]ïš : ol(o)rs(a)r : b(ä)ŋgü [il tuta ol(o)rt(a)č]ï s(ä)n : türü͡k : bod(u)n : toq(u)rq(a)q s(ä)n : āčs(a)r : tos(ï)q : öm(ä)z s(ä)n : bir : tods(a)r : āčs(ï)q : öm(ä)z s(ä)n : (a)n͡t(a)-γ(ï)ŋ(ï)n : üč(ü)n : ig(i)dm(i)š : q[(a)γ(a)n(ï)ŋ(ï)n]

(N 7)

s(a)bin : (a)lm(a)tin : yir : s(a)yu : b(a)rd(ï)γ : q͡oop (a)n͡ta : (a)l-q(ï)n͡t(ï)γ : (a)r(ï)l[t(ï)γ] (a)n͡ta q(a)lm[(i)ši] yir [s(a)y]u : q͡oop : toru : ölü : yor(ï)yur (ä)rt(i)g : t(ä)ŋri : y(a)rl(ï)q[(a)do͡qin üč(ü)n öz(ü)]m : q͡uut(u)m : b(a)r üč(ü)n : q[(a)γ(a)n ol(o)rt(u)]m : q(a)γ(a)n : ol(o)r(u)p : yo͡q čïγ(a)ń : bod(u)n(u)γ : q͡oop : q͡uubr(a)t(tï)m : čïγ(a)ń : bod(u)n(u)γ : b(a)y qï͡lt(ï)m : (a)z bod(u)n(u)γ : ük(ü)š qï͡lt(ï)m : (a)z[u bu]

(N 8)

s(a)b(ï)mda : ig(i)d b(a)r γu : türü͡k : b(ä)gl(ä)r : bod(u)n : bunï : (e)šid(i)ŋ [:] türü͡k : bod(u)n(u)γ : tir(i)p : [i]l tuts(ï)q(ï)ŋ(ï)n : bun͡ta : urt(u)m : y(a)ŋ(ï)l(ï)p : öls(i)k(i)ŋ(i)n : [y(ä)mä] : bun͡t[a urt(u)]m : n(ä)ŋ n(ä)ŋ : s(a)b(ï)m [(ä)rs(ä)]r : b(ä)ŋgü t(a)šqa : urt(u)m : (a)ŋ(a)r körü : bil(i)ŋ : türü͡k : m(a)tï : bod(u)n : b(ä)gl(ä)r : bödkä : kör(ü)gmä : [b(ä)gl(ä)]r [g]ü : y[(a)ŋ(ï)]l͡t(a)čï : siz [q(a)ŋ(ï)m]

(N 9)

q(a)γ(a)n : (e)č(i)m q(a)γ(a)n : ol(o)rto͡qïn͡ta : tört : bul(u)ŋd(a)qï : bod(u)n(u)γ : n(ä)n͡čä : itm[(i)š n(ä)n͡čä y(a)r(a)tm(i)š t(ä)]ŋr[i] y(a)rl(ï)q(a)d[o͡q ü]č[(ü)n ö]z(ü)m : ol(o)rto͡q(u)ma : tör[t] b[ul(u)ŋ-d(a)qï bo]d(u)n(u)γ : itd(i)m : y(a)r[(a)t]d(ï)m : i[................] qïl͡t(ï)m : m(ä)n : [t]ürg(i)š : q(a)γ(a)nqa : q͡ïïz(ï)m[(ï)n ....] : (ä)rt(i)ŋü : ul(u)γ : törön : (a)lï birt(i)m : tür[g(i)š q(a)γ(a)n]

(N 10)

q͡ïïzïn : (ä)rt(i)ŋü : ul(u)γ : törön : oγl(u)ma : (a)lï birt(i)m : [........................] (ä)rt(i)ŋü : ul(u)γ : törön : (a)lï birt(i)m : y[(a) ....]T^2 : (e)rtü[r]t(ü)m : tör[t bul(u)ŋd(a)qï bod(u)n(u)γ] b(a)z [qïl͡t(ï)m b(a)]š[l(ï)]γ(ï)γ : yük(ü)n͡t(ü)rt(ü)m : tizl(i)g(i)g : sök(ü)r-t(ü)m : üzä : t(ä)ŋri : (a)s[ra] y(e)r : y(a)rl(ï)q(a)do͡q : üč[(ü)n]

(N 11)

köz(ü)n : körm(ä)dö͡k : q͡uulq(a)q(ï)n : (e)š(i)dm(ä)dö͡k : bod(u)-n(u)m(ï)n : ilg(ä)rü : kün : tu[γs(ï)qïŋa] birg(ä)rü [kün ortosïŋ]a : q͡u-ur(ï)γ(a)ru : [kün b(a)ts(ï)qïŋa yïrγ(a)ru tün ortosïŋa t(ä)gi : q͡o-on͡t(u)rt(u)m s(a)r(ï)γ (a)ltu]nin : ür(ü)ŋ : küm(ü)šin : q͡ïïrγ(a)γl(ï)γ : q͡oot(a)yin : kinl(i)g : (e)šg(i)tisin : özl(i)k (a)tin : (a)dγ(ï)rin : q(a)-ra : k[išin]

(N 12)

kök : t(ä)y(ä)ŋin : türûk(ü)mä : bod(u)n(u)ma : q(a)zγ(a)nu : birt(i)m : iti birt(i)m : [.............(i)]n : buŋs(ï)z : qïlt(ï)m : üzä : t(ä)ŋri : (ä)rkl(i)g [....................................... t]üm(ä)n : uγ[....................................... (i)]n[....... b(ä)gl(ä)]r(i)g : bod(u)n[(u)γ]

(N 13)

[y(ä)]mä : ig(i)d(i)ŋ : (ä)mg(ä)tm(ä)ŋ : tolγ(a)tm(a)ŋ [....]m : türûk : b(ä)gl(ä)r : türûk : bod(u)n(u)m : [....] (a)t : birt(i)m : [.............]qa : t(a)š(ï)γ : [...]ür[.....] q(a)zγ(a)n(ï)p : y(a)ŋ[.........]i : bu [.........................]a : bu q(a)γ(a)n(ï)ŋda : bu b(ä)gl(ä)r(i)g[dä bu y(e)r(i)ŋdä su]-b(u)ŋd[a (a)dr(ï)lm(a)s(a)r] : türûk [bod(u)n]

(N 14)

[...] : (ä)dgü : kört(ä)či s(ä)n : (ä)b(i)ŋä : kirt(ä)či s(ä)n : buŋs(ï)z : bolt(a)čï s(ä)n [................ (a)nta] kisrä : t(a)bγ(a)č q[(a)γ(a)]nta : b(ä)d(i)zči : qoop : k[(ä)lürt(ü)m m(ä)n(i)ŋ] s(a)b(ï)m(ï)n : sïm(a)dï : ičr(ä)ki : b(ä)d(i)zčig : ït(t)ï : (a)ŋ(a)r : (a)d(ï)nč(ï)γ : b(a)rq : y(a)-r[(a)t(ït)]d(ï)m : ičin t(a)šin : (a)d(ï)nč(ï)γ : b(ä)d(i)z u[rt(u)rt(u)]m [t(a)š toqïtd(ï)m köŋ(ü)lt(ä)ki s(a)]b(ï)m(ï)n : [urt(u)rt(u)m ....]

(N 15)

on oq : oγlïŋa : t(a)tïŋa : t(ä)gi : bunï : körü : bil(i)ŋ : b(ä)ŋg[ü] : t(a)š : toqïtd(ï)m : [..........] y(e)rtä [..] toqït-d(ï)m : biti(t)d(i)m : bu[nï kör(ü)p (a)nča bil(i)ŋ ol] t(a)š : b(a)rqin [..]

(E 1)

t(ä)ŋri t(ä)g : t(ä)ŋri : y(a)r(a)tm(i)š : türûk : bilgä : q(a)γ(a)n : s(a)b(ï)m : q(a)ŋ(ï)m : türûk : bilg[ä q(a)γ(a)n .... (a)l]tï sir : toq(u)z oγ(u)z : (e)ki (ä)d(i)z k(ä)r(ä)kül(ü)g : b(ä)gl(ä)ri : bod(u)ni : [..................... tü]r͡ük : t[(ä)ŋ]ri[...]

(E 2)

üzä : q(a)γ(a)n : ol(o)rt(u)m : ol(o)rt͡oq(u)ma : ölt(ä)čičä : s(a)q(ï)n(ï)γma : tür͡ük : b(ä)gl(ä)r : bod(u)n : [ö]g(i)r(i)p : s(ä)b(i)n(i)p : toŋ(ï)tm(i)š : közi : yüg(gä)rü körti : bödkä : öz(ü)m ol(o)r(u)p : bun͡ča : (a)γ(ï)r törög : tört : bul(u)ŋd(a)qï : [..................]d(i)m : üzä : kök t(ä)ŋri : (a)s[ra y(a)γ(ï)z y(e)r qïl(ï)n͡t͡oqda (e)kin (a)ra kiši oγli qïl(ï)nm(i)š]

(E 3)

kiši : oγlïn͡ta : üzä : (ä)čüm (a)pam : bum(ï)n q(a)γ(a)n : (i)št(ä)mi q(a)γ(a)n : ol(o)rm(i)š : ol(o)r(u)p(a)n : tür͡ük [b]od(u)n(ï)ŋ : ilin : törösin : tuta birm(i)š : iti birm(i)š : tört : b(u)l(u)ŋ : q͡oop : y(a)γï (ä)rm(i)š : sü sül(ä)p(ä)n : tört : bul(u)ŋd(a)qï : bod(u)n(u)γ [qop (a)lm(i)š : qop b(a)z qïlm(i)š] b(a)šl(ï)γ(ï)γ [yü]k(ü)n͡t(ü)rm(i)š : tizl(i)g[(i)g : sök(ü)rm(i)š : ilg(ä)rü : q(a)d(ï)rq(a)n : yïšqa t(ä)gi : kirü]

(E 4)

t(ä)m(i)r q(a)p(ï)γqa : t(ä)gi : q͡oon͡t(u)rm(i)š : (e)kin (a)ra : idi oqs(ï)z : kök tür͡ük [:] iti (a)n͡ča : ol(o)rur (ä)rm(i)š : bilgä : q(a)γ(a)n (ä)rm(i)š : (a)lp q(a)γ(a)n : (ä)rm(i)š : buyru͡qi <y(ä)mä> : bilgä : (ä)rm(i)š (ä)r(i)n͡č : (a)lp (ä)rm(i)š (ä)r(i)n͡č : b(ä)gl(ä)ri y(ä)mä : bod(u)ni [y(ä)mä tüz (ä)rm(i)š (a)nï] üčün : il(i)g : (a)n͡ča tutm(i)š (ä)r(i)n͡č : il(i)g tut(u)p : törö[g : itm(i)š : özi (a)n͡ča : k(ä)rg(ä)k bolm(i)š]

(E 5)

yoγčï : sïγ(ï)tčï : öŋrä : kün : tuγs(ï)qda : bükli : čöl(lü)g il : t(a)bγ(a)č : töpöt : (a)p(a)r pur(u)m : q͡ïïrq(ï)z : üč q͡uurïq(a)n : ot(u)z t(a)t(a)r : q͡ïït(a)ń : t(a)t(a)bï : bun͡ča : bod(u)n : k(ä)l(i)p(ä)n : sïγtam(i)š : yoγlam(i)š : (a)n͡t(a)γ kül(ü)g : q(a)γ(a)n (ä)r[m(i)š : (a)n͡ta kisrä in(i)si] q(a)γ(a)n [bolm(i)š (ä)r(i)]n͡č : oγlït[i] : q(a)γ(a)n : bolm(i)š (ä)r(i)n͡č : (a)n͡ta [kisrä : inisi : (e)čisin t(ä)g]

(E 6)

qïl(ï)nm(a)do͡q (ä)r(i)n͡č : oγli : q(a)ŋin t(ä)g : qïl(ï)nm(a)do͡q (ä)r(i)n͡č : bil(i)gs(i)z : q(a)γ[(a)n ol(o)]rm(i)š (ä)r(i)n͡č : y(a)bl(a)q : q(a)γ(a)n : ol(o)rm(i)š (ä)r(i)n͡č : buyru͡qi : y(ä)mä : bil(i)gs(i)z (ä)rm(i)š (ä)r(i)n͡č : y(a)bl(a)q : (ä)rm(i)š (ä)r(i)n͡č : b(ä)gl(ä)ri : bod(u)ni : tüzs(i)z üč(ü)n : t(a)bγ(a)č : bod(u)n : t(ä)bl[(i)g(i)n] : kürl(ü)gin : [üč(ü)n (a)rm(a)qčï]sin : üč(ü)n : in(i)li [(e)čili : kikšürt(ö)kin : üčün : b(ä)gli : bod(u)nlïγ]

(E 7)

yoŋ(a)šurto͡qin : üč(ü)n : türü͡k : bod(u)n : il(lä)dö͡k : ilin : ïčγ(ï)nu [ï]dm(i)š : q(a)γ(a)nl(a)do͡q : q(a)γ(a)nin : yit(ü)rü ïdm(i)š : t(a)bγ(a)č : bod(u)nqa : b(ä)gl(i)k : urï oγlin : q͡uul qïltï : (e)š(i)l(i)k q͡ïïz oγlin : küŋ qïl͡tï : türü͡k : b(ä)gl(ä)r : türü͡k : (a)tin : ït(t)ï : t(a)bγ[(a)čγï] : b(ä)gl(ä)r : t(a)bγ[(a)č (a)tin : tut(u)p(a)n : t(a)bγ(a)č : q(a)γ(a)nqa : körm(i)š : (ä)l(i)g yïl]

(E 8)

iš(i)g küč(ü)g : birm(i)š : ilg(ä)rü : kün : tuγs(ï)q(q)a : bükli [q(a)]γ(a)nqa : t(ä)gi : sül(ä)yü : birm(i)š : q͡uur(ï)γ(a)ru : t(ä)m(i)r : q(a)p(ï)γqa : <t(ä)gi :> sül(ä)yü : birm(i)š : t(a)bγ(a)č q(a)γ(a)nqa : ilin : tör(ö)sin : (a)lï birm(i)š : türü͡k : q(a)ra : q(a)m(a)γ : bod(u)n : (a)n͡ča tim(i)š : ill(i)g : bod(u)n [(ä)rt(i)m : il(i)m : (a)mtï q(a)nï : k(ä)mkä : il(i)g : q(a)zγ(a)nur m(ä)n : tir (ä)rm(i)š]

(E 9)

q(a)γ(a)nl(ï)γ : bod(u)n : (ä)rt(i)m : q(a)γ(a)n(ï)m : q(a)nï : nä : q(a)γ(a)nqa : iš(i)g küč(ü)g : birür m(ä)n : tir (ä)rm(i)š : (a)n͡ča tip : t(a)bγ(a)č q(a)γ(a)nqa : y(a)γï : bolm(i)š : y(a)γï : bol(u)p : it(i)nü : y(a)r(a)t(ï)nu : um(a)do͡q : y(a)na : ï͡č(i)km(i)š : bun͡ča : iš(i)g küč(ü)g : birtö͡k(kä)rü : s(a)q(ï)nm(a)tï : türü͡k : bod(u)n(u)γ : öl(ü)r[(ä)yin ur(u)γs(ï)r(a)]t(a)yin [tir (ä)rm(i)š : yoq(a)du : b(a)rïr : (ä)rm(i)š : üzä :]

(E 10)

türü͡k : t(ä)ŋrisi : <türü͡k :> ïdu͡q : yiri : subi : (a)n͡ča (e)tm(i)š (ä)r(i)n͡č : türü͡k : bod(u)n : yo͡q bolm(a)zun : tiy(i)n : bod(u)n : bolčun : tiy(i)n : q(a)ŋ(ï)m : ilt(e)r(i)š : q(a)γ(a)n(ï)γ : ög(ü)m : ilb(i)lgä : q(a)tun(u)γ : t(ä)ŋri : töp(ö)sin͡tä : tut(u)p : yüg(gä)rü : köt(ü)rti (ä)r(i)n͡č : q(a)ŋ(ï)m q(a)γ(a)n : y(e)ti y(e)g(i)rmi : (ä)r(i)n : t(a)š[(ï)q]m[(i)š t(a)šra] yo[rï]yur [tiy(i)n : kü (e)š(i)d(i)p : b(a)]l[ï͡q]-d[(a)qï] : t(a)γ[ï͡qm(i)š : t(a)γd(a)qï]

(E 11)

inm(i)š : tir(i)l(i)p : y(e)tm(i)š (ä)r : bolm(i)š : t(ä)ŋri : küč birtö͡k : üč(ü)n : q(a)ŋ(ï)m q(a)γ(a)n : süsi : böri t(ä)g : (ä)rm(i)š : y(a)-γ(ï)si : q͡ooń t(ä)g : (ä)rm(i)š : ilg(ä)rü : q͡uurïγ(a)ru : sül(ä)p : tirm(i)š : qubr(a)tm(i)š : q(a)m(a)γi : y(e)ti yüz (ä)r : bolm(i)š : y(e)ti yüz (ä)r : bol(u)p : (e)l[s(i)r(ä)m(i)š : q(a)γ(a)ns(ï)r(a)m(i)š : bod(u)n(u)γ : küŋ(ä)dm(i)š : q͡uul(a)dm(i)š : bod(u)]n(u)γ : türü͡k : tör(ö)sin [ïčγ(ï)nm(i)š]

(E 12)

bod(u)n(u)γ : (ä)čüm (a)pam : törösin͡čä : y(a)r(a)tm(i)š : boš-γ[(u)r]m(i)š : töl(i)s : t(a)rduš : bod(u)n(u)γ : (a)n͡ta itm(i)š : y(a)bγuγ : š(a)d(ï)γ : (a)n͡ta birm(i)š : biryä : t(a)bγ(a)č : bod(u)n : y(a)γï (ä)rm(i)š : yïrya : b(a)z q(a)γ(a)n : to͡quz : oγ(u)z : bod(u)n : y(a)γï (ä)rm(i)š : q͡ïï[rq(ï)z : q͡uurïq(a)n : ot(u)z t(a)t(a)r : q͡ïït(a)ń : t(a)-t(a)bï : q͡oop : y(a)γï (ä)rm(i)š : q(a)ŋ(ï)]m q[(a)γ(a)n : bun͡ča ......] bod(u)n(u)γ [...] qïr[q (a)rtu͡qi]

(E 13)

yiti : yolï : sül(ä)m(i)š : y(e)g(i)rmi : süŋ(ü)š : sü[ŋ(ü)š]m(i)š : t(ä)ŋri : y(a)rl(ï)q(a)do͡q üč(ü)n : ill(i)g(i)g : ils(i)r(ä)tm(i)š : q(a)γ(a)n-l(ï)γ(ï)γ : q(a)γ(a)ns(ï)r(a)tm(i)š : y(a)γïγ : b(a)z qïlm(i)š : tizl(i)g(i)g : sök(ü)rm(i)š : b(a)šl(ï)γ(ï)γ : yük(ü)n͡t(ü)rm(i)š : q(a)ŋ(ï)m [: q(a)-γ(a)nqa] b(a)šl(a)yu : b(a)z q(a)γ(a)n(ï)γ : b(a)lb(a)l : tik[m(i)š : q(a)ŋ(ï)m]

(E 14)

q(a)γ(a)n : učdo͡qda : öz(ü)m : s(ä)k(i)z y(a)šda : q(a)lt(ï)m : ol [t]ör(ö)dä : üzä : (e)č(i)m q(a)γ(a)n : ol(o)rtï : ol(o)r(u)p(a)n : türü͡k : bod(u)n(u)γ : yičä : itdi : yičä : ig(i)t(t)i : čïγ(a)ń(ï)γ : b(a)y qïl͡tï : (a)z(ï)γ ük(ü)š : q͡ïïl͡tï : (e)čim q(a)γ(a)n : ol(o)rto͡q(q)a : öz(ü)m : tig(i)n : (ä)rk[...]iy[..] t(ä)ŋri : y(a)rl(ï)q(a)do͡q üčün

(E 15)

tört : y(e)g(i)rmi : y(a)š(ï)mqa : t(a)rduš : bod(u)n : üzä : š(a)d : ol(o)rt(u)m : (e)č(i)m q(a)γ(a)n : birlä : ilg(ä)rü : y(a)š(ï)l üg(ü)z : š(a)n͡tuŋ : y(a)zïqa : t(ä)gi : sül(ä)d(i)m(i)z : q͡uurïγ(a)ru : t(ä)m(i)r q(a)p(ï)γqa : t(ä)gi : sül(ä)d(i)m(i)z : kögm(ä)n (a)ša : q͡ïïrq(ï)z : yir(i)ŋä : t(ä)gi : sü[l(ä)d(i)m(i)z q(a)m(a)γi] biš ot(u)z : sü[l(ä)d(i)m(i)]z [üč y(e)g(i)r]mi [süŋ(ü)šd(ü)m(i)z : ill(i)g(i)g : ils(i)r(ä)td(i)m(i)z : q(a)-γ(a)nl(ï)γ(ï)γ : q(a)γ(a)ns(ï)r(a)td(ï)m(ï)z : tizl(i)g(i)g]

(E 16)

sök(ü)rt(ü)m(i)z : b(a)šl(ï)γ(ï)γ : yük(ü)n͡t(ü)rt(ü)m(i)z : türg(i)š : [q(a)]γ(a)n : türü͡k(ü)m : bod(u)n(u)m : (ä)rti : bilm(ä)dö͡kin : üč(ü)n : biz(i)ŋä : y(a)ŋ(ï)l͡to͡qin : y(a)z(ï)n͡to͡qin : üč(ü)n : q(a)γ(a)ni : ölti : buy[ru͡q]i : b(ä)gl(ä)ri : y(ä)mä : ölti : on o͡q : bod(u)n : (ä)mg(ä)k körti : (ä)čü[m(ü)z (a)pam(ï)z : tutm(i)š yi]r su<b> : [id(i)]siz : q(a)lm(a)zun [tiy(i)]n [(a)z bod(u)n(u)γ it(i)p : y(a)r(a)t(ï)p .... b(a)rs b(ä)g]

(E 17)

(ä)rti : q(a)γ(a)n (a)t(ï)γ : bun͡ta : biz birt(i)m(i)z : siŋl(i)m : q͡u-u[n͡č(u)]y(u)γ : birt(i)m(i)z : özi y(a)z(ï)n͡tï : q(a)γ(a)ni : ölti : bod(u)ni : küŋ qul : bol͡tï : kögm(ä)n : yir sub : id(i)s(i)z : q[(a)l]m(a)zun : tiy(i)n : (a)z q͡ïïrq(ï)z : bod(u)n(u)γ i[t(i)p] : y(a)r(a)t(ï)p : k(ä)lt(i)-m[(i)z : s]üŋ(ü)š[d(ü)m(i)z .... y(a)na birt(i)m(i)z : ilg(ä)rü] q(a)d(ï)r-q(a)n : y(ï)š[(ï)γ : (a)ša :] b[od(u)]n(u)γ (a)n͡ča : q͡on͡t(u)r[t(u)m(ï)z : (a)n͡ča itd(i)m(i)z] q͡uur(ï)γ(a)ru :

(E 18)

k(ä)ŋü t(a)rb(a)nqa : t(ä)gi : türü͡k : bod(u)n(u)γ : (a)n͡ča q͡o-on͡t(u)r[t(u)]m(ï)z : (a)n͡ča itd(i)m(i)z : ol ödkä : q͡uul : q͡uull(u)γ : küŋ : küŋl(ü)g : bolm(i)š : (ä)rti : in(i)si [: (e)č]isin : bilm(ä)z : (ä)rti : oγli : q(a)ŋin : bilm(ä)z : (ä)rti : (a)n͡ča q(a)zγ(a)nm(i)š : (a)n͡ča itm(i)š : il(i)m(i)z [: töröm(ü)z : (ä)rti : türü͡k : oγ(u)z : b(ä)gl(ä)ri : bo]d(u)n : (e)š(i)d : üzä : t(ä)ŋri : b(a)sm[(a)s(a)r : (a)sra] y(e)r : t(ä)l(i)nm(ä)s(ä)r :

(E 19)

türü͡k : bod(u)n : il(i)ŋ(i)n : tör(ö)g(i)n : k(ä)m (a)rt(a)tï : ud(a)čï [(ä)rt]i : türü͡k : bod(u)n : (ä)rt(i)n : ök͡üün : kür(ä)güŋ(i)n : üč(ü)n

: ig(i)dm(i)š : <bilgä> q(a)γ(a)n(ï)ŋa : (e)rm(i)š : b(a)r[m(i)š :
(ä)dgü] (e)l(i)ŋä : k(ä)n͡tü y(a)ŋ(ï)l͡t(ï)γ : y(a)bl(a)q : kigürt(ü)g :
y(a)r(a)ql(ï)γ : q(a)n͡t(a)n : k(ä)l(i)p : y(a)ńa iltdi : süŋ(ü)gl(ü)g :
q(a)n͡t(a)n : [k(ä)l(i)p] sürä i[ltdi ï]du͡q : ö[tük(ä)n :] y(ï)š bod(u)n :
b(a)rd(ï)γ : ilg(ä)rü [b(a)r(ï)γma] b(a)rd(ï)γ : q͡uu[r(ï)]γ(a)ru :

(E 20)

b(a)r(ï)γma : b(a)rd(ï)γ : b(a)rdo͡q : y(e)rdä : (ä)dgüg : ol (ä)r(i)n͡č
[q(a)]n(ï)ŋ : üg(ü)zčä : yüg(ü)rti : süŋö͡k(ü)g : t(a)γča : y(a)tďï :
b(ä)gl(i)k : urï oγl(u)ŋ(ï)n : q͡uul qïl͡t(ï)γ : (e)š(i)l(i)k [q͡ïïz oγl(u)ŋ(ï)n
küŋ] qïl͡t(ï)γ : ol bilm(ä)dö͡k(ü)g(i)n : üč(ü)n : y(a)bl(a)q(ï)ŋ(ï)n :
üč(ü)n : (e)č(i)m q(a)γ(a)n : uča : b(a)rďï : b(a)šl(a)yu : q͡ïïrq(ï)z :
q(a)γ(a)n(ï)γ : [b(a)lb(a)l : tikd(i)m :] türü͡k : bod(u)n : (a)ti küsi :
yo͡q bolm(a)zun : tiy(i)n : q(a)ŋ(ï)m q(a)γ(a)n(ï)γ :

(E 21)

ög(ü)m : q(a)tun(u)γ : köt(ü)r(ü)gmä : t(ä)ŋri : il b(e)r(i)g[mä
t(ä)]ŋri : türü͡k : bod(u)n : (a)ti küsi : yo͡q bolm(a)zun : tiy(i)n :
öz(ü)m(i)n : ol t(ä)ŋri : q(a)γ(a)n : ol(o)rtďï [n(ä)ŋ y]ïls(ï)γ : bod(u)n͡ta
: üzä : ol(o)rm(a)d(ï)m : ičrä : (a)šs(ï)z : t(a)šra : tons(ï)z : y(a)b(ï)z
: y(a)bl(a)q : bod(u)n͡ta [üzä ol(o)rt(u)m t]ig(i)n : (e)ki š(a)d : in(i)m
: [k͡üü]l tig(i)n : [bir]lä : sözl(ä)šd(i)m(i)z : q(a)ŋ(ï)m(ï)z

(E 22)

(e)č(i)m(i)z : q(a)zγ(a)nm(i)š : bod(u)n : (a)ti küsi : yo͡q bo[l-
m(a)zun] : tiy(i)n : türü͡k : bod(u)n : üč(ü)n : tün : uďïm(a)d(ï)m :
kün͡t(ü)z : ol(o)rm(a)d(ï)m : in(i)m : k͡üül t[ig(i)n : birlä : (e)ki š(a)d]
birlä : ölü : yitü : q(a)zγ(a)n͡t(ï)m : (a)n͡ča q(a)zγ(a)n(ï)p : birki :
bod(u)n(u)γ : ot sub : qïlm(a)d(ï)m : [m(ä)n öz(ü)m q(a)γ(a)n ol(o)r-
to͡q(u)ma] yir s(a)yu : b(a)rm(i)š : bod(u)n [y(a)d(a)γ(ï)n y(a)l(a)-
ŋ(ï)n] ölü : yitü [y(a)na]

(E 23)

k(ä)lti : bod(u)n(u)γ : ig(i)d(ä)y(i)n tiy(i)n : yïrγ(a)ru : [o]γ(u)z : bod(u)n t(a)pa : ilg(ä)rü : q͡ïït(a)ń : t(a)t(a)bï : bod(u)n t(a)pa : bir-g(ä)rü : t(a)bγ(a)č : t(a)pa : (e)ki y(e)g(i)rm[i : sül(ä)d(i)m] süŋ(ü)š-d(ü)m : (a)n͡ta kisrä : t(ä)ŋri : y(a)rl(ï)q(a)do͡q : üč(ü)n : q͡uut(u)m : ül(ü)g(ü)m : b(a)r üč(ü)n : ölt(ä)či : bod(u)n(u)γ : t[irg(ü)]rü : ig(i)t(ti)m : y(a)l(a)ŋ : bod(u)n(u)γ : tonl(u)γ : qïl͡t(ï)m : čïγ(a)ń : bod(u)n(u)γ : b(a)y qïl͡t(ï)m :

(E 24)

(a)z bod(u)n(u)γ : ük(ü)š qïl͡t(ï)m : ïγ(a)r : (e)ll(i)gdä [: ï]γ(a)r : q(a)γ(a)nl(ï)γda : y(e)g qïl͡t(ï)m : tört : bul(u)ŋd(a)qï : bod(u)n(u)γ : q͡oop b(a)z : qïl͡t(ï)m : y(a)γ(ï)s(ï)z : qï[l͡t(ï)]m : q͡oop : m(a)ŋa : körti : y(e)ti y(e)g(i)rmi : y(a)š(ï)ma : t(a)ŋut : t(a)pa : sül(ä)d(i)m : t(a)ŋut : bod(u)n(u)γ : buzd(u)m : oγlin : yu[t(u)z]in : yïlqïsin : b(a)r(ï)min : (a)n͡ta (a)lt(ï)m : s(ä)k(i)z y(e)g(i)rmi : y(a)š(ï)ma : (a)ltï čub [soγd(a)q]

(E 25)

t(a)pa : sül(ä)d(i)m : bod(u)n(u)γ : (a)n͡ta buzd(u)m : t(a)b[γ(a)č o]ŋ toto͡q : b(e)š tüm(ä)n : sü k(ä)lti : ïdu͡q b(a)šda : süŋ(ü)šd(ü)m : ol süg : (a)n͡ta yoo͡q qïšd(ï)m : y(e)g(i)rmi : y(a)š(ï)ma : b(a)sm(ï)l : ïdu͡q(qu)t : uγ(u)š(u)m : bod(u)n : (ä)rti : (a)rq(ï)š ïdm(a)z : tiy(i)n : sül(ä)d(i)m : q[..................]T^2 : ï͡čg(ä)rt(i)m : q(a)l(ï)ŋ[...] (ä)b(i)rü : k(ä)lürt(ü)m : (e)ki ot(u)z : y(a)šïma : t(a)bγ(a)č :

(E 26)

t(a)pa : sül(ä)d(i)m : č(a)ča s(ä)ŋün : s(ä)k(i)z : tüm(ä)n : [sü] bi[r]lä : süŋ(ü)šd(ü)m : süsin : (a)n͡ta öl(ü)rt(ü)m : (a)ltï ot(u)z : y(a)š(ï)ma : čik : bod(u)n : q͡ïïrq(ï)z : birlä : y(a)γï bol͡tï : k(ä)m k(ä)čä : čik t(a)pa : sül(ä)d(i)m : örp(ä)ntä : süŋ(ü)šd(ü)m : süsin : s(a)n͡čd(ï)m : (a)z [bod(u)n(u)γ (a)lt(ï)]m [......... ič]g(ä)rt(i)m : y(e)ti o[t(u)z y(a)š(ï)]ma : q͡ïïrq(ï)z : t(a)pa : sül(ä)d(i)m : süŋ(ü)g b(a)-t(ï)mi :

(E 27)

q(a)r(ï)γ : sök(ü)p(ä)n : kögm(ä)n : yïš(ï)γ : toγa : yo[rïp] : q͡ïïr-q(ï)z : bod(u)n(u)γ : uda : b(a)sd(ï)m : q(a)γ(a)nin : birlä : soŋa : yïšda : süŋ(ü)šd(ü)m : q(a)γ(a)nin : öl(ü)rt(ü)m : il(i)n : (a)n͡ta (a)lt(ï)m : ol yïlqa : türg(i)š : t(a)pa : (a)ltun yïš(ï)γ : [(a)š]a : (ä)rt(i)š : üg(ü)z(ü)g : k(ä)čä : yorï[d(ï)m : türg(i)š : bod(u)n(u)γ] uda b(a)sd(ï)m : türg(i)š : q(a)γ(a)n : süsi : otča : borča : k(ä)lti :

(E 28)

bolčuda : süŋ(ü)šd(ü)m(i)z : q(a)γ(a)nin : y(a)bγu[si]n : š(a)din : (a)n͡ta öl(ü)rt(ü)m : il(i)n : (a)n͡ta : (a)lt(ï)m : ot(u)z : y(a)š(ï)ma : b(e)š b(a)l͡ïq : t(a)pa : sül(ä)d(i)m : (a)ltï yolï : süŋ(ü)šd(ü)m : [.. s]üsin : q͡oop : ö[l(ü)]rt(ü)m : (a)n͡ta : ičr(ä)ki nä : kiši tin[................]i yo͡q [bol͡t(a)]čï : (ä)r[ti ..]a : oq(ï)γ(a)lï : k(ä)lti : b(e)š b(a)l͡ïq : (a)nï üč(ü)n : ozdï : ot(u)z : (a)rtu͡qi :

(E 29)

bir : y(a)š(ï)ma : q(a)rlu͡q : bod(u)n : buŋs(ï)z [(e)r]ür : b(a)rur : (ä)rkli : y(a)γï bol͡tï : t(a)m(a)γ ïdu͡q : b(a)šda : süŋ(ü)šd(ü)m : q(a)rlu͡q : bod(u)n(u)γ : öl(ü)rt(ü)m : (a)n͡ta (a)lt(ï)m [........]d(ï)m : [b(a)s]m(ï)l : q(a)ra : [......] q(a)rlu͡q : bod(u)n : tir[(i)l(i)p k(ä)lti ....]m : ö[l(ü)rt(ü)m] to[q(u)z oγ(u)]z : m(ä)n(i)ŋ : bod(u)n(u)m (ä)rti : t(ä)ŋri : y(e)r : bulγ(a)qin : üč(ü)n : ödiŋ[ä]

(E 30)

küni : t(ä)gdö͡k : üč(ü)n : y(a)γï bol͡tï : bir yïlqa : tört : yolï : süŋ(ü)šd(ü)m : (ä)ŋ ilki : toγu : b(a)l͡ï͡qda : süŋ(ü)šd(ü)m : toγla : üg(ü)z(ü)g : yüz(ü)ti : k(ä)č(i)p : süsi [...............] (e)kin͡ti : (a)n͡t(a)rγuda : süŋ(ü)šd(ü)m : süsin : s(a)n͡čd(ï)m : [............ ü]č(ü)n͡č [čuš b(a)šïn͡ta sü]ŋ(ü)šd(ü)m : türü͡k : bod(u)n : (a)d(a)q q(a)mš(a)t(t)ï : y(a)bl(a)q :

(E 31)

bolt(a)čï : (ä)rti oza : y(a)ńa : k(ä)l(i)gmä : süsin : (a)γ(ï)t(tï)m : ük(ü)š ölt(ä)či : (a)n͡ta : tir(i)lti : (a)n͡ta : toŋra : yïlp(a)γuti : bir : uγ(u)š(u)γ : toŋa : tig(i)n : yoγ[ïn͡ta] : (ä)g(i)rä : toqïd(ï)m : tört(ü)n͡č : (ä)zg(ä)n͡ti : q(a)d(ï)zda : süŋ(ü)šd(ü)m : süsin (a)n͡ta : s(a)n͡čd(ï)m : y(a)brïtd(ï)m [...... ot(u)z (a)rtu͡qi (e)ki y(a)š(ï)]ma : (a)mγï qorγ(a)n : q͡ïïšl(a)do͡qda : yut : bol͡tï : y(a)z(ï)ŋa :

(E 32)

oγ(u)z : t(a)pa : sül(ä)d(i)m : ilki sü : t(a)š[(ï)q]m(i)š : (ä)rti : (e)kin sü : (ä)bdä : (ä)rti : üč oγ(u)z : süsi : b(a)sa : k(ä)lti : y(a)d(a)γ : y(a)b(ï)z : bol͡tï : tip (a)lγ(a)lï : k(ä)lti : sïŋ(a)r : süsi : (ä)b(i)g b(a)rq(ï)γ : yulγ(a)lï : b(a)rdï : sïŋ(a)r : süsi : süŋ(ü)šg(ä)li : k(ä)lti : biz : (a)z (ä)rt(i)m(i)z : y(a)b(ï)z : (ä)rt(i)m(i)z : oγ(u)z [.......]T[1] : y(a)γ[ï.. t(ä)ŋri] küč : birtö͡k : üč(ü)n : (a)n͡ta s(a)n͡čd(ï)m :

(E 33)

y(a)ńd(ï)m : t(ä)ŋri : y(a)rl(ï)q(a)do͡q üč(ü)n : m(ä)n q(a)zγ(a)n͡to͡q : üč(ü)n : türü͡k : bod(u)n : [(a)n͡ča] q(a)zγ(a)n[m(i)š] (ä)r(i)n͡č : m(ä)n in(i)l(i)gü : bun͡ča : b(a)šl(a)yu : q(a)zγ(a)nm[(a)s(a)r] : türü͡k : bod(u)n : ölt(ä)či : (ä)rti : yo͡q : bol͡t(a)čï : (ä)rti : [türü͡k] : b(ä)gl(ä)r [bod(u)n (a)n͡č]a : s(a)q(ï)n(ï)ŋ : (a)n͡ča bil(i)ŋ : oγ(u)z : bo[d(u)n ....]D[1] : ïdm(a)yin : tiy(i)n : sül[(ä)d(i)m]

(E 34)

(ä)bin : b(a)rqin : buzd(u)m : o[γ(u)]z : bod(u)n : to͡q(u)z : t(a)t(a)r : birlä : tir(i)l(i)p : k(ä)lti : (a)γuda : (e)ki ul(u)γ : süŋ(ü)š : süŋ(ü)šd(ü)m : süsin : bu[z]d(u)m : (e)lin : (a)n͡ta (a)lt(ï)m : (a)n͡ča q(a)zγ(a)n(ï)p [................ t(ä)ŋri] y(a)rl(ï)q(a)do͡q : üč(ü)n : m(ä)n ot(u)z (a)rtu͡qi : üč [y(a)š(ï)ma .... y]o͡q (ä)rti : öds(i)g : ötül(ü)g : ki[ši]

(E 35)

ig(i)dm(i)š : (a)l[p q(a)γ(a)n(ï)ŋa y(a)]ŋ(ï)l͡tï : üzä : t(ä)ŋri : ïdu͡q : y(e)r sub : [(e)čim q(a)]γ(a)n : q͡uuti : t(a)plam(a)dï (ä)r(i)n͡č : to͡quz : oγ(u)z : bod(u)n : y(e)r(i)n : subin : ïd(ï)p : t(a)bγ(a)čγ(a)ru : b(a)rdï : t(a)bγ(a)č [...............] : bu y(e)rdä : k(ä)lti : ig(i)d(ä)y(i)n : tiy(i)n : s(a)q[(ï)n͡t(ï)m ....] bod(u)n(u)γ [.............]

(E 36)

y(a)zu͡ql[(a) .... bi]ryä : t(a)bγ(a)čda : (a)ti küsi : yo͡q bol͡tï : bu y(e)rdä : m(a)ŋa : qul bol͡tï : m(ä)n öz(ü)m : q(a)γ(a)n : ol(o)rto͡q(u)m : üč(ü)n : türu͡k : bod(u)n(u)γ : [................]i : qïlm(a)d(ï)m [il(i)g t]örög : y(e)gdi : q(a)zγ(a)n͡t(ï)m : ïd[u͡q ....] : tir(i)l(i)p : Y^2[.............
.................................]

(E 37)

[(a)n͡ta süŋ(ü)]šd(ü)m : süsin : s(a)n͡čd(ï)m : ič(i)k(i)gmä : i"č(i)kdi : bod(u)n : bol͡tï : öl(ü)gmä ölti : s(ä)l(ä)ŋä : q͡uudï : yor(ï)p(a)n : q(a)r(a)γ(a)n : q͡ïïs(ï)lta : (ä)bin : b(a)rqin : (a)n͡ta buzd(u)m : [............] y(ï)šqa : (a)γdï: uyγ(u)r (e)lt(ä)b(ä)r : yüzčä (ä)r(i)n : ilg[(ä)r]ü : t[(ä)z(i)p b(a)rdï ....]

(E 38)

[.......]ti : tü[r]ük : bod(u)n : āč (ä)rti : ol yïlqïγ : (a)l(ï)p ig(i)t(ti)m : ot(u)z (a)rtuqi : tört : y(a)š(ï)ma : oγ(u)z : t(ä)z(i)p : t(a)bγ(a)čqa : kirti : ök(ü)n(ü)p : sül(ä)d(i)m : suq(u)n : [............... o]γlin : yut(u)zin : (a)nta (a)lt(ï)m : (e)ki (e)lt(ä)b(ä)rl(i)g : bod[(u)n ....]

(E 39)

[......] t[(a)t(a)b]ï : bod(u)n : t(a)bγ(a)č q(a)γ(a)nqa : körti : y(a)l(a)b(a)či : (ä)dgü : s(a)bi : öt(ü)gi : k(ä)lm(ä)z tiy(i)n : y(a)y(ï)n sül(ä)d(i)m : bod(u)n(u)γ : (a)nta buzd(u)m : yïlq[ïsin b(a)r(ï)min (a)nta (a)lt(ï)m ....] süsi : tir(i)l(i)p : k(ä)lti : q(a)d(ï)rq(a)n yïš : qoo[n ....]

(E 40)

[........ tur]γ(a)q(ï)ŋa : y(e)r(i)ŋ(ä)rü : subïŋ(a)ru : qoontï : biryä : q(a)rluq : bod(u)n t(a)pa : sülä : tip : tud(u)n : y(a)mt(a)r(ï)γ : ït(tï)m b(a)rdï [.......................... q(a)rluq] ilt(ä)b(ä)r : yoq bolm(i)š : in(i)si : bir : qoorγ[(a)nqa t(ä)z(i)p b(a)rm(i)š ....]

(E 41)

[....... (a)r]q(ï)ši : k(ä)lm(ä)di : (a)nï (a)ń(ï)t(a)y(i)n : tip : sül(ä)d(i)m : qoor(ï)γu : (e)ki üč : kiš(i)l(i)gü : t(ä)z(i)p b(a)rdï : q(a)ra bod(u)n : q(a)γ(a)n(ï)m : k(ä)lti tip : ög[(i)r(i)p s(ä)b(i)nti .... (a)ts(ï)z ....]qa : āt birt(i)m : kič(i)g (a)tl(ï)γ[(ï)γ ulγ(a)rtd(ï)m ....]

(SE)

[............ kök] : öŋ(ü)g : yoγ(u)ru : sü yor(ï)p : tünli : künli : yiti : öd(ü)škä : subs(ï)z : k(ä)čd(i)m : čor(a)qqa : t(ä)g(i)p : yol(a)γčï : [(ä)r(i)]g : [................................] : k(ä)č(ä)nkä : t(ä)gi [..........]

(S 1)

[...... t(a)b]γ(a)č : (a)tl(ï)γ : süsi : bir tüm(ä)n : (a)rtu͡qi : y(e)ti biŋ : süg : ilki : kün : öl(ü)rt(ü)m : y(a)d(a)γ : süsin : (e)k(i)nti kün : q͡oop : [öl(ü)r]t(ü)m : bi[..........................]š(ï)p : b(a)rd[ï ....]

(S 2)

[....... y]olï : sül(ä)d(i)m : ot(u)z (a)rtu͡qi : s(ä)k(i)z : y(a)š(ï)ma : q͡ïïš(ï)n : q͡ïït(a)ń t(a)pa : sül(ä)d(i)m [...................................... ot(u)z (a)rtu͡q]i : [toq(u)z y(a)]š(ï)ma : y(a)z(ï)n : t(a)t(a)bï : t(a)pa : sü-[l(ä)d(i)m ....]

(S 3)

m(ä)n [.........] öl(ü)rt(ü)m : oγlin : yut(u)zin : [yï]lq(ï)sin : b(a)r(ï)-min [(a)lt(ï)m ....]rä : q͡oo[.............................]

(S 4)

bod[(u)n .... yu]t(u)zin : yo͡q qïl͡t(ï)m : [.. ....]

(S 5)

yor[ïp ....]

(S 6)

süŋ[(ü)šd(ü)m ....]

(S 7)

b(e)rt(i)m : (a)lp (ä)rin : öl(ü)r(ü)p : b(a)lb(a)l : qïlu : b(e)rt(i)m : (ä)l(i)g y(a)š(ï)ma : t(a)t(a)bï : bod(u)n : q͡ïït(a)ńda : (a)d[r(ï)ltï .... tö]ŋk(ä)r : t(a)γqa : [..........................]

(S 8)

qu s(ä)ŋün : b(a)š(a)du : tört : tüm(ä)n : sü k(ä)lti : töŋk(ä)r : t(a)γda : t(ä)g(i)p : toqïd(ï)m : üč tüm(ä)n : süg : [öl(ü)r]t(ü)m : bi[r ....] (ä)rs(ä)r [.................. s]ökt(ü)m : t(a)t(a)bï [........................]

(S 9)

ö[l(ü)]rti : ul(u)γ : oγl(u)m : (a)γr(ï)p : yo͡q bolča : q͡uuγ s(ä)-ŋün(ü)g : b(a)lb(a)l : tikä : birt(i)m : m(ä)n : toq(u)z : y(e)g(i)rmi : yïl : š(a)d : ol(o)rt(u)m : to͡qu[z y(e)g(i)r]mi : yïl : q(a)γ(a)n : ol(o)rt(u)m : il tutd(u)m : ot(u)z (a)rtu͡qi : bir [y(a)š(ï)ma ....]

(S 10)

türu͡k(ü)mä : bod(u)n(u)ma : y(e)g(i)n : (a)n͡ča q(a)zγ(a)nu : birt(i)m : bun͡ča : q(a)zγ(a)n(ï)p : q(a)ŋ[(ï)m q(a)]γ(a)n [ï]t yïl : on(u)n͡č (a)y : (a)ltï ot(u)zqa : uča : b(a)rdï : l(a)γzin : yïl : biš(i)n͡č (a)y : yiti : ot(u)zqa : yoγ : (ä)rtürt(ü)m : buq(u)γ : toto͡q [.....................]

(S 11)

q(a)ŋi : lisün : t(a)y s(ä)ŋün : b(a)š(a)d[u] : biš yüz (ä)r(ä)n : k(ä)lti : q͡ooq(ï)l(ï)q : ö[............] (a)ltun : küm(ü)š : k(ä)rg(ä)ks(i)z : k(ä)lürti : yoγ : y(ï)p(a)rïγ : k(ä)lür(ü)p : tikä : birti : čïn͡t(a)n : ïγ(a)č : k(ä)lür(ü)p : öz y(a)r[...................]

(S 12)

bun͡ča : bod(u)n : s(a)čin : q͡uulq(a)qin : [b]ïčdï : (ä)dgü : özl(i)k (a)tin : q(a)ra : kišin : kök : t(ä)y(ä)ŋin : s(a)ns(ï)z : k(ä)lür(ü)p : q͡oop : q͡oot(t)ï : [...]

(S 13)

t(ä)ŋri t(ä)g : t(ä)ŋri : y(a)r[(a)t]m(i)š : türu͡k : bilgä [: q(a)γ(a)n :] s(a)b(ï)m : q(a)ŋ(ï)m : türu͡k : bilgä : q(a)γ(a)n : ol(o)rto͡qïn͡ta : türu͡k

: m(a)tï : b(ä)gl(ä)r [:] kisrä : t(a)rduš : b(ä)gl(ä)r : kül čor : b(a)šl(a)yu : ul(a)yu : š(a)d(a)pït : b(ä)gl(ä)r : öŋrä : töl(i)s : b(ä)gl(ä)r : (a)pa t(a)rq[(a)n]

(S 14)

b(a)šl(a)yu : ul(a)yu : š(a)d[(a)pït] : b(ä)gl(ä)r : bu[................] : (a)t(a)m(a)n t(a)rq(a)n : tunyuq͡uq͡ : buyla b(a)γa t(a)rq(a)n : ul(a)yu : buyruq͡ [......] ič buyruq͡ : s(ä)b(i)g kül irk(i)n : b(a)šl(a)yu : ul(a)yu : buyruq͡ : bun͡ča : m(a)tï : b(ä)gl(ä)r : q(a)ŋ(ï)m : q(a)γ(a)nqa : (ä)rt(i)ŋü :

(S 15)

(ä)rt(i)ŋü : ti m(a)γ : i[tdi .... t]üru͡k : b(ä)gl(ä)rin : bod(u)nin : (ä)rt(i)ŋü : ti m(a)γ : itdi : ögd[i ...] q(a)ŋ(ï)m q(a)γ(a)n [üč(ü)n] : (a)γ(ï)r t(a)š(ï)γ : yoγ(a)n ïγ : türu͡k : b(ä)gl(ä)r : bod(u)n : [it(i)p : y(a)r(a)t(ï)p k(ä)l]ürti : öz(ü)mä : bun͡ča [....................]

(SW)

[bilgä] q(a)γ(a)n : b[it(i)gin :] yol(lu)γ tig(i)n : bit(i)d(i)m : bun͡ča : b(a)rq(ï)γ : b(ä)d(i)z(i)g : uz(u)γ : [.......... q(a)]γ(a)n : (a)tïsi : yol(lu)γ tig(i)n : m(ä)n : (a)y (a)rtu͡qi : tört kün : [ol(o)]r(u)p : bitid(i)m : b(ä)d(i)z(ä)t(ti)m : y[(a)r(a)td(ï)m ....]

(W 1)

[....] üzä [........]

(W 2)

bilgä : q(a)γ(a)n : u[čdï]

(W 3)

y(a)y bols(a)r : üzä : t[(ä)ŋri]

(W 4)
köb(ü)rg(ä)si : (ä)t(ä)rčä (a)n͡č[a]

(W 5)
t(a)γda : sïγun : (ä)ts(ä)r [(a)n͡ča]

(W 6)
s(a)q(ï)nur m(ä)n : q(a)ŋ(ï)m q[(a)γ(a)n]

(W 7)
t(a)šin : öz(ü)m : q(a)γ(a)n [......]

(W 8)
[................]

(W 9)
[................]

(왼쪽) 투뉴쿠크(Tunyuquq) 제1비문
(오른쪽) 투뉴쿠크(Tunyuquq) 제2비문

▦ 투뉴쿠크(Tunyuquq) 비문 ▦

제 1 비문

(1 = W 1)

bilgä : tuńu͡qu͡q : b(ä)n öz(ü)m : t(a)bγ(a)č il(i)ŋä : q͡ïl(ï)n͡t(ï)m : türk bod(u)n : t(a)bγ(a)čqa : k͡öör(ü)r (ä)rti

(2 = W 2)

türk bod(u)n : q(a)nin bulm(a)y(i)n : t(a)bγ(a)čda : (a)dr(ï)l͡tï : q(a)nl(a)n͡tï : q(a)nin q͡ood(u)p : t(a)bγ(a)čqa : y(a)na ič(i)kdi : t(ä)ŋri : (a)n͡ča t(e)m(i)š (ä)r(i)n͡č : q(a)n b(e)rt(i)m :

(3 = W 3)

q(a)n(ï)ŋ(i)n : q͡ood(u)p : ič(i)kd(i)ŋ : ič(i)kd͡ök üč(ü)n : t(ä)ŋri : öl t(e)m(i)š (ä)r(i)n͡č : türk bod(u)n : ölti (a)lq(ï)n͡tï : yo͡q bol͡tï : türk : sir bod(u)n : y(e)rintä

(4 = W 4)

bod q(a)lm(a)dï : ïda t(a)šda : q(a)lm(i)ši : q͡uubr(a)n(ï)p : y(e)ti yüz bol͡tï : (e)ki ül(ü)gi : (a)tl(ï)γ (ä)rti : bir ül(ü)gi : y(a)d(a)γ (ä)rti : y(e)ti yüz : kišig :

(5 = W 5)

ud(u)z(u)γma : ul(u)γi : š(a)d (ä)rti : (a)yγ(ï)l tidi : (a)y(ï)γm(a)si b(ä)n (ä)rt(i)m : bilgä tuńu͡qu͡q : q(a)γ(a)n mu q͡ïš(a)yin t(e)d(i)m : s(a)q(ï)n͡t(ï)m : toru͡q buu͡q(a)lï : s(ä)m(i)z buu͡q(a)lï : ïr(a)qda

(6 = W 6)

bils(ä)r : s(ä)m(i)z buu͡qa : toru͡q bu͡qa t(e)y(i)n : bilm(ä)z (ä)rm(i)š t(e)y(i)n (a)n͡č(a) s(a)q(ï)n͡t(ï)m : (a)n͡ta kisrä : t(ä)ŋri : bil(i)g b(e)rto͡k üč(ü)n : öz(ü)m o͡k : q(a)γ(a)n qïšd(ï)m : bilgä tuńu͡qu͡q : buyla b(a)γa t(a)rq(a)n

(7 = W 7)

birlä : ilt(e)r(i)š q(a)γ(a)n : bol(u)y(ï)n : b(i)ryä : t(a)bγ(a)č(ï)γ : öŋrä qït(a)ń(ï)γ : yïrya oγ(u)z(u)γ : ük(ü)š o͡k : öl(ü)rti : b(i)lg(ä)si : č(a)b(ï)ši : b(ä)n o͡k (ä)rt(i)m : čoγ(a)y quzin : q(a)ra qum(u)γ : ol(o)rur : (ä)rt(i)m(i)z

(8 = S 1)

k(e)y(i)k yiyü : t(a)b(ï)šγ(a)n y(e)yü : ol(o)rur (ä)rt(i)m(i)z : bod(u)n : boγ(u)zi : to͡q (ä)rti : y(a)γ(ï)m(ï)z : t(ä)grä : očo͡q t(ä)g (ä)rti : biz : a͡š <t(ä)>g : (ä)rt(i)m(i)z : (a)n͡ča ol(o)r(u)r (ä)rkli : oγ(u)zd(u)n͡t(a)n : kür(ä)g k(ä)lti

(9 = S 2)

kür(ä)g s(a)bi (a)n͡t(a)γ : toq(u)z oγ(u)z : bod(u)n üzä : q(a)γ(a)n : ol(o)rtï tir : t(a)bγ(a)čγ(a)ru : q͡uunï s(ä)ŋün(ü)g : ïdm(i)š : qït(a)ńγ(a)ru : toŋra (ä)š(i)m(i)g : ïdm(i)š : s(a)b (a)n͡ča ïdm(i)š : (a)zq(ï)ńa : türk [bod(u)n ?]

(10 = S 3)

yorïy(u)r (ä)rm(i)š : q(a)γ(a)ni : (a)lp (ä)rm(i)š : (a)yγučïsi : bilgä (ä)rm(i)š : ol (e)ki kiši : b(a)r (ä)rs(ä)r : sini t(a)bγ(a)č(ï)γ : ölürt(ä)či : tir m(ä)n : öŋrä q͡ïït(a)ń(ï)γ : öl(ü)rt(ä)či : tir m(ä)n : bini oγ(u)z(u)γ :

(11 = S 4)

öl(ü)rt(ä)čik : tir m(ä)n : t(a)bγ(a)č : b(i)rd(i)n y(ä)n t(ä)g : q͡ïï-t(a)ń : öŋd(ü)n y(ä)n t(ä)g : b(ä)n yïrd(ï)n͡t(a) y(a)n : t(ä)g(ä)yin : türk sir bod(u)n : y(e)rintä : idi yor(ï)m(a)zun : us(a)r idi : yo͡oq q͡ïï-š(a)l(ï)m :

(12 = S 5)

tir m(ä)n : ol s(a)b(ï)γ : (e)š(i)d(i)p : tün ud(ï)sïq(ï)m : k(ä)l-m(ä)di : künt(ü)z : ol(o)rs(ï)q(ï)m k(ä)lm(ä)di : (a)n͡ta ötrü : q(a)γ(a)-n(ï)ma öt(ü)nt(ü)m : (a)n͡ča öt(ü)nt(ü)m : t(a)bγ(a)č : oγ(u)z : q͡ïï-t(a)ń : buč(ä)gü : q(a)b(ï)š(sa)r

(13 = S 6)

q(a)l͡t(a)čï b(i)z : öz (i)či t(a)š(ï)n : tutm(i)š t(ä)g biz : yuyqa (ä)rkli : top(u)lγ(a)lï uč(u)z (ä)rm(i)š : y(i)n͡čgä (ä)rkl(i)g : üzg(ä)li : uč(u)z : yuyqa : q(a)l(ï)n bols(a)r : top(u)lγulu͡q : (a)lp (ä)rm(i)š : y(i)n͡čgä

(14 = S 7)

yoγ(a)n bols(a)r : üzg(ü)lü͡k (a)lp (ä)rm(i)š : öŋrä : q͡ïït(a)ńda : b(i)ryä : t(a)bγ(a)čda : qur(ï)ya : qur(ï)d(ï)n͡ta : yïrya : oγ(u)zda : (e)ki üč biŋ : süm(ü)z : k(ä)lt(ä)č"im(i)z : b(a)r mu nä : (a)n͡ča öt(ü)nt(ü)m :

(15 = S 8)

q(a)γ(a)n[(ï)m : b(ä)n] öz(ü)m : bilgä tuńu͡qu͡q : öt(ü)nto͡k öt(ü)n͡č(ü)-m(i)n : (e)š(i)dü b(e)rti : köŋl(ü)ŋčä : ud(u)z t(e)di : kök öŋ(ü)g : yoγ(u)ru : öt(ü)k(ä)n yïšγ(a)ru : ud(u)zt(u)m : ing(ä)k k͡öl(ä)k(i)n : toγl(a)da : oγ(u)z k(ä)lti :

(16 = S 9)

[süsi : (a)l͡tï bïŋ] (ä)rm(i)š : biz : (e)ki bïŋ : (ä)rt(i)m(i)z : süŋ(ü)šd(ü)m(i)z : t(ä)ŋri y(a)rl(ï)q(a)đï : y(a)ńd(ï)m(ï)z : üg(ü)zkä : tüšdi : y(a)ńdo͡q yol͡ta : y(ä)mä : öltik o͡k : (a)n͡ta ötrü : oγ(u)z q͡o-p(ï)n : k(ä)lti

(17 = S 10)

tü[rk q(a)γ(a)n(ï)γ :] türk bod(u)n(u)γ : öt(ü)k(ä)n y(e)rkä : b(ä)n öz(ü)m : bilgä : tuńu͡qu͡q : <k(ä)lürt(ü)m :> öt(ü)k(ä)n y(e)r(i)g : q͡o-onm(i)š t(e)y(i)n : (e)š(i)d(i)p : b(i)ry(ä)ki : bod(u)n : q͡uur(ï)y(a)qï : yïry(a)qï : öŋr(ä)ki : bod(u)n k(ä)lti :

(18 = E 1)

(e)ki bïŋ (ä)rt(i)m(i)z [: (e)ki] süm[(ü)z b]ol͡tï : türk bod(u)n : q[ïl(ï)nγ(a)l]ï : türk q(a)γ(a)n : ol(o)rγ(a)lï : š(a)n͡tuŋ b(a)lï͡q(q)a : t(a)loy üg(ü)zkä : t(ä)gm(i)š yoq (ä)rm(i)š : q(a)γ(a)n(ï)ma : öt(ü)-n(ü)p : sü (e)ltd(i)m

(19 = E 2)

š(a)n͡tuŋ b[(a)lï͡q(q)a :] t(a)loy [üg(ü)zk]ä : t(ä)gürt(ü)m : üč ot(u)z b(a)lï͡q : sïdï : usïn bun͡t(u)tu : yurtda : y(a)tu q(a)lur (ä)rti : t(a)b-γ(a)č q(a)γ(a)n : y(a)γ(ï)m(ï)z (ä)rti : on o͡q q(a)γ(a)ni : y(a)γ(ï)-m(ï)z (ä)rti :

(20 = E 3)

(a)rt[u͡q : q͡ïrq(ï)z :] küč[l(ü)g q(a)γ(a)n : y(a)γ(ï)m(ï)z] bol͡tï : ol üč q(a)γ(a)n : ögl(ä)š(i)p : (a)ltun yïš üzä : q(a)b(ï)š(a)l(ï)m t(e)m(i)š : (a)n͡ča ögl(ä)šm(i)š : öŋrä türk q(a)γ(a)nγ(a)ru : sül(ä)l(i)m t(e)m(i)š : (a)ŋ(a)ru sül(ä)m(ä)s(ä)r : q(a)č(an) n(ä)ŋ (ä)rs(ä)r : ol b(i)zni :

(21 = E 4)

[q(a)γ(a)ni (a)lp (ä)rm(i)š] : (a)yγučïsi bilgä (ä)rm(i)š : q(a)č(a)n (nä)ŋ (ä)rs(ä)r : öl(ü)rt(ä)čik o͡k : üč(ä)gün : q(a)b(ï)š(ï)p : sül(ä)l(i)m : (e)di yo͡q q͡ïïš(a)l(ï)m : t(e)m(i)š : türg(i)š q(a)γ(a)n : (a)n͡ča t(e)m(i)š : b(ä)n(i)ŋ bod(u)n(u)m : (a)n͡ta (ä)rür : t(e)m(i)š

(22 = E 5)

[türk bod(u)ni y(ä)mä] : bulγ(a)n͡č [ol t(e)m(i)š] : oγ(u)zi y(ä)mä : t(a)rq(ï)n͡č ol t(e)m(i)š : ol s(a)bïn : (e)š(i)d(i)p : tün y(ä)mä : ud(ï)s͡ïq(ï)m k(ä)lm(ä)z (ä)rti : <kün y(ä)mä :> ol(o)rs(ï)q(ï)m : k(ä)lm(ä)z (ä)rti : (a)n͡ta s(a)q(ï)n͡t(ï)m a

(23 = E 6)

[ilk q͡ïïrq(ï)zq]a : sü[l(ä)s(ä)]r [y(e)g (ä)r]m(i)š : t(e)d(i)m : k͡ö-ögm(ä)n : yoli : bir (ä)rm(i)š : tum(i)š t(e)y(i)n (e)š(i)d(i)p : bu yol(u)n : yorïs(a)r : y(a)r(a)m(a)čï t(e)d(i)m : y(e)rči t(i)l(ä)d(i)m : čölgi (a)z (ä)ri : bult(u)m

(24 = E 7)

(e)š(i)t(ti)m : (a)z yir y[oli?] : (a)nï b[irlä? .. (ä)r]m(i)š : bir (a)t oruu͡qi : (ä)rm(i)š : (a)nïn b(a)rm(i)š : (a)ŋ(a)r (a)yt(ï)p : bir (a)tl(ï)γ b(a)rm(i)š t(e)y(i)n : ol yol(u)n : yorïs(a)r : un͡č t(e)d(i)m : s(a)q(ï)n͡t(ï)m : q(a)γ(a)n(ï)ma

(25 = N 1)

öt(ü)nt(ü)m : sü yorïtd(ï)m : (a)tl(a)t [: t(e)d(i)]m : (a)q t(ä)rm(ä)l k(ä)čä : uγ(u)r q(a)l(ï)td(ï)m : (a)t üzä : b(i)nt(ü)rä q(a)r(ï)γ : s͡ökd(ü)m : yo͡q(qa)ru : (a)t y(e)tä y(a)d(a)γ(ï)n : ïγ(a)č tut(u)nu : (a)γturt(u)m : öŋr(ä)ki (ä)r :

(26 = N 2)

yuγ(u)rča : ïd(ï)p ï b(a)r b͡aš : (a)šd(ï)m(ï)z : yub(u)lu : int(i)m(i)z : on tünkä : y(a)n͡t(a)qï : tuγ (ä)birü : b(a)rd(ï)m(ï)z : y(e)rči : y(e)r y(a)ŋ(ï)l(ï)p : boγ(u)zl(a)n͡tï : buŋ(a)d(ï)p : q(a)γ(a)n : y(ä)lü k͡ör t(e)m(i)š

(27 = N 3)

(a)nï sub[qa] : b(a)rd[(ï)m(ï)z] : ol sub q͡uudï : b(a)rd(ï)m(ï)z : (a)s(ï)nγ(a)lï : tüšürt(ü)m(i)z : (a)t(ï)γ : ïqa : b(a)yur (ä)rt(i)m(i)z : k͡üün y(ä)mä : tün y(ä)mä : y(ä)lü : b(a)rd(ï)m(ï)z : q͡ïïrq(ï)z(ï)γ : uqa b(a)sd(ï)m(ï)z :

(28 = N 4)

[usï]n (?) süŋ(ü)g(ü)n : (a)čd(ï)m(ï)z : q(a)ni : süsi : t(e)r(i)lm(i)š : süŋ(ü)šd(ü)m(i)z : s(a)n͡čd(ï)m(ï)z : q(a)nin : öl(ü)rt(ü)m(i)z : q(a)-γ(a)nqa : q͡ïïrq(ï)z : bod(u)ni : i͡č(i)kdi : yu͡k(ü)nti : y(a)n͡t(ï)m(ï)z : k͡öögm(ä)n yïš(ï)γ : (ä)b(i)rü : k(ä)lt(i)m(i)z :

(29 = N 5)

q͡ïïrq(ï)zda : y(a)n͡t(ï)m(ï)z : türg(i)š q(a)γ(a)n͡ta : k͡üür(ä)g k(ä)lti : s(a)bi (a)n͡t(ä)g : öŋd(ü)n q(a)γ(a)nγ(a)ru : sü yorïl(ï)m t(e)m(i)š : yor(ï)m(a)s(a)r : bizni : q(a)γ(a)ni (a)lp (ä)rm(i)š : (a)yγučïsi : bilgä (ä)rm(i)š : q(a)č(an) n(ä)ŋ (ä)rs(ä)r

(30 = N 6)

bizni : öl(ü)rt(ä)čik o͡k : t(e)m(i)š : türgiš q(a)γ(a)ni : t(a)š͡ïqm(i)š tidi : on o͡q bod(u)ni : q(a)lïs(ï)z t(a)š͡ïqm(i)š : tir : t(a)bγ(a)č süsi : b(a)r (ä)rm(i)š : ol s(a)b(ï)γ : (e)š(i)d(i)p : q(a)γ(a)n(ï)m : b(ä)n (ä)bg(ä)rü : tüš(ä)yin tidi :

(31 = N 7)
q(a)tun : yo͡q b(o)lm(i)š (ä)rti : (a)nï yoγl(a)t(a)yin t(e)di : sü b(a)r(ï)ŋ : t(e)di : (a)ltun yïšda : ol(o)r(u)ŋ t(e)di : sü b(a)ši : in(ä)l q(a)γ(a)n : t(a)rduš š(a)d : b(a)rzun : t(e)di : bilgä tuńu͡qu͡q(q)a : b(a)ŋa : (a)ydï :

(32 = N 8)
bu süg (e)lt : tidi : q͡ïy(ï)n(ï)γ : k͡ööŋl(ü)ŋčä (a)y : b(ä)n s(a)ŋa nä (a)y(a)yin : tidi : k(ä)lir (ä)rs(ä)r : k͡öörü k(ä)lür : k(ä)lm(ä)z (ä)rs(ä)r : til(ï)γ s(a)b(ï)γ : (a)lï olor : tidi : (a)ltun yïšda : ol(o)rt(u)m(ï)z :

(33 = N 9)
üč k͡üür(ä)g kiši k(ä)lti : s(a)bi : bir : q(a)γ(a)ni sü t(a)š͡ïqdï : on o͡q süsi : q(a)lïs(ï)z : t(a)š͡ïqdï : tir : y(a)r(ï)š y(a)zïda : tir(i)l(ä)l(i)m t(e)m(i)š : ol s(a)b(ï)γ (e)š(i)d(i)p : q(a)γ(a)nγ(a)ru : ol s(a)b(ï)γ ït(tï)m : q(a)n͡t(a) y(a)n : s(a)b(ï)γ : y(a)na

(34 = N 10)
k(ä)l<ür>ti : ol(o)r(u)ŋ tiy(i)n : t(e)m(i)š : y(ä)lmä : q(a)rγu : (ä)dgüti : urγ(ï)l : b(a)s(ï)tma : t(e)m(i)š : bög<ü> q(a)γ(a)n : b(a)ŋ(a)ru : (a)n͡ča yïdm(i)š : (a)pa t(a)rq(a)nγ(a)ru : ï͡črä s(a)b : ïdm(i)š : bilgä tuńu͡qu͡q : (a)ń(ï)γ ol : üz ol

(35 = N 11)
sü yorïl(ï)m t(e)d(ä)či : unam(a)ŋ : ol s(a)b(ï)γ (e)š(i)d(i)p : sü yorïtd(ï)m : (a)ltun yïš(ï)γ : yols(ï)z(ï)n (a)šd(ï)m<(ï)z> : (ä)rt(i)š üg(ü)z(ü)g : k(ä)č(i)gs(i)z(i)n : k(ä)čd(i)m(i)z : tün (a)q(ï)td(ï)m(ï)z : bolčuqa : t(a)ŋ ünt(ü)rü : t(ä)gd(i)m(i)z :

제 2 비문

(36 = W 1)

tïl(ï)γ k(ä)lürti : s(a)bi (a)n͡t(a)γ : y(a)r(ï)š y(a)zïda : on tüm(ä)n : sü t(e)r(i)lti : tir : ol s(a)b(ï)γ (e)š(i)d(i)p : b(ä)gl(ä)r : q͡oop(ï)n

(37 = W 2)

y(a)n(a)l(ï)m : (a)rïγ ub(u)ti y(e)g : t(e)di : b(ä)n (a)n͡ča t(e)r m(ä)n : b(ä)n bilgä tuńu͡qu͡q : (a)ltun yïš(ï)γ : (a)ša k(ä)lt(i)m(i)z : (ä)rt(i)š üg(ü)z(ü)g

(38 = W 3)

k(ä)čä k(ä)lt(i)m(i)z : k(ä)lm(i)ši : (a)lp tidi : tuym(a)dï : t(ä)ŋri um(a)y : ïdu͡q y(e)r sub : b(a)sa b(e)rti (ä)r(i)n͡č : n(ä)kä : t(ä)z(ä)r biz :

(39 = W 4)

ü͡küš t(e)y(i)n : n(ä)kä q͡oorq͡uur biz : (a)z t(e)y(i)n : nä b(a)s(ï)n(a)l(ï)m : t(ä)g(ä)l(i)m tid(i)m : t(ä)gd(i)m(i)z : yulïd(ï)m(ï)z : (e)kinti k͡üün :

(40 = W 5)

örtčä q͡ïïz(ï)p k(ä)lti : süŋ(ü)šd(ü)m(i)z : biz(i)ntä : (e)ki uči : sïŋ(a)rča : (a)rtu͡q (ä)rti : t(ä)ŋri y(a)rl(ï)q(a)do͡q üč(ü)n : ü͡küš t(e)y(i)n :

(41 = W 6)

q͡oorqm(a)d(ï)m(ï)z : süŋ(ü)šd(ü)m(i)z : t(a)rduš : š(a)dra : udï : y(a)ńd(ï)m(ï)z : q(a)γ(a)nin : tutd(u)m(ï)z : y(a)bγusin : š(a)din :

(42 = W 7)

(a)n͡ta öl(ü)rti : (ä)l(i)gčä (ä)r : tutd(u)m(ï)z : ol o͡q tün : bod(u)nin s(a)yu : ït(tï)m(ï)z : ol s(a)b(ï)γ : (e)š(i)d(i)p : on o͡q b(ä)gl(ä)ri : bod(u)ni : q͡oop

(43 = W 8)

k(ä)lti : yük͡ünti : k(ä)l(i)gmä : b(ä)gl(ä)rin : bod(u)nin : it(i)p : yï-γ(ï)p (a)zča : bod(u)n : t(ä)zm(i)š (ä)rti : on o͡q süsin : sül(ä)td(i)m

(44 = W 9)

biz y(ä)mä : sül(ä)d(i)m(i)z : (a)nï (ä)rt(ti)m(i)z : y(e)n͡čü (ü)g(ü)-z(ü)g : k(ä)čä : tinsi oγli : (a)yt(ï)γma : b(ä)ŋl(i)g (ä)k t(a)γ(ï)γ : (ä)rtü

(45 = S 1)

t(ä)m(i)r q(a)p(ï)γqa : t(ä)gi : irt(i)m(i)z : (a)n͡ta y(a)n͡turt(u)m(ï)z : in(ä)l q(a)γ(a)nqa [(a)n͡č(ï)p m(a)n͡čud : s(a)qa] : t(ä)zik : to͡q(a)r sïn[...]

(46 = S 2)

(a)n͡ta b(ä)rü͡ki : (a)šo͡q b(a)šl(ï)γ soγd(a)q : bod(u)n : q͡oop k(ä)lti : yü͡k(ü)nti : [ö?]gti : türü͡k bod(u)n : t(ä)m(i)r q(a)p(ï)γqa : t(e)nsi oγli

(47 = S 3)

tinsi oγli : (a)yt(ï)γma t(a)γqa : t(ä)gm(i)š idi yo͡q (ä)rm(i)š : ol y(e)rkä : b(ä)n bilgä : tuńu͡qu͡q : t(ä)gürtö͡k üč(ü)n

(48 = S 4)

s(a)r(ï)γ (a)ltun : ür(ü)ŋ k͡üüm(ü)š : q͡ïïz q͡ood(u)z : (ä)gri t(ä)bi : (a)γï buŋs(ï)z : k(ä)lürti : ilt(e)r(i)š q(a)γ(a)n : bilg(ä)sin üč(ü)n

(49 = S 5)

(a)lpin üč(ü)n : t(a)bγ(a)čqa : y(e)ti y(e)girmi : süŋ(ü)šdi : q͡ïït(a)ńqa : y(e)ti süŋ(ü)šdi : oγ(u)zqa : b(e)š süŋ(ü)šdi : (a)n͡ta (a)yγučï[si?]

(50 = S 6)

y(ä)mä : b(ä)n : ö͡k (ä)rt(i)m : y(a)γ[ïčïsi] y(ä)mä : b(ä)n ö͡k (ä)rt(i)m : ilt(e)r(i)š q(a)γ(a)nqa : türü͡k b(ö)gü q(a)γ(a)nqa : türü͡k bilgä q[(a)γ(a)nqa]

(51 = E 1)

q(a)pγ(a)n q(a)γ(a)n : y(e)ti ot(u)z : y(a)šqa [......]n͡ta [............] (ä)rti : q(a)pγ(a)n q(a)γ(a)n : ol(o)rtd(u)m : tün ud(ï)m(a)tï

(52 = E 2)

kü͡ünt(ü)z : ol(o)rm(a)tï : q͡ïïz(ï)l q(a)n(ï)m : tö͡k(ü)ti : q(a)ra t(ä)r(i)m : yüg(ü)rti : (i)š(i)g küč(ü)g b(e)rt(i)m ö͡k : uz(u)n y(ä)lm(ä)g : y(ä)mä : ït(tï)m o͡q

(53 = E 3)

(a)rquy q(a)rγuγ : olγ(u)rtd(u)m o͡q : y(a)n(ï)γma : y(a)γïγ : k(ä)lür[ü]r (ä)rt(i)m : q(a)γ(a)n(ï)m(i)n : sü (e)ltd(i)m(i)z : t(ä)ŋri y(a)rl(ï)q(a)zu

(54 = E 4)

bu türü͡k bod(u)n (a)ra : y(a)r(ï)ql(ï)γ y(a)γïγ : y(ä)ltürm(ä)d(i)m : tüg(ü)nl(ü)g (a)t(ï)γ : yüg(ü)rtm(ä)d(i)m : ilt(e)r(i)š q(a)γ(a)n : q(a)zγ(a)nm(a)s(a)r :

(55 = E 5)

udu b(ä)n öz(ü)m : q(a)zγ(a)nm(a)s(a)r : il y(ä)mä : bod(u)n y(ä)mä : yo͡q (ä)rt(ä)či (ä)rti : q(a)zγ(a)n͡to͡qin üč(ü)n : udu öz(ü)m : q(a)zγ(a)n͡to͡q(u)m üč(ü)n

(56 = E 6)

il y(ä)mä : il bo͡l͡tï : bod(u)n y(ä)mä : bod(u)n bo͡l͡tï : öz(ü)m q(a)rï bo͡l͡t(u)m : ul(u)γ bo͡l͡t(u)m : n(ä)ŋ y(e)rd(ä)ki : q(a)γ(a)nl(ï)γ bod(u)nqa

(57 = E 7)

bünt(ä)gi : b(a)r (ä)rs(ä)r : nä buŋi : b(a)r (ä)rt(ä)či (ä)rm(i)š

(58 = E 8)

türü͡k bilgä q(a)γ(a)n : il(i)ŋä : bititd(i)m : b(ä)n bilgä tuńu͡qu͡q

(59 = N 1)

ilt(e)r(i)š q(a)γ(a)n : q(a)zγ(a)nm(a)s(a)r : yo͡q (ä)rti (ä)rs(ä)r : b(ä)n öz(ü)m bilgä tuńu͡qu͡q : q(a)zγ(a)nm(a)s(a)r : b(ä)n yo͡q (ä)r-t(i)m (ä)rs(ä)r

(60 = N 2)

q(a)pγ(a)n q(a)γ(a)n : türü͡k sir bod(u)n : y(e)rintä : bod y(ä)mä : bod(u)n y(ä)mä : kiši y(ä)mä : idi yo͡q (ä)rt(ä)či (ä)rti :

(61 = N 3)

ilt(e)r(i)š q(a)γ(a)n : bilgä tuńu͡qu͡q : q(a)zγ(a)n͡to͡q üč(ü)n : q(a)p-γ(a)n q(a)γ(a)n : türü͡k sir bod(u)n : yorïdo͡qi bu

(62 = N 4)

türü͡k bilgä : q(a)γ(a)n : türü͡k sir bod(u)n(u)γ : oγ(u)z bod(u)n(u)γ : ig(i)dü : ol(o)rur

I Monument.

Côté de l'Est.

[illegible] 1.
[illegible] E40
[illegible]

[illegible] 2.
[illegible] E39
[illegible]

[illegible] 3.
[illegible] E38
[illegible]

[illegible] 4.
[illegible] E37
[illegible]

[illegible] 5.
[illegible] E36
[illegible]

KT
퀼 티긴(Kül Tigin)비문 (필란드 발간 도해)

— 2 —

E35 6

E34 7

E33 8

E32 9

E31 10

E30 11

E29 12

E28 13

KT

— 3 —

[illegible] 14.
[illegible] E27
[illegible]

[illegible] 15.
[illegible] E26
[illegible]

[illegible] 16.
[illegible] E25
[illegible]

[illegible] 17.
[illegible] E24
[illegible]

[illegible] 18.
[illegible] E23
[illegible]

[illegible] 19.
[illegible] E22
[illegible]

[illegible] 20.
[illegible] E21
[illegible]

[illegible] 21.
[illegible] E20
[illegible]

KT

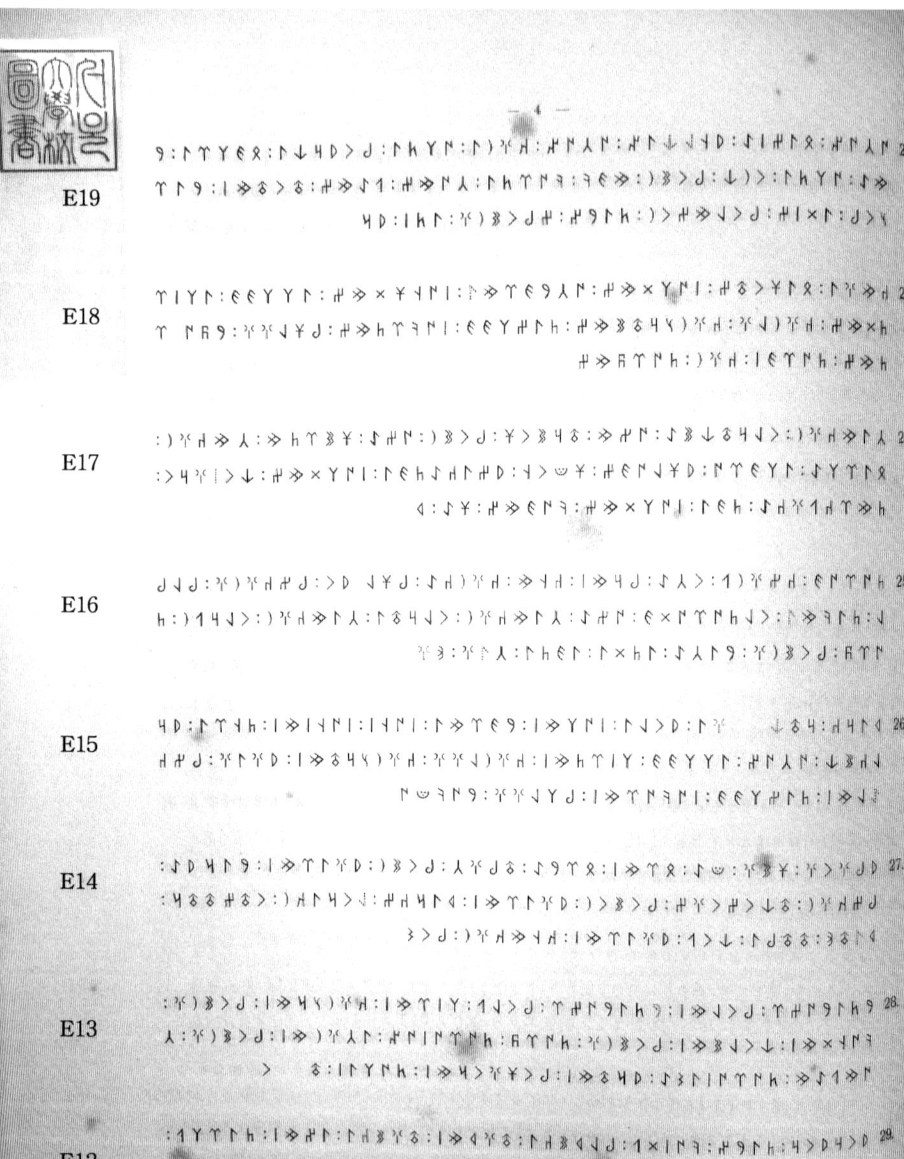
— 4 —
E19
22.
E18
23.
E17
24.
E16
25.
E15
26.
E14
27.
E13
28.
E12
29.
KT

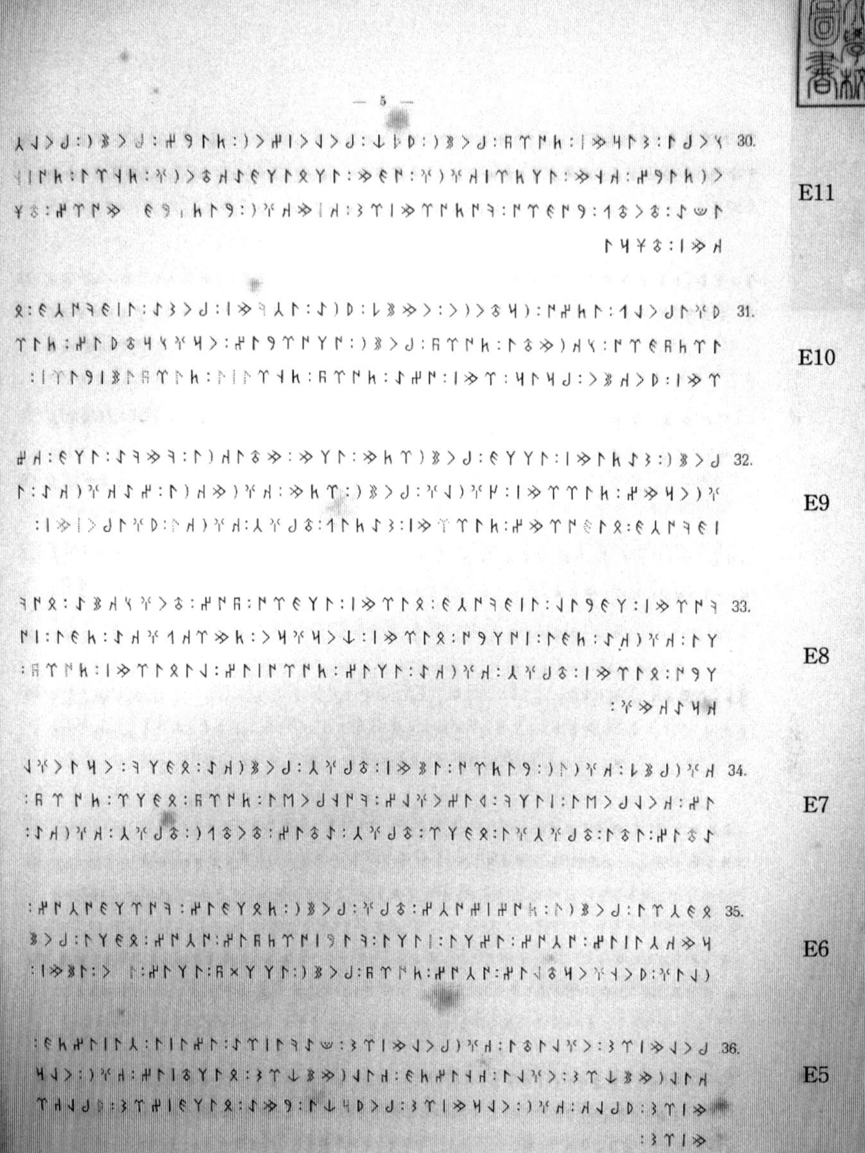
— 5 —
30.
E11
31.
E10
32.
E9
33.
E8
34.
E7
35.
E6
36.
E5
KT

— 6 —

E4

[illegible] 37.
[illegible]
[illegible]
[illegible]

E3

[illegible] 38.
[illegible]
[illegible]
[illegible]

E2

[illegible] 39.
[illegible]
[illegible]
[illegible]

E1

[illegible] 40.
[illegible]
[illegible]
[illegible]

Côté du Sud-est.

SE

[illegible] 41.
[illegible]
[illegible]
[illegible]

Côté du Sud.

S13

[illegible] 42.
[illegible]
[illegible]

KT

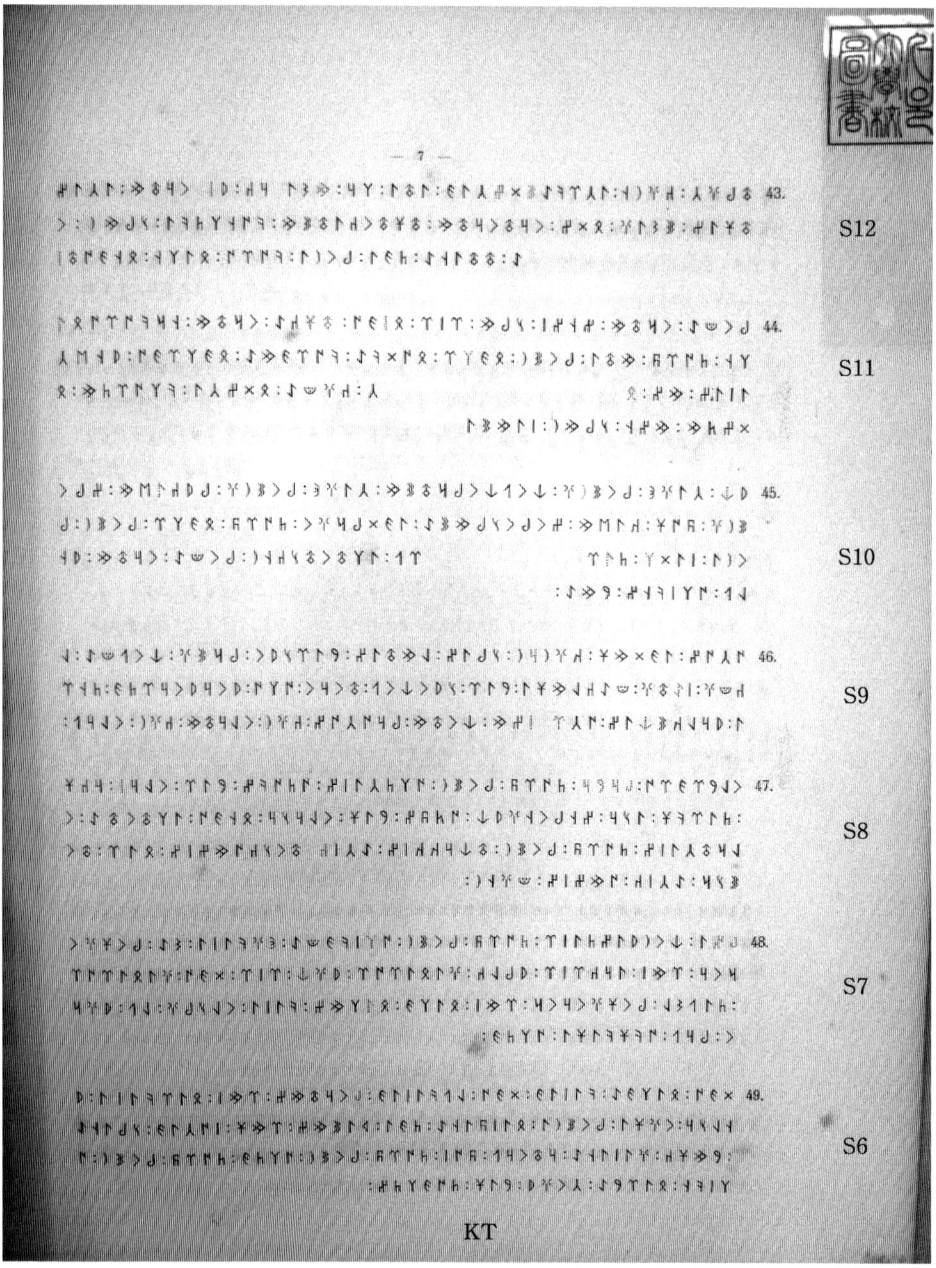

— 7 —

43. S12

44. S11

45. S10

46. S9

47. S8

48. S7

49. S6

KT

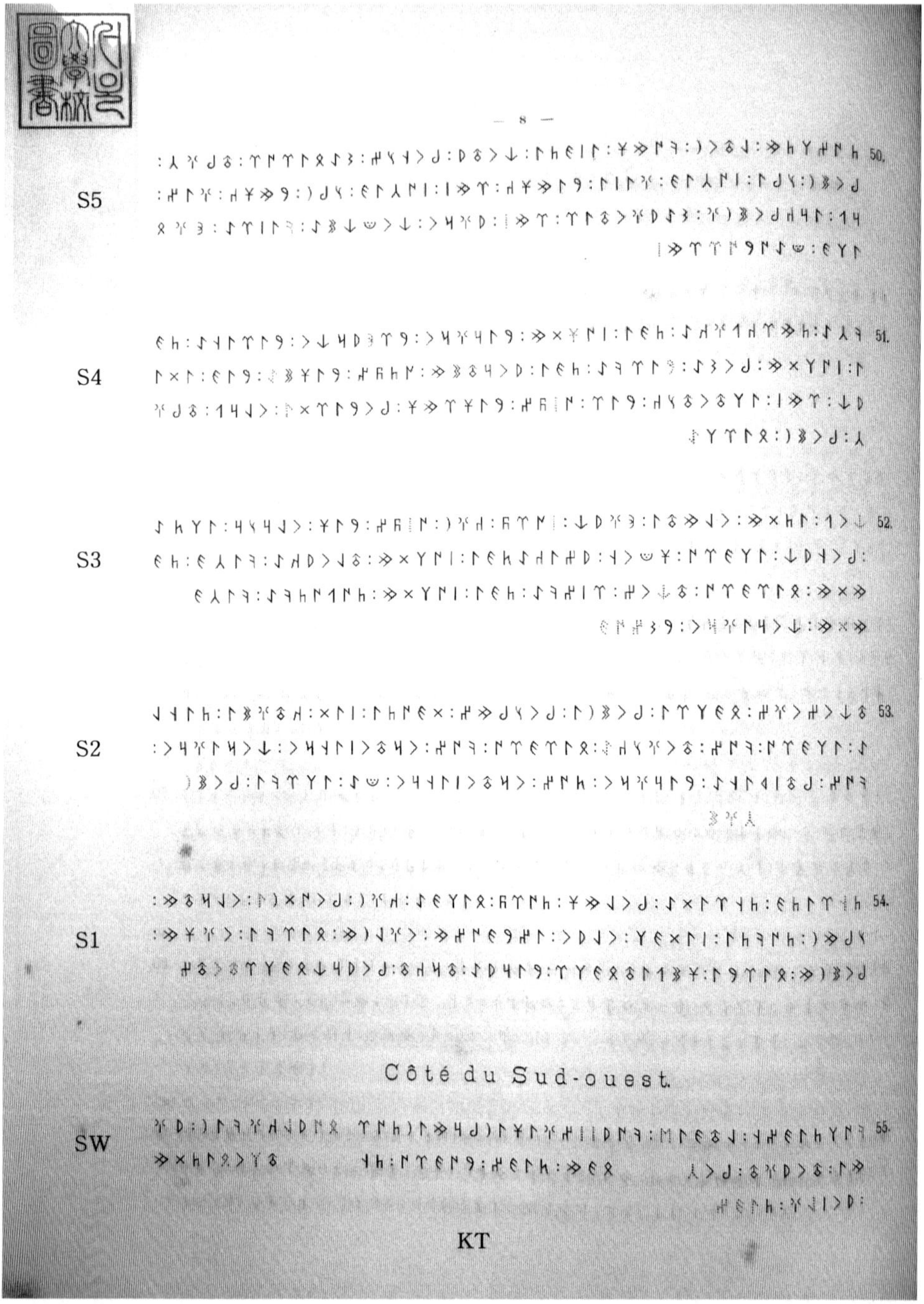

— 8 —

S5
[illegible] 50.
[illegible]
[illegible]
[illegible]

S4
[illegible] 51.
[illegible]
[illegible]
[illegible]

S3
[illegible] 52.
[illegible]
[illegible]
[illegible]

S2
[illegible] 53.
[illegible]
[illegible]
[illegible]

S1
[illegible] 54.
[illegible]
[illegible]

Côté du Sud-ouest.

SW
[illegible] 55.
[illegible]
[illegible]

KT

— 9 —

Côté de l'Ouest.

À droite de l'inscription chinoise.

[illegible] 56.
[illegible]
[illegible]

W

Côté du Nord.

[illegible] 57.
[illegible]
[illegible]

N13

[illegible] 58.
[illegible]
[illegible]
[illegible]

N12

[illegible] 59.
[illegible]
[illegible]
[illegible]

N11

[illegible] 60.
[illegible]
[illegible]
[illegible]

N10

[illegible] 61.
[illegible]
[illegible]

N9

KT

— 10 —

N8

[illegible] 62.

[illegible]

[illegible]

N7

[illegible] 63.

[illegible]

[illegible]

N6

[illegible] 64.

[illegible]

[illegible]

N5

[illegible] 65.

[illegible]

[illegible]

N4

[illegible] 66.

[illegible]

[illegible]

N3

[illegible] 67.

[illegible]

[illegible]

N2

[illegible] 68.

[illegible]

[illegible]

[illegible]

N1

[illegible] 69.

[illegible]

[illegible]

KT

— 11 —

Côté du Nord-Est.

70.

NE

KT

동쪽 면
(E)

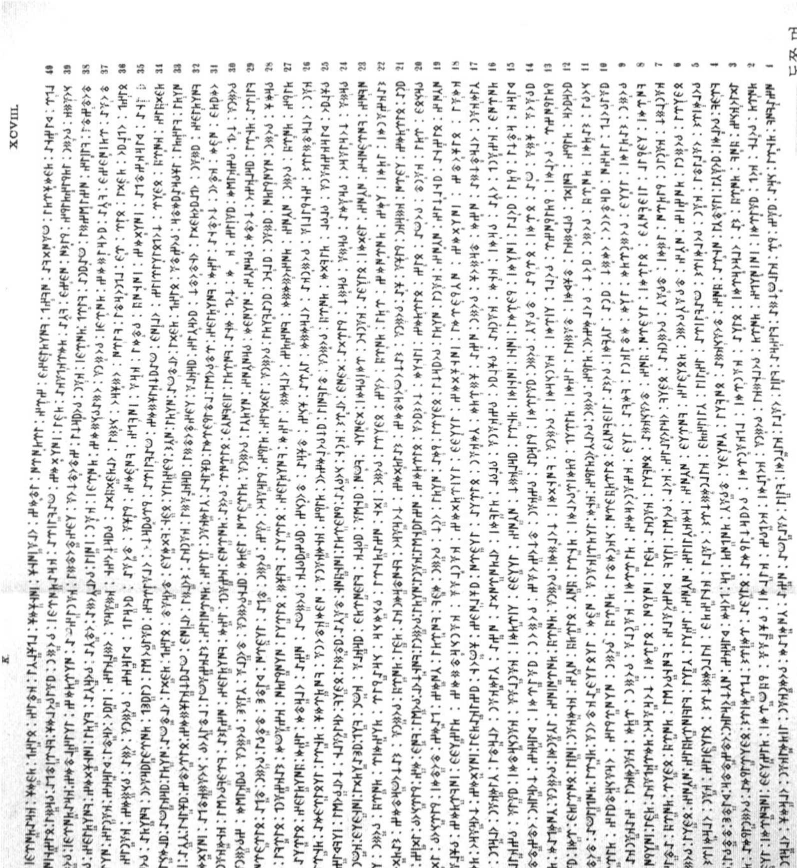

퀼 티긴(Kül Tigin)비문 (Radloff 발간 도해)

XCVIII

북쪽 면 (N)

동북 면 (NE)

남쪽 면 (S)

서남 면 (SW)

서쪽 면 (W)

동남 면 (SE)

XCIX.

퀼 티긴(Kül Tigin)비문 (Radloff 발간 도해)

II Monument.

Côté de l'Est.

E41 1.

E40 2.

E39 3.

E38 4.

E37 5.

BQ

빌개 카간(Bilgä Qaγan)비문 (핀란드 발간 도해)

— 13 —

[illegible] 6.

E36

[illegible] 7.

E35

[illegible] 8.

E34

[illegible] 9.

E33

[illegible] 10.

E32

[illegible] 11.

E31

BQ

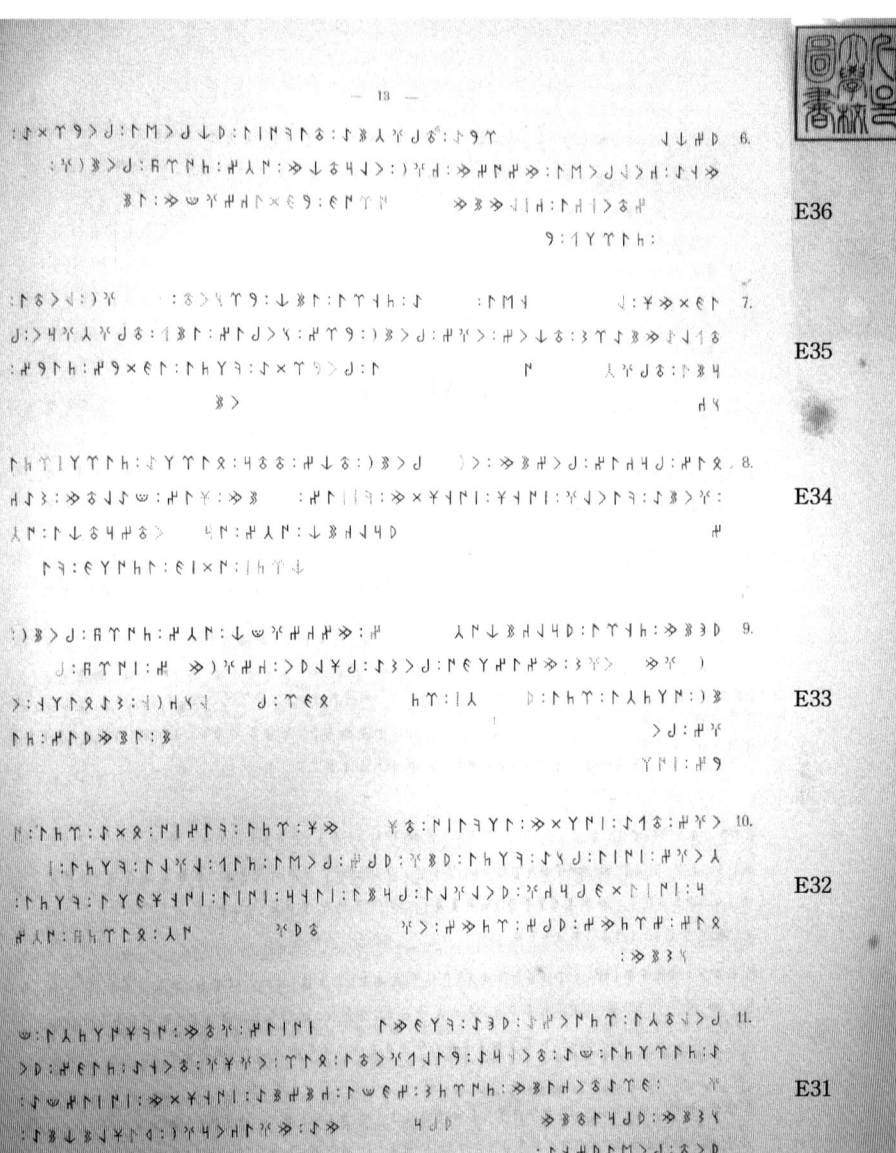

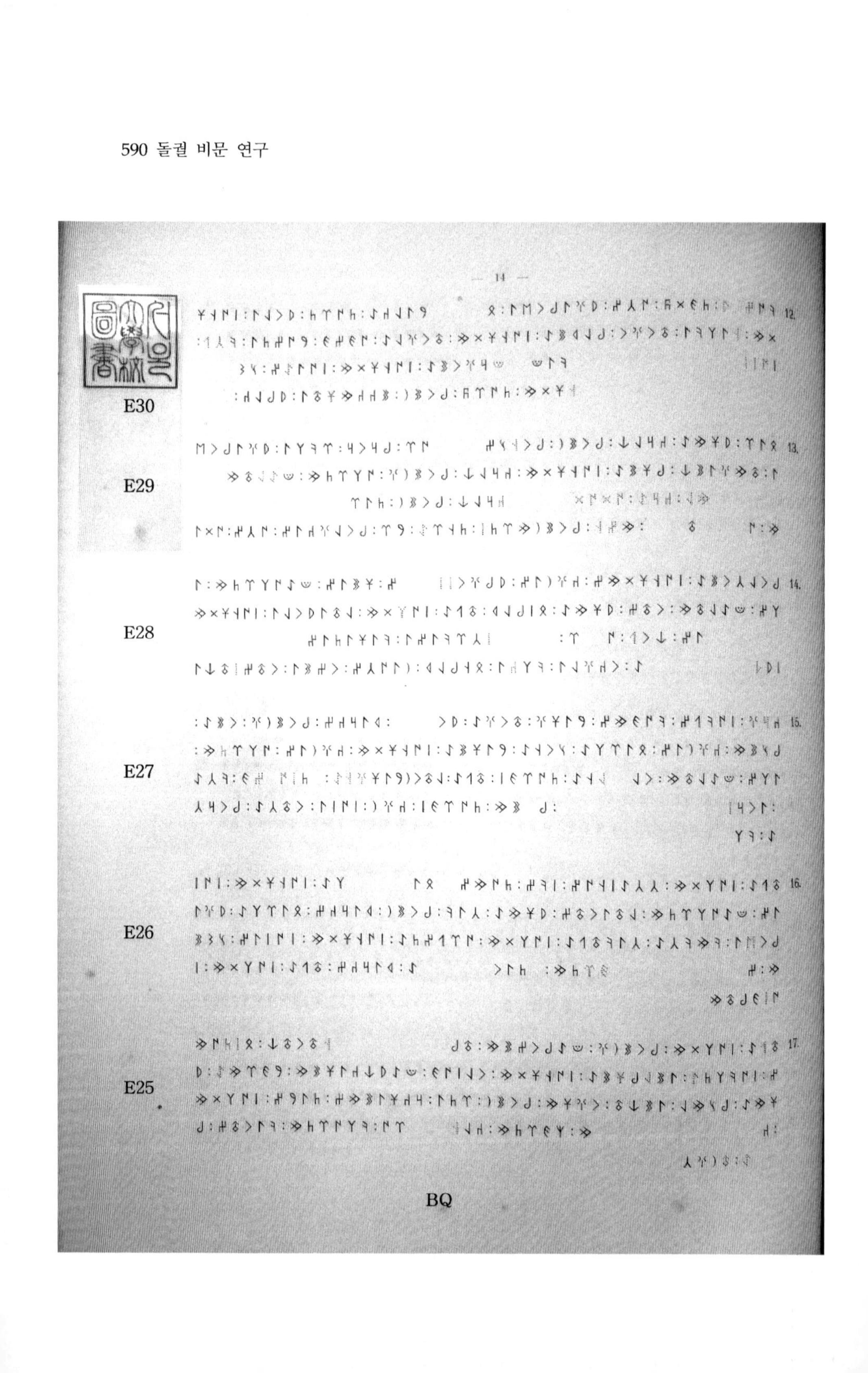

— 14 —

12.

E30

13.

E29

14.

E28

15.

E27

16.

E26

17.

E25

BQ

— 15 —

18.

E24

19.

E23

20.

E22

21.

E21

22.

E20

23.

E19

BQ

— 16 —

E18 24.

E17 25.

E16 26.

E15 27.

E14 28.

E13 29.

BQ

— 17 —

[illegible] 30.
[illegible]
[illegible]
[illegible]

E12

[illegible] 31.
[illegible]
[illegible]
[illegible]

E11

[illegible] 32.
[illegible]
[illegible]
[illegible]

E10

[illegible] 33.
[illegible]
[illegible]
[illegible]

E9

[illegible] 34.
[illegible]
[illegible]
[illegible]

E8

[illegible] 35.
[illegible]
[illegible]
[illegible]

E7

BQ

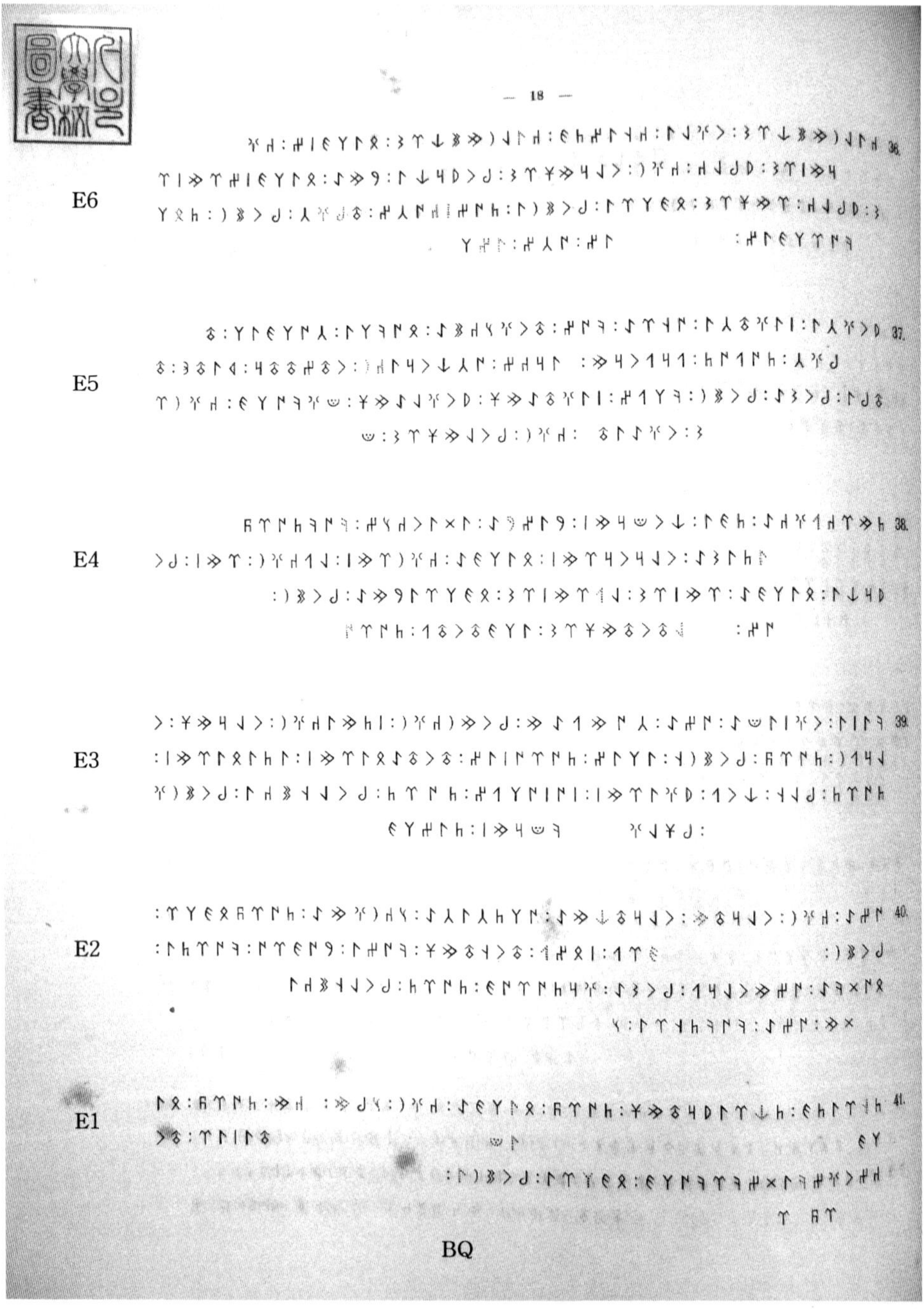

— 18 —

E6 36.

E5 37.

E4 38.

E3 39.

E2 40.

E1 41.

BQ

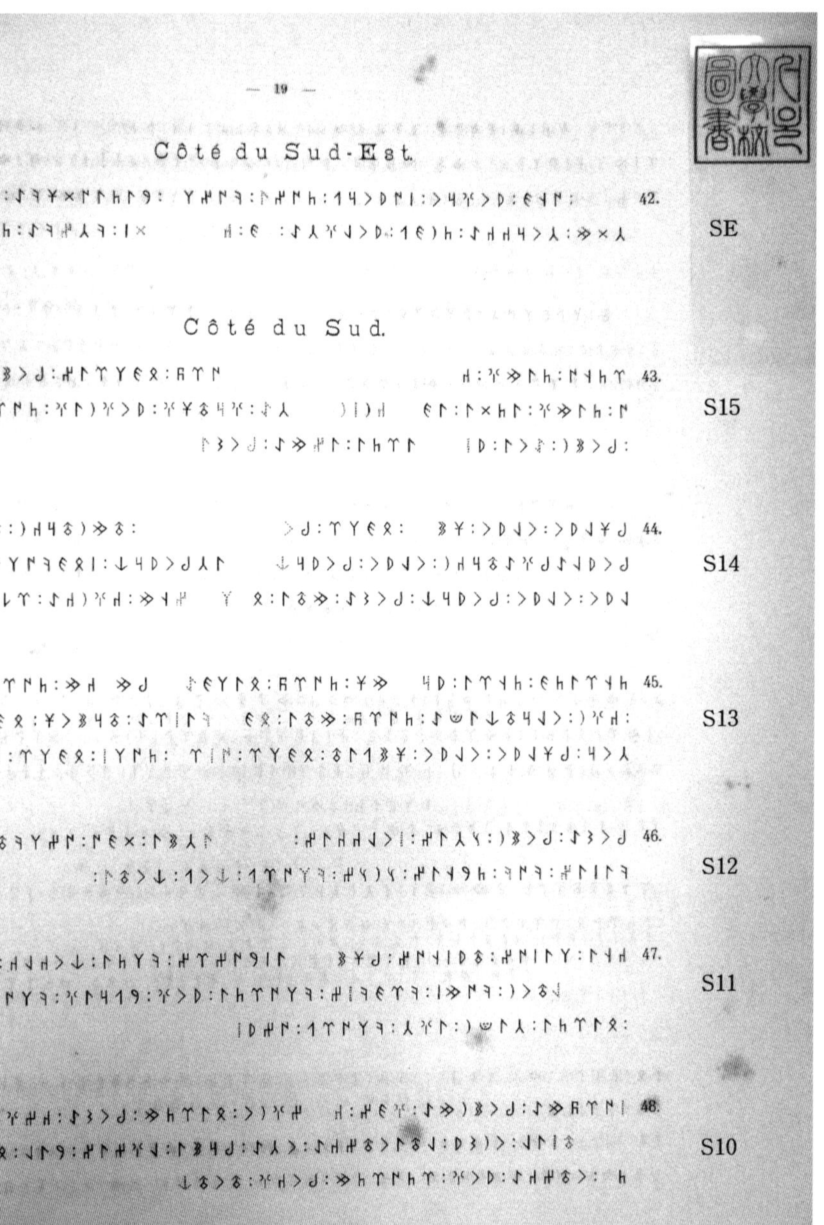

— 19 —

Côté du Sud-Est.

42.

SE

Côté du Sud.

43.

S15

44.

S14

45.

S13

46.

S12

47.

S11

48.

S10

BQ

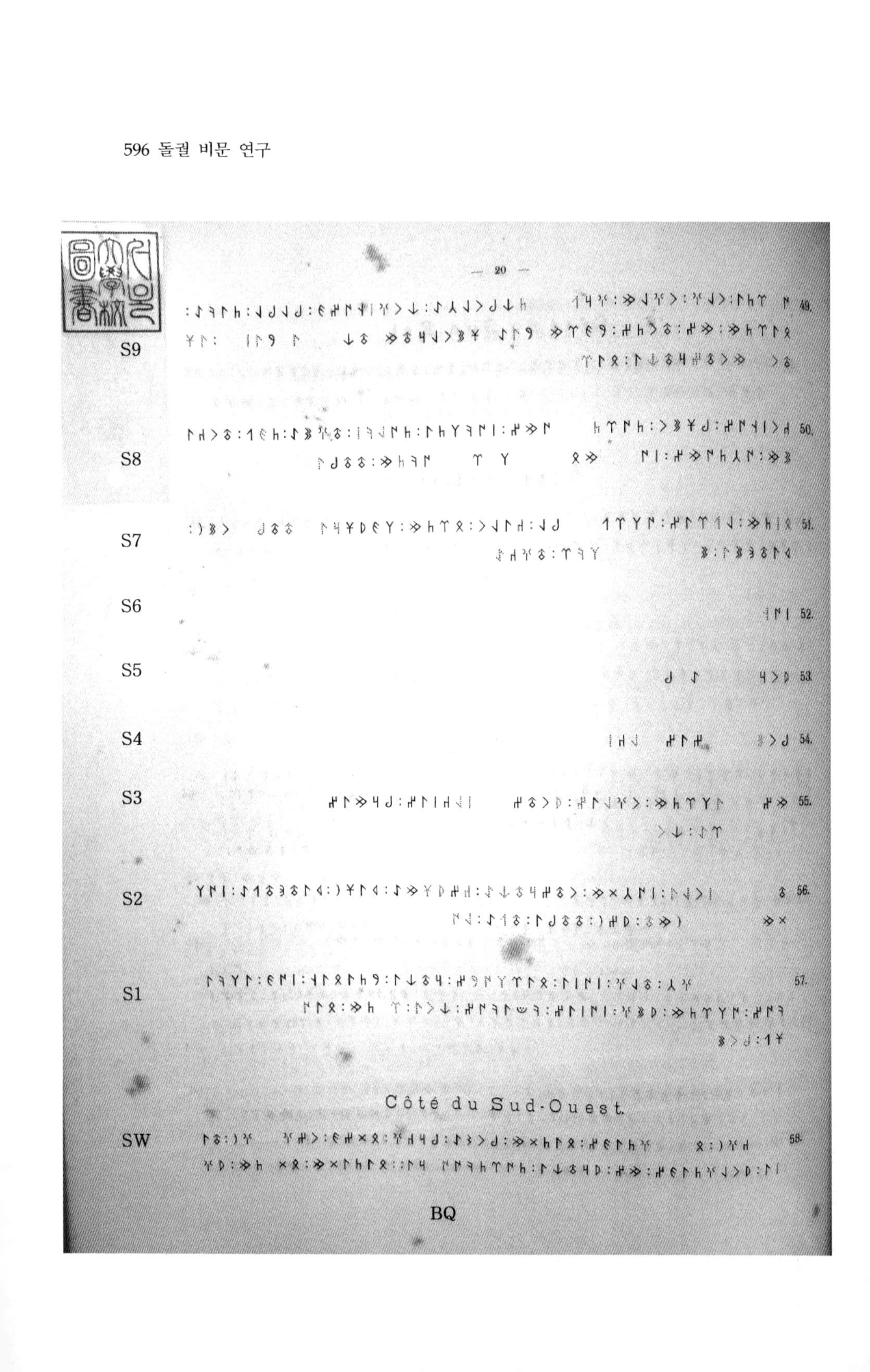

S9 49.

S8 50.

S7 51.

S6 52.

S5 53.

S4 54.

S3 55.

S2 56.

S1 57.

Côté du Sud-Ouest.

SW 58.

BQ

Côté de l'Ouest.

Tableau au-dessus de l'inscription chinoise.

[illegible] 59. W7

[illegible] 60. W6

[illegible] 61. W5

[illegible] 62. W4

[illegible] 63. W3

W1, W2 없음

Côté du Nord.

N15없음

[illegible] 64. N14

[illegible] 65. N13

[illegible] 66. N12

[illegible]

BQ

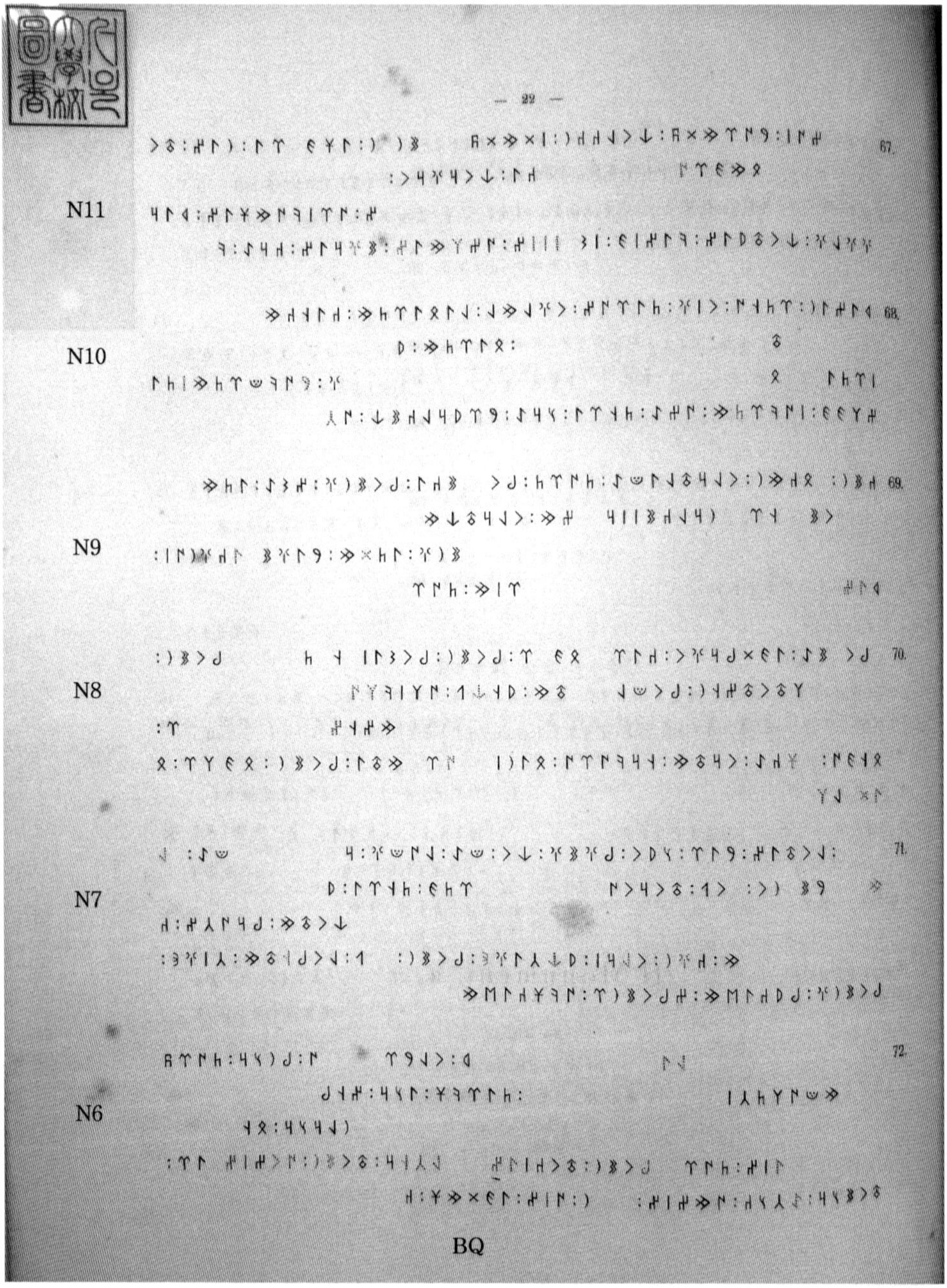

— 22 —

67.

N11

68.

N10

69.

N9

70.

N8

71.

N7

72.

N6

BQ

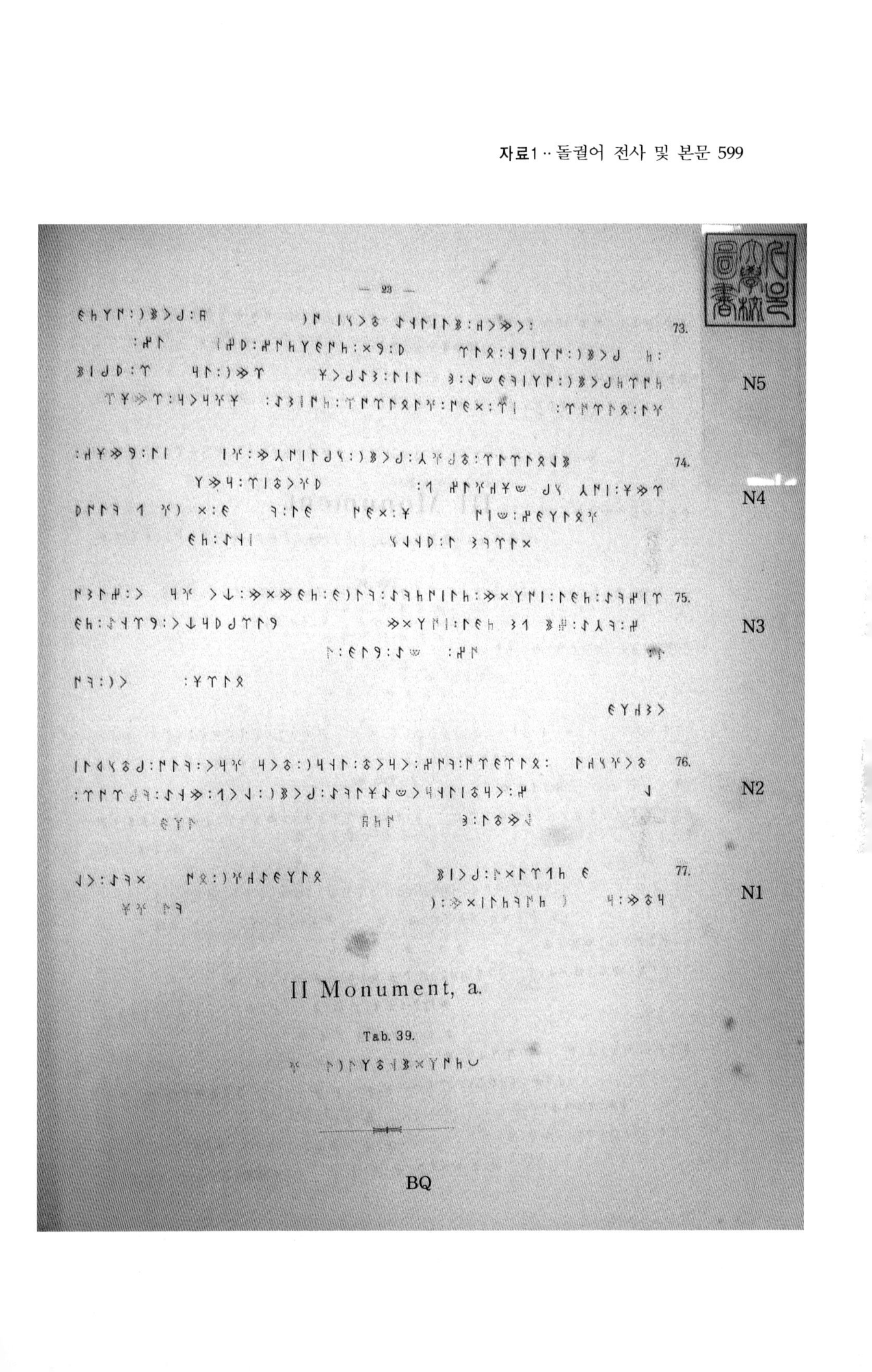

— 23 —

73. N5

74. N4

75. N3

76. N2

77. N1

II Monument, a.

Tab. 39.

BQ

동쪽 면
(E)

빌게 카간(Bilgä Qaɣan)비문 (Radloff 발간 도해)

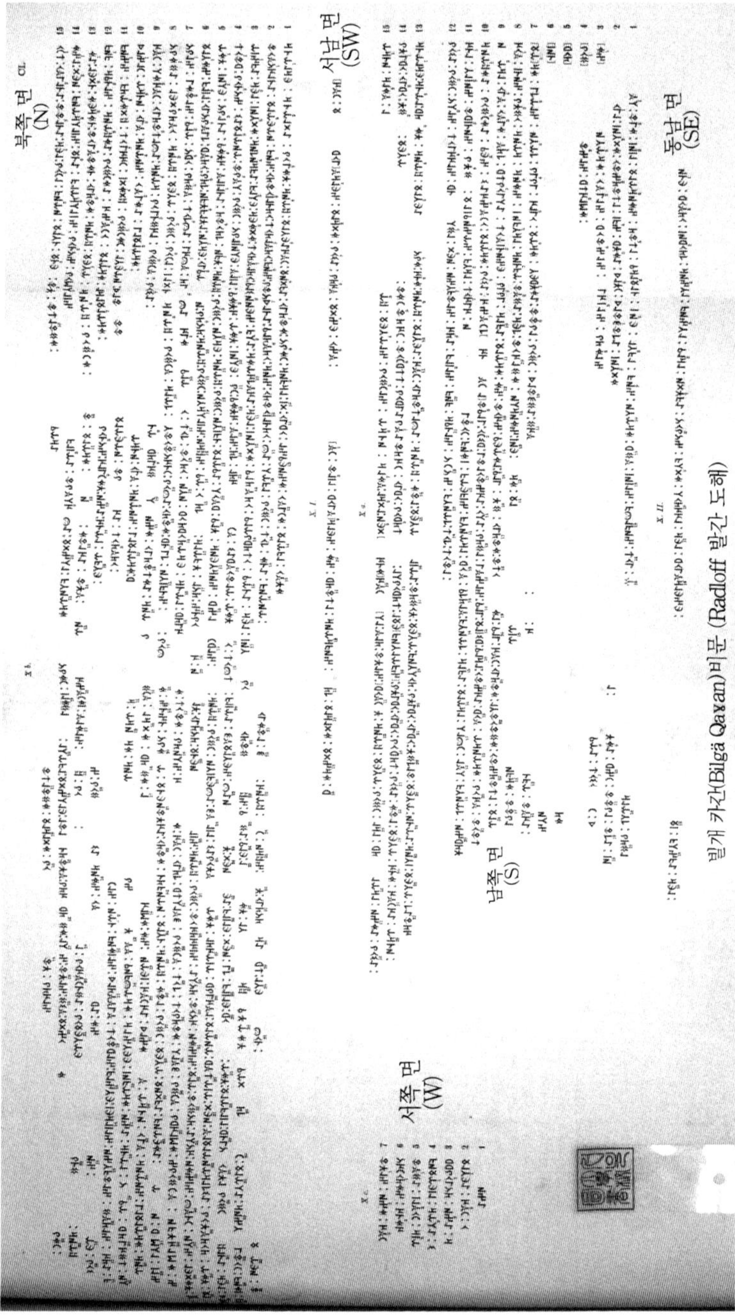

동남면 (SE)

남쪽면 (S)

서남면 (SW)

서쪽면 (W)

북쪽면 (N)

빌개 카간(Bilgä Qaɣan)비문 (Radloff 발간 도해)

투뉴쿠크(Tunyuquq) 제1비문

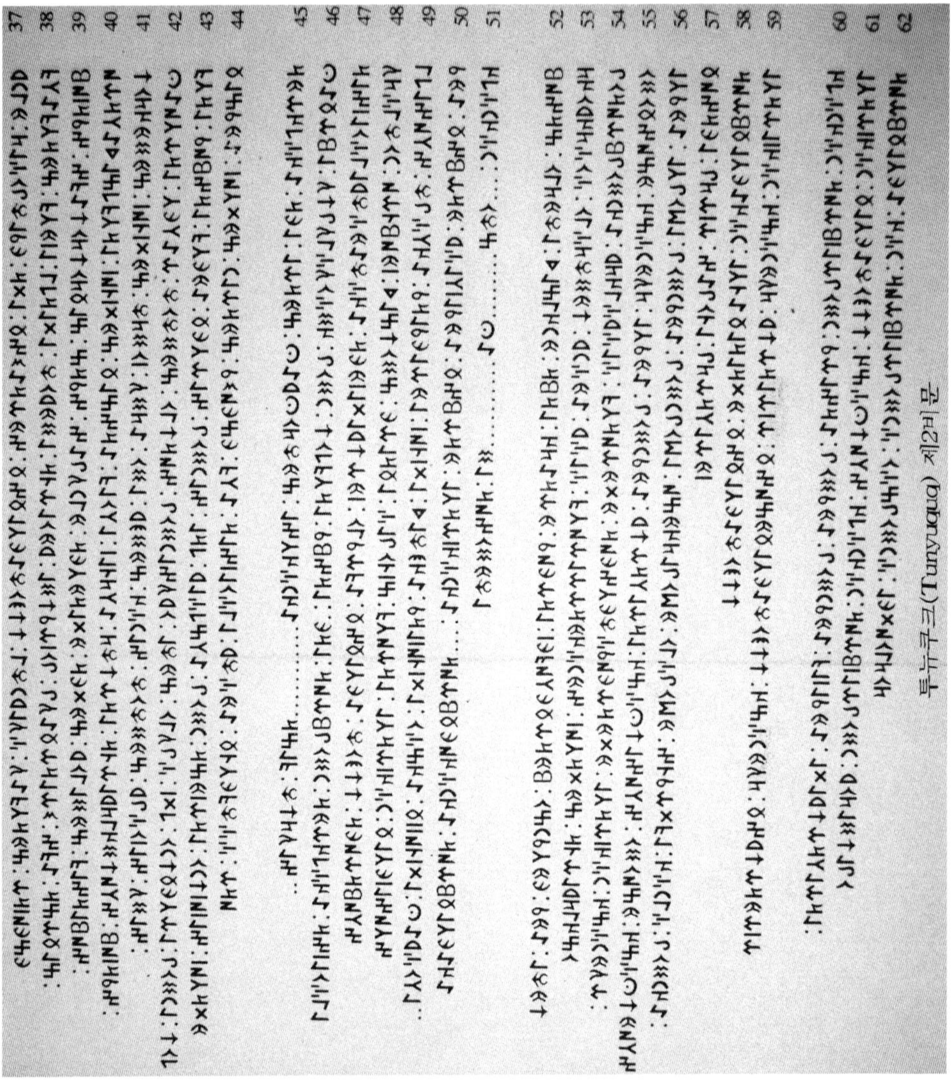

투뉴쿠크(Tunyuquq) 제2비문

자료 2

쿨 티긴 비문과 빌게 카간 비문의 대조

검은색: 퀼 티긴 비문, 회색: 빌개 카간 비문

(S 1) t(ä)ŋri t(ä)g : t(ä)ŋridä : bolm(ï)š : türü͡k : bilgä : q(a)γ(a)n : bu ödkä :
(N 1) t(ä)ŋri t(ä)g : t(ä)ŋridä : bolm(ï)š : türü͡k : bilgä q(a)γ(a)n : bödkä :
ol(o)rt(u)m : s(a)b(ï)m(ï)n : tük(ä)ti : (e)šidg(i)l : ul(a)yu : in(i)ygün(ü)m :
ol(o)rt(u)m : s(a)b(ï)m(ï)n : tük(ä)ti : (e)š(i)d : ul(a)yu : in(i)ygün(ü)m :
oγl(a)n(ï)m : birki : uγ(u)š(u)m : bod(u)n(u)m : biryä : š(a)d(a)pït b(ä)gl(ä)r :
oγl(a)n(ï)m : birki : uγ(u)š(u)m : [bod(u)n(u)m ....
yïrya : t(a)rq(a)t : buyr͡uq : b(ä)gl(ä)r : ot(u)z [t(a)t(a)r ....] (S 2) t͡oquz
oγ(u)z : b(ä)gl(ä)ri : bod(u)ni : bu s(a)b(ï)m(ï)n : (ä)dgüti : (e)šid : q(a)t(ï)γđï
....
: tiŋla : ilg(ä)rü : kün : tuγs(ï)q(q)a : birg(ä)rü : kün : ortosïŋ(a)ru : q͡uurïγ(a)ru
... ilg(ä)rü : kün] (N 2) tuγs(ï)qïŋa : birg(ä)rü : kün : ortosïŋ(a)ru : q͡uurïγ(a)ru
: kün : b(a)ts͡ïqïŋa : yïrγ(a)ru : tün : ortosïŋ(a)ru : (a)n͡ta : ičr(ä)ki : bod(u)n
: kün : b(a)ts͡ïqïŋa : yïrγ(a)ru : tün : ortosïŋ(a)ru : (a)n͡ta : (i)čr(ä)ki : bod(u)n
: q͡oo[p] : m[(a)ŋ]a : kör[ür (a)n͡č]a bod(u)n : (S 3) q͡oop : itd(i)m : ol (a)mtï :
: q͡oop : m(a)ŋa : körür : [bun͡ča bod(u)n q͡oop itd(i)m] ol (a)mtï :
(a)ń(ï)γ yo͡q : türü͡k : q(a)γ(a)n : ötü͡k(ä)n : yïš : ol(o)rs(a)r : iltä : buŋ
(a)ń[(ï)γ yo͡q : t]ürü͡k : [q(a)γ(a)]n : ötü͡k(ä)n : [yï]š : ol(o)rs(a)r [: il]tä [: buŋ]
yo͡q : ilg(ä)rü : š(a)n͡tuŋ : y(a)zïqa t(ä)gi : sül(ä)d(i)m : t(a)loyqa : kič(i)g :
yo͡q : ilg[(ä)rü š(a)]n͡tuŋ : [y(a)zïqa t(ä)gi sül(ä)d(i)m t(a)loyqa kič(i)g
t(ä)gm(ä)d(i)m : birg(ä)rü : to͡quz : (ä)rs(i)nkä : t(ä)gi : sül(ä)d(i)m :
t(ä)gm(ä)d(i)m] b[i]rg<(ä)r>ü : t[oq(u)z] (N 3) (ä)rs(i)nkä : t(ä)gi : sül(ä)d(i)m :
töpötkä : kič(i)g [t(ä)g]m(ä)d(i)m : q͡uurïγ(a)ru : y(e)n͡čü üg[(ü)z] (S 4) k(ä)čä :
töpötkä : kič(i)g : t(ä)gm(ä)d(i)m : q͡uur(ï)γ(a)ru : yin͡čü üg(ü)z : k(ä)čä :
t(ä)m(i)r q(a)p(ï)γqa : t(ä)gi : sül(ä)d(i)m : yïrγ(a)ru : y(i)r b(a)y(ï)rq͡uu : yiriŋä
t(ä)m(i)r q(a)p(ï)γqa : t(ä)gi : sül(ä)d(i)m : yïrγ(a)ru : yir b(a)y(ï)rq͡uu : y(e)r(i)ŋä
: t(ä)gi : sül(ä)d(i)m : bun͡ča : yirkä : t(ä)gi : yor(ï)td(ï)m : ötü͡k(ä)n : yïšda :
: t(ä)gi : sül[(ä)d(i)m] bu[n͡ča yirkä t(ä)gi y]or(ï)td[(ï)m öt]ü͡k(ä)n : y[ïš]da :
yig : idi yo͡q : (ä)rm(i)š : il tuts(ï)q : yir : ötü͡k(ä)n : yïš (ä)rm(i)š : bu yirdä :

yig : i[di yo͡q (ä)r]m(i)š : il [tuts(ï)q yir ö]tü͡k[(ä)n :] y(ï)š (ä)rm(i)š [bu] y(e)rd[ä
ol(o)r(u)p : t(a)bγ(a)č : bod(u)n : birlä : (S 5) tüz(ü)lt(ü)m : (a)ltun : küm(ü)š :
ol(o)]r(u)p [t(a)bγ(a)č bod(u)]n : birlä : tüz(ü)l[t(ü)m] (a)ltun : küm(ü)š :
išg(i)ti : q͡oot(a)y : buŋs(ï)z : (a)n͡ča birür : t(a)bγ(a)č : bod(u)n : s(a)bi :
(e)šg[(i)ti] (N 4) q͡oot(a)y : buŋs(ï)z : (a)n͡ča birür : t(a)bγ(a)č : bod(u)n : s(a)bi
süčig : (a)γïsi : yimš(a)q : (ä)rm(i)š : süčig : s(a)b(ï)n : y(e)mš(a)q : (a)γïn
süč(i)g : (a)γïsi : y(e)mš(a)q : (ä)rm(i)š : süč(i)g : [s(a)]b(ï)n : y(e)mš(a)q : (a)γïn
: (a)r(ï)p : ïr(a)q bod(u)n(u)γ : (a)n͡ča y(a)γutir : (ä)rm(i)š : y(a)γru : q͡oon͡to͡qda
: (a)r(ï)p : ïr(a)q [bod(u)]n(u)γ : (a)n͡ča y(a)γutir : (ä)rm(i)š [y(a)γr]u : q͡oon͡to͡q[da]
: kisrä : (a)ń(ï)γ bil(i)g : (a)n͡ta öyür (ä)rm(i)š : (S 6) (ä)dgü : bilgä : kišig :
: kisrä : (a)ń(ï)γ bil(i)g(i)n : (a)n͡ta ö[yür (ä)rm(i)]š : (ä)dgü [bil]gä : kišig :
(ä)dgü : (a)lp kišig : yor(ï)tm(a)z : (ä)rm(i)š : bir kiši : y(a)ŋ(ï)ls(a)r :
(ä)dgü : (a)lp : kišig : yo[r(ï)tm(a)z] : (ä)rm(i)š : bir kiši : y(a)ŋ(ï)ls[(a)r]
uγ(u)ši : bod(u)ni : bišü͡kiŋä : t(ä)gi : q͡ïïdm(a)z : (ä)rm(i)š : süčig : s(a)bïŋa
uγ(u)ši bod(u)n[i biš]ü͡kiŋä : t(ä)gi : q͡ïïd[m(a)z] (N 5) (ä)rm(i)š : süč(i)g : s(a)bïŋa
: y(e)mš(a)q : (a)γïsïŋa : (a)rtur(u)p : ü͡küš : türü͡k : bod(u)n : ölt(ü)g : türü͡k :
: y(e)mš(a)q : (a)γïsïŋa : (a)rtur(u)p : ük(ü)š : türü͡k : bod(u)n : ölt(ü)g : türü͡k :
bod(u)n : öls(i)k(i)ŋ : biryä : čoγ(a)y : yïš : tög(ü)lt(ü)n : (S 7) y(a)zï : q͡oon(a)yin
bod(u)n : öls(i)k(i)ŋ : biryä : čoγ(a)y : yïš : tög(ü)ltün : y(a)zï [q͡oo]n(a)yin :
tis(ä)r : türü͡k : bod(u)n : öls(i)k(i)g (a)n͡ta : (a)ń(ï)γ kiši : (a)n͡ča : bošγurur :
[tis(ä)r] : türü͡k : bod(u)n : öls(i)k(i)g (a)n͡ta : (a)ń(ï)γ [k]iši : (a)n͡ča bošγ[(u)rur]
(ä)rm(i)š : ïr(a)q (ä)rs(ä)r : y(a)bl(a)q : (a)γï birür : y(a)γu͡q : (ä)rs(ä)r : (ä)dgü :
(ä)rm(i)š : ïr(a)q (ä)rs(ä)r : y(a)bl(a)q (a)γï : birür : y(a)γu͡q (ä)rs(ä)r : (ä)dgü :
(a)γï birür : tip (a)n͡ča : bošγurur : (ä)rm(i)š : bil(i)g : bilm(ä)z : kiši : ol
(a)γï birür tip (a)n͡ča : bošγ(u)rur : (ä)rm(i)š : bi[l(i)g] (N 6) bilm(ä)z : kiši : ol
s(a)b(ï)γ : (a)l(ï)p : y(a)γru : b(a)r(ï)p : ük(ü)š kiši : ölt(ü)g : (S 8) ol y(e)rg(ä)rü
s(a)b(ï)γ (a)l(ï)p : y(a)γru : b(a)r(ï)p : ük(ü)š kiši : ölt(ü)g : ol y(e)r[g(ä)r]ü
: b(a)rs(a)r : türü͡k : bod(u)n : ölt(ä)či s(ä)n : ötük(ä)n : yir : ol(o)r(u)p :
: b(a)rs(a)r : türü͡k : bod(u)n : ölt(ä)či s(ä)n : ötü͡k(ä)n : y(e)r : o[l(o)]r(u)p
(a)rq(ï)š : tirk(i)š : ïs(a)r : n(ä)ŋ buŋ(u)γ yo͡q : ötü͡k(ä)n : yïš : ol(o)rs(a)r :
[(a)rq(ï)š] : tirk(i)š : ïs(a)r : n(ä)ŋ bu[ŋ(u)γ yo]q : ö[tü͡k(ä)n y]ïš : ol(o)rs(a)r :
b(ä)ŋgü : il tuta : ol(o)rt(a)čï s(ä)n : türü͡k : bod(u)n : to͡q(u)rq(a)q s(ä)n :
b(ä)ŋgü [il tuta ol(o)rt(a)č]ï s(ä)n : türü͡k : bod(u)n : toq(u)rq(a)q s(ä)n :

āčs(ï)q : tos(ï)q öm(ä)z s(ä)n : bir tods(a)r : āčs(ï)q : öm(ä)z s(ä)n :
āčs(a)r : tos(ï)q : öm(ä)z s(ä)n : bir : tods(a)r : āčs(ï)q : öm(ä)z s(ä)n :
(a)n͡t(a)γ(ï)ŋ(ï)n : (S 9) üčün : ig(i)dm(i)š : q(a)γ(a)n(ï)ŋ(ï)n : s(a)bin :
(a)n͡t(a)γ(ï)ŋ(ï)n : üč(ü)n : ig(i)dm(i)š : q[(a)γ(a)n(ï)ŋ(ï)n] (N 7) s(a)bin :
(a)lm(a)tin : yir s(a)yu : b(a)rd(ï)γ : q͡oop (a)n͡ta : (a)lq(ï)n͡t(ï)γ : (a)r(ï)lt(ï)γ :
(a)lm(a)tin : yir : s(a)yu : b(a)rd(ï)γ : q͡oop (a)n͡ta : (a)lq(ï)n͡t(ï)γ : (a)r(ï)l[t(ï)γ]
(a)n͡ta q(a)lm(i)ši : yir : s(a)yu q͡oop : toru : ölü : yor(ï)yur (ä)rt(i)g : t(ä)ŋri :
(a)n͡ta q(a)lm[(i)ši] yir [s(a)y]u : q͡oop : toru : ölü : yor(ï)yur (ä)rt(i)g : t(ä)ŋri :
y(a)rl(ï)q(a)d͡oqin : üčün : [ö]z(ü)m : q͡uut(u)m : b(a)r üčün : q(a)γ(a)n :
y(a)rl(ï)q[(a)d͡oqin üč(ü)n öz(ü)]m : q͡uut(u)m : b(a)r üč(ü)n : q[(a)γ(a)n
ol(o)rt(u)m : q(a)γ(a)n : ol(o)r(u)p : (S 10) y͡oq : čïγ(a)ń : bod(u)n(u)γ : q͡oop
ol(o)rt(u)]m : q(a)γ(a)n : ol(o)r(u)p : y͡oq čïγ(a)ń : bod(u)n(u)γ : q͡oop :
q͡uubr(a)td(ï)m : čïγ(a)ń : bod(u)n(u)γ : b(a)y qi͡lt(ï)m : (a)z bod(u)n(u)γ : ü͡küš :
q͡uubr(a)t(tï)m : čïγ(a)ń : bod(u)n(u)γ : b(a)y qi͡lt(ï)m : (a)z bod(u)n(u)γ : ük(ü)š
qi͡lt(ï)m : (a)zu bu s(a)b(ï)mda : ig(i)d b(a)r γu : türü͡k : b(ä)gl(ä)r :
qi͡lt(ï)m : (a)z[u bu] (N 8) s(a)b(ï)mda : ig(i)d b(a)r γu : türü͡k : b(ä)gl(ä)r :
bod(u)n : bunï : (e)šid(i)ŋ : türü͡k : [bod(u)n ti]r(i)p : il tuts(ï)q(ï)ŋ(ï)n :
bod(u)n : bunï : (e)šid(i)ŋ [:] türü͡k : bod(u)n(u)γ : tir(i)p : [i]l tuts(ï)q(ï)ŋ(ï)n :
bu͡nta : urt(u)m : y(a)ŋ(ï)l(ï)p : öls(i)k(i)ŋ(i)n : y(ä)mä : (S 11) bu͡nta : urt(u)m :
bu͡nta : urt(u)m : y(a)ŋ(ï)l(ï)p : öls(i)k(i)ŋ(i)n : [y(ä)mä] : bu͡nt[a urt(u)]m :
n(ä)ŋ n(ä)ŋ : s(a)b(ï)m : (ä)rs(ä)r : b(ä)ŋgü : t(a)šqa : urt(u)m : (a)ŋ(a)r körü
n(ä)ŋ n(ä)ŋ : s(a)b(ï)m [(ä)rs(ä)]r : b(ä)ŋgü t(a)šqa : urt(u)m : (a)ŋ(a)r körü :
bil(i)ŋ : türü͡k : m(a)tï : bod(u)n : b(ä)gl(ä)r : bödkä : kör(ü)gmä : b(ä)gl(ä)r gü
bil(i)ŋ : türü͡k : m(a)tï : bod(u)n : b(ä)gl(ä)r : bödkä : kör(ü)gmä : [b(ä)gl(ä)]r [g]ü
: y(a)ŋ(ï)l͡t(a)čï siz : m(ä)n b[(ä)ŋgü : t(a)š tikd(i)m :
: y[(a)ŋ(ï)]l͡t(a)čï : siz [q(a)ŋ(ï)m] (N 9) q(a)γ(a)n : (e)č(i)m q(a)γ(a)n :
ol(o)rt͡oqi͡nta : tört : bul(u)ŋd(a)qï : bod(u)n(u)γ : n(ä)n͡čä : itm[(i)š n(ä)n͡čä
y(a)r(a)tm(i)š t(ä)]ŋr[i] y(a)rl(ï)q(a)d[͡oq ü]č[(ü)n ö]z(ü)m : ol(o)rt͡oq(u)ma : tör[t]
b[ul(u)ŋd(a)qï bo]d(u)n(u)γ : itd(i)m : y(a)r[(a)t]d(ï)m : i[................] qi͡lt(ï)m : m(ä)n
: [t]ürg(i)š : q(a)γ(a)nqa : q͡iiz(ï)m[(ï)n ....] : (ä)rt(i)ŋü : ul(u)γ : törön : (a)lï
birt(i)m : tür[g(i)š q(a)γ(a)n] (N 10) q͡iizïn : (ä)rt(i)ŋü : ul(u)γ : törön : oγl(u)ma
: (a)lï birt(i)m : [.........................] (ä)rt(i)ŋü : ul(u)γ : törön : (a)lï birt(i)m :
y[(a)..................]T[2] : (e)rtü[r]t(ü)m : tör[t bul(u)ŋd(a)qï bod(u)n(u)γ] b(a)z [qi͡lt(ï)m

b(a)]š[l(ï)]γ(ï)γ : yük(ü)n͡t(ü)rt(ü)m : tizl(i)g(i)g : sök(ü)rt(ü)m : üzä : t(ä)ŋri : (a)s[ra] y(e)r : y(a)rl(ï)q(a)do͡q : üč[(ü)n] (N 11) köz(ü)n : körm(ä)dö͡k : q͡uulq(a)q(ï)n : (e)š(i)dm(ä)dö͡k : bod(u)n(u)m(ï)n : ilg(ä)rü : kün : tu[γs(ï)qïŋa] birg(ä)rü [kün ortosïŋ]a : q͡uur(ï)γ(a)ru : [kün b(a)ts(ï)qïŋa yïrγ(a)ru tün ortosïŋa t(ä)gi : q͡oon͡t(u)rt(u)m s(a)r(ï)γ (a)ltu]nin : ür(ü)ŋ : küm(ü)šin : q͡ïïrγ(a)γl(ï)γ : q͡oot(a)yin : kinl(i)g : (e)šg(i)tisin : özl(i)k (a)tin : (a)dγ(ï)rin : q(a)ra : k[išin] (N 12) kök : t(ä)y(ä)ŋin : türü͡k(ü)mä : bod(u)n(u)ma : q(a)zγ(a)nu : birt(i)m : iti birt(i)m : [.............(i)]n : buŋs(ï)z : qï͡lt(ï)m : üzä : t(ä)ŋri : (ä)rkl(i)g [........................... .... t]üm(ä)n : uγ[....................................... (i)]n[....... b(ä)gl(ä)]r(i)g : bod(u)n[(u)γ] (N 13) [y(ä)]mä : ig(i)d(i)ŋ : (ä)mg(ä)tm(ä)ŋ : tolγ(a)tm(a)ŋ [....]m : türü͡k : b(ä)gl(ä)r : türü͡k : bod(u)n(u)m : [....] (a)t : birt(i)m : [.............]qa : t(a)š(ï)γ : [...] ür[.....] q(a)zγ(a)n(ï)p : y(a)ŋ[.........]i : bu [..........................]a : bu q(a)γ(a)n(ï)ŋda : bu b(ä)gl(ä)r(i)g[dä bu y(e)r(i)ŋdä su]b(u)ŋd[a (a)dr(ï)lm(a)s(a)r] : türü͡k [bod(u)n] (N 14) [...] : (ä)dgü : kört(ä)či s(ä)n : (ä)b(i)ŋä : kirt(ä)či s(ä)n : buŋs(ï)z : bo͡lt(a)čï s(ä)n [................ (a)n͡ta] kisrä :

t(a)bγ](a)č : q(a)γ(a)n͡ta : b(ä)d(i)zči : k(ä)lürt(ü)m : b(ä)d(i)z(ä)t(ti)m : m(ä)n(i)ŋ
t(a)bγ(a)č q[(a)γ(a)]n͡ta : b(ä)d(i)zči : q͡oop : k[(ä)lürt(ü)m m(ä)n(i)ŋ]

: s(a)b(ï)m(ï)n : sïm(a)đï : (S 12) t(a)bγ(a)č : q(a)γ(a)n(ï)ŋ : ičr(ä)ki : b(ä)d(i)zčig
s(a)b(ï)m(ï)n : sïm(a)đï : ičr(ä)ki : b(ä)d(i)zčig

: ït(t)ï : (a)ŋ(a)r : (a)d(ï)n͡čïγ : b(a)rq : y(a)r(a)turt(u)m : ičin : t(a)šin :
: ït(t)ï : (a)ŋ(a)r : (a)d(ï)n͡č(ï)γ : b(a)rq : y(a)r[(a)t(ït)]d(ï)m : ičin t(a)šin :

(a)d(ï)n͡čïγ : b(ä)d(i)z : urturt(u)m : t(a)š toqïtd(ï)m : köŋ(ü)lt(ä)ki : s(a)b(ï)m(ï)n
(a)d(ï)n͡č(ï)γ : b(ä)d(i)z u[rt(u)rt(u)]m [t(a)š to͡qïtd(ï)m köŋ(ü)lt(ä)ki s(a)]b(ï)m(ï)n

: u[rturt(u)m .... on o͡q oγlïŋ]a : t(a)tïŋa : t(ä)gi : bunï : körü : bil(i)ŋ
: [urt(u)rt(u)m ....] (N 15) on o͡q : oγlïŋa : t(a)tïŋa : t(ä)gi : bunï : körü : bil(i)ŋ

: b(ä)ŋgü t(a)š : (S 13) to͡qïtd(ï)m : y[(a)γ]u͡q (e)l : (ä)rs(ä)r : (a)n͡č(a) t(a)qï :
: b(ä)ŋg[ü] : t(a)š : to͡qïtd(ï)m : [..........] y(e)rtä [.....

(e)rig y(e)rtä : irs(ä)r (a)n͡ča : (e)r(i)g y(e)rtä : b(ä)ŋgü t(a)š : to͡qïtd(ï)m :
....] to͡qïtd(ï)m :

biti(t)d(i)m : (a)nï kör(ü)p : (a)n͡ča bil(i)ŋ : ol t(a)š [...................... to͡qït]d(ï)m : bu
biti(t)d(i)m : bu[nï kör(ü)p (a)n͡ča bil(i)ŋ ol] t(a)š : b(a)rqin [.......................................

bit(i)g : bit(i)gmä : (a)tïsi : yol(lu)γ t[ig(i)n]
...]

(E 1) t(ä)ŋri t(ä)g : t(ä)ŋri : y(a)r(a)tm(i)š : türü͡k : bilgä : q(a)γ(a)n : s(a)b(ï)m : q(a)ŋ(ï)m : türü͡k : bilg[ä q(a)γ(a)n .... (a)l]tï sir : toq(u)z oγ(u)z : (e)ki (ä)d(i)z k(ä)r(ä)kül(ü)g : b(ä)gl(ä)ri : bod(u)ni : [.................... tü]rü͡k : t[(ä)ŋ]ri[....] (E 2) üzä : q(a)γ(a)n : ol(o)rt(u)m : ol(o)rto͡q(u)ma : ölt(ä)čičä : s(a)q(ï)n(ï)γma : türü͡k : b(ä)gl(ä)r : bod(u)n : [ö]g(i)r(i)p : s(ä)b(i)n(i)p : toŋ(ï)tm(i)š : közi : yüg(gä)rü körti : bödkä : öz(ü)m ol(o)r(u)p : bun͡ča : (a)γ(ï)r törög : tört : bul(u)ŋd(a)qï : [..................]d(i)m :

(E 1) üzä kök : t(ä)ŋri : (a)sra : y(a)γ(ï)z : y(e)r : qïl(ï)n͡to͡qda : (e)kin (a)ra : kiši
üzä : kök t(ä)ŋri : (a)s[ra y(a)γ(ï)z y(e)r qïl(ï)n͡to͡qda (e)kin (a)ra kiši
: oγli : qïl(ï)nm(i)š : kiši : oγlïn͡ta : üzä : (ä)čüm (a)pam : bum(ï)n q(a)γ(a)n :
oγli qïl(ï)nm(i)š] (E 3) kiši : oγlïn͡ta : üzä : (ä)čüm (a)pam : bum(ï)n q(a)γ(a)n :
išt(ä)mi q(a)γ(a)n : ol(o)rm(i)š : ol(o)r(u)p(a)n : türü͡k : bod(u)n(ï)ŋ : ilin :
(i)št(ä)mi q(a)γ(a)n : ol(o)rm(i)š : ol(o)r(u)p(a)n : türü͡k [b]od(u)n(ï)ŋ : ilin :
tör[ös]in : tuta : birm(i)š : iti : birm(i)š : (E 2) tört : bul(u)ŋ : qop : y(a)γï :
törösin : tuta birm(i)š : iti birm(i)š : tört : b(u)l(u)ŋ : q͡oop : y(a)γï
(ä)rm(i)š : sü sül(ä)p(ä)n : tört : bul(u)ŋd(a)qï : bod(u)n(u)γ : qop (a)lm(i)š :
(ä)rm(i)š : sü sül(ä)p(ä)n : tört : bul(u)ŋd(a)qï : bod(u)n(u)γ [qop (a)lm(i)š :
qop b(a)z : qïlm(i)š : b(a)šl(ï)γ(ï)γ : yü͡k(ü)n͡t(ü)rm(i)š : tizl(i)g(i)g : sökürm(i)š :
qop b(a)z qïlm(i)š] b(a)šl(ï)γ(ï)γ [yü]k(ü)n͡t(ü)rm(i)š : tizl(i)g[(i)g : sök(ü)rm(i)š :
ilg(ä)rü : q(a)d(ï)rq(a)n : yïšqa t(ä)gi : kirü : t(ä)m(i)r q(a)p(ï)γqa t(ä)gi :
ilg(ä)rü : q(a)d(ï)rq(a)n : yïšqa t(ä)gi : kirü] (E 4) t(ä)m(i)r q(a)p(ï)γqa : t(ä)gi :
q͡oon͡t(u)rm(i)š : (e)kin (a)ra : (E 3) idi oqs(ï)z : k͡öök : türü͡k <: iti> : (a)n͡ča :
q͡oon͡t(u)rm(i)š : (e)kin (a)ra : idi oqs(ï)z : kök türü͡k [:] iti (a)n͡ča :
ol(o)rur (ä)rm(i)š : bil<g>ä : q(a)γ(a)n (ä)rm(i)š : (a)lp q(a)γ(a)n (ä)rm(i)š :
ol(o)rur (ä)rm(i)š : bilgä : q(a)γ(a)n (ä)rm(i)š : (a)lp q(a)γ(a)n : (ä)rm(i)š :
buyru͡qi y(ä)mä : bilgä : (ä)rm(i)š (ä)r(i)n͡č : (a)lp (ä)rm(i)š (ä)r(i)n͡č :
buyru͡qi <y(ä)mä> : bilgä : (ä)rm(i)š (ä)r(i)n͡č : (a)lp (ä)rm(i)š (ä)r(i)n͡č :
b(ä)gl(ä)ri y(ä)mä : bod(u)ni y(ä)mä : tüz (ä)rm(i)š : (a)nï üčün : il(i)g : (a)n͡ča
b(ä)gl(ä)ri y(ä)mä : bod(u)ni [y(ä)mä tüz (ä)rm(i)š (a)nï] üčün : il(i)g : (a)n͡ča
tutm(i)š : (ä)r(i)n͡č : il(i)g tut(u)p : törög : itm(i)š : özi (a)n͡ča : (E 4) k(ä)rg(ä)k
tutm(i)š (ä)r(i)n͡č : il(i)g tut(u)p : törö[g : itm(i)š : özi (a)n͡ča : k(ä)rg(ä)k
: bolm(i)š : yoγči : sïγ(ï)tči : öŋrä : k͡üün : tuγs(ï)qda : bükli : čöl(lü)g (e)l :
bolm(i)š] (E 5) yoγči : sïγ(ï)tči : öŋrä : kün : tuγs(ï)qda : bükli : čöl(lü)g il :

t(a)bγ(a)č : töpöt : (a)p(a)r : pur(u)m : q͡ïrq(ï)z : üč q͡uurïq(a)n : ot(u)z t(a)t(a)r :
t(a)bγ(a)č : töpöt : (a)p(a)r pur(u)m : q͡ïrq(ï)z : üč q͡uurïq(a)n : ot(u)z t(a)t(a)r :

q͡ït(a)ń : t(a)t(a)bï : bun͡ča : bod(u)n : k(ä)l(i)p(ä)n : sïγtam(i)š : yoγlam(i)š :
q͡ït(a)ń : t(a)t(a)bï : bun͡ča : bod(u)n : k(ä)l(i)p(ä)n : sïγtam(i)š : yoγlam(i)š :

(a)n͡t(a)γ : kül(ü)g : q(a)γ(a)n (ä)rm(i)š : (a)n͡ta kisrä : in(i)si q(a)γ(a)n :
(a)n͡t(a)γ kül(ü)g : q(a)γ(a)n (ä)r[m(i)š : (a)n͡ta kisrä in(i)si] q(a)γ(a)n

(E 5) bolm(i)š (ä)r(i)n͡č : oγlïti : q(a)γ(a)n bolm(i)š (ä)r(i)n͡č : (a)n͡ta kisrä : inisi
[bolm(i)š (ä)r(i)]n͡č : oγlït[i] : q(a)γ(a)n : bolm(i)š (ä)r(i)n͡č : (a)n͡ta [kisrä : inisi

: (e)čisin t(ä)g : qïl(ï)nm(a)d͡oq (ä)r(i)n͡č : oγli : q(a)ŋin t(ä)g : qïl(ï)nm(a)d͡oq
: (e)čisin t(ä)g] (E 6) qïl(ï)nm(a)d͡oq (ä)r(i)n͡č : oγli : q(a)ŋin t(ä)g : qïl(ï)nm(a)d͡oq

(ä)r(i)n͡č : bil(i)gsiz : q(a)γ(a)n : ol(o)rm(i)š (ä)r(i)n͡č : y(a)bl(a)q : q(a)γ(a)n :
(ä)r(i)n͡č : bil(i)gs(i)z : q(a)γ[(a)n ol(o)]rm(i)š (ä)r(i)n͡č : y(a)bl(a)q : q(a)γ(a)n :

ol(o)rm(i)š (ä)r(i)n͡č : buyru͡qi : y(ä)mä : bil(i)gs(i)z <(ä)rm(i)š> (ä)r(i)n͡č :
ol(o)rm(i)š (ä)r(i)n͡č : buyru͡qi : y(ä)mä : bil(i)gs(i)z (ä)rm(i)š (ä)r(i)n͡č :

y(a)bl(a)q (ä)rm(i)š (ä)r(i)n͡č : (E 6) b(ä)gl(ä)ri : bod(u)ni : tüzs(i)z üč(ü)n :
y(a)bl(a)q : (ä)rm(i)š (ä)r(i)n͡č : b(ä)gl(ä)ri : bod(u)ni : tüzs(i)z üč(ü)n :

t(a)bγ(a)č : bod(u)n : t(ä)bl(i)gin : kürl(ü)g<in> üčün : (a)rm(a)qčïsin : üčün
t(a)bγ(a)č : bod(u)n : t(ä)bl[(i)g(i)n] : kürl(ü)gin : [üč(ü)n (a)rm(a)qčï]sin : üč(ü)n

: in(i)li : (e)čili : kikšürt͡ökin : üčün : b(ä)gli : bod(u)nlïγ : yoŋ(a)šurt͡oqin :
: in(i)li [(e)čili : kikšürt(ö)kin : üčün : b(ä)gli : bod(u)nlïγ] (E 7) yoŋ(a)šurt͡oqin :

üčün : türü͡k : bod(u)n : ill(ä)d͡ök : ilin : ïčγ(ï)nu : ïdm(i)š : (E 7) q(a)γ(a)nl(a)d͡oq
üč(ü)n : türü͡k : bod(u)n : il(lä)d͡ök : ilin : ïčγ(ï)nu [ï]dm(i)š : q(a)γ(a)nl(a)d͡oq

: q(a)γ(a)nïn : yit(ü)rü : ïdm(i)š : t(a)bγ(a)č : bod(u)nqa : b(ä)gl(i)k : urï oγlin :
: q(a)γ(a)nin : yit(ü)rü ïdm(i)š : t(a)bγ(a)č : bod(u)nqa : b(ä)gl(i)k : urï oγlin :

qul bol͡tï : (e)šil(i)k : q͡ïz oγl(i)n : küŋ bol͡tï : türü͡k : b(ä)gl(ä)r : türü͡k : ātin :
q͡uul qïltï : (e)š(i)l(i)k q͡ïz oγlin : küŋ qïl͡tï : türü͡k : b(ä)gl(ä)r : türü͡k : (a)tin :

ït(t)ï : t(a)bγ(a)čγï : b(ä)gl(ä)r : t(a)bγ(a)č : ātin : tut(u)p(a)n : t(a)bγ(a)č :
ït(t)ï : t(a)bγ[(a)čγï] : b(ä)gl(ä)r : t(a)bγ[(a)č (a)tin : tut(u)p(a)n : t(a)bγ(a)č :

q(a)γ(a)nqa : (E 8) körm(i)š : (ä)l(i)g yïl : iš(i)g küč(ü)g : birm(i)š : ilg(ä)rü :
q(a)γ(a)nqa : körm(i)š : (ä)l(i)g yïl] (E 8) iš(i)g küč(ü)g : birm(i)š : ilg(ä)rü :

k͡üün : tuγs(ï)qda : bükli : q(a)γ(a)nqa : t(ä)gi : sül(ä)yü : birm(i)š : q͡uur(ï)γ(a)ru
kün : tuγs(ï)q(q)a : bükli [q(a)]γ(a)nqa : t(ä)gi : sül(ä)yü : birm(i)š : q͡uur(ï)γ(a)ru

: t(ä)m(i)r q(a)p(ï)γqa : t(ä)gi : sül(ä)yü : birm(i)š : t(a)bγ(a)č : q(a)γ(a)nqa :

: t(ä)m(i)r : q(a)p(ï)γqa : <t(ä)gi :> sül(ä)yü : birm(i)š : t(a)bγ(a)č q(a)γ(a)nqa :
ilin : törösin : (a)lï birm(i)š : türu͡k : q(a)ra q(a)m(a)γ : (E 9) bod(u)n : (a)n͡ča
ilin : tör(ö)sin : (a)lï birm(i)š : türu͡k : q(a)ra : q(a)m(a)γ : bod(u)n : (a)n͡ča
tim(i)š : ill(i)g : bod(u)n (ä)rt(i)m : il(i)m : (a)mtï q(a)nï : k(ä)mkä : il(i)g :
tim(i)š : ill(i)g : bod(u)n [(ä)rt(i)m : il(i)m : (a)mtï q(a)nï : k(ä)mkä : il(i)g :
q(a)zγ(a)nur m(ä)n : tir (ä)rm(i)š : q(a)γ(a)nl(ï)γ : bod(u)n : (ä)rt(i)m :
q(a)zγ(a)nur m(ä)n : tir (ä)rm(i)š] (E 9) q(a)γ(a)nl(ï)γ : bod(u)n : (ä)rt(i)m :
q(a)γ(a)n(ï)m q(a)nï : nä q(a)γ(a)nqa : iš(i)g küč(ü)g : birür m(ä)n : tir
q(a)γ(a)n(ï)m : q(a)nï : nä : q(a)γ(a)nqa : iš(i)g küč(ü)g : birür m(ä)n : tir
(ä)rm(i)š : (a)n͡ča tip : t(a)bγ(a)č : q(a)γ(a)nqa : y(a)γï bolm(i)š : (E 10) y(a)γï
(ä)rm(i)š : (a)n͡ča tip : t(a)bγ(a)č q(a)γ(a)nqa : y(a)γï : bolm(i)š : y(a)γï :
bol(u)p : it(i)nü : y(a)r(a)tunu : um(a)do͡q : y(a)na : ič(i)km(i)š : bun͡ča : iš(i)g
bol(u)p : it(i)nü : y(a)r(a)t(ï)nu : um(a)do͡q : y(a)na : i͡č(i)km(i)š : bun͡ča : iš(i)g
küč(ü)g : birto͡kg(ä)rü : s(a)q(ï)nm(a)tï : türu͡k : bod(u)n : ölür(ä)yin :
küč(ü)g : birto͡k(kä)rü : s(a)q(ï)nm(a)tï : türu͡k : bod(u)n(u)γ : öl(ü)r[(ä)yin
ur(u)γs(ï)r(a)t(a)yin : tir (ä)rm(i)š : yoq(a)du : b(a)rïr : (ä)rm(i)š : üzä :
ur(u)γs(ï)r(a)]t(a)yin [tir (ä)rm(i)š : yoq(a)du : b(a)rïr : (ä)rm(i)š : üzä :] (E 10)
türu͡k : t(ä)ŋrisi : türu͡k ïdu͡q yiri : (E 11) subi : (a)n͡ča (e)tm(i)š : türu͡k :
türu͡k : t(ä)ŋrisi : <türu͡k :> ïdu͡q : yiri : subi : (a)n͡ča (e)tm(i)š (ä)r(i)n͡č : türu͡k :
bod(u)n : yoo͡q : bolm(a)zun : tiy(i)n : bod(u)n : bolčun tiy(i)n : q(a)ŋ(ï)m :
bod(u)n : yo͡q bolm(a)zun : tiy(i)n : bod(u)n : bolčun : tiy(i)n : q(a)ŋ(ï)m :
ilt(e)r(i)š q(a)γ(a)n(ï)γ : ög(ü)m : ilbilgä q(a)tun(u)γ : t(ä)ŋri : töp(ö)sin͡tä :
ilt(e)r(i)š : q(a)γ(a)n(ï)γ : ög(ü)m : ilb(i)lgä : q(a)tun(u)γ : t(ä)ŋri : töp(ö)sin͡tä :
tut(u)p : yüg(gä)rü : kötürm(i)š (ä)r(i)n͡č : q(a)ŋ(ï)m q(a)γ(a)n : yiti y(e)g[(i)r]mi
tut(u)p : yüg(gä)rü : köt(ü)rti (ä)r(i)n͡č : q(a)ŋ(ï)m q(a)γ(a)n : y(e)ti y(e)g(i)rmi :
(ä)r(i)n : t(a)š(ï)qm(i)š : t(a)šra : (E 12) yor(ï)yur : tiy(i)n : kü (e)š(i)d(i)p :
(ä)r(i)n : t(a)š[(ï)q]m[(i)š t(a)šra] yo[rï]yur [tiy(i)n : kü (e)š(i)d(i)p :
b(a)l͡ïqd(a)qï : t(a)γ͡ïqm(i)š : t(a)γd(a)qï : inm(i)š : tir(i)l(i)p : y(e)tm(i)š
b(a)]l[͡ïq]d[(a)qï] : t(a)γ[͡ïqm(i)š : t(a)γd(a)qï] (E 11) inm(i)š : tir(i)l(i)p : y(e)tm(i)š
(ä)r bolm(i)š : t(ä)ŋri : k͡üüč : birto͡k üč(ü)n : q(a)ŋ(ï)m q(a)γ(a)n : süsi : böri
(ä)r : bolm(i)š : t(ä)ŋri : küč birto͡k : üč(ü)n : q(a)ŋ(ï)m q(a)γ(a)n : süsi : böri
t(ä)g : (ä)rm(i)š : y(a)γïsi : q͡ooń t(ä)g (ä)rm(i)š : ilg(ä)rü : q͡uur(ï)γ(a)ru :
t(ä)g : (ä)rm(i)š : y(a)γ(ï)si : q͡ooń t(ä)g : (ä)rm(i)š : ilg(ä)rü : q͡uurïγ(a)ru :

sül(ä)p : ti[r]m(i)š : qubr(a)t[m(i)š : q(a)]m(a)γi : (E 13) y(e)ti yüz (ä)r : bolm(i)š
sül(ä)p : tirm(i)š : qubr(a)tm(i)š : q(a)m(a)γi : y(e)ti yüz (ä)r : bolm(i)š
: y(e)ti yüz (ä)r : bol(u)p : (e)ls(i)r(ä)m(i)š : q(a)γ(a)ns(ï)r(a)m(i)š : bod(u)n(u)γ
: y(e)ti yüz (ä)r : bol(u)p : (e)l[s(i)r(ä)m(i)š : q(a)γ(a)ns(ï)r(a)m(i)š : bod(u)n(u)γ
: küŋ(ä)dm(i)š : q͡uul(a)dm(i)š : bod(u)n(u)γ : türü͡k : törösün : ïčγ(ï)nm(i)š :
: küŋ(ä)dm(i)š : q͡uul(a)dm(i)š : bod(u)]n(u)γ : türü͡k : tör(ö)sin [ïčγ(ï)nm(i)š]
bod(u)n(u)γ : (ä)čüm (a)pam : törösin͡čä : y(a)r(a)tm(i)š : bošγurm(i)š :
(E 12) bod(u)n(u)γ : (ä)čüm (a)pam : törösin͡čä : y(a)r(a)tm(i)š : bošγ[(u)r]m(i)š :
tölis : t(a)rduš : [bod(u)n(u)γ : (a)n͡ta (e)tm(i)š] (E 14) y(a)bγuγ : š(a)d(ï)γ :
töl(i)s : t(a)rduš : bod(u)n(u)γ : (a)n͡ta itm(i)š : y(a)bγuγ : š(a)d(ï)γ :
(a)n͡ta : b(e)rm(i)š : b(i)ryä : t(a)bγ(a)č : bod(u)n : y(a)γï (ä)rm(i)š : yïrya :
(a)n͡ta birm(i)š : biryä : t(a)bγ(a)č : bod(u)n : y(a)γï (ä)rm(i)š : yïrya :
b(a)z q(a)γ(a)n : t͡oquz oγ(u)z : bodun : y(a)γï (ä)rm(i)š : q͡ïïrq(ï)z : q͡uurïq(a)n
b(a)z q(a)γ(a)n : t͡oquz : oγ(u)z : bod(u)n : y(a)γï (ä)rm(i)š : q͡ïï[rq(ï)z : q͡uurïq(a)n
: ot(u)z t(a)t(a)r : q͡ïït(a)ń : t(a)t(a)bï : q͡oop : y(a)γï (ä)rm(i)š : q(a)ŋ(ï)m
: ot(u)z t(a)t(a)r : q͡ïït(a)ń : t(a)t(a)bï : q͡oop : y(a)γï (ä)rm(i)š : q(a)ŋ(ï)]m
q(a)γ(a)n : bun͡č[a ....] (E 15) q͡ïïrq : (a)rtu͡qi : y(e)ti : yolï :
q[(a)γ(a)n : bun͡ča ......] bod(u)n(u)γ [...] qïr[q (a)rtu͡qi] (E 13) yiti : yolï :
sül(ä)m(i)š : y(e)g(i)rmi : süŋ(ü)š : süŋ(ü)šm(i)š : t(ä)ŋri : y(a)rl(ï)q(a)d͡oq :
sül(ä)m(i)š : y(e)g(i)rmi : süŋ(ü)š : sü[ŋ(ü)š]m(i)š : t(ä)ŋri : y(a)rl(ï)q(a)d͡oq
üčün : ill(i)g(i)g : (e)ls(i)r(ä)tm(i)š : q(a)γ(a)nl(ï)γ(ï)γ : q(a)γ(a)ns(ï)r(a)tm(i)š :
üč(ü)n : ill(i)g(i)g : ils(i)r(ä)tm(i)š : q(a)γ(a)nl(ï)γ(ï)γ : q(a)γ(a)ns(ï)r(a)tm(i)š :
y(a)γïγ : b(a)z qïlm(i)š : tizl(i)g(i)g : sökürm(i)š : b(a)šl(ï)γ(ï)γ : yük(ü)n͡tü[rm(i)š :
y(a)γïγ : b(a)z qïlm(i)š : tizl(i)g(i)g : sök(ü)rm(i)š : b(a)šl(ï)γ(ï)γ : yük(ü)n͡t(ü)rm(i)š :
q(a)ŋ(ï)m q(a)γ(a)n : (a)n͡ča il(i)g] (E 16) törög : q(a)zγ(a)n(ï)p : uča : b(a)rm(i)š
: q(a)ŋ(ï)m : q(a)γ(a)nqa : b(a)šl(a)yu : b(a)z q(a)γ(a)n(ï)γ : b(a)lb(a)l : tikm(i)š :
q(a)ŋ(ï)m [: q(a)γ(a)nqa] b(a)šl(a)yu : b(a)z q(a)γ(a)n(ï)γ : b(a)lb(a)l : tik[m(i)š :
q(a)ŋ(ï)m] (E 14) q(a)γ(a)n : učd͡oqda : öz(ü)m : s(ä)k(i)z y(a)šda : q(a)lt(ï)m :
ol töródä : üzä : (e)čim q(a)γ(a)n : ol(o)rtï : (e)čim q(a)γ(a)n : ol(o)r(u)p(a)n :
ol [t]ör(ö)dä : üzä : (e)č(i)m q(a)γ(a)n : ol(o)rtï : ol(o)r(u)p(a)n :
türü͡k : bod(u)n(u)γ : yičä : itdi : <yičä :> ig(i)t(t)i : čïγ(a)ń(ï)γ [b(a)y qïltï :
türü͡k : bod(u)n(u)γ : yičä : itdi : yičä : ig(i)t(t)i : čïγ(a)ń(ï)γ : b(a)y qï͡ltï :
(a)z(ï)γ ük(ü)š qïltï] (E 17) (e)čim q(a)γ(a)n : ol(o)rt͡oqda : öz(ü)m :

(a)z(ï)γ ük(ü)š : q͡ïl͡tï : (e)čim q(a)γ(a)n : ol(o)rto͡q(q)a : öz(ü)m : tig(i)n : (ä)rk[...]iy[...] t(ä)ŋri : y(a)rl(ï)q(a)do͡q üčün (E 15) tört : y(e)g(i)rmi : y(a)š(ï)mqa :

t(a)rduš : bod(u)n : üzä : š(a)d (ä)rt(i)m : (e)č(i)m q(a)γ(a)n : birlä : ilg(ä)rü

t(a)rduš : bod(u)n : üzä : š(a)d : ol(o)rt(u)m : (e)č(i)m q(a)γ(a)n : birlä : ilg(ä)rü

: y(a)š(ï)l : üg(ü)z : š(a)n͡tuŋ : y(a)zïqa t(ä)gi : sül(ä)d(i)m(i)z : q͡uur(ï)γ(a)ru :

: y(a)š(ï)l üg(ü)z : š(a)n͡tuŋ : y(a)zïqa : t(ä)gi : sül(ä)d(i)m(i)z : q͡uurïγ(a)ru :

t(ä)m(i)r q(a)p(ï)γqa : t(ä)gi : sül(ä)d(i)m(i)z : kögm(ä)n : (a)ša : q͡ï[ïrq(ï)z :

t(ä)m(i)r q(a)p(ï)γqa : t(ä)gi : sül(ä)d(i)m(i)z : kögm(ä)n (a)ša : q͡ïrq(ï)z :

yir(i)ŋä : t(ä)gi : sül(ä)d(i)m(i)z] (E 18) q(a)m(a)γi : biš ot(u)z : sül(ä)d(i)m(i)z :

yir(i)ŋä : t(ä)gi : sü[l(ä)d(i)m(i)z q(a)m(a)γi] biš ot(u)z : sü[l(ä)d(i)m(i)]z

üč y(e)g(i)rmi : süŋ(ü)šd(ü)m(i)z : ill(i)g(i)g : ils(i)r(ä)td(i)m(i)z :

[üč y(e)g(i)r]mi [süŋ(ü)šd(ü)m(i)z : ill(i)g(i)g : ils(i)r(ä)td(i)m(i)z :

q(a)γ(a)nl(ï)γ(ï)γ : q(a)γ(a)ns(ï)r(a)td(ï)m(ï)z : tizl(i)g(i)g : sök(ü)rt(ü)m(i)z

q(a)γ(a)nl(ï)γ(ï)γ : q(a)γ(a)ns(ï)r(a)td(ï)m(ï)z : tizl(i)g(i)g] (E 16) sök(ü)rt(ü)m(i)z

: b(a)šl(ï)γ(ï)γ : yu͡kün͡t(ü)rt(ü)m(i)z : türg(i)š : q(a)γ(a)n : türü͡k(ü)m(i)z

: b(a)šl(ï)γ(ï)γ : yük(ü)n͡t(ü)rt(ü)m(i)z : türg(i)š : [q(a)]γ(a)n : türü͡k(ü)m :

[bod(u)n(u)m(ï)z : (ä)rti : bilm(ä)dö͡kin] (E 19) üčün : biz(i)ŋä : y(a)ŋ(ï)lu͡qin :

bod(u)n(u)m : (ä)rti : bilm(ä)dö͡kin : üč(ü)n : biz(i)ŋä : y(a)ŋ(ï)l͡to͡qin :

üčün : q(a)γ(a)ni : ölti : buyru͡qi : b(ä)gl(ä)ri : y(ä)mä : ölti :

y(a)z(ï)n͡to͡qin : üč(ü)n : q(a)γ(a)ni : ölti : buy[ru͡q]i : b(ä)gl(ä)ri : y(ä)mä : ölti :

on o͡q : bod(u)n : (ä)mg(ä)k : körti : (ä)čüm(ü)z : (a)pam(ï)z : tutm(i)š : yir sub

on o͡q : bod(u)n : (ä)mg(ä)k körti : (ä)čü[m(ü)z (a)pam(ï)z : tutm(i)š yi]r su<b>

: id(i)s(i)z : bolm(a)zun : tiy(i)n : (a)z bod(u)n(u)γ : it(i)p : y(a)r[(a)t(ï)p ....

: [id(i)]siz : q(a)lm(a)zun [tiy(i)]n [(a)z bod(u)n(u)γ it(i)p : y(a)r(a)t(ï)p ....

..........] (E 20) b(a)rs b(ä)g : (ä)rti : q(a)γ(a)n (a)t : bun͡ta : biz : birt(i)m(i)z :

b(a)rs b(ä)g] (E 17) (ä)rti : q(a)γ(a)n (a)t(ï)γ : bun͡ta : biz birt(i)m(i)z :

siŋl(i)m : q͡uun͡č(u)yuγ : birt(i)m(i)z : özi y(a)ŋ(ï)l͡tï : q(a)γ(a)ni : ölti : bod(u)ni

siŋl(i)m : q͡uu[n͡č(u)]y(u)γ : birt(i)m(i)z : özi y(a)z(ï)n͡tï : q(a)γ(a)ni : ölti : bod(u)ni

: küŋ q͡uul : bol͡tï : kögm(ä)n : yir sub : id(i)s(i)z : q(a)lm(a)zun tiy(i)n : (a)z

: küŋ qul : bol͡tï : kögm(ä)n : yir sub : id(i)s(i)z : q[(a)l]m(a)zun : tiy(i)n : (a)z

qïrq(ï)z : bod(u)n(u)γ : <it(i)p :> y(a)r(a)t[(ï)p k(ä)lt(i)m(i)z süŋ(ü)šd(ü)m(i)z

q͡ïrq(ï)z : bod(u)n(u)γ i[t(i)p] : y(a)r(a)t(ï)p : k(ä)lt(i)m[(i)z : s]üŋ(ü)š[d(ü)m(i)z

...............] (E 21) y(a)na : birt(i)m(i)z : (i)lg(ä)rü : q(a)d(ï)rq(a)n : yïš(ï)γ : (a)ša :
.... y(a)na birt(i)m(i)z : ilg(ä)rü] q(a)d(ï)rq(a)n : y(ï)š[(ï)γ : (a)ša :]
bod(u)n(u)γ : (a)n͡ča q͡oon͡turt(u)m(ï)z : (a)n͡ča itd(i)m(i)z : q͡uur(ï)γ(a)ru :
b[od(u)]n(u)γ (a)n͡ča : q͡on͡t(u)r[t(u)m(ï)z : (a)n͡ča itd(i)m(i)z] q͡uur(ï)γ(a)ru : (E 18)
k(ä)ŋü t(a)rm(a)nqa : t(ä)gi : tür͡ük : bod(u)n(u)γ : (a)n͡ča q͡oon͡t(u)rt(u)m(ï)z :
k(ä)ŋü t(a)rb(a)nqa : t(ä)gi : tür͡ük : bod(u)n(u)γ : (a)n͡ča q͡oon͡t(u)r[t(u)]m(ï)z :
(a)n͡ča (e)td(i)m(i)z : ol ödkä : q͡uul : q͡uull(u)γ : bolm(i)š : [(ä)rti küŋ : küŋl(ü)g
(a)n͡ča itd(i)m(i)z : ol ödkä : q͡uul : q͡uull(u)γ : küŋ : küŋl(ü)g
: bolm(i)š : (ä)rti]
: bolm(i)š : (ä)rti : in(i)si [: (e)č]isin : bilm(ä)z : (ä)rti : oγli : q(a)ŋin : bilm(ä)z :
(ä)rti :
(E 22) (a)n͡ča q(a)zγ(a)nm(i)š : <(a)n͡ča> itm(i)š : (e)l(i)m(i)z : töröm(ü)z : (ä)rti
(a)n͡ča q(a)zγ(a)nm(i)š : (a)n͡ča itm(i)š : il(i)m(i)z [: töröm(ü)z : (ä)rti
: tür͡ük : oγ(u)z : b(ä)gl(ä)ri : bod(u)n : (e)š(i)d(i)ŋ : üzä t(ä)ŋri : b(a)sm(a)s(a)r
: tür͡ük : oγ(u)z : b(ä)gl(ä)ri : bo]d(u)n : (e)š(i)d : üzä : t(ä)ŋri : b(a)sm[(a)s(a)r
: (a)sra yir : t(ä)l(i)nm(ä)s(ä)r : tür͡ük : bod(u)n : (e)l(i)ŋ(i)n : töröŋ(i)n
: (a)sra] y(e)r : t(ä)l(i)nm(ä)s(ä)r : (E 19) tür͡ük : bod(u)n : il(i)ŋ(i)n : tör(ö)g(i)n
: k(ä)m(a)rt(a)tï [ud(a)čï (ä)rti : tür͡ük : bod(u)n : (ä)rtin] (E 23) ökün :
: k(ä)m (a)rt(a)tï : ud(a)čï [(ä)rt]i : tür͡ük : bod(u)n : (ä)rt(i)n : ök͡üün :
kür(ä)güŋ(i)n : üčün : ig(i)dm(i)š : bilgä : q(a)γ(a)n(ï)ŋ(ï)n : (e)rm(i)š
kür(ä)güŋ(i)n : üč(ü)n : ig(i)dm(i)š : <bilgä> q(a)γ(a)n(ï)ŋa : (e)rm(i)š :
b(a)rm(i)š : (ä)dgü (e)l(i)ŋ[ä] : k(ä)n͡tü : y(a)ŋ(ï)l͡t(ï)γ : y(a)bl(a)q : kigürt(ü)g :
b(a)r[m(i)š : (ä)dgü] (e)l(i)ŋä : k(ä)n͡tü y(a)ŋ(ï)l͡t(ï)γ : y(a)bl(a)q : kigürt(ü)g :
y(a)r(a)ql(ï)γ : q(a)n͡t(a)n : k(ä)l(i)p : y(a)ńa (e)ltdi : süŋ(ü)gl(ü)g : q(a)n͡t(a)n :
y(a)r(a)ql(ï)γ : q(a)n͡t(a)n : k(ä)l(i)p : y(a)ńa iltdi : süŋ(ü)gl(ü)g : q(a)n͡t(a)n :
k(ä)l(i)p(ä)n : sürä (e)ltdi : ïd͡uq ötü͡k(ä)n : y[ïš bod(u)n b(a)rd(ï)γ : ilg(ä)rü :
[k(ä)l(i)p] sürä i[ltdi ï]d͡uq : ö[tük(ä)n :] y(ï)š bod(u)n : b(a)rd(ï)γ : ilg(ä)rü
b(a)r(ï)γma] (E 24) b(a)rd(ï)γ : q͡uurïγ(a)ru : b(a)r(ï)γma : b(a)rd(ï)γ : b(a)rd͡oq
[b(a)r(ï)γma] b(a)rd(ï)γ : q͡uu[r(ï)]γ(a)ru : (E 20) b(a)r(ï)γma : b(a)rd(ï)γ : b(a)rd͡oq
: yirdä : (ä)dgüg : ol (ä)r(i)n͡č : q(a)n(ï)ŋ : subča : yüg(ü)rti : süŋ͡ökü ŋ :
: y(e)rdä : (ä)dgüg : ol (ä)r(i)n͡č [q(a)]n(ï)ŋ : üg(ü)zčä : yüg(ü)rti : süŋ͡ök(ü)g :
t(a)γča : y(a)td͡ï : b(ä)gl(i)k : urï oγl(u)ŋ : q͡uul bo͡lt̄ï : (e)š(i)l(i)k q͡ïïz
t(a)γča : y(a)td͡ï : b(ä)gl(i)k : urï oγl(u)ŋ(ï)n : q͡uul qï͡lt(ï)γ : (e)š(i)l(i)k [q͡ïïz

oγl(u)ŋ : küŋ bol͡tï : bilm(ä)dö͡k üč(ü)n [y(a)bl(a)q(ï)ŋ(ï)n : üč(ü)n
oγl(u)ŋ(ï)n küŋ] qï͡lt(ï)γ : ol bilm(ä)dö͡k(ü)g(i)n : üč(ü)n : y(a)bl(a)q(ï)ŋ(ï)n : üč(ü)n
: (e)č(i)m q(a)γ(a)n : uča : b(a)rdï] (E 25) b(a)šl(a)yu : q͡ïïrq(ï)z q(a)γ(a)n(ï)γ :
: (e)č(i)m q(a)γ(a)n : uča : b(a)rdï : b(a)šl(a)yu : q͡ïïrq(ï)z : q(a)γ(a)n(ï)γ :
b(a)lb(a)l : tikd(i)m : türü͡k : bod(u)n(ï)γ : (a)ti küsi : yo͡q bolm(a)zun : tiy(i)n :
[b(a)lb(a)l : tikd(i)m :] türü͡k : bod(u)n : (a)ti küsi : yo͡q bolm(a)zun : tiy(i)n :
q(a)ŋ(ï)m q(a)γ(a)n(ï)γ : ög(ü)m q(a)tun(u)γ : köt(ü)rm(i)š : t(ä)ŋri : il
q(a)ŋ(ï)m q(a)γ(a)n(ï)γ : (E 21) ög(ü)m : q(a)tun(u)γ : köt(ü)r(ü)gmä : t(ä)ŋri : il
bir(i)gmä : t(ä)ŋri : türü͡k : bod(u)n : (a)ti küsi : yo͡q bo[lm(a)zun tiy(i)n :
b(e)r(i)g[mä t(ä)]ŋri : türü͡k : bod(u)n : (a)ti küsi : yo͡q bolm(a)zun : tiy(i)n :
öz(ü)m(i)n : ol t(ä)ŋri] (E 26) q(a)γ(a)n : ol(o)rtdï (ä)r(i)n͡č : n(ä)ŋ yïls(ï)γ :
öz(ü)m(i)n : ol t(ä)ŋri : q(a)γ(a)n : ol(o)rtdï [n(ä)ŋ y]ïls(ï)γ :
bod(u)nqa : ol(o)rm(a)d(ï)m : ičrä : (a)šs(ï)z : t(a)šra : tons(ï)z : y(a)b(ï)z
bod(u)n͡ta : üzä : ol(o)rm(a)d(ï)m : ičrä : (a)šs(ï)z : t(a)šra : tons(ï)z : y(a)b(ï)z :
y(a)bl(a)q : bod(u)n͡ta : üzä : ol(o)rt(u)m : in(i)m : k͡üül : tig(i)n
y(a)bl(a)q : bod(u)n͡ta [üzä ol(o)rt(u)m t]ig(i)n : (e)ki š(a)d : in(i)m : [k͡üü]l tig(i)n
: birlä :sözl(ä)šd(i)m(i)z : q(a)ŋ(ï)m(ï)z : (e)čim(i)z : q(a)z[γ(a)nm(i)š :
: [bir]lä : sözl(ä)šd(i)m(i)z : q(a)ŋ(ï)m(ï)z (E 22) (e)č(i)m(i)z : q(a)zγ(a)nm(i)š :
bod(u)n : (a)ti küsi : yo͡q bolm(a)zun] (E 27) tiy(i)n : türü͡k : bod(u)n : üčün : tün
bod(u)n : (a)ti küsi : yo͡q bo[lm(a)zun] : tiy(i)n : türü͡k : bod(u)n : üč(ü)n : tün
: ud(ï)m(a)d(ï)m : künt(ü)z : ol(o)rm(a)d<(ï)m> : in(i)m : kül tig(i)n : birlä : (e)ki
: udïm(a)d(ï)m : kün͡t(ü)z : ol(o)rm(a)d(ï)m : in(i)m : k͡üül t[ig(i)n : birlä : (e)ki
š(a)d : birlä : ölü yitü : q(a)zγ(a)n͡t(ï)m : (a)n͡ča q(a)zγ(a)n(ï)p : birki :
š(a)d] birlä : ölü : yitü : q(a)zγ(a)n͡t(ï)m : (a)n͡ča q(a)zγ(a)n(ï)p : birki :
bod(u)n(u)γ : ot sub : qïlm(a)d(ï)m : m(ä)n [öz(ü)m : q(a)γ(a)n : ol(o)rto͡q(u)ma :
bod(u)n(u)γ : ot sub : qïlm(a)d(ï)m : [m(ä)n öz(ü)m q(a)γ(a)n ol(o)rto͡q(u)ma]
yir s(a)yu] (E 28) b(a)rm(i)š : bod(u)n : ölü yitü : y(a)d(a)γ(ï)n : y(a)l(a)ŋ(ï)n :
yir s(a)yu : b(a)rm(i)š : bod(u)n [y(a)d(a)γ(ï)n y(a)l(a)ŋ(ï)n] ölü : yitü
y(a)na k(ä)lti : bod(u)n(u)γ : ig(i)d(ä)yin : tiy(i)n : yïrγ(a)ru : oγ(u)z
[y(a)na] (E 23) k(ä)lti : bod(u)n(u)γ : ig(i)d(ä)y(i)n tiy(i)n : yïrγ(a)ru : [o]γ(u)z :
bod(u)n : t(a)pa : ilg(ä)rü : q͡ïït(a)ń : t(a)t(a)bï : bod(u)n : t(a)pa : birg(ä)rü :
bod(u)n t(a)pa : ilg(ä)rü : q͡ïït(a)ń : t(a)t(a)bï : bod(u)n t(a)pa : birg(ä)rü :
t(a)bγ(a)č t(a)pa : ul(u)γ sü : (e)ki y(e)g(i)r[mi : sül(ä)d(i)m ....

t(a)bγ(a)č : t(a)pa : (e)ki y(e)g(i)rm[i : sül(ä)d(i)m]
süŋ(ü)šd(ü)m : (a)n͡ta] (E 29) kisrä : t(ä)ŋri : y(a)rl(ï)q(a)zu : q͡uut(u)m :
süŋ(ü)šd(ü)m : (a)n͡ta kisrä : t(ä)ŋri : y(a)rl(ï)q(a)do͡q : üč(ü)n : q͡uut(u)m :
b(a)r üč(ü)n : ülüg(ü)m : b(a)r üčün : ölt(ä)či : bod(u)n(u)γ : tirg(ü)rü :
ül(ü)g(ü)m : b(a)r üč(ü)n : ölt(ä)či : bod(u)n(u)γ : t[irg(ü)]rü :
ig(i)t(ti)m : y(a)l(a)ŋ bod(u)n(u)γ : tonl(u)γ : čïγ(a)ń bod(u)n(u)γ
ig(i)t(ti)m : y(a)l(a)ŋ : bod(u)n(u)γ : tonl(u)γ : qi͡lt(ï)m : čïγ(a)ń : bod(u)n(u)γ
: b(a)y qi͡lt(ï)m : (a)z bod(u)n(u)γ : ük(ü)š qilt(ï)m : ïγ(a)r (e)ll(i)gdä :
: b(a)y qi͡lt(ï)m : (E 24) (a)z bod(u)n(u)γ : ük(ü)š qi͡lt(ï)m : ïγ(a)r : (e)ll(i)gdä [:
[ïγ(a)r : q(a)γ(a)nl(ï)γda : yig qïlt(ï)m : tört : bul(u)ŋd(a)qï] (E 30) bod(u)n(u)γ :
ï]γ(a)r : q(a)γ(a)nl(ï)γda : y(e)g qi͡lt(ï)m : tört : bul(u)ŋd(a)qï : bod(u)n(u)γ :
q͡oop : b(a)z : qi͡lt(ï)m : y(a)γ(ï)sïz : qi͡lt(ï)m : q͡oop m(a)ŋa : körti :
q͡oop b(a)z : qi͡lt(ï)m : y(a)γ(ï)s(ï)z : qï[l͡t(ï)]m : q͡oop : m(a)ŋa : körti :
iš(i)g küč(ü)g : birür : bun͡ča : törög : q(a)zγ(a)n(ï)p : in(i)m : kül tig(i)n : özi
(a)n͡ča : k(ä)rg(ä)k bo͡ltï : q(a)ŋ(ï)m q(a)γ(a)n : učdo͡qda : in(i)m : kül tig(i)n : yit[i
: y(a)šda : q(a)ltï : ....] (E 31) um(a)y t(ä)g : ög(ü)m : q(a)tun : q͡uut(ï)ŋa
: in(i)m : kül tig(i)n : (ä)r (a)t bu͡ltï :
y(e)ti y(e)g(i)rmi : y(a)š(ï)ma : t(a)ŋut : t(a)pa : sül(ä)d(i)m : t(a)ŋut : bod(u)n(u)γ
: buzd(u)m : oγlin : yu[t(u)z]in : yïlqïsin : b(a)r(ï)min : (a)n͡ta (a)lt(ï)m :
(a)ltï y(e)g(i)rmi : y(a)šïŋa : (e)čim q(a)γ(a)n : ilin : törösin : (a)n͡ča q(a)zγ(a)n͡tï :
s(ä)k(i)z y(e)g(i)rmi : y(a)š(ï)ma :
(a)ltï čub : soγd(a)q t(a)pa : sül(ä)d(i)m(i)z : buzd(u)m(ï)z :
(a)ltï čub [soγd(a)q] (E 25) t(a)pa : sül(ä)d(i)m : bod(u)n(u)γ : (a)n͡ta buzd(u)m :
t(a)bγ(a)č : oŋ toto͡q : biš t[üm(ä)n : sü k(ä)lti : süŋüšd(ü)m(i)z]
t(a)b[γ(a)č o]ŋ toto͡q : b(e)š tüm(ä)n : sü k(ä)lti : ïdu͡q b(a)šda : süŋ(ü)šd(ü)m :
(E 32) kül tig(i)n : y(a)d(a)γ(ï)n : opl(a)yu t(ä)gdi : oŋ toto͡q : yurčin :
y(a)r(a)ql(ï)γ : (ä)l(i)g(i)n tutđï : y(a)r(a)ql(ï)γđï : q(a)γ(a)nqa : (a)n͡čol(a)đï :
ol süg : (a)n͡ta yo͡q qïšd(ï)m(ï)z :
ol süg : (a)n͡ta yoo͡q qïšd(ï)m : y(e)g(i)rmi : y(a)š(ï)ma : b(a)sm(ï)l : ïdu͡q(qu)t :
uγ(u)š(u)m : bod(u)n : (ä)rti : (a)rq(ï)š ïdm(a)z : tiy(i)n : sül(ä)d(i)m : q[.................]
T[2] : ï͡čg(ä)rt(i)m : q(a)l(ï)ŋ[...] (ä)b(i)rü : k(ä)lürt(ü)m :
bir ot(u)z : y(a)šïŋa : č(a)ča s(ä)ŋünkä : süŋ(ü)šd(ü)m(i)z :
(e)ki ot(u)z : y(a)šïma : t(a)bγ(a)č : (E 26) t(a)pa : sül(ä)d(i)m : č(a)ča s(ä)ŋün :

s(ä)k(i)z : tüm(ä)n : [sü] bi[r]lä : süŋ(ü)šd(ü)m

(ä)ŋ (i)lki : t(a)d(ï)q(ï)ŋ čor(ï)ŋ : boz [(a)t(ï)γ : bin(i)p : t(ä)gdi : ol (a)t (a)n͡ta] (E 33) ölti : (e)kinti : ïšb(a)ra y(a)mt(a)r : boz (a)t(ï)γ : bin(i)p : t(ä)gdi : ol (a)t (a)n͡ta : ölti : üč(ü)n͡č : y(e)g(ä)n sil(i)g b(ä)g(i)ŋ : k(ä)d(i)ml(i)g : tor(u)γ (a)t : bin(i)p : t(ä)gdi : ol (a)t (a)n͡ta : ölti : y(a)r(ï)qïn͡ta : y(a)lm(a)sïn͡ta : yüz (a)rtu͡q : o͡qun urtï : yüz[(i)ŋä] : b(a)šïŋa : bir t[(ä)gm(ä)di : ....] (E 34) t(ä)gdö͡kin : türü͡k b(ä)gl(ä)r : q͡oop bilir siz : ol süg : (a)n͡ta yo͡q qïšd(ï)m(ï)z :

: süsin : (a)n͡ta öl(ü)rt(ü)m :

(a)n͡ta kisrä : y(i)r b(a)y(ï)rq͡u[u] : ul(u)γ irk(i)n : y(a)γï bol͡tï : (a)nï y(a)ń(ï)p : türgi y(a)rγun : költä : buzd(u)m(ï)z : ul(u)γ irk(i)n : (a)zq͡ïńa : (ä)r(i)n : t(ä)z(i)p : b(a)rd̑ï :

(a)ltï ot(u)z : y(a)š(ï)ma : čik : bod(u)n : q͡ïïrq(ï)z : birlä : y(a)γï bol͡tï : k(ä)m k(ä)čä : čik t(a)pa : sül(ä)d(i)m : örp(ä)ntä : süŋ(ü)šd(ü)m : süsin : s(a)n͡čd(ï)m : (a)z [bod(u)n(u)γ (a)lt(ï)]m [......... ič]g(ä)rt(i)m :

kül tig(i)n [(a)ltï : ot(u)z] (E 35) y(a)šïŋa : q͡ïïrq(ï)z t(a)pa : sül(ä)d(i)m(i)z :

y(e)ti o[t(u)z y(a)š(ï)]ma : q͡ïïrq(ï)z : t(a)pa : sül(ä)d(i)m :

süŋüg : b(a)t(ï)mi : q(a)r(ï)γ : sök(ü)p(ä)n : kögm(ä)n : yïš(ï)γ : toγa :

süŋ(ü)g b(a)t(ï)mi : (E 27) q(a)r(ï)γ : sök(ü)p(ä)n : kögm(ä)n : yïš(ï)γ : toγa :

yorïp : q͡ïïrq(ï)z : bod(u)n(u)γ : uda : b(a)sd(ï)m(ï)z : q(a)γ(a)nin : birlä : soŋa

yo[rïp] : q͡ïïrq(ï)z : bod(u)n(u)γ : uda : b(a)sd(ï)m : q(a)γ(a)nin : birlä : soŋa :

yïšda : süŋ(ü)šd(ü)m(i)z :

yïšda : süŋ(ü)šd(ü)m :

kül tig(i)n : b(a)y(ï)rq͡uun[(ï)ŋ : (a)q (a)dγ(ï)]r[(ï)γ] (E 36) bin(i)p : opl(a)yu : t(ä)gdi : bir : (ä)r(i)g : o͡qun urtï : (e)ki (ä)r(i)g : udš(u)ru : s(a)n͡čd̑ï : ol t(ä)gdö͡kdä : b(a)y(ï)rq͡uun(i)ŋ : (a)q (a)dγ(ï)r(ï)γ : udl(ï)qin : sïyu : urtï : q͡ïïrq(ï)z : q(a)γ(a)nin : öl(ü)rt(ü)m(i)z : ilin : (a)lt(ï)m(ï)z : ol yïlqa : türg(i)š

q(a)γ(a)nin : öl(ü)rt(ü)m : il(i)n : (a)n͡ta (a)lt(ï)m : ol yïlqa : türg(i)š

[: t(a)pa : (a)ltun : yïš(ï)γ] (E 37) toγa : (ä)rt(i)š üg(ü)z(ü)g : k(ä)čä :

: t(a)pa : (a)ltun yïš(ï)γ : [(a)š]a : (ä)rt(i)š : üg(ü)z(ü)g : k(ä)čä :

yorïd(ï)m(ï)z : türg(i)š : bod(u)n(u)γ : uda : b(a)sd(ï)m(ï)z : türg(i)š : q(a)γ(a)n :

yorï[d(ï)m : türg(i)š : bod(u)n(u)γ] uda b(a)sd(ï)m : türg(i)š : q(a)γ(a)n :

süsi : bolčuda : otča : borča : k(ä)lti : süŋ(ü)šd(ü)m(i)z :

süsi : otča : borča : k(ä)lti : (E 28) bolčuda : süŋ(ü)šd(ü)m(i)z :

kül tig(i)n : b(a)šγu boz (a)t : bin(i)p t(ä)gdi : b(a)šγu boz : k[..........................]
(E 38) tut(u)zt[ï :] (e)kisin : özi : (a)l͡t(ï)zdï : (a)n͡ta y(a)na : kir(i)p : türg(i)š :
q(a)γ(a)n : buyru͡qi : (a)z toto͡quγ : (ä)l(i)g(i)n : tutdï :
q(a)γ(a)nin (a)n͡ta : öl(ü)rt(ü)m(i)z : ilin : (a)lt(ï)m(ï)z :
q(a)γ(a)nin : y(a)bγu[si]n : š(a)din : (a)n͡ta öl(ü)rt(ü)m : il(i)n : (a)n͡ta : (a)lt(ï)m :
q(a)ra türg(i)š : bod(u)n : q͡oop ič(i)kdi : ol bod(u)n(u)γ : t(a)b(a)rda :
qo[n͡t(u)rt(u)m(ï)z ....] (E 39) soγd(a)q : bod(u)n : it(ä)yin tiy(i)n : yin͡čü
: üg(ü)z(ü)g : k(ä)čä : t(ä)m(i)r q(a)p(ï)γqa : t(ä)gi : sül(ä)d(i)m(i)z : (a)n͡ta kisrä
: q(a)ra türg(i)š : bod(u)n : y(a)γï bolm(i)š : k(ä)ŋ(ä)r(ä)s t(a)pa : b(a)rdï : biz(i)ŋ
sü : (a)ti : toru͡q : (a)zuqi : yoo͡q (ä)rti : y(a)bl(a)q kiši : (ä)r[.......................] (E 40)
(a)lp (ä)r : biz(i)ŋä : t(ä)gm(i)š (ä)rti : (a)n͡t(a)γ ödkä : ök(ü)n(ü)p : kül tig(i)n(i)g
: (a)z (ä)r(i)n : irtürü : ït(tï)m(ï)z : ul(u)γ süŋ(ü)š : süŋ(ü)šm(i)š : (a)lp š(a)lčï :
(a)q (a)tin : bin(i)p : t(ä)gm(i)š : q(a)ra türg(i)š : bod(u)n(u)γ : (a)n͡ta öl(ü)rm(i)š
: (a)lm(i)š : y(a)na : yor(ï)p : [........................] (N 1) [.......] birlä : q͡oošu toto͡q : birlä
: süŋ(ü)šm(i)š : (ä)rin q͡oop : ölürm(i)š : (ä)bin b(a)r(ï)min : q(a)l͡ïs(ï)z : q͡oop :
k(ä)lürti :
ot(u)z : y(a)š(ï)ma : b(e)š b(a)l͡ïq : t(a)pa : sül(ä)d(i)m : (a)ltï yol͡ï : süŋ(ü)šd(ü)m
: [.. s]üsin : q͡oop : ö[l(ü)]rt(ü)m : (a)n͡ta : ičr(ä)ki nä : kiši tin[................]i yo͡q
[bol͡t(a)]čï : (ä)r[ti ..]a : oq(ï)γ(a)l͡ï : k(ä)lti : b(e)š b(a)l͡ïq : (a)nï üč(ü)n : ozdï :
kül tig(i)n : yiti ot(u)z : y(a)šiŋa : q(a)rlu͡q : bod(u)n :
ot(u)z : (a)rtu͡qi : (E 29) bir : y(a)š(ï)ma : q(a)rlu͡q : bod(u)n : buŋs(ï)z
(e)rür b(a)rur : (ä)rkli : y(a)γï bol͡tï : t(a)m(a)γ ïdu͡q : b(a)šda : süŋ(ü)šd(ü)m(i)z :
[(e)r]ür : b(a)rur : (ä)rkli : y(a)γï bol͡tï : t(a)m(a)γ ïdu͡q : b(a)šda : süŋ(ü)šd(ü)m :
(N 2) [kül] tig(i)n : ol süŋ(ü)šdä : ot(u)z y(a)š(a)yur (ä)rti : (a)lp š(a)lčï : (a)qin
: bin(i)p : opl(a)yu : t(ä)gdi : (e)ki (ä)r(i)g : udš(u)ru : s(a)n͡čdï :
q(a)rlu͡quγ : öl(ü)rt(ü)m(i)z : (a)lt(ï)m(ï)z :
q(a)rlu͡q : bod(u)n(u)γ : öl(ü)rt(ü)m : (a)n͡ta (a)lt(ï)m
(a)z bod(u)n : y(a)γï bol͡tï : q(a)ra költä : süŋ(ü)šd(ü)m(i)z : kül tig(i)n : bir qïrq
: y(a)š(a)yur (ä)rti : (a)lp š(a)lčï : (a)qin: (N 3) bin(i)p : opl(a)yu t(ä)gdi : (a)z
(e)lt(ä)b(ä)r(i)g : tutdï : (a)z bod(u)n : (a)n͡ta yo͡q bol͡tï : (e)čim q(a)γ(a)n : ili :
q(a)mš(a)γ : bolto͡qïn͡ta : bod(u)n : il(i)g ik(ä)gü : bolto͡qïn͡ta : izg(i)l : bod(u)n :
birlä : süŋ(ü)šd(ü)m(i)z : kül tig(i)n : (a)lp š(a)lčï : (a)qin : bin(i)p : (N 4)
o[pl(a)yu : t(ä)gd]i : ol (a)t (a)n͡ta : tüš[di :] izg(i)l : [bod(u)]n : ölti :

[........]d(ï)m : [b(a)s]m(ï)l : q(a)ra : [......] q(a)rlu͡q : bod(u)n : tir[(i)l(i)p k(ä)lti ....]m : ö[l(ü)rt(ü)m]

to͡quz oγ(u)z : bod(u)n : k(ä)ntü : bod(u)n(u)m : (ä)rti : t(ä)ŋri : yir : bulγ(a)qin

to[q(u)z oγ(u)]z : m(ä)n(i)ŋ : bod(u)n(u)m (ä)rti : t(ä)ŋri : y(e)r : bulγ(a)qin

: üčün : y(a)γï bo͡ltï : bir yïlqa :

: üč(ü)n : ödiŋ[ä] (E 30) küni : t(ä)gdö͡k : üč(ü)n : y(a)γï bo͡ltï : bir yïlqa :

biš yolï : süŋ(ü)šd(ü)m(i)z : (ä)ŋ ilk : toγu b(a)lï͡qda : süŋ(ü)šd(ü)m(i)z : (N 5)

tört : yolï : süŋ(ü)šd(ü)m : (ä)ŋ ilki : toγu : b(a)lï͡qda : süŋ(ü)šd(ü)m :

kül tig(i)n : (a)zm(a)n (a)q(ï)γ : bin(i)p : opl(a)yu t(ä)gdi : (a)ltï (ä)r(i)g : s(a)n͡čdï : sü : [t(ä)]gišin͡tä : yit(i)n͡č (ä)r(i)g : q͡ïl(ï)čl(a)dï : (e)k(i)nti : qoš(u)lγ(a)qda : (ä)d(i)z birlä : süŋ(ü)šd(ü)m(i)z : kül tig(i)n : (a)z y(a)γ(ï)zin : bin(i)p : opl(a)yu : t(ä)g(i)p : bir (ä)r(i)g : s(a)n͡čdï : (N 6) to͡quz (ä)r(i)g (ä)g(i)rä : to͡qïdï : (ä)d(i)z : bod(u)n : (a)n͡ta ölti : üč(ü)n͡č : bo[lču]da : oγ(u)z birlä : süŋ (ü)šd(ü)m(i)z : kül tig(i)n : (a)zm(a)n (a)q(ï)γ : bin(i)p : t(ä)gdi : s(a)n͡čdï : süsin : s(a)n͡čd(ï)m(ï)z : ilin (a)lt(ï)m(ï)z :

toγla : üg(ü)z(ü)g : yüz(ü)ti : k(ä)č(i)p : süsi [...............] (e)kin͡ti : (a)n͡t(a)rγuda : süŋ(ü)šd(ü)m : süsin : s(a)n͡čd(ï)m : [...........

tört(ü)n͡č : čuš : b(a)šïn͡ta : süŋ(ü)šd(ü)m(i)z : türü͡k : (N 7) bod(u)n : (a)d(a)q

ü]č(ü)n͡č [čuš b(a)šïn͡ta sü]ŋ(ü)šd(ü)m : türü͡k : bod(u)n : (a)d(a)q

q(a)mš(a)tdï : y(a)bl(a)q bo͡lt[(a)č]ï (ä)rti : oza [k(ä)]lm(i)š

q(a)mš(a)t(t)ï : y(a)bl(a)q : (E 31) bolt(a)čï : (ä)rti oza : y(a)ńa : k(ä)l(i)gmä

: süsin : kül tig(i)n : (a)γ(ï)t(ï)p :

: süsin : (a)γ(ï)t(tï)m : ük(ü)š ölt(ä)či : (a)n͡ta : tir(i)lti :

toŋra : bir uγ(u)š : (a)lp(a)γu : on (ä)r(i)g : toŋa tig(i)n : yoγïn͡ta : (ä)g(i)r(i)p

(a)n͡ta : toŋra : yïlp(a)γuti : bir : uγ(u)š(u)γ : toŋa : tig(i)n : yoγ[ïn͡ta] : (ä)g(i)rä

öl(ü)rt(ü)m(i)z : biš(i)n͡č : (ä)zg(ä)nti : q(a)d(i)zdä : oγ(u)z : birlä :

: toqïd(ï)m : tört(ü)n͡č : (ä)zg(ä)n͡ti : q(a)d(ï)zda :

süŋ(ü)šd(ü)m(i)z :

süŋ(ü)šd(ü)m :

kül tig(i)n : (N 8) (a)z y(a)γ(ï)zin : bin(i)p : t(ä)gdi : (e)ki (ä)r(i)g : s(a)n͡čdï : b(a)lï͡q(q)a : b(a)s(ï)qdï :

ol sü : (a)n͡ta öl[ti] :

süsin (a)n͡ta : s(a)n͡čd(ï)m : y(a)brïtd(ï)m

(a)mγa qorγ(a)n : q͡ïïšl(a)p :
[...... ot(u)z (a)rtu͡qi (e)ki y(a)š(ï)]ma : (a)mγï qorγ(a)n : q͡ïïšl(a)do͡qda : yut : bol͡tï
y(a)zïŋa : oγ(u)zγ(a)ru : sü t(a)š(ï)qd(ï)m(ï)z :
: y(a)z(ï)ŋa : (E 32) oγ(u)z : t(a)pa : sül(ä)d(i)m
kül t(e)g(i)n : (ä)b(i)g b(a)šl(a)yu : (a)qït(tï)m(ï)z :
: ilki sü : t(a)š[(ï)q]m(i)š : (ä)rti : (e)kin sü : (ä)bdä : (ä)rti :
oγ(u)z y(a)γï : orduγ : b(a)sdï :
üč oγ(u)z : süsi : b(a)sa : k(ä)lti : y(a)d(a)γ : y(a)b(ï)z : bol͡tï : tip (a)lγ(a)lï :
k(ä)lti : sïŋ(a)r : süsi : (ä)b(i)g b(a)rq(ï)γ : yulγ(a)lï : b(a)rdï : sïŋ(a)r : süsi :
süŋ(ü)šg(ä)li : k(ä)lti
kül tig(i)n : (N 9) ögs(i)z (a)qin : bin(i)p : to͡quz (ä)r(ä)n : s(a)n͡čdï : orduγ :
birm(ä)di : ög(ü)m q(a)tun : ul(a)yu : ögl(ä)r(i)m : (ä)k(ä)l(ä)r(i)m : k(ä)l(i)ŋün
(ü)m : q͡uun͡č(u)yl(a)r(ï)m : bun͡ča y(ä)mä : tir(i)gi : küŋ bol͡t(a)čï (ä)rti : öl(ü)gi :
yurtda : yolta : y(a)tu q(a)l͡t(a)čï : (ä)rt(i)g(i)z : (N 10) kül tig(i)n : yo͡q (ä)rs(ä)r
: q͡oop : ölt(ä)či : (ä)rt(i)g(i)z : in(i)m kül tig(i)n : k(ä)rg(ä)k : bol͡tï :
: biz : (a)z (ä)rt(i)m(i)z : y(a)b(ï)z : (ä)rt(i)m(i)z : oγ(u)z [.......]T[1] : y(a)γ[ï.. t(ä)ŋri]
küč : birt͡ök : üč(ü)n : (a)n͡ta s(a)n͡čd(ï)m : (E 33) y(a)ńd(ï)m : t(ä)ŋri :
y(a)rl(ï)q(a)do͡q üč(ü)n : m(ä)n q(a)zγ(a)n͡to͡q : üč(ü)n : türü͡k : bod(u)n : [(a)n͡ča]
q(a)zγ(a)n[m(i)š] (ä)r(i)n͡č : m(ä)n in(i)l(i)gü : bun͡ča : b(a)šl(a)yu :
q(a)zγ(a)nm[(a)s(a)r] : türü͡k : bod(u)n : ölt(ä)či : (ä)rti : yo͡q : bol͡t(a)čï : (ä)rti :
öz(ü)m : s(a)q(ï)n͡t(ï)m : körür : köz(ü)m : körm(ä)z t(ä)g : bil(i)r : bil(i)g(i)m :
bilm(ä)z t(ä)g : bol͡tï : öz(ü)m s(a)q(ï)n͡t(ï)m : öd t(ä)ŋri : (a)ys(a)r : kiši oγli :
q͡oop : ölg(ä)li : törüm(i)š : (N 11) (a)n͡ča : s(a)q(ï)n͡t(ï)m : közdä : y(a)š k(ä)ls(ä)r
: tida : köŋ(ü)ltä : sïγ(ï)t : k(ä)ls(ä)r : y(a)n͡t(u)ru : s(a)q(ï)n͡t(ï)m : q(a)t(ï)γdi :
s(a)q(ï)n͡t(ï)m : (e)ki š(a)d : ul(a)yu : in(i)ygün(ü)m : oγl(a)n(ï)m : b(ä)gl(ä)r(i)m
: bod(u)n(u)m : közi q(a)ši : y(a)bl(a)q : bol͡t(a)čï tip : s(a)q(ï)n͡t(ï)m : yoγčï :
sïγ(ï)tčï : q͡ït(a)ń : t(a)t(a)bï : bod(u)n : b(a)šl(a)yu : (N 12) ud(a)r s(ä)ŋün :
k(ä)lti : t(a)bγ(a)č : q(a)γ(a)n͡ta : iš(i)yi : lik(ä)ŋ : k(ä)lti : bir tüm(ä)n (a)γï :
(a)ltun küm(ü)š : k(ä)rg(ä)ks(i)z : k(ä)lürti : töpöt : q(a)γ(a)n͡ta : böl(ö)n : k(ä)lti
: qur(ï)ya : kün : b(a)ts(ï)qd(a)qï : soγ(u)d : b(ä)rč(i)k(ä)r : buq(a)r(a)q ul(u)š :
bod(u)n͡ta : n(ä)k s(ä)ŋün : oγ(u)l t(a)rq(a)n : k(ä)lti : (N 13) on o͡q : oγl(u)m :
türg(i)š : q(a)γ(a)n͡ta : m(a)q(a)r(a)č : t(a)mγ(a)čï : oγ(u)z : bilgä : t(a)mγ(a)čï :
k(ä)lti : q͡ïrq(ï)z : q(a)γ(a)n͡ta : t(a)rduš : in(a)n͡ču čor : k(ä)lti : b(a)rq : itgüči :

b(ä)d(i)z : y(a)r(a)t(ï)γma : bit(i)g t(a)š : itgüči : t(a)bγ(a)č : q(a)γ(a)n : čïq(a)ni : č(a)ŋ s(ä)ŋün : k(ä)lti :

[türü͡k] : b(ä)gl(ä)r [bod(u)n (a)n͡č]a : s(a)q(ï)n(ï)ŋ : (a)n͡ča bil(i)ŋ : oγ(u)z : bo[d(u)n ....]D[1] : ïdm(a)yin : tiy(i)n : sül[(ä)d(i)m] (E 34) (ä)bin : b(a)rqin : buzd(u)m : o[γ(u)]z : bod(u)n : to͡q(u)z : t(a)t(a)r : birlä : tir(i)l(i)p : k(ä)lti : (a)γuda : (e)ki ul(u)γ : süŋ(ü)š : süŋ(ü)šd(ü)m : süsin : bu[z]d(u)m : (e)lin : (a)n͡ta (a)lt(ï)m : (a)n͡ča q(a)zγ(a)n(ï)p [................ t(ä)ŋri] y(a)rl(ï)q(a)do͡q : üč(ü)n : m(ä)n ot(u)z (a)rtu͡qi : üč [y(a)š(ï)ma .... y]o͡q (ä)rti : öds(i)g : ötül(ü)g : ki[ši] (E 35) ig(i)dm(i)š : (a)l[p q(a)γ(a)n(ï)ŋa y(a)]ŋ(ï)l͡tï : üzä : t(ä)ŋri : ïdu͡q : y(e)r sub : [(e)čim q(a)]γ(a)n : q͡uuti : t(a)plam(a)dï (ä)r(i)n͡č : to͡quz : oγ(u)z : bod(u)n : y(e)r(i)n : subin : ïd(ï)p : t(a)bγ(a)čγ(a)ru : b(a)rdï : t(a)bγ(a)č [...............] : bu y(e)rdä : k(ä)lti : ig(i)d(ä)y(i)n : tiy(i)n : s(a)q[(ï)n͡t(ï)m ....] bod(u)n(u)γ [.............] (E 36) y(a)zu͡ql[(a) .... bi]ryä : t(a)bγ(a)čda : (a)ti küsi : yo͡q bol͡tï : bu y(e)rdä : m(a)ŋa : qul bol͡tï : m(ä)n öz(ü)m : q(a)γ(a)n : ol(o)rto͡q(u)m : üč(ü)n : türü͡k : bod(u)n(u)γ : [................]i : qïlm(a)d(ï)m [il(i)g t]örög : y(e)gdi : q(a)zγ(a)n͡t(ï)m : ïd[u͡q ....] : tir(i)l(i)p : Y[2][..] (E 37) [(a)n͡ta süŋ(ü)]šd(ü)m : süsin : s(a)n͡čd(ï)m : ič(i)k(i)gmä : i͡č(i)kdi : bod(u)n : bol͡tï : öl(ü)gmä ölti : s(ä)l(ä)ŋä : q͡uudï : yor(ï)p(a)n : q(a)r(a)γ(a)n : q͡ïïs(ï)lta : (ä)bin : b(a)rqin : (a)n͡ta buzd(u)m : [............] y(ï)šqa : (a)γdï: uyγ(u)r (e)lt(ä)b(ä)r : yüzčä (ä)r(i)n : ilg[(ä)r]ü : t[(ä)z(i)p b(a)rdï ....] (E 38) [.......]ti : tü[r]ü͡k : bod(u)n : āč (ä)rti : ol yïlqïγ : (a)l(ï)p ig(i)t(ti)m : ot(u)z (a)rtu͡qi : tört : y(a)š(ï)ma : oγ(u)z : t(ä)z(i)p : t(a)bγ(a)čqa : kirti : ök(ü)n(ü)p : sül(ä)d(i)m : suq(u)n : [................ o]γlin : yut(u)zin : (a)n͡ta (a)lt(ï)m : (e)ki (e)lt(ä)b(ä)rl(i)g : bod[(u)n ....] (E 39) [......] t[(a)t(a)b]ï : bod(u)n : t(a)bγ(a)č q(a)γ(a)nqa : körti : y(a)l(a)b(a)či : (ä)dgü : s(a)bi : öt(ü)gi : k(ä)lm(ä)z tiy(i)n : y(a)y(ï)n sül(ä)d(i)m : bod(u)n(u)γ : (a)n͡ta buzd(u)m : yïlq[ïsin b(a)r(ï)min (a)n͡ta (a)lt(ï)m ....] süsi : tir(i)l(i)p : k(ä)lti : q(a)d(ï)rq(a)n yïš : q͡oo[n ....]

(E 40) [........ tur]γ(a)q(ï)ŋa : y(e)r(i)ŋ(ä)rü : subïŋ(a)ru : q͡oon͡tï : biryä : q(a)rlu͡q : bod(u)n t(a)pa : sülä : tip : tud(u)n : y(a)mt(a)r(ï)γ : ït(tï)m b(a)rdï [........................... q(a)rlu͡q] ilt(ä)b(ä)r : yo͡q bolm(i)š : in(i)si : bir : q͡oorγ[(a)nqa t(ä)z(i)p b(a)rm(i)š ....] (E 41) [....... (a)r]q(ï)ši : k(ä)lm(ä)di : (a)nï (a)ń(ï)t(a)y(i)n : tip : sül(ä)d(i)m : q͡oor(ï)γu : (e)ki üč : kiš(i)l(i)gü : t(ä)z(i)p

b(a)rdï : q(a)ra bod(u)n : q(a)γ(a)n(ï)m : k(ä)lti tip : ög[(i)r(i)p s(ä)b(i)nti .... (a)ts(ï)z ....]qa : āt birt(i)m : kič(i)g (a)tl(ï)γ[(ï)γ ulγ(a)rtd(ï)m ....] (SE) [............ kök] : öŋ(ü)g : yoγ(u)ru : sü yor(ï)p : tünli : künli : yiti : öd(ü)škä : subs(ï)z : k(ä)čd(i)m : čor(a)qqa : t(ä)g(i)p : yol(a)γčï : [(ä)r(i)]g : [..............................] : k(ä)č(ä)nkä : t(ä)gi [..........] (S 1) [...... t(a)b]γ(a)č : (a)tl(ï)γ : süsi : bir tüm(ä)n : (a)rtu͡qi : y(e)ti biŋ : süg : ilki : kün : öl(ü)rt(ü)m : y(a)d(a)γ : süsin : (e)k(i)nti kün : q͡oop : [öl(ü)r]t(ü)m : bi[..........................]š(ï)p : b(a)rd[ï ....] (S 2) [....... y]olï : sül(ä)d(i)m : ot(u)z (a)rtu͡qi : s(ä)k(i)z : y(a)š(ï)ma : q͡ïš(ï)n : q͡ït(a)ń t(a)pa : sül(ä)d(i)m [...................................... ot(u)z (a)rtu͡q]i : [toq(u)z y(a)]š(ï)ma : y(a)z(ï)n : t(a)t(a)bï : t(a)pa : sü[l(ä)d(i)m ....] (S 3) m(ä)n [.........] öl(ü)rt(ü)m : oγlin : yut(u)zin : [yï]lq(ï)sin : b(a)r(ï)min [(a)lt(ï)m ... .]rä : q͡oo[..............................] (S 4) bod[(u)n .... yu]t(u)zin : yo͡q qï͡lt(ï)m : [..]
(S 5) yor[ïp ....
............] (S 6) süŋ[(ü)šd(ü)m ....
....] (S 7) b(e)rt(i)m : (a)lp (ä)rin : öl(ü)r(ü)p : b(a)lb(a)l : qïlu : b(e)rt(i)m : (ä)l(i)g y(a)š(ï)ma : t(a)t(a)bï : bod(u)n : q͡ït(a)ńda : (a)d[r(ï)ltï .... tö]ŋk(ä)r : t(a)γqa : [.........................] (S 8) qu s(ä)ŋün : b(a)š(a)du : tört : tüm(ä)n : sü k(ä)lti : töŋk(ä)r : t(a)γda : t(ä)g(i)p : toqïd(ï)m : üč tüm(ä)n : süg : [öl(ü)r]t(ü)m : bi[r ....] (ä)rs(ä)r [.................. s]ökt(ü)m : t(a)t(a)bï [........................] (S 9) ö[l(ü)]rti : ul(u)γ : oγl(u)m : (a)γr(ï)p : yo͡q bolča : q͡uuγ s(ä)ŋün(ü)g : b(a)lb(a)l : tikä : birt(i)m : m(ä)n : toq(u)z : y(e)g(i)rmi : yïl : š(a)d : ol(o)rt(u)m : to͡qu[z y(e)g(i)r]mi : yïl : q(a)γ(a)n : ol(o)rt(u)m : il tutd(u)m : ot(u)z (a)rtu͡qi : bir [y(a)š(ï)ma ....] (S 10) türu͡k(ü)mä : bod(u)n(u)ma : y(e)g(i)n : (a)n͡ča q(a)zγ(a)nu : birt(i)m :

(NE) kül tig(i)n : q͡ooń : yïlqa : yiti : y(e)g(i)rm(i)kä : učdï : toq(u)z(u)n͡č (a)y : y(e)ti ot(u)zqa : yoγ : (ä)rtürt(ü)m(i)z :

bun͡ča : q(a)zγ(a)n(ï)p : q(a)ŋ[(ï)m q(a)]γ(a)n [ï]t yïl : on(u)n͡č (a)y : (a)ltï ot(u)zqa : uča : b(a)rdï : l(a)γzin : yïl : biš(i)n͡č (a)y : yiti : ot(u)zqa : yoγ : (ä)rtürt(ü)m : **b(a)rqin : b(ä)d(i)zin : bit(i)g t(a)š[in] bičin : yïlqa : yit(i)n͡č (a)y : yiti ot(u)zqa : q͡oop (a)lqd[(ï)m(ï)]z : kül tig(i)n : ö[zi] q͡ïrq : (a)rtu͡q[i y]iti : y(a)šï[ŋa] : boltï : t(a)š [b(a)rq : itgüčig] bun͡ča : b(ä)d(i)zčig : tuyγ(u)n : (e)lt(ä)b(ä)r : k(ä)lü<r>ti :** buq(u)γ : toto͡q [.....................] (S 11) q(a)ŋi : lisün : t(a)y s(ä)ŋün : b(a)š(a)d[u] :

biš yüz (ä)r(ä)n : k(ä)lti : q͡ooq(ï)l(ï)q : ö[............] (a)ltun : küm(ü)š : k(ä)rg(ä)ks(i)z : k(ä)lürti : yoɣ : y(ï)p(a)rïɣ : k(ä)lür(ü)p : tikä : birti : či͡nt(a)n : ïɣ(a)č : k(ä)lür(ü)p : öz y(a)r[...................] (S 12) bun͡ča : bod(u)n : s(a)čin : q͡uulq(a)qin : [b]ïčđï : (ä)dgü : özl(i)k (a)tin : q(a)ra : kišin : kök : t(ä)y(ä)ŋin : s(a)ns(ï)z : k(ä)lür(ü)p : q͡oop : q͡oot(t)ï : [...] (S 13) t(ä)ŋri t(ä)g : t(ä)ŋri : y(a)r[(a)t]m(i)š : türü͡k : bilgä [: q(a)ɣ(a)n :] s(a)b(ï)m : q(a)ŋ(ï)m : türü͡k : bilgä : q(a)ɣ(a)n : ol(o)rto͡qï͡nta : türü͡k : m(a)tï : b(ä)gl(ä)r [:] kisrä : t(a)rduš : b(ä)gl(ä)r : kül čor : b(a)šl(a)yu : ul(a)yu : š(a)d(a)pït : b(ä)gl(ä)r : öŋrä : töl(i)s : b(ä)gl(ä)r : (a)pa t(a)rq[(a)n] (S 14) b(a)šl(a)yu : ul(a)yu : š(a)d[(a)pït] : b(ä)gl(ä)r : bu[................] : (a)t(a)m(a)n t(a)rq(a)n : tunyu͡qu͡q : buyla b(a)ɣa t(a)rq(a)n : ul(a)yu : buyru͡q [......] ič buyru͡q : s(ä)b(i)g kül irk(i)n : b(a)šl(a)yu : ul(a)yu : buyru͡q : bun͡ča : m(a)tï : b(ä)gl(ä)r : q(a)ŋ(ï)m : q(a)ɣ(a)nqa : (ä)rt(i)ŋü : (S 15) (ä)rt(i)ŋü : ti m(a)ɣ : i[tdi .... t]ürü͡k : b(ä)gl(ä)rin : bod(u)nin : (ä)rt(i)ŋü : ti m(a)ɣ : itdi : ögd[i ...] q(a)ŋ(ï)m q(a)ɣ(a)n [üč(ü)n] : (a)ɣ(ï)r t(a)š(ï)ɣ : yoɣ(a)n ïɣ : türü͡k : b(ä)gl(ä)r : bod(u)n : [it(i)p : y(a)r(a)t(ï)p k(ä)l]ürti : öz(ü)mä : bun͡ča [....................]

(SE) bun͡ča : bit(i)g : bit(i)gmä : kül tig(i)n : (a)tïsi : yol(lu)ɣ tig(i)n : bitid(i)m : yig(i)rmi : kün : ol(o)r(u)p : bu t(a)šqa : bu tāmqa : q͡oop : yol(lu)ɣ tig(i)n : bitid(i)m :

(SW) [bilgä] q(a)ɣ(a)n : b[it(i)gin :] yol(lu)ɣ tig(i)n : bit(i)d(i)m : bun͡ča : b(a)rq(ï)ɣ : b(ä)d(i)z(i)g : uz(u)ɣ : [.......... q(a)]ɣ(a)n : (a)tïsi : yol(lu)ɣ tig(i)n : m(ä)n : (a)y (a)rtu͡qi : tört kün : [ol(o)]r(u)p : bitid(i)m : b(ä)d(i)z(ä)t(ti)m : y[(a)r(a)td(ï)m ....]

ïɣ(a)r : oɣl(a)n(ï)ŋ(ï)zda : t(a)yɣun(u)ŋ(ï)zda : y(e)gdi : ig(i)dür : (ä)rt(i)g(i)z : uča b(a)rd(ï)ɣ(ï)z : t(ä)ŋr[idä] tir(i)gd(ä)kičä : [.........] (SW) kül tig(i)n(i)ŋ : (a)ltunïn : küm(ü)šin : (a)ɣïšïn : b(a)r(ï)mïn tör[t b(i)ŋ] y(ï)lq[ïs]ïn : (a)y(a)ɣma : tuyɣ(u)t : bu [...........] b(ä)g(i)m : tig(i)n : yüg(gä)rü : t(ä)ŋ[ri bolča ....] t(a)š : bit(i)d(i)m : yoll(u)ɣ : tig(i)n [b(i)t(i)d(i)m(i)z] (W 1) q͡uur(ï)d(ï)n [s]oɣ(u)d örti : in(i)m k͡üül tig(i)n [................] iš(i)g k͡üüč(ü)g : birto͡k : üč(ü)n : türü͡k : bilgä : q(a)ɣ(a)n : [(a)y]u͡qï[ŋ]a : in(i)m k͡üül tig(i)n(i)g : k͡üüz(ä)dü : ol(o)rt[(u)m] (W 2) in(ä)n͡ču : (a)pa : y(a)rɣ(a)n t(a)rq(a)n : āt(ï)ɣ : [bi]rt(i)m : [(a)n]ï ögtürt[(ü)m] (W 1) [....] üzä [........] (W 2) bilgä : q(a)ɣ(a)n : u[čđï] (W 3) y(a)y bols(a)r : üzä : t[(ä)ŋri] (W 4) köb(ü)rg(ä)si : (ä)t(ä)rčä (a)n͡č[a] (W 5) t(a)ɣda : sïɣun :

(ä)ts(ä)r [(a)n͡ča] (W 6) s(a)q(ï)nur m(ä)n : q(a)ŋ(ï)m q[(a)γ(a)n] (W 7) t(a)šin : öz(ü)m : q(a)γ(a)n [......] (W 8) [................] (W 9) [................]

(E 30) ... : q(a)ŋ(ï)m q(a)γ(a)n : učdo͡qda : in(i)m : kül tig(i)n : yit[i : y(a)šda : q(a)ltï

[.. : q(a)ŋ(ï)m] (E 14) q(a)γ(a)n : učdo͡qda : öz(ü)m : s(ä)k(i)z y(a)šda : q(a)lt(ï)m :

<퀼 티긴 비문과 빌개 카간 비문의 대조(Radloff 발간 도해)>

Ka 1,1 — Ka 11,38.
Xb 1,1 — Xb 8,32.

CIV.

KT S1~S11　　K : 퀼 티긴(Kül Tigin)비문

BQ N1~N8　　X : 빌개 카간(Bilgä Qaγan)비문

K 1,1 — K 16,10
X 2,22 — X 14,5

CII.

KT E1 ~ E16

BQ E2 ~ E14

K 16,11 — K 30,8.
X 14,8 — X 24,18.

CIII.

KT E16~30
BQ E14~24

자료 3

퀼 티긴 비문의 서쪽 면에 있는 한문 비명

Radloff 발간 도해에서

故闕特勤之碑

故闕特勒碑

彼蒼者天罔不覆幬天人相合寰宇大同以其氣隔陰陽是用 各 為君長彼君長者本 裔之

之裔也 首自中國雄飛北荒來朝甘泉願保光祿則恩好之深舊矣洎 我高祖肇興皇業太宗

之遂荒帝載文教施於八方武功成於一德彼蒼變故相革榮號迭稱終能 代 伏臣一體率修邊貢

爰建朕躬結為父子使寇患不作弓矢載 櫜 爾無我虞我無爾詐邊鄙之不 之賴歟君

諱闕特勤骨咄祿可汗之次子今苾伽可汗之令弟也孝友聞於遠方威德懾於 殊域 斯豈由 伊

曾祖伊地米䣓匐積厚德於上而身克終之祖骨咄祿頡斤行深仁於下而子 順 述 之不然何以

生此賢也故能承順友愛輔成規略北虡眩霤之境西隣處月之郊尊棠梨之 遺 澤 受屠耆之寵

任以親我有唐也我用是嘉爾誠績大開恩信而遙 圖 不騫促景俄盡永言悼惜疚於朕心且特

勒可汗之弟也可汗猶朕之子也父子之義既在敦崇兄弟之親得無連類俱為子 焉 而再感深

情是用故舉作豐碑發揮遐 誠 域 使千古之下休光日新詞曰

沙塞之國丁零之鄉雄武鬱起于爾先王爾君克長載赫殊方爾道克順謀親我唐執謂若人罔

保延長高碑山立垂裕無疆

大唐開元廿年歲次壬申十二月辛丑朔七日丁未 書建

I MONUM. INSCRIPTION CHINOISE, TRANSCRITE À PEKING.

필란드 발간 도해에서

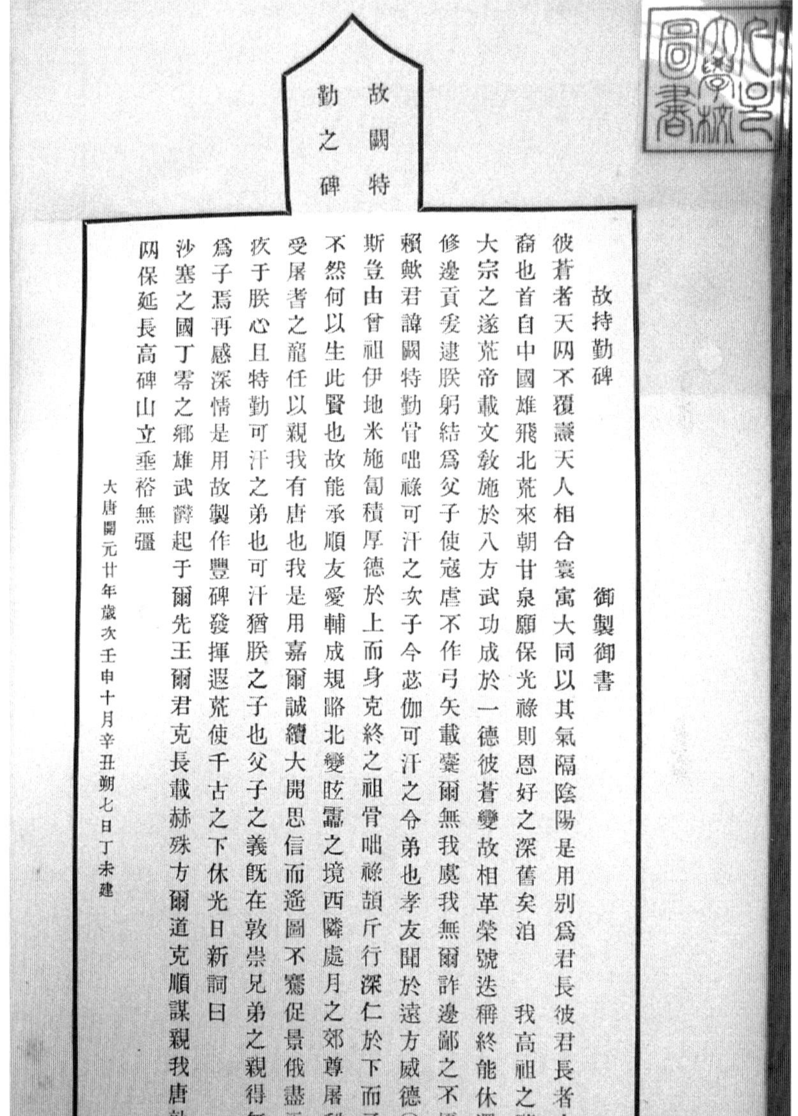

故闕特勤之碑

故持勤碑　　御製御書

彼蒼者天罔不覆燾天人相合寰寓大同以其氣隔陰陽是用別爲君長彼君長者本夏后氏
裔也首自中國雄飛北荒來朝甘泉願保光祿則恩好之深舊矣洎　我高祖之肇興皇業
大宗之遂荒帝載文敎施於八方武功成於一德彼蒼變故相革榮號迭稱終能休澤○○○
修邊貢爰逮朕躬結爲父子使寇虐不作弓矢載櫜爾無我虞我無爾詐邊鄙之不擾乱此之
賴歟君諱闕特勤骨咄祿可汗之次子今苾伽可汗之令弟也孝友聞於遠方威德○○殊俗
斯登由曾祖伊地米施匐積厚德於上而身克終之祖骨咄祿頡斤行深仁於下而子孫述之
不然何以生此賢也故能承順友愛輔成規略北變眩靁之境西隣處月之郊尊屠梨之皇命
受屠耆之寵任以親我有唐也我是用嘉爾誠續大開恩信而遙圖不騫促景俄盡永言悼惜
疚于朕心且特勤可汗之弟也可汗猶朕之子也父子之義既在敦崇兄弟之親得無連類俱
爲子焉再感深情是用故製作豐碑發揮遐荒使千古之下休光日新詞曰
沙塞之國丁零之鄉雄武鬱起于爾先王爾君克長載赫殊方爾道克順謀親我唐孰謂若人
罔保延長高碑山立垂裕無疆

大唐開元廿年歲次壬申十月辛丑朔七日丁未建

Shiratori(1899)의 글에서

<Georg von der Gabelentz의 번역(필란드 발간 도해)>

Inscription chinoise du 1er Monument.

Gedenkstein (zu Ehren) weiland K'iuet-tek-lek's.

Jenes Himmelsblau (ist es womit) der Himmel alles (eigentl. »nichts nicht«) überdacht, (wodurch) die Menschheit (wörtlich: des Himmels Menschen) einig, die Welt sehr gleichmässig (einheitlich) ist. Durch seinen Odem (d. h. durch sein materielles Prinzip) scheidet es (die dualistischen Grundprinzipien) Yim und Yâng. Dadurch ist es Allen gegenüber herrschend (oder: gab es allen ihre Herrscher?). Jenes Herscherthüm wurzelt in ... (oder ist ursprünglich ... fehlen 3 Zeichen) .... Grenze. Anfangs ist (es) aus dem Mittelreiche wie ein Hahn (= kriegerisch) ausgeflogen. Die nördlichen Steppenbewohner kamen zu Hofe (um sich zu unterwerfen; die Bewohner von) Kam-tsiuen schrien um Schutz für ihre Trinkopfer. Darauf hin habe ich (hat der Hof?) sie innigst geliebt, wohl schon seit alter Zeit.

Als nun mein hoher Ahn (Kao-tsù 618—627) (seine) kaiserliche Würde gegründet, und T'a'i-tsüng (627—650) dem Beherscher der Steppennomaden (in der Machtstellung?) folgte, führte er Bildung und Unterricht ein, und verbreitete sie nach den acht Himmelsgegenden, und das Königswerk wurde durch Eintracht (durch die Tugend allein?) vollendet. Da jenes Himmelsblau sich verändert (der Himmel andere Zeiten sandte), wurde nach einander (von Generation zu Generation?) ihr Ruhm gepriesen, und endlich konnte ... demüthig (oder züchtigen?) (fehlen 4 Zeichen) ..... die Grenzeinkünfte (Tribute) herstellen. Ja sogar war ich persönlich mit ihnen verbunden, wie ein Vater mit seinen Söhnen, so dass die Räuber klagten, (sie könnten) nicht Bogen und Pfeile machen (oder führen) und die Taschen (Köcher) füllen. Ihr habt mir nichts zur Leide gethan, und ich habe euch nicht betrogen. Dass die Grenzen nicht .... (fehlen 3 Zeichen, etwa: beunruhigt wurden, beruht doch wohl auf dem gegenseitigen) vertrauen. Der Fürst war des verstorbenen K'iuet-tek-lek, des Kuk-tu-luk Chan jüngerer Sohn, jetzt des Pit-k'ie Chan Herr jüngerer Bruder. Seine kindliche Pietät und Freundestreue sind berühmt (eigentl. von denen hört man) in fernen Gegenden, seine wundervolle Tugend ist geachtet in (fehlt 1½ Zeichen). Kam das etwa daher, dass er das reiche Mass von Tugendwerken gegen die Höheren, das sein Urgrossvater Yi-ti-mi-t'o-pik (pu?) angesammelt hatte, zu Ende zu führen versuchte?

(Andere mögliche Übersetzung, freier: hatte er es etwa der von seinem Urgrossvater Y. angesammelten — die Höheren zu danken, dass er (sein Leben ungestört) vollstreckte? — Die Frage ist unter allen Umständen rhetorisch, Antwort: nein!)

(Dass sein) Ahn Kut-tuk-luk hietkin innige Menschlichkeit gegen die Unteren übte, und sein Sohn (wie ein Sohn?) .... (fehlen 2 Zeichen) ihn (es?) war dem nicht so: wodurch erzeugte sich diese Weisheit? (wodurch erzeugte er diesen weisen Sohn?) darum konnte er in Achtung und Gehorsam, in Freundschaft und Liebe helfen (meine) Pläne zu vollenden. An der nördlich wohnenden Hiuen-lui Grenzen, an der die Westmarken bewohnenden Yuet-či Grenzen, verehrt man der Cydonia japonica (n. genetivi, fehlen 2 Zeichen) ... empfangen T'u-če (des Schlächters??) Vertrauen. Dadurch bist du meiner Dynastie T'ang nahe getreten. Ich lobe daher deine wahren Verdienste und habe in hohem Grade Liebe und Treue entfaltet; und somit werden die Pläne für die Ferne nicht zu Schaden kommen, und die nahen Zwecke bald erreicht werden.

[oder: und somit (solltest du), plante ich in die Ferne, nicht zu Schaden kommen; aber, da ich mich in der Nähe umschaue, warst du plötzlich erschöpft. — So scheint es der russische Übersetzer anzufassen. Der Sinn spricht an, aber die Form macht Schwierigkeiten.]

Ewig schmerzt Mitleid in meinem Herzen. Zudem bist du des Tek-lek Chan jüngerer Bruder, und der Chan (so gut wie) mein Sohn. Das rechte Verhältniss zwischen Vater und Sohn besteht in Ehrerbietung; bei der Liebe zwischen älterem und jüngerem Bruder gelingt es Verwickelungen zu vermeiden.

[oder: kann die Liebe zwischen Brüdern anders als mit Theilnahme verbunden sein? — Diese Übersetzung liesse freilich eine fragende Finalpartikel erwarten.]

Ihr seid (mir) beide (so gut wie) Söhne ... (fehlt 1 Zeihen; etwa: und jüngere Brüder? oder: daher) bin ich erregt

durch tiefe Empfindungen. Deshalb nun habe ich einen grossartigen Gedenkstein anfertigen lassen, der in ferne ... (fehlt 1 Zeichen) verkündige (scil. Eure Tugend), sodass die Nachkommen von tausend Vorzeiten das helle Sonnenlicht segnen.

Ein neuer Satz besagt:

In Schamo's Lande in der Tingling Heimath, erhoben sich gewaltsam kriegerische Helden gegen eure früheren Könige (unter euren fr. Königen?). Eure Fürsten vermochten es lange in verschiedenen Gegenden zu glänzen. Du wusstest dich verständig in den Entschluss zu fügen, meinem (Hause) Tang nahe zu treten. Wer hätte gesagt (= gedacht), dass ein solcher Mensch nicht in alle Zeiten (am Leben) erhalten werden [illegible] Gedenkstein ist errichtet um Edelsinn zu verkünden ohne Grenzen.

Errichtet in des Kai-yuen von (der Dynastie der) grossen Tang 20 Jahre, des Jahrescyklus tsi-zim (= IX), 12 Monats sin-ceu (= XXXVIII) 7 Tag, ting-wei (= XLIV).

Georg von der Gabelentz.

<M. E.-H. Parker의 번역>

APPENDICE.

L'inscription chinoise du monument I.

Nouvelle traduction anglaise
par
M. E.-H. Parker[1].

The deceased Köl Tegin's tablet.

The deceased Köl Tegin('s) tablet. — Yon[2] vasty Heaven, there is nothing but what it covers and shields. Heaven and man (being) in unison, the universe (is) one great whole; and as its essence is separated into the inferior and superior[3] elements, so therefore (we find men) separated into (or in their proper position as) prince-elders (or rulers). These prince-elders are, in fact, the hereditary consequences of the (above mentioned) two elements.

(Now) dating back from the time when China made her robust[4] flight across the northern wastes and the (Hiung-nu khan Khuganja) came to do homage (to the Chinese Emperor) at the Kan-ts'üan (Palace, near Si-an Fu), craving permission to guard the Kwang-luh[5] frontier (for China), We find that the depth of Our grace and friendship extends far into the past.

---

1) M. Parker a eu l'extrême obligeance de mettre à ma disposition cette nouvelle traduction, que je suis heureux de reproduire ici. — V. Th.

2) Old, local, poetical, English.

3) Female and male, dark and light, weak and strong, bad and good, ghostly and fleshly, — a very elastic expression.

4) Metaphor of powerful geese or other formidable birds: alluding to the conquests over the Hiung-nu.

5) Name of a place near the Wall. See my book on Turks (now on its way from China).

And then when Divus Celsus of Our dynasty created a new patrimony, which imperial domain Divus Magnus proceeded to extend, the blessings of culture were spread to the four[1] corners (of the world), and the results of their military prowess were achieved by one (mighty) effort.

(But under) yonder Heaven's (will), vicissitude follows vicissitude: (yet though the Khanly[2]) title has

been alternatively borne (by this or that rival), still they have all to the last been able to successively[3] [send in their humble letters of duty[4]] and furnish the tribute due from them as border states.

And so (things went) on, until it came to Our imperial selves, who placed (Mogilan) in the relation of son, to Us as father, thus bringing it about that cruel raids no longer took place, and weapons could be laid (quietly) in their cases. «Thou not suspecting me, I not betraying thee[5].» How could it be otherwise than that the frontiers should then [be freed from further molestation[6]]?

The subject (of this panegyric) was known as the Tegin Köl. He was second son of Kutlug Khan, and younger brother of the now (reigning) Bilga Khan. His filial and fraternal piety were well-known in remote parts, whilst the prestige of his name struck awe [into his native tribesmen[7]]. How could this be otherwise than the result of his great-grandfather the Beg Itimish's[8] accumulation of (hereditary) good qualities in the first instance, which he (Köl) was able to carry on to the full in his own person, and of his grandfather the Ghekin Kutlug's[9] practice of deep benevolence in the second instance, which (benevolence) [his descendants] (proceeded to) emulate? If not so, how account for the production of so worthy a man?

---

1) Literally eight.

2) Literally glorious.

3) 代

4) This is guessed at, but it is almost certain to be correct in effect.

5) The Emperor quotes classical words here.

6) Schlegel's guess is as good as any I can suggest except that his proposed grammar is defective.

7) I cannot improve on Schlegel's guess.

8) 施

9) Turk history does not mention two Kutlugs. Possibly the word grandfather is mere «poetic license» for father?

(Nay, assuredly, but this is the true reason), and so he has been successful in his endeavours to act with[1] affection and fraternal piety, and to coöperate in establishing (his brother's) strategical aims. North (the Turkish Empire under Mogilan) reaches up to the borders of (modern) Tarbagataï, west it touches the outskirts of the Tumet territory[2]. Obeying [the sacred decrees[3]] of Heaven, he was recipient of the confidential rank of *doghri*[4], (all) with a view to friendly relations with Our (imperial) T'ang (dynasty).

For this reason Our (dynasty, or We) «commend thy loyal efforts»[5], and (hereby) confer upon (him) Our most gracious and trusty favours, whilst (on the other hand) the far seeing calculations (of Ourselves and Our ancestors[6]) are thus not thwarted, and a summary end is put to a harassing condition of affairs.

We «express again and again Our poignant grief»[7], and «the pain»[8] which is in Our imperial heart.

Moreover the Tegin was the younger brother of the Khan, and the Khan was Our adopted son. Whilst therefore the proper feeling between father and son is thus given full effect to on the one hand, it naturally follows that one brother shares the sentiment which is the due of the other. Both are (thus) Our sons, and (Köl thus) in the second place (equally) shares Our deep sympathy.

For which reason We have specially manufactured[9] a splendid tablet, for the information of all far [and near[10]], so that (in the minds of) innumerable after generations the glory of (their joint) success may be daily renewed[11].

---

1) Perhaps 奉順

2) Perhaps Schlegel is right in applying these boundaries to Köl's own appanage or special conquests.

3) Schlegel's guess. I agree with him, except where I say no.

4) I am indebted to Schlegel for this word. The ancient Huns used it, and said it was Turkish for «worthy», and that it was the next in rank to Khan (= Caesar to Augustus).

5) I have no books here, but I think this is a quotation from the Shu-king.

6) Possibly «of the Turk ancestors».

7) I think from the Shï-king.

8) 疚

9) 製

10) Schlegel. Good guess.

11) Schlegel is far off here, and, generally, in all the latter half.

The panegyric runs: —

Country of sand and cold[1]),
Region of the Ting-ling[2]),
Robust «militarismus» abundantly rose
Amid thy former kings.

May thy princes endure,
Thus glorifying outlandish regions!
May thy principles remain submissive,
Aiming at friendship with Our T'ang!

Who shall say that such men
Are not guaranteed to endure for ever?
A lofty tablet is (now) reared (like a) hill
To proclaim the good tidings for ever.

(Date, on which I have no opinion to express: —[3]))
Great T'ang, 20th year of K'ai-yüan, in the cyclic order *jên*-

1) 寒

2) See my book: one of the Kirghiz groups (one west and one north).

3) When I say that I have no opinion as to the date, I mean that I am ignorant of astronomical considerations and questions of calendar. But as to the date as it appears to the eye on the inscription, the following facts are important: —

1. There is only space for one Chinese character before the word «moon» or «month». This character must stand for either «ten» or «seven».

2. The perpendicular of «ten» does not reach beyond the horizontal so far as the perpendicular of «seven».

3. The horizontal of «seven» is more slanting than the horizontal of «ten».

4. The top part of the perpendicular of «seven» is thicker and more wedge-shaped than the top part of the perpendicular of «ten».

All the above points can be seen by any one, whether ignorant of Chinese or no, if he will examine the characters in question in print and in writing.

If any one will examine the Plate No. XVI in Dr. Radloff's Album, he will see that the damaged character preceding the word «moon» is exactly the same in appearance as the character «seven» which lies five spaces below. He will also see that the tail of the perpendicular belonging to the damaged character distinctly appears to the right. Moreover the top of the perpendicular is wedge-shaped; it goes far beyond the horizontal; the horizontal is slanting.

shên; seventh moon, in the cyclic or *sin-ch'ou*; seventh day of the Kalends, in the cyclic order *ting-wei*: (this was the date of) erection.

Hence I come to the conclusion that, first, two characters (as given in Professor Schlegel's copy) are an impossibility: also, that the single character which it must be is a seven, and not a ten.

Finally, I may point out that the cyclic day *ting-wei* cannot possibly occur except sixty days before or after a similar cyclic day. Now all events of very great importance are given with year, moon, and day in the Chinese histories. If any cyclic day whatsoever be named during that year, it will be easy for those interested to count backwards or forwards and find out for themselves whether my remarks are justified in positive fact or not*).

---

*) Je suis heureux de voir complétement confirmés, par ces remarques de M. Parker, les résultats auxquels je suis arrivé p. 174. — V. Th.

<Shiratori의 글>

DIE

CHINESISCHE INSCHRIFT

AUF DEM

GEDENKSTEIN

DES

K'ÜE-T'E-K'IN

AM ORKHON

ÜBERSETZT UND ERLÄUTERT

VON

K. SHIRATORI.

Professor der Orientalischen Geschichte an der Adelsschule zu Tokio.

TOKIO.

DRUCK DER KOKUBUNSHA.

AUGUST, 1899.

DIE CHINESISCHE INSCHRIFT

auf dem

GEDENKSTEIN DES K'ÜE T'E K'IN.

Am Orkhon
übersetzt und erläutert

von

K. SHIRATORI

Professor der orientalischen Geschichte an der Adelsschule zu Tokio.

Seitdem der Gedenkstein des T'u Küe 突厥 am Ufer des Orkhon aufgefunden worden, wurde die chinesische Inschrift des K'üe t'e k'in 闕特勤 von europäischen Sinologen vielfach übersetzt. Im Jahre 1891 veröffentlichte M. Heikel die erste russische, verfasst von einem Mitglied des russischen Consulats in Urga, in Восточное Обозрѣніе (No. 13, 14). In der im folgenden Jahre von der finnisch-ugrischen Gesellschaft herausgegebenen „Inscription de l'Orkhon" erschien eine deutsche Übersetzung von Georg von der Gabelentz (XXV. XX. VI.). Etwas spater, aber in demselben Jahre veröffentlichte G. Schlegel eine französische Übersetzung mit vielen, ausführlichen Erklärungen. 1895 nahm W. Radloff in seine Arbeit „Die alttürkische Inschriften der Mongolei" die deutsche Übersetzung von W. P. Wassiljeff auf (S. 167-169), während in der von V. Thomsen im folgenden Jahre veröffentlichten „Inscription de l'Orkhon" die englische Übersetzung von M. E. Parker abgedruckt war (S. 212-216). Parker hatte auch in „China Review" (Vol. XXII. S. 458-464) eine von der in Thomsens Schrift angeführten etwas abweichende Übersetzung veröffentlicht und der Schlegel'schen entgegengestellt. Einige Zeit nachher machte H. Giles in derselben Zeit-

schrift unter der Überschrift „Mr. Parker as a translator" seine eigene Übersetzung bekannt und griff die Parker'sche an.

Dass die Übersetzungen nicht klar und deutlich genug sind, trotzdem sie von so grossen Autoritäten herrühren, hat seinen Grund wohl darin, dass die Sprache des Urtextes zugleich sehr gedrängt, knapp und dabei vieldeutig ist. Leider ist die vollständige, russische Übersetzung noch nicht in meinem Besitz; einen Begriff davon bekam ich aus dem in der Gabelentz'schen Übersetzung citierten Auszuge. Dass sich in der Gabelentz'schen Übersetzung viele Ungenauigkeiten und Fehler finden, braucht wohl Kaum erwähnt zu werden; aber auch die Übersetzungen nach ihm waren nicht ohne Fehler. Es scheint, dass die Übersetzungen von Parker und Giles am wenigsten Fehler enthalten; aber gerade da, wo diese Fehler machten, hatten die früheren Übersetzer Recht. Da es nun für Leser, welche kein Chinesisch verstehen, unmöglich ist, das Falsche und Richtige in den Übersetzungen zu unterscheiden und den wahren Sinn des Textes herauszubekommen, so habe ich in diesem Schriftchen die Übersetzungen der fünf vorhin erwähnten Gelehrten zusammengestellt, um zu zeigen, was richtig und was falsch sei, und zum Schluss meine eigene Übersetzung mit den nötigen Erklärungen beigefügt, um das Verständnis der Inschrift aufzuschliessen. Obwohl ich vor dem reichhaltigen Kommentar des in der chinesischen Litteratur bewanderten Schlegel grosse Achtung habe, so habe ich doch einige neue Thatsachen hinzugefügt, um manche Lücken auszufüllen.

故 闕 特 勤 碑

Die Inschrift des weiland K'üe-t'e-k'in.

Als die Trauerkunde des K'üe-t'e-k'in den T'ang'sche Hof erreichte, verfasste der Kaiser Hiuen-tsung 玄宗 selbst das Beileidsschreiben und überreichte es dem Kagan 可汗 von T'u-küe 突厥. Dieser Brief findet sich aufgezeichnet in Ts'üen t'ang wăn 全唐文 (Bd. 40. S. 23), wo es heisst: 皇帝問突厥苾伽可汗國家惠綏黎蒸保久函夏無有遠邇思致和平俾有厥休共登仁壽之域既罹於

— 3 —

咎豈忘偷御之救況可汗久奉忠順屢通款誠旣和好克修固災患是恤今聞可汗闕特勤沒喪頁用撫然想友愛情深家國任切追念痛惜何爲懷今申弔賻幷遣致祭可喩意旨薦禮物 Daraus kann man schliessen, in welcher Achtung K'üeh-t'e-K'in beim T'anghofe stand.

T'e-k'in ist ein türkischer Amtsname. Wenn in Cheu-shu 周書 und Sui-Shu 隋書 und in dem bereits erwähnten Ts'üen-t'ang-wan 特勅 geschrieben ist, so ist dies ein Schreibfehler. Sehr wahrscheinlich verhält es sich damit so, dass im alten Geschichtsschreiberamt wegen zu grosser Ähnlichkeit der beiden Zeichen 勤 und 勅 das Versehen gemacht und anstatt 勤勅 kopiert wurde, und dieser Fehler hat sich dann fortgepflanzt. Es giebt unter den chinesischen Gelehrten solche, welche diesen Schreibfehler längst erkannt haben. In den Annalen des Kaisers Juen-ti 元帝 aus der Liang 梁 Dynasty ist zu dem Ausdruck 特勅 folgende Erklärung gegeben: 考異曰諸書或書勅勤今從劉昫舊唐書及宗祁新唐書. Unter der Überschrift 當從石刻 in Shi-hia-tsi-yang-sin-lu 十駕齊新錄 heisst es: 突厥傳可汗者猶古之單于其子弟謂之特勒顧氏金石文字記歷引史傳中稱特勤者甚多而涼國公契苾明碑特勤字再見又柳公權神策軍碑亦云大特勤嗢設斯皆書者之誤予謂外國語華人鮮通其義史文傳寫或失其眞唯石刻出於當時眞迹況契苾明碑宰相婁師德所撰公權亦奉勅書斷無譌舛當據碑以訂史之誤未可輕訾議也通鑑亦作特勒而異攷云諸書或作勅勤今從新舊二唐書按古人讀勅如忒勅勤卽特勤. —Dass im Gedenkstein des k'i-pi-ming 契苾明 welches in Kin-Shi-tsuy-pëen 金石萃編 von Wang-Ch'ang 王昶 aufgezeichnet ist, erst der Name wie Mo-ho-t'e-lu 莫賀特勒 dann aber die Worte wie 特勤垂裕 vorkommen, ist sehr befremdend, aber in Kin-shi-wan-tsze-ki 金石文字記 des Ku'-yen-wu 顧炎武 erscheint der Name 特勤 zweimahl; sonach liegt es klar am Tage, dass 特勅 in Wang-Ch'ang's Kin-shi-tsuy pëen 金石萃編 ein Schreibfehler für 特勤 ist. Auch im Kwan-chung-kin-shi-ki 關中金石記 heisst es: 唐時單于稱可汗其次謂之特勤又作勅勤亦謂之特勒按北魏

書有宿勤明達北史作宿勒其誤與此同. Zum Auzug aus Shwang-ke-tsui-yin-tsi 雙溪醉隱集 des Ye-lü-chu 耶律鑄, welcher im Mung-ku-yiu-mu-ki 蒙古游牧記 citiert ist, giebt es bereits Kommentare von E. Koch und G. Deveria, so dass ich hierüber nicht viel sagen will. (T'oung Pao) In Li-wan-tiens 李文田 Ho-lin-tsi 和林集 kommt eine Stelle vor, welche von K'üe-t'e-k'in besingt: 處月穹碑接暮雲眩靐介弟舊能軍因思移刺雙溪集字々分明闕特勤. Aus allen diesen Zeugnissen geht klar hervor, dass es den Chinesen langst bekannt war, dass der Name nicht 特勒, sondern 特勤 geschrieben werden muss.

彼蒼者天、罔不覆燾、天人相合、寰
寓大同、以其氣隔陰陽、是用別爲
君長、彼君長者、本〇〇〇裔也

Jenes Blaue ist der Himmel. Es giebt nichts, welches er nicht bedeckt und beschützt. (Wenn) der Himmel und der Mensch (himmelgleiche Regent) sich in Harmonie befinden, dann ist die Welt einheitlich. Da aber ihr Wesen in Jin und Jan eingeteilt ist, (so ist die Welt in das Mitteireich und in das Reich der Barbaren eingeteilt), über welches je ein Regent herrscht. Und jene (der Barbaren) Herrscher sind die Nachkommen (von der Familie Hia-heu).

Popoff hat die Lesung 幬 anstatt 燾, aber die Inschrift hat nicht das Radical 巾; Wassiljeff schreibt daher mit Recht 燾. 燾 hat auch die Bedeutung von 覆 und wird 幬 wie 幬 geschrieben. Der Ausdruck 覆燾 findet sich in chung-yung 中庸 (Cap. 19): 辟如天地之無不持載無不覆幬. In Ku-kin-yun-hwui-kü-yao-shao-pu 古今韻會舉要小補 (Bd. 22) heisst es: 徐案左傳如天之無不覆燾或作

— 5 —

敎周禮司几筵每敦几鄭玄曰敦讀爲燾覆也通作幬禮記如失無不覆幬集韻燾 In Ts'üen-t'ang-wen 全唐文 ist ein Aufsatz aufgezeichnet, welcher die Ernennung des Ji-li-ti-mi-shi-kut-luk-pi-kia 伊里底密施骨咄祿毗伽 von T'u-ki-shi zum Shi-sing Kagan 十姓可汗 zum Inhalt hat, wo es u. a. heisst: 皇帝詔曰於戯覆燾之德豈隔於華夷綏懷之道實貴於忠順. Wenn Popoff und Schlegel in 寰寓 für 寓:宇 lesen, so that dies zwar der Bedeutung keinen Abbruch, aber die Inschrift hat nicht 宇. Wassiljeff schreibt 寰寓, das ist aber kein rechter Ausdruck, richtiger ist jedenfalls die Lesung 寰寓, Popoff will 是用各 und Schlegel 是用列 gelesen haben, besser ist aber 別, somit ist Wassiljeffs Variante das richtigste.

Gabelentz's Übersetzung 天人 mit „die Menschheit" ist falsch. Der Ausdruckheit 大同 kommt vor in dem Hung-Fang 洪範 des Buches Shu-king 書經, wo es heisst: 汝則從龜從筮從鄕士從庶民從是之謂大同. Auch in dem Bd. Tsai-yiu 在宥 des Chang-tzu 莊子 begegnet man dem Ausdruck 大同: (倫與物忘大同於涬溟頌論形軀合于大同大同而無己.) Der Ausdruck 人 an dieser Stelle bedeutet nicht die Menschheit oder die Menschen im allgemeinen, sondern vielmehr die Ersten unter den Menschen, nämlich Kaiser und Könige. Der Satz viel sagen: Wenn die Tugenden der Kaiser und Könige mit diejenigen des Himmels übereinstimmen, dann giebt es in der ganzen Welt Frieden, und keinen Unterschied zwischen dem Reich der Mitte und der Barbaren. Giles' Übersetzung dieser Stelle: „Even the Tartars are human being and share in association with heaven" entspricht nicht dem wahren Sinne. Schlegel übersetzt Worte 以其氣隔陽陰 mit: Par son souffle il separe le Jin et le Jan, was aber eben falls den Sinn nicht wiedergiebt; auch dass Wassiljeff jene Worte mit: ihr (des Himmels und der Menschen) Geist sich getrennt hat, und 其 als Pronomen für Himmel und Menschen ansieht, ist nich richtig. In Bezug auf diesen Punkt hat Parker das Rechte getroffen; nicht der Geist (其氣) unterscheidet Jin und Jang, sondern der Geist des Weltalls teilt sich von selbst in Jin und Jang. Was die Worte: 是用別爲君長 betrifft, so sind alle sechs Übersetzungen nicht zutreffend. Ich erkläre

sie so: Wie jener blaue Himmel alles bedeckt, alles gleichmässig wachsen und gedeihen lässt, so regiert der himmelgleiche Regent alle Länder und Völker und bildet die Menschen ohne Unterschied von dem Mittelreich und den Barbaren Wenn nun Himmel und Regent einträchtig ist, so ist auch das Weltall ganz einheitlich und es besteht kein Unterschied mehr zwischen dem Mittelreich und den Barbaren. Und wie im Weltall der Unterschied zwischen Jin und Jang besteht, so nimmt der Geist von Jin die nördlichkalte Gegend ein und macht das Land Peti (北狄) aus, während der Geist Jang in der südlichheissen Gegend schwebt und das Reich der Mitte (中華) bildet. Über Pe-ti sowohl als auch über das Reich der Mitte herrschte je ein eigener Regent. Und die Herrscher des Pe-ti waren die Nachkömmen der Familie Hıa-heu 夏后.

So beginnt die Inschrift, um von T'u-Küe, der Hauptperson des Textes zu reden, vorerst mit der alten Geschichte des volkes Hiung-nu 匈奴, von welchem gesagt wird, dass es der Vorfahr des T'u-küe Volks sei.

Dass meine Auffassung durchaus berechtigt ist, dafur zeugt erstens das Edikt des Kaisers Hiuen-tsung, durch welches er Bilgä kut-luk, den älteren Bruder des K'üe-t'e-k'in, zum Kagan ernannte und in welchem es u. a. heisst: 皇帝若曰於戲乃瞻陰方代有君長; zweitens auch in Brief an den Kagan von T'u-ki-shi, welchen Ch'ang-Kiu-Ling 張九齡 für den T'ang-kaiser verfasst hat (Tsüen-t'ang-wen Bd. 286 S. 10) kommt folgender Satz vor: 天地有正位鬼神有正主敢此違犯必有禍殃不信朕言但試看取可汗雖爲君實在幽荒陰陽之氣偏僻如此縱欲自大其如天何.

Sonach ist die Parker'sche Übersetzung des Satzes 是用別爲君長 „we find men separated into Prince-elders,“ ganz sinnlos. Bezüglich des Satzes 彼君長者本〇〇裔也 gilt die Übersetzung Wassiljeffs als richtig, nur hätte er anstatt „dieser Völker“ „jener Vöker“ sagen sollen. Wenn Schlegel diese Worte mit: La souveraineté est donc en principle la descendante emanation du (Jin et Jang), und Parker mit: these prince-elders are in fact the hereditary consequences of the above mentiond two elements, übersetzte, so entsprechen diese beiden Übersetzungen nicht dem Sinn des Grundtextes. Giles giebt die unrichtige Erklärung: The same process which went on in respect to the great powers of nature was reproduced on a small scale in respect to the political orgainzation of the inhabited world. Radloff behauptet, das von den 3 unleserlichen Zeichen nach 本 drei 文明之, der Zuname des Yü 禹, gewesen sein müssten. Zu dieser Ansicht leitet ihn wohl die Kenntnis der chinesischen Geschichte, nach welcher der Vorfahr Hiungnu's von der Familie Hia-heu 夏后 abstammt, und die Worte auf der Inschrift Mo-ki-liens 默棘連, des älteren Bruders K'üe-t'e-k'in: 赫々文明祀絕于商. Ich erkenne die Sinngemässheit dieser seiner Auslegung an, würde aber lieber 夏后氏 lesen. Als Beleg dafür führe ich eine Stelle aus der Geschichte von Hiung-nu in Shi-ke 史記 an, wo es heisst: 匈奴其先祖夏后氏苗裔也曰淳維唐虞以上有山戎儉狁葷粥居于北蠻, und in der Anmerkung dazu heisst es ferner: 索隱曰張晏云淳維以殷時奔北邊又樂彥括地譜云夏桀無道湯放之鳴條三年而死其子燻粥妻桀之衆妾避居北野隨畜移徙中國謂之匈奴其言夏后苗裔或當然.

首自中國、雄飛北荒、來朝甘泉、願保光祿、則恩好之深舊矣、

Anfangs von dem Mittelreich floh (einer von den Verfahren d. h. Hiun-nu) kriegerisch nach den nördlichen Steppen, und (einer von seinen Nachkommen) kam an den Hof Kan-ts'üen, um zu huldigen und bat um den Schütz der Grenze des Kwang-lu. Dies ist nämlich (ein Beweis dafür, dass) eine tiefe Gnade und Freundschaft zwischen uns (den Chinesen und Barbaren) schon im Altertum bestand.

Was die Übersetzung der Worte 首自中國雄飛北荒 anbetrifft,

— 8 —

so muss ich sagen, das alle Übersetzungen nicht richtig sind. Gabelentz und Schlegel haben den Sinn bis zu dem Worte 雄飛 richtig aufgefasst; dass sie aber 北荒 als das Subject des folgenden Satzes ansehen, ist falsch. Unrichtig ist auch, dass Wassiljeff 雄 zum Subject macht und übersetzt Helden erhoben sich in den nördlichen Wüsten, und dass dagegen Parker und Giles 中國 zum Subjekte machen. Der Satz besagt nichts anderes, als die alte Geschichte, wie nämlich der oben citierte Shun-wei 淳維 oder Hiün-yu 獯粥 den Boden Chinas verlassend sich nach dem Land Pe-ti 北狄 flüchtete.

洎我高祖之肇興皇業、太宗之遂荒帝載、文敎施於八方、武功成於一德、

Als unser Kao-tso die (jetzigige Dynastie) grosse Thaten gründete und Tai-tsung endlich die kaiserlichen Angelengenheiten vergrösserte, verbreitete er literarische Bildung in den acht Himmelsgegenden und militärische Heldenthaten wurden durch die reine Tugend bewirkt.

荒 in diesem Satz hat eine von dem im vorigen Satz stehenden 荒 verschiedene Bedeutung. Es ist dasselbe 荒, welches auch in Shu-King vorkommt, wo es heisst: 惟荒度土功,弼成五服 und bedeutet etwas vergrössern, 載 ist dem Zeichen in 中庸 gleich (上天之載.........) und bedeutet so viel wie Sache, Angelegenheit u. s. w. Diese Worter hat Schlegel in seinem „Stéle funéràire“ (14—15) mit Zuziehung anderer Beispiele erklärt. 文敎.. ......武功成一德 ist ein Parallelismus, 文敎 ist nämlich parallele zu 武功,八方 zu 一德. Es ist anzunehmen, das 文 und 武 adjectivisch gebraucht sind; nicht richtig ist es daher, 文 und 敎 als zwei Substantiva aufzufassen, wie dies Gabelentz und Wasseljeff gethan haben. In dieser Hinsicht sind die Interpretationen Schlegels Parkers und Giles' richtiger. Der Ausdruck 文敎 stammt aus dem Shu-

king, wo es im Abschnitte Yu-kung 禹貢 heisst: 三百里揆文教·二百里奮武衛· Legge hat den Ausdruck 文教 mit: „the lessons of learning and moral duties" übersetzt. Dieser Ausdruk ist offenbar aus dem Shu-king entnommen, wird aber hier dem nachfolgenden 武功 entgegengestellt. Sonach wäre es richtiger, die beiden Wörter nicht als 2 Substantiva sondern so aufzufassen, dass 文 Adjektiv zu 教 ist 一德 ist Parallelismus zu 八方 und ist ebenfalls dem Shu-king entlehnt, wo es in dem Abschnitte 咸有一德 so lautet: 夏主弗克庸德慢神虐民皇天弗保監于萬方啓迪有命眷求一德俾作神主惟尹躬暨湯咸有一德克享民心受明命以有九月之師然變夏正非天我有商佑于一德非商求于下民惟民歸于一德 (Legge Bd. III. T. I. S. 214—216) und 泰誓(嗚呼爾乃一德一心立定厥功推克永世) (Bd. III. T. II. S. 293; 一德 bedeutet also eine reine Tugend. Wenn Schlegel diesen Ausdruck mit: seule énergie „und Parker durch" „one (mighty) effort" und „one impulse," Giles durch „singleness of purpose" übersetzt haben, so sind das nur wörtliche Übersetzungen und geben den Sinn nicht wieder, den der Text hat.

彼 蒼 變 故 相 革、榮 號 迭 稱、
終 能 ○ ○ ○ ○ ○ 修 邊 貢、

Jenes Blaue hatte sich vielen Veränderungen unterworfen, der ruhmvolle Titel des Kagan wurde nacheinander getragen (von einer Generation zur andern); sie (Plural von T'u-küeh) (badeten sich nach und nach in dem Gnadenstrome T'ang's) kamen nach und nach unter den heilsamen Einfluss T'ang's, so dass sie Tribut entrichteten als ein Volksstamm an der äussersten Grenze des Reiches.

An dieser Stelle sind die Zeichen sehr verwischt und unleserlich. Papoff liest die 5 fehlenden Zeichen: 伏臣一體代修邊貢, Schlegel

versucht die Lücke nach 終能 mit 伏棒 auszufüllen, während Wassiljeff die Lesung 彼○變○ gelten lassen will. Parker ergänzt die Lücke mit: 伏捧表章謹. Obwohl die Zeichen nach 終能 sehr undeutlich sind, so glaube ich sie am besten 化澤休澤 oder 伏澤 zu lesen. Angenommen, dass es dem so sei, so ist der Sinn des Satzes, der aus dem Zusammenhang hervorgeht, der: In T'u Küe hatten viele Veränderungen stattgefunden, ihre Herrscher trugen den ruhmreichen Namen Kagan, sie wurden aber nach und nach von T'ang beeinflusst und entrichteten Tribut als ein Volksstamm an der äussersten Grenze des Reiches. Schlegel hat die Lesung 邊貢爰逮, die er irrtümlicherweise mit " le tribut des frontières arrivait consequemment " interpretiert. Wenn ferner Wassiljeff 修邊貢 mit " mit Tribut an der Grenze erscheinen " übersetzt, so kommt es daher, dass er die Bedeutung des Wortes 邊貢 nicht kannte. Hierin haben Parker und Giles recht. Nach Yü-Kung 禹貢 des Buches Shu-king 書經 bestand in China von alters her die Einrichtung, dass die Tribute der Länder je nach ihrer Entfernung von der Kaiserstadt in 甸服, 侯服, 綏服, 要服 und 荒服 eingeteilt waren. 邊貢 in dieser Inschrift entspricht dem von 荒服 entrichteten Tribute.

爰 逮 朕 躬、結 爲 父 子、使 寇 虐
不 作、弓 矢 載 櫜、爾 無 我 虞、我
無 爾 詐、邊 鄙 之 不 ○ ○ ○ 之 賴 歟

Als ich später zur Regierung kam, habe ich mit ihm die gegenseitige Vereinigung eines Vaters mit (seinem) Sohne abgeschlossen und es dahin gebracht, dass Einfälle und Verheerungen nicht (mehr) stattfanden. Bogen und Pfeile wurden in die Köcher gelegt; „ihr habt mir nichts zu leide gethan, und ich habe euch nicht betrogen."

Es ist richtig, dass Wassiljeff die Lesung 寇患, welche von

Popoff und Schlegel angenommen wurde, corrigierte und 寇虐 daraus machte. Schlegel füllt das fehlende Zeichen nach 不 mit 再侵擾 und Parker mit 擾蓋此 aus, was ich auch für richtig halte.

Im 286. Bde. des Tsüen-t'ang-wen findet sich ein von Chang-kiu-ling 張九齡 verfassterBrief des Hiuen-tsung an Bilgä Kagan ovn T'u-küe, welcher wie folgt lautet: 敕突厥苾伽可汗比數有信知彼平安頁足慰也自爲父子情與年深中間往來親緣義合雖云異域何殊一家邊境之人更無他慮甚善甚善此是兒可汗能爲承順副朕之所親厚人間思好無以過之長保此心終享福祿子孫萬代豈獨在. Auch in dem Schreiben, das Hiuen-Tsung an Tang-li, den Sohn des Bilgä Kagan, richtete, steht: 敕突厥登利可汗日月流邁將逼葬期悲慕之心何可堪處朕以父子之義情與年深. Daraus ist ersichtlich, dass die Worte der Inschrift 結爲父子 das Verhältnis Hinen-tsung's zu Bilgä Kagan bezeichnet.

君諱闕特勤、骨咄祿可汗之次子、
今苾伽可汗之令弟也、孝友聞於
遠方、威○○○○○、斯豈由曾祖
伊地米施匐積厚德於上、而身克
終之、祖骨咄祿頡斤行深仁於下、
而子○○○、不然何以生此賢也、

Du heisst K'üe t'e-k'in (bist) der zweite Sohn des Kut-luk-Kagan, der achtbare, jüngere Bruder des jetzigen Pi-kia Kagan. Seine Ehrfurcht gegen die Eltern und Treue gegen den Bruder waren bekannt in fernen Landen. Seine würdige (ehrfurchtgebietende) Tugenden erschollen unter den fremden Stämmen. Wie war dies (möglich, wenn nicht) dadurch, dass der Urgrossvater Iti-me-shi Beg in vergangener Zeit hohe Tugenden

sammelte, seinen Körper (d. h. Leben) (in Frieden) bis zu Ende führte, (und) dass sein Grossvater Kut-luk-hiekin wahre (tiefe) Menschlichkeit gegen die späteren Geschlechter geübt haben, so dass Söhne und Enkel geerbt überkommen haben? Wie konnte sonst ein so weiser Mann geboren werden?

Die fünf Zeichen nach 威 sind unleserlich. Popoff ergänzt sie mit: 德懾於殊域, während Schlegel die Lesung 德懾於篠俗 hat. Die Variante 駝, welche von Popoff und Schlegel angenommen wird, sollte 施 heissen. Nach 子 fehlen 3 Zeichen, welche Popoff mit 順述之 und Schlegel mit 孫劾之 ergänzen. Den Ausdruck 君 haben alle bis auf Giles als die dritte Person angesehen und danach übersetzt; dies widerspricht aber dem Gebrauch der chinesischen Sprache, in welcher in solchen Fällen 君 immer die zweite Person bezeichnet. Man redet dadurch gleichsam die tote Person an. — 孝友 Parker richtig übersetzt, 孝 ist man gegen den Vater und 友 gegen den Bruder. Dass Schlegel sich im Gegensatz zu 遠方 den Ausdruck 篠俗 dachte, ist nicht wahrscheinlich. Richtiger ist 殊俗. In dem Briefe Hiuen-tsung's an den König von Po-lü 勃律 kommt ein Passus vor, der so lautet: 開國承家無殊俗 (T'süen-Tang-wen Bd. 39). In den Annalen von Po-hai 渤海 in T'ang-shu ist ein Brief aufgezeichnet, den Hiuen-tsung an den König Kin-mo 欽茂 schickte, wo es u. a. heisst: 劾節本朝作範殊俗. Die Parker'sche Auslegung der Ausdrücke 上 und 下 ist verfehlt. In solchen Fällen bezeichnet 上下 die Zeit. Belege dafür findet man in Shu-king, wo es im Wei-tsu 微子 Abschnitte heisst: 我祖底遂陳于上我用沈酗于酒用亂敗厥德于下 (Legge Bd. III. T. I.) Falsch ist auch, dass Parker 身克終之 auf K'üe-t'e-k'in bezieht; hierin hat Wassiljeff recht.

故能承順友愛、輔成規略、北變眩
靐之境、西隣處月之郊、尊撲梨之

— 13 —

〇〇、受屠耆之寵任、以親我有唐也、

Daher konntest Du (Befehl) empfangen) (von dem Vater) und gehorsam sein (gegen ihn) und freundlich (gegen den Bruder) (und) Pläne ausführen helfen. Im Norden hast Du das Land Hien-lui beruhigt, im Westen grenzest Du an's Land von Chu-yüe. Verehrend den hohen Befehl des würdigen Kagan, erhieltest Du den vertrauensvollen Titel des T'u-shi, und dadurch bist Du mit unserer T'ang-Dynastie befreundet.

Das Zeichen nach 北 ist sehr undeutlich. Popoff und Schlegel lesen es 處. Da 處 Parallele zu 隣 des folgenden Satzes zu sein scheint, so wäre die Lesung an sich annehmbar ; aber die Inschrift hat entschieden nicht 處. Wassiljeff hat dagegen die Lesung 燮, die ich ebenfalls für richtig halte. 燮 ist gleich 和 (beruhigen, friedlich machen, bezähmen u. s. w.) Im Cheu-kwan 周官 abschnitte des Buches Shu-king (Legge. Bd. III. S 527) liest man : 玆惟三公.論道經邦燮理陰陽 Auch im Ku-ming 顧命 Abschnitte steht der Passus : 燮和天下 (Legge Bd. III. XXII. s. 558) In Wassiljeffs Variante steht 夌 anstatt 我. 夌 ist dem Sinne nach nicht falsch, aber eigentlich muss 我 gestanden haben. Wie kommt es, dass Popoff 棠梨 kopiert hat, trotzdem dass auf der Inschrift klar und deutlich 搩梨 steht ? Er scheint, wie auch Gabelentz, darunter eine Pflanze verstanden zu haben.

Hien-lui 眩靁 ist der Name eines Ortes, von welchem in der Geschichte des Volkes Hiung-nu in Buche Shi-ki 史記 berichtet wird : 地在烏孫北.眩靁烏孫 war ein Volksstamm, welcher die Gegend der jetzigen Jli bewohnte. So kann man wohl annehmen, dass 眩靁 in dem Stromgebiete des Irtisch gelegen war. Dieses Volk Hien-lui war im Zeitalter von Ts'ien-Han bekannt, verschwindet aber zur Zeit der T'ang Dinastie aus der Geschichte. Gemäs der Neigung des Volkes T'ang, die alten Namen und Bezeichnungen den neueren vorzuziehen

wurde hier absichtlich der alte Name gebraucht. Chu-yü 處月 ist ein Stamm des T'u-küe und wohnte zwischen den östlichen und westlichen T'u-küe. In der Geschichte des West T'u-küe im neuen T'ang-shu (新唐書) heisst es: 咄陸以處月處密兵圍天山而不克……… 咄陸可汗以賀魯爲葉護代步眞居多邏斯川直西州北千五百里統處月處密姑蘇歌邏祿努失畢五姓之衆 Daraus kann man sehen, dass die Gegend 處密 in 處月 und Ko-lo-lu nicht weit auseinanderlagen. In w·lche Himmelsgegend Chu-yüe 處月 gelegen, davon berichtet amdeutlichsten die Geschichte von Sha-t'o 沙陀 im neuen T'ang-shu. Es heisst daselbst: 處月居金婆山之陽蒲類之東有大磧名沙陀. P'u-lei 蒲類 ist der heutige Barkul-See, der nördlich vom jetzigen Hami 哈密 und östlich von T'ien-shan 天山 gelegen war. Und da Kin-p'o-shan 金婆山 derjenige südliche Teil des Altaigebirges zu sein scheint, welcher in die Wüste vorspringt, so ist es leicht festzustellen, in welcher Himmelsgegend 處月 lag.

承順·友愛 sind gerade wie 孝友 zu verstehen. 承順 ist man gegen den Vater und 友愛 gegen den Bruder. In dem bereits angeführten Edikt, das Hiuen-tsung dem Bilgä Kagan gab, findet sich der Satz: 此是兒可汗能爲承順. Die Ausdrücke 承順·友愛 haben alle sechs Übersetzer nichtrichtig verstanden. Parker hat aus 承順奉順 gemacht. Was die Übersetzung der Worte 䇲撐犁之〇〇受屠耆之寵任 betrifft, so ist die Gabetentz'sche gänzlich verfehlt, die Schlegel'sche besser. Popoff füllt die zwei fehlenden Zeichen nach 撐犁 mit 遺澤 aus, währen Schlegel die Lesung 皇命 hat. Der Ausdruck 撐犁 ist der Geschichte Hiung-nu's entlehnt, wo es u. a. heisst: 匈奴謂天爲撐犁. 謂子爲孤塗. Das türkische Wort für 天 ist *tängri*. 撐犁 und 撐犁 ist die Lautübersetzung desselben. Dass Schlegel und Parker dieses Wort buchstäblich aufgefasst und mit Himmel übersetzt haben, ist dem Sinne nach nicht falsch, aber das kann wohl nicht die Meinung Hiuen-tsung's, des Verfassers der Inschrift gewesen sein. Giles hat recht, wenn er sein Bedenken über die Übersetzung von 撐犁 mit 天 durch folgenden Passus zum Ausdruck bringt: „Why the Turkish term 撐犁 should be here used for heaven, is not very clear, especially as 天 has appeared twice already.“ Wenn er aber fortfährt und sagt: „It seems to me that the charakter should be 登里 Tengri, and refer to Giogh's brother the Khan,“ so sieht es zwar aus, als ob er damit das Rechte getroffen hätte, es ist aber nicht der Fall. Wie ich Hiuen-tsung verstehe, so meint er mit dem Wort 撐犁 nicht den Himmel, wie es im Türkischen heisst. Gesetzt den Fall, die Meinung sei wirklich 天 (Himmel), dann muss ich mit Giles fragen, warum Hiuen-tsung gerade hier einen Hiung-nu'schen Ausdruck nicht den türkischen für 天 angewendet hat. Hiuen-tsung war jedenfalls kein Philologe, sondern ein Schriftsteller. Daher citiert er, um Kagan und K'üe-t'e-k'in von T'u-Küe zu reden, die alte Geschichte von Hiung-nu, gebraucht auch den Hiung-nu'schen Ausdruck 撐犁, wo er Kagan sagen sollte, auch 左賢王, wo er hätte 屠耆 gebrauchen sollen. Da nun der Ausdruck 撐犁 im Sinne des chinesischen „Kaiser“ und des T'u-Küeh'schen „Kagan“ gebraucht ist, so sollte es eigentlich 撐犁孤塗 heissen. Aber der Passus mit 4 Wörtern würde in diesem Fall gegen die Regel des Parallelismus verstossen, daher hat der Verfasser absichtlich die beiden Wörter 孤塗 weggelassen. Dass die Chinesen oft um des Wohlklangs willen die geschichtlichen Thatsachen aufopfern, ist bekannt. 屠耆之寵任 bedeutet die Ernennung des T'e K'in zum 左賢王. Im Hiung-nu'schen heisst 賢 *t'u-shi*. Nach Schlegel ist 屠耆 die Lautübersetzung des türkischen *dogri*. Nach dem „Turkish Dictionary“ von Redhouse bedeutet *dogru* straight, upright, true, correct, honest, exact. Parker und Giles haben alle diese Definition angenommen. Ich hege aber die Ansicht: 耆 in 屠耆 hat zweierlei Aussprachen; die eine ist 渠脂切奇 daher ihre chinesische Aussprache *k'i*; die anders ist 諸氏切旨, 時吏切侍, mithin ihre Aussprache *shi*. Wenn man nun 屠耆 nach der letzteren Weise ausspricht, so lautet es *t'ushi*. Es giebt im Türkischen ein mit *doghru* sinnverwandtes Wort *tüz*. Als Beweis dafür findet sich in der türkischen Inschrift des K'üe-t'e-k'in folgenede Stelle: bägläri jimä budunug jimä tüz ärmish (W. Thomsen, Inscription de l'Orkhon S. 98). Thomsen übersetzte dies *tüz* mit

„juste.“ Nach der in den „Alttürkischen Inschriften der Mongolei befindlichen Glosse hat *tüz* die Bedeutungen: eben, gleich, gerecht, billig. Aus dem Grunde glaube ich, dass das Hiung-nu'sche 屠耆 *tushi* auszusprechen ist und behaupte, dass es die Lautübersetzung des Türkischen *tüz* ist.

我 是 用 嘉 爾 誠 績、大 開 恩
信、而 遙 圖 不 騫、促 景 俄 盡、

Deshalb preise ich deine wahren Verdienste und habe dir in hohem Grade Gnade und Vertrauen erzeigt (entfaltet). Und (während) unser Grosser Plan nicht fehlschlug (brach), verschwand plötzlich das Zwielicht der scheinden Sonne (d. h. Tgin ist gestorben).

遙圖不騫促景俄盡 sind zwei Parallelsätze. Der Ausdruck 不騫 ist aus dem Abschnitte T'ienpo 天保 des Buches Shu-king entnommen: 如南山之壽不騫不崩 (Legge, Shi-king II. i VI. S. 258). Auch in Wu-yang 無羊 kommt der Satz vor: 矜矜兢兢·不騫不崩 IV. S, 309. (Legge, Shi-king II.). Daher bedeutet 不騫 unserer Inschrift: etwas nicht beschädigen, nicht verletzen u. s. w· Dass 促 dem 遙 und 景 dem 圖 parallel ist, hat Schlegel richtig auseinandergesetzt. 促景俄盡 sind in allen 7 Übersetzungen falsch. In der russischen Übersetzung heisst die Stelle: Da ich mich in der Nähe umschaue, warst Du plötzlich erschöpft. Gabelentz übersetzt sie mit: Die nahen Zwecke bald erreicht werden, Schlegel mit: les vues bornées ont eté soudainement dissipées, wozu er noch folgende Erklärung hinzüfugt: Les bornées que les Turcs chérissaient d'abor, dans la croyances que rien nétait plus avantageux pour eux que d'aller piller dans le territoire chinois..........Wassiljeff übersetzt: plötzlich (diese, meine?) Voraussetzungen verschwanden· Parker: an urgent care has now ceased to trouble us, auch: a summary end is put to a harrassing condition of affaires; Giles:

the agreeable prospect has suddenly come to an end. 促景 bedeutet „Abendscene" und ist eine Anspielung auf das Ende des menschlichen Lebens. Daher ist 促景俄盡 ein bildlicher Ausdruck für den Tod des T'e-k'in. Der Ausdruck 促景 kommt im Gedichte 思歸賦 von Lu-ki 陸機 vor, wo es heisst: 願靈暉之促景恒立表而望之. 靈暉 bedeutet die Sonne. Ich bedauere es sehr, dass der Ausdruck, der allen 6 Übersetzern Schwierigkeiten gemacht, nicht durch Watter übersetzt worden ist. Er sagt in seinem Werk „Essays on the Chinese language": The period of life thus passed at home in feeble old age ond hovering uncertainty between life and death ist called the twiglight or gloaming. It is the Wan-ching (晩景) or Mu (暮)-ching, the late or the sunset light by which the day posses gently into night.

永言悼〇、疚于朕心、且特勤可汗
之弟也、可汗猶朕之子、父子之義
既在敦崇、兄弟之親得無連類、

Ewig fühle ich nun Schmerz und Mitleid in meinem Herzen. Zudem war T'e-k'in der jüngere Bruder des Kagan, und der Kagan ist so gut, wie unser Sohn. Das rechte Verhältnis zwischen Vater und Sohn ist in tiefer Ehrfurcht. Wird es nicht möglich sein dass zwischen einem Bruder und dem anderen Ähnlichkeit des Character vorhanden ist, weil sie aus einem Blute sind?

Dass Schlegel, Wassiljeff und Parker 言 von 永言 als Verbum ansehen und mit: aussprechen, to express, übersetzen, ist falsch. In diesem Falle ist 言 eine blosse Partikel, die fast bedeutungslos ist. Der Ausdruck 連類 kommt vor in der Biographie von 鄒陽 im Buche 史記: 太史公曰鄒陽辭雖不遜. 然其比物連類有足悲者; im 韓非子: 多言繁稱連類比物則見以爲虛而無用;

俱爲子焉、再感深情、是
用故製作豐碑、發揮遐
○、使千古下休光日新、

Du (und dein Bruder), ihr said beide (so gut wie) meine Söhne und ich fühle besonders tiefes Gefühl, deshalb habe ich einen herrlichen Gedenkstein anfertigen lassen, der fernen Gegenden (deine Tugend) verkünde, so dass das helle Licht deines Ruhmes durch tausend Generationen hindurch täglich neu werden möge

Papoff will die Lücke nach 遐 mit 域 uud 誠 ergänzen, liest auch 摹作 anstatt 製作; Schlegel thut dasselbe. Aber die Inschrift hat entschieden 製. Er liest auch nach 遐 邇, es ist aber wohl 荒 oder 方 zu lesen, denn in einem Schreiben Hiuen-ti 玄帝 an Kin-mo 欽茂 von Po-hai 渤海 heisst es: 以寧遐荒· Auch in der Schrift, mit welcher er das eiserne Dokument Hei-sing-kagan 黒姓可汗 von T'u-ki-shi 突騎施 übergab, kommt der Passus vor: 聲敎及於遐方. In dem Ernennungsdokument des Tu-ma-tu hie-in 都摩度頡斤 von T'u-ki-shi 突騎施 findet sich der Ausdrück 不隔遐方. Giles übersetzt 豐碑 mit „solid tablet;" sinngemässer ist aber „ruhmreich" oder „ herrlich."

詞　　曰

沙塞之國、丁零之鄉、雄武鬱起、
于爾先王、爾君克長、載赫殊方、
爾道克順、謀親我唐、孰謂若人、
网保延長、高碑山立、垂裕無疆、

Epitaphium.

In der Region der sandigen Grenzlande, in der

Tingling Heimatland erhoben sich kriegerische Helden unter euren früheren Königen. Du als Prinz bist fähig auch als Haupt, dein Ruhm scheint in fremden Landen. Was dein Wandel (deine Moral) betrifft, so hast du die Fähigkeit zu gehorchen. Du plantest, dich mit unserer T'ang (Dynastie) zu befreunden. Wer hätte gesagt, dass ein solcher Mensch nicht ein langes Leben erhalten sollte? Dieses hohe Gedenkstein steht wie ein Berg, verkündend ein edles Beispiel für ewige Zeiten.

Parker liest 寒 für 塞, ist jedoch darüber im Zweifel. 沙塞 wäre besser, da es eine stehende Formel ist. Das Epitaphium ist gereimt; Die Endreime sind 鄉王方唐長疆. Die Worte 雄武鬱起 haben nur Parker und Giles richtig übersetzt, dagegen sind die Worte 爾君克長 von allen falsch interpretiert. Sie sind parallele zu den nachfolgenden 爾道克順. Dieses 長 hat einen anderen Laut als 長 von 延長, und bedeutet „Haupt über andere." Dass Gabelentz 長 durch „lang" Wassiljeff durch „Vorfahren," Parker durch „endure," Giles durch „long" übertragen, kommt jedenfalls daher, dass sie nicht wissen, dass 長 zweierlei Bedeutungen und Laute hat. Giles hat ferner den Fehler begangen, dass er 高山碑山立 übersetzte: This stone placed high upon the mountain.

大 唐 開 元 廿 年 歲 次 壬
申 十 月 朔 七 日 丁 未 建

Grosse T'ang (Dynastie während der Regiehung) in 20. Jahre, dem Cyclus-Zeichen nach jin-schen, im 10. monat, dem Cyclus-Zeichen nach Jin-schü, den 7. Tag, dem Cyclus-Zeichen nach Tingwei errichtet.

— 1 —

彼着者天、罔不覆燾、天人相合、寰寓大同、以其氣隔陰陽、是用別爲君長、彼君長者本[夏后氏]裔也、

GEORG VON DER GABELENTZ.

Jenes Himmelsblau (ist es womit) der Himmel alles eigentl "nichts nicht) überdacht, (wodurch) die Menschheit (wörtlich: des Himmels Menschen) einig, die Welt sehr gleich mässig (einheitlich) ist Durch seinen Odem (d. h. durch sein materielles Prinzip) scheidet es (die dualistischen Grundprincipien) Yim und Yång. Dadurch ist es Allen gegenüber herrschend (oder: gab es allen ihre Herrscher?) Jenes Herscherthum wurzelt in...(oder ist ursprünglich... zehlem 3 zeichen)

G. SCHLEGEL.

Oh, Ciel si bleu! il n'y a rien qui ne soit abrité par Toi! Le Ciel et les humains sont liés entre-eux, et l'univers est homogène. *Par son souffle il sépare le Yin et le Yang, et par ce moyen ils deviennent séparément souverains-maitres. La souveraineté est donc en principe la descendance* (*l'émanation*) *du* (*Yin et du Yang*).

W. P. WASSILYEFF.

(Da) dieser [oder: sehr alte?] Himmel das All bedeckt [wörtl. Nichts nicht bedeckt], (so ist, wenn) Himmel und Menschen gegenseitig einträchtig sind [in Harmonie sich befinden] das Weltall ganz einheitlich und (es besteht) kein Unterschied. Da (aber, wenn) *ihr* [*des Himmels und der Menschen*] *Geist* [*d. h. gegenseitiges Verhältniss*] *sich getrennt hat die Anwendung* [*die Wirkung*] *von Jin und Jang eintritt*, so *erscheinen* (*dann*) *verschiedene Herrscher und Häuptlinge. Diese* [völker?] Herrscher und Häuptlinge sind die Nachkommen (von) ○○○.

E. H. PARKER.

Yon vasty Heaven, there is nothing but what it covers and shields. Heaven and man (being) in Union, the Universe (is) one great whole, *as its essence is separated into the inferior and superior elements, so therefore* (*we find men*) *separated into* (*or in their proper position as*) *prince-elders* (*or rulers*). *These prince-elders are, in fact, the hereditary consequences of the* (*above mentioned*) *two elements.*

E. H. PARKER.

Yon vault of Heaven! There is nothing but what is embraced beneath it. Heaven and man being united, the Universe forms a Vast Whole. *And by reason of its elements being separated into the principal and subordinate degrees, so therefore do we find the order of princes and rulers. Such princes and rulers are the product of the dual elements in question.*

H. GILES.

Yon blue is Heaven, there is nothing which it does not cover. Heaven and man are closely associated; a general uniformity pervades the world. *And just as the Primordial Monad was separatid into the Yin and the Yang, so have there been appointed the grades of prince and official, such princes and official being* (*so to speak*) *descendants of the Yin and the Yang.*

K. SHIRATORI.

Jenes Blaue ist der Himmel. Es giebt nichts, welches er nicht bedeckt und beschutzt. (Wenn) der Himmel und der Mensch (himmel gleiche Regent) sich in Harmonie befinden, dann ist die Welt einheitlich. Da aber ihr Wesen in Jin und Jan eingeteilt ist, (so ist die Welt in das Mittelreich und in das Reich der Barbaren eingeteilt, über welches je ein Regent herrscht. Und jene (der Barbaren) Herrscher sind die Nachkommen (von der Familie Hia-heu.)

首自中國、雄飛北荒、來朝甘泉、願保光祿、則恩好之深舊矣、

Anfangs ist (es) aus dem Mittelreiche *wie ein Hahn* (=kriegerisch) ausgeflogen. *Die nördlichen Steppen bewohner kamen zu Hofe* (*um sich zu unterwerfen; die Bewohner von*) *Kam-tsiuen schrien um Schutz für ihre Trinkopfer. Darauf hin habe ich* (*hat der Hof?*) *sie innigst geliebt, wohl schon seit alter Zeit.*

D'abord, elle (*la souveraineté*) *s'est étendue victorieusement de l'Empire du Milieu,* (*de sorte que*) *les* (*habitants des*) *steppes boréaux sont venus rendre hommage à la cour* (*de Chine*) *et ont prié à Kan-ts'ioueu de garder Kuang-lu.* Conséquemment l'intimité de Nos bonnes relations date depuis bien longtemps à ce que Nous semble.

Ursprünglich [*am Kopf*] *im Mittel-Reiche* (*entstanden*), *erhoben sich Helden in den nördlichen Wüsten*, und kommend zum (chinesischen) Hofe (im Palaste) Kan-Ts'iuen baten (sie) zu beschützen, die Grenze Kuang-lu. Dies (ist ein Beweis dafür, dass ein) tiefer (Zusammenhang) der Grade und Freundschaft [zwischen den Chinesen und den Nomaden] schon im Alterthume (bestand).

(Now) *dating back from the time when China made her robust flight across the northern wastes* and the (Hiungnu khan Khuganja) came to do homage (to the Chinese Emperor) at the Kan-ts'üan (Palace, near Si-an-Fou), craving permission to guard the Kwang-luh frontier (for China) we find that the depth of our grace and friendship extends far into the past.

Beginning as it does with the time when the Chinese arms made themselves felt across the northern wastes, and the coming (of the Hun Kan) to do homage at the Kants'üan (Palace), where he craved permission, to guard the Kwang-luh (frontier) for us, our gracious goodness is of long standing in sooth.

Ever since the arms of China swept over the northern wastes, and (the Khan came to do homage at Kan-ch'üan begging to be allowed to secure the Kuanglu (frontier), our gracious goodness has been manifested,—of long standing indeed.

Anfangs von dem Mittelreiche floh (einer von dem Vorfahren d. h. Hiung-nu) kriegerisch nach den nördlichen Steppen, und (einer von seinen Nachkommen) kam an den Hof Kants'üen, um zu huldigen und bat um den Schütz der Grenze des Kwang-luh. Dies ist nämlich (ein Beweis dafür, dass) eine tiefe Gnade und Freundschaft zwischen uns (den Chinesen und Barbaren) schon im Altertum bestand.

— 2 —

洎我高祖之肇興皇業、太宗之遂荒帝載、文敎施於八方、武功成於一德、

Als nun mein hoher Ahn (Kaotsü 618-627) (seine) kaiserliche Würde gegründet, und T'ai-tsung (627-650) *dem Beherscher der Steppennomaden (in der Machtstellung?) folgte*, führte er *Bildung und Unterricht* ein, und verbreitete sie nach den acht Himmelsgegenden, und *das Konigswerk* wurde *durch Eintracht (durch die Tugend allein?)* vollendet.

Depuis que Notre auguste au ancêtre (Kaog-tsou, 618 de notre ère) a fondé son domaine impérial, et que le Grand Fondateur (T'ai-tsoung 627 de notre ère) a étendu après Sa charge impériale, l'instruction litteraire a été conférée dans les huits régions et mérites militaires sont devenus accomplis par sa *seule énergie*.

Seit unser Kao-tsu die kaiserlichen Angelegenheiten begründete [d. h. die Herrschaft der T'ang-dynastie gründete) und T'ai-tsung *die Unordnungen herstellte*, (haben sich) *Herrschergesetze und Bildung* in den acht Himmelsgegenden [im Weltall] vorbreitet. Die *Kriegsthaten sind (aber) im moralischen Einfluss concentrirt* [*d. h. sind unnütz geworden*].

And then when Divus Celsus of Our dynasty created a new patrimony, which imperial domain Divus Magnus proceeded to extend, the *blessings* of culture were spread to the four corners (of the world), and the *results* of their military prowess were achieved by one (*mighty*) *effort*.

And when his late Majesty, the Emperor Kao-tsu, established our present sacred dynasty, whose imperial sway was next extended by his late Majesty the Emperor Tai-tsung, the benefits of *civilisation* were spread on all sides, even as our military glory was archieved *by one impulse*.

And when the Emperor Kao Tsu established this dynasty, and the Emperor Tai Tsung in due course extended to imperial archievements, the *learning of the civilian* was distributed to the eight points of the compass, while military glory was consummated by *singhness of purpose*.

Als unser Kao-tso die (jetzige Dynastie) grosse Thaten gründete und Tai-tsung endlich die kaiserlichen Angelegenheiten vergrösserte, verbreitete er literarische Bildung in den acht Himmelsgegenden und militärische Heldenthaten wurden durch die reine Tugend bewirkt.

彼蒼變故相革、榮號迭稱終能〔化 澤〕〇〇〇修邊貢、

Da jenes Himmelsblau sich verändert (der Himmel andere Zeiten sandte), *wurde nach einander* (von Generation zu Generation?) *ihr Rahm gepriesen, und endlich konnte......demuthig* (oder *züchtigen?* (fehlen 4 zeichen) ....herstellen.

L'Azur change (les temps changent) et *est donc variable*. Les noms glorieux sont alternativement célébrés. A la fin l'on peut (le [c'-à-d. le nom glorieux] recevoir humblement?) (manquent trois caracteres) cultiver. Les tribut des frontiers *arrivait consequemment*.

Obgleich, Dank den Veränderungen des Himmels und dem Wettstreite, berühmte Namen (bei den Steppen bewohnern) abwechselnd auftraten, so konnten (sie?) dennoch abwechseind 〇〇〇〇 *mit Tribut an der Grenze* erscheinen.

(But under) yonder Heaven's (will), vicissitude follows vicissitude: (yet though the Khanly) title has been alternatively borne (by this or that rival), still they have all to the last been able to successively) [send in their humble letters of duty] and furnish the tribute due from them as border states.

(Though) under the vicissitudes with which it has pleased yonder Heaven to visit you, the (Khanly) title of honour has passed from one to the other, yet you have from first to last all submitted dutiful memorials, und reverently prepared your tribute as a frontier State.

That blue sky has (meanwhile) seen many changes, and the glorious title (*of Emperor*) has passed from on to another. Yet you have throughout submitted dutiful memorials, and have reverently sent the tribute due from a frontier tribe.

Jenes Blaue hatte sich vielen Veränderungen unterworfen. Der ruhmvolle Titel des Kagan wurde nacheinander getragen (von einer Generation zur andern); sie (Kagan von T'u-küe) (badeten sich nach und nach in dem Gnadenstrome T'ang's) kamen nach und nach unter den heilsamen Einfluss T'ang's, so dass sie Tribut entrichteten als ein Volksstamm an der äussersten Grenze des Reiches.

— 3 —

爰建朕躬、結爲父子、使寇虐不作、弓矢載橐、爾無我虞、我無爾詐、邊鄙之不(擾亂、此)之賴歟、

Ja sogar war ich persönlich mit ihnen verbunden wie ein Vater mit seinen Söhnen, so dass *die Räuber klagten, (sie könnten) nicht Bogen und Pfeile machen (oder führen) und die Taschen (Köcher) füllen.*

Ihr habt mir nichts zu Leide gethan, und ich habe euch nicht betrogen. Dass die Grenzen nicht......(fehlen 3 Zeichen, etwa: beunruhigt wurden, beruht doch wohl auf dem gegenseitigen) vertruen.

Nous étions liés avec vous comme un pére avec son fils. Nous avons fait que les calamités du brigandage n'ont plus surgi, et qu'on pouvait rentrer dans leurs étuis les arcs et les flèshes.

Si Vous ne Nous inquiétez pas, Nous ne romprons pas Notre parole envers vous; et ne sera-ce pas ainsi la garantie que Nos frontières ne (manquent trois caracteres, probablement 再侵擾 seront plus inquiétées par des incursions).

Was mich betrifft so habe ich [mit ihnen] die gegenseitige Vereinigung eines Vaters mit (seinem) Sohne abgeschlossen und es dahin gebbacht, dass Einfälle und Beunruhigungen nicht (ferner) stattfanden. Bogen und Pfeile wurden in die Köcher gelegt; ihnen wurden von uns keine Sorgen und wir (erfuhren von) ihnen keinen Betrug. Die Grenzen (litten nicht) * * * Dank (diesem Umstande).

And so (things went on), until it came to our imperial selves, who placed (Mogilan) in the relation of son, to us as father, thus bringing it about that cruel raids no longer took .place, and weapons could be laid (quietly) in their cases. "Thou not suspecting me, I not betraying then." How could it be otherwise than that the frontiers should then (be freed from further molestation).

And on until it came to the turn of Our Imperial Self, who allied (the Khan) with us in the relation of son and father, the effect of which was that the evil raiding ceased to exist, and weapons were returned to their respective quivers and cases. The one side having no reason to suspect the other, which again was free from treachery towards the former, to what but this is it owing that our frontiers have not been harassed?

And when later on We entered with you into the relationship of father and son that there was no more annoyance in the way of raids, and that bows and arrows were put away in these cases, you having nothing to fear from us and we suffering no treachery at your hands,—to whom was all this due?

Als ich später zur Regierung kam, habe ich mit ihm die gegenseitige Vereinigung eines Vaters mit (seinem) Sohne abgeschlossen und es dahin gebracht, dass Einfälle und Verheerungen nicht (mehr) stattfanden. Bogen und Pfeile wurden in die Köcher gelegt; „ihr habt mir nichts zu leide gethan, und ich habe euch nicht betrogen."

君諱闕特勤、骨咄祿可汗之次子、今苾伽可汗之令弟也、孝友聞於遠方、威[〇〇〇殊]俗、斯豈由曾祖伊地米施匐積厚德於上、而身克終之、祖骨咄祿頡斤行深仁於下、而子[〇〇之]、不然何以生此賢也、

Der Fürst war des verstorbenen K'iuet-tek-lek, der Kuk-tu-luk Chan jüngerer Sohn, jetzt des Pit-k'ie Chan Herr jüngerer Bruder. Seine kindliche Pietät *und Freundestreue* sind berühmt (eigentl. von denen hört man) in fernen Gegenden, seine wundervolle Tugend is geachtet (fehlt 1½ Zeichen). *Kam das etwa daher, dass er das reiche Mass von Tugendwerken gegen die Höheren, das sein Urgrossvater Yi-ti-mi-tö-pik (pu?) angesammelt hatte, zu Ende zu führen versuchte?*

(Dass sein) Ahn Kut-tuk-luk-hietkin innige Menschligehkeit *gegen die Unteren* übte, und sein Sohn (wie ein Sohn?)......(fehlen 2 Zeiches) ihn (es?) war dem nicht so: Wo durch erzeugte sich diese Weisheit? (wo durch erzeugte er diesen weissen Sohn?)

Le Prince défunt, le Teghin Giogh, était le second fils du Khakan Kout-tho-louk (Kutlug), et le frere cadet du Khakan actuel Pit-kia. Sa piété filiale et *ses sentiments amicaux* ont retenti jusque dans les pays lointains, et sa valeur était redoutée par (*les peuples de sa tribu*). Proviendrait-ce seulement des *sentiments de fidélité envers son souverain* (上=*l'empereur de la Chine*), *que son bisaieul Sti-Mito beg avait multipliés et* qu'il avait su mener lui-même à bonne fin?

Son aïeul (le grand père du Téghin Giogh) Kout-tho-louk-kieh-kin, *traitait ses sujets* avec une profonde humanité, et son fils (man quent 3 car. probablement: et petit-fils l'imitaient).

Der hier begrabene) Herr (trug den) Namen Küe (kül)-Tegin, (er war) der zweite Sohn des Ku-tu-lu Kagan, der berühmte jüngere Bruder des jetzigen Pi-kia [Bilgä] Kagan. Seine Ehrfurcht gegen die Eltern, und *seine Freundestreu gegen all* wurden gepriesen in fernen Ländern, siene Hoheit und seine Tugend (veranlassten?) Furcht und Veränderung der Sitten. Wie war dies (möglich, wenn nicht) deshalb ('dass) sein Vorfahr I-ti-mi-schi-fu, sammelnd [da er ausübte] Tugenden *gegen den hohen* (*Himmel?*), seinen Körper bis zu Ende führen konnte [eines natürlichen Todes starb], dass sein Grassvater Ku-tu-lu-hie-kin wahre Menschlichkeit *gegen die Niedrigen* ausübte und sein Sohn * * * [und Enkel fortfuhren].

The subjuct (of this panegyric) was known as the Tegin Köl. *He* was second son of Kutlug Khan and younger brother of the now reigning Bilga Khan. His filial and fraternal piety were well known in remote parts, whilst the prestige of his name struck awe [into *his native* tribes men). How could this be otherwise than the result of his great-grandfather the Beg Itimish's accumulation of (*hereditary*) *good qualities* in the first instance, which *he* (*Köl*) *was able to carry on to the full in his own person*, and of his grandfather the Ghekin Kutlug's practice of deep benevolence in the second Instance, which (benevolence) [his descendants] (proceeded to) emulate? If not so, how account for the production of so worthey a man?

The subject (of this inscription) was called the *téghin* K'üeh, being the second son of Kut-tu-lug Khan, and the younger brother of the reighning Khan Bilgal. His filial and fraternal virtues were known far and wide, whilst his prestige and force of Character made him redoubtable in the *eyes of his tribes*. Whence comes this if not from the fact that his great-grandfather *Stimido* Beg had in the first instance developed the *highest qualities*, which (*the subject of this inscription*) *was enabled to continue to the end in his own person*: and from the fact, again, that his grandfather, the Ghekin-kut-tu-lug, had in the second instance governed with great benevolence, in which his descendants have emulated him? Otherwise how is such Virtue as that (of the téghin) to be accounted for?

Thou Téghin, whose personal name was K'üeh (Gioh), second son of Kut-lug Khan and brother of the reiging Bilgal Khan, thy filial piety and *attachment to friends* have been noised abroad in far countries, thy sternness and virtue have made redoubtable *in the eyes of thy people!* Why is this, save that thy great-grand-father *Itimido* Beg laid up a large store of merit *with his souserain, which thyself wast able to carry on*; while thy grandfather the Ghekin Kut lug practised a profound humanity *towards his subjects*, in which his descendants imitate him. Otherwise, whence would such excellence spring?

Du heisst K'üe-tegint (bist) der zweite Sohn de. Kut-luk-Kagan, der aels bare, jüngere Bruder de. jetzigen Bilgä Kagan. Seine Ehrfurcht gegen die Eltern und Treue gegen den Bruder waren bekannt in fernen Landen. Seine würdige (ehrfurchtgebietende) Tugenden erschollen unter den fremden Stämmen. Wie war dies (möglich, wenn nicht) dadurch, dass der Urgrossvater Jit-me-shi Beg in vergangener Zeit hohe Tugenden sammelte, seinen Körper (d. h. Leben) (in Frieden) bis zu Ende führte, (und) dass sein grossvater Kut-luk-hie-kin wahre (tiefe) Menschlichkeit gegen die späteren Geschlechter geubt haben, so dass Söhne und Enkel geerbt, überkommen haben? Wie konnte sonst ein so weiser Mann geboren werden?

故能承順友愛、輔成規略、北[獎]眭靈之境、西隣處月之郊、尊據梨之[皇命]、受居者之寵任、以親我有唐也、

Darum konnte er in Achtung und Gehorsam, in Freundschaft und Liebe helfen (meine) Pläne zu vollenden. An der nördlich wohnenden Hiuen-lui Grenzen, an der Westmarken bewohnen den Yeut-li Grenzen, verehr man der Cydnia japonica (n. genetivi, fehlen zwei Zeichen)........*empfangen T'u-Cè (des Schlächters??) vertrauen.* Dadurch bist du meiner Dynartie T'ang nahe getreten.

Pour cette raison il etait capable de continuer à observer ses *sentiments amicaux, et de Nous aider à accomplir Nos desseins.* An Nord il *occupait* le territoire des Hien-loui; à l'Ouest il touchait aux plaines des Tchou-youe. Il respectait (manquent deux caracteres: les augustes décrets?) *du Tengri (ciel, Dieu)* et obtint la charge de faveur de „Prince sage" (Tou-khi) afin de nous favoriser dans notre possession (du royaume) de T'ang.

Daher konnte er mit *Ergebenheit die treue Liebe (in sich) aufnehmen* und *(meine?) Absichten ausführen helfen. Im Norden bis zu den Grenzen* [des alten Landes] Hien-lui und im Osten bis zur Nachbarschaft [d. h. den Grenzen] von Tchu-jue verehrend die ○ ○ der Tanli, erhielt er den hohen Titel eines Tu-ki, um unserer Dynastie T'ang sich zu nähern [d. h. in Verwandschaft to treten].

Nay, assuredly) but this is the true reason) and so he has been successful in his endeavours to act with *affection* and fraternal piety, and to cooperate in establishing (hin brother's) stra tegical aims. North (the Turkish Empire under Mogilan) *reaches up to the borders of (modern)* Tarbagatai, west it touches the outskirts of the Tumet terri tory. Obeying [the sacred decrees] *of Heaven*, he was recipient of the confidential rank of (all) with a view to friendly relations with Our (imperial) T'ang (dynasty).

Thus indeed it was that he was able to accommodate himself to sentiments of fraternal love, and to lend his support to establishing the policy (of his brother the Khan). To the North he *occupied* the rigion of Hien-lei (near modern Tarbagatai): to the west he bordered on the confines of the Ch'u-yüeh (tribe of Turks). Abiding by the sacred decrees of *Tengri [i. e. Heaven giving the Khan-like right* to *his elder brother] he had conferred upon him (by that* brother) the intimate post of *Left Doghri* [i. e. Cæsar in relation to Augustus'], with the result that friendly relations with for T'ang dynasty (were established).

Therefore it was that thou *couldst receive and duly continue* friendly feelings, and aid in perfecting the established system, *dwelling* up north in Hsüan-lei, bordering on Ch'u-yüeh to the west, abiding by the decrees of *Tengri* and filling the important Post of Left *doghri*, so as to keep on friendly terms with the house of T'ang.

Daher konnest Du (Befehl) empfangen (von dem Vater) und gehorsam sein (gegen ihn) und freundlich (gegen den Bruder) (und Pläne ausführen helfen. Im Norden hast Du das Land Hiun-lui beruhigt, im Westen grenzest Du ans Land von Chu-yüeh. Verehren den hohen Befehl des würdigen Kagan, erhieltest Du den vertrauensvollen Titel des T'u-shi, und dadurch bist Du mit unserer T'ang-Dynastie befreundet.

我用是嘉爾誠績、大開恩信、而遙圖不騫、促景俄盡、

Ich lobe daher deine wahren Verdienste und habe in hohem Grade Liebe und Treue entfaltet; und *somit werden die Pläne für die Ferne nicht zu Schaden kommen, und die nahen Zwecke bald erreicht werden.*

[oder; und somit (solltest du), *plante ich in die Ferne nicht zu schaden kommen; aber, das ich mich in der Nahe umschaue, warst du plötzlich erschöpft.* — So es der russische Übersetzer anzulassen. Der Sinn spricht an, aber die Form macht Schwierigkeiten.]

C'est pour ces raisons que Non louons vos vrais mérites, et que Nous avons largement ouvert (la porte de) Nos faveurs et de Notre bonne foi, de *sorte que Nos aspirations lointaines n'ont pas été confondues (n'ont pas subi de Mortifications) et que les vues bornées ont été soudainement dissipées.*

Deshalb preise ich [wörtl. wende ich an] das Lob deiner (seiner) wahren Verdienste und öffnete ganz (mein Herz) der Gnade und dem Vertrauen, *ohne auf lange eine Aenderung [der Verhaltnisse] vorauszusetzen, (als) plötzlich (diese meine?) Voraussetzungen verschwanden.*

For this reason Our (dynasty, or We) commend thy loyal efforts, and (here by) confer upon (him) Our most gracious and trusty favours, whilst (on the other hand) the far seeing calculations (of Ourselves and Our ancestors) are thus not thwarted *and a summary end is put to a harassing condition of affairs.*

For this reason. We commend his (lit, 'thy') loyal services, and freely extend our most genuine favour, [pleased to perceive on] Our part too that Our far-reacthing policy has not miscarried, *and that an urgent care hat now ceased to trouble us.*

Wherefore we commended thy loyal services, showing thee great marks of Imperial favour and confidence; and although this far-sighted polecy has not miscarried, *the agreeable prospect has suddenly come to an end,*

Deshalb preise ich deine wahren Verdienste und habe ich in hohene Grade Grade und Vertrauen erzeigt (entfaltet). Und (während) unser grosser Plan nichfehlschlug (brach), versch wand plötzlich das Zwielicht der scheidenden Sonne (d. h. Tegin ist gestorben).

— 5 —

永言悼[惜]、疚于朕心、且特勤可汗之弟也、可汗猶朕之子也、父子之義既在敦崇、兄弟之親得無連類、

Ewig schmerzt Mitleid in meinem Herzen. Zudem bist du des Tek-lek Chan jüngerer Bruder, und der Chan (so gut wie) mein Sohn. Das rechte Verhältniss zwischen Vater und Sohn besteht in Ehrerbietung; *bei der Liebe zwischen älterem und jüngerem Bruder gelingt es Verwickelungen zu vermeiden.* [oder: *kann die Liebe zwischen Brüdern anders als mit Theilname verbunden sein?*—Diese Übersetzung liesse freilich eine fragende Finalpartikel erwarten.]

Je le dis et les redis: la douleur et la compassion remplissent mon coeur de douleur; car le Teghin était le frére cadet du Khakan et le Khakan est comme Notre fils. Quand déjà les devoirs d'un fils envers son père consistent en une vénération sincère, *l'amour entre frère ainé et frère cadet n'attirerait-il bas des bénédictions continues?*

Ewig ich mein Mitgefühl *aussprechen* (denn) *der Kummer ist in meinem Herzen.* Dazu (war) der Tegin der jüngere Bruder des Kagan und der Kagan ist gleichsam mein Sohn. Da die Verwandschaftsgesetze (zwischen) Vater und Sohn in *Anhänglichkeit und Ehrfurcht bestehen, wie kann* [*dabei*] *brüderliche Verwandschaft ohne Betheiligung bleiben?* [*d. h. somit ist der Tegin auch mein Verwandter.*]

We "express again and again our poignant grief" and the "pain" which is in our imperial heart.

Moreover the Tegin was the younger brother of the Khan, and the Khan was our adopted son. Whilst therefore the *proper feeling between father and son is thus gives full effect to on the one hand,* it naturally follows that one brother shares the sentiment which is the due of the other.

We give *expression* to our unfailing sorrow, and to the grief which afflicts Our Imperial Heart (at his death). Moreover, the téghin was the khan's younger brother, whilst the khan himself stood (by special imperial grant and at his official application) in the relation to Us of son to father. On the one hand therefore we give *enhanced expression to the feeling which unites father to son, whilst naturally the same (favour) which would have been extended to one brother is by reason if their love extended to the other,*

and there is now an everlasting sorrow which grieves our heart.

Besides, the Téghin was brother to the khan, and the khan is, so to speak, Our son. *And since it is the duty of a father towards his son to hold him in high esteem, how can the relationship of these two brothers other than affect us which are of the same family?*

Ewig fühle ich nun Schmerz und Mitleid in meinem Herzen. Zudem war Tégin der jüngere Bruder des Kagan, und der Kagan ist so gut, wie unser Sohn. Das rechte Verhältniss zwischen Vater und Sohn ist in tiefer Ehrfurcht, Wird es nicht möglich sein, dass zwischen einen Bruder und dem andern Ähnlichkeit des Character vorhanden ist, weil sie aus einem Blute sind?

俱爲子焉、再感深情、是用故製作豐碑、發揮遐[荒]、使千古之下休光日新、

Ihr seit (mir) beide (so gut wie) Söhne...(fehlt 1 Zeichen, etwa: und jüngere Brüder oder: daher bin ich erregt durch tiefe Empfindungen. Deshalb nun habe ich einen grossartigen Gedenkstein anfertigen lassen, der in ferne... (fehlt ein Zeichen) verkündige (scil. Eure Tugend), sodass die Nachkommen von tausend Vorzeiten das helle Sonnenlicht segnen.

C'est entièrement pour Notre fils, que Nous sommes derechef mûs par une affection profonde. Par conséquente Nous avons écrit exprès une épitaphe glorieuse pour le promulguer de loin (*et de près*), afin que les descendants de miliers d'âges puissent se reposer sous un soleil resplendissant.

Alle (beide) sehe ich als meine Söhne an (und darum bin ich) zweifach stark von tiefem Kummer ergriffen. Daher, (*als Beispiel*) *alte Vorbilder anwendend*, (habe ich) hergerichtet dieses herrliche Denkmal zum Andenken für ferne (Zeiten) [oder Gegenden], damit unter tausend Altern [Geschlechtern] der herrliche Glanz (jeden) Tag neu (erscheine) [Sinn: um dein Andenken für ewige Zeiten zu erhalten].

Both are (thus) our sons, and (Köl thus) in the second place (equally) shares our deep sympathy.

For which reason we have specially manufactured a splendid tablet, for the information of all far [*and near*], so that (in the mind of) innumerable after generations the glory *of* (*their joint*) success may be daily renewed.

both being as it were our sons, and both being entitled to Our love and affection.

Wherefore now we specially cause an inscription to be made upon this handsome tablet, the words of which will be carried far and wide, so that thousands of years hence the brightness of his glory may be ever renewed.

Both were Our sons, and consequently there is a double draft upon Our feelings. Wherefore we now cause an inscription to be placed upon this *solid* tablet. That its words may be carried far and wide, and secure that through all the coming ages his glory shall be ever fresh.

Du (und dein Bruder), ihr seid beide (so gut wie) meine Söhne und ich fühle besonders tiefes Gefühl; deshalb habe ich einen herrlichen Gedenkstein anfertigen lassen, der fernen Gegenden (deine Tugend) verkünde, so dass das helle Licht deines Ruhmes durch tausend Generationen hindurch täglich neu werden moge.

— 6 —

沙塞之國、丁零之鄕、雄武鬱起、于爾先王、爾君克長、載赫殊方、爾道克順謀親我唐、孰謂若人、罔保延長、高碑山立、垂裕無彊、

Ein *neuer Satz* besagt:

In Schamo's Lande in der Tingling Heimath, erhoben sich gewaltsam Kriegerische Helden gegen eure frühere Könige (unter euren fr. Königen!) *Eure Fürsten vermochten es lange in verschiedenen Gegenden zu glanzen. Du wusstest dich verständig in den Entschluss zu fügen, meinem* (Hanse) T'ang nahe zu treten. Wer hätte gesagt (=gedacht), dass ein solcher Mensch nicht in alle Zeiten (am Leben) erhalten werden sollte? Der hohe Gedenkstein ist errichtet um Edelsinn zu verkünden ohne Grenzen.

Une *nouvelle* elegie dit:

Dans la région de Cha-sai, dans le pays de Ting-Ling, Des guerriers valeureux se sont élevés en masse *contre vos anciens rois.*

Vous, Prince! avez su prospérer et porter votre splendeur dans plusieurs pays. Vos voies ont été celles de l'obeissance, et Vous avez pris la resolution de vous rapporocher de Nous (le souverain) de T'ang.

Du dit que pour un pareil homme une longue prosperité ne soit garantie? La haute stele, se dressant comme une montagne, fera descendre des benedictions sans fin.

Das Epitaphium lautete:
Im sandigen *nachbarreiche,*
Im vaterlande (des Volkes) Tingling,
Haben zahireiche Helden sich erhoben.
Bei deinen früheren Wang (*Fürsten*),
Konntest du, Herr, fortfahren.
Deinen Glanz (*Ruhm*) *zu verbreiten.*
Dein Wandel hat (den Weg) des Gehorsams betreten,
Du wolltest dich verbinden mit der Dynastie T'ang,
Wer (hätte) gesagt [gedacht], doss ein solcher Mann
Nicht bewahrt die Fortsetzung (des Lebens) auf lange.
(So möge dieses) hohe Monument, (das) wie ein Berg dasteht [sich erhebt],
Unbegrenzten Wohlstand heraussenden.

The panegyric runs:—
Conntry of sand and *cold,*
Region of Ting ling,
Robust militarismus abundantly rose
Amid thy former Kings.
May thy princes endure,
Thus glorifying outlandish regions!
May thy principles remain Submissible,
Aiming at friendship with our T'ang!
Who shall say that such men.
Are not guaranteed to endure for ever?
A lofty tablet is (now) reared (like a) hill
To proclaim the good tidings for ever.

The panegyric runs —
Oh! desert State,
Tartarian land,
Warlike renown has risen abundantly.
In thy former Kings,
May thy princes endure
And shed glory upon outlandish regions.
May the principles be submissive.
And thy policy aim at our friendship.
Who shall say that such men
Are not secure to endure for long?
This tablet rears its prond head
Handing down illimitable benefit.

O sand-locked State,
O *lonely land,*
Military prowers abundantly flourished
Among your ancient Kings!
Long may your Prince live
To inspire awe in foreign parts;
May your policy be one of peace,
Aiming at friendship with the House of T'ang.
Who says that *this* man
Shall not secure immortality?
This stone placed high on *the mountain*
Shall hand down his example to all ages.

EPITAPHIUM

In der Region der sandigen Grenzlande, in der Tingling Heimatland erhoben sich kriegerische Helden unter euren früheren Königen. Du als Prinz bist fähig auch als Haupt, dein Ruhm scheint in fremden Landen. Was dein Wandel (deine Moral) betrifft, so hast Du die Fähigkeit zu gehorchen. Du plantest, dich mit unserer T'ang (Dynastie) zu befreunden. Wer hätte gesagt, dass ein solcher Mensch nicht ein langes Leben erhalten sollte? Dieser hohe Gedenkstein steht wie ein Berg, verkundend ein edles Beispiel für ewige Zeiten.

大唐開元二十年歲次壬申十月辛丑朔七日丁未建

Errichtet in des Kai-yuen von (der Dynastie der) grossen T'ang 20 Jahre, des Jahres Cyclus tši-zim (=IX) 12 Monats sin-čéu (=XXXVIII) 7 Tag ting-wei =XLIV).

Erigée dans la 20e année de (la periode) K'ai-yuen, (de la dynastie) des grands T'ang, l'année cyclique étant Jin-chin, le 12e mois (appelé) Sin-tcheu, de la nouvelle lune, le 7e jour (appelé) Ting-wei.

Grosse T'ang (dynastie während der Regierung) Kai-juen im 20. Jahre, dem Cyclus-Zeichen nach Jin-schin, im 10. Monat, dem Cyclus-Zeichen nach Sin-Tscheu, den 7. Tag, dem Cyclus-Zeichen nach Ting-wei, d. h. im November 732 errichtet.

Great T'ang, 20th year of K'ai-yüan, in the cycle order jên-shên; seventh moon, in the cycle order sin-ch'ou; seventh day of the Kalends, in the cycle order ting-wei: (this was the date of) erection.

자료 4

튀르크어 분포지도

저자 Talât Tekin

- 1927년 7월 16일 터키 서북부의 코자엘리(Kocaeli)도 게브제(Gebze)군 타브샨즐(Tavşancıl)면에서 출생
- 1945년 6월 ~ 1951년 6월 이스탄불 대학교 터키어문학과 학사 과정
- 1951 ~ 1957년 이즈미르(İzmir), 트라브존(Trabzon), 비틀리스(Bitlis)에서 터키 문학 교사로 근무
- 1957 ~ 1961년 터키언어학회(Türk Dil Kurumu)에서 터키어 문법 전문가로 근무
- 1961 ~ 1963년 캘리포니아 대학교 근동어학과에서 연구조교로 근무, 박사 과정 수료
- 1963 ~ 1965년 인디애나 대학교 우랄 알타이어학과에서 터키어 강사로 근무
- 1965년 UCLA에서 박사 학위 받음
- 1965 ~1972년 버클리 소재 캘리포니아 대학교에서 터키어 조교수로 근무
- 1972 ~ 1976년 8월 앙카라 소재 하제트테페(Hacettepe) 대학교 부교수
- 1976년 8월 ~ 1994년 7월 하제트테페(Hacettepe) 대학교에 터키어문학과를 개설, 터키어문학과 교수, 정년퇴직
- 1996년 3월 ~ 1997년 7월 앙카라 소재 빌켄트(Bilkent) 대학교 역사학과 근무
- 1997년 9월 ~ 2004년 이스탄불 소재 예디테페(Yeditepe) 대학교 터키어문학과 학과장으로 근무

역자 이용성

- 1964년 경기도 가평 출생
- 1982년 3월 서울대학교 사범대학 입학
- 1983년 3월 ~ 1986년 2월 서울대학교 사범대학 지리교육학과 학사 과정
- 1986년 3월 ~ 1989년 11월 서울 소재 광양중학교 교사
- 1989년 12월 ~ 1990년 5월 앙카라 대학교 부설 TÖMER의 터키어 과정
- 1990년 9월 ~ 1993년 2월 앙카라 소재 하제트테페(Hacettepe) 대학교 사회과학 대학원 터키어문학과 석사 과정 (어학)
- 1993년 2월 ~ 1998년 6월 하제트테페(Hacettepe) 대학교 사회과학 대학원 터키어문학과 박사 과정 (어학)
- 2000년 9월 ~ 2001년 7월 북키프로스(Northern Cyprus) 가지마우사(Gazimağusa) 소재 동지중해 대학교(Eastern Mediterranean University) 터키어문학과 조교수
- 2003년 9월 ~ 서울대학교 인문학연구원 연구원
- 서울대학교 강사, 단국대학교 강사

돌궐 비문 연구

퀼 티긴 비문, 빌개 카간 비문, 투뉴쿠크 비문

초판인쇄 2008년 9월 22일
초판발행 2008년 9월 30일

저자 Talat Tekin
역자 이용성
발행 제이앤씨
등록 제7-220호

주소 서울시 도봉구 창동 624-1 현대홈시티 102-1206
전화 (02)992-3253(대)
팩스 (02)991-1285
전자우편 jncbook@hanmail.net
홈페이지 http://www.jncbook.co.kr
책임편집 김연수

ISBN 978-89-5668-643-1 93810 정가 45,000원